中国社会科学院文库
法学社会学研究系列
The Selected Works of CASS
Law and Sociology

中国社会科学院创新工程学术出版资助项目

中国社会科学院文库·法学社会学研究系列
The Selected Works of CASS · Law and Sociology

中国社会学：起源与绵延

（上 册）

Chinese Sociology:
The Origin and Sustainability

景天魁　等／著

社会科学文献出版社
SOCIAL SCIENCES ACADEMIC PRESS (CHINA)

《中国社会科学院文库》 出版说明

　　《中国社会科学院文库》（全称为《中国社会科学院重点研究课题成果文库》）是中国社会科学院组织出版的系列学术丛书。组织出版《中国社会科学院文库》，是我院进一步加强课题成果管理和学术成果出版的规范化、制度化建设的重要举措。

　　建院以来，我院广大科研人员坚持以马克思主义为指导，在中国特色社会主义理论和实践的双重探索中做出了重要贡献，在推进马克思主义理论创新、为建设中国特色社会主义提供智力支持和各学科基础建设方面，推出了大量的研究成果，其中每年完成的专著类成果就有三四百种之多。从现在起，我们经过一定的鉴定、结项、评审程序，逐年从中选出一批通过各类别课题研究工作而完成的具有较高学术水平和一定代表性的著作，编入《中国社会科学院文库》集中出版。我们希望这能够从一个侧面展示我院整体科研状况和学术成就，同时为优秀学术成果的面世创造更好的条件。

　　《中国社会科学院文库》分设马克思主义研究、文学语言研究、历史考古研究、哲学宗教研究、经济研究、法学社会学研究、国际问题研究七个系列，选收范围包括专著、研究报告集、学术资料、古籍整理、译著、工具书等。

中国社会科学院科研局

2008 年 12 月

本书作者简介

作者、主持人

景天魁　博士，中国社会科学院学部委员、社会政法学部副主任，社会学研究所研究员。

作者、学术顾问

李存山　中国社会科学院哲学研究所研究员，中华孔子学会副会长，国际儒学联合会理事兼学术委员会主任。

楚　刃　山西省社会科学院研究员，政治法律研究所原所长。

作者、统稿人

高和荣　博士，厦门大学公共事务学院教授，两岸关系和平发展协创中心专家委员，厦门大学党委党校副校长。

毕天云　博士，云南师范大学学术委员会副主任，哲学与政法学院院长、教授。

邓万春　博士，武汉理工大学政治与行政学院教授。

宋国恺　博士，北京工业大学人文社会科学学院教授，首都社会建设与社会管理协同创新中心研究人员，《北京工业大学学报》编辑部主任。

何　健　博士，西南大学文化与社会发展学院社会学系主任、副教授。

作　者

王俊秀　博士，中国社会科学院社会学研究所研究员，社会心理学研究室主任。

顾金土　博士，河海大学公共管理学院社会学系副主任、副教授。

邹　珺　博士，国家卫生计生委卫生发展研究中心副研究员。

陈为雷　博士，鲁东大学法学院副教授。

蔡　静　博士，大连海洋大学马克思主义学院副教授。

杨建海　博士，北京工商大学经济学院讲师。

苑仲达　博士，北京师范大学中国社会管理研究院/社会学院博
　　　　士后。

夏世哲　中国社会科学院研究生院社会学系博士生。

徐　磊　中国社会科学院研究生院社会学系博士生。

杨嘉莹　中国社会科学院研究生院社会学系博士生。

徐珺玉　中国社会科学院研究生院社会学系博士生。

范玉显　厦门大学公共事务学院博士生，中共新疆区委党校讲师。

赵春雷　厦门大学公共事务学院博士生，曲阜师范大学讲师。

张爱敏　厦门大学公共事务学院博士生。

耿亚平　中国社会科学院研究生院博士生。

张欢欢　中国人民大学社会与人口学院人口学系博士生。

欲知大道，必先为史。

灭人之国，必先去其史。

——（清）龚自珍：《龚自珍全集》，

上海人民出版社，1975，第 22、81 页。

目　录

上　册

下　册

｜前　言｜

中国社会学崛起的历史基础

　　所有的中国社会学人都期盼中国社会学的崛起，这是毫无疑问的；大多数中国社会学人都相信中国社会学在 21 世纪能够崛起，虽然我对此并没有做过调查统计，但基本上也是用不着怀疑的。因为，以中国历史之辉煌、文化之璀璨，"崛起"本在情理之中。虽然中国近代以来遭遇数千年未有之大变局，然而奋发图强的力量积蓄了几百年，已到全面爆发之期，当此之时的中国学术，正所谓"给点儿阳光就灿烂"。而在中国的崛起过程中，必有中国社会学的崛起。中国社会学者的使命，就是努力推动和实现中国社会学的崛起。说到"理论自觉"，这就是最义不容辞的理论创新的自觉行动。2014 年 3 月，我先后在南开大学和华中科技大学的两次演讲中提出，中国社会学不可回避的根本问题是中西古今问题。① 中西会通，这是空间性的一维；传承和弘扬中国社会学的优秀传统，这是时间性的一维。二者结合起来就是实现中国社会学崛起的两翼。促使二者结合的现实基础，是实现中华民族伟大复兴的当代实践，以及这一伟大实践给社会学提出的时代性课题。尽管时间性和空间性都有很广泛的含义，但在这里实现了时空的高度统一。在此一统一过程中，延续和弘扬中国社会学自己的传统，并实现中西社会学在更高水平上的会通，成为二而为一的任务。

　　中国社会学的崛起，有现实基础，也有历史基础。本书探讨的重点是其历史基础。那么，实现中国社会学的崛起，为什么必须探寻它的历

---

　　① 　景天魁：《中国社会学不可回避的根本问题——从"社会学的春天"谈起》，《学术界》2014 年第 9 期。

史基础？这是首先需要回答的问题。而历史基础包括政治的、经济的、文化的、社会的诸多方面，所谓探寻社会学之历史基础，这里是指探寻中国社会学的本土起源和历史。可是，如果中国社会学果真如百年来已成习惯的说法那样，完全是西方社会学在中国的传播和应用，那就无须探寻它的本土起源。这样，探寻中国社会学崛起的历史基础问题，就聚焦到它的学科史基础问题上，所要回答的问题也就转换为：应该怎样认识、怎样对待、怎样探究中国社会学的学科史？

一　怎样认识中国社会学的学科史

一说到中国社会学的"学科史"，立即就会碰触到一个不可回避的问题：多少年来都说中国社会学是"舶来品"，即西方社会学之传入开启了中国社会学的学科史。在此之前，如果说中国本土没有社会学，何来"学科史"？照此说来，中国社会学只能以西方社会学史为自己的历史，此外并无本土的学科史。此一说法风行百年，俨然成了铁案。

然而，这种说法符合历史实际吗？果真具有站得住脚的理由吗？为了讨论清楚这个问题，我们首先需要对所谓"中国社会学"做出区分，将其区分为"中国（本土）社会学"和"中国（现代）社会学"。"中国（本土）社会学"研究，是要回答中国历史上是否存在可以称为"社会学"的学问这一问题，如果存在，它的内容和特点有哪些，以及它的发展脉络和实际作用、它的现代转型和创新等问题有哪些；"中国（现代）社会学"内容就更为复杂，可以区分为三个部分：西方社会学在中国的传播和扩张，中西社会学的会通，"本土社会学"自身的转型和更新。所谓"中国社会学的现代转型"，其实就包含这三条路径。这三条路径或三个方面，在不同时期侧重不同，在不同学者那里也有所侧重或偏好。就研究者个人而言，可以选择其中的一条路径或一个方面，也可以不局限于此。就整体而言，不论单用哪一条路径或哪一个方面来概括"中国社会学的现代转型"和"中国现代社会学"都是不全面的。

本书所称的"中国社会学"是指"中国本土社会学"。本书仅限于研究它的起源和绵延，回答中国历史上是否存在可以称为"社会学"的学问这个问题，并研究它的内容和特点。

做这样一项研究的前提是，突破并否定自清末民初以来一百多年间流行的几个"定论"：中国社会学的开端是西方社会学的传入，中国社会学史等同于西方社会学在中国的传播史，中国古代只有"社会思想"而没有社会学。要突破并否定这些"定论"，绝非易事。首先遇到的就是，要确认或否认"群学的历史存在"这个基本的历史事实问题。

（一）关于群学的历史存在

确认荀子"群学"就是社会学的第一人，当推严复。他在译介斯宾塞的《社会学研究》一书时，特意将"sociology"译为群学。严复此举的高明之处，不只在于翻译，更在于确定了西方社会学这门学问其实中国古已有之，正所谓"古人之说与西学合"。① 此后，梁启超则盛赞荀子是"社会学之巨擘"，并且指出群学的内容"与欧西学者之分类正同"。② 在西方学者中，首先明确肯定中国早在战国时代已由荀子开创了中国社会学的，当推英国功能主义大师拉德克利夫·布朗（Radcliffe - Brown），费孝通先生晚年曾经多次提到并肯定他的此一论断，并且表示很想好好研究荀子及其思想。③ 另一位早在 1940 年就独立地肯定中国古代就有社会学的，是后来担任吉林省社会学会会长的东北师范大学丁克全教授。④ 1980 年，中国台湾社会学家卫惠林也指出荀子是"中国第一位社会学者"。⑤

以上诸位先贤所肯定的荀子群学即为中国社会学，凿凿有据。这证据就是群学的内容与西方社会学相"合"。而关于群学的基本内容，严复和梁启超都从核心概念（"群"、"分"、"义"）和基本命题（"人生不能无群"、"明分使群"、"义为能群之本原"⑥）等方面，对荀子"最为精审"⑦ 的群学做过概括。笔者在表述"中国社会学之源"时，也曾冒

① 赫伯特·斯宾塞：《社会学研究》（严复译文卷），世界图书出版公司，2012，第 3 页。
② 梁启超：《中国法理学发达史论》，载《饮冰室合集》（文集第五册），中华书局，2015，第 1317 页。
③ 费孝通：《从实求知录》，北京大学出版社，1998，第 232 页。
④ 参见回清廉《回族社会学家——丁克全传略》，《回族研究》1992 年第 1 期。
⑤ 卫惠林：《社会学》，（台北）正中书局，1980，第 17 页。
⑥ 梁启超：《中国法理学发达史论》，载《饮冰室合集》（文集第五册），中华书局，2015，第 1317 页。
⑦ 梁启超：《先秦政治思想史》，北京联合出版公司，2014，第 108 页。

昧地做过一个扩展，认为以荀子"群学"为代表的本土社会学传统资源，是以墨子"劳动"（"强力"、"从事"）概念为逻辑起点，以荀子"群"概念为核心，以儒家"民本"概念为要旨，以礼义制度、规范和秩序为骨架，以"修齐治平"为功用，兼纳儒墨道法等各家之社会范畴，所构成的中国社会学"早熟"（早期）形态。[①] 尽管这些表述精确与否仍可以讨论，但其中所指的每一项事实在历史上都是确实存在的，这应该不成问题。

但是，群学不成问题的历史存在性，因何故在今人所谓"中国社会学"学科史上不被承认，从而成了问题呢？换言之，既然从来未见有人出来否认群学的历史存在性，却为何所谓"中国古代没有社会学"竟能无须论证而被想当然地默认为不易之论呢？可见，问题主要不在于群学是不是真实的历史存在，而在于对这个历史存在如何评价。这里有一道认知上和心理上难以迈过去的"坎"——西方人异口同声地说社会学是1838年由法国人奥古斯特·孔德创立的，现在说中国荀子早就创立了中国社会学（群学），比西方早了2000多年，这靠谱吗？

在此，我们暂且搁置背后的文化自信问题，暂不批评背后的西方中心主义，而是讨论一个更具学术性的问题——学科标准。显然，这里要靠的"谱"，不再指事实性的存在，而是一种价值性的评价，即所谓"学科标准"——群学符合西方的"学科标准"吗？这样一来，所谓"中国古代是否存在社会学（群学）"的问题，也就转换为所谓"学科标准"问题了。

（二）关于"学科标准"及其前提性假设

所谓"学科标准"，并未有公认的严格规定。有过一些说法，也并不具有绝对的意义。例如，作为一个学科，在学校里要开设专门的课程，要设立相应的专业，要办专科的杂志之类。其实，很多学科，尤其是在其初始阶段，未必齐全地具备这些形式性的条件。更何况在历史上，受教育制度、出版设备和职业分工等条件的限制，那些所谓"标准"，达到了当然好，达不到也无伤大雅。西方人承认古希腊的亚里士多德（公元前384年～公元前322年）创立了政治学、逻辑学、伦理学等，他那

---

① 景天魁：《中国社会学源流辨》，《中国社会科学评价》2015年第2期。

时候办有这种杂志吗？设有相应的专业和系科吗？为什么无人深究即予承认？而对生卒年代比亚里士多德还要晚一点儿的荀子（生卒不详，其学术活动约在公元前298年~公元前238年①）却无端苛求呢？要知道，荀子曾三次出任当时的最高学府稷下学宫的"祭酒"（首席教授），是有正规专业"职称"的。

事实上，在那些所谓形式性条件背后，真正起作用的是未予明言、未加讨论的"前提性假设"，对"中国古代是否存在社会学（群学）"不论肯定还是否定，背后所依据的都是各自的"前提性假设"。

持否定意见的前提性假设是：①西方的学科标准具有唯一性，是不容置疑的；②社会学只能有一种起源；③社会学只能有一种形态。

持肯定意见的前提性假设是：①学科标准是相对的、可以讨论的；②社会学可以有多种起源；③社会学可以有多种形态。

这里，有认知层面的问题，更主要的是价值层面的问题。如果非要认为西方的学科标准具有唯一性，是孔德创立了社会学，社会学只能有西方社会学一种形态，尽管孔德只是在《实证哲学教程》中创造了"社会学"这个词——而那本书明显是哲学的，算不上社会学，但非要一口咬定这里有什么"唯一性"，除此之外，不能再由别人创立这个学科，既然非要奉西方的标准为金科玉律，那还有什么道理可讲呢？而严（复）、梁（启超）、费（孝通）、丁（克全）、卫（惠林）以及布朗先生之所论，除认知层面之外，确实也有价值层面的"前提性假设"，那就是认为学科有标准，但不绝对。所谓不绝对，一是可以有差异，二是可以不固定，三是不唯形式。如果坚持学科标准可以有差异，可以具有多元性，那么，承认荀子群学就是中国社会学，岂不是顺理成章吗？更何况他们还指出荀子群学与西方社会学在内容上相"合"、"正同"，具有实质上的一致性，并不是完全相异的东西，那称为"社会学"不是天经地义的吗？然而，就是这样一个易于理解的道理却不被理解，就是这样一个易于接受的结论却不被接受，就是这样一个易于承认的事实却不被承认，除了前面被搁置的"文化自信"和"西方中心主义"之外，又能到哪里去寻找背后的原因呢？

---

①　参见孔繁《荀子评传》，南京大学出版社，2011，第1页。

的确，属于价值选择层面的问题，是不容易做理性讨论的，在这个层面可以讨论的主要是怎样对待学术传统的问题。

二　怎样对待中国社会学的学科史

"对待"是一种态度。讨论这样的问题，难免对往事评头论足。本书对这一问题的讨论，完全是出于推动和实现中国社会学崛起的需要，无意于评价既往和现在的社会学研究。在不得不做某种"评论"的时候，也绝对不是针对某人某事，而是总结经验和教训，不论是经验还是教训，都是宝贵的。这里想要谈的，只是一个观点：对于中国社会学来说，立足于自己的历史基础，有助于实现崛起，也只有如此，才能实现崛起。对此，从以下三个方面略微展开谈谈。

（一）立足于自己的历史基础，才能遵照学术积累规律，使中国社会学具备实现中西会通的必要条件[①]

我们强调中国社会学需要珍视自己的历史基础，绝不是出于好古，也不是守旧，而是基于对既往经验教训的反思。中国社会学自 1979 年开始恢复重建，在将近 40 年的时间里，却主要是延续西方社会学的传统，中国社会学自己的传统没有受到应有的重视，基本上没有建立起来。这样一个估计是否恰当？我觉得基本上符合事实。我们要敢于承认和面对这个事实。目的倒不是论什么功过，而是为了探讨中国社会学当前以及今后的发展问题。

漠视和贬低中国本土社会学，非自 1979 年社会学恢复重建始。民国时期，在"全盘西化"的思潮下，作为"舶来品"的西方社会学已经一家独尊，中国不仅被认为没有社会学，就是所谓"社会思想"也被贬为农耕文明的遗存，是必须抛弃的落后的"包袱"。在所谓"体用之争"中，不论是主张"西体中用"，还是主张"中体西用"，反正实际结果是中国社会学之"体"被取代了，"西用"变成了"西体"——中国之学

---

① 为纪念著名社会学家丁克全教授 100 周年诞辰，东北师范大学丛晓波教授于 2014 年 10 月 11 日专程到京采访我，我谈话的部分内容后来在同年 11 月 8 日于华中农业大学召开的讨论会、11 月 15～16 日于中国社会科学院社会学研究所课题讨论会、11 月 22～23 日于中山大学召开的中国社会思想史年会等会议上，都重复讲过。本节文字节选自上述发言的记录稿。

以西方之学为"体"，"中体"既不存，就连"中用"也谈不上了。于是，中国社会学也就只好认西方社会学为自己的传统了。

现在回过头看，早在明代，徐光启（1562~1633）就提出了"欲求超胜，必须会通"的主张，指明了会通与超胜的关系。可就社会学来说，尽管有潘光旦等老前辈认真研究过儒家社会思想，但对荀子群学的研究，与历史学界、法学界、政治学界相比，实在是冷落得很。为什么百年来虽也偶尔有人提倡中西会通，却总是难以实现呢？因为我们没有传承自己的传统，没有自己的概念、自己的理论。我们把西方社会学的传统认作自己的传统，满嘴讲的是西方的概念、西方的理论，这就不可能形成中西之间的平等对话，也就不可能有真正意义上的中西会通。显然，确立和弘扬中国社会学自己的传统是开展中西会通的必要前提。

那么，中国社会学到底有没有自己的传统？必须肯定，中国社会学一向具有自己的优秀传统。这个传统是什么？这是一个需要认真研究、科学总结、准确表述的问题。我在前面提到的那几次演讲中，不揣冒昧，把这个传统的主要特征概括为融通和担当，这很可能是不全面的，实为一孔之见。

融通，是说群学自创立之始，就具有与其他学科互补共生的特质；而自清末引入西方社会学之时，先贤们就不是打算用西学来替代中国学术，恰恰相反，他们的目的很明确，是希望由此带来中国学术的复兴。康有为、谭嗣同、严复都有中国的复兴"自中国学术始"的期许。他们引入西方社会学不是为了把中国学术思想虚无化，终结中国学术，而是为了振兴中国学术。而振兴的道路，就是会通中西、贯通古今，是为融通。

担当，是说群学在战国末年诞生时，就有重建社会秩序、建纲立制之志。严复译介西方社会学更是为了寻求富强之路，对之所以选择社会学作为重点推介的一个学科，他有过明确的说明："今夫中国，非无兵也，患在无将帅。中国将帅，皆奴才也，患在不学而无术。"[1] 振兴学术

---

① 严复：《救亡决论》，载黄克武编《中国近代思想家文库·严复卷》，中国人民大学出版社，2014，第29页。

可以救亡图存。而在诸种学问中，"以群学为要归。唯群学明而后知治乱兴衰之故，而能有修齐治平之功"。[①] 我们循着"由中国社会学的崛起，进而实现中国整体学术的复兴，从而实现中国的富强和复兴"这样的思路，可以清楚地理解"担当"这一中国社会学的传统。

中国社会学的优秀传统当然不止融通和担当这两个方面，但这二者相当突出，并且对今天以及今后的中国社会学发展具有重大意义。我认为严、梁、费、丁还有潘光旦等诸位先贤以他们的卓越学识，为中国社会学事业做出的宝贵贡献，就是为中国社会学优秀传统增光添彩，在融通和担当这两个方面都为我们树立了杰出榜样。

中国知识分子骨子里有一种潜意识："为天地立心，为生民立命，为往圣继绝学，为万世开太平。"自宋代张载（1020～1077）做了这一概括之后，其一直作为此后历代士大夫追求的"圣贤气象"。为往圣继绝学，是作为中华文化之子的每一位知识分子的责任担当，我理解费孝通先生晚年为什么疾呼"文化自觉"，其中就包括这个意思。如果我们数典忘祖，只知传播、继承西方的东西，对自己祖宗的东西没有兴趣，那中华文化传统真有到我们这一代就断了香火的危险。中华文明是世界上唯一延续下来的古代文明，现在却在向现代社会转型的过程中遇到了历史上从未遇到的危机。这主要是因为中华文明所赖以生存的社会基础正在转型或者瓦解。随着农民进城及农村城镇化，原来在农村地区保留的较为浓厚的孝道等传统文化几近消失，东部地区的农村本来是传统文化的发源地或核心区域，现在保留下来的优秀传统竟然不如西部一些民族地区。同样，像社会学这样本来很"接地气"的学科，中国社会思想史学科的地位在业内却很低，"为往圣继绝学"的自觉意识很淡薄，好像那些"老古董"断绝与否与己无关。如果不知道韦伯、涂尔干，很多社会学专业的人会深以为耻，但如果不知道荀子，觉得无所谓。我们的数典忘祖，达到了史无前例的程度。与清末比，那个时候译介西方社会学，还是努力与中国本土的社会思想"接地气"的。与民国时期比，即使那时主张"西化"的人，其行为却可能是地道的中国传统的，例如胡

---

① 严复：《原强修订稿》，载黄克武编《中国近代思想家文库·严复卷》，中国人民大学出版社，2014，第38页。

适就是如此。而那时一些习得了西方社会学的学者也鲜明地提出"社会学中国化"的主张。而近40年来，连这个口号也不够响亮，倡者不众，信者不笃。学界好像已经习惯于漠视中国社会学自己的历史基础，甚至认为社会学只有西方一个传统，西方社会学传统的独尊地位好像是理所当然的，现在提出社会学的中国历史基础倒是很突兀的、很奇怪的，甚至可能是感觉很别扭的、不大愿意接受的。

慢说是对待古人，就是对待今人又何尝不是如此？就说中国社会学恢复重建以来，也将近40年了，如果在西方国家，这么长的时间应该积累为学科发展的一个阶段了，可是我们积累了什么传统？试问，在西方社会学家那里，有哪个理论比费孝通的小城镇理论对中国城镇化的现实更有解释力？有哪个理论比2013年5月13日逝世的陆学艺的"三农理论"对中国的城乡关系和农村发展更有解释力？2014年11月9日逝世的郑杭生教授，在学术上贡献良多，仅以他的"社会互构论"来说就很有创新性。现在还活跃在社会学前沿的，如宋林飞教授在社会学理论和社会政策领域多有建树，仅就他的"率先现代化或区域现代化"理论来说，就回答了在一个统一的制度体系下一个区域如何率先实现现代化的问题，无疑丰富了世界的现代化理论。当代中国社会学家独创的成果还有很多，这里只是列举。问题在于：这些成果都是从中国的实践中概括出来的，中国的实践有丰富的成功经验，作为中国经验结晶的学术成果为什么不可以进课堂、进教科书呢？在西方，早就这样做了。我们中国人自己创造的理论，以及大批中国学者立足于中国实际所做的研究，即使理论概括不够成熟、不够全面，只要是正确地提出了问题，做了踏踏实实的调查和思考，也是应该充分肯定、认真对待的。学术发展要遵循积累规律，一个人的智慧，相对于一个学科来说，总是微小的；一代人的智慧，相对于一个学科来说，也是有限的。要克服这个有限性与无限性的矛盾，靠的就是学术积累。好在学术本身具有可积累性，问题在于是否具有积累的自觉意识。没有积累，那还谈什么中西会通，更谈不上中国社会学走向世界、争取学术话语权了。

可见，如果不建立和弘扬中国社会学自己的传统，那就谈不上中西会通，就只好以西方社会学传统为自己的传统，也就不可能建立起真正具有中国特色的社会学。如果不实现中西会通，那就或者自珍自爱地讲述"中国社会思想史"，或者简单地照搬西方社会学传统，中国社会学的崛起就难以实现，更难以形成一个能够回答中国和世界的时代性问题的中国社会学。

（二）立足于自己的历史基础，才能明确中国社会学的基因和特色

延续自己的学术传统是开展中国社会学学术创新的基础。自己没有传统，以别国的传统为遵循，自己脚下就没有根。近日读到北京大学乐黛云教授的文章，是回忆原北京大学副校长，著名哲学家、佛学家汤用彤先生的。汤先生说，作为一个中国学者，做什么学问都要有中国文化的根基。① 这个话，中国社会学者应该引为教训。传承和创新的关系，对任何学科都是一个根本问题，具有普遍意义。对中国社会学这样一个长期自称为"舶来品"的学科来说就更是如此。

其实，中国人历来是重视传承的，只是到了近现代，由于文化自信的丧失，对传统的态度才发生了巨变，从而对中国社会思想的学术传统也就有了很大的争论。是延续传统，还是抛弃传统？在此，我们不是要做一般化的争论，也不是一般地讨论什么有利于中国社会学的发展和创新，而是要明确中国社会学的基因和特色。

继承和积累传统，不是因循，而是奠立创新的基础。看看外国人是怎样搞学科建设的，就可以清楚积累传统和学术创新是统一的。法国人高度重视学术传统，坚称孔德是"社会学之父"，其实他不过是起了一个"社会学"之名。这还不算，法国人生怕德国人抢去社会学的创始权，还想把自己的社会学传统追溯到孟德斯鸠（1689～1755）的《论法的精神》，甚至更早。英国人则想把它的社会学传统追溯到霍布斯（1588～1679）的《利维坦》，也是越早越好。他们在建立自己的传统时，完全不在意《实证哲学教程》、《论法的精神》和《利维坦》是否称得上是符合"学科标准"的社会学著作。我们为什么就那么心甘情愿地承认我们没有社会学，社会学只是"舶来品"呢？诚然，我们古代没有西方那种形态的社会学，但是我们泱泱大国，有几千年的文明，那么复杂的社会是怎么形成的、怎么治理的，人和人是怎么相处的？说中国自

---

① 乐黛云：《我心目中的汤用彤先生》，http://guoxue.ifeng.com/a/20170302/50748570_0.shtml，最后访问日期：2017年3月2日。

古只有"社会思想"，没有"学"，可是我们有复杂的制度，有丰富的治理经验、治理技术，有从"礼"到习俗等有效的社会制度和规范，这些显然不只是"思想"，难道都不是"学"吗？

西方人正是在积累传统的同时，成就了学术创新和学科建设：实证研究形成了，功能主义、结构主义创立了，经典大师涌现了，代表性著作传世了。后来被认为是"学科标志"的什么教职、专业、杂志之类形式性的东西也就不在话下了。于是，社会学的定义、研究范式、学科地位就确定了，历史就这样写出来了。

在中国，群学创立以后，其实也一直在传承、在绵延和发展，只不过采取的形式与西方社会学不尽相同而已。群学的要义，在于合群、能群、善群、乐群。这就是中国社会学的基因。梁启超曾经指出："苟属有体积有觉运之物，其所以生而不灭存而不毁者，则咸恃合群为第一义。"① 我们形成了如此伟大的中华民族、如此繁盛的社群，这不就是"合群"吗？我们建立了长城内外、大河东西、长江南北如此伟大的国家，这还不是"能群"吗？我们铸就了各美其美、美人之美、美美与共的融合56个民族的大家庭，这难道不是"善群"吗？我们"四海之内若一家"，② 天涯海角如比邻，倡导"人类命运共同体"，这还称不上是"乐群"吗？荀子曰："道者，何也？曰：君之所道也。君者，何也？曰：能群也。能群也者，何也？曰：善生养人者也，善班治人者也，善显设人者也，善藩饰人者也。善生养人者，人亲之；善班治人者，人安之；善显设人者，人乐之；善藩饰人者，人荣之。四统者俱而天下归之，夫是之谓能群。"③ 这里说的是君者之道，善于解决人民的生产生活问题（生养）、善于治理（班治）、善于任用（显设）、善于给人们有差等的待遇（藩饰），人民则亲之、安之、乐之、荣之，于是天下归心，这叫"能群"。其实，虽然合群、善群、乐群与能群的具体要求、做法不同，但道理是相通的。为君之道如此，为臣之道、为民之道亦相通。由此生发开来，"群道"之基因，贯通于修身、齐家、治国、平天下各个层次，规制于君臣、父子、长幼、夫妻、亲朋、邻里、族群等各种

① 梁启超：《说群一：群理一》，载《饮冰室合集》（文集第2册），中华书局，2015，第137页。
② 方勇、李波译注《荀子》，中华书局，2011，第124页。
③ 方勇、李波译注《荀子》，中华书局，2011，第197页。

关系，体现于礼、法、家训、乡规、民约等各种制度和规范，融会于家国、朝野、士农工商，发挥于族群间、民族间、国家间、天下世间，"群道"之理至大至微，群学之功至高至伟。舍此，难以解释中国社会之形成，难以揭示中国发展之奥秘，难以说明中国社会学是什么、为什么、能干什么。这是中国社会之根，没有这个根，我们靠什么立足于昆仑山下、大洋西岸这块广袤的黄土地、红土地、黑土地之上？这是中国社会学之根，凭仗这个根，我们就可以傲立于社会学的世界殿堂！

（三）立足于自己的历史基础，有利于形成和彰显中国社会学的独特优势

所谓中国社会学的崛起，不仅是在西方社会学之外又有了一个自成体系的社会学，而且是有了一个能够引领新时代的社会学。所谓中国社会学的崛起，不仅要争得一个被承认的地位，而且要对世界社会学的发展做出独特的贡献——中国社会学不仅要能够回答西方社会学能够回答的问题，还要能够回答西方社会学回答不好、解决不了的问题。这是一个基于中华五千年悠久文明、运用东方智慧、回答 21 世纪新问题的社会学。

学术本质上不承认霸权，学科也不承认什么独占权。学术在本质上是开放的，是要交流、对话、讨论、沟通的。否则学术就没有生命力，或者被异化为一种文化侵略的工具，也就是美籍社会学家林南教授所称的"文化殖民"。① 但是，对我们来说，如果自己手里什么理论、什么传统都没有，那就只好去把别人的传统认作自己的传统，把别人的理论尊为"公认理论"，自己只能匍匐在地，连头都抬不起来，哪还有什么"对话"、"交流"？其实，如果撇开"名称"不论，中国不仅有社会学，而且内容极为丰富。其不仅是中国人引以为豪的财富，也是世界学术的优秀成果。传承中国社会学，并把它纳入世界的社会学宝库，其实对世界社会学整个学科的丰富发展和地位提升，都是大有裨益的。

中国社会学（群学）的特质，是人本性、整合性、贯通性、致用

---

① 林南：《中国研究如何为社会学理论做贡献》，http：//www.sociologyol.org/yanjiubankuai/xuejierenwu/linnan/2007 - 05 - 20/1934.html，最后访问日期：2007 年 5 月 20 日。

性。这些特质不仅可以补西方社会学之不足，还可以在新的历史条件下发挥独特的优势。

所谓人本性，是说群学并不像西方社会学那样，把"社会"看作一种外在于人的实在，如同自然界一样只是一种"对象"，如同生物体一样有"结构"、有"功能"；研究方法的"基本准则"是"把社会事实作为物来考察"，社会事实必须用社会事实来解释，[①] 这就是"实证科学"了。群学则不然，它以人为中心、以人为本位、以人为主体。"群"是人的社会性存在，是有性情、有温度、有理性的存在。人不同于"物"，"人有气、有生、有知，亦且有义"，人之所以"最为天下贵"，是因为"能群"，而能群之本在于"礼"、"义"。[②]"礼"、"义"既内化于心，又外化于行。人就是这样的"行动者"，不像西方社会学那样把人当作物，"物"、"我"两分一直走到极端，到20世纪后期，才又回头召唤"行动者的归来"。[③]

整合性是指群学不像西方社会学那样，将主体与客体、个体与整体、能动者与结构、结构与功能、事实与价值，如此等等，一律二分，并常常将其二元对立起来。群学坚持从整体上把握社会，当然不是不做分析，而是以整体统摄分析，保持研究对象的整体联系。到底怎样才能把握真实的存在？分析当然是有用的方法，但是单纯地分析，以致割断了整体联系，其实就失真了。因为人及人的社会，毕竟不是自然物，离开了与整体的联系，其性质就会发生变化，其功能就会丧失。而以整体统摄分析，似乎不够清晰，但保持了原本的真实性。这是我们的先人高明之所在，也是包括群学在内的中国学术显得底蕴深厚的原因之一。

整合性是群学的特质之一，也是中国社会特质的反映。群学强调人生不能无群，人之高贵在于具有"群性"、遵循"群道"，与西方张扬个人性确实不同。亚当·斯密认为虽然每个人都追求个人私利的最大化，结果却造成社会的发展和进步；而中国人强调只有国家好、民族好，个

---

① E. 迪尔凯姆（又译为涂尔干）：《社会学方法的准则》，狄玉明译，商务印书馆，1995，第35页。

② 方勇、李波译注《荀子》，中华书局，2011，第127页。

③ 阿兰·图海纳：《行动者的归来》，商务印书馆，2008，第6页。

人才会好。与社会本体上的这种整体观相一致，在认识方法和研究方法上，荀子讲要"以类行杂，以一行万"，[①] 从整体上把握纷杂的事物，用统一、合一的原则统摄万事万物，这是"舍是而天下以衰矣"的根本原则。

贯通性既是指群学通达了修身、齐家、治国、平天下各个层次，也是指群学渗透于经济、政治、文化、社会各个领域，君臣父子、士农工商，丧祭、朝聘、师旅，贵贱、生杀、予夺，都适用于群道这一道理。西方特别是十八九世纪以来，偏好于把各门学问区隔起来，搞得知识界高墙林立，而且以为墙越高，越是专业，学问越是高深。我们的先人却执着于贯通，包括领域通、门类通、概念通、学理通。不仅是知识通，知识与信仰（宗教）也要通，在信仰界，儒道释要三教融通；不仅是知识和观念要通，知识、观念与实践，言与行也要通。自古以来，未见哪一位大学问家以不"通"（囿闭于某一狭小"专业"）为荣，未见哪一本经典写得让外行人看不懂。哪怕是像《黄帝内经》这样的医学经典，也讲做人的道理，也讲治国的道理，因为世事与身体、生命与自然，道理都是相通的。通则明、通则行，通则成、通则盛。这种学问，能说是"落后"吗？未必，换个角度看，这是优点长处，是博大精深的。能说这是"愚昧"吗？不然，能够以整合统摄分析，这是至高之真，是至圣之明。

致用性是指群学这门学问不是像西方社会学那样以"描述"、"解释"、"实证"为目的，而是为了用，致力于用，使之有用，达致其用。

既然重在致用，就不太重视知识形态。而单纯从知识形态着眼，就会偏重于分析，越是条分缕析，知识就越是显得清晰；而重视实用，就会重视综合，因为实际事物的存在形态总是综合的，要在实践上解决比较重要的问题，往往需要动用多方面的整合性的知识，过于细分的知识难免显得片面，于事无补。这就有如中药，一个药方通常用一二十味药材配伍而成，单用一种药材效用就可能走偏了。可是，一二十种药材熬制成的药剂，到底是什么成分？难以分析得清楚。于是，从西医的角度看，就不承认中医也是医学科学。直到最近，一些西方国家看到中医确

① 方勇、李波译注《荀子》，中华书局，2011，第126页。

实很有效，甚至能治好一些西医无法治好的病，才开始承认中医，但主要是承认中医的效用，还是不情愿承认中医也是"科学"。这同样涉及"科学"标准和"学科"形态问题。

中国社会学在研究对象上的人本性、在研究方法上的整合性、在研究视角上的贯通性、在研究目的上的致用性，与西方社会学在研究对象上的事实性或物化性、在研究方法上的分析性、在研究视角上的区隔性、在研究目的上的描述性（或实证性），既形成对照，也相互补充。在21世纪人类进入塑造新型世界文明的未来征程中，人将摆脱物的奴役，不再作为单面的经济动物，物欲满足和金钱贪欲不再是人的至上追求，以人为本的"人本性"势必得以张扬；在新的文明形态中，个人与社会将处于相对和谐的状态，社会将从整体上为个人发展提供更好的条件，学术研究也将发展出更善于从整体观照个人的方法，因而"整合性"的社会学将得以彰显；在全球化时代，人们的经济、文化、信息的世界性联系将更为频密，各种导致不平等、不合理的区隔将被打通，合作共赢共享将呼唤"贯通性"的社会学；随着社会学更加呼应社会发展的需要，学术性与应用性将更加紧密地结合。由此可以预期，在着眼未来、积极参与塑造世界新文明的过程中，更加重视人本性、具有整合性、体现贯通性、强调致用性的中国社会学（群学），必将凸显出独特的学术优势。

三 怎样探寻中国社会学崛起的历史基础

以上在认知层面、价值层面所做的讨论，为在事实层面讨论中国社会学崛起的历史基础准备了必要条件。历史经验表明，如果缺乏这种必要条件，即使事实确凿，也未必得到承认。因为历史事实与现实事物不同，现实事物可以呈现在眼前，可以用经验去感知它，用科学方法去鉴定它，共同的经验可以成为得到共识的基础，科学方法的可靠性，可以作为研究结论可信性的根据；历史事实就不同了，它的呈现本身就需要发掘、整理、加工和解释，特别是对群学这样的非实物的存在，对概念这样的思维产物，就只能依靠解释和理解了。因此，在这里，认知方法和价值选择，对确认这种非实物的存在性，就具有近乎前提性的意义。

探寻中国社会学崛起的历史基础，具体来说，应从何处着手？应从梳理概念着手。这是因为，第一，概念特别是基础性概念，是一个学科存在的最根本的标志。我们知道，学科内容是由一组命题构成的。一个重要命题，就可能构成一个理论。但一般情况下，一个学科是通过一组或一束命题构成的。命题是由什么构成的？针对某一问题做出论断，形成命题，都需要界定概念，并通过概念及其关系来表达命题。例如，我们见到平行线概念，就知道那是欧几里得几何学；见到讲虚实症，就知道那是中医学。可见，梳理出概念和概念体系，应该是一个学科存在性的确凿证据。

第二，群学是以概念的形式得以在长期的历史过程中持续绵延的。关于中国社会学的绵延，因为中国学科分法不同，群学不是以单科形式流传的，到了清末民初它才以单科形式复出。在此之前的学术历史长河中，群学是以概念形式深入生活、潜入民间、形塑社会、规范人生的，对中国社会制度体制的生成、稳定和演变，生活样态的形成和延续，起到了重要作用。从中展开了中国社会学的绵延过程，具体而生动地体现了中国社会学的人本性、整合性、贯通性、致用性的特点。

第三，我们在前面讲到学术积累，主要就是积累概念、传承学术，即传承概念。中国学术的基因和特色主要也是经由概念表现出来的，学术优势也是依靠概念的表达力彰显出来的。可见，梳理出概念和概念体系，立足于历史基础就可以落实了。如果没有自己的概念（话语）体系，中国社会学就建立不起来。

第四，概念的使用，特别是被普遍接受和承认，就是学术话语权的确立。如果只讲争取学术话语权，却不致力于提炼自己的概念，那是空谈。概念和概念体系的形成，需要一个长期积累的过程。提炼概念，亦非一日之功。台湾学者汤志杰提出要"从一砖一瓦炼起"。他指出："当今通行的学术分析概念……几乎皆源起于西方，因此当我们使用这些概念或语汇时，常暗地为西方的观念和认知方式所笼罩而不自知。""如果我们的目标与理想在盖一栋本土理论的大厦，那恐怕就得从头好好烧炼自己的一砖一瓦开始，而不能贪图方便地全盘接受既有的社会学概念。"因此，要"从最基础的概念工作做起"。[①] 台湾学者陈其南也指出："在

[①] 汤志杰：《本土观念史研究刍议：从历史语意与社会结构摸索、建构本土理论的提议》，载邹川雄、苏峰山编《社会科学本土化之反思与前瞻：庆祝叶启政教授荣退论文集》，南华大学教育社会学研究所，2009，第337页。

基本的术语和概念尚未能给予正确的界定和了解之前，即引进西方社会学的研究技巧，并无法妥当地掌握到中国社会的本质"，必须"以中国社会现象的本身为起点，重新界定和分析中国传统制度的特质，进一步厘清一些基本用语和概念"。[①]

总之，梳理中国社会学的概念体系，既是对中国自古就有社会学的证明，也是对群学绵延问题的回答。同时，这也是传承中国学术、确立中国社会学话语权的基础性工作。但所谓"梳理"，并不是一般所说的"分类"、"整理"，而是包括多方面工作的繁重任务。

首先是"发掘"。群学的概念，当然最集中存在于《荀子》一书中，但既然荀子是先秦诸子中的集大成者，那就意味着群学概念与管（仲）孔孟老庄墨诸子、儒道墨名法兵医农各家都有渊源。从空间看，群学概念不仅表现在社会人文领域，也表现在各个领域。从时间看，秦汉时期，群学参与了基本的政治、经济、文化和社会制度体制的形成；唐宋以后，它沉潜于民间，参与了礼制下移和家训、乡约、族规以及社会风俗风尚的形成和施行过程。从如此广阔的领域和漫长的过程中"发掘"群学概念，有如"史海拾贝"，不仅要功力，也考验耐力。缓是缓不得，急是急不得；宽是宽不得，严是严不得。勉力为之而已。

其次是"申义"。一般而言，专门概念与日常词语并没有绝对的界限，对群学来说更是如此。历史过程越长，专门概念转化为日常词语的可能性越大；概念发生转义的次数越多，发生歧义的概率越高。特别是对群学，由于其他学科已经对许多概念抢先做出界定，以至于人们会先入为主地认为这些概念只属于其他学科，不属于社会学。更由于我们历朝历代并不重视学科的严格界限，有些概念被其他学科界定了，也就被其他学科认领走了。社会学长期自认为是"舶来品"，对这种情形漠然视之，甚至连"视"都不"视"。不用说一些本应是不同学科共有的概念归属了他家，即便本来是社会学的概念也已经改入另门了。前者如"仁"、"义"、"利"、"信"等，后者如"礼"、"性"、"气"、"天下"等，皆是如此。我们拱手相让，其他学科乐不可支。概念是学科的珍宝，

①　陈其南：《台湾的传统中国社会》（订正版），允晨文化出版社，1994。此处转引自汤志杰《本土观念史研究刍议：从历史语意与社会结构摸索、建构本土理论的提议》一文，见前注。

得之则学科存，富之则学科盛。"哲学"、"伦理学"等学科捷足先得，获益优厚。本来，"哲学"、"伦理学"这些名称，中国古代也没有，差不多与"社会学"都是19世纪末20世纪初从日本转译引入的，可人家很快拾掇了大量概念，只用了30年工夫。先有胡适于1919年出版了《中国哲学史大纲》（上卷），继有冯友兰于1931～1933年推出了完整系统的《中国哲学史》。随着后书译介到国外，西方人再也不能说中国没有哲学了。反观社会学，大方得很，不争不要。像"仁"这种概念，肯定是很多学科皆可用的，哲学家从哲学视角界定了它，它就成了哲学概念。可是，"仁者，人也"，[1] 关于人的研究怎么可能只是哲学一家之事呢？"群也者，人道所不能外也"，[2] 群学不就是研究人的社会关系、社会行动、社会制度、社会规范的吗？既然如此，我们从先秦诸子关于"仁"的丰富论述中，将其社会学的内涵"申义"出来，有何不可呢？至于"义"、"利"、"信"等的社会学"申义"，就更应是顺理成章之事了。荀子讲"群"、讲"分"，本源在于"义"。礼义，是治国的本源（"礼义者，治之始也"[3]），实行了礼义就能称王，建立了信用就能称霸（"义立而王"，"信立而霸"[4]）。荀子坚决反对只倡导功利，而不发扬礼义，称赞恪守信用，反对唯利是图（"呼功利"，"不务张其义，齐其信，唯利之求"[5]）。此类论述，随处可见于关于修身、王制、富国、强国、致士、议兵、礼论、乐论等篇章中，这些怎么可能只是哲学、伦理学而不是社会学呢？可这是我们自己拱手相让，怨不得别人的。至于"礼"、"性"、"气"、"天下"等，社会学色彩极为浓厚，其他学科也并没有据为己有，可我们社会学也不认领，也不待见，这就更加怨不得别人了。好不容易一个"伦"的概念被潘光旦视为珍宝，加以"申义"，[6] 费孝通的"差序格局"实际也是在讲"伦"（差序"也就是伦"[7]），可这又被

---

① 汪受宽、金良年撰《孝经·大学·中庸译注》，上海古籍出版社，2012，第118页。
② 严复：《〈群学肄言〉译余赘语》，载黄克武编《中国近代思想家文库·严复卷》，中国人民大学出版社，2014，第373页。
③ 方勇、李波译注《荀子》，中华书局，2011，第126页。
④ 方勇、李波译注《荀子》，中华书局，2011，第162页。
⑤ 方勇、李波译注《荀子》，中华书局，2011，第166页。
⑥ 潘光旦：《儒家的社会思想》，北京大学出版社，2010，第252、256、266页。
⑦ 费孝通：《乡土中国　生育制度》，北京大学出版社，1998，第28页。

指只是"乡土社会"（差一点没被说成是"封建社会"）的东西，难道现代社会、工业社会就没有父子、夫妇、兄弟、长幼、远近、亲疏关系了？说到这里，我们就只能怨自己，必须自责和反省了。

再次是"辨识"。群学的概念，古今之间，有的字同而义不同；中西之间，可能"字"（译名）同而义有别（如"家"、"心"、"己"），有的含义相似而字不同（如"群"与"社会"）。这种情况的存在，本来实属正常。特别是在中西之间，文字不同、学术脉络不同、学科发展条件和情境不同，如果不去仔细地辨识概念，就简单地以中国没有"社会学"之名、以"群学"与"社会学"叫法不同为由，得出"中国没有社会学"的结论，实在是武断得很了。

所谓"辨识"，主要不是字词含义的比较，如中文的"家"比西方的"家庭"具有更广的含义，而是要"辨识"中西两大学术体系的异同。不然的话，就会发生这种常见的问题：在荀子那里，有"群学"这个词吗？好像只有找到"群学"之名，才有"群学"之实，殊不知中国古代不是像西方那样按照研究对象来为学科命名的，而是按照经史子集划分的，例如按照"子"就有孔学、老学、墨学、荀学等。拿着西方的尺子裁量中国学术，很容易发生以"名"代"学"、因"词"废"学"、只问其词不识其意的问题。而正是严复在译介西方社会学的开创性工作中，为如何辨识中西概念树立了典范。他常为一个译名而"旬月踟蹰"，这不只是中西文之间词语的翻译问题，还有中西两大学术传统的对话和会通问题。从这一深层意义，我们可能更容易理解严复为什么反对照搬日本的方式用"社会"译"society"，而坚持用传统概念"群"来译。因为他看到了斯宾塞社会学"实兼《大学》、《中庸》精义。而出之以翔实，以格致诚正为治平根本矣"。[1] 对此，本杰明·史华兹看得明白，他说严复之所以"没有过多地采用日本人在先前几十年里创造的新词（如'社会'、'社会学'——引者注）"，是因为"这位高傲的中国人，完全相信他对本国语言渊源的理解远远超过'东方岛夷'的那些自命不凡的家伙"。[2] 这里就说到文化自信上了。可见，所谓"辨识"，有词语

---

[1] 严复：《原强修订稿》，载黄克武编《中国近代思想家文库·严复卷》，中国人民大学出版社，2014，第374页。

[2] 本杰明·史华兹：《寻求富强：严复与西方》，叶凤美译，江苏人民出版社，1996，第88页。

问题，但不仅仅是一个词语问题。

最后才是所谓"梳理"（分类整理）——按照内在的逻辑联系分层和排序。显然，只有在上述"发掘"、"申义"、"辨识"诸环节做足了功课，才找得到"内在的逻辑联系"，才谈得上"分类整理"。这是一个笨功夫，却是一条踏踏实实的道路。

本书作者们自知学识不足，勉力为之，在中国社会学悠悠两千多年的源流中，以"淘宝"的方式，精选出 34 个概念，将其中 4 个（群、伦、仁、中庸）确定为基础性概念，其余 30 个为基本概念。能够贯通基本概念各个层次的为基础性概念。受严复启发（群学"有修齐治平之功"[①]），我们将 30 个基本概念区分为修身、齐家、治国、平天下四个层次。修身层次的基本概念是：身、己、性、气、心态、"社"与"会"、天、自然；齐家层次的基本概念是：家、宗族、孝、礼、义、信、利；治国层次的基本概念是：国与民、国土、士、王道与霸道、贤与能、科举、公与私、秩序、位育；平天下层次的基本概念是：天下、势、变、和合、多元一体、大同。

关于这些概念作为社会学概念的具体理由，以及它们的丰富内涵，本书将在第二至第六章中逐节加以展开，这里恕不一一赘述。

四　结语

对于什么是中国社会学崛起的历史基础，以及如何去探寻这一历史基础，在这篇前言里，只是做了初步论证。归结起来，大概有以下几点。

第一，中国社会学崛起的历史基础是以荀子"群学"为代表的本土社会学传统资源。

第二，群学的历史存在性是论证中国社会学起源和绵延的事实性根据。

第三，"学科标准"不具有绝对性，荀子群学与西方社会学在内容上相"合"、"正同"，具有实质上的一致性。

---

① 严复：《原强修订稿》，载黄克武编《中国近代思想家文库·严复卷》，中国人民大学出版社，2014，第 38 页。

第四，中国社会学立足于自己的历史基础，有助于实现崛起，也只有如此，才能够实现崛起。这是因为：①立足于自己的历史基础，才能遵照学术积累规律，使中国社会学具备实现中西会通的必要条件；②立足于自己的历史基础，才能明确中国社会学的基因和特色——合群、能群、善群、乐群；③立足于自己的历史基础，还有利于形成和彰显中国社会学的独特优势——人本性、整合性、贯通性、致用性。

第五，经过发掘、申义、辨识、梳理，形成概念体系，是确立中国社会学话语权的基础性工作。

龚自珍言："欲知大道，必先为史。""灭人之国，必先去其史。"①我们也可以说：欲立其学，先立其史；欲兴其学，先正其史。中国社会学如果没有历史基础，那就很难实现崛起，或者即使发展了，那也只能被看作西方社会学在中国的推广和应用，谈不上中国社会学的崛起。而立足于自己的历史基础，中国社会学就能够凸显自己的特色、风格和气派，就可以在古今贯通中，形成自己悠久深厚的学科积累，不然的话，没有古，何谈今？就可以在中西会通中，互学互鉴，不然的话，何谈会通？没有积累和会通，何谈崛起？

我们探讨中国社会学崛起的历史基础，既不是好古，也不是泥古，更不是复古。具体点说，不是对目前盛行的"国学热"的跟风，而是从实现中国社会学崛起的客观需要出发的。从宏观背景说，实现中国的崛起，迫切需要汲取中国的历史智慧。从学科发展看，不重视中国本土的学术资源，无法解决中国的学术话语权问题。从中国社会学的历史基础，可以找到中国特色、中国风格、中国气派的基因和源头；可以找到厘清当代发展来龙去脉的头绪，找到建构新的发展逻辑的深厚根基；可以找到与西方社会学对话，并能弥补其不足的中国话语基础。

如果中国本土没有自己的社会学，也就罢了。既然有，为什么偏要无视它，而不去延续这一学术传统，不在这一学术积累的基础上谋求中

---

① 龚自珍：《龚自珍全集》，上海人民出版社，1975，第22、81页。参见习近平2014年10月13日在中共中央政治局第十八次集体学习时的讲话，中国政府网，新华社北京10月13日电，http://news.xinhuanet.com/politics/2015-08/06/c_128100786.htm，最后访问日期：2015年8月6日。

国社会学的崛起呢？

如果中国自己的社会学传统资源并不优秀，对回答当代中国和世界面临的问题没有多大助益，也就罢了。既然群学所具有的人本性、整合性、贯通性和致用性特质，恰恰可以弥补西方社会学之不足，可以为解决当今世界的重大问题贡献中国智慧，为什么偏要轻视它，而不去发扬这一优秀传统，不以这一优秀资源作为中国社会学崛起的历史基础呢？

既然中国社会学具有自己的学术传统，而且很优秀，那我们作为后来者，就有一个对前辈的责任和态度问题了。对中国社会学的历史传统，我们有必要加以了解、有义务表示尊重、有责任发扬光大。梁启超在《论中国学术思想变迁之大势》一书中说："安见此伟大国民，不能恢复乃祖乃宗所处最高尚最荣誉之位置，而更执牛耳于全世界之学术思想界者！""生此国，为此民，享此学术思想之恩泽，则歌之舞之，发挥之光大之，继长而增高之，吾辈之责也。"①

本书下了大量功夫、用了大量篇幅，主要致力于发掘、申义、辨识、梳理概念，初步建立了一个完整的概念体系。但"完整"远不是"完善"，我们对具体概念的阐述未必恰当，对概念体系的整理恐有疏漏。而用群学的概念体系，证明中国自古就有社会学，也许不是充分的论证，却肯定是重要的、关键的一步；这一研究也不是最终的目的，但确立历史基础是实现中国社会学崛起这一伟大目标的必要条件。正因为如此，我们才不揣谫陋，愿将本书作为引玉之砖。

景天魁

2017 年 3 月 11 日

---

① 梁启超：《论中国学术思想变迁之大势》，上海世纪出版集团，2006，第 2 页。

第一编

总论

第一章

中国社会学的源流问题

一 中国社会学不可回避的根本问题[①]

2005 年 2 月 21 日，胡锦涛同志在中央政治局集体学习"建设社会主义和谐社会"时指出："社会学的春天"来到了。中央提出要建设和谐社会，加强社会建设和社会管理，必然要求社会学来回答一些重要的理论和实践问题，这对这个学科的发展是一个难得的历史机遇。在这个过程中，社会学将会受到前所未有的重视，学科队伍将会有很大的扩充，研究成果将会百花争艳，学科地位将会有很大提升。在这个意义上，可以说"社会学的春天"来到了。

这是对"社会学春天"的第一层理解：它是指学科发展的难得机遇。对此估计不会有什么异议。

（一）回顾与评估

时间荏苒，回过头看，社会学是否呈现繁花似锦的新局面？按理说，既然"春天"来到了，应该是"季节"的更替，也就是进入一个新阶段，出现崭新的气象，达到全新的高度。所谓"新阶段"，应该具有结束以引进吸收为主导、以西方概念和理论为圭臬，自主创新中国社会学的含义。那么，我们是否有这样的感觉呢？不可否认，十几年来，社会

---

① 2014 年 3 月 15 日在南开大学、3 月 22 日在武汉科技大学召开的两次社会学研讨会上，笔者先后做了"我对'社会学春天'的理解"和"中国社会学不可回避的根本问题"的发言，5 月 7 日在中国社会科学院社会学研究所又就此问题做了演讲。本部分是在此基础上整理修改而成，感谢参加上述会议的多位同人的评论。

学的学科队伍有了较大的扩展，科研成果也比较可观，学科影响有所扩大，学科地位显著提高。党和政府对社会学的重视程度是前所未有的，广大社会学工作者是勤奋努力的，成绩是突出的。然而，尽管如此，好像并没有很明显的"季节性"变化，进入"新阶段"那样一种带有"跃升性"的感觉并不明显。

"社会学的春天"意味着什么？一是社会学要形成回答和谐社会建设乃至中国整个社会建设、社会治理等问题的一系列重大学术成果，这些成果能够在实践中发挥不可替代的、社会公认的重要作用；二是提出一系列称得上具有中国特色、中国风格、中国气派的基本概念、基本命题和基本理论，它们与其他学科比，能够奠定独立而具有优势的学科地位，与国外社会学比，能够有自己的话语权；三是社会学应该建立起远比现在宏大的学术研究和教学队伍，人才辈出，创造力强，并且形成优秀的学术风气、学科风气和学科体制，使整个学科成为造就大批杰出人才的熔炉，形成平等、友善、团结、活力四射的共同体。

这是对"社会学春天"的第二层理解：它是指学科发展进入"新阶段"。出现这种局面，正是学界共同期盼的，所以尽管对"新阶段"的提法有不同意见，但争议不会很大。

当然，一个学科的发展，从常态来说，本来就是缓慢的、逐步积累的过程，这是一个基本的方面。但是，许多学科在发展过程中也都可能遇到特殊的机遇，出现转折性、跃升性的变化。"春天来到了"，是对社会学即将得到这样的带有转折性而非常态性的机遇，即将发生这样的跃升性而非缓慢积累性变化的一种判断。我们都不仅希望出现这样的机遇和变化，还相信这样的情况应该发生。那么，十几年过去了，我们是否应该反思一下，为什么这样的感觉不太明显呢？

是否可以说，对于"春天"是什么，意味着什么，如何去迎接或"创造"这样的"春天"，应该为此做出什么样的努力，在学科目标、学术发展上应该做怎样的改变，我们自觉的程度、转变的力度是不够的。如果确实是这样的话，那么，十几年下来的结果，没有发生"季节性"变化，没有那样一种进入"新阶段"、"新时期"的感觉，也就是难免的了。

这样，我们就进入对"社会学春天"的第三层理解：它是一个需要破解的命题。对此，就难免见解不同，甚至充满争议了。

（二）必须触及社会学发展不可回避的根本问题

我们在充分肯定成绩的同时，是否可以做这样的反思：我们在应该发生转折、开创新局面的关头，是不是没有非常自觉地、主动地去触及社会学发展必须触及的不可回避的根本性问题？或者虽然触及了，但认识上的高度不够，行动上的力度不足？如果可以做这样的设问的话，那么我们就首先需要讨论社会学发展必须触及的不可回避的根本性问题是什么。为了回答这个问题，我们首先需要回溯历史，请教先贤。

中国社会学在近现代的发展，曾经有两个重要篇章：一是清末，二是民国时期。清末发生的一个重大事件是，引进了西方社会学。值得注意的是，引进从一开始就不是照搬，而是努力寻找其与中国传统社会思想的结合点，一方面是为了便于西方社会学在中国生根，另一方面是为了促进中国传统社会思想主要是儒学的革新。康有为、谭嗣同和孙中山等都是儒学革新的代表，他们既具有国际眼光，又有革新的胆识，因而成为儒学改革的先驱思想家。就以谭嗣同而论，他兼学中西，对西方政治、科学、历史、宗教均有研究，对儒、佛与庄、墨之学，亦有独到见解，故能融会中西，创立新的"仁学"，给源于孔子的仁学赋予现代文明的新意涵。他运用西方平等自由的理念，重新解释"仁"的含义。"仁"在孔子那里，解释很多，但以"仁者爱人"为首要含义。谭嗣同却主张"仁以通为第一义"。什么是"通"？"通之象为平等"，具体表现在四个方面：一曰"中外通"，"破闭关绝市"，通学、通政、通教、通商；二曰"上下通"；三曰"男女通"，用意是破除"三纲五伦之惨祸烈毒"；四曰"人我通"，破己与他的畛域。他认为破闭塞，通商惠工，富国富民乃"相仁之道"。[①] 这样，谭嗣同就把孔子主要从伦理（学）角度定义"仁"，转变成主要从社会（学）角度解释"仁"。他既吸取了西方先进思想的精华，又保留和重新发掘了儒家仁学的核心价值；既区别于国粹派的保守主义，又拒绝了西方派的民族虚无主义。谭嗣同给我们做出了伟大榜样：对西方社会学不是照搬，而是融通；对中国传统社会思想，不是抛弃，而是提升。康有为的大同思想、孙中山的三民主义，也

---

① 牟钟鉴：《儒学在近现代面临的挑战与复兴之路》，《探索与争鸣》2011 年第 3 期。

都是既继承了中国延绵两千多年的包括大同思想在内的政治社会理想，又吸收了西方的自由、平等、博爱等先进理念，就连我们今天正在进行的社会保障、医疗卫生、公共交通等民生建设，他们也早已经有了概略的预想和设计。此外，严复把社会学翻译为"群学"，实际上也明显包含"接地气"的意思，即使今天看来，这个译法也是很恰当的。以上几位对中国社会学有开山之功的先贤们的垂范，让我们必须谨记的第一个"祖训"，就是"融通"。

第二个"祖训"是"担当"。社会学的传入，是与中国冲破旧制度、迈向现代社会的变革紧密联系的。简单地说，形成鲜明对照的是，它在欧洲的诞生是在大变革之后应了重建"秩序"之"运"；而在中国的传入，宿命却变了，它要充当为了推动变革而呼风唤雨，甚至冲锋陷阵的角色。当时社会学背后的理论基础是进化论，这在西方本来是一种重视缓慢变化的主张，到了清末的中国，面对死抱着祖宗之法"不可移"的腐朽王朝，"进化"就成了炸雷，主张进化不仅没有"保守"色彩，倒成了十恶不赦的"革命党"。慈禧太后以残忍的手段杀害包括谭嗣同在内的"六君子"，也反证了那些引入和传播社会学的先贤们，初衷也确实在于推动社会变革。谭嗣同作为中国改革开放的先驱者之一，他的慷慨赴死，不仅有义士激情、有政治担当，也有学术秉持。这位主张"强国须从兴学术做起"的学者，写下了"我自横刀向天笑，去留肝胆两昆仑"的绝命诗，他是为信念而死的。其实，不仅是谭嗣同，第一代在中国传播社会学的先贤们，不论其政治作为如何，都不约而同地给中国社会学植入了另一个基因，就是担当。如果对比后来从西方传来的所谓"科学主义"的社会学，一种冷观社会、保持中立，将社会视为草木虫鸟一样的外在对象，乃至于只是凭着兴趣，做做好玩的所谓"纯学术"，那确实大相异趣了。

由此可以说，清末开创的融通与担当两大传统，铸就了中国社会学的性格、特质或者说基因。

再看民国时期，一批在西方接受了正规社会学教育的才俊回国了。这批人的知识构成有两个特点：一是出国前受过良好的国学教育，打下了深厚的中国传统文化的根基；二是他们那时学得的社会学，是伴随着工业社会的上升期而形成的，充满进取的锐气、宏大的抱负、理性的精神。他们学成归国，犹如临风仗剑，意气扬扬。一些人看到中国"百事不如人"（"人"指西方——引者注），[1] 开出了"全盘西化"的猛药。这些人视中国传统文化如污泥浊水，恨不得以摧枯拉朽之势扫荡一空。所幸的是，"全盘西化"论者并不是社会学的主将，当时担任中央大学社会学系主任的孙本文、担任燕京大学社会学系主任的吴文藻等一批中坚人物，不但西方社会学功底扎实，又深谙中国国情，他们创造性地提出"社会学中国化"的主张，开辟了中国社会学的正确道路，实为一项彪炳史册的杰出贡献。限于当时的历史条件，对"中国化"的理解各有表述、侧重不同、深浅有别。总的来看，"中国化"不是"地域化"，不是"国别化"，而是指一种文化基因、民族特性、历史逻辑，也就是通常说的"中国特色"、"中国风格"、"中国气派"。

民国时期"社会学中国化"的践行，对清末阶段的融通、担当两大传统均有所继承和深化，并将其推进到新的阶段。例如，在融通方面，坚持"唯物史观社会学"的学者，质疑了当时共产国际有人把马克思的"亚细亚生产方式"概念做教条化理解，由此对中国农村社会性质做出的错误判断，从实际出发，坚持中国农村不是资本主义的，而是以自然经济为基础的封建性质的，并以农村实际调查为根据，论证了实行土地革命的必要性；在乡村建设理论和实践方面，基于中国实际，试图在西方工业化道路之外，探索乡村发展道路，创造性地从乡村建设入手，展开文化再造，并把文化再造与社会改造结合起来；社会学"中国学派"提出了中国特色的"社区"概念，开辟了"社区研究"新路；"文化综合学派"从荀子"群"的概念出发，主张社会学研究必须综合构建人群基本要素的自然因素、文化因素和社会因素，研究诸因素的综合效应。由于当时学派林立，学派内部又有"分派"，"分派"之中又有各种主张、倾向和领域，可谓气象不凡，难以枚举。

民国时期的融通功夫突出地体现到概念的传承和创新上。我们都很熟悉的，如潘光旦的"位育"概念，把西方的"适应"概念与反映儒家

---

① 参见李培林、渠敬东、杨雅彬《中国社会学经典导读》（上卷），社会科学文献出版社，2009，第355页。

文化精髓的"中和位育"相融合，认为"位"即秩序，"育"即进步。"位者，安其所也；育者，遂其生也。"① 经过此一融合，"位育"概念有了远比西方的"秩序"概念更为丰富的内涵。这一时期，费孝通提出的"差序格局"也许是中外学界知悉度最高的中国本土概念，其实他提出的"身份社会"、"教化权利"等概念，即使拿到今天也有很强的解释力。

仅举以上范例，就可以看到，观念上的融通也好，概念上的融通也罢，既避免了洋教条，又克服了老八股；既吸取了西方学术精华，又继承了中国学术传统；有嫁接也有变异，有延续也有革新。这种融通，既不是用西学诠释中学，也不是用中学诠释西学，而是交融、通达，有所创造、有所发明。

在担当方面，这一时期的社会学家，尽管立场不同、"主义"各异，但都或者在社会革命，或者在救亡图存，或者在社会改造和建设等方面，敢于担当，主动作为，涌现出一批叱咤风云的人物。众所周知的中共创始人之一李大钊，也是唯物史观社会学的主要传播者；瞿秋白担任过上海大学社会学系主任，也曾是中共主要领导人；邓中夏是著名工运领袖，也是社会学教授。梁漱溟倡导乡村建设，晏阳初开拓平民教育，陈翰笙组织农村经济社会调查，以及陶孟和的北平生活费调查、李景汉的定县调查、史国衡的企业调查、赵承信的社区调查等，都不仅在社会学发展史上立了标杆，而且对当时的社会实践产生了积极影响。许多社会学家发起和参与了关于中国社会性质、农村社会经济性质、中国文化道路以及中国历史分期、中国教育等关系到国家民族命运的大论战、大讨论，在贫弱、动荡、战乱的中国大地上，导演了一场又一场迸射着思想火花、深刻影响社会历史进程的大戏。他们以无愧于时代的业绩诠释和彰显了社会学的担当精神。

此处的任务并不是全面评述以上两个阶段社会学的发展，而只是集中阐述融通和担当两大传统。显然，从这两大传统看，对以上两个历史阶段不论如何评说，有一个结论是无可争议的：中国社会学有一个与生俱来的问题，这个问题是不可回避的根本性问题，就是中西古今问题。

---

① 费孝通：《"三级两跳"中的文化思考》，《读书》2001 年第 4 期。

时来运转，从 1979 年开始，中国社会学乘改革开放的春风，迎来了从恢复重建到发展壮大的历史机遇。这里无意全面评论这一至今已有 30 多年的并不算短的发展历程，只想冒昧提出一个问题：多年来，中西古今问题是不是被淡漠了，事实上几乎不被当作一个话题？如果真的被淡漠了，那就越发表明这个问题的严重性。文军和王琰有个评论，是谈社会学中国化的："遗憾的是，1952 年后经过 20 多年学科发展的中断，我们在恢复重建社会学后，似乎愈来愈忘记了中国早期社会学家所建立起来的这种优良传统。因此，重新学习孙本文的社会学思想，充分挖掘中国社会学的早期资源和思想传统，对于今天的中国社会学建设具有十分重要的意义。"[①] 这个"遗憾"，并不是否认对于孙本文以及其他社会学前辈、对于中国社会思想史、对于社会学中国化问题学界已有的贡献，其实学界对此都有一些很好的研究，也有一些较有功力的著作问世，"遗憾"的是对这些问题总体上的漠视。以至于今天，对于中西古今问题到底应该怎么看，它对中国社会学是否具有根本性的意义，还是有提出来讨论的必要。

首先，对中国传统社会思想应该怎么看，迄今还是一个问题。认为中国传统文化只是农耕文化，只是农业文明，不是工业文明，由此就得出"中国传统文化不包含现代化的因素"这样的结论，是过于简单化甚至是褊狭了。第一，尽管中国传统文化是在工业社会以前的时代形成的，但是不能由此就否认中国传统文化中包含一些"现代化的因素"。且不说中国资本主义因素的出现并不比西方晚，更重要的是中国传统文化中早就有相当成熟的平等、仁爱、贵民、中和等思想，它们与所谓现代思想是相通的。第二，不能把文化与它的时代性简单地等同起来。文化还有继承性、可积累性、可更新性等属性。文化中有一些内容与时代性联系较为紧密，具有我们平常所说的"时代局限性"；而许多内容与时代没有那么紧密的联系，或者没有什么联系，它是历史积淀的结果。我们今天运用的许多文化，例如文字、姓氏、称谓、概念和观念等，都是中国进入现代社会以前形成的，如果一概拒斥，恐怕现代人都无法生活了。

[①] 文军、王琰：《论孙本文与社会学的中国化》，http：//www.sociologyol.org/yanjiubankuai/tuijianyuedu/tuijianyueduliebiao/2013－02－05/15966.html，最后访问日期：2013 年 2 月 5 日。

就是西方文化中那些"现代化的因素"，也是与前现代化的因素不可分割地交融在一起的，西方人自己声称西方现代文明是对古希腊罗马文明的"复兴"，我们有办法去割开吗？第三，不能把文化的学习和传承等同于简单照搬。学习更主要的是消化、吸收、转化、升华。退一步说，不论传统文化中有没有"现代化的因素"，它都是形成现代思想的重要资源。我们吃的食物，要经过消化系统复杂地加工，才能被人体所吸收，并不是我们吃了蔬菜到人体里还是蔬菜，吃了羊肉到人体里还是羊肉，如果是那就麻烦了。同理，要搞现代化，不能只"吃"进"现代化的因素"，"现代化的因素"是在传统因素的基础上转化和更新而成的。

至于讲中华传统文化"无法与现代社会相沟通"，这是它"在现代社会的宿命"，则完全是错误的。中华传统文化在现代化过程中的作用，过去争论过多次，现在应该得到结论了。多年来，有些人一直无端贬低家庭的作用，现在要解决养老问题、解决就业问题、解决子女教育问题等，又反过来强调家庭的作用。家族更被当作与现代化格格不入的旧东西，但中国香港、台湾的现代大企业，基本上是家族企业，中国大陆的绝大多数私营企业也是家族企业，它们都在工业化、现代化过程中发挥了重要作用，它们也都在企业体制和管理中引入了许多现代因素。事实证明，家族企业和现代企业制度不是水火不容的，传统因素与现代因素不仅可以"相沟通"，还可以相融合，甚至可以得到升华，创造出新的企业文化来。浙江省宁波市的方太油烟机公司，既是一家家族企业，又在制度、管理和观念方面很现代化，它致力于打造中西合璧的企业文化，探索并提出现代儒家管理模式，概括为"中学明道，西学优术，中西合璧，以道御术"。在这里，传统文化和现代文化高度融合了，这种融合可以说是一种文化创新。它是传统的、现代的，还是后现代的？恐怕是融为一体了。这种例子在中国不胜枚举，表现为现代化过程中的常态化现象，这就不好轻易否定了。

当年五四运动砸烂"孔家店"，过去把它尊为"中国现代史的开端"，前几年又有人说还是改良好，激烈的革命不如改良，大有否定五四运动之意。现在回顾1919年的情形，觉得当时激烈一些也情有可原，否则难以冲破旧制度的压制、冲决旧文化的罗网。可是现在，将近100年过去了，"三纲五常"早被冲破了，哪里还有什么封建"罗网"？有些家庭已经父不父、子不子了，"有了孙子自己就成了孙子"，大多数丈夫都是"气管炎"（"妻管严"）了。现在即使不提重建"伦理社会"，也要重建社会伦理。一个缺乏基本的道德底线的社会能够成为现代社会吗？孔德不是讲秩序吗？潘光旦不是讲位育吗？"位育"就是一个中西融合的典范，启发我们怎么建设中国社会学。

其次，学习西方应该怎么学，也需要反思。学习西方当然是有必要的，特别是中国社会学中断了 27 年（1952～1979），"补课"是完全应该的，今后也要长期地学习和借鉴。但是，学习西方，有躺着学与站着学之分：站着学就是脚下有根；躺着学就是脚下无根，像浮萍一样，只能漂在水上。这个根是什么，就是中国文化，就是中国学术传统，就是我们可据以自称"中国"、"中国人"、"中国学术"的东西。对今日社会学来说，就是中国社会思想史和古已有之的中国社会学。

学习西方不能搞成简单地照搬和套用——西方概念＋中国案例或西方理论＋中国数据。更有一些研究热衷于搞与所研究的中国问题不沾边的西方理论"综述"，生硬地拉来西方一个大理论、大概念往自己头上套。其实质是把艰巨的"融通"任务回避掉了。植物尚且有"南橘北枳"之说，"叶徒相似，其实味不同"（《晏子春秋·内篇杂下》），水土相异，风俗不等，而生变异，何况复杂的社会呢？

归结地说，中西古今问题为什么不可回避？回避就是对西方中心主义的遵从，就是对民族虚无主义的默认；就是用生搬硬套代替消化、批判和融合，用照抄照搬代替自主创新。

为什么是根本问题？如果回避了中西古今问题，那么所谓中国社会学就建立不起来，或者建立起来的也不可能是具有中国风格、中国气派，能够回答中国问题的社会学。

一个大国的一门学科，就算曾经落后了，可在改革开放以后，已经拿出三四十年的时间，差不多两代人，努力学习西方社会学这样一个不过只有一百几十年历史的学科，而如果从康有为、谭嗣同、章太炎、严复等引入这个学科的历史来看，比其本身的历史不过晚 50 多年，中国人虚心的程度、诚心的态度，可以感动天地了。时至今日，就连西方社会学家都已经不对"经典大家"顶礼膜拜了，而我们还是唯恐失敬，不敢越雷池半步，我们的"虚心"是否有点过头了？再者，西方学者抬举

"经典大家"，那是人家的祖宗，不管是不是"欧洲中心主义"，反正暗合了人家民族自尊的心理，我们倒是所为何来？中国这么悠久的文明、这么庞大复杂的社会，我们的先贤又那么重视人文和群己家国关系，积累了那么丰富的学术资源，如果我们不予重视，那怎么可能不犯历史虚无主义的错误呢？

费孝通先生在晚年写了一些回顾与反思的文章，其中有两篇特别值得重视，一篇是《试谈扩展社会学的传统界限》，另一篇是《"三级两跳"中的文化思考》。他写这些文章时，已届 90 岁高龄了，虽然思路依然清晰，但写作已经很困难，此两篇文章是他口述，由助手整理录音，他再修改而成的。这个时候不得不写的文章，一定是要表达有责任提醒的方向、有责任弥补的缺憾，为社会学的发展留下"锦囊"。以笔者的浅见，他想要提醒、弥补和强调的，主要就是作为中国社会学根本问题的这个中西古今问题，起码这是他萦绕心头的重要问题之一。

（三）唯有自主创新才能迎来"社会学的春天"

只有重视并解决中西古今问题，中国社会学才能顺利地自主发展、自主创新。如今，我们已经进入强调自主创新、非自主创新不可的时期。不仅是社会学的前辈们给我们做出了榜样，其他学科也马蹄声急。现在，科学技术界非常强调自主创新；企业界已经从市场竞争中得到深刻教训——是否掌握核心技术决定企业乃至整个行业的兴亡。对于社会学而言，相当于"核心技术"的是什么？就是独立自主提出的关键概念和理论。最近，笔者读经济学家林毅夫的书，感触很深。林毅夫在回顾几十年来他的研究历程时写道："作为一名来自发展中国家的知识分子，就像中国古典小说《西游记》中去西天取经的唐僧那样，我过去总相信西方发达国家拥有一部真经，只需学会，带回国来应用，就可以帮助祖国实现现代化，走向繁荣昌盛，使中国重新屹立于世界发达国家之林。……但牛刀初试以后，却让我对在国外学到的那一套逻辑严谨、看似完美的现代经济学理论体系在中国的运用产生了疑惑。……是因为中国政府面临的约束不同于当时教科书和前沿理论中所假设的条件。……经验让我体悟到，要分析中国改革开放中出现的问题，提出解决的办法，不能简单照搬教科书和学刊中的现成理论……现有的理论和诸多大师级的宏观经济学家既未能预见这场危机（2008 年爆发的全球金融和经济危机——引者注）的到来，危机到来以后也未能对危机的程度和持久度做出准确的判断，提出解决问题帮助世界摆脱危机的可行办法。"

但是"18 世纪的工业革命以后，少数西方发达国家雄踞全球的霸主地位，经济上、政治上和理论思维上殖民于全世界，为了追求国家的现代化，许多发展中国家的知识分子到发达国家学习先进的理论，但是根据西方主流理论制定发展或转型政策的国家无一成功，发展或转型成功的国家的政策以当时的主流理论来看却经常是离经叛道的……发展中国家的学者应该解放思想，包括自己传统的和西方的思想，实事求是地根据自己国家的现实，分析问题，了解背后的因果关系，自己独立构建理论。"①

笔者比较完整地引述林教授的文字，是因为这确实发人深省。在西方，经济学要比社会学强大得多，西方经济学理论尚且如此，西方社会学理论又能多么灵光？说到这里，不禁让人想起美籍华人社会学家林南教授，他在《中国研究如何为社会学理论做贡献》一文中指出："（1）由于历史经验，在社会科学，尤其是社会学领域里，公认理论绝大部分源自西方；（2）由于科学实践的规范性和制度化的酬赏体系，使得巩固、维护公认理论形成一种很强的趋势……由于历史和制度的限制，东方和其它地区的社会学研究在本质上趋向标准化：即证明及应用公认理论……我们该如何实现理论'突破'？或者，用一个熟知的中国故事打个比方：聪明能干的美猴王（孙悟空）总在唐僧（唐三藏）的咒语和控制下。只要唐僧认为孙悟空的行为越轨了，他就念咒勒紧永远套在孙悟空头上的金箍，使孙悟空疼痛难忍，并迫使他立刻循规蹈矩。只有这样，孙悟空才能得到嘉许。我们是否都要屈从美猴王式的命运？……我的这种回应也表达了一种忧虑：许多社会科学研究反映出一种偏重北美或西欧传统的种族中心主义。西方传统被看成参照物而其他传统被视为需要加以特殊说明和修正的'偏差'。因此，西方这种对待不同社会、文化的'不公正'而'偏狭'的态度，让我们深恶痛绝。这类问题有意无意地反映了西方对东方和世界上的其他地区一直存在的征服欲和文化殖民。"② 林

① 林毅夫：《从西潮到东风》，中信出版社，2012，第 22 页。
② 林南：《中国研究如何为社会学理论做贡献》，http://www.sociologyol.org/yanjiubankuai/xuejierenwu/linnan/2007-05-20/1934.html，最后访问日期：2007 年 5 月 20 日。

南教授担任过美国社会学会会长，体验是最深刻的。像他这样温文尔雅的学者，都使用了"征服欲和文化殖民"这样严厉的词语。有趣的是，林南和林毅夫不约而同地都拿孙悟空做比喻，也都指出了"文化殖民"、"理论思维上的殖民"，是因为只有这种词语对刻画西方学术的本性才是恰如其分的，而不是尖刻的。需要说明的是，这里所说的"学术本性"是指它的学术习气、学术霸权，也包括某些学术制度，例如评价制度，不是指它的全部内容，它的内容包含科学的、理性的部分，那是应该肯定和学习的。

"紧箍咒"是什么？就是林南教授所说的"标准化"，也就是我们现在正努力要"接"的某些所谓"轨"。西方人强调"标准化"，目的很明确，正如林南指出的是为了巩固和维护西方"公认理论的优势地位"。那么，我们去努力地与人家"接轨"，又是为了什么？如果是为了发展中国社会学，认为"接轨"是有必要的，那么首先，"接轨"必须是双向的。双向接轨，不是一方单向地去遵从另一方，不是消灭多元，追求单一化，而是相互包容、取长补短、和而不同。这就是艾森斯塔德讲的"多元现代性"，[①] 也是费孝通讲的文明的"多元一体"，"美人之美，美美与共"。这样，文明才能保留丰富性，接轨才有意义。

其次，"接轨"往什么时候的"轨"上"接"？例如，美国社会学是在宏观理论已经有了，中观理论也有了，需要再往微观上深入时，人家才批判"大理论"。我们呢？中国社会学的宏观大理论还没有真正确立起来，就紧跟着人家去找细微的所谓有味道的问题，不是说这些问题不需要研究，也不是说"小题大做"有什么不好，而是说，要接轨，先要考量一下时间、地点、学术阶段的需要。不然的话，没有自己的概念和理论，就只能落得用中国的微观材料去验证西方的"公认理论"，怎么可能摆脱附庸地位？

再次，"接轨"要以创新为基础和前提。阎锡山统治山西省时，为了保护地方利益，把娘子关以内山西境内的铁路都搞成窄轨的，外面的火车就开不进去。现在我们讲西方社会学和中国社会学要接轨，怎么接

---

① S. N. 艾森斯塔德：《反思现代性》，旷新年、王爱松译，生活·读书·新知三联书店，2006，第7页。

法？把中国的铁路都拆掉，这个办法太笨了，成本也太大；把西方的火车全改装，那成本也太高。拆铁路和砸火车都是破坏性的，不具有建设性。要建设，就不能采取这么简单的办法，就要想法搞创新，例如搞个转换装置。什么叫学术创新？在这个问题上，创新就是发明一种"转换装置"。可见，接轨不是照搬，而是创新；不是单一化，而是丰富化；不是砸烂，而是建设。

最后，更有甚者，一些不明就里者径直把"标准化"、"接轨"当作学术性、学术水平、学术精神本身，这就谬之千里了。学术本质上是一种智力的自由创造，如果能够标准化生产，那就不是学术，顶多是制造铆钉。就连高级的制鞋匠都讲究要适合脚型，因人而异，何况学术创造呢？学术需要探索、需要想象、需要破除有形无形的框框，想人所未想，见人所未见，"标准化"闹不好就可能扼杀创造力。而学术水平，归根结底要看有没有真知灼见，而不是看形式、看套路。至于学术精神，就更与"标准化"、"接轨"这类东西南辕北辙了。陈寅恪的学术精神是特立独行，蔡元培倡导兼容并包，我们今天讲实事求是，没听说中国学术中哪一个是"标准化"创造出来的。就是在西方，如果法国人去与美国的"标准"接轨，能冒出皮埃尔·布迪厄吗？德国能有乌尔里希·贝克，英国能有安东尼·吉登斯吗？我们中国也有优秀的学术传统，为什么不可以推陈出新，让花朵绽放，在世界学术园地里争奇斗艳呢？

诚然，中西之别，看从什么角度说，国学大师王国维就说过"学问之事，本无中西"[1] 的话，他说的"本无中西"，是本"应"无中西，本"该"无中西，因为既有西学东渐，也有中学西渐。而事实上分中西，是我们必须直面的现实。我们承认有"分别"，但绝不是主张故步自封，而是主张开放包容、互学互鉴。同样，任何一个学科都有"规范"，我们显然也不是否认任何"规范性"，问题在于所谓向"标准化""接轨"，是用单一化取代多样化，根本谈不上平等包容，只能失去自我。中西之间不相互借鉴、相互推动，其实既不利于中国学术的自主创新，也无助于西方学术的发展。有鉴于此，我们需要自问：对西方理论的依赖是否已经成了习惯？其实人家西方学术界一直在不断超越自己，

---

[1]　参见张一兵主编"当代学术棱镜译丛"总序，南京大学出版社，2000，第 1 页。

他们形成了良好的理论更新、理论批判、学术评价的机制、风气和习惯。这倒是我们应该认真学习的。他们"主义"迭出、学派林立，你论我辩而不人身攻击，各持己见而又相互启发，正所谓"你方唱罢我登场"，对事不对人，只讲学术不论交情。这样，他们通过相互启发、相互促进，成就了西方社会学历久弥新的局面。相比之下，西方人对自己的"经典大家"似乎未必像我们那么尊崇，对他们批评驳难，习以为常。中国读者比较熟悉的乔纳森·特纳等几位学者直接批评了"对社会学开创者的'英雄崇拜'"，指出"社会学似乎相当依赖其开创性的一代"，他们问道："物理学的教科书中是否也有一章专门介绍伊萨克·牛顿或爱因斯坦的生平与时代？回答是'否'"，在生物学教科书中也没有关于查尔斯·达尔文的生平事迹或人生态度的章节。如果有，那"是历史学而不是社会学"。[①] 这些话虽然发自带有科学主义的背景和倾向，但这不是我们这里要讨论的，这里讨论的是学术精神。缺失了独立自主，难言真正的学术精神；而解决不好中西古今问题，又哪里能有独立自主？

（四）唯有回答实践提出的新问题才能有重大的自主创新

对于中国社会学而言，中西古今问题到了今天，面对着改革开放，面对着中国的学术复兴，是越发地深刻和尖锐了。不解决好中西古今问题，对现实重大实践问题的研究也会遇到难以化解的困难。

费孝通晚年在总结自己的学术经历时，提出"三级两跳"说。"我这一生经历了二十世纪我国社会发生深刻变化的各个时期。这段历史里，先后出现了三种社会形态，就是农业社会、工业社会及信息社会。这里边包含着两个大的跳跃，就是从农业社会跳跃到工业社会，再从工业社会跳跃到信息社会。我概括为三个阶段和两大变化，并把它比作'三级两跳'。……我国社会的这种深刻而复杂的变化，我在自己的一生里边都亲身碰到了，这使我很觉得庆幸。……我所有的学术研究工作的成就和失误都是和中国社会变化'三级两跳'的背景联系在一起的。"[②] 陆学艺在他的文集"自序"中也说："我们这一代知识分子，正遇上我们伟

---

① 乔纳森·特纳、勒奥纳德·毕福勒、查尔斯·鲍尔斯：《社会学理论的兴起》，侯钧生等译，天津人民出版社，2006，序言第 3 页。

② 费孝通：《"三级两跳"中的文化思考》，《读书》2001 年第 4 期。

大祖国经济社会发生历史性变迁的时期……这些转变发生在拥有 10 多亿人口的大国之中，其规模之宏大，形式之多样，波澜壮阔，错综复杂，这是难逢的历史机遇。不仅我国的前代学人没有遇到过，就是欧美工业化国家的学者也没有遇到过，他们只经历了工业化过程中的某个阶段，而我们这一代人却经历了我们国家工业化的前期、初期，直到现在中期阶段的整个社会变迁的历史过程。"[1] 费孝通和陆学艺的杰出学术贡献表明：中国如此丰富宝贵的经验事实，并不是只配充当检验西方概念、西方命题的案例和素材；中国学者如此宝贵的亲身体验、得天独厚的观察角度，是西方学者难以获得的。不是说"近水楼台先得月"吗？从"中国土壤"中，必定能够生长出不亚于西方的、能够回答中国问题的中国社会学，能够崛起对世界面临的共同问题做出中国式回答的中国学术，甚至能够形成在某些方面回答已有的西方理论回答不了的问题的中国理论。

西方社会现代化比中国早了二百多年，西方社会学家特别是几位奠基人，有惊人的创造力，我们确实落后了，应该向人家学习。这是毫无异议的，我们几代人也确实是这么做的。但是，也要看到问题的另一个方面，我们中国社会至少与社会学形成时的西方社会相比，要复杂得多；我们的现代化过程不论是从规模还是从速度方面看，都与西方不是一个量级的。西方现代化，像费老讲的那个"三级跳"，是一级一级跳过来的，我们有时候是"三步当作两步走，两步当作一步行"，有时候同时跳了两级——工业化还没有完成，信息化就必须争先，有时候跳了一级，又退回半级甚至一级，艰难曲折程度难以比拟。那么，我们为什么不努力从自己的丰富无比的实践中，概括自己的概念和理论，非要拿从相对单纯的社会中形成的概念往复杂社会上套，拿反映相对缓慢过程的理论往相对剧烈、急速变化的过程上套？这就好比我们手中拿着一块稀世的美玉，自己不珍视、不欣赏，非要拿去给人家当磨刀石、铺路石。

不是说西方的概念和理论一定不好，而是说我们这样生搬硬套不好。借用林南的比喻，那个"箍"本来就小，我们脑袋大，硬要套，

---

① 陆学艺：《陆学艺文集》，上海辞书出版社，2005，自序第 9 页。

再加上"念咒"，就必定成了"紧箍咒"。所以，这个"紧箍咒"有时是我们自找的。或者说，这与西方的概念和理论到底怎么样、好不好基本无关。

事实表明，对于中国发展中遇到的真问题、难问题，西方理论家也是一头雾水，远来的和尚未必会念经。2001年，中国正式加入世界贸易组织，彼时我们的国内生产总值规模仅占全球的7.4%，而到2011年，中国国内生产总值的规模已经接近全球的15%。在这10年，中国常常每过一年，顶多两年，就超过一个发达国家。据国际货币基金组织（IMF）发布的各国GDP数字，2013年，中国GDP增量略小于印度尼西亚经济总量，而大于土耳其经济总量。2010年中国经济总量超过日本成为世界第二大经济体，2013年就基本相当于两个日本了，也就是说，3年就增长出一个日本来。2013年，中国经济增长对世界的贡献率占30%，增长速度是美国的4倍。如果保持这样的速度，超过美国应该指日可待。对于理解这样的变化，我们固然是身处"庐山"之中，要识得真面目不容易，那些离"庐山"远隔千山万水的人，就更能识得真面目吗？美国经济学家大卫·科茨（David M. Kotz）教授在北京大学发表题为《中国崛起可以持续吗？》的演讲中提到："在1978年，中国改革开放的早期，有一些西方学者来到中国，建议中国政府的高级官员采取迅速自由化和私有化的措施，比如说著名的美国经济学家弗里德曼就来到了北京，给出了自由化的建议；世界银行的代表也来到了北京，给出了同样的建议。邓小平和他的同事们感谢了这些西方建议者们'明智的'建议，然后把他们完全忽略掉了。"① 我们没有邓小平那样的智慧，也不一定非要采取"完全忽略掉"的态度，但难题毕竟还是得靠我们自己来解。因为中国的难题是西方学者未曾遇到过的，问题的解法也是他们未曾提出过的。费老说的"三级两跳"，中国虽然还没有完全实现工业化，但要用后工业主义、生态主义指导工业化，不然，无法解决棘手的大难题，诸如消除雾霾、避免资源枯竭等，也就无法最后实现工业化。说穿了，西方当年并没有创造出消除雾霾的好办法，只不过想出了转移污染

---

① 参见大卫·科茨《中国崛起可以持续吗？》，http://news.ifeng.com：8080/exclusive/lecture/special/keci/，最后访问日期：2014年1月17日。

的办法——把污染企业转移了，自己那里空气清新了。我们不能再那么做。所以，要想实现工业化，观念和举措上必须超越工业化；同理，要想实现现代化，理论和政策上必须超越现代化。这里的难题求解，需要的是创新、是实验、是独立思考。

中国的崛起，是难得的实现学术创新的机遇。中华民族的伟大复兴必定包括学术复兴。谭嗣同曾断言中华复兴自学术始，梁漱溟断言从文化始，从哪里开始不必再争论了，反正伴随着中华复兴的，肯定有学术复兴。对中国社会学来说，这是一举摆脱落后地位的天赐良机；对个人来说，这是成就学术志愿的一大幸运。但是，中国的变化太大了、太快了，大到常常超过个人的观察范围，快到目不暇接、难以跟踪。1997年亚洲金融危机，中国成功地躲过了；刚要仔细研究其中的经验，一晃儿进入21世纪了；稍不留神，2008年由美国次贷危机引发的全球性金融危机又来了；刚刚把这场危机对付了，又遇到全球性的经济低迷，紧接着又要从应对经济过热转向应对经济下滑。以社会保障为例，十几年前刚建立新型农村合作医疗制度时，筹资标准才每人30元，其中，中央财政、地方财政各出10元，可当时农民感激不尽，很满意。此后每年增长，到现在财政补贴标准是每人三四百元，甚至更高了，有些地方的调查满意度反而不高了。这就令我们搞不清楚了，满意度的波动是由费老所说的"一级跳"上的原因造成的，还是二级跳或者三级跳上的原因造成的？因为客观上，传统的、现代的、后现代的不同性质、不同时代的诸种因素都压缩并混杂在一起，都在发生作用，不同的时候，在不同的问题上，在不同的地方，面对不同的对象，它们发生作用的程度和方式都不一样。变化大、速度快、影响因素复杂，可能是在相对稳定、变化相对缓慢、人群规模和地域范围相对有限的条件下形成的西方社会学，搬到中国来往往失灵的重要原因。但这恰恰给了我们机会，我们只要下定决心，立足于中国实际，紧扣中国问题，踏踏实实地探索，总能有所体悟、有所创获。我们自己创造的概念和理论，丑也好，俊也好，总是"从中国土壤中生长出来的"（费孝通语），"接地气"，便于使用，也便于检验；从西方搬来的概念和理论，也许很完美，就怕水土不服，而且中看不中用。如果我们真能解决中国问题，那就必定能够做出不亚于西方学术的东西，甚至能够解决西方学术不能解决的问题。那样的话，社会学才能真正摆脱依附地位，后来居上，社会学的春天就真的来到了，旭日高照的天象就出现了。

（五）建议

综上所述，由中西古今问题牵连出中国社会学与西方社会学不对等、理论研究与经验研究不协调、科学性与人文性不兼容、学术性与应用性（技术性）不相通这样四个对学科发展具有重大影响的问题，足见中西古今问题确实具有不可回避的根本性。解决中西古今问题，要做的事情很多，针对目前科研和教学中存在的某些现象，在此冒昧提出两点建议。

第一，20世纪30年代前后那批社会学家，之所以成就斐然，群星灿烂，一个重要原因是他们的知识结构包括知识形成的顺序是自然合理的——先中学后西学，然后兼通中西。这样，自然就容易理顺中西古今的关系，学习知识的顺序与历史过程和理论逻辑三者是融通的，不是几张皮硬贴上去的。正如人的胚胎发育，十月怀胎走过了人类多少万年的发育过程，这是最顺畅合理的。学习和知识传授过程也要效法自然，与历史顺序相一致。这样不容易出怪胎，成活率最高，也不会走偏或迷失方向。因此，建议在教学和研究中，提高中国社会思想史的比重和地位，① 将其置于与西方社会学理论和历史同等重要的地位（这是从道理和观念上讲的，不是从谁占多少课时之类的细节上讲的，而且不意味着千篇一律，应提倡各有特色）。可以考虑先讲中国的，再讲西方的，脚下先有个根，然后再往上长。这样，从中国社会思想脉络起步，从理解中国的需要出发，讲授西方理论。不再以西方理论为主干，不把中国的东西当作陪衬和反衬，甚至贬低的对象；而是基于中国的，理解和鉴别西方的，西方的东西不是横插一杠子，而是自然导入（历史上不能完全做到避免中西知识体系的冲突，现在应该做得到）。对中国传统也不是简单地延续，而是在革新中发展，吸收西方的，改造和升华中国的。

第二，社会政策和社会工作是实践性很强的学科，在教学和研究中，更可以考虑尝试从中国现实问题出发，而不是从追求西方社会政策、社

---

① 据沈原评估，"相对于社会学的其他分支学科而言，中国社会学史这个分支，可以说是在所有的分支学科中最弱的，专职研究和教学人员不多，出版的相关著述也不算多。这种状况与蓬勃发展的中国社会学是很不相称的"（参见应星、吴飞、赵晓力、沈原《重新认识中国社会学的思想传统》，《社会学研究》2006年第4期，第199页）。

会工作的完整知识体系出发。先确立问题意识，带着问题学习，就可以在学习过程中有鉴别、有选择、有自己的独立理解。应紧紧结合现实问题讲授社会政策和社会工作，紧紧结合社会政策和社会工作的需要讲授社会理论，特别是西方理论。在这个意义上，适当提高社会政策和社会工作的比重与地位。这当然不是忽视社会理论和社会统计等方法，而是不把它们当作互不相干的两条线索，真正从问题出发、从培养解决问题的能力出发，而不是从无的放矢地传授知识尤其是无用的知识出发。这样，有助于增强社会学，特别是社会政策、社会工作专业学生认识和解决问题的能力，增强他们的就业竞争力。

以上两条建议，不论在细节上恰当与否，用意都在于将中西问题这个横向关系，理顺到古今问题这个纵向脉络中，将中西古今聚焦到现代化的实践中，继承和发扬中国社会学融通和担当这两大传统。相信这样能够真正做到立足于中国实际，紧扣中国问题，发展中国理论，实现社会学中国化。中国化了，也就世界化了，中国社会学就能够影响世界了。

提这样两条建议，目的是更加充分地发挥现有的学科优势，形成更加鲜明的办学和科研特色，形成更加强大的学术活力和学科竞争力。祝愿中国社会学开新风气、创新局面，迎来繁花盛开的社会学春天。

（景天魁）

二　中国社会思想史研究的主轴[①]

（一）关于"中国社会思想史"学科含义的思考

多年来，笔者对所谓"中国社会思想史"、"中国社会学史"的确切含义，一向采取从众的态度。因为在笔者进入社会学界之前，这些"学科"的含义已经约定俗成了，笔者也就未加审思地接受了。

1999年2月，笔者在第一次"中国社会思想史研究和教学学术研讨会"上的发言，就是在"中国社会思想史"的既有框架内，试图说清楚

[①]　2015年11月28日，笔者在中国社会思想史专业委员会第十三届年会（山东大学承办）上做了题目为《中国社会思想史的学科定位》的发言，本节是在此基础上整理而成。

它与"中国思想史"的区别，即明确"中国社会思想史"的特点。笔者当时认为，"中国社会思想史"不是"中国思想史"的社会部分，而是从社会学视角对人类关于社会的思想的发展历程的考察。因此，它不可能是人类关于社会的思想的全部，而是以群己、家国、治乱为主题内容的思想。笔者当时提出了"三条主线、六个侧重"的思路。"三条主线"是：群己、家国、治乱。"六个侧重"是：在国家生活与社会生活中，我们侧重对社会生活的考察；在经济关系与社会关系中，我们侧重对社会关系的考察；在上层社会生活与下层社会生活中，我们侧重对下层社会生活的考察；在个人生活与社会生活中，我们侧重对社会生活的考察；在伦理关系与交往关系中，我们侧重对交往关系的考察；在概念研究和经验性、史实性研究中，我们侧重对社会史实的经验研究。①

做这一区分的用意，在于将"中国社会思想史"从广义的"中国思想史"中独立出来，当时的考虑主要还是想把中国社会思想史和经济思想史、政治思想史等横向地区分开。因为过去搞史学的，像是侯外庐先生他们，都是统称"中国思想史"，其中主要是政治思想史、文化思想史，当然也包括社会思想史。那么怎么从中将社会思想史区别出来，这就要明确中国社会思想史的特点。立足点还是希望能够找到中国社会思想史横向比较的一些特点。笔者当时以为这样就可以确立起"中国社会思想史"的学科地位了。

18 年过去了，"中国社会思想史"的学科地位非但没有如初所愿地确立起来，反而越来越边缘化了。王处辉教授曾以"治中国社会思想史之艰难"对此做出解释，认为研究"中国社会思想史"，"必须以小学、经学、史学、子学乃至理学作为基础"。② 这固然是有道理的，但也有疑惑，那么治西方社会学史就容易吗？为什么人们不惜从小学到中学，一直到研究生，都刻苦学习英文？如果肯拿出同样的时间学习古汉语，也不至于掌握不了上述治"中国社会思想史"的语言技能和知识基础。可见，首先从根源上"中国社会思想史"的学科含义出现了偏差，导致它的边缘化，然后才发生人们不愿下功夫去掌握治"中国社会思想史"的

① 参见陆学艺、王处辉主编《中国社会思想史资料选辑》，广西人民出版社，2005，总序第9页。
② 王处辉：《中国社会思想史》（下册），南开大学出版社，2000，第448页。

语言技能和知识基础的问题。

2002 年 11 月 16 日，在南开大学召开"第二届中国社会思想史学术研讨会"，笔者在发言中强调："中国社会思想史是中国社会学的基础，而不应只是一个分支学科。"① 这表明，笔者由思考"中国社会思想史"与"中国思想史"的关系，进而思考"中国社会思想史"与"中国社会学"的关系。能够建立起中国社会思想史与社会学的一种恰当的关系，确实表明对学科定位问题的思考又进了一步。

虽然肯定了中国社会思想史是中国社会学的基础，但仍不足以完全明确二者的关系。因为作为基础的，仍然可以不是社会学，而只是"社会思想"。

笔者对中国社会思想史的学科定义和定位问题，一直没有停止思考和探索，但在很长的时间里把主要精力放在了社会保障和社会福利问题的研究上，在学术层次上，那属于"社会政策"。2010 年，我们出版了《福利社会学》一书，试图跳出社会政策研究的框框，将社会保障和社会福利的制度与政策研究拉到社会学的体系里，但那也只能是社会学的一个分支学科。关于社会学的理论思考和中国社会思想史的专门研究则多年荒疏了，这对笔者个人来说，实属身不由己，但中国社会思想史的定义和定位问题仍然一直萦绕在心。

必须肯定的是，中国社会思想史学科本身是取得了很大成绩的：在中国社会思想史专业委员会首任理事长陆学艺先生的带领下，出版了一套中国社会思想史的资料集和几本论文集；现任理事长王处辉教授和很多学者长期奋斗在科研和教学前沿，出版了许多很有分量的专著，成绩斐然。应该说，与其他分支学科比，并不逊色。但中国社会思想史还是处于边缘地位，甚至在某种程度上有被另类化的倾向。一些年轻学生认为中国社会思想史可学可不学，一些学者认为中国社会思想史可有可无。去年笔者就这个问题请教过王处辉教授，他说，现在全国高校有一半社会学系根本不开中国社会思想史的课程，教师中能够讲授中国社会思想史的也很难找，一将难求。一些高校作为替代课程的中国社会学史，都

① 陆学艺、王处辉主编《追寻中国社会的自性——中国社会思想史论集》，广西人民出版社，2004，第 18 页。

是以严复译介西方社会学为开端。这就很值得我们思考，在这样的一种状况下，中国社会思想史不可能成为社会学的基础学科。这到底是因为什么？为什么我们做了这么多的努力，在社会学这个框架里面中国社会思想史的位置却仍然在逐渐地走向边缘？这就需要准确地找到原因。笔者感觉到，过去关于中国社会思想史已讲过的那些认识，不足以回答这个问题，需要寻找新的解释。

（二）中国社会思想史的主轴应是中国社会学起源和发展史

2013 年 3 月，笔者连续参加了南开大学和武汉科技大学举办的回顾和总结中国社会学重建以来的发展历程的会议，这激发笔者接续理论思考的余绪，在是年整理发表的《中国社会学不可回避的根本问题》一文中，提出为了实现中国社会学的崛起，必须正视和解决中西古今这个根本问题。2014 年经新创刊的《中国社会科学评价》杂志约稿，笔者终于下决心写了《中国社会学源流辨》一文（发表在该刊 2015 年第 2 期）。我们社会学界，一提社会学，都是讲它是 1838 年孔德在《实证哲学教程》里面创立的，是 1897 年严复译介斯宾塞才引入我们中国的。这两个都是事实，孔德提出社会学这个名称是事实，严复翻译介绍西方社会学也是板上钉钉的事实。对此，不应该有任何疑义，这也是大家都承认的。问题是从以上两个事实，有人直接得出中国社会学史等于西方社会学在中国的传播史，认为在西方社会学传入中国之前中国什么都没有，西方社会学传入中国以后中国的社会学才开始。这样一个推论，在推理上隐藏着一个前提，即社会学只在西方有，中国没有。因为只有从这样一个前提，才能从孔德和严复那两个事实推出中国社会学史是西方社会学在中国的传播史这样一个结论。

但是，这个推理的前提被隐去了以后，就发生了一个双重的逻辑错误。第一，偷换或者掩盖了推理的前提。这个推理，只有在具备中国古代没有社会学这个前提的时候才能成立，而这一点被简单地抹去了、掩盖了，但实际上暗含一个肯定中国古代没有社会学的预设，只是没有明说。第二，即使在严复之后，这个推理如果要成立，只有中国完全照搬西方社会学、完全没有自己的创新，才能得出这个等式。这一点也不符合事实，如果是那样的话，自严复以来的一百多年我们的本土研究就什么都没做？这显然是不符合历史事实的。所以，那样一个推论——从孔德提出社会学之名和严复译介西方社会学就得出中国本来没有社会学，中国社会学史等于西方社会学在中国的传播史，有这样双重的逻辑错误。

这个逻辑错误之所以发生，根源却不在逻辑本身。为什么一百多年来，这么一个明显的存在逻辑错误的推论却被我们普遍地接受了呢？笔者认为这是我们的一个历史的悲哀。西方社会学传入中国的时候，恰恰是中国人最缺乏文化自信的时候。1840 年鸦片战争尤其是 1894 年甲午战争以后，中国陷入亡国灭种的恐惧中，这在中国五千年的历史上从来没有发生过。中国人失去了文化自信、民族自尊，陷入历史虚无主义。在严复译介西方社会学及西方学术进入中国之时，中国思想界是一种什么状况呢？所有肯定传统的人都被认为是顽固不化的。在那之后不久，"全盘西化"成为时髦、成为新潮，谁说中国古代有点儿什么好东西就会被嗤之以鼻。这是西方社会学传入中国之时的社会思潮背景。在这种背景下，严复所做的将西方社会学与中国群学相会通的努力被压下去了，本来严复将斯宾塞的《社会学研究》翻译成《群学肄言》，明显地肯定了社会学在中国是有相衔接的东西的，这就是荀子的"群学"。他在《群学肄言》译序里明确认为斯宾塞社会学与荀子群学是正相合的。但是这种会通的自觉意识被当时文化自卑的浪潮卷走了，所以大家都不大相信中国古代还能有社会学，还能有类似西方社会学的学问，以群学会通西方社会学的努力一下子就被历史抹掉了，不再成为学术上的一个话题。20 世纪 30 年代之后，来燕京大学讲学的英国功能主义大师拉德克利夫·布朗讲过中国古代就有社会学，认为中国社会学的老祖是战国末期的荀子。费孝通先生晚年多次强调这一事实，提醒我们要重视拉德克利夫·布朗的论断。20 世纪 40 年代，丁克全先生在日本帝国大学学社会学的时候，就提出过这个疑问：为什么中国这么古老的文明竟然没有社会学？他为此做了很多历史考据，在日本帝国大学还做过一次演讲。所以，笔者觉得这个问题是我们不能回避的根本性问题，特别是费老八九十岁高龄还一再表示，虽然自己年龄大了，但还很想好好读一读《荀子》，来体会布朗为什么说社会学在中国很早就有。继承费老的遗志是我们从事中国社会思想史研究的人义不容辞的责任。

基于这样一种思考，笔者提出一个假说，中国社会学之"源"，是以荀子"群学"为代表的本土社会学传统资源。它是以墨子"劳动"（"强力"、"从事"）概念为逻辑起点，以荀子"群"概念为核心，以儒家"民本"概念为要旨，以礼义制度、规范和秩序为骨架，以"修齐治平"为功用，兼纳儒墨道法等各家之社会范畴，所构成的中国社会学"早熟"（早期）形态。笔者做这么一个表述，正确与否，还有待时间去证明。

即使这一表述不准确，也应该肯定这样一种形态的学问在中国当然是存在的，它可以看作中国社会学的早期形态。那么，这就成了一个关键，就是说，如果我们承认中国古代有社会学，中国社会学与西方社会学的关系就可以理顺了，也就是我们所说的中西会通就可以开展了；如果中国没有社会学，那就谈不上与西方社会学会通。不论认为中国古代的社会学是什么形态的——是成熟还是不成熟，只要是有，我们就可以与西方社会学展开平等对话，这个平等对话就是会通。也可以像费老所说的那样，从中国的土壤里生长出中国的社会学，否则连社会学的基因都没有，也谈不上实现费老的期望。由此笔者认为，如果这些说法成立的话，那么中国社会思想史就有了一个主轴，那就是中国社会学的起源和发展史。这样，我们就可以回答丁克全先生七八十年前提出的问题，就可以肯定布朗先生提出的中国早在战国末期就有社会学的论断。

这个论断，绝不是奇谈怪论。我们一百多年来太习惯于说1838年孔德创立了社会学，太习惯于说自1897年严复译介斯宾塞中国才有社会学，把这些话毫不怀疑地接受下来了，以至于不再思考由事实到推论之间的逻辑问题。如果看到那个推论中包含双重的逻辑错误，就很容易理解"中国古代有社会学"不是奇谈怪论。荀子是与亚里士多德同时代的人，亚里士多德能够创立政治学、伦理学、逻辑学，荀子创立社会学有什么奇怪的？至于学科形态与西方后来出现的社会学有所不同不是也很正常吗？同样的道理，我们中国有中医，西方不是也不承认我们古代有医学吗？西方不是也不承认我们古代有数学吗？在那些只承认科学（包括社会科学）诞生在欧洲的人看来，什么学科诞生在欧洲都是正常的，全世界其他地方只能是一片"沙漠"，长出一棵草都是难以置信的。可是，我们作为中国人，难道承认我们古代没有医学？那么《黄帝内经》是什么？难道承认中国古代没有数学？那么《周髀算经》是什么？我们中华民族几千年都是有文化自信的，丧失文化自信只是短短百年的时间。随着中国的崛起，体现中国社会丰富性、具有中国文化基因的社会学一定会崛起。

（三）"中国社会思想史"要重新定位

关于"中国古代有社会学"，只是提出一个表述或做出初步论证是不够的，我们还要做出文字资料的证明、史实与学理的证明。这是非常艰巨的任务。但是，只要承认这一论断，就意味着质疑了将"中国社会思想史"在学科内容的空间上排斥在"社会学"之外，在学科发生的时间上置于"中国社会学开端"之前，在学科性质上看作不够作为"学"的资格，这样一些流行百年的说法。这样一来，"中国社会思想史"与"中国社会学史"的关系就可以理顺了，就可以进入"中国社会学"的总体框架之中了，我们自设的所谓"学科"界限就拆除了。我们的历代先贤都不受学科限制，照样创造了傲视世界的灿烂文化、学用兼备的先进学术；到了现代，费孝通等老前辈面对西方学科壁垒，也号召我们要"扩展社会学的传统界限"，"思想上不能有任何的疆界"，要勇做在学科间自由驰骋的"野马"。[①] 我们今天，面对实现中国社会学崛起的历史机遇，何苦非要作茧自缚，不敢越雷池（西方划定的学科界限）一步呢？

那么，怎样看待中国社会思想史与中国社会学史的统一和区别呢？中国社会思想史与中国社会学史是内在统一的。前者对后者不是可有可无的，它就是中国社会学的起源和发展史。从内容上看，中国社会学史不是西方社会学在中国的传播史，而是有自己独立的基本概念和命题的；从时间上看，不是从严复译介斯宾塞的《社会学研究》开始的，也不是从孔德创造出"社会学"这个名称开始的，中国社会学的起源应该追溯到战国末期荀子创立的"群学"，至今已有长达2300多年（荀子学术活动的时间在公元前298年至公元前238年）的历史。

中国社会思想史与中国社会学史虽然是内在统一的，但二者仍然有区别。从内容上看，"社会思想"不仅包括社会学这一层次的思想，在上一层，还包括社会哲学思想、非学科性质的民间社会思想，以及宗教

---

① 费孝通：《从实求知录》，北京大学出版社，1998，第256页。

思想和神话传说等；在下一层次，包括社会政策、社会治理技术、社会生活规范和处世处事之道等。从时间上看，在以荀子群学为代表的中国社会学起源之前，中国已经有孔孟等儒家、墨家、道家等诸子百家极为丰富的社会思想，再往前追溯，夏商周三代，特别是周代的社会思想已经郁郁乎盛哉。换言之，荀子的群学也是社会思想长期积淀的结果。

顺着历史长河往下看，中国社会学史只是一个学科形成和发展的历史，它不可能穷尽所有的"社会思想"。就是在今天，许多社会思潮、社会心态、社会舆论、社会评价、社会理想，远不能被社会学这一个学科所囊括和穷尽。因此，中国社会思想史比中国社会学史时间更长、涵盖更广。中国社会学史只是中国社会思想史的主轴，而不是其全部。中国社会学史并不能取代中国社会思想史。总之，"学科史"不等于"思想史"，正如西方社会学史并不等于西方社会思想史。

这样，笔者就将自己关于"中国社会思想史"、"中国社会学史"的认知，调整到与费孝通先生的论断（以及他转述拉德克利夫·布朗的论断——中国早在战国时代已由荀子开创了中国社会学，比西方的孔德和斯宾塞要早 2100 多年①）完全符合了。这一番"调整"有什么意义呢？这样我们就可以正过来，顺着历史脉络讲中国社会学史，从荀子群学讲起，直到清末民初引进西方社会学，才开始讲西方社会学及其历史，然后才讲中西社会学的会通，接着才讲它们在中国社会发展、社会转型、社会现代化过程中的应用和发展。2014 年，笔者在南开大学曾讲过中国社会学的讲授次序应该是："先讲中国的，再讲西方的，脚下先有个根，然后再往上长。这样，从中国社会思想脉络起步，从理解中国的需要出发，讲授西方理论。不再以西方理论为主干，不把中国的东西当作陪衬和反衬，甚至贬低的对象。而是基于中国的，理解和鉴别西方的，西方的东西不是横插一杠子，而是自然导入（历史上不能完全做到避免中西知识体系的冲突，现在应该做得到）。吸收西方的，改造和升华中国的，中国传统也不是简单的延续，而是在革新中发展。"②

要顺着讲史，不要倒着讲史。顺着讲，是立足于中国本来的社会学；

---

① 费孝通：《从实求知录》，北京大学出版社，1998，第 232 页。
② 景天魁：《中国社会学不可回避的根本问题——从"社会学的春天"讲起》，《学术界》2014 年第 9 期。

倒着讲，是用传入的西方社会学为标准去处理中国"史料"，那就把中国本来的社会学阉割掉了，使其变成了西方社会学的附庸。此话是不是"言重"了？但愿不是"言中"了。

（景天魁）

三　中国社会学源流辨①

中国社会学如要崛起，必须重新思考和对待其与西方社会学的关系。否则，按照现在广为接受的、未予辨明的流行观念走下去，恐怕难以找到顺利崛起的路径。我们常说社会学是"舶来品"，那这意思是不是说中国原本没有社会学，所谓"中国社会学"完全是西方社会学在中国的"移植"。如果是这样，那么"中国社会学"不过是西方社会学的仿制品，是西方社会学在中国的扩展和应用，其实它应该是从中国自己的土壤中生长出来的，体现中华民族文化基因而又会通中西的学问。如果是前者，那其实叫不叫"中国社会学"就没有多大意思了，它充其量不过是冠以地域之名，没有什么实质性的含义；如果是后者，那么所谓"移植"，其实是"嫁接"，是"会通"，如果中国原本没有社会学，那么"嫁接"是往什么上面"接"，"会通"又是与什么"通"？归根结底，我们必须辨识什么是中国社会学之源，对它的源流关系应该有正确理解。认定这些问题关乎中国社会学的学科定位和发展前途，并不过分。如不能辨析清楚，中国社会学的"话语权"则无从谈起。因此，很有必要就几个基本概念和流行说法加以讨论。

（一）关于"社会学"学科性质与现代性的关系

西方一些社会学家异口同声地宣称，"社会学"只是产生于欧洲，发端于19世纪中后期，而且就其学科性质而言，仅仅是对现代社会或者现代化问题的思考。法国社会学家雷蒙·阿隆断言："社会学可以解释为社会现代化的一种意识。"② 英国社会学家安东尼·吉登斯声称：社会

---

① 本部分内容曾发表于《中国社会科学评价》2015年第2期，发表时有删节。

② 雷蒙·阿隆：《社会学主要思潮》，上海译文出版社，1988，第10页。

学"只关注'发达的'或现代的社会"，① 它的"主要研究领域是现代性出现以来所产生的社会世界"。② 英国学者斯马特也说："社会学研究领域的界定、学科主题的建构和适当方法论的发展，都是为了系统说明现代社会的现象……"③ 诸如此类的说法甚至使有的西方学者做出这样的概括：社会学就是社会"现代性的方案"。④

对于这一套说法，中国学者原本并不较真。既然承认社会学是舶来品，那关于它的研究对象、学科性质之类，就任由人家原产地的学者去说吧，我们好像没有什么权力去与人家理论。可是，稍微细究一下，就不难发现存在很多疑点。如果说社会学"只关注'发达的'或现代的社会"，那么社会学经典作家的著作里关注了非发达的、前现代的社会怎么办？如果他们在一本书里既关注了发达的或现代的社会，又关注了非发达的、前现代的社会，那它算是社会学，还是算其他什么学科？再则，包括经典作家在内的许多西方社会学家，研究的是社会何以可能的问题、社会形式的问题以及社会交换、社会交往、社会系统等在任何社会类型和社会阶段都存在的问题，分不清楚到底研究的是发达的或现代的社会，还是非发达的、前现代的社会，可他们冠以"普通社会学"、"社会学原理"、"社会学研究"等名称，那能把它们统统剔除出去，都不算社会学了？为了解决这个难题，一些人煞费苦心又勉为其难地区分"社会学"与"社会理论"，说那些只能算是"社会理论"，那到底能用什么办法从社会学里剔除理论，又从"社会理论"中剔除社会学？即使真的剔除了，那对社会学和社会理论又有什么益处？

如果"社会学"只研究"'发达的'或现代的社会"，那就等于说只有欧美等少数发达国家有社会学，其他国家，有"社会"，但没有也不能有"社会学"，或者即便有关于社会的学说也不能称为"社会

---

① 安东尼·吉登斯：《社会的构成：结构化理论大纲》，李康、李猛译，生活·读书·新知三联书店，1998，第 35 页。

② 安东尼·吉登斯：《社会理论与现代社会学》，文军、赵勇译，社会科学文献出版社，2003，前言第 2 页。

③ B. 斯马特：《后现代性与社会学》，《国外社会学》1997 年第 3 期。

④ 转引自金耀基《现代性论辩与中国社会学的定位》，《北京大学学报》（哲学社会科学版）1998 年第 6 期。

学"。由此，依据那些西方社会学家的主张，必须被剔除的其实是非发达的、前现代社会的社会研究。那是不够格称为社会学的，不论那些社会多么复杂，不论那些社会研究成果多么丰富，充其量只能称为"社会思想"。诚然，研究社会的欧美学者，可以只以欧美的社会经验作为基础，甚至可以只研究欧美的"现代社会"，但不能要求其他"社会"的学者不去研究他们自己的"社会"，或者不能整体地对"社会"进行理论和经验研究，或者即便进行了此类研究，也不能称为"社会学"。话说至此，那些西方社会学家把社会学作为一门学科的性质与现代性之间本不应完全等同的关系，却煞费苦心地绝对等同起来，要达到的目的就清楚了——无可争议地握有"社会学"的发明权、解释权、学术霸权。也许他们或他们中有的人无此主观自觉，但恰恰是在无意中，暴露了潜意识中根深蒂固的欧美中心主义。他们到底有无自觉意识，我们不去推断。对我们来说确定无疑的是，如果接受了这一套，事实上就放弃了对社会学的独立发言权，也就没有办法不承认欧美中心主义了。

所幸的是，自从西方社会学介绍到中国之日起，在对社会学性质的认知上，中国学者一直秉持了独立精神、保持了文化自信，并没有接受欧洲一些学者对社会学性质的狭隘圈定。最先直接从英文译介社会学的严复，特意把社会学译为中国古已有之的称谓——"群"学，认为群学是"知治乱兴衰之故，而能有修齐治平之功"的一门学问。[1] 他认为这门学问是研究"治乱兴衰之故"的，不仅仅是研究"发达社会"的。中国社会学重建以后出版的由费孝通主持编写的第一本《社会学概论》也说："社会学是从变动着的社会系统的整体出发，通过人们的社会关系和社会行为来研究社会的结构、功能、发生、发展规律的一门综合性的社会科学。"[2] 不久前出版的作为马克思主义理论研究和建设工程重点教材的《社会学概论》，给社会学下的定义是："从综合性、整体性视角，系统研究社会结构和社会过程，深入揭示社会运行和发展规律的社会科学。"[3] 笔者所知道的其他中国学者给社会学下的定义，无一例

① 严复：《原强修订稿》，载《严复集》（第一册），中华书局，1986，第18页。
② 《社会学概论》编写组编《社会学概论（试讲本）》，天津人民出版社，1984，第5页。
③ 《社会学概论》编写组编《社会学概论》，人民出版社、高等教育出版社，2011，第3页。

外地拒绝了"把社会学界定为对一种特定社会类型（即现代社会）特征及其对世界影响的研究"[1] 这种武断的观点，而对社会学的研究对象采取了开放的态度，认为它可以研究欧洲及欧洲以外的任何发达或不发达的社会。过去对有关社会学性质的这类定义觉得司空见惯，并没有体会到它们的特殊意涵和潜在价值。现在思考中国社会学崛起问题，才意识到这些中国社会学家未曾预想的深意——给在欧洲以外的地球上、非西方的社会学争取了生存的空间。这样，我们就有机会发问：既然社会学的研究对象并不限于"发达社会"，不限于一种特定社会类型（即现代社会），那么为什么社会学就只能发源在欧洲，只能产生于19世纪中后期呢？

现在，我们要实现中国社会学的崛起，那就不能不追寻中国社会学的学术之源，确定可以立足的属于自己的学术传统。如果中国历史上根本没有中国式的社会学，那么如要崛起，就不仅不能祖述尧舜、祖述孔墨，而且只好祖述孔德，以西方社会学为"源"了。至于先秦诸子，以及其后2200多年的硕儒群星，充其量不过有一点"社会思想"，不仅不能为"源"，恐怕连作为"流"的资格都没有。可这样一来，所谓中国社会学的崛起，其实是西方社会学在中国的独霸，并不是从中国土壤中生长出来的中国式社会学的崛起。

看来，我们有必要认真对待"中国历史上有没有社会学"这个曾经被一些人视为不屑一提、无须置辩的问题了。

（二）关于"中国历史上有没有社会学"的疑问

长期以来，我们不假思索地相信社会学只在西方有，中国传统学术中没有，[2] 即使有也只能叫"社会思想"。果真如此的话，为什么在中国社会学的重建过程中，费孝通先生一再提到并那么重视20世纪30年代在燕京大学讲授社会学的拉德克利夫·布朗的论断——中国早在战国时代已由荀子开创了中国社会学，比西方的孔德和斯宾塞要早

---

[1]　安东尼·吉登斯：《社会理论与现代社会学》，文军、赵勇译，社会科学文献出版社，2003，前言第2页。

[2]　《中国大百科全书·社会学卷》称，严复译书《群学肄言》"标志着中国社会学的开端"。这在社会学界是一个普遍流行的说法。见中国大百科全书出版社编辑部编《中国大百科全书·社会学卷》，中国大百科全书出版社，1991，第1页。

2100 多年？[①] 而且，费老晚年曾经多次表示，如果精力允许的话，很有兴趣研究荀子社会学。那么精通中西古今、深知社会学为何物的费老，难道就不知道现世像口头禅一样流行的一些说法吗？那不可能。

　　与费孝通年龄相仿的丁克全先生早在 1940 年在日本帝国大学学习社会学时，就思考社会学作为一门学科为什么是西方首先创立的，难道作为世界文明古国之一的中国就没有"社会学"吗？汉语中的"社会学"一词以及在日语中的含义是什么？他查阅大量资料，构思了《汉字"社会学"各单字和"社会"复合词的本义及其引申义》一文，并在日本帝国大学社会学部做了一次报告，引证大量古代文献，证明中国是最早使用"社会"一词的国家，在古汉语中"社会"就是群居会合之意。[②]

　　青年丁克全敢于独立思考，他所提出的问题，在当时是很少有人想到的，就是在今天，这样一个重要问题也并没有引起学术界的足够重视。费孝通在领导中国社会学恢复重建的过程中一再重提这个问题，可谓振聋发聩，却了无回响。说明在这个问题上要取得共识是很困难的。是何原因，值得深究。是林南教授所说的"文化殖民"导致独立思考精神的缺失，还是在基本概念的理解上确有需要辨识的地方？我们从后者着手，讨论与社会学之名有关的问题。

　　第一，关于学科名称。所谓中国没有"社会学"，其实首先是一个用词问题。我们都承认严复将"sociology"译作"群学"，译得好，好在哪里？好在接上了中国的"地气"。如果承认"群"就是中国传统学术中相当于"社会"的概念，而早在战国时期的荀子创立的"群学"，大家都承认那是地道的"社会思想"，那么将"群"换成"社会"，尽管二者细究起来有些区别，但作为一门学问，"群学"不就是"社会学"吗？如果说，只有出现了"社会学"一词，才算有了这门学科，那么，中国

---

①　费孝通：《从实求知录》，北京大学出版社，1998，第 232 页。原文为比西方的孔德和斯宾塞"要早 2500 多年"。荀子生卒年份不详，众说纷纭，目前笔者所知的六种说法，均估计生于公元前 336 年至公元前 313 年。其实荀子比孔德和斯宾塞早多少年未必需要计算得多么准确，所以这里只说"要早 2100 多年"。
②　丁克全（1914～1989），1937～1942 年留学日本，1943 年任北平师范大学哲学和社会学教授，1948 年任东北师范大学教授，1979 年以后积极参与中国社会学恢复重建，担任吉林省社会学会会长。引文参见回清廉《回族社会学家——丁克全传略》，《回族研究》1992 年第 1 期，第 98 页。

古代一般是单独使用"社"和"会"，将二者组合起来的"社会"一词，在南北朝时期或者到宋代才出现。① 如果按照有"名"才有"实"的逻辑，那在此之前，中国就连社会也没有了？同样，中国古代只有"劳"、"作"这种单字，"劳动"一词是 20 世纪初才从日本传来的新词，中国古代虽有"劳动"一词，但其意思是"劳驾"，与现在的"劳动"一词的含义不同，如按照有"名"才有"实"的逻辑，那岂不是 20 世纪之前中国人都无劳动，都不食人间烟火？如果可以这样以西方之"名"，鉴中国之"学"，那么在 19 世纪末 20 世纪初，包括社会学在内的西方社会科学（也包括许多自然科学）大举传入中国之前，中国学术岂不是基本上一片空白，那所谓五千年中华文明还存在吗？

第二，关于"学"的时间界限。说"由荀子开创了中国社会学，比西方的孔德和斯宾塞要早 2100 多年"，似乎令人难以置信。如果此言不是出自费孝通这样的权威人物之口，恐怕难免被斥为不经之谈。这里提出的是一个编年史与学术史的关系问题。编年史是按照自然时间撰写的，例如，公元前发生的事情在先，公元（后）发生的事情在后，由此按照自然时间顺序，界定"古与今"，甚至连带着定义"旧与新"，再推演为"古代与现代"，乃至在进化论意义上推演出"落后与先进"。如果我们不拘泥于自然时间顺序，而是按照社会时间、"学术时间"——对社会事物有简单粗浅理解的为"先"、为"古"、为"落后"，有全面深刻理解的为"后"、为"今"、为"先进"，我们是否就可以理解费老的意思：荀子虽然在自然时间上比孔德早了 2100 多年，但荀子（其实不仅仅是荀子）的社会思想也可以称为"学"，是"中国社会学"的"早熟"（早期）形态。②

"学"并非始于文艺复兴以后，也未必只能从西方学科分化算起。说一门科学、一门学术，只从学科分化始，是不恰当的。科学、学术有分门别类的形态，也有浑然一体的综合形态。有长于分析的，有长于综合的，绝不能说长于分析的是科学、是学术，长于综合的就不是科学和学术。笼统地说，西方学术长于分析，中国学术长于综合。只要翻一翻

① 陈宝良：《中国的社与会》，浙江人民出版社，1996，第 19 页。
② 关于中国社会学"早熟"形态的问题，牵涉甚广，争论犹大，难以一时说清，容后另文再谈。

经史子集，就不难看到其中大部分都是极为丰富的社会科学、人文科学成果，只不过采取了古代的形态而已。早在清末，西方社会学传入之初，刘师培在《周末学术史序》中，就首先用西学分科法，将诸子之学分为16个学科，其中就有社会学。① 这说明即使采用西学分科法，中国古代之学也是有许多学科的。我们不能像许多西方学者不承认中医是医学那样，对中国古代学术采取虚无主义的态度。

第三，关于"学"的地域起源。这是中西之间最重要的问题。所谓现代学科只发源于西方，是"欧洲中心论"的偏见。为什么与西方的学科形态不同就不能称为"学"？中国之"学"历来与西方之"学"有所不同。为什么有中国社会，有那么丰富的"社会思想"，有那么多的思想和学说的派别，却不能称为"学"？

在学科起源问题上，"欧洲中心论"者的地域性偏见是完全站不住脚的。现代考古发现已经证明，世界几大文明各有独立的起源，包括学术，在后来有条件实现交流与会通之前，很多学科都是各自形成的，并且形态各异。更重要的是，与"欧洲中心论"者所宣扬的相反，在从野蛮到文明的变革中，中国的道路和形态不仅与西方不同，而且更早、更为主流。哈佛大学著名考古学家张光直教授指出："中国文明起源形态很可能是全世界向文明转进的一个主要形态，而西方的形态实在是个例外。因此社会科学里面的自西方经验而来的一般法则不能有普遍的应用性。""中国的例子反而具有更大的普遍性。"② 中华文明的起源和变革，遥遥领先于欧洲，早已形成了规模巨大、结构复杂的文明社会，我们的先人又特别重视社会关系和人际交往，形成中国社会学的"早熟"（早期）形态，可以说是顺理成章的。

第四，关于"学"的用法问题。中国古代对"学"的用法，与近现代西方确有不同。中国古代所谓"学"，多指"学说"、"学派"，如"儒学"（儒家之学说）、"老学"（道家、老子之学说）、墨学（墨家之学说），以及经学、玄学、理学、实学等，但也有地道学科意义上的

---

① 转引自姚纯安《社会学在近代中国的进程（1895～1919）》，生活·读书·新知三联书店，2006，第197页。

② 转引自李学勤《中国古代文明研究》，华东师范大学出版社，2009，代前言第18～19页，第572页。

"学"，如农学、医学、兵学（军事学）、"算学"（数学）。从严格学科分化的意义上看，所谓"群学"并没有与政治、历史、文化诸学科明显区分开，这是事实。比较而言，西方社会学确实是学科分化意义上的一门学科。然而，一门学问实质性的内容是其理论和方法，当然它也有表现形式的问题。在19世纪，欧洲出现了学科分化的高潮。但是，在大学里，在有讲授一门学问的职业之前，在有一门课程之前，这门学问就不算"有"？或者不以一种职业、一门课程出现，一门学问就不能以其他形式出现？中国古代往往是学派之中分学科，西方是学科之中分学派。比较而言，中国古代确实学科分化不足，但是学派之中分学科，与学科之中分学派，不过是学科呈现的形态不同，难道呈现形态不同就一定不是学科？

第五，关于"学科化"。社会学如果作为专业、作为职业，那确实在中国出现较晚。在学科化的社会学传入中国之前，中国社会学并没有完全学科化，但这主要指的是形式方面，不等于"中国社会思想"中就没有社会学的内容。而社会学的形式又是什么？是实证性吗？形式其实未必具有决定的意义。公认为创造了"社会学"一词的孔德，他的著作叫《实证哲学教程》，是"哲学"，不是"社会学"；他自己写的《实证政治体系》，并没有多少他自己倡导的什么"实证精神"，倒是充满了宣扬人类情感之爱的"人道宗教"精神。就连严复翻译的斯宾塞的《社会学研究》，又有多少现在认可的"社会学学科化形式"？马克思被承认是社会学经典大师之一，但马克思根本反对"社会学"这个名称，他的一些作品也只有社会学的内容，而不符合所谓"社会学学科化形式"。如果说社会学是实证的，那么被称为社会学学科化奠基者的涂尔干之后，又有多个社会学学派。许多社会学家根本反对实证化，更不用说拒绝实证主义，那为什么不把他们逐出社会学之门？

对于一门学问来说，专业化是重要的，但同时，综合化、非专业化也是重要的。专业化有利于一门学科的发展，非专业化其实也有利于一门学科的发展，因为任何一个学科都需要从其他学科补充知识、获得启发、开阔眼界。如果一个人，单纯到只有社会学的专业知识，而没有其他学科的知识，例如历史学、人类学、法学、哲学、地理学和许多自然科学的知识，那他对社会学的专业知识其实是理解不好甚至掌握不了的。

各门知识归根结底是相通的。在学校里，知识需要一门一门地学，但出了校门，面对复杂的社会现象，任何一门专业知识都是不够用的，综合知识和综合运用知识的能力可能更重要。常常见到在学校里专业学得好的人，工作以后成就不一定大，这也许可以给出一定程度的解释。其实，对待专业化和综合化的态度历来因人而异。在对待学科界限的态度上，费孝通自称是"一匹野马"。他说："我是一匹野马到处去撞。那就是做学问要能够跨学科地去思考，不能仅仅限制在老师所讲的内容上，思想上不能有任何的疆界。"①

第六，关于学科性质与学科起源的关联性。再退一步，就说"社会学"是孔德于1838年在《实证哲学教程》中正式提出的，那么，中国的谭嗣同在1896年出版的《仁学》一书中，也正式使用了"社会学"一词，严复也于1897年翻译了斯宾塞的《社会学研究》。时间是晚了几十年，但孔德1838年只是创造了"社会学"这个词，实质性的学科内容远没有形成。即便如此，承认我们在现代社会学的研究上落后了，这是事实，但只能说严复译书《群学肄言》是中国介绍西方社会学的"开端"，不好说是整个"中国社会学的开端"。② 因为中国社会学实质性的内容早就存在了，不然，严复也不会刻意把它译为"群学"。

以上几条，可能给人以称谓之争、用词之争的印象，其实不然，这是对社会学这个学科性质的理解问题。孔德等是在实证主义的意义上理解"社会学"的，到如今，西方社会学界经过一百多年的探索，已经证明社会学讲实证是可以的，但实证主义是行不通的。而且，社会学虽然是一门经验学科，但不能没有理论，就是讲实证，也不是唯一的，甚至在许多流派那里不一定是主要的，也不是可否称为社会学的必要条件。

西方一些社会学以及社会科学家，因他们在工业化浪潮中拔得头筹而内心甚为自傲，说来也容易理解。因为在黑暗而漫长的中世纪他们实在没有什么好炫耀的。他们以为在工业上先进了、在科技上先进了，就什么都先进了，于是处处声称自己拥有定义权、划界权、占有权——也就是"源"。别人说的都不算，别人已经有的可以无视，对"社会学"，

① 费孝通：《从实求知录》，北京大学出版社，1998，第256页。
② 中国大百科全书出版社编辑部编《中国大百科全书·社会学》，中国大百科全书出版社，1991，第1页。

他们也理所当然地自封握有创始权。

第七，几个佐证。其实，何止对社会学，何止对社会科学，对包括自然科学在内的众多学科，西方许多学者都习惯于这么做。西方人曾经说中国古代没有数学。获得首届国家最高自然科学技术奖的中国科学院吴文俊院士曾经证明了"从记数、以至解联立线性方程与二次方程，实质上都是中国古代数学家的发明创造，早就见之于中国的九章算术甚至是周髀算经等书"。① 《九章算术》完成于公元 50～100 年，《周髀算经》更是成书于公元前 100 年前后。而很多成果西欧迟至 14 世纪才出现，比中国少说晚了 1400 年，却硬说中国古代没有数学。

德国哲学家黑格尔甚至说中国没有历史、没有哲学。难道西方人说没有，我们就真的连历史也没有了，连哲学也没有了？老子的《道德经》，还有《墨子》等经典，直到现在他们捧在手上，还不是抓耳挠腮，不解其意？

偏见是与无知相伴的。欧洲人就不说了，回头反省自己。吴文俊院士写道："西方的大多数数学史家，除了言必称希腊以外，对于东方的数学，则歪曲历史，制造了不少巴比伦神话与印度神话，把中国数学的辉煌成就尽量贬低，甚至视而不见，一笔抹杀。在半封建半殖民地社会中生活过来的一些旧知识分子，接触的数学都是'西方'的，看到的数学史都是'西方史家'的，对于祖国古代数学十分无知，因而对于西方数学史家的一些捏造与歪曲无从辨别，不是跟着言必称希腊，就只好不吭声。"② 对于社会学，今天的我们是否需要对号入座？

总之，说社会学产生于 19 世纪中后期的欧洲，那是说的西方社会学。换言之，对于西方社会学来说，那是一个公认的事实。西方社会学家说西方社会学是研究现代社会的，它的主题是关于现代性的，甚至说它的出现是对现代性的回应，它本身就是"现代性的方案"，有其合理性，也是西方流行的或西方公认的。说西方社会学是 19 世纪末才传入中国的，这也是一个历史事实，但这些都是说的西方社会学，不是说的中

---

① 吴文俊：《中国古代数学对世界文化的伟大贡献》，载《吴文俊文集》，山东教育出版社，1986，第 3 页。

② 吴文俊：《中国古代数学对世界文化的伟大贡献》，载《吴文俊文集》，山东教育出版社，1986，第 2～3 页。

国社会学。不能把西方社会学的传入与中国社会学的产生简单地画上等号。中国学术自古以来就不是踩着西方学术的"点"（节奏）走的。不同文明自有其起源，其中的不同学术，有不同的概念、不同的形式、不同的传统，自然是很正常的，不是什么奇谈怪论。

第八，关于学科形成的条件。从各个学科的情况来看，有一些学科的出现，是依赖特定技术、特殊事件的，如量子力学、微电子学之类，我们不具备那种技术前提，当然这种学科就不可能在本土产生。对于这类学科来说，它从异域的传入，也就是它在本土的开端，这是一致的。但是，像哲学、数学、法学，也包括社会学这样的学科，它们的起源不依赖特定技术和特殊事件，单单是生计、沟通和交流的需要，实践发展到一定程度，经验积累到一定程度，就能够促使知识积累到比较丰富的程度，就可能刺激一门学科的产生。这样，我们才能承认和理解世界文明的多元性、多向性、多样性。

历史事实证明，我国在春秋战国时期基本具备了产生社会学学科的条件。孔子在教学中已经划分了"专业"，他的弟子三千，"身通六艺者七十有二人"，"六艺"相当于六个"专业"。墨子办学，"从属弥众，弟子弥丰，充满天下"，他划分了谈辩、说书、从事三科，每科又有许多专科。其中，"说书"一科，培养各类学者、教师；"从事"一科，培养农、工、商、兵各种实用人才。[①] 到了荀子的年代，最具代表性的当属齐国的稷下学宫，创办于公元前 4 世纪中期（也有说是更早的历史传承下来的），止于秦灭齐即公元前 221 年。它是战国时期最著名的正规高等学府，大师云集，有孟子等杰出人物，荀子三次出任"祭酒"；教师有"职称"，给予相当于"上卿"、"客卿"、"上大夫"、"大夫"等不同名分的待遇；学生数千，有学制、学规、学生守则（《弟子职》）；设立了世界上最早的"博士"，其与"祭酒"一样作为学者的名位等分，秦汉之后才变为掌管典籍的朝廷官职。所以，稷下学宫的"博士"与现代意义的博士虽有区别，但在学术内涵上有一定的相通之处。学宫培养出不少名震天下的学生，如李斯、韩非等。其论辩之自由、思想之碰撞、学派之林立、影响之深远，引得梁启超盛赞道："如春雷一声，万绿齐茁

① 参见孙中原《墨子及其后学》，中国国际广播出版社，2011，第 9 ~ 11 页。

于广野；如火山乍裂，热石竞飞于天外。壮哉盛哉！非特中华学界之大观，抑亦世界学史之伟迹也。"① 稷下学宫当之无愧是当时世界上规模最大、最正规的学术殿堂。作为战国七雄之一的齐国，一个稷下学宫就能够鼎盛到如此程度，学术发达的盛况在当时的世界上应是无与伦比的。可以确信，当时具备了世界上最好的产生社会学学科的条件：有专门的机构、有高等学府、有优秀的教师、有众多的学生、有专业分科、有专门的教材、有学术论坛、有学术奖励制度。其百余年间热烈展开的大辩论，诸如义利之辩、名实之辩、天人之辩、王霸之辩等，即使不单单属于社会学的议题，也明显具有社会学的面向，事实上产生了许多社会学概念和命题。总之，就以西方后来所谓学科形成条件来衡量，春秋战国之际至迟到荀子生活的战国后期也基本具备了。

如果不考虑中国社会学的崛起问题，那么中国历史上到底有没有社会学，对被称为"社会思想"的内容到底应该怎样看待，好像不是一个多么紧迫的问题，笔者也不想来捅这个"马蜂窝"。现在要考虑中国社会学的崛起问题，那么中国社会学之源在哪里，难道只能到西方社会学去认祖归宗？

（三）关于"中国社会学"之"源"

提出"中国社会学"之"源"问题，意不在争"名"，也不是争"气"——维护民族尊严，而在于争取中国社会学的崛起。

康有为、谭嗣同、梁启超以及梁漱溟等先辈，都曾经预言中国学术、中国文化的复兴，其中，必然包括中国社会学的崛起。这是清末引入西方社会学的先贤们抱持的期许。他们引入西方社会学不是为了用来替代和终结中国学术，而恰恰是为了复兴中国学术，由学术复兴，而带动文化复兴，而促进社会复兴，而实现中华复兴，对这一思路不论今天做何评价，争取中国社会学的崛起总是题中应有之义。

同样，费孝通先生援引布朗的论断，也是为了中国社会学的崛起。他指出，我们"主要不是继承，而是开创，要开创中国式的社会学"。② 怎么开创？就要找到根基、确定源泉，要有正确的出发点。

---

① 梁启超：《论中国学术思想变迁之大势》，上海古籍出版社，2006，第13页。
② 费孝通：《从实求知录》，北京大学出版社，1998，第506页。

笔者认为，中国社会学之"源"，是以荀子"群学"为代表的本土社会学传统资源。它是以墨子"劳动"（"强力"、"从事"）概念为逻辑起点，以荀子"群"概念为核心，以儒家"民本"概念为要旨，以礼义制度、规范和秩序为骨架，以"修齐治平"为功用，兼纳儒墨道法等各家之社会范畴，所构成的中国社会学"早熟"（早期）形态。它是战国时期之前中华民族已有 3000 多年^①的文明发源和早期发展的第一批学术结晶之一，是中国学术第一个百花齐放的发展高峰的优秀代表。它作为现今中国社会学崛起的源头，是理所当然的，理由至少有以下几点。

第一，一门学科之"源"，不仅仅指学术本身，根本之"源"当然是社会实践、社会历史和文化传统。中国社会学之崛起，根本原因是中国的崛起、中华民族的复兴，如果没有这个巨大的实践动能的推动，恐怕所谓中国社会学之"崛起"很可能可望而不可即。这一点，已被世界学术中心的出现和转移历史所证明。但文明也好，学术也好，也是风水轮流转。中华文明、中国学术曾长期雄踞世界领先地位，而且它的一个独特之处是超强的历史绵延机能。然而，也许正因为它有超强的绵延能力，自我更新的动力就渐显不足。一种文明、一种学问，只有遭遇危机和挑战，才能充分暴露自己的缺陷，才能激发重新奋起的动力。欧洲自文艺复兴以来创造的灿烂的西方文明、西方学术，既陷中华文化于危难，又令其幡然自省。今天，中华民族经过自鸦片战争以来 170 多年的绝地奋斗，中国学术经过自明末以来数百年的中西会通，^②比历史上任何时候都更接近实现伟大复兴。当此之际，中国社会学的崛起，实在是顺天应时而已。

既然中国社会学的实践之源，毫无疑问是中国社会的本土过程，是

---

① 据李学勤教授讲："根据'夏商周断代工程'的年表，夏代的开始是在公元前 21 世纪的中间……但夏代不是中华文明的起源。中华文明在这以前还有一段相当长的历史，所以我们想把考查的年代再往前推 1000 年，就是推到公元前 3000 年。"（李学勤：《中国古代文明研究》，华东师范大学出版社，2009，代前言第 14 ~ 15 页）而作为"文明社会"标准之一的城市的出现，在中国已有距今 6000 年的历史（河南郑州西山古城，见李学勤《中国古代文明研究》第 16 页）。而 21 世纪初发掘的浙江萧山跨湖桥遗址，表明在 8000 年前中国就出现了栽种水稻、独木舟、熬制中草药等农业文明。这里采取较保守的说法，故此使用了战国之前"3000 多年"之说。

② 史家一般认为，就接受和译介西方科学技术而言，明末徐光启（1562 ~ 1633）是"中西会通第一人"。

中国社会发展史，是中国自己的社会"土壤"，那么怎能说中国社会学的学术之源必须到西方去认祖归宗呢？中国如果没有自己的学术传统，也就罢了，我们有以群学为代表的本土社会学传统资源，不管它有什么不足，"早熟"也罢，专业化程度不高也罢，那里总是有我们中国学术最基本的文化基因——那就是中国社会学的根。习近平总书记指出："无论哪一个国家、哪一个民族，如果不珍惜自己的思想文化，丢掉了思想文化这个灵魂，这个国家、这个民族是立不起来的。"① 中国社会学也是如此。

第二，中国的本土文化、本土学术、本土概念，在表达和理解中国实践方面具有得天独厚的优势。费孝通说："中国人研究中国（本社会、本文化）必须注意中国特色，即中国社会和文化的个性。"② 而本土概念本身就是从中国人自己的实践中提炼出来的，它能够更为贴切地彰显本土实践的特色。习近平曾以小康概念为例说明这个道理。他说："其中全面建成小康社会中的'小康'这个概念，就出自《礼记·礼运》，是中华民族自古以来追求的理想社会状态。使用'小康'这个概念来确立中国的发展目标，既符合中国发展实际，也容易得到最广大人民的理解和支持。"③ 像小康这样的概念，其实正是以群学为代表的本土社会学传统的基本概念之一。由此可以推知法国人、德国人在振兴他们本国的文化时，为什么强调推行"纯洁法语"运动、德语语言纯洁运动，而抵制英语的"语言侵略"，反对用英语或夹杂英语写作学术论著。不管对这类"运动"做何评价，总是表明即使在西方文化和学术内部，都视本土传统为自己的灵魂。语言尚且如此，何况学术？西方国家之间尚且如此，何况中西之间？中国社会学的崛起，即使从概念语言上讲，也应该发挥以群学为代表的本土社会学传统的优势。当然，我们反对全盘搬用西方概念，并不是反对借鉴和吸收西方概念，不是主张也要搞什么"纯洁运动"，这是不应误解的。

---

① 《习近平在纪念孔子诞辰 2565 周年国际学术研讨会暨国际儒学联合会第五届会员大会开幕式上的讲话》，《人民日报》2014 年 9 月 24 日，第 2 版。
② 费孝通：《从实求知录》，北京大学出版社，1998，第 15 页。
③ 《习近平在纪念孔子诞辰 2565 周年国际学术研讨会暨国际儒学联合会第五届会员大会开幕式上的讲话》，《人民日报》2014 年 9 月 24 日，第 2 版。

第三，最重要的是，我们断言以群学为代表的本土社会学传统资源为今日中国社会学崛起之源，不是因为它们古老，不是刻意要把"源"追溯得越早越好，而是因为它对回答世界发展遇到的新问题、新挑战具有特殊的意义。

费孝通曾经深情地指出："布朗曾说，社会学的老祖应当是中国的荀子，我一直想好好读一遍《荀子》来体会布朗这句话，但至今还没有做到，自觉很惭愧。布朗提醒我们，在我国的传统文化里有着重视人文世界的根子。西方文化从重视自然世界的这一方向发生了技术革命称霸了二百多年。……自然世界要通过人文世界才能服务于人类，只看见自然世界而看不到人文世界是有危险的。这一点在人类进入 21 世纪时一定会得到教训而醒悟过来，到了那时，埋在东方土地里的那个重视人文世界的根子也许会起到拯救人类的作用了。"① 他还强调说，不仅是荀子，"实际我们中国历代思想家思考的中心一直没有离开过人群中的道义关系。如果目前的世界新秩序正好缺乏这个要件，我们中国世代累积的经验宝库里是否正保留着一些对症的药方呢？""找到这问题的答案也许正是我们中国社会学者值得认真思考并去追求的目标。我已年老，这只能作为我的希望留给新的一代了。"② 费老认为："不管我们是否同意他（指拉德克利夫·布朗——引者注）的看法，我们不容否认，对人际关系的重视，一直是中国文化的特点。在这样长的历史里，这样多的人口，对人和人相处这方面所积累的经验，应当受到我们的重视，而且在当今人类进入天下一家的新时期的关键时刻，也许更具有特殊的意义。"③

笔者认为，费孝通的上述论述，正是点出了以群学为代表的本土社会学传统资源之所以可以作为今日中国社会学崛起之源的几个最关键的理由。其一，世界大势使然。片面重视自然世界、技术工具的西方文化必会给人类带来危机，西方文化也因此要渐失独霸优势。其二，中国文化重视人际关系、重视人文世界，必将在 21 世纪发挥匡正扶危的独特作用。其三，毫无疑问，这一大势关乎"我们中国社会学的前途"。

我们认定中国社会学之"源"是以群学为代表的本土社会学传统资

---

① 费孝通：《从实求知录》，北京大学出版社，1998，第 347~348 页。

② 费孝通：《从实求知录》，北京大学出版社，1998，第 244 页。

③ 费孝通：《从实求知录》，北京大学出版社，1998，第 232 页。

源。但在我们面前，既有中国社会学丰富的历史之源，又有传入我国的西方社会学，而且西方社会学不仅创造了辉煌的历史，至今仍主宰着社会学的话语权，那么，在中国社会学的崛起过程中，应该如何处理二者的关系？

（四）关于"中国社会学"之"流"

以群学为代表的本土社会学传统资源是正在崛起的中国社会学之"源"，西方社会学不论多么辉煌、多么重要，只是我们需要会通的"流"。是不是可以不区分"源"与"流"，承认中国社会学有双重起源——既起源于西方学术思想传统，又起源于中国学术思想传统？这样看起来很全面，但是，如果不区分"源"与"流"，推理下去，会导致不区分"中国社会学"与"西方社会学"，那么，所谓中国社会学有双重起源的论断，也就因陷入自相矛盾（源流不分、假流为源）而自我否定了。

学术之"源"是指一个学科的文化基因、文化之魂。它是本色，是基质，是历史确定并延绵下来的，是不可移易的。尽管它也需要"苟日新，日日新"，那是指它的生机，不是指它的本质，其本质是不可改变的。学术之"流"，不论多么强大，都不具有基因的意义，它是可以移易的。"流"不具有规定一物之为何物的意义，它只具有影响一物的存在和发展状态的意义，尽管这种意义也很重大，但仍不足以颠倒"源"与"流"的地位。

中国社会学之源与西方社会学之源未能会通，它们都保持了自己的独立地位，那是历史事实。此二"源"是通过各自的"流"，在19世纪末20世纪初交汇了。交汇以后，就只有主流与非主流之别、早入流与晚入流之分，而没有宗主与派生的关系。一方断无必要去将对方之"流"视为自己之"源"。这种改换门庭的事，即使发生过，那也是文化殖民的劣迹，不是什么值得称道的事情。

由此看来，西方社会学的引入，只是一个"流"，我们自己原来的"流"不畅了，西学之"流"冲击了一下，但不能取代原来的"源"。正如我们不能因为汉江的加入，就把汉江的发源地（汉中的玉带河）说成是长江的源头一样。西方社会学没有取代和改变中国社会学之"源"，只改变了它的"流"。

对于一门学问来说，"学科化"的发生一般都不在源头，只在"流"上。往往是一门学问已经产生了，"流"到一定阶段，才被"学科化"。大的学科、基础性学科一般都是这样，只有一些分支学科、新兴学科才可能一出现就是专科化的。但那也一般是以大的学科、基础性学科为"源"的。所以，作为一个大的基础性学科，中国社会学的学科化是在西方社会学传入之后，但中国社会学的源头很早就有了。割断了"源"与"流"的关系，将无法理解中国社会学。

由此看来，康有为、严复、谭嗣同、梁启超等做的不是"源"（创造源泉）的工作，而是"流"与"流"会通的工作。这样评价他们的历史功绩，并不会贬低他们的贡献，而是把他们的工作放在更广阔的历史脉络上给予更高的定位：他们拉开了中国社会学实现现代转型的序幕，在中西会通中奠定了中国社会学未来发展的基础。它们开的是此一会通的"端"，而非中国社会学之"源"意义上的"开端"。

流与流相遇，有一个会通的问题。怎么会通？首先，会通不是搬用、套用，不是以西方社会学取代中国社会学。可是，从西方社会学以往在世界的传播史来看，主要表现为强势扩张（霸权）的过程：它是唯一的"公认理论"、"经典理论"，占据制高点，其他国家只能传播、接受、模仿、应用。为此，西方社会学极力将自己一个学科的发展，比附为世界现代化过程。你想实现现代化吗？那好，西方社会学就是研究现代化的，就是现代化的方案，就是现代化的模本，就是你必须尊崇的普遍适用的"公认理论"。于是，以西代中，大行其道。长期以来，以西代中成为积习、成为定见、成为常态。只知道有西方社会学，不知道有中国社会学，倒成了正常的不易之论；说中国古代就有社会学，倒成了奇谈怪论。社会学只能是"舶来品"，中国社会学史只能等于西方社会学在中国的传播史，[①] 在西方社会学传入之前，中国历史上一片空白，此种历史虚无主义谬论，堂而皇之，横行无阻。我们泱泱大国，有几千年的文明，那么复杂的社会是怎么形成的、怎么治理的？人和人是怎么相处的？说中

---

① 参见韩明谟《中国社会学应用的历史传统》，《北京大学学报》（哲学社会科学版）1986 年第 3 期；陈树德：《中国社会学的历史反思》，《社会学研究》1989 年第 4 期；韩明谟：《中国社会学史不等于西方社会学在中国的传播和发展史——三与陈树德同志商榷》，《社会学研究》1994 年第 4 期。

国自古只有"社会思想"，没有"学"，我们有复杂的制度，有丰富的治理经验、治理技术，有从"礼"到习俗等有效的社会规范，这些难道都是"思想"，不是"学"吗？对这一切我们视而不见，不予承认，不以为怪，反以为荣，照此下去，哪里谈得上中国社会学的崛起？

如果说"以西代中"是结果，那么"以西释中"、"以西鉴中"则是手段。中国事物、中国历史、中国实践，必须经过西方社会学概念的解释，变成洋词、洋话、洋理，才能登上社会学的大雅之堂。只有"以西释中"，才算学术研究，才是有学问。至于西方概念、西方道理，出了校门用不用得上、适用不适用，全然不顾。更有甚者，是以西鉴中。中国事物、中国历史、中国实践，只有符合西方概念、符合西方逻辑，才算正理；如不符合，则判为歪理，判为不正常、不够格、不算数。中国人重视家庭，那是落后观念；西方人搞家族政治，则是现代民主；中国人搞家族企业，就断不能是现代企业制度；如此等等。这哪里是什么会通？

真正的会通，是平等对话、互学互鉴的过程，是取长补短、相互借鉴，是融合创新。如果用西方人的标准，白人是优等民族，有色人种都是落后的；如果用黄种人的标准，满身是毛的白人是进化程度最低的。各持偏见，何谈会通？可见，不能只是各美其美，还要美人之美。只有平等对话、平等协商，才能有效沟通，找到一个大家都认可的衡量标准，才能达成共识，达到美美与共。

学术本质上不承认霸权，学科也不承认什么独占权。学术在本质上是开放的，是要交流、对话、讨论、沟通的。否则学术就没有生命力，或者将被异化为一种文化侵略的工具，也就是林南教授所称的"文化殖民"。如果我们自己手里什么都没有，就只好去把别人的传统认作自己的传统，把别人的理论尊为"公认理论"、"普遍真理"，自己只有匍匐在地，连头都抬不起来，哪还有什么"对话"、"交流"？迄今为止，全国高校至少半数社会学系根本不开中国社会思想史课程，教师中能够讲授中国社会思想史的更是一"将"难求。作为替代课程的所谓"中国社会学史"，也都是以严复译介西方社会学为"开端"，在此之前中国社会学是没有"史"的。这就致使许多学生根本不知道中国社会学的学术传统为何物，自然就只能拉来西方社会学理论或概念生搬硬套，这是误导的结果，是怪不得学生们的。

没有自己的学术之源，就没有自己的传统，也就不可能有真正的会通。我们要认真总结会通史上的经验教训，这关系到中国社会学能不能真正崛起，以及崛起的是什么样的中国社会学。

（五）两条路径，两种结果

尽管如前所述，中国社会学的崛起是顺天应时的，但也不见得只要中国崛起了，每一门中国学术就都能够崛起，那还要看能否选对路径。

要实现崛起，必须具备三个条件。其一，树立起中国社会学自己的问题意识。如果没有自己的问题意识，所围绕的问题还是人家西方社会学提出来的，甚至在很大程度上是人家已经回答了的，那中国社会学实现崛起的必要性就不充分。其二，积累起自己的优势资源。即使有了自己独立的问题意识，能不能回答问题，仍取决于有没有优势的学术资源。学术资源是需要长期积累的，平地一跳，就想触及天际，不过是想象而已。学术资源的积累程度决定着实现崛起的可能性。其三，建立起自己的概念体系。没有自己的见识和判断，那么就只能说是西方社会学在中国的"崛起"和扩展，而不是中国社会学的崛起。

要满足和创造上述三个条件，有两条路径，也就有两种结果，根本的区别，在于选取何者为源。一种是以西方社会学为源，把它在中国的传入作为中国社会学的开端；另一种是以群学为代表的本土社会学传统资源为源，依托中华民族在世界学术史上长期占据优先地位的极为丰厚的学术积累。源既不同，流就不同，途径自然不同。

前一路径的优势，在于它倚重西方社会学已经占有的话语权，而且至少最近几十年来，以西代中、以西释中、以西鉴中，已经形成习惯。在国内和者甚众，在国际容易沟通、容易得到认可。这条路径走起来比较省劲。所忧的是，这样取得的结果，到底不过是西方社会学在中国的运用、扩张，而无法崛起真正具有中国特色的"中国社会学"。

再者，西方社会学因其只是"关注'发达的'或现代的社会"，故而对全世界大多数发展中国家如何处理传统与现代的关系，特别是像中国这样的有着悠久历史传统的国家如何对待自己的历史资源，往往关注不够，或者只能给出过于简单的答案，不太贴近实际需要，解释力也就大打折扣。这也许是在新兴经济体和大量的发展中国家成为社会发展的主要潮流的当代，西方社会学却显得活力不足的一个可能的原因。就连吉登斯等也意识到西方社会学的局限性，或者至少看到了这种局限性所产生的后果："今天，世界各地要求学习社会学的学生日趋减少，社会研究项目受到足够资助的数量也比以前在减少。社会学可能已经在一些主要的知识发展和成就方面丧失了中心地位。"[①] 对这种局限性本身，他们也在反思，在一定程度上触及了过分炫耀欧美的优越感、过分渲染欧美式现代性的欧美中心主义。因为，当今世界经济和社会发展的最新、最大的变化发生在欧美以外的广大"非发达"的社会。西方社会学用吉登斯的话来说，"真的有点每况愈下了"，[②] 那么，这样一个在全世界都"丧失了中心地位"的西方社会学，能在中国崛起吗？或者说，即使我们努力推动它在中国发展了，它是我们希望实现崛起的"中国社会学"吗？

后一路径的优势，首先是它符合世界学术发展的未来大趋势。未来社会学发展的多元性，必然彰显多源性，这是文明发展的必然趋势。大家都承认社会学是多重范式的，那么它是否也可能有多种起源？世界文明都有多种起源，为什么一个学科就只能定于一尊，不容有多种起源？

其次，我们说中国社会学的崛起，并非取决于主观选择，而是取决于"天时"、"国运"（"地利"）。在中华民族陷入亡国灭种之灾的危难之际，我们的学术前辈尚且寄望于中国社会学的振兴，当今之世，我们对中华民族伟大复兴的前景期待得越宏伟，就越倾向于选择后一路径。西方社会学已经写过辉煌的一页，新的一页应该由今天和今后引领世界经济社会发展的新兴经济体和广大发展中国家的新人来书写了。他们在实践中正在书写着历史的新篇章，在学术上也应该当仁不让地书写学科发展的新篇章。

后一路径的劣势也有两个。第一个是我们的自信心不强，缺乏理论自觉。不说别人，就以自己为例，笔者在20世纪90年代给研究生讲授"发展社会学"，从帕森斯等西方学者的现代化理论，讲到主要由拉美学

---

① 安东尼·吉登斯：《社会理论与现代社会学》，文军、赵勇译，社会科学文献出版社，2003，前言第1页。

② 安东尼·吉登斯：《社会理论与现代社会学》，文军、赵勇译，社会科学文献出版社，2003，第24页。

者创立的依附理论，再讲到主要由沃勒斯坦等创立的世界体系理论，一步一步下来，感觉很顺。可是，在世界体系理论之后呢？茫然没了头绪。为此，笔者利用参加联合国教科文组织会议的机会，当面请教沃勒斯坦，利用到美国的大学访问的机会，请教有关的教授，都没有得到答案。苦恼了好几年，才慢慢有点醒悟——全世界都在说 21 世纪是亚洲世纪，这是什么意思？包括我国在内的亚洲国家，当然也包括其他大洲的发展中国家，已经充当了世界经济发展的引擎，难道像发展社会学这样的学科，还要继续指望着西方社会学家来替我们书写吗？

第二个劣势是这条路径太过艰难，需要从一个一个概念开始，长期地探索和创新，而且与西方社会学的沟通、会通需要一个漫长的过程。从学者个人来说，见效慢，成绩难以预期。

如果说自清末以来，主要是西方社会学在中国的传播和应用，那么今后则是中国式社会学的崛起。中国社会学走了这么漫长而坎坷的路，也该到时来运转的时候了。乘中华民族复兴的东风，实现中国社会学的崛起，势所必然。当此之际，重新思考一下西方社会学与中国社会学的关系，明确中国社会学的源与流，奠基于几千年的优秀学术传统，立足于 21 世纪中国崛起的宏伟实践，吸收西方社会学已有的丰富成果，回答新时代社会发展的重大问题，中国社会学的崛起就可以顺利实现。

（景天魁）

四　文化自觉与中国社会学研究①

笔者在《中国社会科学评价》2015 年第 2 期发表了《中国社会学源流辨》一文，提出中国社会学并不是从清末民初引入西方社会学才开始的，而是有自己的起源，这个"源"就是"以荀子群学为代表的中国社会学传统资源"。这一论断关涉到中国社会思想史与中国社会学的关系以及中国社会学与西方社会学的关系。以下拟从文化自觉的角度再做一

---

① 本部分原为一篇专访，发表在《江南大学学报》2016 年第 1 期。现根据本书的体例要求，删去了部分对话内容，改变了"专访"形式。

些说明。

（一）中国社会思想史的核心内容

2014 年 3 月，南开大学和武汉科技大学先后召开讨论会，这两次会不约而同地集中在一个主题上：回顾和总结中国社会学重建以来的发展历程。笔者在会上做了主旨演讲，开始重新思考中国社会学的发展问题。笔者在这两次会上连续地讲了对中国社会学发展过程的一些看法，后来整理成一篇文章——《中国社会学不可回避的根本问题》。[①] 该文发表以后，引起了一些反响。首先就是触及了中国社会思想史到底应该研究什么、怎么定义、怎么定位这一系列问题。中国社会学不可回避的根本问题中，一个就是古今关系问题。能不能说中国社会学只是从严复译介《群学肄言》一书才开始？再一个就是中西关系问题。能不能说中国社会学史只是西方社会学在中国的传播史？中国社会学与西方社会学到底是什么关系？中国社会学只是西方社会学在中国的传播、推广和应用吗？

现在回顾一下，对这个问题的思考过程可以分为三个阶段：先是思考中国社会思想史和中国思想史的关系，然后思考中国社会思想史和社会学的关系，再进一步思考的就是中国社会学与西方社会学的关系。做了这些思考，最后归结到中国社会思想史这个学科的定义和核心内容到底是什么的问题上。因为这些年的经验证明，如果不搞清楚这个关系，即使我们研究的是中国的群己、家国、治乱问题，但若还是套用西方社会学的概念框架，来研究中国社会思想的文献资料，就不可能适切地研究中国社会，就不能从中国自己的学术脉络中建立起自己的概念体系。我们过去，研究中国社会思想史一个基本的方法论就是，拿出中国的一些思想资料，然后用西方的一些概念去套，看看哪些资料用西方的概念套得上，哪些套不上，就是用西方社会学的概念来解释中国社会思想史。这样下去，中国社会思想史的地位会越来越低，也会越来越边缘化。

我们一定要自觉地从这种状态中跳出来，说起来这是一个方法论的问题，但实际上不只是一个方法论的问题，根本问题还是中国社会思想史到底是什么，中国社会思想史的主轴或核心内容到底是什么。这个问

---

① 景天魁：《中国社会学不可回避的根本问题》，《学术界》2014 年第 9 期。

题不解决，就搞不清楚中国社会思想史有没有一个主轴，有没有一个核心内容。中国社会思想史就是从诸子百家以来，谁说过什么。这是什么？是史料。用西方的概念，比如社会化、社会分层、社会互动等来套中国社会思想史，它好像什么都不是。

笔者思考了十几年，中国社会思想史到底是什么呢？应该是中国社会学的起源和发展史，就是在中国社会史的大背景下，在中国文化、中国精神的滋养下，中国社会学是怎么从中国社会思想中起源和发展的。这就需要最起码明确三个问题。第一，中国古代有没有社会学。如果仍然像过去那样认为中国古代没有社会学，中国社会学是从严复以后才有的，那么就只能把从荀子到严复这两千多年的社会思想全都排斥在中国社会学史之外，而不能纳入学科史。

继严复之后，梁启超、费孝通、拉德克利夫·布朗，他们都说过社会学的真正鼻祖是中国的荀子。[1] 荀子很注重"群"，笔者也确信群学确实就是社会学。我们要下功夫，把这个问题好好讨论清楚。我们古代仅仅是有社会思想，还是已经有了社会学？难道不论社会思想多么丰富，都称不上社会学？中国社会那么复杂，中国学术那么源远流长，却就是产生不了社会学？我们还是习惯把孔德提出的社会学当作唯一标准，认为它拥有独占权，而在此之前，不论是什么都不得称为"学"。所以搞清楚中国古代到底有没有社会学，特别关键。

第二，要在理论上明确学科的界限到底应该怎么划。常见的观点认为，不仅社会学，全部社会科学，都是西方文艺复兴之后的产物，直到18世纪才有了各种各样的学科。这个说法，首先在西方就不太合适，不能讲18世纪之前西方都没有学科，其实很早就出现学科了，不过学科的形态、成熟程度不同而已。亚里士多德时期就有了政治学，只能说那时候的政治学与我们现在所讲的政治学不一样，不能说没有。亚里士多德还创立了（西方）逻辑学、（西方）伦理学等，所以他被称为"百科全书"式的人物。"百科"不就是承认早就有学科了吗？西方社会科学发展也是一个历史过程，并不是说在18世纪之前就没有什么学科。确实，在18~19世纪出现了很多学科，但不等于说学科就只能在那个时候出

---

① 费孝通：《从实求知录》，北京大学出版社，1998，第232页。

现，也不能说，社会学只能于 1838 年出现在欧洲，其他任何文明、任何学术脉络中，都不能出现社会学，哪怕是不同形态的、"早熟"的社会学都不能出现。这不就是露骨的西方中心主义吗？

这里还涉及关于"学"的用法问题。对中国来说，这个问题就更加复杂，中国古代所谓"学"，用法不同。中国自古以来讲的"学"，与西方讲的也是有区别的。我们古代对学科有自己的理解，最明显的特点就是中国古代不是没有"学"，而是将其放在学派里面，西方则是将学派放在学科里面。这当然只是一个笼统的说法，未必尽然。西方经济学这个学科里面分了很多学派，社会学里面也分了很多学派。在西方，学科是个大概念，学派是个小概念；而中国古代，学派是个大概念，学科是个小概念。比如儒家学派，这里面就包含很多学科，像孔子讲的"六艺"，不就相当于六个学科吗？墨家也是如此，学派里面分的学科就更多了。墨子甚至提出了我们现在所说的工程技术学科，而且墨学中的工程技术是很专门的。可见，我们是学派里面分学科，西方是学科里面分学派。难道说只许西方学科里面分学派，就不许中国学派里面分学科？或者说我们中国学派里分的学科就不是学科？这个就太有点以西方为圭臬了。应该承认，西方在学科里面分学派，中国在学派里面分学科，只是分法不同而已。

另外，我们划分学科的目的和效果也与西方不一样。比方说荀子的群学，他不把群学单独拉出来，与其他的学科割裂开，而是把多个学科综合在一起，把社会学与法学、政治学等都融合在一起。融合在一起就体现了一种对社会的整体性把握，那么为什么要这样呢？这和我们中国学术自古以来就坚持经世致用原则有很大的关系。孔子周游列国，给别人讲学的时候，不能说这次讲教育学，不爱听的可以走，下一次讲法学……他不会是这样的，他必须把各种学科综合起来讲，提出一个治国方略、处世方略。然后针对当时复杂的问题、难办的问题，指出这个怎么解决、那个怎么解决。这样才有听众，治国理政者才觉得有用。我们中国社会的特点就是一个高度综合的社会，家国同构、政社不分。慢说是我们的社会科学与西方的特点不一样，就是我们的自然科学如数学也不像西方那样分为代数、几何、三角等，我们一部《周髀算经》里什么都有了，一部《齐民要术》包括许多门技术。"鸡兔问题"被整体地提出来，求解一个问题要运用各种各样的知识。这是中国学术的特定形态，是中国学术研究和解决问题的一种路径。怎么能说我们中国这一套就不是科学、不先进、不正宗？我国在战国时代就修筑了都江堰、郑国渠这样的特大型水利工程，当时运用的科学技术，不知比西方的水利学、水文学、测绘学、土木工程学早了多少年。

中国自古就不是为学术而学术，而是为了解决问题。因此，不喜欢把学科划分得那么清楚，因为问题总是综合的，所以我们中国的学问几千年来都是以综合为主导发展下来的。从中国学术的这一特点看，就不能说荀子那里一定没有社会学，或者他的群学就算不上社会学，这样讲是没有道理的。只能说荀子的群学不像西方的学科那样边界清晰（其实西方社会学的学科边界也未见得有多么清晰），但是群学在内容上的丰富性是不可否认的。所以，学科界限这个问题，我们不应该就只认可西方的标准，不顾中国几千年来的学术特点，完全拿西方的标准来衡量中国，从而得出中国没有社会学的结论，这个就太武断了。

第三，时间界限问题。多少年来流行的说法，都只是认定中国社会学史从严复译书（《群学肄言》）开始算起，认为那是中国社会学的开端，至今也就一百多年。一百多年来，学术界都是说1838年孔德创立了社会学，这个在我们脑海里印象太深刻了，其实他只是提出了"社会学"这个名称。现在说中国战国时期的荀子创立了社会学，就成了天方夜谭，大家都会诧异中国怎么可能早人家两千多年就创立这个学科，中国人有那么神奇吗？中外很多人不愿意接受这个说法。费老晚年深刻思考过这个问题，他说西方的学问自古以来就是重视自然，重视人与自然的关系；而我们中国的老祖宗，自古以来就是重视人和人之间的关系。既然这样的话，可以说关于人和人之间的关系一直都是我们中国学术极为丰富的内容。《论语》也好，《孟子》、《荀子》也好，大量讲的就是社会、人和社会、社会治理等。如果说古希腊在宇宙观、自然观方面做出的贡献比较大，那么我们中国的春秋战国时期，在人文社会科学方面创立某些学科，也不足为奇。

我们回过头看，荀子在战国末期创立群学，就当时来说，也是有社会实践基础的，那时的社会关系已经非常复杂，人们在这方面做了大量的探讨，积累了丰富的社会思想资料，在此基础上创立群学，是水到渠成的结果。这样来看，虽然荀子创立的社会学或者说群学，与后来从西方传入的社会学在形态上有所区别，但是，我们应该承认荀子群学里面很多的概念、思想，与我们现在所熟悉的西方社会学是很契合的。有些概念可能西方提得比较明确，而我们则在内容方面更加丰富和深刻，群己、公私就是很典型的例子。中国人讲的"己"，和西方人讲的个人、自我，就有明显的区别，而且我们这个"己"的概念内容显然更加丰富。我们讲的这个"己"，既可以指自己也可以指家庭，当你走出国门，这个己就是中国，它不像西方的个人概念那么固定。我们社会结构的"圈"，像费老讲的，是不断往外推的差序格局，所以我们这个群己关系要复杂得多。很多概念的含义在我们这里要丰满得多，不能说这个就不是社会学，只有西方那个是社会学，这显然没有道理。

（二）从根本上解决中国社会思想史被边缘化的问题

如果我们把以上三个问题搞清楚了，就可以明确什么叫中国社会思想史。它的主轴是研究中国社会学的起源和发展。这样，中国社会思想史就和中国社会学史一致了，当然也有区别。但首先要看到，把中国社会思想史和中国社会学史一致起来，中国社会思想史就不可能被边缘化了。因为中国社会思想史和中国社会学史一致了以后，我们就顺理成章地否定了原来习以为常的一些不正确的观点——中国社会学史只是从西方社会学传播到中国以后才开始的。如果把中国社会思想史和中国社会学史一致起来，那么中国社会学史很早就开始了，不是从严复译书开始的，也不是从孔德发明"社会学"的名称开始的。这样一来，要讲清楚现实社会中人和人之间的关系，我们就可以追溯它的历史演变，因为现代的中国是历史的中国的延续。这样，人们就会认识到，假如不学中国社会学史和中国社会思想史，我们就搞不清楚现实社会中的问题，那中国社会思想史就不可能被边缘化了。如果像过去那样，中国社会学史只是西方社会学的传播史，那么中国社会思想史的边缘化问题当然就解决不了。所以，这个中西社会学的关系，也就是笔者说的"源流问题"，是个很关键的问题。一旦把这个关系搞明白了，中国社会思想史就不会被边缘化了。否则的话，社会学就是西方社会学，说中国社会思想史再重要都没用，它就难免是可有可无、可学可不学的。但如果中国社会学不是西方社会学的翻版，而是有我们自己的起源和发展的历史过程，要理解社会学这些概念，就必须追溯我们有史以来的家国关系等是怎么演变的，我们的群己关系（个人与社会关系）是怎么演变的，那中国社会思想史就没法被边缘化了。

不过说中国社会思想史和中国社会学史"一致"，并不是说二者完全等同。为什么呢？就是"社会思想"和"社会学"这两个概念的区别。首先从层次上来说，社会思想包含的层次很多。社会思想包括的第一层是社会哲学思想，第二层是社会学思想，第三层是社会管理、治理等技术和实用方面的思想，这些都是社会思想。而社会学史，只是这个学科的历史，是社会学这一层的发展历史。它不包括社会哲学，也不包括工程技术性质的社会管理。社会学的上面有社会哲学，应该属于哲学范畴，而不属于社会学，但社会哲学思想是社会思想。社会管理技术思想也是社会思想，但那也不是社会学。所以，中国社会思想史包含的层次应该比中国社会学史包含的层次多，这是它们的一个区别。

其次从时间跨度方面来说，中国社会思想史与中国社会学史又有区别，如果说中国社会学史在中国可以追溯到战国时期的荀子，那么在荀子之前，中国还有很长时间的社会思想史，夏商周三代，甚至孔子、老子、墨子都比荀子要早很多年。荀子群学也是之前很长时间历史积淀的结果。所以，从时间上来说，中国社会思想史涵盖的历史跨度应该比中国社会学史要久远。那么中国社会思想史和中国社会学史的一致之处在哪里呢？中国社会思想史应该以中国社会学的起源和发展为主轴，但不限于中国社会学史。也就是中国社会思想史是中国社会学的基础学科，它的涵盖更广泛，时间跨度更长。这是中国社会思想史和中国社会学史的一致和区别。把这两个关系搞清楚了，我们才能够讨论中国社会学的未来。如果这些问题都搞不清楚的话，我们中国社会学将来能发展成什么样子，以及发展的结果是不是费老讲的从中国土壤里面生长出来的学科，是成问题的。

我们还要以经济社会发展实践为基础，着眼于中国社会学的发展，加强学科建设，回答中华民族伟大复兴实践中提出的问题，从这样一个脉络下来，不论是从内容的丰富性来看，还是从学科地位、学科作用来看，才能真正实现中国社会学的崛起，中国社会思想史、中国社会学史的学科定位就解决了。社会学作为一个能够回答中国崛起中的社会问题的学科，当然就是中国学术昌盛的一个当之无愧的组成部分，这样，它在世界社会学中的地位也就确立起来了。不然的话，西方人会说："你这个学科都是学我们的，你那个概念都是我们几十年甚至上百年前说的，你那套东西无非就是对我们的牙牙学语罢了。"如果是这样，那不可能有什么话语权。

我们可以设想一下，在国际会议上，当西方学者听到中国学者运用几个舶来的概念，来解释中国的现实问题，人家会怎么想？就如同我们听外国人来讲《周易》、讲"道"这样的概念，难免觉得不明就里。同样，我们搬用西方的理论，搬用得对不对很难说，也很难想象英法德美这些国家的学者会承认我们对西方理论理解得比他们更好。所以，我们什么时候都是小学生，因为我们没有自己民族、自己国家的东西，没有自己的学科历史和学术传统。

当然我们不是牵强地非要把中国社会学的历史追溯得很远，我们还是要有根据，要客观、要实事求是。但确实有一个问题，就是一个学科如果没有自己的历史，没有自己的传统，这个学科的地位是很难讲的。中国社会学只要没有自己的核心概念和基本命题，用的概念都是西方的，就很难自称是"中国社会学"。当然，不是说人家西方的东西都不好，我们都不能用，不是这个意思，但是如果我们一点自己的东西都没有，都用人家的东西，这个学科可以说就永远没有前途。

所以，需要我们搞清楚中国社会思想史的定义和定位，搞清楚中国社会思想史和中国社会学是什么关系，搞清楚中国社会学与西方社会学是什么关系。我们费劲来论证中国古代是有社会学的，那么现代的社会学和古代的社会学有什么关系这个问题，归根到底，决定中国社会学的命运和前途。

（三）增强文化自觉是发展中国社会学的必要前提

费老有一次讲，20世纪30年代的时候，有一些人批评他，意思是说，他们那个社区学派，搞实地调查，不过是讲了些具体的事情，在学院派的人看来，那不是纯学术。对此，费老当时就非常明确地反驳了，意思是说，所谓纯学术，为学术而学术是不足取的。费老自年轻的时候就坚持，中国的学术就是要经世致用，就是要解决中国的富强问题，而不是在那儿无病呻吟，不是躲在象牙塔里自己玩概念，对社会没有用处，那是没有意义的。费老终其一生，都是一以贯之，直到晚年他领导恢复重建社会学，还是志在富民，他认为中国社会学是要为解决中国的现代化问题服务的，是要为实现中华民族的伟大复兴服务的，这对他来说，完全是一个非常明确的问题。费老所认定的真学问，就是能够解决中国问题的学问。他反复讲过这个意思。否则的话，说了半天，什么用都没有，什么问题都回答不了，那就不叫学问。

那么，怎么来做真学问？要本着高度的使命感。给笔者印象非常深刻的就是，费老有非常强的使命感，无论顺境也好逆境也罢，他都肩负着知识分子对国家和人民群众的责任。他有被整的时候，也有风光的时候，但他的这个意识始终很强，支持着他的行动，因此他不可能把学术只是当成个人的利益、当作饭碗来看待。这个坚持，不只是费老有，而是代代相传的中国学术传统。

我们中国的历史传统，最宝贵的就是"经世致用"，顾炎武讲"天下兴亡，匹夫有责"，不论我们是做什么的，都应该有此情怀。我们研究社会学的，更是要牢记这一点，一定要搞清楚我们中国的学问、中国的学术，就是讲经世致用的，学术研究一定要和解决中国的问题结合起来，不要去追求那种什么用处都没有的学问。特别是我们现在做学问的，物质条件比过去好多了，吃不愁、穿不愁，在这种情况下，作为一个有良知的知识分子，不要太受那些世俗的物质利益的诱惑。我们要做社会中敢于担当的人，做肯为国家、为民族负责任的人，这样的话，知识分子在社会上才会受到尊重。

结合本部分讲的这个主题，就是要把这种精神，渗透到中国社会思想史的研究和教学的内容里面。学习中国社会思想史，不是要背下来《论语》、《道德经》，当然这个也需要了解，但最重要的是要学到中国学术的这个根本、这个灵魂。中国社会思想史把这个事情做好了，它的学科地位自然也就提高了。我们相信现在和今后一代一代的年轻人，他们是会认同这种精神的，也会继承这种精神。

我们中国的社会，在全世界来说，不仅是最庞大的，也是结构最复杂、历史最悠久的。我们的社会学有这么得天独厚的资源，就一定要以我们中国这个宝贵的历史资源为基础，这样，我们这个学科在世界上就会受尊重了。

中国社会思想史这个学科，所能够发挥的作用范围应该是很广阔的。我们从事中国社会思想史的教学和研究，不要以为我们就是传播点历史知识，传播知识只是一个途径、一个手段，真正重要的是要让学生通过学习中国社会思想史，学到中华民族的精神和传统，接受这种熏陶，确立起一种好的人生理想和处事态度与行为等，如此这个学科所发挥的作用就大了。中国社会思想史从内容到形式等各个方面，都不能越走越窄，那样就会被边缘化。

我们要把中国社会思想史这个学科做好，把它真正作为中国社会学的一个基础——确实把它放到这个位置上去，让学生通过学习中国社会思想史，了解中国社会学源远流长的历史过程，了解它是内容非常丰富广阔的一个学科，如此中国社会思想史的学科地位自然也就确立起来了。

我们也不要刻意去追问"国学热"对不对，什么东西都可能是有所偏差的，问题是我们自己怎么在这个过程中，把中国社会思想史和中国社会学建设好。如果能够把中国社会思想史，真正看作并且建设成为中国社会学的起源和发展史，以此为主轴，把它的内容丰富起来、系统起来、凝练起来，再加上刚才讲的中国精神、中国学术基因，就完全可以吸引很多学生来选修这门学科。有很多学生来选修这门课，这门课的地位自然就提高了。所以，2014 年笔者在南开大学演讲的时候，还提了两条建议。其中之一就是我们社会学教学，不要一开始就讲《社会学概论》，应该从中国社会思想的历史脉络讲起。先讲中国的社会学，沿着战国时期以来两千多年的丰富脉络，以中国社会学的起源和发展为主轴，结合中国社会的演变，然后讲到清末民初，再讲西方社会学的引入、中西社会学的会通，以及后来的发展。这样，在学生的观念中，就有了中国社会学的主体地位，他们很自然地就会考虑，西方社会学哪一条是适合中国实际的，哪一条是普遍有效的，哪一条只适合西方的情境，因而是特殊的。现在一上来就先讲《社会学概论》，讲的其实都是西方社会学的东西，先入为主地确定了它"公认的"、"正统的"、近乎真理或者是基本原理的地位。这就等于告诉学生，社会学就是这个，不是其他，只有这个才叫社会学（其实是西方社会学），其他的都不是社会学。然后再去讲中国社会思想史，那学生就觉得，这个不符合"社会学"的"标准"，即与西方的"标准"说法不一样，所以就会认为这称不上是社会学。

笔者在南开大学和武汉科技大学的会议上都讲过，我们这一代社会学者和老一辈社会学者的区别就在于我们对中国的学术传统或者说对国学没有根底。没有根底，见了西方社会学就没有比较，没有比较也就谈不上鉴别力。吴文藻、潘光旦、费孝通以及他们那一代社会学家，从小就学国学，对中国学术有修养、有根基，所以就有比较、有鉴别，知道中西社会学的区别是什么，所以他们能有文化自觉，觉悟到社会学要"中国化"，能够理性自觉地看待中国社会，认为应该从中国土壤中生长出中国社会学。而我们一开始学的就是西方社会学，基本上不知道中国社会学的源流是什么，要建立起文化自觉，从何谈起？

为什么主张要从中国社会思想史讲起？就是这个原因。吴文藻、潘光旦、费孝通等前辈，就是先学习中国的东西，然后再出国留学，学了西方社会学，所以他们能够真正融会贯通。换言之，先建立起对中国学问的认同，就不会轻易相信"凡是不符合西方那一套的，都不是社会学"这样的霸道逻辑。

费老为什么强调文化自觉，为什么讲要扩展社会学的传统界限？他用词是非常谨慎的，他说是"扩展社会学的传统界限"，[①] 实质上他思考的问题是，到底什么才称得上中国社会学。所以他讲"扩展社会学的传统界限"，讲了很多自先秦诸子以来，宋代理学、陆王心学等传统上被认为是哲学史、社会思想史和政治思想史的内容。费老实际上是想告诫我们，不要再去拿西方社会学的界限来框中国社会学，先秦诸子那里有社会学，宋明理学里面有社会学，中国社会思想里面也有社会学，那是世界上无与伦比的宝贵学术资源，我们要扩展眼界，不要自我束缚。所以，费老讲的不仅仅是学科界限问题，而是中国社会学的最根本问题。这也是笔者的那篇论文，以及此前的两次演讲，都围绕"中国社会学不可回避的根本问题"展开的缘由。

细琢磨，费老讲的其实不仅仅是学科界限或怎么扩大学科界限，他实际上讲的是中国社会学的根本、根源、基因，是被流行的《社会学概论》忽略了的人文性的内容——天人之际、群己之别、将心比心……这

---

① 费孝通：《试谈扩展社会学的传统界限》，载《费孝通文集》第十六卷，第 147~174 页。

是回答中国社会学到底是什么的问题。费老晚年思考的问题是非常深刻的，对中国社会学来说也是根本问题。

（景天魁）

五　追本溯源：群学概念体系的意义

（一）　中国社会学起源问题的根本性

自 2014 年 3 月笔者在南开大学、武汉科技大学连续两次论述作为中国社会学根本问题的古今中西问题以后，2015 年又在《中国社会科学评价》杂志发表《中国社会学源流辨》一文，在南京社会科学院和中国人民大学的讨论会上论证"中国本来就有社会学"，同年底在山东大学召开的第十四届中国社会思想史年会上，提出中国社会思想史的主轴应该是中国社会学的起源和发展史的观点，并在《江南大学学报》以《文化自觉与中国社会学研究》的专访形式发表。以上种种努力，无非是想探索中国社会学的本土起源。

中国古代是否就有社会学？这一中国社会学的起源问题，是一个不可不辩，也是难以辩明的问题。因为这个百年来压在中国社会学头上的问题，确实具有根本性。

一方面，如果否认中国社会学有自己本土的起源，继续承认社会学对中国来说完全是"舶来品"，默认中国几千年来只有"社会思想"，根本没有称得上"社会学"的东西，那就无法面对中国确有一个叫作"群学"的学问，无法解释"群学"与"社会学"确有相似内容的事实。实际上，即使在西方社会学传入中国并且一路高歌猛进以来，"群学"虽然被冷落，却并没有完全被取代，更没有绝迹。"群学"顽强地扎根于中国土壤中，稍有机会，就偶露峥嵘。近年来，中国社会科学院社会学研究所科研处的一个内部通讯，特意冠以《群学》之名；早前，台湾的一本社会学文集，就名为《群学争鸣：台湾社会学发展史》，明白地认同群学就是社会学。这一类做法在中华学术圈内并不罕见。这实际上是承认中国社会学有自己的本土起源，群学就是中国形式、中国风格、中国气派的"社会学"。

　　另一方面，承认群学就是"社会学"，似乎不难，但其连带的效应非同小可。群学是战国末期的荀子创立的，比孔德创立社会学要早两千多年，对于中国社会学竟然会比西方社会学早出现这么多年这一点，人们会感到诧异，特别是在几百年来西方中心主义的强力影响下，人们早已习惯于承认中国学术落后，难以理直气壮地接受和承认中国社会学早有本土的起源这样的事实。

　　那么，如何才能消除对中国社会学早有本土起源这一事实的疑虑呢？的确，"群学"在其历史形态上，确有不同于或者不如19世纪诞生的西方社会学的地方，与现在人们了解的现代西方社会学更有明显的区别。如果按照西方的"学科"标准，群学在"学科性"上容易遭到质疑。那么，如何证明群学就是中国古已有之的社会学呢？

（二）以本土概念体系确证中国社会学

1. "群学"是否可以称为"社会学"，不在名称，而在内容

　　任何一个学科，其存在与否的主要根据是，看它是否形成一套有解释力的概念。我们常常提到"学科视角"，何以成为"学科视角"？一个基本或核心概念，或一组概念，就可以形成一种特定的学科视角。

　　我们又说，作为一个学科，必须确定"学科对象"，那么它是如何被确定的？每一个概念都有其外延，一个概念体系所圈定的外延之和，就确定了这个学科的对象；而未被纳入概念和概念体系所圈定的外延之内的事物，其实是处于该学科对象之外的"他在"，并不属于该学科的对象。所以，我们可以说，一个学科是用它的基本概念和概念体系去确证它的存在性的，而且，随着一个学科的发展，即其概念体系的丰富和完善，其学科对象也是趋于明确或有所变动的。

　　我们也说，一个学科必须有特定的"学科方法"，那么方法是怎样被运用的？它是因概念或概念体系而被运用的。一个方法，例如统计分析，当其被社会分层、社会流动之类的概念和概念体系所运用，它就是社会学方法；当其被全要素生产率、投资的边际效益之类的概念和概念体系所运用，它就是经济学方法；当其被选举（投票参与率）、政绩（满意度）之类的概念和概念体系所运用，它就是政治学方法。特别是在当今各门科学交叉融合的趋势下，很难把某种方法看作"独门绝技"。与概念尤其是基本概念或核心概念相比，方法具有更大的共通性，当然，概念也是可以相

互借鉴的，但核心概念对一门科学来说往往是专有的。

这样看来，无论是"学科视角"、"学科对象"还是"学科方法"，这些对于一个学科存在与否具有标志性意义的东西，无不被概念和概念体系所规定，也就是说，它们的学科性是由特定的概念和概念体系所赋予的。换言之，概念和概念体系是一个学科之为学科的最终根据。如果说学科的最宝贵的结晶就是概念，那么荀子早就对此有了明确的认识。正如牟复礼（Frederick W. More）所指出的："荀子认为名（概念——引者注）和术语是人类最伟大最核心的创造之一。"① 我们照此也可以说，构成一个学科的最根本的要素就是基本概念和概念体系。

2. 形式固然重要，但形式不具有根本性

除了一个学科的基本概念和概念体系之外，诸如在学校里是否开设某一学科的课程，是否设立某一专业，是否创办某种杂志等，固然对一个学科的存在和发展都很重要，但这些都是外在表现和形式，不具有实质性的意义。

群学与西方社会学确实形式不同，但那是因为中西之间分科方法不同。不同分科方法，决定相应学科的不同特征，但不决定某一学科是否存在。而且，不同的分科方法，各有所长，也必各有所短。西方的分科，便于定义、便于推理、便于归类；中国的分科，便于综合、便于贯通、便于应用。怎么能说只有西方的分科方法具有合理性？更有何理由断言西方分科方法具有唯一性？

对于"学"，中西用法不同；对于"学科"，中西分法也不同。中国学术的分科，有着多种层次和角度。最高的层次是经史子集。虽然这是书的分类，但也体现出中国传统上对于学术、对于知识的一种分法。② "经"有各类，"子"有多家。各"经"皆为"学"，如算学称为"算经"（如《周髀算经》）、医学称为"医经"（如《黄帝内经》）。"派"中有"子"，"子"中又有"学"，如"孔学"、"老学"、"墨学"。"学"中又有"学"，如儒学中有"孟学"、"荀学"等。"学"中再分科，如"墨学"中，分为谈辩、说书、从事三科，每科又有许多专科。其中，

① 牟复礼：《中国思想之渊源》，王重阳译，北京大学出版社，2009，第185页。
② 李存山：《传统学术引入近代学科是有问题的 中国更倾向于综合》，凤凰国学，2016年7月15日。

"说书"一科，培养各类学者、教师；"从事"一科，培养农、工、商、兵各种实用人才。①

而近代西方的"学科"，带有西方教育知识分类的特点。西方"学科"强调"分"，中国学术重于"合"。分，便于分门别类地研究；合，便于实际应用，因为事物或实践本身都是综合的。这种区别原本是各有所长的，不是这种知识本身存在或不存在的问题。比如，人是有性别的，也是蓄发的，我们可以依据头发的长短，把人群分为长发的或短发的，一般而言，男人大多留短发，女人大多留长发，但留长发的男人还是男人，留短发的女人还是女人，并不因为形式不同，性别就改变或者没有了。知识也是这样，知识的形式是个区别问题，不是知识的有无问题。不然的话，如果我们非要硬套西方近代才风行的分科形式，那我们中国几千年的学术就只能是一片空白，这显然是不正确的。

由上可见，如果我们能够列出群学的基本概念和概念体系，则"中国自古就有社会学"即为可证。但是，即便证明了"中国自古就有社会学"，也只是证明了它的历史存在性，即其在历史上曾经存在过。然而，群学是由荀子创立的，而荀学在历史上很长一段时期被冷落了，那么，群学在这段时间是否还存在？如果存在，它是怎样发挥一个"学"（学科）的作用的？这个问题就是所谓中国社会学（群学）的绵延性问题。如果对其绵延性不能做出证明，那么也就可以说，在西方社会学传入近代中国之际，群学基本不存在或不发挥作用，以此为理由，断言中国社会学只是从西方社会学传入为"开端"，也是可以说得过去的。由此看来，继证明中国社会学的存在性之后，证明其绵延性也是至关重要的。那么，群学在历史上是如何绵延的？

3. 群学是以概念为载体得以绵延的

概念存在和绵延的形式就是群学存在和绵延的形式。群学并非完全随荀学的沉寂而匿迹。如按梁启超的说法，中国学术史可以划分为七个时代的话，② 那么我们可以说，经过春秋战国的"全盛时代"，群学诞生了；到两汉的"儒学统一时代"，群学开始了"制度化"的历程；此后

---

① 参见孙中原《墨子及其后学》，中国国际广播出版社，2011，第9~11页。
② 梁启超：《论中国学术思想变迁之大势》，上海世纪出版集团，2006，第3页。

的很长历史阶段，群学即潜入民间，深入社会生活，以孝经、家训、乡约、族规等形式存在。这是群学的主要存在和绵延形式。群学一方面"上浮"到吏治和士大夫的行事制度中，另一主要方面则"下潜"到民间和日常生活的规范中，群学也由此得到绵延。

康有为在19世纪末即指出，荀学乃是人学。[1] 而据笔者理解，"人学"乃是为人、立人之学，人是生活于社会之中的，因而"人学"教人怎样为人，也就是怎样处理个人与社会的关系，这正是社会学关注的基本问题。康氏批评宋儒片面曲解荀子的"性恶"之说，"昔宋人不达伪字之诂，遂群起而攻荀子"，并认为"宋儒言变化气质之性，即荀子之说，何得暗用之，显辟之？"[2] 对于这种言辞上批判、行动上遵循（"暗用之，显辟之"）的实质，梁启超说得更加清楚，其实早在汉代，荀学已经深度参与了中国政治和社会制度的形塑，"汉代经师不问为今文家古文家，皆出荀卿。（汪中说）二千年间，宗派屡变，壹皆盘旋荀学肘下"。[3] 到了宋代，基本制度已经高度定型化了，宋儒不论如何攻击"性恶论"，也必须肯定和服从这套基本制度，这就是所谓"暗合"。而"暗合"的，主要就是群学所参与塑造的社会制度和规范。所以，尽管宋明理学崇孟子而黜荀子，在朱熹所建构的道统中，没有荀子的位置。但我们看群学的绵延，应该看其在社会历史上是否实际地发挥作用，而不是看某些学派、某些学者对它的态度。

对于"显辟"、"暗用"可做佐证的，是汉代以降，自南北朝时北齐颜之推的传世之作《颜氏家训》，到清代的《曾国藩家书》，从唐代韩愈的《师说》，到清代张之洞的《劝学》，都与荀子的《修身》、《劝学》、《礼论》诸篇一脉相承。

由上可见，群学的基本概念，不要说在秦汉以降的很长历史时期，即使在重孟轻荀的宋明理学以及黜荀申孟的康（有为）、谭（嗣同）、梁（启超）等人那里，都是得到沿用的。而在社会基层和日常生活中，更是深深地扎下了根。

综上所述，列出本土的基本概念和概念体系，既可证明中国社会学

---

① 《康有为全集》第2集，上海古籍出版社，1990，第387页。
② 《康有为全集》第2集，上海古籍出版社，1990，第54页。
③ 梁启超：《清代学术概论》，中华书局，2010，第126页。

在历史上的存在性，也是证明其绵延性的重要根据。

（景天魁）

六 史海拾贝：群学概念体系的价值

（一）关于中国社会学的基础性概念

中国社会学（群学）的概念体系，具有复杂的层次结构。这个层次结构，建立在四个基础性概念之上，它们是群、伦、仁、中庸。相应的，中国社会学也就具有四个基本特质：人本性、整合性、贯通性、致用性。这四个基本特质再综合起来，则构成了中国社会学（群学）作为一个学科的基础性。而这些特质，都是通过基础性概念体现出来的。

1. 群及其体现的人本性

荀子群学的高明之处，一是表现在人与物的关系上，二是表现在人与天的关系上。在这两个重要方面，荀子不仅比孔孟，而且比古希腊的柏拉图和亚里士多德，都更加张扬了人的本体性、主体性，凸显了人的地位。

在人与物的关系上，荀子首先强调关于人的社会性的认识，认为人不仅有气、有生、有知，而且合群、明分、有义，"故最为天下贵"。[①]这是就人之为人的基本属性而言的。人有社会性，但与动物的"群性"不同，人之合群，是因为"明分"，而"明分"不是发自本能，而是以礼义为本源。孔繁评论道："荀子提出明分使群，义分则和，群居和一的群学思想在先秦诸子社会政治学说中是较为突出的，它的理论水平达到其他诸子未能达到的高度。"[②] 我们也可以推知，与古希腊的先贤（这里主要指柏拉图和亚里士多德，古希腊思想家之间也有很大区别）相比，荀子坚持不把人当作"物"看待，与孔德和涂尔干相较，荀子不把人当作"物"研究，不认为"社会事实是与物质之物具有同等地位但表

---

① 方勇、李波译注《荀子》，中华书局，2011，第127页。
② 孔繁：《荀子评传》，南京大学出版社，1997，第39页。

现形式不同的物"，① 而坚持认为人就是有气、有生、有知、有义的，人是有自觉意识的，人的行为是有感性、有理性、有灵性、讲礼义的，不能把人及其行为当作"与物质之物具有同等地位"的"物"。

在人与天的关系上，荀子认为："天有四时变化，地有丰富资源，人有治理之方，人能与天地相匹配。"（"天有其时，地有其财，人有其治，夫是之谓能参。②"）人是能与天地互动的一方。人之所以能与天地互动，是因为"人们的心灵具有能够深思熟虑、计算和以目标为导向而作计划的能力，具有制造和塑造成形（为）的能力，这恰好是人之所以为人的光荣"。③

荀子的观点与先前的"天道观"、"天命观"迥然不同，他在天人关系上极大地提升了人的地位，认为人不必一味地尊崇天、顺从天，而是可以主动而为，利用天、控制天，从而提出了"制天命而用之"这样振聋发聩之论："尊崇上天而仰慕它，哪比得上把它作为物蓄养起来而控制它？顺从上天而歌颂它，哪比得上掌握自然规律而利用它？盼望天时而等待它，哪比得上顺应天时而使它为人类所用？随顺万物的自然生长而使它增多，哪比得上施展才能而改造它？私募万物而想占为己有，哪比得上促进万物的成长而不失去它？希望了解万物产生的过程，哪比得上促进万物的成长？所以舍弃人的努力而指望上天，那就违反了万物的本性。"（"大天而思之，孰与物畜而制之？从天而颂之，孰与制天命而用之？望时而待之，孰与应时而使之？因物而多之，孰与骋能而化之？思物而物之，孰与理物而勿失之也？愿于物之所以生，孰与有物之所以成？故错人而思天，则失万物之情。"④）

综观荀子在物人关系、天人关系上的论述，我们可以看到，尽管他那个时代不时兴讲"主义"，但我们可以肯定他既不是"自然主义"，也不是"实证主义"。那么，怎样不用否定式而用肯定式来概括荀子的立场呢？本杰明·史华兹有个说法："荀子的确比我们到目前为止所遇见的其他人物都更接近于科学的人文主义（scientific human-

① 迪尔凯姆（又译为涂尔干）：《社会学方法的准则》，狄玉明译，商务印书馆，1995，第7页。
② 方勇、李波译注《荀子》，中华书局，2011，第266页。
③ 本杰明·史华兹：《古代中国的思想世界》，程钢译，江苏人民出版社，2004，第419页。
④ 方勇、李波译注《荀子》，中华书局，2011，第274页。

ism）。”① 这个提法很值得重视。人文主义是否可以是“科学的”？如何才能是“科学的”？是否可以把“科学的人文主义”看作“群学”的准则或方法论？这是一个很大的话题，此处不便展开讨论，容当后议。虽然这里不谈“主义”，但总可以肯定荀子群学是坚持和凸显了人本性的。

2. 伦及其体现的整合性

荀子讲，人何以能群？因为明分。怎么明分？首先就要分类别、有差异。怎么分类别？据潘光旦的说法，“伦”具有类别和关系两个含义，而且关系是从类别产生或引申出来的。“没有了类别，关系便无从发生。”② 在所谓“五伦”之中，父子之亲、长幼之序，是基于血缘，是最为天然、最为符合天理的；君臣之义、朋友之信，属于“人伦”，近乎“天理”；夫妻之别，基于人类天然的分工，在“天伦”与“人伦”之间发挥纽带的作用。由“符合天理的”“血缘”关系，到近乎“天理”的“人伦”关系，再到“基于人类天然的分工”而起到纽带作用的夫妻关系，形成一个整合性的“差序结构”，此五伦“与天地同理”，可视为“大本”。③ 所谓“大本”，就是人们先要建立这五种关系，然后才可建立其他社会关系，“五伦”具有本源性社会关系的地位，它是社会结构之本。费孝通说：“其实在我们传统的社会结构里，最基本的概念，这个人和人往来所构成的网络中的纲纪，就是一个差序，也就是伦。”④ 血缘关系、地缘关系、业缘关系、文缘关系一层一层地把人群整合起来，“伦”是最基本的。所谓“最基本”，也就是“基础”的意思，我们把“伦”作为“基础性概念”，是合适的。

人而合群，不是一片散沙，怎样“合”的？“最基本的”就是按照五伦组成了社会的整体结构。这是社会之所以具有整合性的“大本”。所以潘光旦强调：“所谓社会之学的最开宗明义的一部分任务在这里，就在明伦，所谓社会学的人化，就得从明伦做起。”⑤ “明伦”是明“合

① 本杰明·史华兹：《古代中国的思想世界》，程钢译，江苏人民出版社，2004，第420页。
② 潘光旦：《“伦”有二义——说“伦”之二》，载《潘光旦文集》第10卷，北京大学出版社，2000，第146页。
③ 方勇、李波译注《荀子》，中华书局，2011，第126页。
④ 费孝通：《乡土中国 生育制度》，北京大学出版社，1998，第28页。
⑤ 潘光旦：《“伦”有二义——说“伦”之二》，载《潘光旦文集》第10卷，北京大学出版社，2000，第146页。

群"之理，是明社会之所以形成整体结构之理。没有社会之外的孤立的个人，也没有人群之外的独立的社会。个人是社会的个人，社会是个人的社会。二者不是二元的，而是一体的、整合的；不是对立的，而是统一的；不是描述性的，而是描述性和规范性相统一的。所以，"伦"是社会整合性的"大本"和"天理"。

3. 仁及其体现的贯通性

"群"借助于"伦"的整合性，将人的社会关系一层一层、一圈一圈地整合成完整的差序结构，这个结构在横向和纵向上又都是贯通的。靠什么实现贯通？靠"仁"。"仁"既贯通于各个层次的人际关系中，又贯通于各个方面的人的行为中。总之，"仁"贯通于社会生活的各个领域。

孔子曰："仁者，爱人。"[1]"仁"是指人与人之间的一种亲善关系。这是个体由单独的自我向群体性的组织和社会演进的前提。"爱人"不仅包含父母兄弟之间由血缘关系所铸就的亲情之爱，还延伸到师徒之爱、君臣之爱以及君民之爱等一切社会交往过程。在所有社会关系和行动中，要追求"道"、立于"德"、依靠"仁"，即"志于道，据于德，依于仁，游于艺"（《论语·述而》）。[2]"仁"是人类社会互动的起点与前提，并进而构筑起集群体、家庭、宗族以及其他社会组织等在内的群体性概念，在各种社会关系中扩展引申出"义"、"礼"、"智"、"信"，它们之作用的发挥要以"仁"为基础，"仁"处于引领性的地位。孔子曰"能行五者于天下为仁"，此"五者"是：庄矜、宽厚、诚实、勤敏、慈惠（"恭，宽，信，敏，惠"）。[3]孔子将它们统统置于"仁"的概念体系中，使之成为"仁"的一部分，由此构建起以"仁"为核心的儒家思想体系。

"仁"是一种具有差序等级的"爱"，由此形成社会分层结构。

康有为在《春秋董氏学》中，基于"大仁"和"小仁"的区分，刻画了"仁"的等级差序之别，认为"仁"的实现需要经历一个由己及人、由内而外、由表及里的扩展过程。他写道："天下何者为大仁，何

---

① 杨伯峻编著《论语译注》，中华书局，1963，第 138 页。

② 杨伯峻编著《论语译注》，中华书局，1963，第 72 页。

③ 杨伯峻编著《论语译注》，中华书局，1963，第 190 页。

者为小仁？鸟兽昆虫无不爱，上上也；凡吾同类大小远近若一，上中也；爱及四夷，上下也；爱诸夏，中上也；爱其国，中中也；爱其乡，中下也；爱旁侧，下上也；爱独身，下中也；爱身之一体，下下也。"① "仁"的大小之别，有上中下三级，每级又有三等，由是包含从爱个体到爱家国，再到爱天地万物为一体的总和之"仁"。"仁"指引着个体认知、个人道德标准，乃至社会结构以及政治统治秩序的形成，是个体从自我意识开始，逐步形成群体、组织乃至社会的发展过程。

4. 中庸及其体现的致用性

如果说"群"与"伦"是结构，那么"仁"与"中庸"则是功能（潘光旦细致地区分了作为"类别"之"伦"与作为"关系"之"伦"，认为后者也具有功能性）。中国传统上不这样区分"结构"和"功能"，而是将其区分为"体"与"用"。用之正道，即是"庸"。按照冯友兰对中庸的讲法，孔子所谓中，即是一种保持统一体平衡的状态。② 而不论对人、"群"还是社会，保持平衡、协调和稳定，都是其得以存在的根本，是正常运行的"正道"。而"庸"字可作"常"、"用"解。"正道"之理，能够得到日常通用，人伦常用成为大道，"天道"也就被化为"人道"。在这里，"中庸"既是维系天命的根本法则，也是群或社会得以存在和绵延的根本遵循，更是每一个人真正成为人、保持行"正道"的行动准则。因此，"中庸"具有化"天道"为"人道"的基础性的方法论作用，将其作为群学的基础性概念之一，可以体现群学的实用性特征。所谓"极高明而道中庸"，"极高明"就在化"天道"为"人道"的方法论上。中国学问从来不是坐而论道，而是讲究实用、讲究理论性和实践性相统一的。

在中国社会学研究中，韩明谟首先指出了中庸概念所蕴含的社会学方法论意义。他认为，中庸在思维方法上是整体性的，在认识方法上是全面性的，中庸具有社会协调功能，"把握矛盾变化中的协调、和谐，则是中庸思想的核心"。更为可贵的是，他用现代统计学知识，如分析社会现象的集中趋势和离散趋势的中数原理、方差分析等，去反证中庸

---

① 康有为：《春秋董氏学》，中华书局，1990，第 155 页。
② 冯友兰先生侧重于从社会的变化来阐释中庸。参见梁涛《郭店竹简与思孟学派》，中国人民大学出版社，2008，第 271 页。

思想的一些观点，如执两用中、过犹不及等，认为中庸在方法论上与现代统计学原理是相符合的。[①] 韩明谟的这些卓越见解，值得我们认真领会和发挥。

综上所述，"群"是基础性构成，"伦"是基础性结构，"仁"是基础性规范，"中庸"是方法论基础。这四者形成了中国社会学（群学）的基础性地位。这四个基础性概念所体现的人本性、整合性、贯通性和致用性，是中国社会学固有的特质。换言之，中国社会学确实是具有自己的特质的，其特质不是无着落、无根基的，而是真真切切地通过基础性概念体现出来的。与西方社会学相比，说中国社会学具有自己的优秀特质，绝非虚言。因为正是依靠这些基础性概念，中国社会学可以自然而然地坚持以人为本，而不是把人当作"物"来研究；无须把社会一味地细分，而是可以始终保持社会的完整性；不必在学科间竖起森严的高墙，而是可以顺畅地实现古今贯通和中西会通；不至于割裂理论与实践的联系，而是方便于做到知行合一。这些都值得展开论述，但这里只是介绍基础性概念，因而只能是点到为止。

（二）关于中国社会学的基本概念

中国社会学的概念体系，在上述四个基础性概念之上，还有许多基本概念，这些基本概念是分为多个层次的。

我们不采用西方社会学的概念框架梳理中国社会学的概念体系，例如，不把中国的某些概念归于"社会结构"概念，或把中国的另一些概念归于"社会控制"概念，如此等等。那样做，难免有牛头不对马嘴之嫌。桃子是结在树上的，西瓜是长在蔓上的，如果生硬地将桃子拴到西瓜蔓上，那就不伦不类了。当然，也许可以运用生物技术，搞基因重组之类，但要想把中国概念这个桃子"重组"到西方概念的"蔓"上，恐怕靠"生物技术"是不行的，得靠社会技术和思维技术——会通，可这项技术还有待探索，目前可做的，还是让"桃子"长在它本来的"树上"为好。那么，中国概念这棵"桃树"本来是长成什么样子呢？

---

① 韩明谟：《中庸新识——对中庸与社会协调的新理解》，《天津社会科学》1990 年第 6 期。

1．划分概念层次的中国传统方法

严复在 1895 年发表的《原强》一文中指出，斯宾塞的《社会学研究》这本书"约其所论，其节目支条，与吾《大学》所谓诚正修齐治平之事有不期而合者，第《大学》引而未发，语焉不详。至锡彭塞（斯宾塞——笔者注）之书，则精深微妙，繁富奥衍"。① 在这里，严复明确认为，斯宾塞社会学与"诚正修齐治平"的"节目支条"，是"不期而合"的。他甚至径直指出，斯宾塞就是用"近今格致之理术"，以"发挥修齐治平之事"。② 严复此言，并非仅仅看到二者有相合之处，更看到二者的相异之点。他说："东学以一民而对于社会者称个人，社会有社会之天职，个人有个人之天职。或谓个人名义不经见，可知中国言治之偏于国家，而不恤人人之私利。此其言似矣。然仆观太史公言《小雅》讥小己之得失，其流及上。所谓小己，即个人也……是故群学谨于其分，所谓名之必可言也。"③ 严复从中国之"己"与西方之"个人"、中国之"群"与西方之"社会"，在概念含义上的区别，说明了尽管他早已知道日本有"社会"和"社会学"的译法，但不予采用，而刻意译为"群"和"群学"的理由。因此，我们在梳理群学的"节目支条"（相当于概念体系）时，照搬西方社会学的框架是不适当的，应当采用"诚正修齐治平"的层次框架。

"诚正修齐治平"（诚意、正心、修身、齐家、治国、平天下）出于《礼记·大学》：

> 古之欲明明德于天下者，先治其国；欲治其国者，先齐其家；欲齐其家者，先修其身；欲修其身者，先正其心；欲正其心者，先诚其意；欲诚其意者，先致其知；致知在格物。物格而后知至；知至而后意诚；意诚而后心正；心正而后身修；身修而后家齐；家齐而后国治；国治而后天下平。自天子以至于庶人，壹是皆以修身为本。④

---

① 黄克武编《中国近代思想家文库·严复卷》，中国人民大学出版社，2014，第 8 页。

② 严复：《原强修订稿》，载黄克武编《中国近代思想家文库·严复卷》，中国人民大学出版社，2014，第 37 页。

③ 严复：《〈群学肄言〉译余赘语》，载黄克武编《中国近代思想家文库·严复卷》，中国人民大学出版社，2014，第 374 页。

④ 汪受宽、金良年撰《孝经·大学·中庸译注》，上海古籍出版社，2012，第 95 页。

"格物"、"致知"、"诚意"、"正心"，是"修身"、"齐家"、"治国"、"平天下"的基础和前提，修身、齐家、治国、平天下的关系是层层递进的，但是以修身为本。"为本"者，"齐家、治国、平天下"的本源也，亦是"格物"、"致知"、"诚意"、"正心"的归结也。"格致诚正"是作为社会性的人的必修课，可以视为社会学之前的其他学科的任务，并且都凝结到"修身"之中。因此，作为社会学的概念层次，可以从"修身"开始。至于"齐家、治国、平天下"则是不可分割的，"家齐而后国治，国治而后天下平"。一方面，"治国、平天下"不可能脱离开"修身、齐家"；另一方面，社会学（群学）也不仅限于"修身、齐家"，"政治社会学"不可能不谈治国之道，"全球社会学"也不可能不讲"天下"之理。因此，作为社会学（群学）的概念框架，包含"修身、齐家、治国、平天下"这四个层次是恰当的。

有一种意见认为，"修齐治平"之道"本属于道德之范围"。但其有属于道德的一面，并不能否定其也有属于社会学的一面，而且其属于社会学的内容甚为丰富和突出，没有理由引申出其不可以作为社会学概念框架的断言。因为中国学术从根底里就浸润着人文情怀，科学与人文相交融。如果凡有道德性的都必须从"科学"中剔除出去，那就只能陷入中国几千年都无"科学"，甚至无"哲学"的西方中心主义的窠臼。

另有一种说法强调，《大学》只是儒家的"圣经"，"修身齐家治国平天下"只是在儒家思想体系中占有核心地位。但能否因此就否定以其作为中国社会学概念框架的适当性？不能。因为汉代虽然独尊儒术，但此后就开启了儒道互补、儒道释三教合流的长期历史过程，而且融合程度日甚一日。说到儒道释的各自特点，确有道家更重自然，释家更重心性，儒家更重社会人际关系之别。既然儒学教人如何"成人"，如何形成人的社会性，以及如何"处世"，如何治理社会，"大学之道"强调通过提升人的品位，提升社会质量，"修齐治平"即便出于儒家经典，用作"群学"的概念框架也是具有合理性的。

当然，这里讨论的只是"划分群学概念层次的中国传统方法"，并不是设想未来中国社会学的概念框架，至于现代中国社会学，应该在经过"中西会通"以后，创造出更合适的概念框架，这自不待言。因为这里只是处理中国社会学概念的历史资源，故而选择"修齐治平"这一

"传统方法"，即便如此，我们也不认为其有什么绝对性。这里想强调的是，正如哈佛大学汉学家史华兹所察觉到的，严复"没有过多地采用日本人在先前几十年里创造的新词（这里指'社会学'——引者注）。这位高傲的中国人，完全相信他对于本国语言渊源的理解远远超过'东方岛夷'的那些自命不凡的家伙，这里掺合着他对近代民族主义者的不满"。①

2. 各个层次上的基本概念

我们将中国社会学的基本概念体系划分为两个范畴：一个是合群和能群，其中包含修身和齐家两个层次；另一个是善群和乐群，其中包含治国和平天下两个层次。合群、能群、善群和乐群是依次递进的，很多时候又是相互重叠的，前两者与后两者之间并没有明确的界限，因此，将基本概念划分为两个范畴只是相对的。有的概念其实未必单一地属于某个层次，而在同一个层次中，概念的排序也不是唯一的。尽管我们力图按照概念之间的逻辑关系排序，但这种排序并不具有绝对的意义，有时甚至只是为了表达层次的清晰性。

（1）关于"修身"层次的基本概念

在个人、家庭、群体和组织的层次，人的存在和行为主要是合群和能群的问题。这一层次的基本概念主要是：身、己、性、气、心态、社与会、天、自然。这里简单谈谈选择这些概念作为基本概念的理由。

"身"与"心"是合一的。钱穆认为："孔子之学，实在是六通四辟，广大无际，但发端则只在一'心'。"② "心"是思想，表示理智，是指人的情感、意志，也是能力、心力。但心与"身"是一体的，中国古人不讲心身二元论，历来坚持心身合一。因为事实上，肉体之身与精神之心总是一体的。身、心有主次，其中，心居于主导地位，身（肉体）处于从属地位。因此，所谓"修身"即是诚意、正心，为了正心，就要格物致知，"欲正其心者，先诚其意；欲诚其意者，先致其知；致知在格物"。这都是修身必做的功夫。

"己"也不同于西方社会学中与"社会"二元对立的"个人"。

① 本杰明·史华兹：《古代中国的思想世界》，程钢译，江苏人民出版社，2004，第302页。
② 钱穆：《讲堂遗录：中国思想史六讲 中国学术思想十八讲》，九州出版社，2010，第24页。

"己"是一种在主动性和被动性中求得平衡的"自我"概念，自我能够形成与社会规范之间的互动，通过互动，个体主动习得、内化社会规范，社会规范也为个体的自主、自决留下了空间。在这种互动中，个人与社会就能够实现统一。

荀子进一步指出，作为个体的人，总是归属于"类"的，任何个体作为类的一分子都是受到类的限制的。个人要想成为"类"的成员，就必须顺从"类"，真诚地对待同类。真诚，是君子所坚守的，也是政事的根本。只有坚守真诚，同类才会聚拢来，保持真诚就会得到同类，舍掉真诚就会失去同类。"夫诚者，君子之所守也，而政事之本也。唯所居以其类至，操之则得之，舍之则失之。"① 据唐君毅研究，荀子的"类"概念不仅有认知意义，也是社会范畴："同一族类的个体同时是个体，也是类。人的自我是一个有机体，与他的环境和其他个体之间有社会性的互动。依此定义，自我同时也可以说是由所有个体所构成的大的有机体的一个部分。"② 由此更可以看到，"己"（自我）是通过"类"，实现与"社会"的统一的。

"性"之原意，应指人生而即有之欲望、能力等。《荀子》开篇就是《劝学》，显然荀子认为只有努力学习、善于学习，才可能修身养性。这指明"性"是需要加强自我修养和社会教化的。"本性，不是人为造成的，但可以转化它。"（"性也者，吾所不能为也，然而可化也。"③）修身的根本在于正心。经过长期修养，人的天性就会愈益体现出德性的光辉。养性就是依一定的伦理规范将人的天性培养成德性，德性又是回归天性的过程。荀子认为即便是圣人也是长期修身的结果："尧、禹这样的人，并不是生下来就具备圣人品德的，而是从经历各种患难开始，成功于长期的身心修养，等把旧质去掉之后才具备圣人品德的。"（"尧、禹者，非生而具者也，夫起于变故，成乎修修之为，待尽而后备者也。"④）

"气"是天地万物普遍联系的中介，也是决定天地万物之运动及其

---

① 方勇、李波译注《荀子》，中华书局，2011，第32页。
② 参见陈昭瑛《人作为"类的存有"：荀子人文精神重探》，转引自生命太极拳的博客，http://blog.sina.com.cn/u/2800456432。
③ 方勇、李波译注《荀子》，中华书局，2011，第109～110页。
④ 方勇、李波译注《荀子》，中华书局，2011，第46页。

规律和秩序的主要因素。老子说："道生一，一生二，二生三，三生万物。万物负阴而抱阳，冲气以为和。"（《老子》第四十二章）[1] 庄子说："人之生，气之聚也。聚则为生，散则为死。……故万物一也……通天下一气。"（《庄子·知北游》）[2] 这里所说的"冲气"、"聚气"、"通气"，说明气构成了人生命的基础。

就形神关系而言，人的形神都源于气。荀子说的人之"有义"、"能群"，其生理和心理基础就是人的"形具而神生"，人有情感、知觉、思虑并由此而产生道德意识、礼义规范等。天之阳气产生人之精神，地之阴气产生人之形体，即是"形具而神生"。儒家一贯重视"修身"，而身与心并不是两个实体，而是由一气之阴阳所贯通的统一的关系，气聚而成形，形具而神生。因此，"修身"并不是只修养"身体"，而是一方面重视"践形"的道德实践，另一方面更重视"正心诚意"的内在精神修养。

就群己关系而言，每个人作为社会的一个成员，他首先是家庭的一个成员。在中国文化中特别强调的是，每个人一生下来不是"孤零零"的一个单独"自己"，而是首先生活在家庭之中，由家庭而进入社会。不仅家庭成员之间有"同气"的相互感通，而且因为有"通天下一气"的中介感通，世界万物被视为一个有机的普遍联系的整体，人类社会的个体与群体也不是对立隔绝的，而是群己贯通的。

就天人关系而言，荀子说"大参天地，德厚尧禹，精微乎毫毛，而充盈乎大宇"（《荀子·赋》），[3] 就是将天与人相贯通了。他提出"治气养心之术"，认为："大凡理气养心的方法，没有比遵守礼义更直接的了，没有比得到贤师更重要的了，没有比专心致志更神妙的了。"（"凡治气养心之术，莫径由礼，莫要得师，莫神一好。"[4]）"心"的精神修养与"治气"相联系，就是把生理、心理和伦理相贯通。到宋明理学，讲"变化气质"就成为重要的修养方法。

在修身层次的基本概念中，身、己、性属于主体的范畴，经由

---

① 王弼著，楼宇烈校释《王弼集校释》（上册），中华书局，1980，第 117 页。
② 郭庆藩辑《庄子集释》（第三册），中华书局，1961，第 733 页。
③ 北京大学《荀子》注释组注《荀子新注》，中华书局，1979，第 18 页。
④ 北京大学《荀子》注释组注《荀子新注》，中华书局，1979，第 18 页。

"气"这一能够贯通形神、群己、天人的概念，就可以过渡到客体的范畴，修身由此进入"社会心态"、"人与社会"、"人与天"、"人与自然"这些关系的层面。这样，"气"——治气养心、养浩然之气，就成为贯通修身层次的枢纽。

"心态"是一种群体现象，是一个社群的群体心理，它并非参与其中之个人的心理总和，而是社会中多数成员表现出的普遍的、一致的心理特点和行为模式，并成为影响每个成员行为的模板。[①] 养成和塑造良好的心态，既是个人修身也是社会治理的重要内容。

中国历来重视关于"人心"的研究，把"人心"看作关系国家、社会运行的核心因素。正如王阳明所言："大道在人心，万古未尝改。"[②] 孙中山把社会心理（心态）作为建国之基础："国家政治者，一人群心理之现象也。是以建国之基，当发端于心理。"[③] 他将"心理建设"置于建国方略的首要地位。

以"正心"为核心的心态塑造是社会治理的应有之义。儒家思想作为统治者的正统思想通过树立"圣人"、"君子"这些理想人格典型来形塑人们的思想、规训人们的行为，这些理想的人格标准中包含他们提倡的基本伦理价值。这些基本伦理价值的推广，逐渐践行，并日常化，就形塑为包含上层、中层和下层社会的心态。这个过程，就是个人修身与社会治理相统一的过程。由此，修身也就更多地展现为一个社会的过程。

"社"与"会"，在中国传统上的含义，与现代社会学意义上的"社会"有很大的区别。"社会"这个词在中国早已存在但并不常用。其最初本源为祭祀"土地之神"、"迎神赛会"之意，后逐步演变为从事某类民间社会生活或者活动所依赖的组织。社会组织是社会群体的一种存在形式。社会是具有一切共同的行为规则及制度的一群人，所以社会是就人的本身而言的。

"社"和"会"的发展演变既是我国民间社会组织形式的发展，亦为我国基层社会管理方式的演变，甚至是社会发展过程中的重要组

① 王俊秀：《社会心态理论：一种宏观社会心理学范式》，社会科学文献出版社，2014，第25页。
② 《王阳明诗集·赠伯阳》，载《王阳明全集》卷十九，上海古籍出版社，1992，第673页。
③ 《孙中山全集》第6卷，中华书局，1986，第214页。

织形式和主体。"社"和"会"不仅在历史不同阶段，通过不同形式，发挥了不同的作用，而且表现出与官府和国家、民间社会的各种联系。

直到今天，我们仍然说"诗社"、"画社"、"专业合作社"，"学会"、"理事会"、"讨论会"，都是指具体的团体、具象的组织、明确的活动，而不是如西方社会学所讲的"社会"，是与"自然界"相对而言的抽象的存在。从这里，也可以想见严复为什么经过旬月踟蹰，最后选择用"群"代替"社会"，用"群学"翻译"sociology"。

由于中国的"社"和"会"，不同于西方那种与"自然界"相对而言的抽象存在的"社会"，表现在修身的层面，则不存在个人与社会的二元对立。个人既是"社"和"会"的成员，又是其责任和活动的承担者（在这个意义上可以说个人是其"主体"），也是"社"和"会"规制的遵从者及接受者。但"社"和"会"对个人而言，并不是"他者"，个人对"社"和"会"而言也不是所谓"客体"。所以，在中国典籍中，一般并不脱离开"群"和"类"，孤立地谈论"个人"，也不抽象地使用"社会"概念。在修身层面，则强调个人如何通过修身养性治气，以更好地合群、能群。

"天"人关系是中国古代思想史的重要主题。但在习惯上，人们认为这是个哲学问题，不是社会学问题。其实，自古以来天神、天命、天道、天理、天心、天性等信仰就在中国社会生活中扮演重要角色。在中国以"天人合一"为主导特色的文化中，处理好与"天"的关系，是修身的重要内容。对个人而言，"敬天"有以德配天、以诚配天、慎独的修身意涵。① 冯友兰对"天"的概念归纳出"天有五义"：一是物质之天，与地相对；二是主宰之天，皇天上帝，人格化的上帝；三是运命之天，人生中之无可奈何者；四是自然之天，自然运行之天；五是义理之天，指的是宇宙之最高原理。② 并认为中国古代以主宰之"天"居多。而"主宰之天"、"运命之天"都属于社会生活的范畴，其他意义之"天"也都与人密切相关，包含社会的内容。

对于"修身"而言，"以德配天"是讲德行、是顺从天意的最重要

① 汤一介、汪德迈：《天》，岳瑞译，北京大学出版社，2011，第34～35页。
② 冯友兰：《中国哲学史》（上），重庆出版社，2009，第34～35页。

的方式，如果没有德行，就不可能得到天助。孟子认为，人有"天爵"，有"人爵"。"仁义忠信，乐善不倦"是"天爵"，"公卿大夫"是"人爵"（社会职位），只有"修其天爵"，才能得到"人爵"。① 对于掌权者来说，孟子强调民心就是天意。《孟子·万章章句上》引《尚书·太誓》曰："天视自我民视，天听自我民听。"（百姓的眼睛就是天的眼睛，百姓的耳朵就是天的耳朵。）② 只要得到民心，就是顺从了天的意志；只有行仁德，才能得到民心。

"以诚配天"是说"诚"乃天之大德，"仁义"是建立在"天德"的基础之上的，也需要获得"天德"的支持。《中庸》强调："诚是上天的准则，做到诚是为人的准则。"（"诚者，天之道；诚之者，人之道。"③）

讲究慎独，是修身的重要功夫。慎独是道德的根本，所谓"人在做，天在看"。独处的时候，也要慎重，自尊自觉。慎独的"独"不仅指空间上的独处，更指心理上的"未发"，指遵从内心的意志。

"自然"在修身层次上是终极、至高的意思。老子《道德经》讲人法地，地法天，天法道，道法自然。自然是修身的最高境界，顺应自然规律、尊重自然生命、适应自然节律和践行天人合一，是中国传统上人与自然的相处之道。人与自然和谐共生，就是通过德性修养实现人的内在德性。

在中国悠久的历史上，历代先辈合理地利用土地资源和自然条件，保持了人与自然的和谐关系，践行了"万物并育而不相害，道并行而不相悖"④ 之道，为处理人与自然的关系积累了丰富经验，达到了极高的境界。通过修身，正确对待心身关系、性命关系、人我关系、群己关系、社会关系、天人关系，可达到人与自然的和谐统一。

荀子群学极为重视修身。在回答"怎样治理国家"这个问题时，荀子竟说："只听说过怎样修养身心，从没有听说过怎样治理国家。"（"请问为国？曰：闻修身，未尝闻为国也。"⑤）儒家和荀子本人，还有其他

---

① 杨伯峻译注《孟子译注》，中华书局，2008，第209页。
② 杨伯峻译注《孟子译注》，中华书局，2008，第169页。
③ 汪受宽、金良年撰《孝经·大学·中庸译注》，上海古籍出版社，2012，第119~120页。
④ 子思著、丹明子编著《中庸的谋略》，华中师范大学出版社，2011，第207页。
⑤ 方勇、李波译注《荀子》，中华书局，2011，第194页。

各家各派都非常重视治国问题，为什么这里却讲"未尝闻为国"呢？其实际意思是强调修身的极端重要性，无非是说，如果不能修身，没有听说过还有能治理好国家的。

（2）关于"齐家"层次的基本概念

在"齐家"层次，人不仅要合群，还要能群。"齐家"是发挥"修身"功效的首要环节，人从个体存在变为"群"的成员，进入因血缘纽带联系起来的"家"，首先就要"合群"。作为家庭和家族的一员，就要遵循规范和制度，就要接受共同的理念，就要处理群内外的各种关系，这就是要"能群"。所谓"齐"，就是治理、整理之意，"齐家"就是管理好一个家庭和家族，使其成员齐心协力、和睦相处。群学极为重视"齐家"这一层面，积累了许多基本概念，主要有：义、利、信、孝、礼、家和宗族。

"义"对个人行为、家庭伦理、社会秩序、国家治理都具有重要意义。孟子强调过，如果"生"和"义"不可得兼的话，宁可舍生而取义。"义"的概念起源于"应该"和"应当"的观念，它是维系中国传统社会稳定与发展的核心价值观念之一。其重要性之所以持续获得社会认可，是因为人们认识到如果没有"义"，社会就将失序，自身利益也就难以得到保障。可见，"义"在社会生活中具有基础性的地位和作用。

"义"在中国社会学概念中具有重要地位，它是维系社会稳定的一个基本结构，是重要的行动准则，是组成社会关系、凝结社会规范的机制。因而，在"齐家"这一概念层次上，"义"应该居于首位，它有助于形成家庭的制度基础、延伸家庭网络、维系家庭认同。"义"也是构成差序格局社会的纽带。

"利"是与"义"相对而言的概念。所谓"天下熙熙皆为利来，天下攘攘皆为利往"，"利"对人们的社会行动和社会流动实际地起到指向作用。所谓"义利之辨"常常把"义"与"利"对立起来，其实在一般意义上，"利"是一种价值追求，人的行动正当与否，不在于是否追求利益，而在于是追求合义之利还是非义之利，追求的方式是否合情、合理、合法。荀子认为趋利避害是人的天性，"夫好利而欲得者，此人之情性也"。①

---

① 方勇、李波译注《荀子》，中华书局，2011，第379页。

通过物质生产、社会劳动形成各种社会产品来满足人们的基本利益，这是人类社会的基本功能。"利"与"义"是统一的，我国传统上甚至有"以义为利"之说。① "利"作为一个具有丰富内涵和社会价值含义的社会学概念，具有明显的价值指向性，对解释社会需要、社会行动、社会流动，加强社会治理，具有重要意义。

"信"是处理好义利关系的关键所在。人无信不立，社会无信则不存。"信"是个人修身立德、待人接物、人际交往的基本规范，它作为一个概念已经超越了伦理范畴，而成为社会生活的基本事实和社会交往的基本前提。

"孝"是"义"、"利"、"信"在家庭层面的集中表现。早在周代，就有"孝以对祖"、"德以对天"的观念。仁义诚信等观念和行为，对天则为"德"，对祖则为"孝"。可见，对家庭和家族而言，"孝"是至大之德。

两千多年以来，"孝"对中国人的人格特质和行为模式具有重要影响。"孝"的含义是"善事父母"，是子女对父母的一种善行和美德。从字面来看，"孝"只是规范子女，但因人人皆为子女，人人皆有父母，所以"孝"是普遍适用的规范，在融合亲子关系、维护社会秩序、促进社会团结、施行政治教化、代替宗教信仰等方面，发挥了不可替代的作用。

"孝"经提升和扩展，成为"以孝治天下"的治国方略，外化为"举孝廉"等社会制度。"孝道"就是"治道"，甚至被抬到与"天道"融合的高度。

"礼"是"义"、"利"、"信"、"孝"在制度层面的表现。荀子说："辨莫大于分，分莫大于礼。"② "礼"是中国传统社会的制度和规范体系，也是中国社会学的重要概念。"礼"具有外在的社会规范性，呈现一定的程序、次序、秩序，具有社会规制的功能。

"家"是凝聚"义"、"利"、"信"、"孝"、"礼"于一身的载体。在中国，"家"的概念很不简单。它作为生产、生活的共同体，也是社

① 参见中国中央电视台"中文国际"频道纪录片《记住乡愁》第三季第五集《南浔镇——丝韵古镇以义为利》。
② 方勇、李波译注《荀子》，中华书局，2011，第60页。

会关系网络的节点，是基本的消费单位、教育单位和社会行动主体。在中国，"家"的结构和功能经历了悠久的历史演变过程，在个人、群体与社会的关系方面，形成了许多特点。因而，"家"不仅是中西社会学共有的基本概念，也是中国社会学特色的突出体现。

"宗族"是从个体到家庭，再到家族，所形成的以亲缘关系为基础的社会结构。这个社会结构是中国传统社会的基础，正如有的学者所说，家族制度是"保护中国民族性的惟一障壁"，其"支持力之强固，恐怕万里长城也比不上"。① 由此看来，"家"和"宗族"是中国社会的基础构成和传统社会治理的重心。

综观以上七个概念，"义"是社会的基本规范，"利"是社会行动的动力，"信"是社会交往的原则。在社会成员间的交往中，"信"的建立是需要成本的。而在家庭成员之间和家族内部，由于交往频繁，又要求高度信任，因而一般地建立信任所要求的成本极大。为了降低交往成本，就需要在家庭成员之间和家族内部将"信"转化为"孝"。"孝"即是一种伦理规范，也是一种交往规则。它的功能是使家庭成员之间和家族内部的信任最大化，而成本最小化。将由此建立起来的内在秩序外在化，推及社会，推及国家，以"孝"治天下，就成为"礼"的重要内容。

"家"作为一个经验存在，应出现在"义"、"利"、"信"、"孝"、"礼"等概念之前，但作为一个概念，"家"的含义十分丰富，它是上述概念的意义凝结和首要载体。所以，在中国社会学中，"家"和"家族"不仅是西方社会学上的"初级群体"，还是社会规范（义）、社会行动（利）、社会交往（信）、社会整合（孝）、社会制度（礼）的综合体，其内涵之丰富，足以使其成为标示中国社会学特色和优长的重要载体。

（3）关于"治国"层次的基本概念

在"治国"的层次，不仅要合群和能群，还要善群。"治国"是群学的重要内容，也是其致用的主要目的所在。《荀子》一书大量篇幅是讲治国，专门辟有《王制》、《富国》、《王霸》、《君道》、《臣道》、《强国》等篇。因为群学诞生于战国时代，各国争雄图强，合纵连横，国家兴灭继绝问题不仅摆在各国统治者面前，也是各家各派不能回避的。故

---

① 转引自梁漱溟《中国文化要义》，上海人民出版社，2011，第39页。

而学派林立、争论迭起，相应的概念也就必然甚为丰富。这里，我们从国家构成、国家治理方式、国家治理制度和手段、国家治理目标等方面选择几个基本概念。

在国家构成方面，主要是"国与民"、"国土"和"士"。

"国与民"的关系在中国传统社会是很有特点的，国家治理的主体是以天子（君王）为首的王权，国家的治理对象统称为民，君民关系是传统中国社会中国家治理的核心问题。传统治国的基本原则是民体君用：作为治理主体的君王是政治中的虚位，作为治理对象的民众才是政治中的实体，即"天之生民，非为君也，天之立君，以为民也"。① 民体君用关系格局的核心是民贵君轻。正如孟子所言："民为贵，社稷次之，君为轻。"② 这个"民本位"，而非"官本位"的民本思想，渊源于《尚书》中的"民惟邦本，本固邦宁"，③ 贯穿于传统社会国家治理的价值理念中。虽然"官本位"实际上根深蒂固，但"以民为本"还是中国治国理论最宝贵的精髓。

"国土"是指国家的空间建构和治理，重点是土地分配和赋税制度。在中国这样一个人口大国，农业文明是中华文明的基础，土地分配制度对维持国家繁荣稳定的作用不言而喻，土地赋税制度则是传统国家机器运作的经济基石。因此，我国历史上从早期的井田制、名（占）田制、屯田制到均田制，从租庸调法、两税法、一条鞭法到摊丁入亩法，其宗旨都是适时调节人地关系，让"地尽其力"，让农民安心务农，如此才能保证国家安全稳定。可见，土地制度不仅是一种经济制度，也是决定和调整人们基本关系的社会制度。

"士"在中国传统社会的国家治理体系中扮演着重要的角色。"士"阶层的提早出现及其在国家、社会和文化生活中的独特作用，是中国传统社会的一大特点。士最终形成知识分子阶层，与春秋战国时期的社会政治背景密切相关。先秦时期出现的是游士阶层，秦汉之后演变为士大夫阶层。士阶层是中国传统社会中的精英阶层，也是影响国家治理的重要力量。与西方知识分子不同，中国的"士"致力于修身、齐家、治

---

① 廖名春、邹新明校点《荀子》，辽宁教育出版社，1997，第131页。
② 杨伯峻译注《孟子译注》，中华书局，2015，第364页。
③ 李民、王健撰《尚书译注》，上海古籍出版社，2012，第72页。

国、平天下。所谓由内圣开外王，士阶层具有较强的经世致用取向，他们既追求解释世界，也追求改变世界。"明道定心以为体，经世宰物以为用"① 成为士阶层的群体自觉。

"王道与霸道"是中国两种传统的国家治理方式。自孟子提出"王道"与"霸道"之分以来，所谓"王霸之争"经久不绝。孟子主张"尊王贱霸"和"崇王抑霸"。② 荀子主张"王霸共举"，尊王而不黜霸。此后，"王道"思想成为贯穿中国传统治国方式的"主文化"。而在历代王朝的治国实践中，"王霸并举、德主刑辅"成为常态的理性选择。荀子把治国大道分为"王道"、"霸道"和"亡道"三种形式，指出关键在于要讲"信"、行"义"，实行了礼义就能称王，建立了信用就能称霸，搞权术阴谋就要灭亡。（"故用国者，义立而王，信立而霸，权谋立而亡。三者，明主之所谨择也，仁人之所务白也。"③）至于作为治理方式的王霸之道，历史上大多数统治者主张兼而用之。不论是唐太宗李世民提出的以武功定天下，以文德绥海内，"文武之道，各随其时"，④ 还是宋太宗赵光义提出的"宽猛相济"，都代表了治国之道的传统智慧，也反映了中国传统治理方式与西方国家治理学说的不同特色。

在国家治理制度和手段方面，主要概念是"贤与能"、"科举"、"公与私"。"贤与能"，既是人的素质的内涵概括，又是治国人才的选拔标准。传统社会选拔治国理政的人才时，一直坚持贤与能两个标准。在不同的历史时期，贤与能又有鲜明的时代性。传统社会中，贤与能的突出标志是忠君爱国和济世之才；中华人民共和国成立以来，贤与能集中表现为德才兼备。贤与能既有社会属性也有政治属性，贤与能并举，是中国传统的人才制度的基本原则，其影响至为深远。

"科举"是传统社会选拔贤能人才的基本制度，是下层人士得以向上流动的主要途径。早在南北朝已出现了科举取士的萌芽，隋朝开国之初确立了科举制度。唐宋以降，科举制度不断得到发展完善，树立起公

---

① 李颙：《李二曲先生全集》（二），华文书局股份有限公司，1970，第503页。
② 王心竹：《以尊王贱霸倡王道理想——孟子王霸论探析》，《河北学刊》2012年第1期。
③ 方勇、李波译注《荀子》，中华书局，2015，第162页。
④ 转引自宋洪兵《古代中国"王霸并用"观念及其近代形态》，《求是学刊》2011年第2期。

开、平等、竞争、择优的原则。在欧洲实行贵族统治的时代，中国就通过科举取士，让出身社会下层的农工商子弟，得以通过读书、考试，流动到社会上层的士大夫群体中，为国家治理和文化发展源源不断地输送了大批人才。科举制度虽然在清光绪年间被废除，但科举制度的考试形式经过改革，至今仍是选拔人才的重要方式之一。孙中山在《五权宪法》中指出，英国的考试制度就是学我们中国的，中国的考试制度是世界上最好的制度。[①]

"公与私"既是观念，也是社会关系。如果说"贤与能"是国家治理的人才保障、"科举"是社会流动的重要渠道，那么，区别于西方的公私关系，则是中国社会有序运行的调节机制和国家治理的重要手段。公私关系的核心是国家与个人的关系。中国传统的公私关系涵盖相当广泛，界线不太固定，明显表现出"天下为公"（儒家）、"天道无私"（道家）、"举公义"（墨家）的崇公抑私导向。这种公私关系，有利于维护"群"的存在，服务于合群、能群、善群的需求。

在国家治理目标方面则是"秩序"和"位育"。"秩序"是国家治理的目的。中国历代社会思想家始终怀有浓厚的"秩序"情结，孜孜以求地探寻"秩序"的内涵与特质，认为"秩序"是一种恒常、均衡的社会状态。与西方社会学的"秩序"（order）概念相比较，中国传统的"秩序"概念在本质上体现的是一种人伦秩序；达致秩序的手段也不像西方学者那样重视规则之上的干预和强制性的控制，而是讲究"中和"的平衡、礼义的规范和诱导。

"位育"是一个内涵广泛的概念，也是甚得当代中国社会学家重视的一个概念，潘光旦、费孝通都对它有过精辟论述。潘光旦认为，"位育"有两方面，一方面是"位"，即对秩序的渴望，另一方面是"育"，即对进步的追求，[②]"社会位育之位即社会静止之秩序、育即社会勤动之进步"。[③]"位育"贯穿在个体、民族、社会及国家的各个层次之中。在治国的层次上，它是国家治理的理想状态。"国家位育"，在潘光旦看来，就是"中为天下之大本，和为天下之达道，而实践中和的结果，便

① 参见《孙中山选集》，人民出版社，2011，第514页。
② 潘乃穆、潘乃和编《潘光旦文集》（第2卷），北京大学出版社，1994，第64页。
③ 潘光旦：《儒家的社会思想》，北京大学出版社，2010，第177页。

是天地位而万物育，便是一切能安所而遂生"。① "一切能安所而遂生"，是国家治理的理想状态。费孝通在《经济全球化和中国"三级两跳"中的文化思考》中明确把这种理想状态阐发为一个"和"字："以和为贵"是协调中国社会内部各种社会关系的出发点，"和而不同"则是世界多元文化必走的道路，而国家治理的理想状态便是"美美与共，天下大同"。②

（4）关于"平天下"层次的基本概念

在"平天下"层次，不仅要合群、能群、善群，还要乐群。这里的"平天下"，不是荡平天下，而是开辟太平盛世的意思，也就是宋代大思想家张载所说的"为万世开太平"。怎样才能"为万世开太平"呢？首先要能洞察和把握天下大势；其次要善于权变（权衡和应变）；再次要实行和合之道；世界是由众多民族组成的，还要有多元一体的胸怀；最后要坚持世界大同的理想。这样，我们就在"平天下"层次，选择了"天下"、"势"、"变"、"和合"、"多元一体"、"大同"这几个基本概念。

"天下"概念不同于西方的"世界"，"天下观"也不同于西方的"世界观"，中国先贤讲"天下"，总是透着一种胸怀和气度，这从"天下为公"、"天下为家"、"以天下为己任"这些提法中就可以感受到。从社会学（群学）的立场看，从修身、齐家、治国到"平天下"的层次，也就是从合群、能群、善群到能够"乐群"的境界。而要"乐群"，就不仅要有一种态度和意愿，还要有那种能力和眼界，首先就是要能审时度势。

"势"这一概念也不同于西方所说的"规律"，甚至也不是一般所说的"形势"。"规律"和"形势"带有强烈的客观外在意味，而中国先贤讲"势"，是物我一体、主客统一的。"势"是中国人的"行动"概念，这种"行动"是追求理想与现实相统一的。而要实现理想与现实的统一，就要善于权变。

"变"不仅有"变更"之意，还有"变通"、权变之意。"变则通，通则久"，③ 通则生生不息。这一"变"的概念包含化生之变、能动之

---

① 潘光旦：《儒家的社会思想》，北京大学出版社，2010，第234页。
② 费孝通：《费孝通论文化与文化自觉》，群言出版社，2007，第325页。
③ 吴哲楣主编《十三经》，国际文化出版公司，1993，第56页。

变、辩证之变、过程之变等丰富内涵，反映了社会变迁本身的复杂性、多维性、开放性和曲折性。而社会不论怎么"变"，理想的状态是达到"和合"。

"和合"就是社会达致相对均衡。"和合"囊括身与心、人与人、国家与国家、人与自然之间的和谐关系。最终达到"和"的对象还可以扩展到天人关系上，将追求"天人合一"、"天人一体"作为"和"的最高境界。

"多元一体"是"和合之道"在民族关系和国家治理上的具体体现。中华民族的繁盛发展不是依靠军事侵占、文化殖民和宗教扩张，而是依靠在多元一体原则下的民族融合、政治统一、文化包容、社会和谐。在中国，多元一体的渊源已久，它是传统社会中的民族融合机制，也是现代社会处理民族关系乃至不同文明之间相处的应有态度和机制。

"大同"是中国几千年来的最高社会理想。尽管在历史上缺乏真正得以实现的条件，但它如同一盏明灯闪烁着理想的光芒，引导着历朝历代的仁人志士矢志不渝，坚持天下为公，践行大同理想。大同理想从孔孟墨，经康有为、孙中山，到中国共产党，薪火相传，不断丰富和发展，越来越光辉灿烂。"天下大同"在理想与现实的不断激荡之中，引导着世界向真、向善、向美，也指引着中国人不懈追求、不断进步。

在实践上，"平天下"层次的这些概念，对中华民族实现和平崛起具有重要的应用价值，在当前秉持共商、共建、共赢、共享原则的"一带一路"等伟大实践中得到了具体鲜活的体现。

3. 基本概念的属性以及相关问题的辨析

我们从先秦以降两千多年的浩瀚史海中，捡拾了 34 个珍宝级别的概念，这当然不是中国社会学传统概念资源的全部，只是有代表性的一部分。但从这些概念即可看到，中国社会学的人本性、整合性、贯通性、致用性这四大特质，这四个特质不仅在四个基础性概念中得到了代表性的体现，也在所有基本概念中得到了全面的体现。其中，有几个与这些概念属性相关的问题还需略做辨析和说明。

（1）关于概念的学科归属

有一些概念，过去常常被看作哲学或其他学科的概念，但这只表明中国学术概念（包括社会学概念在内）具有综合性和贯通性，这是中国社会学的特点问题，不是它存在与否的问题。如仁、义、心、天、和、合等概念，之所以把它们看作哲学概念、伦理概念、文化范畴，是因为那些学科抢先把它们的意义发掘出来，从自己学科的角度去定义它们，于是"先入为主"，成了"习见"。后进的社会学不去发掘和定义它们，就白白地把这些珍贵概念拱手相送了。如果我们加强对这些概念的研究，把它们对人的社会化，对社会规范、社会组织、社会制度的建构所具有的意义，加以发掘和定义，它们就可以同时作为社会学的重要概念。其实这种概念的共通性，在西方各学科中也很常见，例如"组织"、"制度"等概念，同时是经济学、政治学、法学等学科的重要概念，社会学也研究和定义了它们，并没有人对它们可以作为社会学概念表示怀疑。同样，当我们把"仁"、"义"等概念包含的社会学含义挖掘出来，我们将其作为社会学概念，并不是说它们就不再属于哲学等其他学科，而是说，这些概念在不同学科里展现出不同的含义。这是包括中国社会学在内的中国学术概念的综合性和贯通性使然，不是这些概念是否可以作为社会学概念的问题。说白了，不能把我们对这些概念缺乏社会学视角的研究，当作否定这些概念在社会学中具有存在权的理由。

（2）关于概念的中国特色

还有一类概念，如伦、礼、气、位、势、小康、大同等，是中国社会学特有的，深具中国特色、中国风格和中国气派，不易与西方社会学的概念直接相对应。这是中国社会学与西方社会学在概念上如何会通的问题，不是中国社会学存在与否的问题。不能说，我们承认了西方社会学有一套特有的概念，中国社会学就不能有自己特有的概念，或者即使有，也不是正统或正规的社会学概念。这样的霸道逻辑，不论是对中国学术还是对西方学术，其实都是不利的。面对不同的概念体系，最好的办法是相互承认、相互尊重、相互研究、相互吸收，最终达到会通的目的，这是学术的繁荣之道。

（3）关于概念体系的完备性

以上列举的基本概念只有 30 个，加上 4 个基础性概念，也只有 34 个，中国社会学的概念体系应该远为丰富，对我们所列举的基本概念和基础性概念也许还有争议，但这是上述概念体系的完备性问题，不是中国社会学存在与否的问题。

（4）关于概念体系的丰富和发展

我们对以上 34 个概念的阐释，主要依据的是现成的文字资料，慢说是我们对历史文献的掌握极其不足，理解可能有误，即便没有大碍，要发掘这些概念的社会学丰富内涵，显然还应该着力于考察它们在社会生活中鲜活的存在样态，更不用说要研究它们在历史长河中实际发挥的作用，以及它们在现实生活和发展实践中的生动表现。但这些，是属于我们这项初步研究的缺陷和不足的问题，或者说，这是中国社会学概念体系应该如何研究和丰富的问题，不是中国社会学在历史上存在与否的问题。

总而言之，以上关于中国社会学概念体系的论证，仅仅限定在其存在性和绵延性的范围之内。存在性是中国社会学在历史上是否形成的问题，绵延性是其在后来的历史过程中是否继续存在的问题，如果这两点可以成立，则中国社会学自有本土起源即可得到确证。

（三）研究中国社会学概念体系对实现中国社会学崛起的重要意义

1. 研究中国社会学概念体系是取得学术话语权的基础性工作

自不待言，如果根本没有中国话语，何来中国话语权？学术话语固然可以从现实经验中去提炼，但是现实中使用的话语，大多也是从历史话语中延续和演变而来的，例如"小康"，邓小平就用它来刻画"中国的现代化"。如果中国学术中缺乏传统概念的积累也就罢了，我们既然有如此丰富的历史资源，有什么理由不去重视它、发掘它，让它们在中国社会学话语体系建设中大放异彩呢？

2. 研究中国社会学概念体系是真正开展中西社会学对话和会通的必要前提

中国社会学的崛起，靠的不再是西方社会学擅长的个人与社会、结构与行动、整体与个体、事实与意义的二元划分乃至对立，而是包容、会通、综合、共存、共享、共赢，这些正是中国社会学的要旨和专长。凭仗我们自己的概念和优长，才有可能展开中西社会学之间的平等对话和交流，也才谈得上真正意义上的会通。

3. 研究中国社会学概念体系是参与和推动中国经济和社会崛起的重要途径

在参与和推动中国经济和社会的崛起过程中，必能实现中国社会学的崛起。例如，研究中国的"家"概念及其演变轨迹，对当代的家庭建设必有重要的启迪意义；研究中国的群己关系、家国关系的特点，对加强社会建设必有重要的参考作用；研究从"小康"到"大同"的思想脉络，对实现中国现代化，成功开辟中国模式的经济社会发展道路必有重大的实践价值。如果社会学能够在这般重大的问题上发声、给力，随着中国经济和社会崛起必有中国社会学的崛起，岂不是顺理成章？

（四）结语

本书的目的不在于构建一个完整的中国社会学传统概念体系，而在于通过对中国社会学概念体系历史资源的研究，证明如下观点。一是中国社会学（群学）的历史存在性。二是群学的历史绵延性。它并没有伴随荀学在一个历史时期的"式微"（如按梁启超的观点，荀学是制度化了，并没有式微）而消匿，而是以潜入民间、深入日常生活、构成社会生活行为规范的形式而继续绵延。

三是以上两点如可成立，当然也就证明了中国社会学自有本土的起源，也就否定了所谓"中国社会学史就是西方社会学在中国的传播史"的成见。

四是由以上三点可以推知：中国社会学的崛起，不是依靠西方社会学在中国的推广和应用所能达成的，而是必须立足于中国土壤，通过实行古今贯通、中西会通，才能形成融通古今中西的现代中国社会学概念体系。

（景天魁）

| 第二章 |

中国社会学的基础性概念

本章概要

  荀子开创的中国社会学具有自己的概念体系，最重要的基础性概念主要有"群"、"伦"、"仁"、"中庸"。这些基础性概念既构成中国社会学范畴体系的基石，也充分体现了社会学学术话语的中华特色。

  荀子创造性地提出"群"概念，阐释了"群"的属性，提出了"群"的命题，展示了"合群"、"能群"、"善群"、"乐群"的要旨，荀子的群学思想开创了中国社会学传统。严复将传入中国的西方社会学定名为"群学"，使中国社会学（群学）得到了极大的弘扬，也是西方社会学本土化的经典范例。梁启超深入论述了"群理"，其"群学"思想内涵丰富，富有特色。

  "伦"作为中国社会学的一个始源性和基础性概念，具有浓厚的关系主义本质特征，对中国社会发展影响深远。"仁"作为社会建构的理念基础，列儒家伦理"五常"之首，在中国社会学史上占据重要地位，是形成社会生活秩序、构建和谐社会的基础理念。"中庸"作为中国社会学基础概念之一的意义在于它既是中国人处理个人与其社会关系的基本法则，也是中国人之为中国人的内在之理。

  中国社会学的基础性概念，既为中国社会学奠基了基本范畴框架，也为世界社会学发展贡献了"中国话语"和"中国智慧"。

（毕天云）

一　群：概念界定与群学奠基

（一）群学：荀子的开创

荀子是中国社会学的奠基人，他创立的群学在中国社会学史上具有开创性地位。荀子首先提出"群"，并紧紧围绕这一概念阐释了"群"的属性，提出了"群"的相关命题，展示了"合群"、"能群"、"善群"、"乐群"的要旨，从而为中国传统知识分子实现"修身齐家治国平天下"的宏大抱负提供了重要思想和思路。许多社会学家认为荀子是"中国第一位社会学者，他是首先提出社会、人群的名辞与界说的人"。[①] 荀子的群学思想开创了中国社会学，奠定了中国社会学的基础性地位，建构了中国社会学的基础性框架，而且为我们提供了一个巨大的想象空间，启迪后人发挥社会学的想象力进一步去发掘研究。

1. 群的属性

荀子在其学说中创造性地提出"群"的概念，深刻地阐释了群的属性，也成为其群学思想的重要内容。荀子关于群的属性的阐释，着重从社会性、组织性和共生性三个方面展开。

（1）群的社会性

荀子首次独创性地提出"群"的概念，他意识到人与动物的本质在于人能群。荀子的经典论述证明了这一观点。

> 水火有气而无生，草木有生而无知，禽兽有知而无义；人有气、有生、有知，亦且有义，故最为天下贵也。力不若牛，走不若马，而牛马为用，何也？曰：人能群，彼不能群也。[②]

荀子认为人不仅有气、有生命、有知觉，而且有义，高于水火、草木、禽兽，故最为天下贵。人力不若牛大，走不若马快，而牛马为人所利用，其原因在于人能群，能够组成社会。这是荀子思想的精华，充分证明了早在两千多年前的中国，荀子就有"人是社会的动物"的

---

① 卫惠林：《社会学》，正中书局，1980，第17页。

② 方勇、李波译注《荀子》，中华书局，2015，第127页。

思想。马克思在其著作中也肯定了这一思想，指出"人是最名副其实的政治动物，不仅是一种合群的动物，而且是只有在社会中才能独立的动物"。① 这与荀子的思想穿越时空不期而遇、不谋而合。因而，合群、能群是"人之所以异于禽兽者"的本质特征。人是合群动物、社会动物，是能够组成社会的群体。

荀子认为人同自然界的其他物种一样，具有自然的物质基础。他着重强调人类的特性之一就在于是一种"能群"的动物，认为人类社会、社会群体不是自然的动物群，而是一种有分工、有分职、有分层的，能够彼此合作、协同行动的"群"，即社会。尽管当时的人类社会尚未明确有"社会"这个概念，但是荀子已经发现并揭示了人类社会合群的规律、能群的奥秘，充分阐释了群的社会性。

正因为如此，郭沫若指出："在先秦诸子中，能够显明地抱有社会观念的，要数荀子，这是他的学说中的一个特色。"② 荀子是先秦诸子之中第一个揭示人能"群"这一基本社会属性、提出群居这一重要思想的思想家。这是荀子对中国社会学的重大贡献。荀子关于群的社会性的阐释及其群的学说对中国社会影响深远，以至于后来人们曾将"社会学"定名为"群学"。

（2）群的组织性

群与分是一对充满张力的矛盾体，但"明分使群"却使得这对矛盾体相辅相成。荀子告诉我们："明分"是"能群"的前提，"能群"是"明分"的结果。群的社会性表明人是合群动物，是能够组成社会的动物；而人类如何组成社会，则体现了群的组织属性。

荀子不仅认为人是合群动物，而且指出了人能够合群的原因。"人何以能群？曰：分。分何以能行？曰：义。"③ 他认为人类社会能够组织起来，"群居和一"，是由于"分"的缘故。换言之，荀子充分认识到了群的组织属性，指出了基于群的组织属性的组织结构、组织原则等重要内容。

一方面，荀子认为"人生而有欲，欲而不得，则不能无求；求而无

---

① 《马克思恩格斯全集》（第 2 卷），人民出版社，2012，第 684 页。

② 郭沫若：《十书批判》，《郭沫若全集》（历史编第二卷），人民出版社，1982，第 225 页。

③ 方勇、李波译注《荀子》，中华书局，2015，第 127 页。

度量分界，则不能不争；争则乱，乱则穷"；① 另一方面，他认为"欲恶同物，欲多而物寡，寡则必争矣"。② 为了解决这个问题，荀子明确提出了"明分使群"的组织原则。首先，社会要解决人有欲望而不能得到满足及欲望多而物质少的问题，就必须组织起来，通过合群来"胜物"，以此落实解决这一问题。因而，这成为合群的目标。荀子进而认为，人们在合群中需要明分，即明确分工、明确职责、明确等级、明确分配。这些都是群的组织属性的具体体现和要求。

在荀子的心目中，"分"是用来发挥"群"的功能或满足"群"的目标的。荀子认为："天生蒸民，有所以取之。"③ 上天生下民众，都有各得其所的道理和方法。"掩地表亩，刺屮殖谷，多粪肥田，是农夫众庶之事也。守时力民，进事长功，和齐百姓，使人不偷，是将率之事也。高者不旱，下者不水，寒暑和节而五谷以时孰，是天下之事也。若夫兼而覆之，兼而爱之，兼而制之，岁虽凶败水旱，使百姓无冻喂之患，则是圣君贤相之事也。"④ 他还明确指出"兼足天下之道在明分"，⑤ 彰显这是群的目标，即群的组织性目标。

"分"的依据是什么呢？在于"礼"以及建立在"礼"基础之上的"法"。荀子提出了隆礼重法的组织原则，他认为"分莫大于礼"，⑥ "礼别异"；⑦ 礼为"分"、为"别"之意；"贵贱有等，长幼有差，贫富轻重皆有称者也"，⑧ "礼义者，治之始也"；⑨ 同时，也强调"法者，治之端也"。⑩ 荀子认为分的依据是礼法并用，"明礼义以化之，起法正以治之，重刑罚以禁之，使天下皆出于治，合于善也"。⑪ 荀子期望通过隆礼重法确定"分"，进而达到对"群"的组织协同并推动其

---

① 方勇、李波译注《荀子》，中华书局，2015，第300页。
② 方勇、李波译注《荀子》，中华书局，2015，第138页。
③ 方勇、李波译注《荀子》，中华书局，2015，第42页。
④ 方勇、李波译注《荀子》，中华书局，2015，第146页。
⑤ 方勇、李波译注《荀子》，中华书局，2015，第147页。
⑥ 方勇、李波译注《荀子》，中华书局，2015，第60页。
⑦ 方勇、李波译注《荀子》，中华书局，2015，第329页。
⑧ 方勇、李波译注《荀子》，中华书局，2015，第141页。
⑨ 方勇、李波译注《荀子》，中华书局，2015，第126页。
⑩ 方勇、李波译注《荀子》，中华书局，2015，第189页。
⑪ 方勇、李波译注《荀子》，中华书局，2015，第381页。

运作。

（3）群的共生性

"天人合一"、"和而不同"、"和实生物"、"协和万邦"等无一不闪烁着人类社会"共生"的智慧光芒。荀子的"群"同样蕴含共生属性及其内涵。

首先，群的共生性表现为人类社会与自然界的共生，即群与自然界的共生。荀子认为："万物同宇而异体，无宜而有用为人，数也。"[1] 万物同生于自然界中而形体不同，没有固定的用途却对人有用处，人与自然界共生是自然规律。下列这段话更能够表明荀子群与自然界共生的思想。

> 北海则有走马吠犬焉，然而中国得而畜使之；南海则有羽翮、齿革、曾青、丹干焉，然而中国得而财之；东海则有紫、绤、鱼、盐、焉，然而中国得而衣食之；西海则有皮革、文旄焉，然而中国得而用之。故泽人足乎木，山人足乎鱼，农夫不斫削、不陶冶而足械用，工贾不耕田而足菽粟……故天之所覆，地之所载，莫不尽其美，致其用，上以饰贤良，下以养百姓而安乐之。夫是之谓大神。[2]

荀子认为，人从大自然中获取了各种资源并充分利用，使得物尽其用，各取所需。天地覆盖承载宇宙一切，滋养万物、无私奉献。人们充分利用并分享天地自然的馈赠和施舍，其效用被发挥到极致，且无所不在、无时不有。人类与自然如此和谐相处，对上可以做贤良的人，实现功绩伟德，对下可以养育百姓，使他们安居乐业，为群所用。这即是大治。

荀子既指出人类在生存与发展中应发掘、利用自然界的一切资源，同时对群如何对待大自然也提出了相应的要求。

> 圣王之制也，草木荣华滋硕之时则斧斤不入山林，不夭其生，不绝其长也；鼋鼍、鱼鳖、鳅鳝孕别之时，罔罟毒药不入泽，不夭其生，不绝其长也；春耕、夏耘、秋收、冬藏四者不失时，故五谷

---

① 方勇、李波译注《荀子》，中华书局，2015，第138页。

② 方勇、李波译注《荀子》，中华书局，2015，第125页。

不绝而百姓有馀食也；洿池、渊沼、川泽谨其时禁，故鱼鳖优多而百姓有馀用也；斩伐养长不失其时，故山林不童而百姓有馀材也。①

在荀子看来，人类只有善待大自然，人群才能和大自然获得共生，百姓才能获得源源不断的资源，生活才能富足有余。

其次，群的共生性是人与群的共生。一方面，社会是由人组成的；另一方面，人也是离不开社会的。"多力则强，强则胜物。"因为"群"是智慧、是力量，所以人只有"群"才能"胜物"。同时，他指出了人与群实现共生的可能途径——也就是共生需要"分"。人类社会只有"分"，才能实现共生；通过分工、分职、分层、分配，才能达到共生。"分均则不偏，势齐则不壹，众齐则不使。"② 这既表明了人与群共生的必然要求，又指出了人群共生的基本法则。

最后，群的共生性是群体内部成员的共生。"人伦并处，同求而异道，同欲而异知，生也。"③ 人类共处虽具有共同的需求，但满足需求的方法并不一样，且具有共同的欲望而实现欲望的智慧也不一样。这是人的本性。荀子指出："君臣、父子、兄弟、夫妇，始则终，终则始，与天地同理，与万世同久，夫是之谓大本。""君君、臣臣、父父、子子、兄兄、弟弟一也。农农、士士、工工、商商一也。"④ 他明确指出，离开了共生则世间万物乃至家、国、天下都将会衰亡下去。所以他说"舍是而天下以衰矣"。

总体而言，荀子的群具有共生属性。群的共生是群与自然界的共生、人与群的共生、群内部的共生。因而，群的共生是全方位多层次的。共生既是资源与财富产生的重要源泉，也是治理与发展的机制，同时还是互为主体的共存。群就是人的共同体，即社会共同体。

2. 群的辩证

荀子不仅创造性地提出"群"的概念，赋予其丰富的内涵和思想、展现其不同凡响的智慧，而且使其在中国社会学众多概念中卓尔不群、

---

① 方勇、李波译注《荀子》，中华书局，2015，第 128~129 页。
② 方勇、李波译注《荀子》，中华书局，2015，第 117 页。
③ 方勇、李波译注《荀子》，中华书局，2015，第 138 页。
④ 方勇、李波译注《荀子》，中华书局，2015，第 127 页。

历久弥新。

（1）群与"群体"

社会学把人们生活于其中的群体称为社会群体。社会群体是社会学经典研究领域之一，也是社会学的研究范畴。社会学认为，人类社会生活是以群体形式进行的，社会成员总是在不同规模及不同类型的群体之中，而种类多样的社会群体塑造了丰富多彩的社会行动，满足了人们的不同需求。

所谓社会群体是人们通过互动而形成的，并由某种社会关系连接起来的共同体。在这个共同体中，成员具有共同身份和某种团结感以及共同的期待。[①] 该定义表明了社会群体具有的显著特征：社会群体的规模和组织化程度有一定的限度；[②] 社会成员之间具有直接、明确和持久的社会关系；群体成员具有共同的身份和群体意识；有一定的群体边界；群体成员有某种共同的期待与行动能力。[③] 该定义及其特征提示出三个核心信息：第一，社会群体是联系个人与社会的中介，处于个人与社会中间的位置；第二，社会群体是构成社会的最基本的组成单位和实体形式；第三，社会群体是社会行动或社会互动主体之一。

荀子所讲的群，并非社会学上的"群体"或者"社会群体"，而是"社会"。群体在英文中是"group"，社会群体是"social group"，而社会是"society"，从字面看，大相径庭。荀子在创立群学之初就以磅礴之势构建了人类社会、国家产生的图景。荀子认为，"人之所以为人者"，"人之异于禽兽者"，就是因为人"能群"，而动物不能"群"。如何能群，荀子指出"明分使群"，而"分莫大于礼"，强调礼是最大的"分"。一方面，荀子认为人性恶，导致欲、求、争、乱、穷；另一方面，认为"先王恶乱而求治"，"故制礼义以分之"。故而，荀子在他的人性恶思想的基础上建立了礼义以至国家的起源论。同时，荀子还揭示了群起源的逻辑，即人性的恶导致"礼义"的产生，进而根据"礼义"达到"明分使群"，结果产生了有"分"的"群"，也就是社会。荀子构建的国家与社会是高度一体化的。

---

① 王思斌主编《社会学教程》（第三版），北京大学出版社，2010，第 94 页。
② 陆学艺主编《社会学》，知识出版社，1996，第 78 页。
③ 王思斌主编《社会学教程》（第三版），北京大学出版社，2010，第 95～96 页。

由此观之，荀子的群创始之初就是社会之意，绝非现代社会学所讲的"群体"或"社会群体"。美国社会学家戴维·波普诺明确指出："尽管'社会群体'这个术语的应用范围可以大至整个社会那样，但它也有个更具体的含义。这个术语经常被社会学家和非社会学家用来表示每个成员对所有其他成员都非常了解的面对面的小群体。"① 因而，我们根据社会群体的定义及其特征可以判别，现代社会学上讲的群体仅仅是荀子所说的"群"的基本构成单位和实体形式，作为互动主体之一它处于人与群的中间位置。

此外，现代社会学认为，初级社会群体在人类社会生活中是最基本的社会群体形式。这不仅反映了它是人们最简单、最基本的社会关系，而且指出它是社会的基本构成单位。故而，初级社会群体是"社会群体"内容中最为重要的部分，甚至有学者直接以"初级社会群体"的命名代替"社会群体"。② 现今的初级社会群体仅指家庭、邻居、儿童游戏群体等，而荀子群的概念则包含家、家族、社等类似的初级群体。可见，荀子的群与现代社会学的群体旨趣迥然。

（2）群与社、会

在中国社会学史上，社与会具有丰富的内涵。首先，社的原初之意为土地神。《左传·昭公二十九年》有记载："共工氏有子曰句龙，为后土，此其二祀也。后土为社。"③ 这里的社是土地神之意。其次，社具有基层行政单位之意。为了祭祀土地神，在不同历史时期曾对社的规模做了不同规定。《左传·昭公二十五年》记载："齐侯曰：自莒疆以西，请致千社。"杜预注云："二十五家为社。"孙颖达疏云："《礼》有里社……以二十五家为里，故知二十五家为社也。"④ 这里社是地方基层行政单位之意。再次，社为民间社会各种迎神赛会之意。北宋著名词人辛弃疾在词作《永遇乐·京口北固亭怀古》中感喟："可堪回首、佛狸祠下，一片神鸦社鼓。凭谁问，廉颇老矣，尚能饭否？"⑤ 这里的社是指社

① 戴维·波普诺：《社会学》，刘云德，王戈译，辽宁人民出版社，1987，第285页。
② 王思斌主编《社会学教程》（第三版），北京大学出版社，2010，第94～115页。
③ 蒋冀骋点校《左传》，岳麓书社，2006，第311页。
④ 阮元校刻《十三经注疏》（下册），中华书局，1980，第2110页。
⑤ 辛弃疾：《永遇乐·京口北固亭怀古》，载《宋词三百首》，中华书局，2010，第165页。

戏、迎神赛会。再有，社指由志趣相投、信仰相同的那些人组成的团体，如诗社、文社等。顾炎武指出："社之始，始于一乡，继而一国，继而暨于天下。各立一名以自标榜，或数十人，或数百人；或携笔砚而课艺于一堂，或征诗文而命驾于千里。齐年者砥节砺行，后起者观型取法。一卷之书，家弦户诵；一师之学，灯尽薪传。"① 最后，社为行业性团体的意义。早在唐代，我国民间就有结成的"社邑"。宋代大文豪苏轼《元日次韵张先子野见和七夕寄莘老之作》中有"酒社我为敌，诗坛子有功"② 的诗句。这里的"酒社"就指行业性团体或者商业性组织。

会同样具有丰富的含义。首先，会是民间祭祀活动、集会之意。在这个意义上，会与蕴含有迎神赛会的社具有相通的意义。其次，会具有民间组织之意。明朝思想家何心隐所构建的理想社会组织称为"会"。再次，会是"结会"、"集会"、"集会讨论"之意。孙中山在《建国方略》之三民权初步（社会建设）中提出了"结会"的主张，指出"会议之定义，凡研究事理而为之解决，一人谓之独思，二人谓之对话，三人以上而循有一定规则者则谓之会议"。③ 再有，会是团体、协会、学会之意。梁启超在《变法通议》中指出："彼西人之为学也，有一学即有一会。故有农学会，有矿学会，有商学会，有工学会，有化学会，有电学会，有声学会，有光学会，有重学会，有力学会，有水学会，有医学会，有动植两学会，有教务会，乃至于照像、丹青、浴堂之琐碎，莫不有会。"④ 梁启超试图呼吁当时的社会通过创建"会"以图变法革新。最后，会是指在民间一些为了达到某种目标而互相联系结成的民间组织，如民间的"小刀会"、"喜丧会"等。

从语源学角度看，"社"早于"会"，并且两者有一定的差别："集会为一时之联合，欢迎欢送之类属之。结社有永久性质，办事讨论之类属之。"⑤ 在古文献中"会社"亦多指社，即使是"社会"一词也多与社联系在一起。宋代孟元老在追述北宋都城开封府城市风貌的《东京梦

① 顾炎武著，黄汝成集释《日知录集释》卷22《社》，上海古籍出版社，2006，第520页。

② 王文诰辑注《苏轼诗集》（第二册），中华书局，1982，第421～422页。

③ 孙中山：《建国方略》，华夏出版社，2002，第304页。

④ 梁启超：《变法通议》，华夏出版社，2002，第75页。

⑤ 徐珂：《风俗类·开会》，载《清稗类钞》（第5册），中华书局，2003，第2188页。

华录》中，有一节题名本身为"社会"的详尽记述。

> 二月八日为桐川张王生辰，震山行宫朝拜极盛，百戏竞集，如绯绿社（杂剧）、齐云社（蹴毬）、遏云社（唱赚）、同文社（耍词）、角抵社（相扑）、清音社（清乐）、锦标社（射弩）、锦体社（花绣）、英略社（使棒）、雄辩社（小说）、翠锦社（行院）、绘革社（影戏）、净发社（梳剃）、律华社（吟叫）、云机社（撮弄）……不可缕数，莫非动心骇目之观也……若三月三日殿司真武会，三月二十八日东岳生辰社会之盛，大率类此，不暇赘陈。①

从这段文字中我们可以看出，当时宋代民间"社"可谓类型多样，活动丰富而活跃。尽管其题名为"社会"，并且这段话中也有"社会"一词，但显然这里的"社会"指代的就是各类"社"，与前文所说行业性团体或者商业性组织的"社"同义。

综上所述，中国社会学史上所说的社与会、会社与社会，并非现代社会学意义上的社会之意，也非荀子"群"的意义，而是英文"society"或与"society"相对应的"社会"之意。换言之，社与会这组概念，与"群"不在同一个层次："群"远高于社与会，"群"的范畴远远大于社与会。群、社与会各自表述，根本不是一个量级。社与会是群的组成部分和实体形式，也是荀子群学的研究对象和范畴。从逻辑学的角度看，"群"是"属概念"，而社与会是"种概念"；前者是上位概念，后者是下位概念，并且前者外延远远大于后者。正因为如此，近代学者严复将社会学定名为"群学"。这说明在严复心中，只有"群"这个概念才能涵盖他所理解英文"society"的范畴，才能完全反映与"society"相对应的"社会"的真意。

3. 群学的命题

荀子在其群学中提出了不少命题。一方面，这些命题揭示了社会发展过程中存在的社会事实和客观规律；另一方面，表明了其对社会发展认识的敏锐性和深刻性。

---

① 孟元老：《东京梦华录》，上海古典文学出版社，1956，第 377~378 页。

力不若牛，走不若马，而牛马为用，何也？曰：人能群，彼不能群也。人何以能群？曰：分。分何以能行？曰：义。故义以分则和，和则一，一则多力，多力则强，强则胜物，故宫室可得而居也……故人生不能无群。[1]

人之生，不能无群，群而无分则争，争则乱，乱则穷矣。故无分者，人之大害也；有分者，天下之本利也。[2]

荀子的这两段话提出了相互关联紧密的三个命题：人生不能无群，分者天下之本利，义以分则和。

（1）人生不能无群

荀子指出，人是群居动物，是社会性动物，进而提出了"人生不能无群"的著名命题。荀子强调人是一种"能群"动物，而群是有"分"且能够"胜物"的社会，"人生不能无群"。荀子看到了人是社会动物，认识到人能够利用群的力量支配自然界，从而使得人区别于一般动物成为社会性动物。荀子通过人"能群"、"胜物"来表明人与动物的区别；反之，人与牛、马等动物没有什么区别。

为什么要"合群"、要形成群呢？这是因为只有合群、形成群才能战胜外物，获取社会生存发展的必需品，"弱则不能胜物，故宫室不可得而居也"。[3] 孙本文曾经指出："人类必在社会中方能生存，又必有赖于社会生活，方能征服自然，使社会日趋发达。"[4] 另外，只有通过合群、群策群力、运用群的力量和智慧，才能解决"人生而有欲，欲而不得，则不能无求"[5] 及"欲多而物寡"[6] 的问题，从而最大化地获取更多的资源以满足社会生存发展的基本需求。所以，人类只有形成社会，才能得以生存延续。

（2）分者天下之本利

在"人生不能无群"命题基础上，荀子进一步提出"分者天下之本

---

① 方勇、李波译注《荀子》，中华书局，2015，第127页。
② 方勇、李波译注《荀子》，中华书局，2015，第142页。
③ 方勇、李波译注《荀子》，中华书局，2015，第127页。
④ 孙本文：《社会学原理》，商务印书馆，1935，第1页。
⑤ 方勇、李波译注《荀子》，中华书局，2015，第300页。
⑥ 方勇、李波译注《荀子》，中华书局，2015，第138页。

利"命题。荀子认为"人何以能群"的原因是"分","明分使群",否则"群而无分则争,争则乱,乱则穷矣。故无分者,人之大害也;有分者,天下之本利也"。①

在荀子群学中,"分"本身具有多重含义,目的是通过"分"实现社会成员各尽所能、各得其所,物进其能,定分止争,让社会伦理关系处于有序角色及严格规范之中,从而不让社会处于动荡和纷争之中,实现"群居和一"②、和谐共生的社会生存状态。所以,荀子认为有等级名分是天下的根本利益。

(3)义以分则和

荀子一方面指出人生不能无群,分者天下之本利;另一方面又提出"义以分则和"的命题。荀子指出"人何以能群"的原因是"分",而分为什么能够行得通,并让社会成员能够普遍接受认可呢?是因为依据的"义",即"礼义",只有以礼义来确定名分,人们才能和谐相处。这个命题不仅指出了分的依据,而且强调了"义以分则和"的重要性。

> 礼起于何也?曰:人生而有欲,欲而不得,则不能无求;求而无度量分界,则不能不争;争则乱,乱则穷。先王恶其乱也,故制礼义以分之……是礼之所以起也。③

荀子指出礼不仅是分的起源,同时也是"分"的依据。荀子进一步指出:"故义以分则和,和则一,一则多力,多力则强,强则胜物;故宫室可得而居也。故序四时,裁万物,兼利天下,无它故焉,得之分义也。"④ 人类社会以礼义来确定名分等级,才能实现"群居和一"、和睦相处,并在此基础上,才能群力群智并"胜物"。"群道当则万物皆得其宜,六畜皆得其长,群生皆得其命。"⑤ 从而保障了群的生存与发展。

4. 群的要旨

荀子的群学思想一以贯之,蕴含修身齐家治国平天下宏大抱负思想。

---

① 方勇、李波译注《荀子》,中华书局,2015,第142页。
② 方勇、李波译注《荀子》,中华书局,2015,第51页。
③ 方勇、李波译注《荀子》,中华书局,2015,第300页。
④ 方勇、李波译注《荀子》,中华书局,2015,第127页。
⑤ 方勇、李波译注《荀子》,中华书局,2015,第127页。

《荀子》一书开篇"劝学"，"修身第二"，劝学目的即为修身，只有通过修身才能使己贯穿于齐家治国平天下这样的抱负之中。具体而言，群的要旨是"合群"、"能群"、"善群"和"乐群"，而"合群"、"能群"体现了修身、齐家的重要内容，"善群"、"乐群"彰显了治国、平天下的目标。

（1）合群

荀子指出，人有气、有生、有知，亦且有义，故最为天下贵，认为人论力气不如牛，论奔跑不如马，牛马却为人所用，原因就是人能够合群，能够形成社会群体。而人为什么能够合群，形成社会群体呢？是因为人类社会有"分"，有名分等级。名分等级之所以能够被社会大众认同且行得通，则在于"义"，人类社会只有有了礼义，并据其确定名分等级才能和睦，才能团结一致，形成胜过任何事物的强大力量。正因为如此，人才能居住在房屋之中，才能依次按照四季管理万事万物，使得天下所有人从中受益。这一切并没有别的，只是得力于人类社会的名分和礼义。

荀子明确指出："故人生不能无群，群而无分则争，争则乱，乱则离，离则弱，弱则不能胜物；故宫室不可得而居也，不可少顷舍礼义之谓也。"① 人要正常生活就不能没有社会，换言之，人类社会必须合群。如果在社会群体中没有名分等级的限定或制约就会发生争夺，而发生争夺就会产生动乱，产生动乱就会离心离德，离心离德则导致力量削弱，而力量一旦被削弱，就不能再战胜外部一切事物。所以，人类社会须臾不能离开礼义。

荀子群的思想发现并揭示了人类社会的奥秘和基本规律。它表明，人是合群动物、是社会性动物，人生不能无群。"群"是人类理性区别于动物本能的表现。它向世人展示了人类合群的动力源泉、形成社会群体的驱动力量。人类社会进行生产生活，必须依靠群力，即社会群体的力量，才能战胜外部力量。唯有此，人类社会才能获得生产生存必需品并从中受益。可见，群是人类得以生存和运行发展的基本动力源泉。另外，荀子明确强调了群的必要性。人类社会只有"合群"，才能和谐相

---

① 方勇、李波译注《荀子》，中华书局，2015，第127页。

处，否则"争则乱，乱则离，离则弱，弱则不能胜物"。因此，群是社会和谐、"群居和一"的前提和基础。

荀子合群思想充分展示了群的属性，即社会性、组织性和共生性，尤其体现了人是社会动物、合群动物的基本社会思想。

（2）能群

荀子指出，人类社会不仅要合群，而且要能够合群，即"能群"。在阐释能群的思想中，荀子强调了"分"、"义"的重要性。荀子对于合群、能群是沿着"群"、"分"和"义"的逻辑展开的，"能群"源于"分"，分之所以能够行得通源于"义"，根据"义"的原则来实现"分"。"分"在荀子的群学思想中具有多重蕴含，这些多重蕴含阐释了能群的原因。

首先，"分"本身具有"职"的含义，[①] 具有社会分工、分职之意。社会分工是人类社会生产生活发展到一定阶段的产物。荀子在其所处的时代已认识到这点。一方面，荀子引经据典说明了职业分工、社会分工状态及其所取得的效果。"传曰：农分田而耕，贾分货而贩，百工分事而劝，士大夫分职而听，建国诸侯之君分土而守，三公总方而议，则天子共己而已矣。"[②] 他认为实行社会分工、职业分工本身就要求士农工商等各司其职，做好本职工作，只要从业者做好本职工作，就能实现天子垂拱而治的目标。另一方面，他又指出："故百技所成，所以养一人也。而能不能兼技，人不能兼官，离居不相待则穷，群居而无分则争。穷者患也，争者祸也。救患除祸，则莫若明分使群矣。"[③] 荀子强调了社会分工的必要性。虽然各行各业所生产的产品，是用来养活一个人的，但是一个人的能力有限，不能同时掌握多种技艺，也不能同时身兼数职或从事多种生产。如果人们离群索居而不相互依赖，则会导致穷困。如果人们没有社会分工、没有名分，则必然发生争夺。这是因为穷困是忧患，争夺是灾难，而且没有比消除祸患、确定名分、推行社会分工，更能使人们合群的办法了。荀子突出强调了人因能力有限而进行社会分工的必

---

① 参见郑玄注《礼记》，北京图书馆出版社，2006。有"男有分，女有归"的说法，"分，犹职也"。
② 方勇、李波译注《荀子》，中华书局，2015，第173页。
③ 方勇、李波译注《荀子》，中华书局，2015，第138页。

要性，并指出如果没有社会分工将会导致灾难性的后果，消除这种灾难性后果的办法则是"明分使群"。

其次，"分"具有社会分层、社会等级的内涵。荀子所讲的"分"不仅有社会分工、职业分工的含义，同时也具有社会分层、社会等级的内涵。当然社会分层、社会等级与社会分工、职业分工有密切的联系。荀子指出："人之所以为人者，何已也？曰：以其有辨也……故人道莫不有辨。辨莫大于分，分莫大于礼，礼莫大于圣王。"① 意思是，人之所以为人的本质特征是依据什么而定的呢？荀子认为，人类作为社会性的群居动物，对所有的事物都规定出分辨的界限，以便人们分类区别并加以认识和利用。而人类在对世界万物规定出分辨的界限和区别中，最重要的是对人的上下尊卑身份地位等级的区分。在确定人们的身份地位时，人类社会最重要的判断即是礼制，而在礼制秩序中最重要的就是尊重圣王。这里的"分"不仅含有社会分层、社会等级的含义，而且强调作为人必须有区别。因而，人类社会既要承认这种区别，还要维护这种区别，以使人们在社会生活中各司其职、各守本分，并且只有这样，才能保障正常的社会秩序。荀子指出，不同等级的人因其社会地位不同，所享有的政治地位和待遇亦不同。"由士以上则必以礼乐节之，众庶百姓则必以法数制之。"② 也就是说，士以上的大官小吏都必须用礼乐制度去约束，而普通百姓则一定要用法律制度去制约。

为了确立人类社会这种等级、分层的意义，荀子将其规范化、制度化，强调不同等级间应"衣服有制，宫室有度，人徒有数，丧祭械用皆有等宜"，③ 并且认同固化这一社会等级、社会分层理念及其固定化的行为标准，要求人们必须按照礼制安分守己，并严格维持群的秩序。

> 礼者，贵贱有等，长幼有差，贫富轻重皆有称者也。故天子袾裷衣冕，诸侯玄裷衣冕，大夫裨冕，士皮弁服。德必称位，位必称禄，禄必称用。④

① 方勇、李波译注《荀子》，中华书局，2015，第60页。
② 方勇、李波译注《荀子》，中华书局，2015，第141页。
③ 方勇、李波译注《荀子》，中华书局，2015，第123页。
④ 方勇、李波译注《荀子》，中华书局，2015，第141页。

郊止乎天子，而社止于诸侯，道及士大夫，所以别尊者事尊，卑者事卑，宜大者巨，宜小者小也。故有天下者事十世，有一国者事五世，有五乘之地者事三世，有三乘之地者事二世，持手而食者不得立宗庙，所以别积厚，积厚者流泽广，积薄者流泽狭也。[①]

天子外屏，诸侯内屏，礼也。外屏，不欲见外也；内屏，不欲见内也……天子山冕，诸侯玄冠，大夫裨冕，士韦弁，礼也。天子御珽，诸侯御荼，大夫服笏，礼也。天子雕弓，诸侯彤弓，大夫黑弓，礼也。[②]

在荀子看来，礼不仅是约束各个阶层、各类人群的制度，也是划分等级、体现分层的重要依据。"故为之雕琢、刻镂、黼黻、文章，使足以辨贵贱而已，不求其观；为之钟鼓、管磬、琴瑟、竽笙，使足以辨吉凶、合欢定和而已，不求其馀；为之宫室台榭，使足以避燥湿、养德、辨轻重而已，不求其外。"[③] 这些规定中最重要的要旨与目的就是能分辨上下尊卑、体现等级分层，而且划分等级、体现分层是达到"能群"目标的重要手段。"不美不饰之不足以一民也。"[④] 人类社会唯有遵循并实践这些制度化的标准，才能够统一民心，使社会有序。

再次，"分"有分配、社会分配之意。尽管分配属于经济学范畴，但与社会分工、社会分层密不可分。简单的逻辑是不同的社会分工导致不同的社会等级、社会阶层，不同的社会等级、社会阶层，社会地位及其所分配的财富也不同。荀子指出："欲恶同，物不能澹则必争，争则必乱，乱则穷矣。先王恶其乱也，故制礼义以分之，使有贫富贵贱之等，足以相兼临者，是养天下之本也。"[⑤] 财物不能满足就会引发相互争斗，争斗就会混乱，混乱就会穷困。因而荀子认为，人类社会只有通过相应的制度进行社会分配，使社会有贫富贵贱之分，才是发展社会的根本。荀子指出要解决"欲恶同"、"欲多而物寡"、"物不能澹"的社会现实问题，就必须在调节人们的欲望和满足社会的需求上做文章。荀子进一步

① 方勇、李波译注《荀子》，中华书局，2015，第303页。
② 方勇、李波译注《荀子》，中华书局，2015，第429~430页。
③ 方勇、李波译注《荀子》，中华书局，2015，第143页。
④ 方勇、李波译注《荀子》，中华书局，2015，第149页。
⑤ 方勇、李波译注《荀子》，中华书局，2015，第117页。

强调："故制礼义以分之，以养人之欲，给人之求，使欲必不穷于物，物必不屈于欲，两者相持而长，是礼之所以起也。"① 人们通过制定礼义来确定分配的界限，这也是礼义的起源。"故礼者，养也……贵贱有等，长幼有差，贫富轻重皆有称者也。"② 换言之，人类社会通过制度化的分配，使贵贱、长幼、贫富、尊卑各得其宜。当然，虽然这种分配是有等级、有差别、有区分的，但总体上体现了差等分配的办法，这也是荀子的高明之处。

最后，"分"是社会伦理的关系，是对社会伦理关系中的角色划分。荀子认为君臣、父子、兄弟、夫妇等社会伦理关系是永恒不变的。

> 以类行杂，以一行万，始则终，终则始，若环之无端也，舍是而天下以衰矣。天地者，生之始也；礼义者，治之始也；君子者，礼义之始也……无君子则天地不理，礼义无统，上无君师，下无父子，夫是之谓至乱。君臣、父子、兄弟、夫妇，始则终，终则始，与天地同理，与万世同久，夫是之谓大本。故丧祭、朝聘、师旅一也。贵贱、杀生、与夺一也。君君、臣臣、父父、子子、兄兄、弟弟一也。③

在这段话中，荀子指出了分类、统一的重要性，尤其指出了在社会伦理关系中划分角色的重要性。君臣、父子、兄弟、夫妇之间的社会伦理关系，生生不息、循环往复，与天地同理，与万世并存。这是社会伦理关系的根本。荀子指出，君君、臣臣、父父、子子、兄兄、弟弟之间的社会伦理关系不仅要有划分，有各自角色的区分，而且这种伦常关系不可逾越，否则就是"至乱"。他说：

> 请问为人君？曰：以礼分施，均遍而不偏。请问为人臣？曰：以礼待君，忠顺而不懈。请问为人父？曰：宽惠而有礼。请问为人子？曰：敬爱而致文。请问为人兄？曰：慈爱而见友。请问为人弟？曰：敬诎而不苟。请问为人夫？曰：致功而不流，致临而有辨。请

---

① 方勇、李波译注《荀子》，中华书局，2015，第300页。
② 方勇、李波译注《荀子》，中华书局，2015，第300页。
③ 方勇、李波译注《荀子》，中华书局，2015，第126页。

问为人妻？曰：夫有礼，则柔从听侍，夫无礼，则恐惧而自竦也。此道也，偏立而乱，俱立而治，其足以稽矣。①

荀子不仅指出了社会伦理关系的客观存在，而且划分了社会伦理关系的角色，区分了各自承担的义务，明确了遵守社会伦理关系是关涉社会治乱的大事。由此可见，荀子群学思想"分"具有社会伦理关系及其角色划分的内涵，这极大地丰富了群学思想。

从群学角度看，人类社会之所以合群、能群，最终是以礼义制度作为支撑的，而礼义首先要求全体社会成员做到修身、齐家。荀子在群学思想中提出了大量的修身、齐家的规范制度。在《荀子》论著中，有一章是以"修身"为题的，专门详尽地阐释如何修身，反复阐释了性、仁、伦、利与义、天、自然、社、信等重要概念蕴含的思想。这些概念是群学的基本范畴，不仅极大丰富了群学思想，而且阐明了合群、能群的原因。

（3）善群

荀子指出，人不仅"合群"、"能群"，而且善于合群，即"善群"。人是合群动物，是社会性动物，这表明人首先具有动物性、生物性。但不同的是，人具有主观能动性，能够有目的地进行社会生产生活，同时善于利用主观能动性，努力摆脱动物性、生物性，从而形成能够从事劳动生产，具有社会意识、道德观念的人类社会。荀子所开创的群学呈现了善群这一重要思想。

荀子指出："今是人之口腹，安知礼义？安知辞让？安知廉耻隅积？亦呥呥而噍，乡乡而饱已矣。"② 荀子认为当时的人们只知口腹之欲，不知道什么是礼义，什么是推辞谦让，什么是廉洁耻辱，以及什么是大道的局部与整体，人们只是嘴巴不停地吃东西，有滋有味地吃个饱而已。在荀子眼中，当时社会的人突出地表现出其生物性、本能的动物性，既不了解也不具有礼义辞让廉耻等道德伦理。荀子进一步指出："今以夫先王之道，仁义之统，以相群居，以相持养，以相藩饰，以相安固。"③

① 方勇、李波译注《荀子》，中华书局，2015，第192页。
② 方勇、李波译注《荀子》，中华书局，2015，第47页。
③ 方勇、李波译注《荀子》，中华书局，2015，第47页。

他要求应以先王的大道、仁义的纲纪，使人们相互群居在一起，共同解决温饱问题，并实现共同的安全稳定。由此，我们可以看出，一方面，荀子认为人们需要合群；另一方面，应该以"先王之道，仁义之统"实现合群，并将合群的任务交付给那些"善群"的人。

> 道者，何也？曰：君道也。君者，何也？曰：能群也。能群也者，何也？曰：善生养人者也，善班治人者也，善显设人者也，善藩饰人者也。善生养人者人亲之，善班治人者人安之，善显设人者人乐之，善藩饰人者人荣之。四统者俱而天下归之。①

荀子认为君主"善群"，是因为君主善于养活人、善于治理人、善于任用人、善于以不同衣服来装饰人，从而使人们亲近他、顺从他、喜欢他、称赞他。如果君主具备了这四个方面的能力，那么天下就会归顺，从而达到治国平天下的目的。这是君主"善群"的结果。那么，具体如何才能实现善群呢？荀子指出了四个方面的办法。

> 省工贾，众农夫，禁盗贼，除奸邪，是所以生养之也。天子三公，诸侯一相，大夫擅官，士保职，莫不法度而公，是所以班治之也。论德而定次，量能而授官，皆使其人载其事而各得其所宜。上贤使之为三公，次贤使之为诸侯，下贤使之为士大夫，是所以显设之也。修冠弁、衣裳、黼黻、文章、琱琢、刻镂皆有等差，是所以藩饰之也②。

荀子主张从减少工商，增加农民发展生产，各级官吏依法办事、任人唯贤，服饰差等设计方面分别着手。荀子认为，"故由天子至于庶人也，莫不骋其能，得其志，安乐其事"。③人类社会这个大千世界，从天子到普通百姓，没有谁不愿意展示自己的才能、实现自己的志向、安心快乐地做自己的事情的。

与此同时，荀子认为君主之所以善群，是因为其善于借助外部力量。

---

① 方勇、李波译注《荀子》，中华书局，2015，第 197 页。
② 方勇、李波译注《荀子》，中华书局，2015，第 197 页。
③ 方勇、李波译注《荀子》，中华书局，2015，第 197 页。

登高而招，臂非加长也，而见者远；顺风而呼，声非加疾也，而闻者彰。假舆马者，非利足也，而致千里；假舟楫者，非能水也，而绝江河。君子生非异也，善假于物也。①

　　在荀子看来，君主与普通人并没有什么不同，只是善于借助外物罢了。至于这个"物"是什么，荀子留给我们无限想象空间，既可以是万事万物，也可以是人，其实就是"群"。一个人善于借助外部力量实现合群，就是"善群"。荀子强调所有社会成员各司其职、各尽其能，才能达到善群。"农以力尽田，贾以察尽财，百工以巧尽械器，士大夫以上至于公侯，莫不以仁厚知能尽官职。"② 只有这样，善群才可以达到"至平"的境界。

　　（4）乐群

　　荀子认为，社会成员不仅要善群，而且应该"乐群"，即一个人愿意合群、乐意合群。荀子从欲望论及其乐论两个方面表述了"乐群"思想。

　　荀子认为人生而有欲。"生而有耳目之欲，有好声色焉。"③ 人类的欲望是与生俱来就有的天赋秉性，"今人之性，饥而欲饱，寒而欲暖，劳而欲休，此人之情性也"。④ 同时，荀子还认为"贫愿富，贱愿贵"，⑤ "目好之五色，耳好之五声，口好之五味，心利之有天下"。⑥ 荀子指出，贫贱的人希望能够富贵，而且人们在满足了基本的生存需求之外，其欲望便是向往拥有天下。

　　夫人之情，目欲綦色，耳欲綦声。口欲綦味，鼻欲綦臭，心欲綦佚。此五綦者，人情之所必不免也。⑦

　　人之情，食欲有刍豢，衣欲有文绣，行欲有舆马，又欲夫馀财蓄积之富也，然而穷年累世不知不足，是人之情也。⑧

<hr />

① 方勇、李波译注《荀子》，中华书局，2015，第 2~3 页。
② 方勇、李波译注《荀子》，中华书局，2015，第 51 页。
③ 方勇、李波译注《荀子》，中华书局，2015，第 375 页。
④ 方勇、李波译注《荀子》，中华书局，2015，第 377 页。
⑤ 方勇、李波译注《荀子》，中华书局，2015，第 379 页。
⑥ 方勇、李波译注《荀子》，中华书局，2015，第 11 页。
⑦ 方勇、李波译注《荀子》，中华书局，2015，第 171 页。
⑧ 方勇、李波译注《荀子》，中华书局，2015，第 49 页。

这里需要指出的是，尽管荀子没有区分人类基本生理本能的欲望与后天社会存在的欲望，但是人们满足欲望的道理和努力是一致的。正是因为人们想满足不同层次的需求，所有的人才乐意组成社会，以达"乐群"。荀子由此提出了通过社会分工、"明分使群"等来满足人们不同层次的需求。

荀子除了从欲望论的角度阐释乐群之外，还从"乐"的角度阐释"乐群"的思想。在"乐论"中，荀子提出了"人不能无乐（yuè）"、"人不能无乐（lè）"两个命题。

> 夫乐者，乐也，人情之所必不免也，故人不能无乐。乐则必发于声音，形于动静，而人之道，声音动静，性术之变尽是矣。故人不能不乐，乐则不能无形，形而不为道，则不能无乱。①

荀子认为，音乐就是快乐，它是人内心情感的一种外在表现形式。人不能没有音乐，人也不能没有快乐。离开了音乐人就失去了快乐，离开了音乐人就像没有思想感情一样，这种因音乐而引发的快乐是需要加以引导的。

首先，荀子认为，《乐》与《诗》、《书》、《礼》承载了先王之道、圣人之道、天下之道，成为治理天下的方法和总纲。《乐》与《诗》、《书》、《礼》等不是常人所能理解的。"夫《诗》、《书》、《礼》、《乐》之分，固非庸人之所知也。故曰：一之而可再也，有之而可久也，广之而可通也，虑之而可安也，反铅察之而俞可好也，以治情则利，以为名则荣，以群则和，以独则乐足。"② 荀子期望并要求反复学习琢磨它并付诸实践。如果人们用它来陶冶情操就会受益，用它来取得名声就会光荣，用它来和众人相处就会群居和一，用它来独善其身就会快乐无穷，等等。足见乐对合群、乐群具有总纲的功能。

其次，荀子认为音乐具有有效协调各种群体关系的功能。"乐者，审一以定和者也，比物以饰节者也，合奏以成文者也，足以率一道，足以治万变。"③ 荀子将音乐上升到统率大道，及治理各种纷繁复杂社会关

---

① 方勇、李波译注《荀子》，中华书局，2015，第 323 页。
② 方勇、李波译注《荀子》，中华书局，2015，第 49 页。
③ 方勇、李波译注《荀子》，中华书局，2015，第 325～326 页。

系的高度。音乐以其柔性的魅力感化群体，"声乐之入人也深，其化人也速"。① 一方面，音乐是治国平天下、中正和睦的纲领。"乐者，天下之大齐也，中和之纪也，人情之所必不免也。"② 另一方面，又表现在实现乐群、合群的具体方面。"乐者，圣人之所乐也，而可以善民心，其感人深，其移风易俗，故先王导之以礼乐而民和睦。"③ 荀子期望通过让音乐深入人心，来改善民心、移风易俗，那么"百姓莫不安其处，乐其乡，以至足其上矣"。④ 从而取得乐群、合群的效果。

荀子认为，人们乐意合群、愿意合群，音乐在其中发挥了与礼一样的功能，使得所有社会成员"乐群"，从而"乐合同，礼别异。礼乐之统，管乎人心矣"。⑤

荀子善群、乐群的思想贯穿于中国传统知识分子"修身齐家治国平天下"理想抱负中，指向了治国、平天下两个重要层面。其思想蕴含天下、国、富国、王制、王霸、士、和、合、势等众多概念及深刻内涵，闪烁着善群、乐群的智慧火花，引领世人不断探究撷取。

（宋国恺）

（二）群道：严复的弘扬

严复将传入中国的西方社会学定名为"群学"，这不仅是社会学本土化的经典范例，而且使群学得到了极大的弘扬。他极力将反映和推崇中国传统社会"诚正修齐治平"的群道纳入社会学的主题，以求实现群学治群的目标。

1. 从"群"到"群学"的演绎

（1）society、群、群学

在西方社会学传入中国之前，尽管中国没有与西方一样的社会学，但已经有了"群"的概念和"群学"这门学问，即已经有中国本土的社会学。严复于 1897 年将译介的英国社会学家斯宾塞 1873 年完成的《社

---

① 方勇、李波译注《荀子》，中华书局，2015，第 327 页。
② 方勇、李波译注《荀子》，中华书局，2015，第 327 页。
③ 方勇、李波译注《荀子》，中华书局，2015，第 329 页。
④ 方勇、李波译注《荀子》，中华书局，2015，第 327 页。
⑤ 方勇、李波译注《荀子》，中华书局，2015，第 329 页。

会学研究》（*The Study of Sociology*）一书，命名为《群学肄言》。他在《群学肄言〈译言赘语〉》里说："斯宾塞氏自言……不佞读此在光绪七、八年之交，辄叹得未曾有，生平好为独往偏至之论，及此始悟其非。"①据此推断，严复于1881年后期1882年初，就阅读了斯宾塞的 *The Study of Sociology* 一书。

事实上，严复在《群学肄言》里表达了这样的见解："斯宾塞氏自言……窃以为其书实兼《大学》《中庸》精义。而出之以翔实，以格致诚正为治平根本矣。"②而且严复不止一次地表达了这样的观点。在1895年发表的《原强》一文中也同样指出，《群学肄言》这本书"约其所论，其节目支条，与吾《大学》所谓诚正修齐治平之事有不期而合者，第《大学》引而未发，语焉不详。至锡彭塞（斯宾塞—笔者注）之书，则精深微妙，繁富奥衍。其持一理论一事也，必根柢物理，征引人事，推其端于至真之原，究其极于不遁之效而后已"。③

与此同时，尽管严复早就知道日本已经有"社会"和"社会学"术语，不但没有采用，反而有所抵触，他说："东学以一民而对于社会者称个人，社会有社会之天职，个人有个人之天职。或谓个人名义不经见，可知中国言治之偏于国家，而不恤人人之私利。此其言似矣。然仆观太史公言《小雅》讥小己之得失，其流及上。所谓小己，即个人也……是故群学谨于其分，所谓名之必可言也。"④在严复看来，"群"更接近"society"的意义，所以他更偏好荀子"群"的概念。美国汉学家史华兹认为，严复"没有过多地采用日本人在先前几十年里创造的新词。这位高傲的中国人，完全相信他对于本国语言渊源的理解远远超过'东方夷岛'的那些自命不凡的家伙，这里掺合着他对近代民族主义者的不满"。⑤

由此可见，严复经过对比斯宾塞的"society"与日本的"社会"概念后，一方面认为"群"的概念更能够准确表达斯宾塞"society"的真

① 王栻主编《严复集》（第1册），中华书局，1986，第126页。
② 王栻主编《严复集》（第1册），中华书局，1986，第126页。
③ 王栻主编《严复集》（第1册），中华书局，1986，第6页。
④ 王栻主编《严复集》（第1册），中华书局，1986，第126页。
⑤ 本杰明·史华兹：《寻求富强：严复与西方》，叶凤美译，江苏人民出版社，1996，第86页。

意；另一方面也是更加重要的，他发现了斯宾塞的《群学肄言》与《大学》、《中庸》，乃至后来在其他论述中所提到的《老子》、《庄子》等中国传统经典中关于"诚正修齐治平"的某种不期而合，甚至与"群"的某种关系，最终严复将斯宾塞的社会学命名为"群学"。从这个意义上看，严复对"群"的认识，从"society"到"群"直至"群学"，在不断深化。

（2）"群学"的多重意义

严复译介《群学肄言》后，对当时的社会产生了重大影响，以至于兴起了"群学热"和"群论热"，当然其中不乏对群学的不同理解。

谭嗣同在严复译介《群学肄言》时正在写作他的《仁学》，在《仁学》"自叙"中，谭嗣同有这样一段论述。

> 网罗重重，与虚空而无极。初当冲决利禄之网罗，次冲决俗学若考据、若词章之网罗，次冲决全球群学之网罗，次冲决君主之网罗，次冲决伦常之网罗，次冲决天之网罗，次冲决全球群教之网罗，终将冲决佛法之网罗。[①]

谭嗣同的《仁学》在出版前，已在一些改良派中流传，即使这样，这一时间仍晚于《原强》发表的时间。《原强》与当时先后发表的《论世变之亟》、《辟韩》、《原强续编》和《救亡决论》在社会上引起了强烈的反响，按照常理，一向关心时局变化的谭嗣同不可能没有读过，甚至不可能不知道包括论述斯宾塞"群学"在内的《原强》一文。

《仁学》将传统儒家思想、诸子、佛家、西学、宗教都纳入其学术思想体系，倡导"仁以通为第一要义"，猛烈抨击封建专制，主张变法维新。但是，谭嗣同所说的"群学"似乎与斯宾塞的"sociology"及严复本人译介的"群学"大相径庭，当然亦绝不是今天所说的社会学。因为谭嗣同所说的"群学"不外乎是"各个学科"及"各个社会科学"的意思。因此，谭嗣同所说的"全球群学网罗"，指的是各个学科的网罗，而非"社会学"的网罗。"群学"一词本身就是严复的首创，而严复在当时不论是在学界还是在思想界几乎都是一面旗帜，他同时也是变法维

---

① 谭嗣同：《仁学》，华夏出版社，2002，第 2 页。

新的积极倡导者。所以，将视为变法维新先声的"群学"冲决掉，按照谭嗣同当时的想法似乎不合情理，他所冲决的"群学"网罗，可能是对当时"群学"的误读。① 这一点可以通过他的另一段论述进行印证。

> 凡为仁学者，于佛书当通《华严》，及心宗、相宗之书，于西书当通《新约》，及算学、格致、社会学之书，于中国书当通《易》、《春秋公羊传》、《论语》、《礼记》、《孟子》、《庄子》、《墨子》、《史记》，及陶渊明、周茂叔、张横渠、陆子静、王阳明、王船山、黄梨洲之书……格致即不精，而不可不知天文、地舆、全体、心灵四学，盖群学、群教之门径在是矣。②

上述引文，"社会学"与"群学"同时出现，"社会学"一词当是谭嗣同在中国首次使用，当然，这一说法还有争议。③ 此处的"天文、地舆、全体、心灵四学，盖群学，群教之门径在是矣"，显然指的是各个学科，而"社会学"当指包括社会学在内的各种西方社会科学。

其实在谭嗣同的心中，早就有了学科分类的意识及知识储备，在1894年著的《思纬壹壹台短书》一文中，他就对自己所了解的西方学科进行了分类，而且进行了详细的论述："西人分舆地为文、质、政三家……故西学子目虽繁，而要皆从舆地入门。不明文家之理，即不能通天算、历法、气学、电学、水学、火学、光学、声学、航海绘图、动重、静重诸学。不明质家之理，即不能通化学、矿学、形学、金石学、动植物诸学。不明政家之理，即不能通政学、史学、文学、兵学、法律学、

---

① 李培林：《中国早期现代化：社会学思想与方法的导入》，见《20世纪的中国：学术与社会·社会学卷》，山东人民出版社，2001，第15～16页。

② 谭嗣同：《仁学》，华夏出版社，2002，第8页。

③ 参见郑杭生、李迎生《中国社会学史新编》（高等教育出版社2000年版）中对谭嗣同首用"社会学"一词提出的不同看法，该书指出："丁乙在《西方社会学初传中国考》一文中认为最先使用'社会学'一词译介西方社会学的，应该是韩昙首。他于1898年从日本学者涩江保编纂的英国学者斯宾塞原著的日文本译出的《社会学新义》（丁乙认为该书似即是斯宾塞于1877年出版的《社会学原理》），应是国人使用'社会学'正式术语之始。韩氏译述的《社会学新义》在日本神户出版的《东亚报》（Eastern Asia News，旬刊）从第一册至十一册连载发表，起于1898年6月29日，至10月6日全部登载完毕。"作者同时指出，由于章太炎、严复的名气太大，韩昙首的译述活动因之鲜有提及，这应当说是不太公正的，应当还历史以本来面目。

商学、农学、使务、界务、税务、制造诸学。"稍后又说"西人表学译名统计",又及"图表者,尤所以总群学之目而会其归"。① 显而易见,在谭嗣同看来,"群学"并非指一门专门的学科,当指各种学科的总称,类似于"诸学"或"众学科"之意。

谭嗣同除了对群学有这样的理解之外,还有一种似乎在当时被普遍接受的另一层意义。谭嗣同1898年发表的《壮飞楼治事十篇》中,有题名为"群学"的第九篇,强调谋求"无变法之名,而有变法之实"是学会的目的,因此在整篇的论述中,都致力于类似行会组织的问题。他在这个意义上对"群学"的理解,与严复从西方所导入的"群学"的意义,简直是风马牛不相及。

事实上,谭嗣同关于"群学"是类似于"学会"意义的观点,早在康有为和梁启超的论著中就有了。康有为在《上海强学会序》中指出,挽救世变之亟关键在于人才,而人才的培养在于学术,要讲学术首先必须"合群"。他认为西方之所以富强,都是由于学会力量使然。后来就强学会成立起因又说:"中国风气,向来散漫,士大夫戒于明世社会之禁,不敢相聚讲求,故转移极难。思开风气,开知识,非合大群不可,且必合大群而后力厚也。合群非开会不可。"② 梁启超也有同样的认识:"今天下之变亟矣。稍达时局者,必曰兴矿利,筑铁路,整商务,练海军……然此诸学者,非若考据词章之可以闭户獭祭而得也……自余群学,率皆类是……彼西人之为学也,有一学即有一会。"③ 由此可见,他们所倡导的群学,不但有"各个学科"的意义,而且具有类似于"学会"的意义。在晚清中国,由"群学"演绎为"学会"的意义很有市场,但亦不乏反对"群"及"学会"的声音。

政治思想保守的王先谦效忠于清王朝,极力反对变法维新,坚决抵制革命,对当时兴起的"群"的思想及学科颇不以为然。其在《群论》一文中,直截了当地指出:"天下之大患,曰:'群'。"而且引经据典极力予以辩护,夫子言"君子群而不党"、"群居终日,言不及义"。在他看来,"非君子而群必有党而为祸烈也……终日为群,弊必至是,而不

① 周振甫选注《谭嗣同文选注》,中华书局,1981,第50~51页。
② 楼宇烈整理《康南海自编年谱》,中华书局,1992,第29页。
③ 梁启超:《变法通议》,华夏出版社,2002,第74~75页。

义之言，其害不可胜群也。"他认为明朝之所以灭亡，就是因为"群"的原因。"明主在上，皆屈于宰制之具。一失驭，而奋起竞争之局成。师之出不律则嚚，市之聚而无平则哄，唯群故耳。"①他痛斥道："故群者，学之蠹也"，因而坚决反对"群"。他的观点不仅与康有为、梁启超、谭嗣同所主张的意义完全背道而驰，也完全与严复的"群学"意义及"合群"的目的相冲突。类似于王先谦的保守派在当时具有相当的势力，他们固守"天不变，道亦不变"和"祖宗之法不可变"等顽固意识，与主张变法的维新派形成尖锐的对立和冲突。这种对立与冲突恰恰揭示了中国社会内部深刻的思想分化，这种分化一直伴随着晚清中国的社会变迁。

综上可以看出，当"群学"传播到中国之后，对其理解也是异彩纷呈。"群学"包含"西方社会科学"、斯宾塞意义上的"社会学"、严复意义上的"群学"、"众多学科"、"学会"、"党群"等多重意义。这种对"群学"的理解，反映了当时思想界对"群学"的普遍关注，以及不同的立场所迸发的多彩的思想火花。

2. 群学：中国本土社会学

（1）群学精义

严复当时在翻译西方学术著作中的一些名词时，无法在汉语中找到与其对应的词语，以至于"一名之立，旬月踟蹰"，可见翻译之难。他在《天演论〈译例言〉》里表明了翻译时遭遇的困惑和尴尬。

> 新理踵出，名目纷繁，索之中文，渺不可得，即有牵合，终嫌参差，译者遇此，独有自具衡量，即义定名。顾其事有甚难者，即如此书上卷《导言》十余篇，乃因正论理深，先敷浅说。仆始翻"卮言"，而钱唐夏穗卿曾佑，病其滥恶，谓内典原有此种，可名"悬谈"。及桐城吴丈挚父汝纶见之，又谓"卮言"既成滥词，"悬谈"亦沿释氏，均非能自树立者所为，不如用诸子旧例，随篇标目为佳。穗卿又谓如此则篇自为文，于原书建立一本之义稍晦。而悬谈、悬疏诸名，悬者，玄也，乃会撮精旨之言，与此不合，必不可

---

① 王先谦：《群论》，载《葵园四种》（《虚受堂文集》），岳麓书社，1986，第12页。

用。于是乃依其原目，质译"导言"，而分注吴之篇目于下，取便阅者。此以见定名之难，虽欲避生吞活剥之诮，有不可得者矣。他如"物竞"、"天择"、"储能"、"效实"诸名，皆由我始。一名之立，旬月踟蹰。我罪我知，是存明哲。①

然而，更让严复尴尬的是一些学科名称的翻译，他绞尽脑汁、颇费周折。例如就"经济学"这一名词而言，严复将它译为"计学"。针对西方社会学严复说：

> 故窃以谓非所患，在临译之剪裁已耳。至于群学，固可间用民群。大抵取译西学名义，最患其理想本为中国所无，或有之而为译者所未经见，若既已得之，则自有法想。在己能达，在人能喻，足矣，不能避不通之讥也。②

由此可见，在社会学由严复导入中国之前，就不存在"计学"、"群学"这样的名词。而"群学"一词，是严复以其深厚的桐城派古文功底，根据对斯宾塞的"sociology"的理解，及按照信、达、雅的标准独创的。这与严复对群学本身的理解及译介群学的宗旨不无关系。但这不能否定中国社会存在经济学、社会学这样的学问。很难想象中华民族绵延几千年，没有经济学、社会学的原理，如何指导现实的经济社会生活。

严复译介社会学之前，首先翻译了《天演论》，在其按语里就已经介绍了其在翻译斯宾塞的《社会学研究》，"数十万言……其文繁衍奥博，不可猝译"。③ 这一方面表明严复非常看重斯宾塞的《社会学研究》，另一方面足以说明《社会学研究》内容的深奥及重要。

严复将社会学翻译为"群学"，不仅是因为"群"的概念对他来说更符合"society"的真意，更重要的是他发现了群学的"微言大义"。严复选译西方著作时一个基本的考虑是该书是否与中国固有的传统文化有潜在的联系。在《译〈天演论〉自序》中严复说："及观西人名学，则

---

① 王栻主编《严复集》（第5册），中华书局，1986，第1322页。
② 王栻主编《严复集》（第3册），中华书局，1986，第518页。
③ 王栻主编《严复集》（第5册），中华书局，1986，第1327页。

见其于格物致知之事，有内籀之术焉，有外籀之术焉……乃推卷而起曰，有是哉，是固吾《易》、《春秋》之学也。迁所谓本隐之显者，外籀也，所谓推见至隐者，内籀也。"又说："夫西学之最为切实而执其例可以御蕃变者，名、数、质、力四者之学是已。而吾《易》则名、数以为经，质、力以为纬，而合而名之曰《易》。"① 严复后来的译著《原富》也是如此："谓计学创于斯密，此阿好之言也……中国自三古以还，若《大学》、若《周官》，若《管子》、《孟子》，若《史记》之《平准书》、《货殖列传》，《汉书》之《食货志》，桓宽之《盐铁论》，降至唐之杜佑，宋之王安石，虽未立本干，循条发叶，不得谓于理财之义无所发明。"② 严复将西学与中国传统文化相比附，来发掘它们的异同，但是它们都没有《群学肄言》那样蕴藏在中国传统文化中以至于令严复惊讶的"精义"。

严复不仅认为《群学肄言》实兼《大学》、《中庸》精义，而且认为《群学肄言》对代表中国传统文化不可或缺的一部分的《老子》和《庄子》而言，无不如此。在后来的《〈老子〉评语》和《〈庄子〉评语》中的一些评点中，严复同样认为《群学肄言》不乏《老子》和《庄子》的精义。严复对以往的评点似乎毫不顾及，仍以自己的理解和需要别出心裁地进行了评点。例如，《老子》第三十五章曰："执大象，天下往。往而不害，安平太。"严复对"安平太"做了如此的评点："安，自由也，平，平等也；太，合群也。"③ 他的这一评点，与传统的解释几乎相去甚远。④ 自由、平等和合群既是西方社会所追求的，同样他认为也是中国社会不可缺少的东西，更重要的是他认为斯宾塞所强调的自由、平等和合群理念其实在与古希腊同时代的中国早就有了。尽管严复没有明言，但明眼人会其意，那种骄傲与自信早以充溢其间。因此，在严复眼里，"群学"不仅仅是斯宾塞意义上的西方"社会学"，更是体现中国传统社会思想"精义"的"诚正修齐治平"的大学问，也就是中国本土的

① 王栻主编《严复集》（第5册），中华书局，1986，第1319~1320页。
② 王栻主编《严复集》（第1册），中华书局，1986，第97~98页。
③ 王栻主编《严复集》（第4册），中华书局，1986，第1090页。
④ 参见关于"安平太"的评注，朱谦之校注《老子校注》，中华书局，1984，安是"于是也，乃也，则也"，"平太"为"平泰"之意。陈鼓应的《老子译注及评价》（中华书局，1984）中为"平和安泰"。其他有关注解基本上都是"平和安泰"的意义。

社会学。

(2) 群学治群

严复译介的《天演论》，以其独特的译著魅力、全新的思想内容，震撼了中国社会的思想界、知识界及政界。康有为在梁启超处看到《天演论》译著后，惊叹"眼中未见此等人"，称赞严复"译《天演论》，为中国西学第一人者也"。梁启超对严复《天演论》中"保群"、"合群"的思想尤为钟情，其思想也至此一变。

在《说群序》里，梁启超似有茅塞顿开之感："启超问治天下之道于南海先生，先生曰：'以群为体，以变为用'，斯二义立，虽治千万年之天下可已，启超既略述所闻，作《变法通议》，又思发明群义，则理奥例赜，苦不可达，既乃得侯官严君复之治功《天演论》，浏阳谭君嗣同之《仁学》，读之犁然有当于其心。"所以，雄心勃勃的梁启超准备"内演师说，外依两书，发以浅言，证以实事，作《说群》十篇，一百二十章"。① 但不知是什么原因，除了《说群序》之外，终究只有一篇《群理一》见诸文字，孤零零、冷清清地遗留于世，让后人为一代大师等身著作赞叹之余，亦不无抱憾。事实上，当时借鉴群学的知识分子"努力论证着中西文化可以相容、可以互补，努力论证着中国固有文化可以通过采纳西学而增益新知、焕发生机"。② 群学的引入及传播，为"以群为体，以变为用"做了最好的诠释。

斯宾塞的 *The Study of Sociology* 经严复译介为《群学肄言》，"社会学"随之进入中国。但《群学肄言》并不是一本关于研究社会学的著作，而是一部社会学的应用著作，严复一开始就指出《群学肄言》"非群学也，言所以治群学之涂术而已"。③ 作为一门学科，必然要有自己专门的研究对象。严复通过译著斯宾塞的《社会学研究》，认为"群学何？用科学之律令，察民群之变端，以明既往、测方来也。肄言何？发专科之旨趣，究功用之所施，以示之以所以治之方也。故肄言科而有之"。④ 那

---

① 梁启超：《说群序》，载《饮冰室合集》（饮冰室文集之二），中华书局，1989，第3页。
② 丁伟志：《"中体西用"论在洋务运动时期的形成与发展》，《中国社会科学》1994年第1期。
③ 王栻主编《严复集》（第1册），中华书局，1986，第125页。
④ 王栻主编《严复集》（第1册），中华书局，1986，第123页。

么，严复关于群学的定义与斯宾塞的"sociology"的本义是否一致呢？

社会学是从哲学中产生出来的，对社会学早期创始人孔德和斯宾塞来说，是集各门学科于一体的科学，是一个包罗万象的综合科学，亦可认为至少是社会科学与人文科学的融合与汇总，各门学科按照社会学的统一规范和原理被"嵌入"社会学这个庞大体系中。从这个角度出发，这与严复所体认的蕴含于《大学》、《中庸》等典籍中的格物、致知、诚意、正心、修身、齐家、治国、平天下的精义，及包括"天演"之学和"群治"之学的"群学"并无二致。《国计学甲部》开卷即言："以群学为之纲，而所以为之目者，有教化学或翻伦学，有法学、有国计学，有政治学，有宗教学，有言语学。"严复在按语中亦指出："群学西曰梭休洛支（sociology）。其称始于法哲学家恭德（孔德）。彼谓凡学之言人伦者，虽时主偏端，然无可分之理，宜取一切，统于名词，谓曰群学。"① 另外，"群"的概念和内涵要比一般人们所认为的"社会"更宽泛一些。他认为："群有数等，社会者，有法之群也。社会，商工政学莫不有之，而最重之义，极于成国。尝考六书文义，而知古人之说与西学合。"② 可见，在严复心目之中，群学就是各个学科的综合的总称。

在《西学门径功用》一文中，严复认为：学问的用途不外两个方面，一是专门之用，如算学之于计算、三角之于测量等；二是公家之用，"举以炼心制事是也"。最后严复将学问概括为"天地人"之学，指出了"群学"与"天地人"之学的关系。"至于人学……又必事生理之学，其统名曰拜欧劳介（biology），而分之则体用学、官骸学是也。又必事心理之学，生、心二理明，而后终之以群学。群学之目，如政治，如刑名，如理财，如史学，皆治事者所当有事者也。"③

在《原强》中，严复说："锡彭塞者，亦英产也，宗其理而大阐人伦之事，帜其学曰'群学'。'群学'者何……凡民之相生相养，易事通功，推以至于兵刑礼乐之事，皆自能群之性以生，故锡彭塞氏取以名其学焉。"④ 如《西学门径功用》中所说，所有的学问都是"天地人"之

① 王栻主编《严复集》（第4册），中华书局，1986，第847页。
② 王栻主编《严复集》（第1册），中华书局，1986，第125～126页。
③ 王栻主编《严复集》（第1册），中华书局，1986，第95页。
④ 王栻主编《严复集》（第1册），中华书局，1986，第6页。

学，严复指出了群学与其他学科的关系以及群学的功能，"夫唯此数学者明，而后有以事群学，群学治，而后能修齐治平，用以持世保民以日进于郅治馨香之极盛也"。① 在稍后的修改稿中，严复同样阐明了这一点："故学问之事，以群学为要归。唯群学明而后知治乱盛衰之故，而能有修齐治平之功。呜呼！此真大人之学矣！"② 毫无疑问，严复译介斯宾塞的《社会学研究》，其直接的用意是以"群学治群"。

3. 群的内涵扩展

严复将社会学引入中国，得到了广泛而普遍的承认，在当时既有称为"群学"的，也有称为"社会学"的，后来最终为"社会学"替代。宋恕是与章太炎同时代维新改良的倡导者，1902 年 12 月，受孙诒让委托，宋恕代拟《瑞安演说会章程》，演说分部、分科、分目表，其中总科分二目：哲学、社会学。关于社会学，宋恕亦做了说明："按康、严、梁、蔡等著译，于日本人所立之社会学均改为群学，于谊不合。按社会学创立最晚……"③ 显然，真正斯宾塞社会学意义上的"社会学"名称是"群学"的名称的运用，与其说是一个相互替代的过程，不如说是一个此消彼长的过程，消长的结果固然是"社会学"取代了"群学"，"群学"一词在"物竞"中未被"天择"。事实上，严复对"群"与"社会"的理解也发生了某种变化。

严复于 1903 年在翻译英国政治学家甄克思（Edward Jenks，1861 – 1939）的著作 *The History of Politics* 时有两个令人颇感意外的问题：一是将 *The History of Politics* 译为《社会通诠》，改用"社会"的概念取代以前竭力推崇的"群"的概念；二是将书名中的"politics"译为"社会"。显然，"politics"与"社会"相去甚远，即使在当时，这点严复应该是知道的。然而，这一变化是否意味着某种深层次的变化呢？换言之，是否在"群"、"社会"、"politics"之间存在某种关联呢？

英国政治学家甄克思将人类社会分为图腾社会、宗法社会、军国社会三种社会结构类型，这与早期孔德、斯宾塞等西方社会思想家将人类社会发展进行二分法、三分法的划分方法，并没有本质的区别，同样是

---

① 王栻主编《严复集》（第 1 册），中华书局，1986，第 7 页。
② 王栻主编《严复集》（第 1 册），中华书局，1986，第 18 页。
③ 胡珠生编《宋恕集》（上），中华书局，1993，第 350 页。

将人类社会三分罢了。严复对甄克思理论的偏好，源于对人类社会进化论的执着坚信。严复指出："天下之群众矣，夷考进化之阶级，莫不始于图腾，继以宗法，而成于国家，方其为图腾也，其民渔猎，至于宗法，其民耕稼，而二者之间，其相嬗而转变者以游牧。最后由宗法以进于国家，而二者之间，其相受而蜕化者以封建。方其封建，民业大抵犹耕稼也。独至国家，而后兵、农、工、商四者之民备具，而其群相生相养之事乃极盛而大和，强立蕃衍而不可以灭剋灭。此其为序之信，若天之四时，若人身之童少壮老。"① 所以在严复看来，人类社会就是沿着图腾社会、宗法社会、军国社会方向在进化发展的。这里面一方面有严复对"军国社会"中的"military"的倾慕和崇尚；另一方面更加重要的是，在严复心目中的"社会"已经被赋予"政治国家"的含义。当然，同时代的康梁似乎走得更远。

晚清中国的各种维新派意义学者，都雄心勃勃地希冀像孔德、斯宾塞一样，通过冶各门社会科学于一炉，寻求统一的社会发展规律，努力建构自己心目中的理想社会。康有为通过对人类与自然界的发展过程综合考察，认为变才是自然界和社会的普遍现象。他在公羊"三世说"的基础上提出了一个社会历史发展的新范式：据乱世—升平世—太平世。因为，康有为认为历史发展和社会变迁的每个阶段具有不同的特点："以传闻世为据乱，所闻世托升平，所见世托太平。乱世者，文教未明也；升平者，渐有文教，小康也；太平者，大同之世远近大小如一，文教全备也。"② 深受传统儒家文化影响及老师康有为的熏陶，梁启超始终没有忘记在民族国家之外，还有天下，而且在某种程度上，天下的概念占了上风，因为他们憧憬的大同天下才是他宏大的最高政治目标。康有为以三世说，简单地区分了"国群"和"天下群"，认为西方社会在"国家群"方面似乎优越于其他民族国家。梁启超和他的老师康有为共同主张的"大同社会"就是"天下群"。从这个意义上说，"群"的概念已经从"社会"上升到"天下群"、"大同社会"等"理想社会"的层面。正如有学者所指出："近代学人不断有对理想社会或理想国家的描

---

① 王栻主编《严复集》（第1册），中华书局，1986，第135页。
② 康有为：《春秋董氏学》，载《康有为全集》卷2，上海古籍书店，1990，第671页。

述，使得他们的社会观超越了'合群保种'和富国强民的当下诉求，具有更广泛的内涵。"① 由此可见，严复心目中群的内涵已经发生了进一步的拓展。

4. 严复群学的深远影响

（1）社会学中国化的经典范例

严复在翻译引进西方"社会学"时，从中国传统文化中找到了根据，将其定名为"群学"，尽管这个名字没有沿袭传承下来，但是严复关于"群学"的翻译定名，对当代社会学中国化产生了深远影响。因为严复对待西方学术思想"从一开始就不是照搬，而是努力寻找与中国传统社会思想的结合点，一方面便于西方社会学在中国生根，另一方面也为了促进中国传统社会思想主要是儒学的革新"。② 严复将"社会学"定名为"群学"的创新方法，已经成为社会学中国化的经典范例，甚至成为诸多西方学科中国化的经典范例。当今，中国社会学如何本土化已经成为时代难题和时代任务摆在中国社会学家的面前，严复的译介为我们树立了一个标杆，也为我们提出了要求。因为在严复看来，"不通古今古，不足以言通贯；不通中外，不足以言融汇，非甚易事也"。③

（2）发现"群"的力量

"群学者，将以明治乱盛衰之由"，"示之以所以治之方也"。④ 所以，社会学的传入，不论是严复还是梁启超，最终不约而同将眼光投向"开民智、鼓民力、新民德"，以解决"群"自身的问题。一方面从中国本土"群"的逻辑里推理并发现人民的力量，另一方面深知如何培植人民的力量。20 世纪 30 年代，由晏阳初、梁漱溟发起的乡村建设运动无不是这种社会变革思想的体现，无不是这种"群"思想的延伸和拓展。梁漱溟等认为，乡村建设运动是通过解决农村人口的"愚弱贫私"问题去解决中国问题。当前，中国面临的许多经济社会问题，与没有恰当处理好"群"、"社会"的问题密切相关。未来，解决中国社会问题，还需要发现

---

① 崔应令：《中国近代"社会"观念的生成》，《社会》2015 年第 2 期。
② 景天魁：《中国社会学不可回避的根本问题——从"社会学的春天"谈起》，《学术界》2014 年第 9 期。
③ 王栻主编《严复集》（第 4 册），中华书局，1986，第 1103 页。
④ 王栻主编《严复集》（第 1 册），中华书局，1986，第 123 页。

"群"的力量，有"社会"的空间，并动员"社会力量"参与其中。

（宋国恺）

（三）群理：梁启超的阐发

梁启超无疑是清末民初光彩夺目的人物，不仅是因为他曾参与康有为领导的"公车上书"和"戊戌变法"，更重要的是他用"一支健硕的笔，指挥无数的历史事实"，影响了整整一个时代。此外，对于那个时代的学术，梁启超也是无法绕开的人物，梁启超的思想富于变化，变动不居。康有为曾批评其"易质流变"，而他也承认自己"太无成见"，"往往不惜以今日之我攻昨日之我"。黄克武认为，梁启超早年在政治、经济上提出的一些重要观点被历史证实是有价值的，他的思想"貌似肤浅而实为深刻，誉之为二十世纪的一位伟大的思想家，允为至当"。①

梁启超身处世纪转换的"过渡时代"，适逢"三千年未有之大变局"，作为一个敏感多情的、深受传统文化熏陶的士大夫，面对中方与西方、传统与现代的冲击，其思想屡屡蜕变也不足为怪。同那个时代的许多士人（如康有为、严复、谭嗣同、章太炎等）一样，梁启超也曾着迷于"群"的研究，并发表了独具特色的论述。其"群"的思想内涵丰富，自成体系。对梁启超"群"思想进行透视，是窥探其思想的一个有效视角。

本部分即以探索梁启超"群"思想为线索，挖掘梁启超"群"思想的内涵，进而引申出如下问题："群"由来已久，在大部分时间内其内涵保持了相对的稳定，为何到晚清再度热络起来，这种现象同清季民初的时代背景有何种关系？梁启超"群"思想的内涵是什么？他主张如何实现"群"？由"群"到"社会"经历了怎样的变化以及为什么会有这种变化？这些都是本部分试图回答的问题。

1. 晚清"群"学兴起的社会背景

一个值得思索的问题，晚清以严复、康有为、梁启超等为代表的先进士人群体，都不约而同地对"群"、"群学"投入浓厚的兴趣，以他们

---

① 黄克武：《梁启超的学术思想：以墨子学为中心之分析》，载氏著《近代中国的思潮与人物》，九州出版社，2013，第131页。

各自的理解和学养，提出了不同的关于"群"的学说，其背后潜藏的原因是什么？以法国历史年鉴学派的观点来看，只有将具体的历史事件放入它所联系的政治、经济、文化乃至心理等社会背景中，才能获得全面的理解，对"群"与"群"学兴起的社会背景完全可以借鉴布罗代尔的"短时段"、"中时段"与"长时段"三种视角来进行考察。

（1）甲午战败与救亡图存

就"短时段"视角而言，甲午战争是中国近代史上的标志性事件，这一年，清朝政府与日本签订了《马关条约》，中华帝国败于一向所不齿的"蕞尔小国"，这样的结局深深刺痛了晚清士人敏感的神经，在耻辱、忧郁、奋激之余，救亡图存便成为他们的首要目标。以严复为例，在得知甲午战败后，他给长子严璩写信痛陈心事，说清廷"要和则强敌不肯，要战则臣下不能"，国事败坏至此，非变法不足以图存。他在1895年发表了四篇充满血泪的文章——《论世变之亟》、《原强》、《辟韩》、《救亡决论》，提出中国振衰起弊的办法，强调必须认清中国人自己的缺点，吸收西方的优点，以"鼓民力"、"开民智"、"新民德"，再造富强。[①] 梁启超则写出《变法通议》（1896），提出了全面变法主张，疾呼变法的必要性与不变法的害处，提出废科举、办学、开议会等系统的变法主张。

大体上说，晚清士人群体面对瓜分豆剖的严峻形势，为救亡图存乃至富国强兵，在学术上为中国开出了两条路径。其一，睁开眼睛向西方看，积极学习西学，为我所用。士人们津津乐道的例子就是打败中国的日本，由于日本与中国在历史上的渊源，在大部分时间里中国处于领先地位，对日本有着深刻的影响，中国从来都是日本学习模仿的对象，中华文化有着极大的优越感。殊不知近代日本门户洞开，积极引进西学，历经明治维新而一跃成为东方强国，竟将中华帝国打得一败涂地。这种刺激是深刻的，士人们深刻意识到西学的重大作用，一时间向西方学习尤其是向近邻日本学习，便成为不可遏制的潮流。

其二，传统的文化熏陶与思想惯性使得士人们将眼光投入传统的中

---

① 严倬云：《救亡图存，富国利民》，载赫伯特·斯宾塞著，严复译《群学肄言》，北京时代华文书局，2014。

华文化，试图从传统文化中寻出救国救民的真理。儒家的经史子集、佛道二家的传统思想，经过士人们创造性的演绎，竟也真的生发出符合时代要求的理论。不过这时的演绎已经是有着西学影响的演绎。以经学为例，在嘉道以后今文经学的发展相当引人注目。自从庄存与、孔广森、刘逢禄等开启公羊学的诠释之风以来，士人们试图通过重新诠释某些经典来重组思想世界的秩序，进而透过重组的思想世界来重建生活世界的秩序。这种诠释方式，把经学从古典的学问变成了现代的思想，把历史的判读转为了制度的想象。廖平、康有为等借经学阐述"微言大义"，把各种当下政治焦虑都羼杂到经学解释中。一些思想新潮的士大夫还将眼光转向佛学，他们从日本迅速崛起的背后，似乎获得一个启示，即佛教也不是那么保守，信仰佛教也可以近代化，佛教原来与西学颇有相通之处。梁启超、谭嗣同、章太炎就是典型的例子。

（2）西学的传播与儒家德性伦理的解扭

以"中时段"视角来看，自明代开始，西学便通过多种途径向我国传播，至晚清西学更是对传统文化形成了冲击，尤其是自洋务运动开始，至少在沿海沿边等经济开放的地区，传统的大一统社会出现了某种程度的解扭。明代中叶以后，由于地理大发现的进展、新航线的开辟与船舶的发展，耶稣教会派来众多传教士来华，形成西学在我国传播的高潮。对后世有较大影响的有沙勿略、罗明坚、利玛窦、熊三拔、汤若望、罗雅各等。虽然当时的明代实行闭关锁国政策，这些耶稣会士还是通过各种途径、克服重重障碍在中国传教。

学者邹小站研究了戊戌变法时期西学东渐的现象，认为西学输入的主体在很长一段时间内是由传教士来充当的。由于长期的闭关政策，国人自我中心的文化优越感极其强固，而对域外文明知识极其匮乏，因此，当西学再度东来时，国人在文化观念的变更及知识人才的准备上存在极大的问题。晚清的西学输入，是在列强以武力打破中国闭关自守的局面，并以在军事、政治、经济、文化诸方面的压迫造成中华民族的空前危机中展开的，由于近代的西学输入与西方侵华相伴随，以及近代西方文明与中国传统存在的某些冲突，深受中国传统文化熏染的精英分子，在接纳西方文明时存在相当的障碍。中国的科举制度长期束缚了知识阶层的求知趋向和视野，使得热衷于干禄的士人不能及时投身于对西学的学习、研究中。中国人开始从以伦理道德为中心的文明优劣观转变到以强弱为中心的文明优劣观，"自强"成了中国观念世界的重心所在。[①]

张灏认为，1895 年至 1925 年是中国传统文化由传统过渡到现代、承前启后的关键时代。在思想知识的传播或者思想内容上均有突破性的巨变。报纸杂志、新式学校及学会等制度性传播媒介大量涌现，新的社群媒体——知识阶层——出现了，但此时士人们在文化取向上出现了危机，表现为价值取向危机、精神取向危机与文化认同危机。传统的儒家德性伦理——这种伦理包含两组理想（圣人君子的人格理想与天下国家的社会理想）——出现了解扭。所谓解扭，即在形式上这两组理想尚保存，但在实质上理想的定义已经动摇并失去吸引力。[②]

（3）由"天下"到"万国"的嬗变

从"长时段"角度看来，中国数千年的文明社会一直保持了连续性，处于一种所谓"超稳定结构"中。[③] 在长期的历史发展中，中国人形成了自己独特的时空观或者说世界观、历史观，在地理空间上视自己为世界的中心，其他外族（蛮夷）是隶属于这个中心的，"普天之下莫非王土，率土之滨莫非王臣"。在时间观念里，历史按照其内在的逻辑运行，周而复始，无止无休，所谓"天不变，道亦不变"。事实上，中国人的这种"天下观"自明朝末年即已受到冲击，并逐渐遭到侵蚀，原因是通过传教士等途径，中国人发现在中国之外，还存在另一套文明秩序，这种文明并不是所谓"外夷"所能比拟的，而是几乎与我们的文明平起平坐的。这样的事实发现对当时士人的观念的冲击是剧烈的，在晚清尤其剧烈。晚清的巨变是历史上的改朝换代王朝更替所无法比拟的，其性质截然不同。正如学者葛兆光所言，世界由过去的九州一隅扩大到了整个地球，中国则从过去的"天下"缩小到了东亚一隅。过去处于中央俯瞰四夷的"天下"变成了无中心、无边缘的"万国"，过去一线单传的文明"道统"被多种文明齐头并进的图景代替，引来相当深刻的观

①　邹小站：《西学东渐——迎拒与选择》，四川人民出版社，2008，第 423 页。
②　张灏：《中国近代思想史的转型时代》，载许纪霖、宋宏编《现代中国思想的核心观念》，上海人民出版社，2011，第 3 ~ 14 页。
③　金观涛、刘青峰：《兴盛与危机：论中国社会超稳定结构》（增订本），（香港）中文大学出版社，2012，第 196 页。

念变化。

梁启超敏锐地意识到这种变化，他在《中国史叙论》中一反传统的历史时段划分方法，创造性地将中国的历史划分为"中国之中国"、"亚洲之中国"和"世界之中国"三个时期：从中华文明的开始到秦始皇统一六国，是"中国之中国"时期；从秦始皇统一中国之后，中国的影响力辐射到亚洲，到乾隆马戛尔尼使华为"亚洲之中国"时期；在"世界之中国"时期，中国突破了亚洲范围，同世界各国各民族广泛交往，"中国民族合同全亚洲民族，与西人交涉、竞争之时代也"。梁启超这种划分，清晰地展示了中国从传统的万邦上国到与各国平等共存的世界观和历史观的变化，即列文森所说的从"天下"到"万国"的转变。

2. 梁启超的"群"思想意涵

"群"的思想在梁启超的思想体系中居重要地位。梁启超诸多政论文章是围绕"群"展开的。"合群对梁的经世思想来说是如此的重要，因此几乎他所有有关社会政治的文章都在这方面或在那方面涉及到这个问题。"[1]

梁启超"群"的概念不是来自传统的自发的产物，相反它是西方社团组织和政治结合能力影响所激发出来的概念。[2] 梁启超对"群"的概念有多次表述，其思想也不甚连贯，但通观其前后的篇章，仍可以归纳出梁启超的"群"思想包含三层意涵。

（1）合群——政治整合

这是"群"最基本的意涵，在"群"作为动词或动名词的"合群"时最为明显。"梁关心的是如何将中国人集合或整合为一个有凝聚力的组织良好的政治实体。"[3] 梁启超在"合群"或整合意义上运用

---

[1] 张灏：《梁启超与中国思想的过渡（1890－1907）》，崔志海、葛夫平译，江苏人民出版社，1995，第53页。

[2] "群"是一个新概念，保守的儒家学者王先谦就对"群"概念进行过猛烈的抨击，他认为"群"是一个受外来鼓动而不受中国传统认可的概念，认为它会对中国国家和社会利益造成损害，他说："天下之大患曰群。夫子言'君子群而不党'，明非君子而群必有党，而为祸烈也。又言'群居终日，言不及义'，明终日为群，弊必至是，而不义之言，其害不可胜穷也。然则敬业乐群非欤？曰：以业相群，即以文会友之义，唯敬古乐否则殆矣。是故群者，学之蠹也。"见王先谦《群论》，载《需受堂文集》卷一，（台湾）文海出版社，1966。

[3] 张灏：《梁启超与中国思想的过渡（1890－1907）》，崔志海、葛夫平译，江苏人民出版社，1995，第69页。

"群"概念时，不仅将它视为一个社会和政治原则，而且将它视为一个宇宙论原则。用汪晖的话说，"群"是"不学而知不学而能"的"天下之公理"和"万物之公性"，是宇宙万有的先验本质和最高原则。一切事物的存在都依赖合群原则，并将诸原质结合在一起。在《说群序》里他说："是故横尽虚空，竖尽劫劫，大至莫载，小至莫破，苟属有体积有觉运之物，其所以生而不灭存而不毁者，则咸恃合群为第一义。"①

根据自然进化的标准，"合群"显得异常重要。自然进化中，异质高于同质，复杂高于简单。"合群"在生物界的意义大于在非生物界，在人类社会里大于在动物世界里，在开化民族中大于在野蛮民族中。"合群"支配着自然界普遍的生存竞争，人类由于有更大的竞争能力，在生存竞争中得以胜出。同理，当各个不同人群处于竞争中的时候，具备良好"合群"能力的开化民族总是战胜野蛮民族。

《说群序》里将植物和人体有机体作为宇宙整合的例子，认为宇宙和人类社会正处于进化演变的过程中，在人类社会和动物界里，竞争特别是群体间的竞争被认为是特有的普遍现象。梁启超在这里展示的是宇宙整合世界观，浸透着达尔文生物进化论的概念、思想和隐喻，可见其受社会达尔文思想影响之重。

张灏认为，梁启超将"群"看作社会政治的有机体，表明其思想出现了疏远"仁"的道德思想的明显趋势，他正在从产生于儒家道德的有机社会关系理想向早期的民族共同体思想迈进。此点反映在他对如何建立国家的观点中，在《南学会叙》中，梁启超说：

> 敢问国，曰有君焉者，有官焉者，有士焉者，有农焉者，有工焉者，有商焉者，有兵焉者，万其目，一其视，万其耳，一其听。万其手，万其足，一其心，一其力，万其力，一其事，其位望之差别也，万其执业之差别也，万而其知此事也一，而其志此事也一，而其治此事也一，心相构，力相摩，点相切，线相交，是之谓万其途，一其归，是之谓国。②

① 张品兴主编《梁启超全集》（第一卷），北京出版社，1999，第 94 页。
② 张品兴主编《梁启超全集》（第一卷），北京出版社，1999，第 138 页。

（2）群术——民众参与、政治权威合法化

由于受到西方政治思潮的影响，梁启超的"群"思想已不再局限于传统的"仁政"思想，他甚至将民众的政治参与程度看作王权政治合法化的标准。从他对"公"、"私"与"独术"、"群术"的区别中可以看到这种转变。"公"与"私"的概念同"义"与"利"的概念一样，是评判传统政治行为的主要的道德范畴，梁启超认为传统社会是以"独术"治理的，他希望建立一个以"公"的理想为基础的、以"群术"治理的新的社会。在对"公"的理想的探讨中，梁启超超出了传统的利他主义含义，提出了民权的内容。"公"指群体内每个人都有治理自己的权利，而自治权利则指每个人都做他应做的事，每个人都有权享有他应得的利益。梁启超说："君主者何，私而已矣；民主者何，公而已矣。""群"的概念也涉及有关民权的民主内容，"群术"概念的核心相当于民主政治理想的"公"的道德理想。"群术"的概念评判政治权威合法化标准发生转变，强调由天意变成民意，国家的政治行为只有依据人民的集体意志才能被证明是正当的。

必须注意的是，虽然民主政体是一个值得赞美的政治制度，但民权理想在中国还没有得到充分的发展或被广泛地接受，君主政体在过渡时期仍是有用的。在梁启超看来，当条件成熟时君主政体作为一种政治制度必定要消亡，并让位于民治。君主政体的传统神秘性被去除，君主政体在过渡时期只有基于权宜之计才被容忍。梁启超"群"的论述还暗示着政治参与具有促进群体凝聚力的作用，他在《论中国积弱由于防弊》、《古议院考》中都阐述了"群"的这种作用，这一设想的背后体现的是将国家视为社会政治有机体的思想。

（3）群天下——民族国家认同

梁启超在民族国家认同问题上展现了一个渐进过程，开始是矛盾的，即一方面他似乎认同西方的民族国家理想，另一方面他似乎还认同大同的理想，例如他将"群"分为"国家群"与"天下群"，显示了他的期望超越了民族国家，天下大同则成为最高的政治目标。但到1902年撰写《新民说》的时候，梁启超的思想变化了，"群"已明确地指民族国家，当然这是一个渐进的过程。他认识到世界主义、大一统和博爱思想在道德上是崇高的，但与人类进步的竞争价值观是相对立的，天下是不可取的，国家才是忠诚的对象，这是社会达尔文主义发展的结果。在《新民说》里，梁启超"群"概念指示"民族国家"的意涵已很明晰。

梁启超"群"思想带有典型的群本主义特点。在《论近世国民竞争之大势及中国前途》（1899）一文中他说："国民者，以国为人民公产之称也。国者积民而成，舍民之外，则无有国。"在《新民说·论自由》里，他明确提出四民平等，人有参政权、属地自治权、信仰自由权和民族建国权等自由。梁启超认为个人之权与群之权不能分开。他认为，个人与群是共生的，无群则无个人，"凡人不能以一身而独立于世界也，于是乎有群；其处于一群之中，而与侪侣共营生存也，势不能独享利益，而不顾侪侣之有害与否，苟或尔尔，则己之利未见而害先睹矣"。① 梁启超强调"群"比独善更重要，他在《说群序》（1896）中说："以群术治群，群乃成；以独术治群，群乃败。……何谓独术？人人皆知有己，而不知有天下。……所常行之事，使其群合而不离，萃而不涣，夫是之谓群术。"② 在这里，他继续强调群比个人重要。梁启超《新民说·论公德》中认为，社会之于个人及国家之于国民，如同父母之于孩子，没有社会和国家，个人的性命财产就无所依托，智慧能力就无所依附，个人也就不可能立足于天地间。

3. 梁启超实现"群治"的构想

如何实现"群治"？梁启超给出的答案是"新民"，"新民"是梁启超改造"旧国民"、塑造"少年之中国"的一整套方案，涉及面很广，核心则是"新民"、"新国"、"新道德"。三者是融器物、制度、文化（精神）三位于一体的，可实现中华民族"由死而生，由剥而复，由奴而主，由瘠而肥"（《过渡时代论》）。"群"不仅有工具价值，也有理性价值。以下论述以梁启超《新民说》为基础展开。

（1）新民以"群治"

"民"是与"国"相对的概念，在此意义上，梁启超的"民"思想呈现"奴隶—臣民—国民"的脉络。关于奴隶，梁启超流亡日本反思戊戌变法前后中国所经历的种种变故后，在《戊戌政变记》中得出的结论

---

① 张品兴主编《梁启超全集》（第三卷），北京出版社，1999，第678页。
② 张品兴主编《梁启超全集》（第一卷），北京出版社，1999，第94页。

是："吾国之大患，由国家视其民为奴隶，积之既久，民之自视，亦如奴隶焉。"中国之所以落后，在于国家视民为奴隶，久而久之，民亦视自己为奴隶，这样就造成奴隶不敢起来干预主人的家事、主人不准奴隶干预自己家事的局面。由此导致的结果是，即使国难再深重，民众对于国事也是消极被动、漠不关心的，甚至是麻木不仁的。"西人以国为群与民所共有之国，如父兄子弟，通力合作，以治家事，有一民即有一爱国之人焉。中国则不然，有国者，只一家之人，其余则皆奴隶也。是故国中虽有四万万人，而实不过此数人也。夫以数人之国与数万万人之国相遇，则安所往而不败也。"（《爱国论》）[1]梁启超还论述了臣民，认为臣民观念渊源于殷周而形成于秦汉时期，在以后的两千多年时间里不断得到发展完善，和王权至上观念相辅相成，维系着封建时代的社会秩序和政治结构。到了近代，臣民观念开始逐步瓦解，岌岌可危。梁启超在《论学术之势力左右世界》中说"国家之所以成立，乃由人民合群结约，以众力而自保其生命财产者也"，故"国民者，主人也；而官吏者，其所佣之工人而持其役者也"（《卢梭学案》）。所以中国千百年来"虽有国之名，而未成国之形也，或为家族之国，或为酋长之国，或为封建诸侯之国，或为一王专制之国"（《少年中国说》），都是因为臣民们"资贼"的结果。梁启超给出了他的国民观，他给"国民"这个词注入近代意义。在1899年的《论近世国民竞争之大势及中国之前途》一文中他首次对国民做了定义："国民者，以国为人民公产之称也。国者积民而成，舍民之外，则无有国。以一国之民，治一国之事，定一国之法，谋一国之利，捍一国之患；其民不可得而侮，其国不可得而亡，是之谓国民。"[2]在国民与国家的关系上，梁启超认为："有国家即有国民，无国家亦无国民，二者实同物异名也。"（《政治学大家伯伦知理之学说》）"其民强者谓之强国，其民弱者谓之弱国；其民富者谓之富国，其民贫者谓之贫国；其民之有权者谓之有权国，其民无耻者谓之无耻国。"（《新民说》）可见在梁启超的思想里，"民"经历了不同的阶段，但都是与"国"相联系的，他的关注点在于如何通过"新民"而强国。许纪霖

---

① 张品兴主编《梁启超全集》（第二卷），北京出版社，1999，第270页。

② 张品兴主编《梁启超全集》（第二卷），北京出版社，1999，第309页。

认为："梁启超面对的是竞争性的世界；他所要解决的问题是：如何从天下转到国家？如何从奴隶转到国民？对他而言，中国的民族特性不言而喻，问题在于如何转向一个西方那样的普世化国家？晚清的梁启超不是要寻找民族的独特性和本原性，而是要使中国融入世界，让中国在全球竞争中成为一个普世性的国家。"①

（2）新国以群治

列文森曾说近代中国思想史的大部分时间，是一个使"天下"成为"国家"的过程。中国的"天下"观有两个层面：一个是天下大同的乌托邦理想；另一个是以中国为地理中心的华夏中心主义。就梁启超而言，在1896～1902年开始萌生近代民族主义意识，他早期的民族主义思想属于康有为的"公羊三世说"的一部分。他以"群"这一概念来表述社会的各种共同体，"群"分为各种层次，有"国群"和"天下群"之分，前者指的是民族主义，后者指的是天下大同的儒家乌托邦世界。流亡日本之后，在社会达尔文主义的影响下，他对天下大同的可行性渐渐产生了怀疑，对大同理想越来越疏远。他于1902年发表《新民说》，实现了从天下观向民族国家的转换。在《少年中国说》中梁启超明确提出：相对于传统型国家"过去之国"而言，近代民族国家是具有主权、领土、人民以及主权在民的"未来之国"，准确地抓住了近代民族国家的内涵。但梁启超对民族国家的侧重也发生过变化，开始他的国家观偏重于卢梭的人民主权论思想，后来他放弃卢梭思想，开始信仰伯伦知理的国家学说，提出了"国家理性"具有最高权威性的国家理性至上思想。他在《政治学大家伯伦知理之学说》一文中说："国也者，非徒聚人民之谓也，非徒有府库制度之谓也，亦有其意志焉，亦有其行动焉。"他将国家看成一个有精神、有行为的有机实体，并且明确地界定了国家和国民的关系："国家者，自国民而成者也。但中央统制之权，仍存于国家"（《国家思想变迁异同论》），强调政府权力无限而人民必须服从，"国家者，由竞争淘汰不得已而合群以对外敌者也。故政府当有无限之权，而人民不可不服从其义务"（《国家思想变迁异同论》）。从这一认识出发，梁启超甚至认为，一个国家的主权既不在统治者，也不在人民，而在国家本身。

① 许纪霖：《现代中国的自由民族主义思潮》，《社会科学》2005年第1期。

（3）新道德以群治

梁启超说："然则吾辈生于此群，生于此群之今日，宜纵观宇内之大势，静察吾族之所宜，而发明一种新道德，以求所以固吾群、善吾群、进吾群之道，未可以前王先哲所罕言者，遂以自画而不敢进也。"（《新民说·论公德》）① 他的"新道德"理论的提出有一个过程：开始以为中国最缺的是"公德"，在游美之后，为纠正人们对"公德"的片面认识，又强调了"私德"，认为"私德"是"公德"的基础，公私德应该互补。梁启超说："公德者何？人群之所以为群，国家之所以为国，赖此德焉以成立者也。人也者，善群之动物也。人而不群，禽兽奚择？而非徒空言高论曰'群之'，'群之'，而遂能有功者也。必有一物焉贯注而联络之，然后群之实乃举。若此者谓之公德。"② 他认为道德分公私两面："道德之本体一而已，但其发表于外，则公私之名立焉。人人独善其身者谓之私德，人人相善其群者谓之公德，二者皆人生所不可缺之具也。"基于对公德与私德的区分，梁启超认为儒家所教重私德而轻公德，有鉴于此，撰《论公德》以呼吁中国应加强"利群利国"的公德教育。在《论公德》发表后，梁启超发现"乃近年以来，举国嚣嚣靡靡，所谓利群利国之事业一二未睹，而末流所趋，反贻顽钝者以口实"。于是时隔不到两年，梁启超又作《论私德》以正名，认为"欲铸国民，必以培养个人之私德为第一义；欲从事于铸国民者，必以自培养其个人之私德为第一义"，又云："断无私德浊下，而公德可以袭取者。"梁启超认为，传统的私德几乎都是在讲个人与个人的关系，在处理"熟人社会"之间的关系："旧伦理之分类，曰君臣，曰父子，曰兄弟，曰夫妇，曰朋友。"他们之间的关系都是"一私人对于一私人"。他讲："然朋友一伦决不足以尽社会伦理，君臣一伦尤不足以尽社会伦理。"（《论私德》）传统的私德阻扼了公德心和社会意识的建立，所以建立新"私德"至关重要。陈来认为："《新民说》中后写的论私德，对公德说作了很大的补充和修正，更加深刻地思考了私德在整个道德结构中的基础意义和重要价值。"③ 关于公德与私德的关系，梁启

① 张品兴主编《梁启超全集》（第三卷），北京出版社，1999，第 661 页。
② 张品兴主编《梁启超全集》（第三卷），北京出版社，1999，第 660 页。
③ 陈来：《梁启超的"私德"论及其儒学特质》，《清华大学学报》（哲学社会科学版）2013 年第 1 期。

超认为:"二者皆人生所不可缺之具也。无私德则不能立。合无量数卑污虚伪残忍愚儒之人,无以为国也。无公德则不能团。虽有无量数束身自好、廉谨良愿之人,仍无以为国也。"[1] 私德是公德的基础,私德外推即为公德。梁启超对公德和私德关系的思考,明显经历了发展调适的过程,最初强调公德问题,论述旧道德的弊端,认为应摧毁旧道德建立新道德,以为只要建立了新道德,国民的素质就可以立刻得到提高。后来认识到新道德的建立不是一蹴而就的事情,人们受到传统道德模式根深蒂固的影响,于是写下《论私德》,论证在公德建立过程中私德存在的必要性。他在公德、私德的观念上最终走向一种比较中庸的立场。

由此,梁启超以《新民说》为代表的"群"思想,中心理念是要以"利群"为纲,培养有公德观的新国民,从而建立一个"群治"的中国。"群"在梁启超的思想中,已不是儒家式的以"己身"为核心的私人关系,而是由此向外推展开,形成的以国民自治为特点的公共关系,[2] 这种关系蕴含些许现代"社会"的意味。

4."群"为何在晚清再度兴起

一个值得关注的现象是,清季民初尤其是甲午战败后,严复、康有为、梁启超、谭嗣同、章太炎等一批先进的知识分子,面对危难的国内国际形势,不约而同地提出了自己关于"群"的学说,其背后的原因耐人寻味。

金观涛、刘青峰的研究发现,"群"的流行时间不到十年,1903年以后,"社会"一词迅速取代了"群"一词。[3] 他们试图从当时的社会结构来进行解释,认为在中国传统社会三个层次中,政府组织只到县为止,国家和政府的组织和动员能力必须通过绅士乡村自治为中介,才能下达到家庭和个人。在这种结构中,国家和个人之间因家族的隔离而难以沟通。甲午战争后,士大夫普遍认识到中国之所以极弱,在社会组织上是

---

① 张品兴主编《梁启超全集》(第三卷),北京出版社,1999,第719页。
② 许纪霖:《现代中国的自由民族主义思潮》,《社会科学》2005年第1期。
③ 金观涛、刘青峰:《从"群"到"社会"、"社会主义"——中国近代公共领域的思想史研究》,载氏著《观念史研究:中国现代重要政治术语的形成》,法律出版社,2009,第205~206页。

由于上下不通、政府动员能力微弱、由"家"到"国"机制松散，这些促使士大夫思考把个人、家庭、国家三个层次紧密结合的办法。甲午战争后，士大夫强调"合群"和"群学"，除了包含个人聚合成集体的意义外，主要是想构建一个中间层次来打通中国社会三个组织层次，使绅士团结在君王周围，加强社会动员能力，形成强有力的整体。从传统中演绎出来的"群"概念恰好能满足这种需求，这多少是19世纪末维新变法人士的某种创造。如严复在解释斯宾塞的《群学肄言》时，一方面从荀子的"民生有群"概念出发确认了社会的道德本质（"群也者，人道所不能外也"），另一方面特别地强调"群"概念是一种有序的等级化的结构－功能系统（"凡民之相生相养，易事通功，推以至于兵刑礼乐之事，皆自能群之性以生"）。对"群"的式微以及被"社会"取代，金观涛、刘青峰讨论了两个原因。其一是社会组织蓝图的变化。在"社会"取代"群"这一语言转换现象的背后，包含主张社会革命，甚至反对儒家伦理之意。其二是某种"公共空间"的兴起。虽然不能说在晚清已经形成了所谓"公共空间"，但学者们研究证明，在晚清由于洋务运动的开展和西学的传入，在经济相对发达的沿海港口和商业城市，出现了某种"公共空间"雏形。张灏就认为报刊、新式学校和学会的成立，是晚清一个极为重要的现象。

"群"的兴起和倏忽消失，其原因当然错综复杂，并不能单纯地以某几种原因做解释。以年鉴学派的观点，还是应当以一种综合的观点来看，如此在政治、经济、文化、心理方面都能找到原因。应当承认，该种现象也是不同时段的"结构"、"局势"、"事件"作用下的产物，我们可试做一些分析。

首先，数千年来，中国处于一种"稳定结构"中，在文化上处于一种自洽状态。特殊的地理位置和自然条件造就了中国相对发达的农业经济，铸就了发达的农业文明。这种文明远高于周边的"蛮夷"，地理上的相对封闭状态形成了中国"天朝上国"的世界观（"天下"观）。历史似乎有一个"周期律"，一个朝代腐朽堕落了，被新的朝代取代，又会开始新的一轮"兴盛—衰落—被取代"的周期。

其次，明末以来，西方社会得以摆脱中世纪的桎梏，走向资本主义。在物质上，以蒸汽机的使用为标志，工业革命浪潮席卷欧美，生产力得到极大的解放，其创造的财富超过了有人类以来创造财富的总和（马克思语），与此相适应的是在文化层面也开启了一个新局面：以理性主义为标志的科学研究范式得以确立，自然科学获得长足发展。与此同时，诸如生物进化论、细胞学说、经典力学等学说被提出并迅速传播开来，产生深远影响。一句话，西方那个世界已经翻天覆地、彻底不同了，这大概是那个时代的大势。

再次，两相比较，彻底落后的晚清帝国再也无法维持封闭的独立运行逻辑，其必然遭到外来文明的全面冲击，这种冲击已和历史上的改朝换代在性质上截然不同。晚清的诸如鸦片战争、洋务运动、戊戌变法、甲午战争等历史事件，以全球的长视角来看，只不过是历史长河中的浪花而已，世界的大趋势决定了清朝的衰败不可避免。

晚清少数先进的士大夫已经觉察到这种中西态势的巨大差异，并深为忧虑焦灼。他们在文化价值取向上处于一种撕裂状态，面临如何看待和处理东西文化的问题：是中华文明高于西方文明？还是西方文明高于中方文明？抑或是试图调和二者关系？他们必然要做出选择。由此演绎的结果是，一部分人固守传统，以为"祖宗之法不可变"；另一部分人则彻底丢掉自信，向西方屈膝投降，形成所谓西化派；还有一部分人则试图在中西方之间走出一条中间路线，"中体西用"勉强可以算一个例子，主张在坚持中方为体的前提下，学习西方的某些"技艺"，以服务于"中体"。

最后，还有一个问题不容忽视，那就是像梁启超、严复这批士人，深受社会达尔文主义影响，其提出的学说背后潜藏着社会达尔文主义的影子。杜亚泉在民国初年评论说："生存竞争之学说，输入吾国以后，其流行速于置邮传命，十余年来，社会事物之变迁，几无一不受此学说之影响。"[1] 许纪霖认为自达尔文的进化论传入中国，斯宾塞的社会达尔文主义便主宰了中国人的灵魂，物竞天择、适者生存成为清末民初知识分子信奉的富强之路，同时成为他们新的人生信念。社会达尔文主义颠覆了两千年来中国传统的礼的秩序，代之以竞争为核心的力的秩序，并产生了以强者为主导的新国民人格。[2]

---

① 许纪霖、田建业编《杜亚泉文存》，上海教育出版社，2003，第243页。
② 许纪霖：《现代性的歧路：清末民初的社会达尔文主义思潮》，《史学月刊》2010年第2期。

5. 余论：从"群学"到"社会学"

社会意识是社会存在的反映，伴随"群"的淡出，"群学"也逐渐被"社会学"取代了，汪晖认为："社会学及其统辖的知识谱系在中国的出现不能仅仅被看作是一种知识的传播活动与翻译活动，它与'社会'的兴起恰好发生在同一时刻并不是偶然的。"① "群"虽然被后来的知识阶层弃而不用了，但"群"的思想仍延续到后来的思想体系中。② 善于变化的梁启超更没有被所谓"群学"所束缚，流亡日本后，梁启超很快理解了"群学"的"西方社会学"含义，转而服膺于社会学膝下，梁启超晚年对社会学更是推崇备至，他 1922 年在南京发表的《生物学在学术界之位置》演讲中说：

> 生物学不过是自然科学中之一种，但他所衔的职务，不仅在他本身，还不仅自然科学。他直接产生一位极体面极强壮的儿子，名叫社会学。他把生物界生存的共通法则——如遗传、如适应、如蜕变、如淘汰、如互助、如进化等，都类推到人类生活上去，如何如何的发展个性，如何如何的保存团体，件件都发见出"逼近必然性"的法则，于是人类社会怎样的组织，怎样的变化，历历然有线路可寻。社会学所以能应运而生，可以说全部都建设在生物学基础之上。不惟直接产生社会学而已，凡有关人事之诸学科，如法律学，如经济学，如政治学，如宗教学，如历史学，都受了他的刺激，一齐把方向挪转。试看近五十年来这些学问，哪一种不和所谓"达尔文主义"者发生交涉？无论是宗法他或是驳难他，总不能把他搁在一边不管。他比方一只大蜘蛛，伸着八根长腿到处爬动，爬得各门学问都发痒。他产生了这位儿子——社会学，这位儿子把他同类的学问政治学、经济学、历史学……等等合成一个联邦国，叫做社会科学，取得和自然科学对抗的资格。他以自然科学一部门的身份，伸手干涉到社会科学的全部。③

---

① 汪晖：《公理世界观及其自我瓦解》，载许纪霖、宋宏编《现代中国思想的核心观念》，上海人民出版社，2011，第 27 页。

② 崔应令：《中国近代"社会"观念的生成》，《社会》2015 年第 2 期。

③ 张品兴主编《梁启超全集》（第十四卷），北京出版社，1999，第 4016 页。

可见梁启超所理解的"社会学"和我们现在所理解的社会学别无二致，即运用类似自然科学的方法来研究社会，在地位上是与自然科学平起平坐的学问，此时的梁启超已完全突破了传统"群学"囿限，或者说将"群学"升华成了现代意义上的社会学。梁启超身体力行以"社会学的眼光"治史，主张借用社会学方法来对以往历史学研究做出全新的研究，他借用社会学的视角和方法重新解释分析中国浩如烟海的历史资料，写就了诸如《中国历史研究法》、《中国近三百年学术史》等名篇，成为新史学的奠基人。

（夏世哲）

二　伦：社会关系及其维系

"伦"作为中国社会学的一个始源性和基础性概念，对我国社会的发展与社会学的勃兴影响深远。然而，它在中国社会学里的地位和贡献目前尚未引起国内外学界的普遍关注。为此，本部分在廓清"伦"的社会含义基础上，重点考察其历史钩沉及其与"关系"的因缘，进而探究它在社会学视阈中的价值所在。

（一）"伦"的社会学观照

1. "伦"的基本含义

"伦"的古义包含辈、序、类、比、道、理等。《说文》中有："伦，辈也。"① 辈字亦有类别与序次之义。人的类别、序次、关系，谓之伦。"伦"字从人从仑，凡从"仑"字者，皆有条理或秩序义。《说文》有云："仑，思也，从亼从册"，② 属会意字。其中，"亼是合，册是分，自条理或类别的辨析言之是分，自关系与秩序的建立言之是合，便已包括了社会生活的全部"。③

潘光旦指出，"伦"有三层含义：一是泛指事物方面的条理、道理，

---

① 许慎：《说文解字》，中华书局，1963，第 164 页。
② 许慎：《说文解字》，中华书局，1963，第 108 页。
③ 潘光旦：《说"伦"字——说"伦"之一》，载《儒家的社会思想》，北京大学出版社，2010，第 253～254 页。

二是类别，三是关系。由于它对条理和道理所指过于宽泛并渐趋弃用，因而在社会学中其仅指人的类别与人的关系。此两者之间又有先因后果的联系，即后者是由前者产生或引申而来的。"类别是事物之间的一种静态，其根据为同异之辨；关系则代表着一种动态，其表示为互相影响，其于有知觉的物类，特别是人，为交相感应。类别也可以说是体，而关系是用，类别属于结构，关系乃是功能。类别大体上是生物的表示，而关系则大体上是社会与文化的运用。"① 其中，关系发生在两个或多个人之间，通常称为"社会关系"。② 也就是说，"伦"所讲的类别与关系之间体现出静态与动态、"体"与"用"、结构与功能以及自然与社会之间的差异。

2. "伦"的社会学意涵

潘光旦认为："中国文献里以前没有'社会'这个名词，但并不是没有社会这一宗事实，也不是没有对于这一宗事实的认识与理解。"在他看来，社会关系的总和构成了一种小统，被人们称为社会。③ 社会学所应付的对象，未尝不是"伦"字所代表的种切。潘光旦曾惋惜若非英文"ethics"抢先被译作"伦理学"，那么"sociology"应当被译为"伦理学"或者"伦学"，甚或今人所谓伦理学只可称作道德学或义理学，原因在于唯有社会学方更适于研究"伦"之"原理"。④ 为此，人化的社会学须打头从明伦做起，而明伦更须弄清楚"伦"字的两重含义。⑤ 他强调："所谓社会之学的最开宗明义的一部分任务在这里，就在明伦，所谓社会学的人化，就得从明伦做起。"⑥ 其理由是，"伦"

---

① 潘光旦：《"伦"有二义——说"伦"之二》，载《儒家的社会思想》，北京大学出版社，2010，第256页。

② 潘光旦：《"伦"有二义——说"伦"之二》，载《儒家的社会思想》，北京大学出版社，2010，第264页。

③ 潘光旦：《"伦"有二义——说"伦"之二》，载《儒家的社会思想》，北京大学出版社，2010，第257页。

④ 潘光旦：《说"伦"字——说"伦"之一》，载《儒家的社会思想》，北京大学出版社，2010，第252页。

⑤ 潘光旦：《"伦"有二义——说"伦"之二》，载《儒家的社会思想》，北京大学出版社，2010，第259页。

⑥ 潘光旦：《"伦"有二义——说"伦"之二》，载《儒家的社会思想》，北京大学出版社，2010，第264页。

字将中国社会思想与西方近代以来社会科学所探讨的诸多内容连接起来。① 潘光旦不仅敏锐地洞察到"伦"与社会学之间的勾连，而且指出了"明伦"对社会学"人化"的重要性。

而费孝通则描绘了中国社会个体行动者的社会关系图景，并提出"差序格局"才是"中国社会结构的基本特征"。他解释说：

> 以"己"为中心，象石子一般投入水中，和别人所联系成的社会关系，不像团体中的分子一般大家立在一个平面上的，而是像水的波纹一般，一圈圈推出去，愈推愈远，也愈推愈薄。在这里我们遇到了中国社会结构的基本特征了。我们儒家最考究的是人伦，伦是什么呢？我的解释就是从自己推出去的和自己发生社会关系的那一群人里所发生的一轮轮波纹的差序。"释名"于沦字下也说"伦也，水文相次有伦理也。"②

他认为："在这从己往外推的一根根私人联系中，每根绳子都被一种道德要素维持着。""最基本的（路线）是亲属：亲子和同胞，相配的道德要素是孝悌。'孝悌也者其为仁之本欤。'向另一路线推是朋友，相配的是忠信。'为人谋而不忠乎，与朋友交而不信乎？'"③ 因此，中国传统的社会关系就是道德关系，而人们在社会互动中所遵循的行动逻辑则是不同的道德要素，各种要素的具体实践特征即是与差序格局相结合所展现的"伦"。比如，"伦重在分别，在《礼记》祭统里所讲的十伦，鬼神、君臣、父子、贵贱、亲疏、爵赏、夫妇、政事、长幼、上下，都是指差等。'不失其伦'是在别父子、远近、亲疏。伦是有差等的次序。……其实在我们传统的社会结构里最基本的概念，这个人和人往来所构成的网络中的纲纪，就是一个差序，也就是伦。"④ 换句话说，虽然处于圆心的行动者对不同圈子上的关系人遵循同样的道德逻辑，但是会有远近亲疏的差别。可见，从伦到差序格局乃至中国社会结构特征意欲实现的关系运行重点，是其差序性以及因而带来的分别；而只有把"伦"字的关系之意深化为类别与等级时，它才能囊

---

① 潘光旦：《优生原理》，北京大学出版社，2010，第216～219页。
② 费孝通：《乡土中国 生育制度》，北京大学出版社，1998，第26页。
③ 费孝通：《乡土中国 生育制度》，北京大学出版社，1998，第33页。
④ 费孝通：《乡土中国》，上海人民出版社，2013，第26～27页。

括社会学所研究的各种内容。[1] 实质上，费孝通所讲的差序格局，喻意社会关系的人伦差等原则。[2] 然而，这一原则既是基于一种自然意义上的社会情感，又含有神圣性规范的"敬"的意味。[3]

另外，梁漱溟曾做出"伦理本位、关系无界、阶级无涉"的理论判断，[4] 金耀基以"面子"的行为逻辑为关系建构及其理论的中心，[5] Jacobs[6]、黄光国[7]、杨美惠[8]、阎云翔[9]和 Tom Gold[10] 等分析了关系双方的互惠原则和回报机制，边燕杰用"熟亲信"三维关系勾勒出中国人关系网络的结构特征。[11] 边燕杰认为，关系是"行动者之间特殊主义的、带有情感色彩的、具有人情交换功能的社会纽带"。[12] 其中，血亲与姻亲纽带是原初的关系，非亲缘纽带借由互动双方人情和义务的增加可提升为稳定的亲密关系。[13] 人情交换是关系最为重要的属性之一，而中

① 翟学伟：《伦：中国人之思想与社会的共同基础》，《社会》2016 年第 5 期。
② 周飞舟：《差序格局和伦理本位：从丧服制度看中国社会结构的基本原则》，《社会》2015 年第 1 期。
③ 渠敬东：《中国传统社会的双轨治理体系封建与郡县之辨》，《社会》2016 年第 2 期。
④ 比如，梁漱溟认为："儒家之伦理名分，自是意在一些习俗观念之养成。在这些观念上，明示其人格理想；而同时一种组织秩序，亦即安排出来。因为不同的名分，正不外乎不同的职位，配合拢来，便构成一个社会。"参见梁漱溟《中国文化要义》，上海人民出版社，2005，第 108 页。
⑤ King Ambrose Y. C. , "The Individual and Group in Confucianism: A Relational Perspective", in Munro, D. (Ed.), *Individualism and Holism: Studies in Confucian and Taoist Values*. The University of Michigan, 1985: 5770; King, Ambrose Y. C. , "Kuan – hsi and Network Building: A Sociological Interpretation", in Tu Weiming (Ed.) *The Living Tree: The Changing Meaning of Being Chinese Today*. Stanford, Calif: Stanford University Press, 1994: 109 – 126.
⑥ Jacobs J. Bruce, "A Preliminary Model of Particularistic Ties in Chinese Political Alliances: KanCh'ing and KuanHsi in a Rural Taiwanese Township. " *China Quarterly*, 1979 (78): 237 – 273.
⑦ Hwang Kwangkuo, "Face and Favor: The ChinesePower Game. " *American Journal of Sociology*, 1987(92): 944 – 974.
⑧ Yang Meihui, *Gifts, Favors, and Banquets: The Art of Social Relationships in China*. Ithaca NY: Cornell University Press, 1994.
⑨ Yan Yunxiang, *The Flow of Gifts Reciprocity and Social Networks in a Chinese Village*. Stanford: Stanford University Press, 1996.
⑩ Thomas Gold, Doug Guthrie, and David Wangk, *Social Connections in China: Institutions, Culture, and the Changing Nature of Guanxi*. New York: Cambridge University Press, 2002.
⑪ 边燕杰：《关系社会学及其学科地位》，《西安交通大学学报》（社会科学版）2010 年第 5 期。
⑫ Bian Yanjie, "Guanxi", in Jens Beckert and Milan Zafirovski (Eds.), *International Encyclopedia of Economic Sociology*, London: Routledge, 2006: 312 – 314.
⑬ Yang Meihui, *Gifts, Favors, and Banquets: The Art of Social Relationships in China*, Ithaca, NY: Cornell University Press, 1994.

国人所谓"人情"是一种实质性的帮助。① 他指出，较之于个体主义和集体主义，关系主义的本质特征是伦理本位和关系导向。如果一个行动个体在这样的文化中，那么他的基本行为准则即为"画圈子"："最外围是熟与不熟的圈子，熟人之中是亲与不亲的圈子，核心圈是既熟又亲，再加上义、利高度一致而达到的信任。"换言之，对应于个人主义、集体主义文化中的权、责、利，关系主义文化中的行为规则为熟、亲、信。不仅如此，他总结了关系主义的三种理论模型，即家族亲情伦理的社会延伸、特殊主义的工具性关系和非对称性的社会交换关系。②

总体上说，在中国古代社会，纵然"古之所谓国家者，非徒政治之枢机，亦道德之枢机也"，"有制度、典礼以治，天子、诸侯、卿、大夫、士，使有恩相洽，有义相分，而国家之基定，争夺之祸泯焉"。③ 但是，正如梁漱溟所言："融国家于社会人伦之中，纳政治于礼俗教化之中，而以道德统括文化，或至少是在全部文化中道德气氛特重，确为中国的事实。"④ 事实恰似俗语中的"一表三千里"，即由己外推的"伦"开拓了一条"从己到家，由家到国，由国到天下"的通路。"伦"之所以可作为社会学的内容而并非仅是中国思想史上的一个概念，并不在于其蕴含儒家所谓规范社会关系或为人处世之道的意义，而是它具有自身的社会原理和社会事实层面的表象与特征。⑤ 有鉴于此，进一步厘清"伦"在中国社会思想史上的产生与发展脉络，就显得尤为重要且必要。

(二)"伦"的历史演变

大体看来，"伦"形成于先秦宗法时代，并大致历经萌发建构、转化巩固、淡化没落、强化提升和争鸣解构五个时期。

---

① 边燕杰、张磊：《论关系文化与关系社会资本》，《人文杂志》2013年第1期。
② Bian Yanjie，"Guanxi Capital and Social Eating：Theoretical Models and Empirical Analyses"，in Nan Lin，Karen Cook，and Ronald Burt（Eds.），*Social Capital：Theory and Research*. New York：Aldine de Gruyter. 2001：275 - 295.
③ 王国维：《殷周制度论》，载《观堂集林》，河北教育出版社，2001，第301页。
④ 梁漱溟：《中国文化要义》，上海人民出版社，2005，第20页。
⑤ 翟学伟：《伦：中国人之思想与社会的共同基础》，《社会》2016年第5期。

1. 先秦：萌发建构期

自古以来，中国人颇为重视人伦关系的自然属性。人伦关系的自然顺序始之于血亲的联结，本之于自然的交往。也就是说，自然之顺序、血亲之基础在早期人伦系统建构中处于核心位置。① 《白虎通·号》曾指出："古之时，未有三纲六纪，民人但知其母，不知其父……于是伏羲仰观象于天，俯察法于地，因夫妇，正五行，始定人道。"②

而"伦"的社会思想根源于华夏文明的远古时代，并与人文教化的生发演变有密切联系。相传早在尧舜时代，就有"修其五教"之说。《尚书·舜典》载："帝曰：'契，百姓不亲，五品不逊，汝作司徒，敬敷五教，在宽。'"③ 《左传·文公十八年》有："举'八元'，使布五教于四方，父义、母慈、兄友、弟共、子孝，内平外成。"④ 《史记·五帝本纪》载："舜举八恺，使主后土，以揆百事，莫不时序。举八元，使布五教于四方，父义，母慈，兄友，弟恭，子孝，内平外成。"⑤ 可见，"五教"强调了血缘关系的基本次序，并规定了家庭内部的人伦关系，其重点是"亲亲"，而不是森严的尊卑等级关系。

周朝实行的分封制度确立了"天子—诸侯—卿大夫—士"的上下尊卑贵贱的社会秩序，并将人伦关系从"家"扩展到"国"。它既有家庭血缘性的父子、兄弟关系，也有国家政治结构中的君臣、上下关系，从"亲亲"走向"尊尊"。⑥ 在《周易·序卦》中，孔子有对人伦关系产生过程的记述："有天地，然后有万物；有万物，然后有男女；有男女，然后有夫妇；有夫妇，然后有父子；有父子，然后有君臣；有君臣，然后有上下；有上下，然后礼义有所错。"⑦ 于此，男女两性关系被视为人类最原始、最普遍的基本关系，而夫妇关系则被看作人类进入文明社会以后最基本的社会关系。人伦关系生发的先后顺序为

---

① 景海峰：《五伦观念的再认识》，《哲学研究》2008 年第 5 期。

② 班固等：《白虎通》，中华书局，1985，第 21 页。

③ 冀昀主编《尚书》，线装书局，2007，第 12 页。

④ 李索：《左传正宗》，华夏出版社，2011，第 208 页。

⑤ 司马迁：《史记》，线装书局，2006，第 3 页。

⑥ 徐公喜、万红：《宋明理学"三纲五常"向"四德五伦"结构性转变》，《上饶师范学院学报》2012 年第 5 期。

⑦ 李鼎祚：《周易集解》，中央编译出版社，2011，第 315～316 页。

夫妇—父子—君臣。另外,《周易》的"咸卦"则是男女结合为夫妇的象征。①

　　中国远古的氏族社会在氏族内部创立了基于宗法血缘纽带的原始民主,直至西周时期依然保留着宗法、分封和"礼"的若干遗迹。但当春秋以降"礼崩乐坏",宗法、分封式微,孔子及其儒家学派试图建构一种社会关系原则,以恢复正常的社会秩序。《论语·颜渊》载:"齐景公问政于孔子,孔子对曰:'君君,臣臣,父父,子子。'"② 他率先提出了"君臣"、"父子"二伦,其顺序为"君臣—父子",即把规范和调整人们行为的基本社会关系概括为君臣、父子两大关系,以提倡君臣、父子之间遵循既定的"礼",各尽其事而不逾矩。

　　潘光旦考证了孟子的"人伦",以论述中国人的社会规范源出一个"伦"字,并依此规定人与人的"类别"与"关系"。他认为,类别的用法是先在的,而关系的用法是后起的,如《礼记·礼器》③ 一篇和《春秋谷梁传》"兄弟,天伦也"一语。在《公孙丑下》篇,孟子引景丑的话说:"内则父子,外则君臣,人之大伦也。"④ 而以"男女居室"为"人之大伦",更是孟子的创说。于是,"圣人有忧之,使契为司徒,教以人伦:父子有亲,君臣有义,夫妇有别,长幼有序,朋友有信"⑤(《孟子·滕文公上》)。孟子用"伦"字指称人与人的关系,即后世所谓伦常之伦,既是一种"有计划的设词",又是他的"托古自制"。在这里,"五伦"是指父子、君臣、夫妇、兄弟、朋友五种人伦关系。从社会关系角度来看,父子、兄弟二伦归家庭"天伦"关系;君臣、朋友二伦属"人伦"关系;夫妇一伦成为联结"天伦"与"人伦"的纽带。同时,孟子所说的"伦"实则人伦,他重关系之伦而轻

---

① 对此,《荀子·大略》解释道:"《易》之《咸》,见夫妇。夫妇之道,不可不正也,君臣、父子之本也。"参见张觉校注《荀子校注》,岳麓书社,2006,第359页。后来,东晋干宝的《易》注进一步诠释为:"人有男女阴阳之性,则自然有夫妇配合之道;有夫妇配合之道,则自然有刚柔尊卑之义;阴阳化生、血体相传,则自然有父子之亲;以立君、以子资臣,则必有君臣之位;有君臣之位,故有上下之序;有上下之序,则必礼,以定其体义,以制其宜明。"参见李鼎祚《周易集解》,中央编译出版社,2011,第316页。

② 杨伯峻、杨逢彬译注《论语》,岳麓书社,2000,第111页。

③ 该篇提及:"天地之祭,宗庙之事,父子之道,君臣之义,伦也。"

④ 焦循:《孟子正义》,中华书局,1987,第258页。

⑤ 焦循:《孟子正义》,中华书局,1987,第386页。

类别之伦。① 于是，他的"五伦"将人伦顺序调整为"父子—君臣—夫妇—长幼—朋友"。另外，他只侧重这五种人伦关系之间的交互性，而并未区分对应主体之间的主次性。对于"君臣"关系，孟子指出："君之视臣如手足，则臣视君如腹心；君之视臣如犬马，则臣之视君如国人；君之视臣如土芥，则臣之视君如寇仇。"②（《孟子·离娄下》）以论证君臣之间为对等关系，双方应当互相尊重。对于"君民"关系，他则强调："民为贵，社稷次之，君为轻。"③（《孟子·尽心下》）这并非指人民的政治地位比帝王高，而是指帝王的政治权威要靠人民来支撑。

孟子在引述孔子答鲁哀公问政时，曾提及"五达道"④："天下之达道五，所以行之者三。曰：君臣也，父子也，夫妇也，昆弟也，朋友之交也，五者天下之达道也。"⑤（《礼记·中庸》）其中，人伦关系的排序为"君臣—父子—夫妇—昆弟—朋友"。这与同书《哀公问》所记相同事件孔子讲的"夫妇别，父子亲，君臣严"的顺序（"夫妇—父子—君臣"）似乎有所出入。但《中庸》仍主张："君子之道，造端乎夫妇。"⑥这说明它保存了孔子将"夫妇"作为人伦之始的思想。另《中庸》有："子以事父，臣以事君，弟以事兄，朋友先施之。"⑦ 总之，孟子的"五伦"，基本上比较客观地概括了中国古代五种具有典型意义的社会关系，并完善了人与人之间的人伦建构。

反之，荀子的"人伦"重心在类别而非关系。⑧他认为，君臣、父子、夫妇之道既是人伦的纲纪，如"若夫君臣之义，父子之亲，夫妇之别，则曰切磋而不舍也"（《荀子·天论》）；⑨也是与天地同始终的天

---

① 潘光旦：《"伦"有二义——说"伦"之二》，载《儒家的社会思想》，北京大学出版社，2010，第262~263页。
② 焦循：《孟子正义》，中华书局，1987，第546页。
③ 焦循：《孟子正义》，中华书局，1987，第973页。
④ 即天下通行的五种人际关系。
⑤ 朱熹：《四书章句集注》，中华书局，1983，第28~29页。
⑥ 也就是说，"夫妇"是古代中国人伦关系的肇端。
⑦ 朱熹：《四书章句集注》，中华书局，1983，第23页。
⑧ 潘光旦：《"伦"有二义——说"伦"之二》，载《儒家的社会思想》，北京大学出版社，2010，第264页。
⑨ 王先谦：《荀子集解》，中华书局，1988，第316页。

理，如"君臣、父子、兄弟、夫妇，始则终，终则始，与天地同理，与万世同久，夫是之谓大本"（《荀子·王制》）。[1] 他把人伦关系的顺序变更为"君臣—父子—兄弟—夫妇—朋友"。秦汉以后的儒家，一直沿袭了荀子所更定的这一顺序。荀子还指出："臣之于君也，下之于上也，若子之事父，弟之事兄，若手臂之捍头目而覆胸腹也。"[2] "遇君则修臣下之义，遇乡则修长幼之义，遇长则修子弟之义，遇友则修礼节辞让之义，遇贱而少者则修告导宽容之义。无不爱也，无不敬也，无与人争也，恢然如天地之苞万物。"[3]（《荀子·非十二子》）另外，他在《荣辱》篇里对"伦"字的注脚如下：

> 夫贵为天子，富有天下，是人情之所同欲也。然则从人之欲，则势不能容，物不能赡也。故先王案为之制礼义以分之，使有贵贱之等，长幼之差，知愚、能不能之分，皆使人载其事而各得其宜。然后使悫禄多少厚薄之称，是夫群居和一之道也。故仁人在上，则农以力尽田，贾以察尽财，百工以巧尽械器，士大夫以上至于公侯，莫不以仁厚知能尽官职，夫是之谓至平。故或禄天下而不自以为多，或监门、御旅、抱关、击柝而不自以为寡。故曰："斩而齐，枉而顺，不同而一。"夫是之谓人伦。[4]

《大学》中说："为人君，止于仁；为人臣，止于敬；为人子，止于

---

① 王先谦：《荀子集解》，中华书局，1988，第163页。另荀子对孟子的"五伦"排列次序做了调整。他不仅将"君臣"置于"父子"之前，即"尊尊"原则优先于"亲亲"；而且使"夫妇"居于"兄弟"之后，以致儒家过去注重家庭血缘的人伦关系转变为严格区分尊卑的等级秩序。他的伦理观已由家庭伦理演化为社会伦理、国家政治伦理，并巩固了"五伦"关系的基本结构和制度体系。

② 章诗同注《荀子简注》，上海人民出版社，1974，第149页。

③ 王先谦：《荀子集解》，中华书局，1988，第100页。首先，君臣、乡党、长幼、朋交、贫富之间的关系均体现为社会公共属性，并不以血缘为纽带，甚至故意撇开夫妇关系，从而相对隐去狭义的家庭关系；其次，这些社会关系没有尊卑之分，而只有自然生成的差异，同时注重相应主体之间双向的互"敬"互"爱"和平等包容；最后，贵而长者应当以"修告"和"宽容"的方式来调节其与"贱而少者"之间的自然势差，进而形成"恢然如天地之苞万物"般和谐稳定的社会关系。参见景海峰《五伦观念的再认识》，《哲学研究》2008年第5期。

④ 王先谦：《荀子集解》，中华书局，1988，第70～71页。

孝；为人父，止于慈；与国人交，止于信。"① 后来，它被演绎为父慈子孝、君惠臣忠、夫义妇顺、兄友弟恭、朋友有信，即中国传统伦理道德中的"五伦十教"。在《成之闻之》中，子思也试图为儒家的秩序之学找寻天道依据，提出君臣、父子、夫妇之"三伦"，如"天降大常，以理人伦，制为君臣之义，著为父子之亲，分为夫妇之辨。是故小人乱天常而逆大道，君子治人伦以顺天德"。②

战国晚期，韩非较为倚重人伦关系的社会属性。他从驾驭臣下、实行统治的角度提出："臣事君，子事父，妻事夫。三者顺则天下治，三者逆则天下乱，此天下之常道也。"（《韩非子·忠孝》)③ 为了加强政治上的统治，韩非突出了"五伦"中的君臣、父子、夫妇"三伦"，并把人伦关系的排序确定为"君臣—父子—夫妇"，进而树立了君、父、夫的绝对权威，并剥离了长幼和朋友的相对内容。这一严格区分主从、上下关系的"三权"专制理论，成为中国封建社会专制主义中央集权的"天下之常道"。他反对儒家孔孟学说中的"亲亲"原则，推崇君与臣、父与子、夫与妇之间"事"与"顺"的"尊尊"原则，并试图将人际交往的规范重新划定在等级观念和政治权力的框架之下，以形成强制性的人伦秩序。这使孔孟的人伦关系学说发生了质的变化，即把君臣关系由交互性的平等关系转变为单向性的主从关系。他对人伦关系的概括更加强调国家与社会的属性，并将社会层面的人际关系置于姻亲层面的血缘关系之上。④

综上，先秦诸子百家对人伦关系的不同表述，发生了复杂的称谓系统和排序多样化的演变。正如沈荣森所指出的："孔子从名分、等级的观念出发，提出了忠君思想，一心要确立君的最高地位。""孟子则对忠君思想极为冷淡，而强调父的地位。荀子则格外重视夫的主导地位。这样，君、父、夫专制权力的理论便开始形成了。"⑤

---

① 朱熹：《四书章句集注》，中华书局，1983，第5页。
② 刘钊：《郭店楚简校释》，福建人民出版社，2005，第137页。
③ 高华平、王齐洲、张三夕译注《韩非子》，中华书局，2010，第741页。
④ 徐公喜、万红：《宋明理学"三纲五常"向"四德五伦"结构性转变》，《上饶师范学院学报》2012年第5期。
⑤ 沈荣森：《先秦儒家忠君思想浅探——兼论"三纲"之源》，《孔子研究》1990年第1期。

2. 秦汉：转化巩固期

在汉儒那里，"五伦"的德性含义日渐衰退，"三纲"之说逐步确立。贾谊曾说："岂且为人子背其父，为人臣因忠于主哉？岂为人弟欺其兄，为人下因信其上哉？"（《新书·俗激》）[1] 他用父子、兄弟关系类比君臣、上下关系，以自然顺序差异佐证社会等级差别。他将子思学派的伦常秩序之学，散论于《新语》中的《君道》、《官人》、《道术》等诸篇。[2]

董仲舒融合了阴阳、五行、天命之说，将"三伦"转化为"三纲"。他提出的单向主从性的"三纲五常"取代了孟子双向义务性的"五伦四德"，从而使孟子的"五伦"逐步迈向绝对化、封建化，并片面性地强调忠、孝、顺的君权、父权与夫权。

> 君臣、父子、夫妇之义，皆取诸阴阳之道。君为阳，臣为阴，父为阳，子为阴，夫为阳，妻为阴，阴阳无所独行，其始也不得专起，其终也不得分功，有所兼之义。（《春秋繁露·基义》）[3]

由于阴阳有别，因而君臣、父子、夫妇存在差等。"前者为主、后者为次，前主动、后顺从。"[4]

> 是故仁义制度之数，尽取之天。天为君而覆露之，地为臣而持载之；阳为夫而生之，阴为妇而助之；春为父而生之，夏为子而养之，秋为死而棺之，冬为痛而丧之。（《春秋繁露·基义》）[5]

东汉以降，"五伦"关系更被专制政体严重挤压到一个逼仄的诠释空间之内，其政治色彩异常浓厚。于是，"三纲五常"学说逐渐深入人心，并成为儒家人伦关系建构的基石。

3. 魏晋隋唐：淡化没落期

魏晋南北朝与隋唐时期，"伦"的历史步伐走向低迷。隋唐统治者

---

[1]　陈国勇编《新书》，广州出版社，2003，第28页。

[2]　吴礼明：《从郭店儒简看封建伦常学说的逻辑发展》，《华北水利水电学院学报》（社会科学版）2006年第4期。

[3]　曾振宇注说《春秋繁露》，河南大学出版社，2009，第305页。

[4]　景海峰：《五伦观念的再认识》，《哲学研究》2008年第5期。

[5]　曾振宇注说《春秋繁露》，河南大学出版社，2009，第306页。

实行儒释道三教并用，其中儒学仍是治国安邦的指导思想，社会关系仍以儒家人伦原则维系。唐代治国方略依然沿袭了两汉以来的传统，既提倡尊孔兴儒，又维护人伦纲常，尤为推崇"君权神授"的信条。譬如，李世民曾说："君虽不君，臣不可不臣"；"君臣之义，名教所先"。①

4. 宋元明清：强化提升期

宋明理学的新"五伦"，是指忠、孝、节、悌、信。它多从人性、天道中引出人伦思想，以适应当时统治者振兴儒家伦理的需要。宋明理学家二程提出："父子君臣，天下之定理，无所逃于天地之间。"（《河南程氏遗书》卷五）② 朱熹强调"五伦"关系中的二伦，即"父子"之仁、"君臣"之义。他认为："仁莫大于父子，义莫大于君臣，是谓三纲之要，五常之本，人伦天理之至，无所逃与天地之间。"（《朱文公文集·癸未垂拱奏札·二》）③

同时，宋明理学将"伦"提升到前所未有的高度，具体表现为如下两个方面。一是对"伦"的义理化。例如："人伦者，天理也。"④ "仁义礼智，岂不是天理？君臣、父子、兄弟、夫妇、朋友，岂不是天理？"⑤ "天理只不过是仁义礼智信之总名，仁义礼智信是天理的件数。"⑥ 二是注重发挥"伦"的统治功能。北宋理学家程颐主张利用父权、族权来维护君权，如"今无宗子法，故朝廷无世臣。若立宗子法，则人知尊祖重本。人既重本，则朝廷之势自尊"。⑦ 周敦颐、张载、朱熹反复论证"礼即理"，即把社会秩序的"礼"等同于"天理"，而礼的核心是维护贵贱上下、尊卑长幼、男女有别的封建社会等级秩序。⑧ 由于宋

---

① 刘昫等撰《旧唐书》，中华书局，1975，第34页。
② 程颢、程颐：《四库家藏：二程语录集》，山东画报出版社，2004，第60页。
③ 朱熹：《晦庵先生朱文公文集》，上海古籍出版社、安徽教育出版社，2010，第633~634页。
④ 程颢：《二程集·外书》（卷7），中华书局，1981。
⑤ 朱熹认为"五伦"是由天命所决定的，即具有先验的绝对意义。参见朱熹《晦庵先生朱文公文集》，上海古籍出版社、安徽教育出版社，2010，第2837页。
⑥ 朱熹：《晦庵先生朱文公文集》，上海古籍出版社、安徽教育出版社，2010，第1838页。
⑦ 朱熹、吕祖谦：《近思录》，上海古籍出版社，1994，第102页。
⑧ 徐公喜、万红：《宋明理学"三纲五常"向"四德五伦"结构性转变》，《上饶师范学院学报》2012年第5期。

明儒士将"五伦"关系充分义理化，致使人们自然情感的流露趋于理性化。

明朝末年，利玛窦等耶稣会士在"五伦"之上另加一个"大伦"，用来显示天主之尊贵，却因遭到普遍抵制而难以流行。① 另外，黄宗羲曾揭示：

> 尧舜执中，不是无形无象，在人伦之至处为中。人伦有一段不可解处即为至，五伦无不皆然。新安陈氏以为君臣之伦于人伦为尤大，非也。"圣人，人伦之至也"一句，总五伦而言，后始抽出君臣，事君、治民，须从尧舜以上来，方有本领。今人只将秦汉以来见识零星补凑，所以头出头没，百世不能改，真是孝子慈孙痛心处。余常见有祖父为小人，其子孙因仇君子以为慈孝者，适以播扬祖父之恶，为不孝不慈甚矣。(《孟子师说》卷下)②

此为他借助对《孟子·离娄上》"规矩，方圆之至也；圣人，人伦之至也。欲为君，尽君道；欲为臣，尽臣道。二者皆法尧舜而已矣。不以舜之所以事尧事君，不敬其君者也；不以尧之所以治民治民，贼其民者也"③ 的解释，来表达自己的主张。

清朝理学人士曾说："性命之理，着落在君臣、父子、夫妇、兄弟、朋友其中。"④ 清儒唐甄提出："五伦百姓，非恕不行，行之自妻始。"⑤ 李光地则言："父子、兄弟、君臣、朋友、夫妇，伦也；仁、义、礼、智、信，性也。语其本之合，则仁贯五伦焉；义、礼、智、信，亦贯五伦焉。语其用之分，则父子之亲主仁者也，君臣之义主义者也，长幼之序主礼者也，夫妇之别主智者也，朋友之信主信者也。"（《榕村四书说·中庸余论》）

尽管人伦关系产生的自然顺序是夫妇为先，但是随着中国传统社会

① 景海峰：《儒家伦理的形而上基础探讨》，载贾磊磊、杨朝明主编《第四届世界儒学大会学术论文集》，文化艺术出版社，2011。
② 黄宗羲：《黄宗羲全集》（第 1 册），浙江古籍出版社，1985，第 89 页。
③ 焦循：《孟子正义》，中华书局，1987，第 490～491 页。
④ 倭仁：《倭文端公遗书·日记》（卷四），清光绪元年（1875）刊本。
⑤ 唐甄著，吴泽民注解，《潜书》，中华书局，1955，第 79 页。

村社结构的调整、人际交往空间的变化、家族宗法制度的演进，这种自然排序也在不断发生改变。清初毛奇龄将中国人伦关系历史变迁的总体图景描述为：

> 盖古经极重名实，犹是君臣、父子诸伦，而名实不苟，偶有称举，必各为区目。如《管子》称"六亲"，是父母、兄弟、妻子。卫石碏称"六顺"，是君义、臣行、父慈、子孝、兄爱、弟敬。《王制》称"七教"，是父子、兄弟、夫妇、君臣、长幼、朋友、宾客。《礼运》称"十义"，是父慈、子孝、兄良、弟悌、夫义、妇听、长惠、幼顺、君仁、臣忠。齐晏婴称"十礼"，是君令、臣恭、父慈、子孝、兄爱、弟敬、夫和、妻柔、姑义、妇听。祭统称"十伦"，是君臣、父子、贵贱、亲疏、爵赏、夫妇、政事、长幼、上下。《白虎通》称"三纲六纪"，是君臣、父子、夫妇、兄弟、诸父、族人、诸舅、师长、朋友。虽朝三暮四，总此物数，而"十伦"非"十义"，"五道"非"五常"，《中庸》"三德"断非《洪范》之"三德"……（《四书剩言》卷二）①

5. 近现代：争鸣解构期

晚晴时期，中国面临内忧外患的挑战，"自由"、"民主"、"平等"、"天赋人权"、"主权在民"、"社会契约"等西方思想对中国封建传统"伦"观念产生了强烈冲击，李鸿章称之为"数千年来未有之大变局"。为此，"洋务运动"提出了"中学为体，西学为用"的口号，冯桂芬将其表述为"以中国之伦常名教为原本，辅以诸国富强之术"（《校邠庐抗议》）。张之洞在《劝学篇》中曾说："夫不可变者，伦纪也，非法制也；圣道也，非器械也；心术也，非工艺也。"此后，谭嗣同成为中国历史上较早系统地批判封建家庭伦常弊端之人，并痛斥了君臣、父子、夫妇三伦是对自由平等之义的违背。② 梁启超则在《先秦政治思想史》中指出，先秦儒家只有"五伦"，并无"三纲"。同时，他将"五伦"的精义称为"相人偶"，即人与人之间对偶关系的相敬互助。

---

① 转引自景海峰《五伦观念的再认识》，《哲学研究》2008 年第 5 期。
② 景天魁主编《中国社会发展观》，云南人民出版社，1997，第 35 页。

五伦全成立于相互对等关系之上，实即"相人偶"的五种方式。故《礼运》从五之偶言之，亦谓之"十义"（父慈、子孝、兄良、弟悌、夫义、妇听、长惠、幼顺、君仁、臣忠）。人格先从直接交涉者体验起，同情心先从最亲近者发动起，是之谓伦理。[①]

　　另外，张之洞、何启、胡礼垣陈述了"五伦"说的合理性，如"凡尚理学如希腊等国，亦莫不以五伦为重"。[②] 近代以来，伴随中华传统文化的渐趋衰退，"伦"在建构和维系社会关系层面的功用遭受了不同程度的质疑、否定甚至颠覆。为此，贺麟撰写了《五伦观念的新检讨》一文，指出了"五伦"与"五常"的区别，即前者属于自然性的思考，而后者是一种理性的建构。[③] 由于"五伦"所讲的人与人之间的关系大多着眼于血亲之联结，因而属于自然性的思考并很难维持长久。另外，他还对儒家"五伦"观念进行了新的探讨，并补充了等差之爱。[④]

　　胡适将儒家关于伦的思想视为一种"人生哲学"，[⑤] 以有别于他对哲学所做的宇宙论、知识论、教育哲学、政治哲学与宗教哲学等分类。[⑥] 他认为，"伦"的词义包括"类"、"道理"、"辈分"和"关系"。

　　　　人与人之间，有种种天然的或人为的交互关系。如父子，如兄弟是天然的关系。如夫妇，如朋友，是人道的关系。每一种关系便是一"伦"，每一伦有一种标准的情谊行为。如父子之恩，如朋友之信，这便是那一伦的"伦理"。儒家的人生哲学，认定个人不能单独存在，一切行为都是人与人交互关系的行为，都是伦理的行为。[⑦]

　　柳诒徵在《明伦》一文中强调，君臣不囿于天子与诸侯、皇帝与宰

① 梁启超：《先秦政治思想史》，天津古籍出版社，2003，第92页。
② 张之洞、何启、胡礼垣：《劝学篇·劝学篇书后》，湖北人民出版社，1991，第247页。
③ 贺麟：《哲学与哲学史论文集》，商务印书馆，1990，第369～370页。
④ 左玉河：《贺麟对"五伦"观念的新阐释与儒家思想的新开展》，载郑大华、邹小站主编《中国近代史上的激进与保守》，社会科学文献出版社，2011，第284～295页。
⑤ 胡适：《新思潮的意义》，载《胡适文集》，天津人民出版社，1991，第110页。
⑥ 胡适：《胡适学术文集·中国哲学史》，中华书局，1991，第9页。
⑦ 胡适：《胡适学术文集·中国哲学史》，中华书局，1991，第84页。

相的关系，而是涵盖各式各样的上下级关系。① 而在《知识与文化》一书中，张东荪指出：中国人的"君"、"臣"、"父"、"子"、"夫"、"妻"完全是各为一个"函数"或"职司"，由其相互关系，实现社会的全体。故君必仁，臣必忠，父必慈，子必孝。如君不仁，则君不君；臣不忠，则臣不臣；父不慈，则父不父；子不孝，则子不子。② 梁漱溟在《中国文化要义》一书中将中国总结为一个"伦理本位"的社会。这使"伦"从儒家思想的讨论中挣脱出来，成为一个探讨中国社会特征的议题。③

（三）"伦"的中西对比及其价值

就对"伦"社会学讨论的逻辑起点而言，依据西方社会学的符号互动原理，诸如弗洛伊德、詹姆斯、库利及米德等的"自我"概念，均以"个体"的自我形成为出发点；中国人"五伦"角色在于个人的自然属性，并以关系为出发点，与《易经》及儒家学说的宇宙假定相衔接。对此，潘光旦曾说：

> 家庭为社会的核心，而父子兄弟的关系又为家庭的核心；所以在前后四个时代里，这两伦始终占有优越的地位，父子一贯的占第一位或平分第一位；兄弟于一度平分第一位之后，始终占有第二或第三位。夫妇与朋友二伦，在绝对的地位上虽始终只分占第四第五（夫妇在第一期曾占第三位），但并举的机会却一贯递增，到得最后一期，便几乎与前面的三伦可以分庭抗礼，并驾齐驱。④

显然，在中国父权制与君权制社会中，重纵向的关系而轻横向的关系，而更重要的是父子关系的逻辑推广性，即许烺光提出的父子轴以及由此推论出的一系列中国人社会行为的基本特征。⑤

总之，"伦"思想源远流长、绵延不绝，尤其在社会关系层面，它

---

① 孙尚扬、郭兰芳：《国故新知论——学衡派文化论著辑要》，中国广播电视出版社，1995，第407页。
② 张东荪：《张东荪文选·理性与良知》，上海远东出版社，1995，第286页。
③ 翟学伟：《伦：中国人之思想与社会的共同基础》，《社会》2016年第5期。
④ 潘光旦：《说"五伦"的由来》，载《儒家的社会思想》，北京大学出版社，2010，第276页。
⑤ 许烺光：《文化人类学新论》，南天书局，1990。

奠定了中国传统和现代社会的差序格局。在当代中国的社会建设中，我们应当注重从以下四个方面发挥"伦"的社会价值。

一是充分发挥"伦"在道德观念上的价值导向作用，规范各种社会角色的权利义务，尊崇社会公德，发扬传统美德，提倡相互尊重、团结友爱的个人行为，从而构建温馨和睦的人际关系。

二是大力增强"伦"在改善家庭关系中的积极功能，优化家庭结构，调节家庭关系，凝聚家庭成员之间的感情和共识，营造尊老爱幼、互助共济的家庭氛围，从而达致"家和万事兴"。

三是以"伦"形成长治久安的社会秩序，既坚持自由平等，又维护公平正义，完善社会治理体系，提升社会治理能力，逐步创建和谐稳定的社会环境。

四是以"伦"推进中国特色社会主义建设事业，不仅要依法治国，而且要以德治国，进而促成法治与德治的有机结合，不断加快中华民族伟大复兴中国梦的早日实现。

（苑仲达、徐磊）

三　仁：社会建构的基础理念

"仁"作为社会建构的理念基础，列儒家伦理"五常"（仁、义、礼、智、信）之首，在中国社会思想史中占据重要地位，是形成社会生活秩序、构建和谐社会的基础理念。历经中国古代贤哲不断阐释，"仁"的内涵也处于不断丰富之中：从《诗经》"洵美且仁"、孔子"仁者爱人"、孟子"仁者无敌"，到《淮南子》"仁义者，治之本也"、吕不韦"智可以微谋，仁可以托财"，以及朱子"守正直而佩仁义"、康有为"仁也以博爱为本"，再到孙中山的"博爱行仁"……几乎每一个时代"仁"的理念与思想都得到了推崇，并被注解着新的内涵。因此，在建设中国特色社会主义社会的时代背景下，对"仁"这个诞生于先秦时期、历经各个朝代、不断丰富和完善的社会思想进行系统研究具有深远的时代价值和现实意义。

（一）"仁"的起源与演变

1. "仁"的缘起

"仁"既是中国传统文化中的一个概念，也是中国传统社会建设中的一种重要思想理念，其起源可以从两个方面来考察。

一方面，从语源义的角度来看，"仁"是一个会意字，从人，从二，本意指两个人在一起。而两个人之所以能够在一起，说明两人之间建立起了一种亲近友爱的关系结构，于是，"仁"被初步引申为"亲"的意思。例如许慎在《说文》中说："仁，亲也，从人二。"《中庸》中也说："仁者，人也，亲亲为大。"那么何为"亲"呢？段玉裁在《说文注》中曰："人偶，犹言尔我亲密之词。独则无耦，耦则相亲。"因此，亲是"尔我"，即两个人之间关系的意思。这里就需要进一步指出"仁"、"人"、"亲"三者之间的关系。"仁"从单一个体出发，从单个原子状态开始，通过各种关系与情境，将不同个体整合成为一个以我为中心的小群体，形成家庭、宗族、组织等各类社会群体，塑造了"我群"的概念。从构字法角度理解"仁"字来源的方法得到了一些古代学者的支持，章太炎在《检语》中写道："人与仁、夷，古只一字"，"古之言人、仁、夷同旨"，究其原因在于"夷与仁，声训体通，脂真之转，字得互借"。[1] 也就是说，"'仁'与东夷文化密不可分，与人、夷两字音、形相同"。[2] 因此，"仁道"即是"人道"，又可以称为"夷道"。[3] 由此可以看出，"仁"字主要源于"人"字，因而也就可以从"人"的角度重点对"仁"的含义进行深入挖掘。

此外，"仁"的古字亦做身心解，《说文》古文中"仁"被写作"忈"，而"千"系"身"之意，因此，"仁"乃是身心相离，即心不在自己身上而在别人身上，即替别人着想、关爱他人之意。可见，从此意出发对"仁"的解读与从"人二"之义完全相同，所以为异体字。由此可见，"仁"之本义首先是讲人与他人的关系，以做到心中有他人、为他人着想、关爱他人。

---

① 章太炎：《检语》，上海人民出版社，1986，第493页。

② 曾振宇：《"仁者安仁"：儒家仁学源起与道德形上学建构——儒家仁学从孔子到董仲舒的哲学演进》，《中国文化研究》2014年第1期。

③ 王献唐：《山东古国考》，青岛出版社，2007，第286页。

　　另一方面，从"仁"作为一种社会思想与社会建设理念角度来看，其最早由孔子系统地提出。孔子主张"仁者，爱人"，"仁"是指人与人之间的一种亲善关系，这非常接近"人"字字源的意思，但孔子对"仁"字的阐释并不仅限于此，他站在社会道德的高度上，高屋建瓴地对"仁"字做出了道德注解。他提出，"夫仁者，己欲立而立人，己欲达而达人"，"己所不欲，勿施于人"，①"克己复礼为仁"。此时，"仁"就是指一种高尚的道德，规定了人与人之间的权利与义务关系集合，以处理社会中人与人之间的关系。显然，孔子极大地扩展了"仁"的含义。这也意味着，"仁"不再是一个简单的汉字，而是作为一种社会建构过程中的共同秩序和价值理念，要求人们对内提高自身的道德修养，以礼为外在表现形式，将"礼"的规范内化于心，在社会活动中指导个体之间相处的思想与行为，从而构筑起一套社会组织的运行规范和发展秩序，充当起社会组织成员间的黏合剂、社会组织和谐发展的推动力的角色。在此，"仁"演化成为一种内涵丰富、价值高尚的理论思想。

　　孔子在赋予"仁"新的含义与价值的基础上，对"仁"在儒家思想体系中的地位也重新进行了定位，他的思想指引着被中国传统社会奉为最高道德准则的"三纲五常"的建立。其中，"仁"是"五常"之首，意味着"仁"作为一个基础性的道德观念是人类社会互动的起点与前提，并进而构筑起集群体、家庭、宗族以及其他社会组织等在内的群体性概念，在各种社会关系中进而引申出"义"、"礼"、"智"、"信"等概念。可见，"仁"统领"义"、"礼"、"智"、"信"，"义"、"礼"、"智"、"信"作用的发挥要以"仁"为基础，由此，"仁"被置于传统伦理道德最基础性的地位上，成为其他一切道德品质生发和延展的前提。不仅如此，除了"五常之外"，几乎所有其他传统伦理道德都被置于"仁"的统领下。例如："樊迟问仁。子曰：'居处恭，执事敬，与人忠。'""子张问仁于孔子。孔子曰：'能行五者于天下为仁矣。''请问之。'曰：'恭、宽、信、敏、惠。恭则不侮，宽则得众，信则人任焉，敏则有功，惠则足以使人。'"在此，孔子将恭、敬、忠、宽、信、敏、惠置于"仁"的概念体系下，使之成为"仁"的一部分，由此构建起以

---

①　张燕婴译《论语》，中华书局，2006，第105页。

"仁"为核心和统领的儒家道德思想体系。

2. "仁"的内涵演变

自先秦时期孔子系统地将"仁"作为儒家的核心思想之后，孟子继承和发展了孔子的学说，进一步丰富了"仁"的思想内涵。之后虽曾经历秦始皇"焚书坑儒"的低迷时期，但紧接着两汉时期董仲舒提出"罢黜百家，独尊儒术"，奠定了"仁"作为封建社会统治思想的地位。其后韩愈、朱熹等，以及近代的康有为、孙中山、冯友兰等进一步继承和发展了儒家"仁"的内涵，使"仁"作为一种社会道德伦理和政治统治思想长期活跃于中国社会发展进程中，成为引领我国社会建构过程中的基础性理念。由此看来，准确把握先秦时期以来"仁"的内涵阐释与演变历程，对我们深入而全面地理解不同时代下这一概念的特质和丰富意涵具有十分重要的作用。儒家的核心思想是仁学，"仁"是一切美好德性的集中体现，代表了人类最高的道德追求。

从"仁"的起源上来看，"仁"是主体的一种本能，来自个体自主追求的过程。孔子有言："孝弟也者，其为仁之本与！"[①] "为仁由己，而由人乎哉？"[②] 可见在孔子看来，仁乃是人的本性，是主体的一种自觉自愿行为，起源于对父母的孝顺和兄弟间的恭敬，这是一个主体主动追求和自我实现的过程。所以孔子不禁感慨道："仁远乎哉？我欲仁，斯仁至矣。"[③]

孟子是孔子仁学的集大成者，在"仁"的起源问题上与孔子有着一脉相承的关系。他将"仁"的起源归之于人的恻隐之心（或"不忍人之心"）："恻隐之心，仁之端也"，[④] "仁义礼智根于心"。[⑤] 在他看来，这种美好德性是上天所赋予的，是主体的自觉行为和固有本性，并不是依靠外力因素所获得的。因此才有了"有天爵者，有人爵者。仁义忠信，乐善不倦，此天爵也；公卿大夫，此人爵也"，[⑥] "仁义礼智，非由外铄

---

① 张燕婴译《论语》，中华书局，2006，第2页。

② 张燕婴译《论语》，中华书局，2006，第172页。

③ 张燕婴译《论语》，中华书局，2006，第99页。

④ 钱逊译《孟子》，中华书局，2010，第55页。

⑤ 钱逊译《孟子》，中华书局，2010，第234页。

⑥ 钱逊译《孟子》，中华书局，2010，第202页。

我也，我固有之也"① 一说。这种基于"仁"源起于道德的论述得到了大多数学者的认同，其中法家经典著作《韩非子》中《解老》篇便写道："道有积而积有功；德者，道之功。功有实而实有光；仁者，德之光。"该说法与贾谊的"安利物者，仁行也。仁行出于德，故曰仁者德之出也"有着异曲同工之妙。

从"仁"的内容来看，"仁"是一种具有差序等级的爱。"樊迟问仁。子曰：'爱人。'"② 这里的"人"应该代指社会上以自我为中心生发出来的一切社会关系所涉及的一切人，在适用范围上无等级之分。③因此，"爱人"不仅包含父母兄弟之间由血缘关系所铸就的亲情之爱，还延伸到师徒之爱、君臣之爱以及君民之爱等一切社会交往过程，体现在"弟子入则孝，出则弟，谨而信，泛爱众，而亲仁"④ 的人类活动中。因此，"仁"是一种以个体为中心出发的、针对个人社会关系网络中所涉及的人的爱。该注解得到了其后大多数思想家的认可。如韩愈有言："仁者，谓其中心欣然爱人也。"⑤ "爱己者，仁之端也，可推以爱人也。"⑥ "仁也以博爱为本。"⑦ 这就与佛家倡导的普度众生的慈悲之爱具有殊途同归的效果。然董仲舒则从"仁"与"义"的关系出发，认为应该把"仁"的对象做缩小化的处理，即将爱人的对象仅仅局限于他人，而不包括自我，"仁之于人，义之于我者"，⑧ "仁之法在爱人，不在爱我"。⑨

孟子则在延续了"仁"的核心为爱人的思想基础上进一步指出，仁之爱的内容还应当扩展到物的范围，因此"君子之于物也，爱之而弗仁；于民也，仁之而弗亲。亲亲而仁民，仁民而爱物"。⑩ 所以，在孟子看来，"仁"之爱应当是人与物的集合体。可见，"仁"的内容在不断扩

---

① 钱逊译《孟子》，中华书局，2010，第192页。
② 张燕婴译《论语》，中华书局，2006，第182页。
③ 冯友兰：《关于论孔子关于"仁"的思想的一些补充论证》，《学术月刊》1963年第8期。
④ 张燕婴译《论语》，中华书局，2006，第4页。
⑤ 韩非子：《韩非子》，江苏人民出版社，1982，第183页。
⑥ 王安石：《王文公文集》，上海人民出版社，1974，第307页。
⑦ 康有为：《春秋董氏学》，中华书局，1990，第155页。
⑧ 董仲舒：《春秋繁露》，中华书局，2012，第314页。
⑨ 董仲舒：《春秋繁露》，中华书局，2012，第316页。
⑩ 钱逊译《孟子》，中华书局，2010，第246页。

展之中。然而，孟子"仁民爱物"的扩展并未得到吕不韦的认可，在他看来，"仁於他物，不仁於人。不得为仁。不仁於他物，独仁於人，犹若为仁。仁也者，仁乎其类者也。故仁人之於民也，可以便之，无不行也"。① 所以，他坚持"仁"的内容即为爱同类一说。康有为则在孟子仁民爱物的基础上进一步拓展了仁爱的范围，其在《春秋董氏学》中写道："孔子之道，最重仁。人者，仁也。然则，天下何者为大仁，何者为小仁？鸟善昆虫无不爱，上上也；凡吾同类，大小远近若一，上中也；爱及四夷，上下也；爱诸夏，中上也；爱其国，中中也；爱其乡，中下也；爱旁侧，下上也；爱独身，下中也；爱身之一体，下下也。"② 可见，其眼中的"仁"有大小之别，是包含集爱个体到爱家国，再到爱天地万物为一体的总和"仁"的概念。

值得注意的是，孔子所论述的爱在排列顺序上并不是无差别的，而是一种具有差序等级的爱。他指出："君子笃于亲，则民兴于仁。"③"君子不施其亲，不使大臣怨乎不以。"④ 可见，在孔子看来，亲情之爱是其他一切德行的基础，其次才是友情、师徒、君臣等。这与孔子所处的封建社会盛行的阶级观念不无关系，是"家国同构"理念的基本依据。如《中庸》有云："仁者，人也，亲亲为大。"孙中山则将仁的种类划分为"救世、救人和救国"三种，其中"救世之仁是宗教家的理想，救人之仁是慈善家的事业，只有救国之仁才能实现革命家的抱负"。⑤ 所以，在革命战争年代里，爱国是爱人之首。再加之康有为等基于"大仁"和"小仁"的论述也体现了爱人的等级差序之别，说明仁作为一种德性的实现需要经历一个由己及人、由浅至深的扩散过程。

从"仁"的实现方式来看，"仁"是一个始于孝悌之道并逐渐向外扩展至各种社会交往中的社会规范。"弟子入则孝，出则弟，谨而信，泛爱众，而亲仁"，在对内践行和实现"孝悌"的基础上，对外则表现为一种"忠恕之道"。孔子将这种"忠恕之道"具体阐释为

---

① 吕不韦：《吕氏春秋》，中州古籍出版社，2010，第340页。
② 康有为：《春秋董氏学》，中华书局，1990，第155页。
③ 张燕婴译《论语》，中华书局，2006，第105页。
④ 张燕婴译《论语》，中华书局，2006，第287页。
⑤ 转引自孟庆鹏《博爱行仁——孙中山的博爱观》，《团结》1994年第3期。

"克己复礼"，"己所不欲，勿施于人"以及"夫仁者，己欲立而立人，己欲达而达人"。① 它是建立在人类拥有共同情感的假设前提上，从人与人之间的平等性而生发的、在推己及人的同理心下而得出的相处之道，具体体现为人与人之间以礼相待、以诚相待的交往模式。因此，从这个层面上来看，"礼"是"仁"的表现形式，而"仁"则是"礼"的内核。

孟子沿袭了孔子对行孝以实现仁的思想，他说："仁之实，事亲是也；义之实，从兄是也。"② 进一步表现为："为人臣者怀仁义以事其君，为人子者怀仁义以事其父，为人弟者怀仁义以事其兄，是君臣、父子、兄弟去利，怀仁义以相接也。"《礼记》则认为："温良者，仁之本也；敬慎者，仁之地也；宽裕者，仁之作也；孙接者，仁之能也；礼节者，仁之貌也；言谈者，仁之文也；歌乐者，仁之和也；分散者，仁之施也；儒皆兼此而有之，犹且不敢言仁也。其尊让有如此者。"③可见，仁的实现有赖于个人品德修行的完善，是日常生活中各种交往关系中"礼"的总和。该观点与董仲舒"何谓仁？仁者，恻怛爱人，谨翕不争，好恶敦伦，无伤恶之心，无隐忌之志，无嫉妒之气，无感愁之欲，无险诐之事，无辟违之行，故其心舒，其志平，其气和，其欲节，其事易，其行道，故能平易和理而无争也，如此者，谓之仁"④ 的看法殊途同归。

（二）"仁"的社会学含义

长久以来，"仁"作为封建社会的正统思想一直为学术界所关注。从现有成果的研究视角来看，国内外不少学者多选择从哲学、政治学等角度对"仁"进行解读，对"仁"的理性本原、辩证关系以及政治功能开展了充分的论证。到目前为止，鲜有学者对"仁"在人的社会化、社会组织的建构、社会规范以及社会活动等方面的作用进行研究，未能意识到"仁"在我国社会建设过程中的基础理念角色，从社会学的视角对"仁"的解读尚不充分。因此，下面将从社会学的视角重新对"仁"做

---

① 张燕婴译《论语》，中华书局，2006，第83页。
② 张燕婴译《论语》，中华书局，2006，第132页。
③ 王文锦译注《大学中庸译注》，中华书局，2013，第57页。
④ 董仲舒：《春秋繁露》，中华书局，2012，第327页。

出解读。

1. "仁" 是人的一种社会属性

"仁" 字是由 "人" 字演化而来的一个汉字，被赋予的意义接近于 "亲"，《说文》中强调："仁者，亲也。" 此处的 "亲" 是亲近友爱的意思，而亲近友爱实际上是一种感情，这种感情只有人才拥有。因此，单纯从字面意思理解，"仁" 实际上意味着人是一种有感情的动物，即 "仁" 成为人之所以为人而区别于其他动物的一个规定性。所以，古代一些思想家直接将 "仁" 理解为 "人"，例如，《论语》有言："虽告之曰：'井有仁焉。'其从之也？"[1]《孟子》和《礼记》中也说："仁者，人也。"[2] 其中的 "仁" 都直接被理解为 "人"，既然 "仁" 是人的规定性，那么任何人都应该具备 "仁" 的特质。在社会中，个体要想得到社会认可，就必须具有 "仁" 的属性，即对他人要亲近友爱，否则，他将不会作为一个正常的社会成员被社会认可和接纳。正因为如此，"仁" 成为每一个人作为一名社会成员的标志性特征。怎么为 "仁" 才能成为一个人呢？

首先，"仁" 的本质在于 "爱人"，由己及人，是个体走向群体、组织和社会的关键前提。正如孔子所指出的 "仁者爱人"，[3]《礼记》中有言："仁者，可以观其爱焉。"[4] 韩非子也指出："仁者，谓其中心欣然爱人也。"[5] 由此可以看出，"仁" 的本质在于 "爱人"。这是个体由单独的自我向群体性的组织和社会发展的第一步。因为有了爱人，个体之间才能展开社会互动，而互动过程随即产生一个以 "我" 为中心开始生发开来的社会关系网，如此结成群体、组织与社会。

其次，"仁" 是一种社会性的 "博爱"，由此形成错综复杂的社会关系网。"仁爱" 是相互的，当每个社会成员都对他人拥有 "仁爱" 之心时，在同理心的作用下，对方也会对该社会成员持有 "仁爱" 的态度。"仁爱" 指向所有拥有 "仁爱" 之心的个体，而不是仅仅局限在特定的对象上，因此，"仁也以博爱为本"。[6] 仁者的 "爱人" 不仅包含父母兄

① 张燕婴译《论语》，中华书局，2006，第 105 页。
② 张燕婴译《论语》，中华书局，2006，第 182 页。
③ 张燕婴译《论语》，中华书局，2006，第 182 页。
④ 俞仁良译《礼记》，上海辞书出版社，2010，第 518 页。
⑤ 韩非子：《韩非子》，江苏人民出版社，1982，第 183 页。
⑥ 康有为：《春秋董氏学》，中华书局，1990，第 155 页。

弟之间由血缘关系所铸就的亲情之爱，它还延伸到师徒之爱、君臣之爱以及君民之爱等一切社会交往过程，在社会发展过程中指导着家庭关系、师生关系、君臣关系以及君民关系的发展，构成关系复杂的社会组织网络和社会秩序。甚至有的古代贤哲为了展现"仁爱"的大公无私精神，将"爱人"的对象仅仅局限于他人的范围内，而不包括自我。例如，董仲舒就主张，"仁之于人，义之于我者"，[①] "仁之法在爱人，不在爱我"。[②]

最后，"仁"是一种具有差序等级的"爱"，织就纷繁的社会分层结构。尽管"仁"是一种针对所有人的"博爱"，但并非意味着个体对所有人"爱"的程度都是相同的，相反，中国古代圣哲承认了"仁爱"被施用到不同对象上时存在差别。孔子就曾指出："君子笃于亲，则民兴于仁"，[③] "君子不施其亲，不使大臣怨乎不以"。[④]《中庸》也有云："仁者，人也，亲亲为大。"可见，在古代圣哲看来，个体的"仁爱"也是存在差别的，在以个人为中心的差序格局中，离个体关系越是亲近，个体越是应该给予更多的"仁爱"，反之则给予更少的"仁爱"。这与孔子所处的封建社会盛行的阶级观念不无关系，是"家国同构"理念的基本依据。不同性质、不同等级之爱形塑了不同的社会关系网，从而织就起一张张以自我为中心、按照远近亲疏关系扩散开去的社会网络结构图景。

2. "仁"包含特定的社会心理过程

"仁"是一种"爱"，"爱"又是一种感情，然而"爱"却并不是人的唯一感情，人只有在特定情境刺激下才产生"爱"，才能展现出"仁"。因此，"仁"的产生不仅是个体自然的心理反应下由己及人、由人及己的过程，而且是社会实践投射与反映下的主观认知过程。

一是心理反应过程。作为一种感情的"爱"只有经过特定的心理过程才能生成，"仁"由此可以被理解为基于特定原因而生成的"爱"，至于"爱"产生的原因，不同的人持有不同的观点。有的贤哲认为爱来自

---

① 董仲舒：《春秋繁露》，中华书局，2012，第314页。
② 董仲舒：《春秋繁露》，中华书局，2012，316页。
③ 张燕婴译《论语》，中华书局，2006，第105页。
④ 张燕婴译《论语》，中华书局，2006，第287页。

人的天性。例如，孟子就指出："恻隐之心，仁之端也"①，"仁义礼智根于心"。② 而"恻隐之心"是上天所赋予的，是主体的自觉行为和固有本性，并不是依靠外力所获得的。孟子进一步指出，仁义礼智等美好的品性是人类固有的本性，皆来自天的赋予，"仁义忠信，乐善不倦，此天爵也；公卿大夫，此人爵也"。③ 而有的学者则认为对他人的爱来自对自己的爱，即情感上的推己及人，例如，王安石就认为："爱己者，仁之端也，可推以爱人也。"④而孔子则强调："夫仁者，己欲立而立人，己欲达而达人"，"己所不欲，勿施于人"。⑤ "仁爱"的生成过程是一个"由此及彼、由彼及此"的心理互动过程，它是建立在人类拥有共同情感的假设前提上，从人与人之间的平等性而生发的、在推己及人的同理心下而得出的相处之道，具体体现为人与人之间以礼相待、以诚相待的交往模式。

二是社会认知过程。人生活在社会之中，凭借自我的思想去实行改造社会的活动，与此同时，社会活动又进一步形塑人的思想，塑造社会认知的过程。"仁"作为中国传统文化思想中的一个重要概念，是历代圣贤建构的结果，这一建构过程是一种客观反映及其投射下的主观性活动，体现着历代圣贤对"仁"的认知。按照社会心理学的观点，任何人的认知都会受到其特殊的生活经历、教育背景、价值观念、认知环境等因素的影响，即使是对同一事物的认知，也会呈现一定的差异性。中国古代贤哲对"仁"的认知就呈现一个不断演进的过程。以对"仁爱"对象的认知为例，孔子的"仁爱"对象仅限于"人"，而孟子则认为"仁爱"的内容还应当扩展到物的范围，"君子之于物也，爱之而弗仁；于民也，仁之而弗亲。亲亲而仁民，仁民而爱物"。⑥ 然而，吕不韦却反对孟子的观点，认为"仁於他物，不仁於人。不得为仁。不仁於他物，独仁於人，犹若为仁。仁也者。仁乎其类者也。故仁人之於民也，可以便之，无不行也"。⑦ 康

① 钱逊译《孟子》，中华书局，2010，第 55 页。
② 钱逊译《孟子》，中华书局，2010，第 234 页。
③ 钱逊译《孟子》，中华书局，2010，第 202 页。
④ 王安石：《王文公文集》，上海人民出版社，1974，第 307 页。
⑤ 张燕婴译《论语》，中华书局，2006，第 83 页。
⑥ 钱逊译《孟子》，中华书局，2010，第 246 页。
⑦ 吕不韦：《吕氏春秋》，中州古籍出版社，2010，第 340 页。

有为则在孟子仁民爱物的基础上进一步拓展了仁爱的范围，其在《春秋董氏学》中有"大仁"与"小仁"一说，并进一步细分为上上也、上中也、上下也、中上也、中中也、中下也、下上也、下中也以及下下也九个等级。①由此可见，有关"仁"的认知具有明显的主体差异性，这些差异性背后所隐藏的是主体社会认知上的差异，它既是个体心理建设的发展过程，也是特定时期社会历史发展的真实反映。

3. "仁"是社会行动的基础理念

"仁"是人的一种社会属性，是人在社会化过程中必须遵循的一种社会秩序和共同价值理念。从这一层意义上而言，"仁"是每个个体在采取行动过程中的道德底线，参照这一行动理念可实现个体在社会行动中的"制度化"，建立起社会行动的正常秩序与合理预期，从而使个人与他人行动进行结合，并最终促进社会整合。正是基于这一基础性的、高屋建瓴的指引地位，其他一切道德规则的践行都不能碰触这一底线，由此，"仁"也就获得了相对于其他社会规范的统率性地位。这种统率性地位主要体现在其他一切道德规范的生发必须以"仁"作为前提，同时，其他道德的毁灭也是以"仁"的失去为先导的。

一方面，"仁"是践行其他一些道德规范的基础与前提。在中国传统社会中，尽管一些道德规范也得到广泛而独立的倡导，但它们仍可以被纳入"仁"的范畴内加以阐释。例如，孟子曰："仁之实事亲是也；义之实从兄是也；礼之实节文斯二者是也；智之实，知斯二者弗去是也。"② 可见，"礼"与"智"的生发都有赖于"仁"与"义"的实现。进一步分析，"义"所言的"从兄"其实是以"仁"的"事亲"作为基础和前提的。因此，实质上我们所说的"义"、"礼"、"智"都是建立在"仁"得以实现的前提下。董仲舒将"信"加入，形成"仁义礼智信五常之道"，③ 但仍然将"仁"置于第一位。由此可以看出，古代圣哲赋予"仁"非常宽泛的外延，把许多具体的道德规范都纳入"仁"道德体系的内部。

另一方面，其他社会规范的失守是以"仁"的丧失为先导的。在

① 康有为：《春秋董氏学》，中华书局，1990，第 155 页。
② 钱逊译《孟子》，中华书局，2010，第 132 页。
③ 魏文华编著《董仲舒传》，新华出版社，2003，第 157 页。

儒家提出的"三纲五常"之中，"仁"居"五常"之首，统领其他"四常"。"五常"本身就是所有儒家伦理规范中地位最高的五个规范，既然"仁"能统领"五常"，那么相对于"五常"以外的其他道德规范，"仁"仍具有更高的、更根本性的地位。韩非子认为："道有积而积有功；德者，道之功。功有实而实有光；仁者，德之光。光有泽而泽有事；义者，仁之事也。事有礼而礼有文；礼者，义之文也。故曰：失道而后失德，失德而后失仁，失仁而后失义，失义而后失礼。"① 这意味着韩非子从"仁"、"义"、"礼"生成和毁灭的顺序上，确认了"仁"相对于"义"、"礼"的始源性地位，"义"、"礼"是"仁"的派生道德要素，并且在其中将"仁"置于"德之光"的地位上，也充分肯定了"仁"的根本性。"仁"的基础性地位意味着，"仁"是践行一切道德规范的基础，其他儒家伦理道德的践行都必须在不违背"仁"的前提下进行。

4."仁"是主体性的社会互动原则

仁乃是人的本性，是主体的一种自觉自愿行为，起源于对父母的孝顺和兄弟间的恭敬，这是一个主体主动追求和自我实现的社会互动过程。

首先，"仁"是一种需要主体自觉践行的社会价值。尽管"仁"的思想是一种抽象的建构，但"仁"并非虚无缥缈的东西，它离人们的社会实践并不遥远，孔子曾言："仁远乎哉？我欲仁，斯仁至矣。"② 这意味着任何个体只要想践行"仁"的价值，随时随地都可以，并不需要特殊的时空条件。同时，"仁"是个体的一种自觉心理活动，因此，"仁"通常只能由主体自身来践行，而不能由他人所代，正因如此，孔子才说："为仁由己，而由人乎哉？"③ 强调"仁"的践行要亲力亲为。

其次，"仁"是一种可以表现为多种行为方式的社会互动。尽管孔子将"仁"简单地解释成"爱人"，但践行"爱人"的行为方式有多种。因此，要如何践行"仁"，不同的圣哲提出了不同的看法。孔子认为，

---

① 韩非子：《韩非子》，江苏人民出版社，1982，第185页。
② 张燕婴译《论语》，中华书局，2006，第99页。
③ 张燕婴译《论语》，中华书局，2006，第172页。

践行"仁"就需要"入则孝，出则弟，谨而信，泛爱众，而亲仁"，^① 同时还主张"仁之实，事亲是也"。^② 孟子则认为，要尽"仁"，"为人臣者怀仁义以事其君，为人子者怀仁义以事其父，为人弟者怀仁义以事其兄，是君臣、父子、兄弟去利，怀仁义以相接也"。^③ 《礼记》指出了在不同条件下践行"仁"的方法："温良者，仁之本也；敬慎者，仁之地也；宽裕者，仁之作也；孙接者，仁之能也；礼节者，仁之貌也；言谈者，仁之文也；歌乐者，仁之和也；分散者，仁之施也；儒皆兼此而有之，犹且不敢言仁也。其尊让有如此者。"^④ 董仲舒则指出："仁者，恻怛爱人，谨翕不争，好恶敦伦，无伤恶之心，无隐忌之志，无嫉妒之气，无感愁之欲，无险诐之事，无辟违之行，故其心舒，其志平，其气和，其欲节，其事易，其行道，故能平易和理而无争也。"^⑤ 因此，尽管个体践行"仁"的价值随时随地都可以，但需要根据具体情境采取具体的行动，才能确保"仁"的价值得以有效实现。

最后，"仁"的实现应该有选择性。尽管"仁"可以通过多种多样的方式体现出来，但在很多情况下，这些践行"仁"的行为方式并不是同等重要的，因为不同的互动交往方式可能实现的是不同类型的"仁"。例如，康有为言："仁也。然则，天下何者为大仁，何者为小仁？鸟兽昆虫无不爱，上上也；凡吾同类，大小远近若一，上中也；爱及四夷，上下也；爱诸夏，中上也；爱其国，中中也；爱其乡，中下也；爱旁侧，下上也；爱独身，下中也；爱身之一体，下下也。"^⑥ 这样，康有为将"仁"由优到劣分为九种，按照其意图，每个人应该优先践行"上上"之"仁"。孙中山则将"仁"划分为"救世、救人和救国"三种，其中"救世之仁是宗教家的理想，救人之仁是慈善家的事业，只有救国之仁才能实现革命家的抱负"，^⑦ 在革命战争年代里，爱国才是践行"仁"的首要之选。由此可以看出，个体在践行仁的时候应该根据具体情境选择

① 张燕婴译《论语》，中华书局，2006，第 2 页。
② 张燕婴译《论语》，中华书局，2006，第 132 页。
③ 钱逊译《孟子》，中华书局，2010，第 255 页。
④ 王文锦译注《大学中庸译注》，中华书局，2013，第 57 页。
⑤ 董仲舒：《春秋繁露》，中华书局，2012，第 327 页。
⑥ 康有为：《春秋董氏学》，中华书局，1990，第 157 页。
⑦ 转引自孟庆鹏《博爱行仁——孙中山的博爱观》，《团结》1994 年第 3 期。

正确的"仁"，去践行最大的"仁"，而并非只践行"仁"即可。

总结而言，"仁"是一种始于亲情之爱并逐渐扩展至社会上各种交往过程的人类固有的道德准则，它以个人道德主义为支点，以爱人为核心内容，囊括君、臣、父、子、兄之间和谐相处的一切美德，它外在表现为人们交往过程中的各种礼节，是实现自我修养提升、政治统治稳定和社会和谐的有力思想武器。

（三）"仁"的社会建构

中国古代圣哲根据特定的时代背景建构起了系统性的有关"仁"的理论，同时被建构起来的"仁"的理论反过来形塑了特定的社会结构，两者相互支撑、相互作用。从中国传统社会的演变过程来看，"仁"对社会的建构主要体现在以下五个方面。

1. "仁"塑造和发展"社会人"

孔子云："仁者人也。"[1] 实际上就是说，个体只有具有了"仁"的特征，才能正确处理人与己、人与人之间的社会交往关系，才能构建起稳定的群体，并进而发展形成社会，最终成为社会认可接纳的一名成员。而只有被接纳为一名社会成员，个体的生存才是有价值和意义的。因此，孔子倡导个体应该对自身存在具有一种主观意识和自觉精神，这是在先秦时期鬼神思想还大量控制人们思维的情况下，开创性地提出的对人己问题的深层次思考，以及对人类人本意识的一种深刻认识和深层次呼唤，也是对人"个我"价值的肯定。在孔子看来，"不语怪、力、乱、神"，[2] 而是采取"敬鬼神而远之"[3] 的态度，重视"人的学说"，这是对人作为万物生灵之一的肯定，是轻天道、重人道的仁学思想的根本体现。所以，从这个层面上来看，"'仁'学的建立，不仅仅简单地提出了一个哲学伦理学的概念，而是发现了人之为人的深刻价值寄托"。[4]

人是生物性和社会性的集合体。人的生物性是天生的，因为人本身就是一种动物，动物界历来遵循"物竞天择，适者生存"、"弱肉强食"的生存法则，它们相互之间往往是一种生死博弈而非共赢博弈关系。因

---

① 黄怀信：《大学中庸讲义》，清华大学出版社，2013，第83页。
② 张燕婴译《论语》，中华书局，2006，第95页。
③ 张燕婴译《论语》，中华书局，2006，第80页。
④ 任剑涛：《轨制的形成：孔子的经典解释进路》，《文史哲》2012年第5期。

此，如果人的生物性得不到有效抑制，相互之间仍然遵循动物界的生存法则进行竞争，势必会给整个人类带来巨大灾难。在人类社会早期，人类仍保留了诸多的野蛮性，主要表现在人类早期战争的残酷性上，正是在东周诸侯列强你死我活的残酷战争中，儒家先哲鉴于当时生灵涂炭的悲惨现实，才萌发了通过"仁"来塑造和谐的组织和群体，并进而构筑起稳定的社会，实现"社会人"的动机。因此，"仁"的本质功能是削掉个体的野性，以此帮助早期的人类摆脱野蛮状态，建构一个充满亲情友爱的人性化社会。

"仁"字单从其字形来看，"二人"内在包含人与人之间关系的含义。实际上，中国传统社会中的"仁"主要存在于"君君、臣臣、父父、子子"[①] 等关系之中，而个体也只有将自己置于这些关系之中，才能被群体和组织认可、接纳，并进而形成社会，成为一名特定的社会成员。从这一点上来看，作为中国传统概念的"仁"与马克思"人的本质在其现实性上是一切社会关系的总和"的主张有着一致性，都认为人的本质是其社会性，表现为人与人之间的相处之道，它并不是单个人或者个性的人，而是处于各种各样社会关系的集合之中，注重他人对自我形象评价的、具有公心而非私心的个体。因此，"仁"通过对组织中个体行为的规定性，将个体由组织成员开始，最终塑造成一个"社会人"，其人生价值隐藏于他所处的社会关系之中，这就与西方社会思想倡导的人应该是具有独立思想、自由与私心的个体人有着重大区别。

2."仁"建构了社会群体

在中国传统社会中存在家庭、家族、国家等社会群体，此类群体与其他群体的一个重要区别在于它主要基于道德规范而运行。而在诸多道德规范中，"仁"标志着人之为人的范畴，它从个体的内在规定性出发，要求个体在行动过程中严格遵循相关的社会秩序和价值理念。这意味着当个体的人组成道德实体时，个体通过实行社会群体的角色定位，践行群体规范，从而将个体行动与社会行动有机结合。同时，在道德实体内，个体只有行"仁"，才能被实体接纳，同样，只有其他实体成员对该个体行"仁"，该个体才愿意成为该组织的成员。因此，道德实体要求其

---

① 张燕婴译《论语》，中华书局，2006，第177页。

成员相互施"仁"，相互将对方看作人，而不是工具，这与现代官僚制组织将组织成员非人格化后看作工具的做法是完全不同的。从这层意义上而言，正是道德实体"仁"的属性才将其与非道德实体从本质上区别开来。

一方面，"仁"将家庭塑造成为道德实体。孔子有言："孝弟也者，其为仁之本与！"孝悌是"仁"的基础，一个不孝、不悌的人，不能被认为是正常的人，而孝悌恰恰是中国传统家庭中基本的道德标准。同时，正如孔子所指出的"仁者爱人"，家庭中恰恰充满着多种"仁爱"，例如夫妻之间的恩爱、父母对子女的慈爱、兄弟姐妹之间的友爱……正是这些多种形式的"爱"，加上孝悌等，使得家庭成为一个具有特殊功能的实体，为家庭成员提供了非道德实体所不能提供的情感需要，使家庭成员体验到"家"所特有的亲情和温暖。这些都是其他非道德实体所不能替代的，因此从这一层意义上而言，"仁"作为一种组织或群体的黏合剂，将家庭成员紧紧地黏结在一起成为一个道德实体。

另一方面，"仁"使得中国传统社会中的国家成为道德实体。中国传统社会是一个家国同构的社会，整个国家就是一个大家庭，这个大家庭的家长就是国王或皇帝，所有的臣民都是这个大家庭的成员，所谓"普天之下，莫非王土，率土之滨，莫非王臣"，就是中国古代家国同构图景的一种典型刻画。既然国家也是一个家，那么国家也就应该具有一般家庭基于"仁"所特有的道德属性——"爱"。这样的道德属性在中国传统社会思想中体现得非常明显，一方面，臣民要"忠君爱国"，爱国实际上就是要支持国家的统治、维护国家的安全，这些爱国行为的最终受益者是作为"家长"的国王或者皇帝，即爱国最终是爱国家的"家长"。另一方面，为了一个大家庭的维持，作为"家长"的国王或皇帝也要爱护自己的子民，广泛推行"仁政"，这一点充分地体现在中国古代贤哲或统治者的爱民仁民、安民保民的民本思想之中。例如，《尚书》云："皇祖有训，民可近，不可下。民惟邦本，本固邦宁"，[①] "欲至于万年，惟王子子孙孙永保民"；[②] 墨子提出"兼相爱，交相利"；孟子曰：

---

① 杨萍编著《尚书》，吉林人民出版社，1996，第128页。

② 杨萍编著《尚书》，吉林人民出版社，1996，第70页。

"民为贵，社稷次之，君为轻"，并在此基础上主张以"仁义"治天下……上述圣哲的观点都要求作为国家"家长"的君主要爱民。而且，中国古代一些贤明君主的爱民思想不仅仅停留在理论层面，还在爱民思想的引导下采取了一系列爱民措施，从而出现了所谓"贞观之治"、"康乾盛世"等大治的局面。正是基于上述情形，中国传统社会中的国家才往往首先被定性为一个道德实体，然后才是一个政治实体。

3. "仁"塑造了以和为贵的社会文化

中国传统社会文化以"和"为最核心的特征，甚至有的学者直接将中国传统文化定位为"和文化"，强调人与人之间应建立和维持和睦的关系。但归根结底，任何人与人之间和睦关系的维持都建立在互爱互敬的基础之上，如果交往双方之间没有互爱互敬，那么两者之间即使不发生冲突，也是一种生硬和冰冷的关系，难以达到和睦的程度。因此，中国传统"和文化"是以"爱"为基础的，即是以"仁"为基础的。

首先，"仁"塑造了以和为贵的社会交往文化。"仁"即是"爱"，"爱"是每个人都需要的东西，而"爱"只能来自他人，只能通过社会交往来获得，而并非无条件就可以获得。正如孔子所指出的："夫仁者，己欲立而立人，己欲达而达人"，"己所不欲，勿施于人"。[1] 可见，"仁"对于人际关系的规定体现出明显的主体间性，要求个体在相互交往中将交往对象看作与自身一样的主体，而不是工具，充分考虑到对方的感受。通常只有在上述情况下，交往双方才能达到和睦的状态。中国古人在交往中强调以心相交、坦诚相待、互敬互爱，实际上就是"仁"的原则在社会交往中的体现，并在一定程度上避免了人际交往中矛盾和冲突的发生，有利于和谐的社会制度的建立和维持。

其次，"仁"塑造了以和为贵的民族交往文化。中国自古以来就是一个多民族聚居的国家，如何处理好各个民族之间的关系是中国古代大一统时期君主所面临的一个重要问题。总体来看，大多数君主对少数民族采取了一视同仁的政策。尤其是在盛唐时期，唐太宗等通过多种非战争的方式改善民族关系、促进民族融合，甚至在特定情形下牺牲自身一部分利益（例如与吐蕃"和亲"等），换取民族的团结，体现出中国古

---

① 张燕婴译《论语》，中华书局，2006，第83页。

代君主对藏族等少数民族的关爱。因此，"仁政"也被一些贤明君主实施于处理民族关系之中。

最后，"仁"塑造了以和为贵的国家交往文化。在中国传统社会中，战争是国家"交往"的一种基本方式，但战争具有比较强的残酷性和野蛮性，造成百姓流离失所、生灵涂炭，给百姓带来极大伤害。基于此，一些古代圣哲就提出国家之间应该以和为贵，主张"兼爱非攻"，做到"大不攻小也，强不侮弱也，众不贼寡也，诈不欺愚也，贵不傲贱也，富不骄贫也，壮不夺老也。是以天下庶国，莫以水火毒药兵刃以相害也"。这既是国家相互之间的"仁"，也是国家对臣民的"仁"。这样一种观点被一些朝代的统治者所采纳，允许周边一些没有敌意的小国家的存在，并且在这些国家遇到困难时给予必要的帮助，由此构筑起以和为贵的国家交往模式。

4. "仁"建构起传统的社会保护

"仁"规定了人之所以为人的属性，使人成为"社会人"。但个体行"仁"使自身成为一个"社会人"并不是无条件的，其前提条件是个体要具备"自然人"生存的条件，是故谭峭指出："食均则仁义生，仁义生则礼乐序，礼乐序则民不怨，民不怨则神不怒，太平之业也。"[1] 如果一个人连自然人生存的条件都不具备，他必然走向毁灭，更谈不上行"仁"了。在此情况下，他可能会被迫行"不仁"而剥夺他人的生存条件，从而给他人带来伤害，因此，有必要采取一定的措施予以必要的关爱，使之能够成为一个正常的"社会人"，以维持社会秩序的稳定。

首先，"仁"催生了公平分配的社会保障理念。早在《论语·季氏》篇中就这样写道："丘也闻有国有家者，不患寡而患不均，不患贫而患不安。盖均无贫，和无寡，安无倾。"[2] 可见，追求公平正义自古以来就是国家治理、维护社会和谐的重中之重，是践行"仁"的精神的必要前提。这种公平的社会治理理念最基本的表现为"食均则仁义生"，[3] 即国家应当通过社会保障制度的建设保障人民的基本生活需求得到满足，运用政策工具，针对因市场体制造成的第一次收入分配进行二次调节，缩

---

① 谭峭：《化书》，中华书局，1996，第61页。
② 张燕婴译《论语》，中华书局，2006，第313页。
③ 谭峭：《化书》，中华书局，1996，第61页。

小不同阶层群体间的收入差距。也就是说，国家对民众的基本生活水平保障富有不可推卸的责任。自此之后才能够实现"仁义生则礼乐序，礼乐序则民不怨，民不怨则神不怒，太平之则天下知足"的境界。

其次，"仁"促生了传统社会救助制度。"仁"之爱不仅仅局限于家庭内部成员之间的爱，也包括对家庭成员之外万物众生的博爱，"不独亲其亲，不独子其子"便是最好的写照。因此，在"仁"的兼爱思想指引下，当家庭之外的成员因为特殊原因而面临生存困难时，有能力的人应该施之以爱，使其能够维持作为一个最低限度的"社会人"的生存需求。于是，在传统社会中，不仅出现了分散地为生存困难的他人提供救助的个人救助，而且宗族、村落、宗教团体以及行业团体等民间组织在为生存困难的大众提供必要的衣食方面也发挥了不容忽视的作用，构建起了以义庄、村落救助以及宗教救助等为代表的传统民间社会救助体制。除此之外，政府作为社会救助的责任主体，为了维护自身统治，还通过设置义仓等方式赈济受灾民众，以此实现"使老有所终，壮有所用，幼有所长，鳏寡孤独废疾者皆有所养"的理想社会格局。显然，在当时"家天下"体制之下，统治者提供的赈灾等形式的救济并不是在履行法定义务，而是统治者对子女"仁爱"的一种表达方式。

最后，"仁"建构起了多层次的养老保障体系。孔子指出："孝弟也者，其为仁之本与！"孝悌是"仁"的基础，因此，个体要行"仁"，首先要尽孝，"孝"即子女对父母的爱，这种爱通过父母在需要帮助的时候子女能够及时提供相应帮助体现出来。基于"孝"的要求，子女在父母年老体衰的时候，就需要对他们呵护照顾，使他们能够安度晚年，此时，"仁爱"不仅是儿女的一种自觉行为，更是儿女必须承担的道德义务，他们必须对父母尽"仁爱"，如果儿女不孝，就会招致社会的谴责。因此，这就从伦理道德层面上为老年父母得到子女赡养建立起坚实的保障机制。而且在"仁"道指导下的孝道还具有层次上的区别，即所谓"孝有三，大孝尊亲，其次弗辱，其下能养"（《礼记·祭文》）。可见对于老年人的养老保障内容不仅涉及经济和物质层面的赡养，而且包括尊重和自我追求的精神层面，由此构成一个由表及里、由浅及深的完整的养老保障体系。正是基于这一原因，中国古代才有"养儿防老"之说。因此，如果没有"孝"这种特殊的爱，传统社会中的老人就难以获得相应的生活保障。

5. "仁"形成一个集权化的社会治理体系

仁学所提倡的是建立起小共同体系列的社会，"形成一套使个人原子化、皇权对社会进行一元化控制的治理模式"。① 在这个结构中，从家庭到家族，再到社区，最后上升至国家的过程，是宗法社会背景下"家长制"权威的蔓延和扩散过程，上层阶级具有天然的权威，下层阶级对上层阶级应当做到尊重和服从，从而真正构筑起"家国同构"的社会治理格局。这种基于血缘关系而生发开来的关系型社会格局具有浓厚的历史文化积淀，并且在今天的中国仍然适用，个人凭借血缘、姻缘、地缘和业缘等关系不断扩展自身的社会关系网，进而构建起具有个人特色的社会关系网络结构。

一元化的社会治理格局下必然导致中央集权化的治理结构的形成。权力链条由最高权力者即君主一人开始生发，并随着权力结构和阶层的设置与划分逐层向下分解开来。最高权力者往往被赋予责任和伦理的制约，他们是道德品行优秀的代名词，君主施行社会治理的前提是必须做到以德服人、以礼治国、以德治国，即所谓施行"仁政"、践行王道。一方面，这是君主个人魅力的展现、赢得民心的重要来源，构成了统治的合理性前提；另一方面，这也是其权利的合法性和正当性的不竭源泉。因此，在此逻辑下，君主的仁德是其统治合法性和正当性的来源，仁德的道德品性具有高度的感召力，君主仁德便可影响和带动臣下以及臣民形成仁德风尚的社会；而仁德的品性将进一步推动仁政的产生，统治者致力于为民解忧、为民谋利，继而民心归附，并最终实现从民本关切到实现社会和谐稳定的演进过程。家国同构的社会治理格局，具有浓厚的"官僚制"治理体系的特点，依权利分布而进行管理结构体系布局和专业化分工，并进而构建起中央集权型的国家。

（四）"仁"的时代价值

通过以上对先秦时期以来"仁"的内涵的梳理和社会建构的解析，我们可以深切地感受到"仁"作为一种社会伦理道德和政治统治思想，

---

① 参见宣晓伟《"关系本位"和"差序格局"：传统中国的社会结构和治理模式》，新华网，2015 年 12 月 1 日，http：//news. xinhuanet. com/politics/2015 – 12/01/c_ 128488398. htm。

长期活跃于中国传统社会发展进程中，指引着个体认知、个人道德标准、社会结构甚至政治统治秩序的建立，是单一个体从自我意识开始，从原子化的个体逐步形成群体、组织乃至社会的发展过程，指引着社会规范与社会文化的建立，对传统社会的稳定和发展起到了积极的指引和推动作用。即便在中西文化不断交融的当代社会，这个盛行于传统社会中的系统性概念对我国今天的社会建设仍然具有积极的启示意义和重要的时代价值。

1. "仁"支持以人为本的社会发展理念

孔子"仁"学的最大贡献之一莫过于在"天道"盛行、鬼神之说当道的传统封建社会的蒙昧状态下，唤起了人类自我意识的觉醒。这种"天地万物，以人为贵"的人本思想指出，相对于神与物的存在而言，人应当是更重要、更根本的因素。它系统地回答了在社会建设过程中为什么要发展以及"为了谁"发展的问题，正因为如此，才强调"仁者爱人"，中国古代的民本思想才得以不断完善和弘扬。"人本"理念在传统社会中需要得到传承，在现代社会中尤其是在当前中国经济社会快速发展过程中也应当继续得到传承和弘扬。

"仁"的社会建构理念主张"人是发展的最终目的"，但在此前经济发展才是硬道理等粗放型发展理念的指导下，中国很多地方陷入为了发展而发展的窘境，片面追求发展速度、忽视发展质量，盲目追求GDP数量的最大化、忽视居民生活质量的改善。在这样的发展模式下，当地居民不仅难以享受到发展的福利，而且会遭受粗放型发展模式的副作用，例如环境污染、房价高涨，在一定程度上"拉远"了政府与居民之间的距离。要克服上述问题，就要在当今中国社会建设过程中放弃片面追求发展的理念，秉持以人为本的发展理念，弘扬"仁"的精神，以人民的需求为依据、以群众的根本利益为出发点，明确发展的最终目的是为人民群众谋福利，在保障人民群众的基本生活水平的基础上，努力实现每一个公民的基本医疗保障权和教育权，并进而实现人的自由、全面发展。

2. "仁"支持以德治国的治国方略

依法治国与以德治国相结合的治理方略既符合中国文化传统，也适应时代发展需要，是当前中国国家治理现代化的必然选择。而"仁"是中国传统道德伦理体系的核心和最高准则，因此，要真正做到以德治国，就必须在国家治理中充分发挥"仁"的精神。

在今天中国的国家治理中，"仁"的精神的发扬应该与以下事项紧密结合起来。首先，将"仁"的精神注入领导干部的精神气质之中。国家治理最终要通过各级领导干部来完成，而"仁"作为一种精神也只有与人相结合才能有效发挥其应有的功能，因此，要在国家治理中注入"仁"的精神，就需要对领导干部进行有关"仁"的思想和理念的教育，引导领导干部认可并接受"仁"，体察民情、关心群众疾苦，通过领导干部实施"仁"的治理，将"仁"的精神注入国家治理的方方面面。其次，将"仁"的精神贯穿于中国现代社会保障制度的建设之中。社会保障制度关系到普通居民的生存问题，其建设情况体现着政府对群众生存问题的重视程度，从而在一定程度上反映出政府的"仁"性。基于此，政府应该在社会保障制度建设中发扬"仁"的精神，想群众之所想，急群众之所急，尽最大可能为生存困难群体提供生活保障。最后，将"仁"的精神贯彻于当前的精准扶贫工作之中。扶贫是政府一项典型的"仁政"，扶贫工作能否取得真正的成效，除了相应的经济资源投入之外，更需要社会各界投入爱心和关怀，使贫困者摆脱对贫困宿命的信仰，积极参与到社会财富的创造过程之中。

3. "仁"支持和谐发展的社会发展模式

进入 21 世纪以来，我国明确提出构建以"民主法治、公平正义、诚信友爱、充满活力、安定有序以及人与自然和谐相处"为基本特征的社会主义和谐社会的发展要求，这实际上是中国传统"和文化"的现代传承和发扬。而"和文化"是以"仁"为基础和核心建构起来的，因此要在今天继承和弘扬"仁"的精神和价值，就需要继续传承和弘扬"和文化"，坚持和谐发展的社会发展路径。

要实现社会的和谐发展，就要传承和弘扬"和文化"。首先，要加强"和文化"的研究，要将"和文化"的研究作为当前传承和发扬传统文化工作的一部分加以重点支持和资助，鼓励研究人员深入挖掘"和文化"的传统和精髓，并结合现代社会价值将之现代化、具体化和可操作化，使之成为中国特色社会主义文化的一部分，形成一批有关"和文化"的文化精品，为宣传"和文化"奠定基础。其次，要加强"和文化"的宣传，要充分利用电视、广播、报纸、互联网等宣传媒介，以公益广告等形式宣传以和为贵的精神，使社会公众重新认识和重视"和文化"。最后，要通过社会活动践行和弘扬"和文化"，运用和谐家庭、和谐社区、和谐城市等评选活动，倡导"家和万事兴"、"和气生财"、"和和美美"等传统的价值，吸引广大居民亲身参与到和谐社会的建设中来，以此消除居民心中和谐社会建设空洞无物的错觉。

4. "仁"支持体现人性的现代社会福利事业

社会福利事业是人类社会发展进步的一个重要标志，它以社会救助或社会慈善为基础、以社会保险为核心内容、以福利性保障为补充，从而建构起国民的基本生活保障屏障。它不仅是政府和社会不可推卸的责任，也是社会"仁德"的重要体现。以社会救助或社会慈善事业为例，2016年我国已经正式颁布实施《中华人民共和国慈善法》，此举是中国今后要大力推动慈善事业发展的一个重要标志。慈善事业的一个重要特征在于其具有非营利性的单向性无偿救助属性，尽管人们从事慈善事业的动机多种多样，但对整个慈善事业的存在具有基础性的动机就是"良心"（或"善心"、"良知"、"慈悲心"等），如果没有人以"良心"为动机参与慈善事业，那么慈善事业必然就会失去慈善属性。而人的"良心"与其"仁"性是紧密相关的，在某种意义上甚至可以说，是个体"仁慈"的本性，使其"良心"被驱动，从而投入慈善事业。因此，中国传统慈善事业的发展需要"仁"的精神，现代慈善事业的发展同样需要传承和弘扬"仁"的精神。

要推动慈善事业发展，在现代社会中传承和弘扬"仁慈"的精神，就需要做好以下几个方面的工作。首先，在对中国传统慈善文化进行充分挖掘和梳理的基础上，通过各种现代媒介大力宣传慈善文化、开展慈善文化教育、表彰典型人物和典型事迹，并通过开展形式多样的慈善活动吸引社会公众的参与，激发更多的人认识慈善事业的重要性，支持和参与慈善事业。其次，在进一步完善慈善制度的基础上，坚决打击各种假慈善活动，防止骗捐、诈捐活动的发生，同时，规范慈善事业管理人员的行为，确保慈善资源得到充分利用，防止人们的"良心"受到伤害。最后，要大力进行感恩教育，不仅要倡导人们去积极帮助别人，更要倡导人们在受到别人的帮助之后能够产生感恩的心，从而使他们可以在感恩的心的驱使下产生同理心，在他们有能力帮助他人时，为他人提供力所能及的帮助。这种感恩的心本身就是一种爱，属于"仁"的内容，是新时代下对"仁"的精神新的诠释。

（高和荣　张爱敏　陈为雷）

四　中庸：天下之正道[①]

"中庸"作为中国社会学基础性概念之一的意义在于它是处理中国人与其社会关系的基本法则，也是中国人之为中国人的内在之理。然而，人们今天所说的人与社会的关系，更多的是西方意义上的社会概念，如果要对中庸做社会学的思考，或者说，如果要从中庸去理解中国人和中国社会的独特性（即中庸思想对中国人和社会的影响），就不得不先放弃"社会"这个概念来思考中庸的社会意涵。除此之外，困难还在于，这种思考又要我们有一种先理解"社会"概念的准备，以形成一种比较的眼光。在社会学史上，比较方法是通行的做法，韦伯的世界诸宗教研究就是范例，他显然是要突出他所谓独特的西方理性文化。晚清以来的中国学者也大体遵行这种方法，比如严复的群学概念、潘光旦的中和位育、费孝通的差序格局等概念的提出，背后都有一种比较的视野。通过中庸，我们希望理解比欧洲文明更长久的中华文明，更准确地说，我们认为，中华文化就是人类精神普遍性的组成部分，甚至是真正的人类普遍性文化，她可以中和市场经济带来的民俗文化消亡、道德衰落等问题，实现新的创生。[②]

（一）中庸概念的起源、内涵、演变

1. 孔子立题：中庸即礼

在《论语》中，若只计带"中庸"之意，而以单字"中"或以

---

① 本部分曾发表于《中国社会科学内部文稿》2017 年第 5 期，收入本书时有进一步改动。
② 参见安乐哲、郝大维《切中伦常：〈中庸〉的新诠与新译》，中国社会科学出版社，2011；梁涛：《郭店竹简与思孟学派》，中国人民大学出版社，2008；杨朝明：《〈中庸〉成书问题新探》，《河南科技大学学报》（社会科学版）2006 年第 5 期；沟口雄三：《中国前近代思想的演变》，索介然、龚颖译，中华书局，2005。

"中庸"词出现的频次，共计三次，分别是：行为层面的"不得中行而与之，必也狂狷乎！狂者进取，狷者有所不为也"，[①] 伦理层面的"中庸之为德也，其至矣乎！民鲜久矣"，[②] 理政层面的"尔舜！天之历数在尔躬。允执其中。四海困穷，天禄永终"。[③] 第一句是说，与得不到言行合乎中庸（礼仪）的人相交，必定会沾染偏执、无为的习气；第二句是说，中庸礼仪这种最高仁德，在人们之间很久就不存在了；第三句是说，唯有躬行中庸（礼仪）之道，才不负天命，一旦老百姓困顿贫乏，上天赐予的福禄爵位就不保了。如果把这三句连起来理解，就可以有这样的命题：中庸（礼仪）是维系天命的行动准则，也是续保社会的根本法则，还是个人幸福的法则。正因为中庸如此重要，孔子乃强调学可知之，即通过学去续中庸。

不过总的来看，中庸只是孔子庞大论题的其中一题，孔子提出了中庸这一问题，但尚未做出更为详细的解释，只是指出了中庸大致存在行为、伦理、宗教三个维度。

2. 子思作文：中庸复礼

在孔子那个时代，虽然社会出现礼乐崩坏之势，然而至子思及之后，社会秩序在儒家看来才真是禽兽横行、崩坏已然了。正如朱熹所讲，子思之所以作《中庸》全是因为道学有失传的可能。子思要坚持什么样的道学呢？历史上对此争论颇多。据当今学者梁涛的梳理，一有郑玄的息怒哀乐的中和，二有二程的（中庸是）不偏、不易之方法。这两种皆不足取。梁涛认为，中庸真正的意思是指一种有关礼的普遍观念，即日用常行之理。行为中庸便是恪守礼仪，是"克己复礼"。[④]

3. 子思以降之后学：中庸兼修内外

在梁涛看来，今本《中庸》由中庸和诚明两部分构成。《诚明》部分侧重道德实践能力，强调的是主体的自主性和超越性，属于内在之道，而《中庸》部分偏重日用常行之道，体现的是外在的人伦关系。虽然两篇同属子思作品，但有不同的影响，《中庸》部分影响荀子，

---

①　杨伯峻译注《论语译注》，中华书局，1980，第 141 页
②　杨伯峻译注《论语译注》，中华书局，1980，第 64 页。
③　杨伯峻译注《论语译注》，中华书局，1980，第 207 页。
④　参见梁涛《郭店竹简与思孟学派》，中国人民大学出版社，2008，第 271～272 页。

《诚明》部分影响孟子。必须明确的是，二者既然最开始肇源于子思，便有某种内在的贯通性。比如从博学、审问、慎思、明辨、笃行这一过程看，《中庸》所强调的日用伦常是渗入其中的。又比如，子思之后的荀子具有综合的倾向，其《不苟》不仅在文本上是《中庸》和《诚明》的混合，在思想上更是调和内外，以诚（内在修养）促庸（外在伦常仪礼）。[①]

（二）　中庸作为善治之道

中国人传统行为准则有一条是"和而不同"，强调等差与和谐的辩证统一。中国人创造的"和而不同"社会表现为，从时间上有从小康到大同的演进，从空间上有从小家扩展为天下的变化。保证这一社会演化逐步实现的基石是中庸思想及其制度。中国人秉持中庸思想，按照中庸思想创设出的具体典章、制度、律法，开创出一个以人伦为依归、以家族为本位、以礼教为政治的大规模国家。

1. 人伦和谐的最高处事原则

按照传统与现代的二分法，中国社会既传统又现代，人们的行动取向是多种类型的并存、叠加和复合。因此，我们既会看到普遍主义、情感中立、职业专一、自致成功、个人主义取向，也会看到特殊主义、情感性、职业扩散、先赋成功、集体主义取向。在中国，这些取向结合为多种关系，呈现为一种极其复杂的关系型社会。正确处事与相处成为中国人幸福生活的重要前提。

在中国，圈子与合群至关重要，这里就存在涉及己身的关系问题，卷入不足和过度卷入都是要避免的，处理关系要恰到好处，避免过犹不及。处理的内容包括人情与面子两个基本方面，处理的原则是黄光国所说的"仁、义、礼"所构成的庶人伦理（见图2-1）："亲其所当亲"为"仁"，"尊其所当尊"为"义"，在各位亲者和尊者之间做到合理的差等为合礼。可见，中庸即为复礼。

中庸复礼的源头是"人情"。[②] 人之情有很多维度，涉及物情（天时、地理）、心情（面子、情绪）、事情（家事、国事、天下事），除此

---

① 参见梁涛《郭店竹简与思孟学派》，中国人民大学出版社，2008，第270~286页。
② 李安宅：《〈仪礼〉与〈礼记〉之社会学的研究》，上海世纪出版集团，2005，第7页。

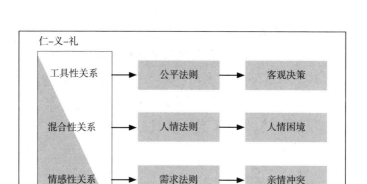

图 2 - 1　儒家庶人伦理中"仁 - 义 - 礼"伦理体系

资料来源：黄光国等：《面子：中国人的权力游戏》，中国人民大学出版社，2004，第 210 页。

之外，情尚有微著、差等、内外、文明与野蛮之分。既然人事如此复杂，就必须诉诸礼。所以《礼运》讲："夫礼，先王以承天之道，以治人之情，故失之者死，得之者生。"[①]　虽然礼可区分"直情径行"和"人为品节"，但是，礼与人情之间存在"越讲礼越不近人情"的张力。[②]　这就是所谓礼的"过度社会化"，达至极端便是"礼教吃人"，比如，在今天工具利益取向日益为主的社会情境下，出现了母猪下仔请客的荒唐人情，甚至出现了因送礼而被逼自杀的悲剧。礼本是维系伦理和道德的手段，却有绑架道德的可能。反过来讲，违背中庸的礼和人情，会最终导致不近人情，自然难以得到幸福。

　　而如果有了中庸思维，就有可能通向幸福之路。很多学者论述了中庸思维的特点、个人心理运作，及其带来的主观感受。[③]　以杨中芳为代表的本土心理学派分别从思路过程、行动特色、价值观念、思维体系等维度讨论了中庸的含义。[④]　这些讨论都统一为本土心理学派所讲的"中庸实践思维"这一命题。在社会学看来，中庸即中国人人际交往"合理的合礼"，也就是达到人伦的和谐。

---

① 孙希旦：《礼记集解》，中华书局，1989，第 585 页。

② 李安宅：《〈仪礼〉与〈礼记〉之社会学的研究》，上海世纪出版集团，2005，第 8 页。

③ 高旭繁：《通往华人幸福之路：性格特质与文化价值的双重作用》，《本土心理学研究》2013 年第 39 期。

④ 杨中芳：《中庸实践思维体系探研的初步进展》，《本土心理学研究》，2010 年第 34 期。

2. 家族的中庸之道

中国人以家族为本位。传统中国人伦五重关系为君臣、父子、兄弟、夫妇、朋友，其中三重都涉及家族。家本义为畜牧，因畜产而结婚姻，因婚姻而有夫妇。中国从氏族制转为家族制，变革主要发生在周代，周以封建治国，"以婚姻关系维系异姓国间的情感，以宗法关系维系同姓国间的亲密"。① 这样一种治理传统有两种机制，一靠"家制"（法），二靠"敬宗"（情），"家制"（法）诉诸外部强制，"敬宗"（情）则是心理上的情感维度，显然，"敬宗"更为重要，属于内核部分。"敬宗"能否做到"合礼"既事关家族上下的认同、和谐，以及生死存亡，也事关国家治理之顺乎《礼记》所以强调的"尊祖故敬宗，敬宗所以尊祖"。② 中庸因此讲："郊社之礼，所以事上帝也，宗庙之礼，所以祀乎其先也。明乎郊社之礼、禘尝之义，治国其如示诸掌乎！"③ 再如"国之本在家"一语表明了"国"与"家"的不可分离，以及"国家"与礼治的高度关联性。

（三）中庸社会：不同于专制社会和民主社会的第三条道路

在社会理论中，对社会类型的划分长期以来所依据的是西方的政体类型学，似乎有什么样的政体，相应就有什么样的社会。柏拉图在《论政治家》中首先按照统治者规模将政体分为由一人统治的君主政体，由少数人统治的贵族政体和由多数人统治的平民政体；再根据是否推行法治，与之对应分为僭主政体、寡头政体和暴民政体。亚里士多德在《政治学》中把政体分为正常的君主政体、贵族政体和共和政体，与之对应的变态政体分别为僭主政体、寡头政体和平民政体。孟德斯鸠在《论法的精神》中也划分了三种政体及其组织原则：共和政体［民主政治（品德）和贵族政治（节制）］、君主政体（荣誉）、专制政体（恐怖）。随着历史演进，西方政治传统形成了民主与专制的二分。这种二分法带来一个问题，它使民主这一概念越来越抽象，形成了某种理想类型。随着民主社会的发展，它以个体为本位、以法律为保障、以市场为机制，但

---

① 陈顾远：《我国家族制度之史的观察》（上），《法学丛刊》1956 年第 3 期。

② 孙希旦：《礼记集解》，中华书局，1989，第 868 页。

③ 转引自梁涛《郭店竹简与思孟学派》，中国人民大学出版社，2008，第 288 页。

人人陌生，自利为主，社会生机延续性或有衰竭的可能。民主专制的二分法，逐渐变为民主社会与专制社会的二分法。这样一来，就形成非民主社会即专制社会的定式，这就否认了文明的多样性。

中国是以中庸为原则的社会，即"行必礼"、"礼合理"的社会。这样的社会以家为本进行组织，比如有"家户编组"这样一种传统。从乡遂制始虽有国野之别、井田之分，但不改以家为组织单位的传统，秦兴郡县制以来，县以下之基础仍是以家为编组单位。"编户齐民奠定秦汉以下两千五百年政治和社会的基础，直到今日依然未曾改变。"[1] 也就是说，中国乃是家、家族、国家混为一体的社会。这样的社会一切讲究合礼，可以用中庸社会来标举。《仪礼》中的《丧服传》对后世产生了巨大影响，其规则对亲疏、尊尊、相报之关系加以明确[2]："世父、叔父何以期也？与尊者一体也；然则昆弟之子何以亦期也？旁尊也，不足以加尊焉，故报之也。"[3] 以家和礼为基本的中庸社会，在根本上不同于西方以个体为本的民主社会，亦不是西方意义上的专制社会。

以"编户"、"齐民"为组织机制的中庸社会不同于西方社会理论中的民主社会和专制社会，这种社会的生命力即使在遭遇西方以及移植了西方的政制和市场后，也未曾断绝。比如中国经济社会中的"家族企业"就是中庸社会生命力的典型体现。有研究表明，中国的家族企业与西方的企业组织一样，可以生成理性的契约关系，但它并不是一种极致状态的"逻各斯中心主义"的工具理性，而是一种"经"、"权"结合的中庸理性，企业为家族延续服务，家族企业的企业家则是情感与理性平衡的化身。[4]

（四）中庸社会的现代化

"每一文明自有其理性内涵。"[5] 这一点意味着，虽然中国因其传统

① 杜正胜：《传统家族试论》，载黄宽重、刘增贵编《家族与社会》，中国大百科全书出版社，2005，第 1 页。

② 参见杜正胜《传统家族试论》，载黄宽重、刘增贵编《家族与社会》，中国大百科全书出版社，2005，第 2 页；

③ 杨天宇撰《仪礼译注》，上海古籍出版社，2004，第 307 页。

④ 何轩、李新春：《中庸理性影响下的家族企业股权配置：中国本土化的实证研究》，《管理工程学报》2014 年第 1 期。

⑤ 康乐：《导言》，载马克斯·韦伯著《韦伯作品集 V：中国的宗教　宗教与世界》，广西师范大学出版社，2004，第 8 页。

而未能自发走上现代之路，但这并不是说她没有转变为现代社会的可能，在一定的社会条件和社会形势之下，属于她自身特点的理性也会成为其转向现代、形成现代的动力和要素。作为"君子理想"的中庸是中国人的最高诉求，它是中国文化的内核，被认为是最高心法。自孔子始，迄今 2500 多年，对中庸的注疏从未停止，体现出中国人独特的精神、信仰、思维、社会关系范型，并在事实上化育出不同于西方社会的中庸社会。不过，中庸也曾一度被认为是维系封建社会人治长时间运转的工具，[①] 对社会发展和社会革命具有阻碍作用。[②] 鲁迅对此就曾加以鞭笞，认为中庸是中国人的伪道德观。不过，也有不少人认识到中庸的价值和意义，毛泽东认为中庸"这个思想的确如伯达所说是孔子的一大发现，一大功绩，是哲学的重要范畴，值得很好地解释一番"。[③] 很多学者对中庸进行了新的哲学探索。[④] 庞朴在郭店楚简的基础上做了新的解释，认为中庸承认了世界的一分为三。[⑤] 安乐哲和郝大维的《切中伦常：〈中庸〉的新诠与新译》一书是新阶段成果的重要体现，他们尤为强调人的主体性。在哲学之外，社会科学也愈来愈重视对中庸的研究。韩明谟从社会方法论和认识论的角度强调中庸概念所蕴含的社会学意义，认为这一概念主张认识方法的完整性、符合统计学中数原理、具有社会协调功能。[⑥] 张德胜、金耀基等比照韦伯和哈贝马斯的理性概念（比如实践理性、理论理性、实质理性、形式理性、工具理性、价值理性、沟通理性）提出了中庸理性，认为中庸可以接通工具理性 – 沟通理性 – 价值理性之间的鸿沟，可以治愈现代性情境下"理性的吊诡"。[⑦] 杨中芳提出了包括集体文化和个体心理两个主要层面的中庸实践思维体系，涉及世界

---

① 杜勒强：《中庸——左右着中国社会运转的无形之手》，《求实》2005 年第 S2 期。

② 何顺祥：《中庸之道是反对社会革命的思想武器》，《四川师范大学学报》（社会科学版）1974 年第 1 期。

③ 毛泽东：《毛泽东书信选集》，人民出版社，1983，第 147 页。

④ 杜维明：《〈中庸〉洞见》，人民出版社，2008；梁涛：《郭店竹简与思孟学派》，中国人民大学出版社，2008；安乐哲、郝大维：《切中伦常：〈中庸〉的新诠与新译》，彭国翔译，中国社会科学出版社，2011。

⑤ 庞朴：《中庸与三分》，《文史哲》2000 年第 4 期。

⑥ 韩明谟：《中庸新识——对中庸与社会协调的新理解》，《天津社会科学》1990 年第 6 期。

⑦ 张德胜、金耀基、陈海文、陈健民、杨中芳、赵志裕、伊沙白：《论中庸理性：工具理性、价值理性和沟通理性之外》，《社会学研究》2001 年第 2 期。

观、生活哲学、个别事件处理、事后反思等具体维度，同时从德行者行为表征、修养实践方法［谨言慎行、情绪掌控、自我收敛、诚心诚德（尽心尽性）］中归纳出中庸的社会心理学研究路线图。[①]

　　显然，中庸可从心性与制度两方面发挥建设社会的作用，从而形成不同于西方社会的发展路径。萧公权认为："若持孔子之仁学以与欧洲学说相较，则其旨既异于集合主义之重团体而轻小我，亦非如个人主义之伸小我而抑国家。二者皆认小我与大我对立，孔子则泯除畛域，贯通人己。"[②] 萧氏所说的中西之别根本在哪里呢？西方历史经演化终成一权界分明、相互约制的社会，反观中国实践历程，虽有民主共和政体的兴起，但整个文化是一种天下观。显然，中西之间的差别与中西之间的会通都是中国社会实现创造性转化的社会事实。如果只看到差别事实，只会觉得东方不如西方，而如果在看到差别事实的同时，也看到会通事实，就会发现中国文化的潜力。比如安乐哲和郝大维在《儒学与杜威的实用主义：一种对话》中就非常智慧地指出，当今世界事实上并不完全是欧洲哲学的天下了，美国哲学（并不是指所谓英美哲学，而是指以爱德华斯、爱默生、皮尔斯、詹姆斯、杜威为代表的新美国哲学）、中国哲学越来越显现出它们的重要性。

　　晚清以来，中国学术和思想界经历巨大变化，自由主义、观念论、马克思主义、实证主义竞相角逐，汉化的马列主义被定为正统，恰是因为汉化之故，中国马列者确有某种海纳全人类"最优秀"文化的气度。这种对文化的等级划分多少可以寻到欧洲进化论、实证主义的踪迹，以致那些文化的进化成为文化的不断革命，最终酿成了大的社会顿挫。按舍勒的知识社会学看，[③] 确实是欧风压倒了东风，政治塑造了社会。安乐哲和郝大维也认为，中国知识分子虽然希望引领中国进入现代世界，但是由于受欧洲哲学影响太深，缺少了那些真正能够促使中国进入现代世界的其他鲜活思想。因此，中国学术界需要对欧洲哲学影响的解毒剂，从而真正焕发自身机体的活力。那么，在新的全球化情势下，中国文化

　　① 杨中芳：《传统文化与社会科学结合之实例：中庸的社会心理学研究》，《中国人民大学学报》2009 年第 3 期。

　　② 萧公权：《中国政治思想史》（上册），商务印书馆，2013，第 67 页。

　　③ 舍勒：《知识社会学问题》，艾彦译，华夏出版社，2000。

自身是否有这种活性基质呢？是否能够靠自身对欧洲哲学思想予以解毒呢？安乐哲和郝大维认为，在新的条件下，通过对话那些充满活力的非欧洲传统的思想，中国文化完全有实现创造性转化的可能。这些活力思想可能是现象学、实用主义，也可能是中国文化中自身就有的东西。就像孔子与子夏之间关于"绘事后素"讨论的那样，中西之间的差异事实和会通事实都会得到重新界定，中国未必一定要重复西方的路子，而很可能是在自己的文化习性基础上重建起一个回应世界民族国家并立和全球社群主义发展两种事实，同时超越"家"国家的天下国家。

（五）中庸社会的实践性：人己贯通

在程子看来，中庸是孔门心法，心法之根本在于"道"。朱熹所以认为："道者，日用事物当行之理，皆性之德而具于心，无物不有，无时不然，所以不可须臾离也。"[1] 君子因此应当心怀敬畏之心，戒惧审慎，节情欲以求中和，然后位育。此说颇似亚当·斯密的道德哲学论证方法，虽然同具时代大转变特点，但内涵相异，《中庸》为奴隶主制转向地主制的产物，《道德情操论》则为封建主义转向资本主义的结果。《中庸》首章"天命之谓性，率性之谓道，修道之谓教"清楚地表明了道与性皆从天来，因此今人常连着天讲天道、天性，而天之道、天之性离不开一个"中"字。斯密论道德情感时，首论行为的合宜端赖乎人们天生的同情感，通过努力，人们就可修得"和蔼可亲"（amiable virtue）、"令人尊敬"（respectable virtue）两种美德：一则努力体谅他人情感，是为和蔼可亲；另一则努力降躁，平心静气赞同他人，是为令人尊敬。[2] 两相比较，"中"与"合宜"不尽相同，"中"德不再有细分，本身为最高之德，程子谓之，"中者，天下之正道"；而"合宜"之德有寻常与不寻常的差等，令人尊敬胜过和蔼可亲。中西心法因此有别。

可见，中西人心营构各有差别。儒学之心法，按朱子所言，"出于天而不可易"，"备于己而不可离"，"反求诸身而自得之"，"去夫外诱之

---

① 朱熹：《四书章句集注》，中华书局，2011/1983，第17页。
② 亚当·斯密：《道德情操论》，蒋自强等译，商务印书馆，1997，第24页。

私，而充其本然之善"。① 西人斯密心法不同，虽出于天但可易，天性作用有次序之分，首先指向和作用于个人，其次指向和作用于社会。② 斯密心法重客观与理智，在矛盾中想象着一种情感平等化过程，比如斯密认为："旁观者的同情心必定完全产生于这样一种想象，即如果自己处于上述悲惨境地而又能用健全理智和判断力去思考（这是不可能的），自己会是什么感觉。"③ 斯密之所以认为不可能，乃是认为人之同情天性等级要高过理性等级，缺乏思虑和远见是婴孩免除恐惧和担心的一服良药，但成人心中的巨大痛苦，一旦滋长起来，却是理性和哲理所无法克制的。④

　　我国学者庞朴也敏锐地看到了中西方之间的思维差异。他认为，亚里士多德虽注意到了中间和两端为三，但只注意到三者的互相对立一面。然而中国人的思维方法则不同，认为绝对者既存于相对者之前，又存于其间。比如天地人的关系是"天之用为化，地之用为育，人之用为赞"的"三位一体"关系。⑤ 这样看来，人己贯通既是问题，又不是问题。如果从一分为二的对立角度看，就是问题，问题在于存在这种思维上的看法。但是，如果这种看法并没有看到事实，那么，解决问题的方法就在于找到那种看到事实的看法。所以庞朴提出中庸不是一分为二的结果，世界本身就是一分为三（多）。韦政通也认为，在孔子的时代，天人的对立逐渐消失，由人创造的道德宇宙逐渐形成。⑥

　　由是观之，中西心法确实有根本的不同，西人心法冀图通过平衡外在等级以消除张力，而中国心法求一以贯通。这种差别明显体现为中西在解除人之紧张上的不同路径和方法，也就是思维和认知上的不同。西人因想象无着落而转为重视客观，希望通过理顺外在秩序而控制内在激情，中国人则是从内在的澄明而达到天人的合一。

　　相对西方文化中上述那种不充足人性观，一种以充足性、完整性为特征的中国人性论滋养着东方人民。正如徐复观所说："把成就人与物，

---

① 朱熹：《四书章句集注》，中华书局，2011/1983，第 18 页。
② 亚当·斯密：《道德情操论》，蒋自强等译，商务印书馆，1997，第 282 页。
③ 亚当·斯密：《道德情操论》，蒋自强等译，商务印书馆，1997，第 9 页。
④ 亚当·斯密：《道德情操论》，蒋自强等译，商务印书馆，1997，第 10 页。
⑤ 庞朴：《中庸与三分》，《文史哲》2000 年第 4 期。
⑥ 韦政通：《中国思想史》（上册），水牛出版社，1986，第 69 页。

包含于个人的人格完成之中，个体的生命，与群体的生命，永远是连结在一起，这是中国文化最大的特性。"① 比较言之，西方人性观中始终伴有一种不平的激情，即"一种努力超过他人的努力"。② 徐复观认为："希腊文化，是以自然学为基底，自然学是知性向外活动的结果，以苏格拉底为代表的反省，依然是顺着这一条道路。知性活动的特色是主客分明，计算清楚。于是希腊的伦理道德，只能停止在节制，勇气，正义的这一阶段。而希腊正义之神，手上是拿着天称，并含有罪罚补赏的意义。这是由外在的计算以求'人'与'我'间能得其平的意思，这没有达到孔子所说的仁的境界。"③ 徐复观还认为："西方人类爱的精神是来自基督。个人跪在上帝面前否定了自己，同时即浮现出了人类。人类都是上帝的儿女，都是自己的弟兄，此时自然觉得应该爱神以及爱神之所爱。这样才转出人类爱的观念。但宗教之爱，虽然有一自反的过程，可是宗教的自反，开始后便投射到外面去让神负责去了，所以这种爱对于人自身而言，依然有一间隔，不能达到浑然与物同体的境界。"④

中国人性格的极致表现可以用"极高明而道中庸"这句话来说明。这颇类似于霍布斯在《利维坦》引言一开始正告世人的话："就像在众多其他事物上一样，'自然'（作为上帝创造和治理世界的艺术）被人的艺术所模仿，从而能够制造出人造的动物。"⑤ 显然，在人是否具有积极的创造能力方面，霍布斯讲的人和中庸的人并无差别。细究二者之间的根本差别在于，霍布斯讲的人因受"模仿"所限而始终处在抗争外部自然的激情之中，而中庸之人因为面对人伦常用而能适度以存，比如一个处于极端贫困之人也能完成孝道。

由于在人性论上的差异，中西生发出不同的政治社会观念。西方以政治关系统摄包括家庭在内的各种团体关系，即使最后要造成的人民共同体，仍是一种政治共同体的关系，在这种关系中，人与人之间仍是陌

---

① 徐复观：《中国人性论史·先秦篇》，上海三联书店，2001，第134页。
② 李猛：《自然社会》，商务印书馆，2015，第125页。
③ 徐复观：《中国学术精神》，华东师范大学出版社，2004，第7页。
④ 徐复观：《中国学术精神》，华东师范大学出版社，2004，第9页。
⑤ Thomas Hobbes, *Leviathan*, edited with an Introduction and Notes by J. C. A. Gaskin, Oxford University Press, 1996, p. 7.

生的。比较而言，建立在中庸人性基础上的社会并不是一种等级关系，而是一种政治与家庭并置的关系。前述日本学者尾形勇先生关于中国古代君臣关系实为结合体关系可以佐证。又据顾颉刚先生对崔述《经传禘祀通考》的研究发现，禘祀指的是群庙之祭，非指祭始祖之父之事。群庙之祭与始祖之祭之间的差别是：群庙强调平等，始祖之祭为帝王所为，尽管帝王强调始祖之祭，但群庙之祭发生在先的影响是异常深远的。一来使统治者不能因始祖之祭把自己与天下割裂，反倒是要代表天下而祭；二来是群庙之祭生发的阶级平等欲求成为中国社会发展的重要动力。

最后是日用伦常成为中国人的生活中心。日用伦常成为道义核心，此道义自然离不开一代代人的崇信，因此，修道之谓教一句彰显出"造人"的途径。在我们看来，士正是这种理念的结果。在中国传统社会中，士这个群体就担负着中流砥柱的功能，《易》中"士，天下化成之质"即为此意。士人既致用于世，又有历史反顾，融儒、墨、法、道诸家于一体，兼贤者与世官之责，以平等化等级、以适度平激情、以和合化争执、以诚明达善，欲将旷野生存变成在世桃源。

（何健）

第二编

中国社会学的基本概念——合群与能群

第三章
修　身

本章概要

　　《大学》曰："古之欲明明德于天下者，先治其国；欲治其国者，先齐其家；欲齐其家者，先修其身；欲修其身者，先正其心；欲正其心者，先诚其意；欲诚其意者，先致其知，致知在格物。物格而后知至，知至而后意诚，意诚而后心正，心正而后身修，身修而后家齐，家齐而后国治，国治而后天下平。"这就是儒家思想中著名的"格物、致知、诚意、正心、修身、齐家、治国、平天下"的由来。这是一个由外而内，再由内至外的修炼与实践路径。这个路径也被视为古代文人士大夫"内圣—外王"的路径。"修身"在这个路径中被视为一个至关重要的环节，它是连接"内"和"外"的中间环节。"诚意"和"正心"基本上是"内圣"的环节，"齐家"、"治国"、"平天下"则基本上是"外王"的环节，而"修身"则是连接这内外二者的一个中介环节。"修身"兼具"内圣"与"外王"的某些特质，"内圣"离不开"身"的"心"，"外王"离不开"身"的"体"和"躬行"；前一个"身"侧重于伦理性，后一个"身"侧重于实践性。

　　因此，中国古代思想中的"身"兼具身（体）和心的含义，是一个心体合一之"身"，这个心体合一之"身"成为中国古代文人士大夫治国平天下的根本载体，也是"内圣—外王"的根本载体。西方社会学从古典直至当代，在身体以及身体与精神、身体与社会的关系上都没有一个令人满意的处置，要么扬心抑身，要么重社轻身，始终无法做到身心合一、身社协调。这种身心合一、身社协调，如果用英国社会理论家希林的话来说，就是"具身性"。而中国人在古代就已经认识到肉体之身和精神是共生合一的。

"性"是一个多面体。作为生物人，人有生命，有本能和欲望，这便是性当中的"生命"、"情"；作为社会人，个人要在社会中生存，需要同他人交往，要理解和把握人的本质，这便是性当中的"人的本性"。古人用性来表示以上含义，实质上是要认识人自身。人认识自身的目的不仅仅在于加深对自身的理解、陶冶自己的性情，还在于在对人的本质及其特性理解的基础上更好地同人交往，适应社会并改造社会。中国传统人性论重德性，相信人性善，坚信人通过努力能达到至善之境地，这为"性"的养成和社会教化奠定了坚实的理论基础。性是修身的目的与追求，修身就是养性。

自我观不仅指个体对自身存在状态的认知，也包含对个人与社会的关系的认识。在中国传统思想，尤其是儒家思想中，作为自我概念的"己"、"身"、"自"、"我"、"吾"大致可以分为两类，"己"、"自"、"身"作为一类，倾向于西方自我观念中的"客我"；"我"与"吾"作为一类，倾向于西方自我观念中的"主我"。但是，无论是前面一类，还是后面一类，都不能和西方的"自我"划分中的"客我"和"主我"完全画等号。中国传统思想虽然在"主我"、"客我"之间做了一个大致的区分，但是并不像西方那样在主客之间做二元对立式的划分。先贤认识到自我具有主体性和客体性两个方面的秉性，但他们也同样认识到，自我的主客两个方面是无法做泾渭分明的划分的，而是一个主中有客、客中有主的相互关系。在西方社会学的早期历史中，个体与社会的关系是二元对立的，直到当代，吉登斯、布迪厄才对这种二元对立的关系进行了卓有成效的回应，提出了整合个体（行动）与社会（结构）的方案。而中国传统的自我观早就认为个体与社会是辩证统一的。

社会心态是在一定时期的社会环境和文化影响下形成的，是社会多数成员表现出的普遍的、一致的心理特点和行为模式，并成为影响每个个体成员行为的模板。从古代到近代，心态一直是政治统治和国家治理关注的核心问题，心态的形塑依靠的是理想人格的塑造，进而形成政治统治和国家治理所需要的核心价值体系。所以，个体的修身养性就成为社会心态形塑的重要基础。

"社会"在中国社会思想史上是一个古老的新概念。之所以"新"，是因为它直到近代才在中国的话语体系中得以广泛使用；说它"古老"，是因为"社会"内涵的演变可以追溯到中国的远古时期。今天被普遍接受并习以为常的"社会"概念，一方面与中国社会思想史和中国社会学史上的"社"、"会"、"会社"，乃至"社会"具有千丝万缕的联系，另一方面又在中国社会思想史和中国社会学史上发生了重要的演变。"社"与"会"的概念不仅在中国社会思想史和中国社会学史上占有重要的地位，在"修身齐家治国平天下"的传统思想中，亦占有一席之地。因为"社"、"会"既是"修身"的表现形式，也是"修身"的重要内容规定。

在中国传统文化中，"天"有自然之天、主宰之天、义理之天三种主要含义。而无论哪种含义，"天"和"人"都是一对密切相关的概念。作为自然之天，中国古人追求与自然和谐的"天人合一"境界；作为主宰之天，天和人的关系启示了人类社会的基本法则；作为义理之天，天是指政治、伦理、宗教的至高权威，天和人的关系揭示的是社会的秩序之源。

在道家思想中，自然就是道，就是社会法则；在儒家思想中，中庸是最高的德行准则，也是一种"自然"的标准或境界。"自然"是中国古人修身立足的目标，"自然"这一境界，成为中国人修身的逻辑准则。

（邓万春）

一 身：心体合一①

中国传统思想中的身体主要是一种"身心合一"之"身"，这个"身"内在地包含"肉体"和"精神"两个方面。在儒家那里，"身"主要有自身（己）、行为、为人、生命等含义。这个"身"通过践行仁、义、礼、智、信等伦理准则而实现修身之伦理实践目的。在道家那里，

---

① 本部分内容曾发表于《江淮论坛》2016年第6期，此处有进一步修改。

尽管更多提及肉体之身，但是身的主要含义仍然是自身（自己）、生命，因而也主要是"身心合一"之身。道家的身体观同样是实践性的，只不过践行的是自然之"道"。尽管儒家和道家的"身"都是"身心合一"之身，但是"心"都对"身"具有优先性。对于这种"身心合一"而心为身主的关系，笔者以"载心之身"概括之：身和心二者结为一体，相互合作，身进行伦理或道的实践，同时其实践行为要受心的指挥；心虽然指挥着身，但是自己无法表现自己，必须借助身来表达自己。

（一）"身"的含义

1. 儒家思想中"身"的含义

在古代的儒家典籍中，"身"虽然也有指代"肉体"的用法，但并不占主流，"身"更多地用来指代"身心"，"自身"、"自己"，"品行"、"行为"，"生命"、"终生"，"身份"，等等。这类意义上的"身"自然就不仅仅是一个"肉体"那么简单，而是同时关涉肉体和精神两个方面。在古代，有专门的词语来指代"肉体"，那就是"形"、"体"、"躯"等。

以"身"来指代自己、自身，这种含义在古代的儒家思想中用得最多、最为普遍，可认为是"身"的最基本含义。例如《论语·学而篇》中有言："吾日三省吾身——为人谋而不忠乎？"[1] 这里的"身"与"人"对应，"人"指的是他人，而"身"则指自己。《大学》中说："欲齐其家者，先修其身。"[2] 这里的"身"和"家"相对应，指自身、自己。《中庸》第十四章中说："失诸正鹄，反求诸其身。"[3] 这里的"身"很明显指自身。《孟子·尽心章句上》中说："穷则独善其身，达则兼善天下。"[4] 这里的"身"和"天下"相对，指自己。

身心。在这种含义中，"身"较为明确地同时包含肉体和精神两个方面。如《大学》中的"富润屋，德润身，心广体胖"，[5] "心广体胖"和"德润身"是前后对应的："德润身"中的"身"对应"心广体胖"

---

[1] 杨伯峻译注《论语译注》（第3版），中华书局，2009，第3页。
[2] 朱熹：《四书章句集注》，浙江古籍出版社，2012，第5页。
[3] 朱熹：《四书章句集注》，浙江古籍出版社，2012，第24页。
[4] 朱熹：《四书章句集注》，浙江古籍出版社，2012，第304页。
[5] 朱熹：《四书章句集注》，浙江古籍出版社，2012，第8页。

中的"心"和"体"。所以这里的"身"就既包含"肉体"，又包含"心"。

　　品行、行为、躬行。在此，以"身"来表示人的行为、品行、亲力亲为。《荀子·非相》中说："听其言则辞辩而无统，用其身则多诈而无功。"① 这里的"身"与"言"相对，指"行为"。《孟子·尽心章句上》中说："尧、舜，性之也；汤、武，身之也。"② 这里的"身"是"身体力行"的意思。

　　生命、终生。《论语·学而篇》中说："事父母，能竭其力；事君，能致其身。"③ 《荀子·性恶》中说："轻身而重货，恬祸而广解，苟免。"④ 这两句中的"身"都有"生命"的含义。

　　《论语·卫灵公篇》中说："有一言而可以终身行之者乎？"⑤ 《孟子·尽心章句上》中说："行之而不著焉，习矣而不察焉，终身由之而不知其道者，众也。"⑥ 这两句中的"身"都有"终生"、"一生"的意思。

　　肉体、躯体。用"身"单纯指"肉体"、"躯体"，这类用法在先秦儒家典籍中不多见，仅在《论语》、《荀子》、《孟子》中偶有用及。如《论语·乡党篇》中的"必有寝衣，长一身有半"，⑦ 《荀子·子道》中的"虽有国士之力，不能自举其身"。⑧

　　表示肉体之身的"体"、"形"、"躯"。古代儒家典籍中有专门表示"肉体"、"躯体"的用法，这就是"体"、"形"和"躯"，但并不多见，如《大学》中的"富润屋，德润身，心广体胖"，《孟子·尽心章句下》中的"其为人也小有才，未闻君子之大道也，则足以杀其躯而已矣"。⑨

　　2. 道家思想中"身"的含义

　　道家思想中的"身"主要有三种含义：自身（己）；生命，一生

① 安小兰译注《荀子》，中华书局，2007，第 51 页。
② 朱熹：《四书章句集注》，浙江古籍出版社，2012，第 309 页。
③ 杨伯峻译注《论语译注》（第 3 版），中华书局，2009，第 5 页。
④ 安小兰译注《荀子》，中华书局，2007，第 284 页。
⑤ 杨伯峻译注《论语译注》（第 3 版），中华书局，2009，第 164 页。
⑥ 朱熹：《四书章句集注》，浙江古籍出版社，2012，第 303 页。
⑦ 杨伯峻译注《论语译注》（第 3 版），中华书局，2009，第 99 页。
⑧ 东方朔导读，王鹏整理《荀子》，上海世纪出版集团，2010，第 347 页。
⑨ 朱熹：《四书章句集注》，浙江古籍出版社，2012，第 320 页。

（终生）；肉体。

跟儒家类似，在道家思想中，"身"最主要的含义也是"自身、自己"。如《老子》第七章言："是以圣人，后其身而身先，外其身而身存。"① 《老子》第二十六章言："奈何万乘之主而以身轻天下。"② 前者的"身"是和"他人"相对，指自己；后者的"身"是和"天下"相对，指自身。又如《庄子·内篇·人间世》言："且昔者桀杀关龙逢，纣杀王子比干，是皆修其身以下伛拊人之民。"③ 这里的"身"与"民"相对，指"自己"。

生命、终生。如《老子》第四十四章言："名与身孰亲？身与货孰多？"④《庄子·内篇·大宗师》言："行名失己，非士也；亡身不真，非役人也。"⑤ 这两句中的"身"都是指"生命"。

《老子》第十六章言："知常容，容乃公，公乃王，王乃天，天乃道，道乃久，殁身不殆。"⑥《庄子·内篇·齐物论》言："而其子又以文之纶终，终身无成。"⑦ 这几句中的"身"是指"一生"、"终生"。

肉身。在道家思想中，多用"形"、"骸"等词来指代肉体、躯体，直接用"身"来表示肉体者少。这一点跟儒家相似。如《庄子·内篇·逍遥游》中的"瞽者无以与乎文章之观，聋者无以与乎钟鼓之声。岂唯形骸有聋盲哉"，⑧《庄子·内篇·齐物论》中的"形固可使如槁木，而心固可使如死灰乎？"⑨

3. "身"与"体"

由上文对"身"和"体"含义的梳理，可知古代儒、道思想中的"身"主要是指一种身（肉体）、心兼具之"身"。这里的"心"指精神性的因素，如心灵、意识等。在儒、道思想中，"肉体"之身有专门的

---

① 老子：《道德经》，陕西人民出版社，1996，第10页。
② 老子：《道德经》，陕西人民出版社，1996，第37页。
③ 曹础基：《庄子浅注》（第3版），中华书局，2007，第42页。
④ 老子：《道德经》，陕西人民出版社，1996，第65页。
⑤ 曹础基：《庄子浅注》（第3版），中华书局，2007，第72页。
⑥ 老子：《道德经》，陕西人民出版社，1996，第22~23页。
⑦ 曹础基：《庄子浅注》（第3版），中华书局，2007，第22页。
⑧ 曹础基：《庄子浅注》（第3版），中华书局，2007，第8页。
⑨ 曹础基：《庄子浅注》（第3版），中华书局，2007，第13页。

语词"体"、"形"、"躯"来表示。由此我们可以判断:古代儒、道思想对"身"和"体"主要是分而论之的,只有需要单纯地表示肉体、躯体、形体的含义时,才会用到"躯"、"形"、"体"等概念。在大多数情况下,儒道思想中用到的是"身"这个概念,而当这个概念出现时,又多指身(肉体)、心(精神)兼具之身。

在"身"与"体"的含义属性上,"身"更多地具有社会性、伦理性、实践性,而"体"则更多地具有生理性。

在"身"与"体"的关系中,"身"更具主动性,而"体"则更具被动性。在古代的儒家思想中,"体"往往是"身"的结果,"身修"或"身正","体"就会有一个理想的结果,否则"体"的下场就会不太美妙。如"富润屋,德润身,心广体胖"中"体胖"就是"德润身"的结果。如《孟子·离娄章句上》曰:"士庶人不仁,不保四体。"①其逻辑就是:如果士庶人不修身以致不仁,就会"四体不保"。所以"四体不保"就是"不仁"的结果。

《老子》第三十三章曰:"死而不亡者寿。"②这里对"寿"的理解体现了老子对(肉)身与德(心)关系的观点,即人的道与德是远远超越于其肉体的生命长度的。在《庄子》的《德充符》中,庄子通过五个身残志坚或身残德充的例子,说明了人内在的德行对于外在形体的优先性或超越性。

(二)践行之身:伦理与理念形塑

无论是儒家思想中的"身",还是道家思想中的"身",都是一种实践、践行之身,即都强调对"身"的修养、修炼,"身"都并非一种静态的、一成不变的存在,而是可以通过后天的修养功夫达至一种理想的境界。但要注意的是,这里的"实践"、"践行"和西方哲学意义上的"实践"、"践行"并不完全相同。如马克思笔下的"实践"主要侧重于社会生产活动,而儒家道家的"实践"、"践行"则侧重于对一些精神和伦理行为层面的规范、价值和理念的浸染、习得与内化。虽然从总体上说,儒家道家都强调行为规范、价值和理念层面的修身,但是,儒家和

---

① 朱熹:《四书章句集注》,浙江古籍出版社,2012,第242页。
② 老子:《道德经》,陕西人民出版社,1996,第48页。

道家在修身的具体取向上有所不同：儒家修的是仁、义、礼、智、信等伦理之身，而道家修的是道、德之身。这里的"道"是一种宇宙法则，而"德"则是这种法则在现实社会中的体现。因此，道家这里的"德"跟儒家的仁、义、礼、智、信等伦理准则是不一样的。

1. 伦理践行之身

古代儒家思想中的践行之身，主要是指对儒家的伦理道德规范的践行，而非一般意义上的社会实践。有学者说："儒家将人的身体视为一个实践价值规范的场域。"① 这种身的践行，或者是以仁、义、礼、忠、信、诚等来规范身心行为，例如"吾日三省吾身——为人谋而不忠乎？与朋友交而不信乎？"是以"忠"、"信"为标准来检视自己的身心行为，"善在身，介然必以自好也；不善在身，菑然必以自恶也"② 是强调"身"要"善"，"万物皆备于我矣。反身而诚，乐莫大焉"③ 是以"诚"来要求"身"；或者是以身心行为来彰显伦理道德规范，如"其所为身也，谨修饰而不危"④ 是强调行为修养，"身贵而愈恭，家富而愈俭"⑤ 则强调行为的恭敬。因此，这样的一种身体实践，可以称为伦理实践。

"身"的伦理实践的逻辑。根据儒家"修身、齐家、治国、平天下"的致思路径，"修身"是"齐家"、"治国"、"平天下"之本。也就是说，"身"的伦理实践是"身"的社会实践的基础，"身修"（即伦理实践）则自然而然地"家齐"、"国治"、"天下平"（社会实践）。正因如此，儒家思想特别强调身的伦理实践。从逻辑理路来看，古代儒家思想中"身"的伦理实践的逻辑线索有两条：一是孟子的由内而外的"内圣—外王"路径；二是荀子的"外—内—外"的"内圣—外王"路径。

孟子主张人性善，认为仁义礼等伦理道德规范根植于人的内心，个人应通过反思、内省而悟道、修身。《孟子·尽心章句上》曰："君子所

---

① 刘彦顺：《"身体"的觉醒——中国近现代美育理论中的"身体"概念》，《文艺争鸣》2007 年第 5 期。

② 安小兰译注《荀子》，中华书局，2007，第 19 页。

③ 朱熹：《四书章句集注》，浙江古籍出版社，2012，第 303 页。

④ 东方朔导读，王鹏整理《荀子》，上海世纪出版集团，2010，第 142 页。

⑤ 东方朔导读，王鹏整理《荀子》，上海世纪出版集团，2010，第 74 页。

性，仁义礼智根于心。"①《孟子·告子章句上》称："恻隐之心，人皆有之；羞恶之心，人皆有之；恭敬之心，人皆有之；是非之心，人皆有之……非由外铄我也，我固有之也。"②个体以反思、内省的方式唤醒自身固有的伦理道德规范，以此达到"身修"的目的，这是第一步；然后以自己充盈伦理道德规范的身心行为来彰显伦理道德规范，这是第二步，这是一个由内向外的过程；当第二步能够得到顺利实现时，"齐家"、"治国"、"平天下"就是一个会自然实现的过程，这是第三步。

荀子主张人性恶，《荀子·性恶》中说："人之性恶，其善者伪也。"③但他认为人性可以教化，《荀子·礼论》言："性者，本始材朴也；伪者，文理隆盛也，无性则伪之无所加，无伪则性不能自美。"④他认为要靠外在的伦理道德规范来修养身心。所以，荀子的"身"的伦理实践遵循"外—内—外"的逻辑。也就是说，"内圣"的过程并非一个自我实现、自我完成的过程，而是在外在规范约束、限定的前提下完成的。这样一来，"修身"或者说身的伦理实践的内在动力就不是不言自明的。当外在的规范解除时，这种身的伦理实践就只能依赖于社会成员的自身定力，具有很大的不确定性。正因如此，当王朝没落、礼法废弛时，很多文人士大夫就很难再"守身"、"端身"了，甚至陷入"无所不为"的境地。

2. 道、德践行之身

道家修的是"道"、"德"之身，即对"道"和"德"的践行。"道"是无可名状又无所不在的万事万物的内在规律。修身以道，就是要让自己的身心顺应万事万物的内在规律，即"道法自然"。修身以德，就是要让自己以"德"的方式去行事，即无为而为。

老子阐述了道家修身的原则和路径。修身的原则是无为、无欲、无身。王弼说："穷极虚无，得道之常。"⑤《老子》第十章说："载营魄抱一，能无离乎？专气致柔，能婴儿乎？"⑥认为我们要修婴儿之无欲无求

① 朱熹：《四书章句集注》，浙江古籍出版社，2012，第306页。
② 朱熹：《四书章句集注》，浙江古籍出版社，2012，第284页。
③ 东方朔导读，王鹏整理《荀子》，上海世纪出版集团，2010，第275页。
④ 东方朔导读，王鹏整理《荀子》，上海世纪出版集团，2010，第230页。
⑤ 王弼注，楼宇烈校释《老子道德经注校释》，中华书局，2008，第37页。
⑥ 老子：《道德经》，陕西人民出版社，1996，第13页。

之身。王弼有注云："能若婴儿之无所欲乎？"① 圣人但求温饱，不求五色五音五味。《老子》第十二章曰："五色令人目盲，五音令人耳聋，五味令人口爽……是以圣人为腹不为目，故去彼取此。"② "无身"乃修身的最高境界。《老子》第十三章讲："宠辱若惊，贵大患若身……及吾无身，吾有何患？故贵以身为天下，若可寄天下；爱以身为天下，若可托天下。"③ 能够托付天下的人，是不因身外的宠辱荣患而动的人。如果做到"无身"，即"忘我"的境界，则可以真正做到无患了。

修身的路径是后身、外身、致虚静、见素抱朴、弃绝仁义礼智、以身观身。《老子》第七章云："是以圣人，后其身而身先，外其身而身存。"④ 这是后身、外身的路径。《老子》第十六章云："致虚极，守静笃，万物并作，吾以观复。"⑤ 这是道家最为看重的修身路径，即致虚静。《老子》第十九章云："绝圣弃智，民利百倍；绝仁弃义，民复孝慈；绝巧弃利，盗贼无有……见素抱朴，少私寡欲。"⑥ 这里给出了与儒家针锋相对的修身路径：绝圣弃智、绝仁弃义、见素抱朴。《老子》第五十四章云："故以身观身，以家观家，以乡观乡，以国观国，以天下观天下。"⑦ 这是以身观身的修身路径。

相较于老子强调无为无欲之身、虚静之身，庄子更重视"道"对肉体之身的优先性或超越性。因此，庄子的修身主要是"修心"。而"修心"的关键在于顺应自然之"道"。《庄子·内篇·齐物论》曰："一受其成形，不亡以待尽。与物相刃相靡，其行尽如驰而莫之能止，不亦悲乎！终身役役而不见其成功，茶然疲役而不知其所归，可不哀邪！人谓之不死，奚益！其形化，其心与之然，可不谓大哀乎？"⑧ 这里强调的就是人的精神不要束缚于人的形体。《庄子·内篇·养生主》曰："吾生也有涯，而知也无涯。以有涯随无涯，殆已！已而为知者，

---

① 王弼注，楼宇烈校释《老子道德经注校释》，中华书局，2008，第23页。
② 老子：《道德经》，陕西人民出版社，1996，第16页。
③ 老子：《道德经》，陕西人民出版社，1996，第17~18页。
④ 老子：《道德经》，陕西人民出版社，1996，第10页。
⑤ 老子：《道德经》，陕西人民出版社，1996，第22页。
⑥ 老子：《道德经》，陕西人民出版社，1996，第26页。
⑦ 老子：《道德经》，陕西人民出版社，1996，第79页。
⑧ 曹础基：《庄子浅注》（第3版），中华书局，2007，第16页。

殆而已矣！为善无近名，为恶无近刑，缘督以为经，可以保身，可以全生，可以养亲，可以尽年。"[①] 这里强调顺应自然之道，就可以保全身体和天性。

（三）载心之身：主从型共生关系

1. 身心合一

由上文的分析可知，中国古代主流思想中的"身"主要是一种身（肉体）、心（精神）合一的"身"。根据儒家思想的伦理性、实践性特点，如果这些"身"仅仅指"肉体"，则不符合其思想的伦理性特征，如果这些"身"仅仅指"心"，则不符合其思想的实践性特征。儒家思想的伦理性和实践性特征，在很大程度上决定了"身"应该是身（体）、心兼具的。不仅先秦儒家如此，后来的宋明理学也基本持此观点。朱熹在《朱子语类》卷八十七中说："人生时魂魄相交，死则离而各散去，魂为阳而散上，魄为阴而降下"，而"大率魄属形体，魂属精神"。[②]有学者言：朱熹的思想体现了儒家注重身心统一的思维特点，他所理解的人是以形体和精神的统一为基础的人。[③]《明儒学案·泰州学案三》也有"身在是而学即在是"之说。

同理，对于道家而言，"身"既是"道"、"德"等价值、理念的载体，又是践行这些价值、理念的行为主体。所以，道家思想中的"身"也是身（体）、心兼具的。

例如，在我们前述儒家思想"身"最主要的一种含义"自己"、"自身"中，"身"往往和"人"相对应地出现，如"所藏乎身不恕，而能喻诸人者，未之有也"，[④] "三者在身，曷怨人"，[⑤] 等等。这里的"人"是指"他人"，而"身"就指"自己"、"自身"。在与"他人"的关系中去认识、把握"自身"，这正是西方现代"自我"概念的基本含义，这种"自我"概念就既包括生理性的躯体，也包括心理和精神因素。

---

① 曹础基：《庄子浅注》（第 3 版），中华书局，2007，第 34~35 页。
② 黎靖德：《朱子语类》，中华书局，1986，第 2259 页。
③ 徐弢、李思凡：《从人的个体性视角看奥古斯丁与朱熹的心身学说》，《武汉大学学报》（人文科学版）2012 年第 3 期。
④ 朱熹：《四书章句集注》，浙江古籍出版社，2012，第 10 页。
⑤ 东方朔导读，王鹏整理《荀子》，上海世纪出版集团，2010，第 352 页。

在老子的思想中，无为、无欲、无身之身、法自然之身主要是身（体）、心（道）合一之"身"。到了庄子那里，这种合一之身似乎逐渐出现了分裂，庄子更倾向于将身心区分开，也就是以身心二分的眼光看待二者的关系，而且在二者中，"心"或者"道"明显优先于肉体之"身"，甚至有将肉体之身视为"道"的负担的倾向。

2. 身心合作

在中国古代的思想中，"身"在多数时候不但兼指身（体）和心，而且二者是一种合作关系。

古代儒家思想中的"身"是一种伦理实践意义上的"身"。这种伦理实践在逻辑上是一个"内圣—外王"的过程。"内圣"更多的是一个直达内心的过程。而由内而外的"外王"过程则需要通过人的躯体的行为而"形于外"，这是一个躯体无法缺席的过程。因此，一个完整的"内圣—外王"过程是心灵和躯体都不可或缺的。

在《大学》所述的"诚意、正心、修身、齐家、治国、平天下"的具体"内圣—外王"路径中，"修身"被视为一个至关重要的环节。"诚意"和"正心"基本上是"内圣"的环节，"齐家"、"治国"、"平天下"则基本上是"外王"的环节，而"修身"则是连接内外二者的一个中介环节。"修身"兼具"内圣"与"外王"的某些特质，"内圣"离不开"身"的"心"，"外王"离不开"身"的"体"和"躬行"；前一个"身"侧重于伦理性，后一个"身"侧重于实践性。因而"修身"中的"身"，如果仅仅指心和躯体，都无法起到连接"诚意"、"正心"和"齐家"、"治国"、"平天下"的作用。这就是古代儒家思想中的"身"兼具身（体）和心的含义的内在原因。这也是为什么我们说古代儒家思想中的"身"具有身心合作的关系的根本原因。

3. 心为身主

虽然身心是合一、合作的关系，却不是对等的关系。身、心有主次，其中心居于主导地位，身（肉体）处于从属地位。

在《论语·卫灵公》中，孔子说："志士仁人，无求生以害仁，有杀身以成仁。"[1] 孔子对"身"和"仁"的取舍反映的就是他的身心关

---

[1] 杨伯峻译注《论语译注》（第3版），中华书局，2009，第161页。

系理念。孔子主张为了仁，可以牺牲生命，身心关系在此立现。荀子对心为身主的关系阐述得最为明确，他在《荀子·解蔽》中说："心者，形之君也，而神明之主也，出令而无所受令。"① 在《荀子·天论》中，他说："心居中虚，以治五官，夫是之谓天君。"②

孟子也认为心主导身，身为"小体"，心为"大体"。他在《孟子·告子章句上》中说："钧是人也，或从其大体，或从其小体，何也?""耳目之官不思，而蔽于物，物交物，则引之而已矣。心之官则思，思则得之，不思则不得也。此天之所与我者，先立乎其大者，则其小者弗能夺也。"③

最为重要的是，修身的根本在于正心。所以，心为身主。《大学》曰："所谓修身在正其心者：身有所忿懥，则不得其正；有所恐惧，则不得其正；有所好乐，则不得其正；有所忧患，则不得其正。心不在焉，视而不见，听而不闻，食而不知其味。此谓修身在正其心。"④

在道家思想中，老子和庄子在身（体）、心（道）关系上都强调心（道）对肉体之身的优先性。老子的无欲无求无身之身自然应该是一个精神性的充盈"道"和"德"之身。尽管老子的思想中有着诸多的"贵身"、"保身"的表述，但"贵身"、"保身"并不是要强调肉体之身的重要性，而恰恰是要摆脱名和利等外在的束缚对于"身"的羁绊，以使"身"具有超脱世俗、直指道心的超然性。老子所说的"死而不亡者寿"，庄子所说的"是遁天倍情，忘其所受，古者谓之遁天之刑。适来，夫子时也；适去，夫子顺也。安时而处顺"⑤ 都是在强调一种得道之身、顺应自然之身。在这种得道之身、顺应自然之身面前，肉体寿命的长短显得无足挂齿。在这一点上，庄子比老子走得更远，从他在《庄子·德充符》中的例子和论述可以看出这种倾向："故德有所长而形有所忘。"⑥

4. 载心之身

身心是合一的，而且是合作的，而二者的地位却是不对等的，心为

① 东方朔导读，王鹏整理《荀子》，上海世纪出版集团，2010，第251页。
② 东方朔导读，王鹏整理《荀子》，上海世纪出版集团，2010，第193页。
③ 朱熹：《四书章句集注》，浙江古籍出版社，2012，第289页。
④ 朱熹：《四书章句集注》，浙江古籍出版社，2012，第9页。
⑤ 曹础基：《庄子浅注》（第3版），中华书局，2007，第37页。
⑥ 曹础基：《庄子浅注》（第3版），中华书局，2007，第67页。

身主。那么我们该如何把握这种奇特的身心关系呢？笔者用了一个"载心之身"的概念来概括这种身心关系，并以此表征中国古代思想中的身体观念。提出这个概念，是从生态系统中的共生现象获得的灵感。在生态系统中，一些生物相互结合在一起，互利共赢。我们这里的身心关系有点类似生物界的共生现象，身和心结合成一体，相互合作。从字面上看，"载心之身"就是身体背负或承载着心，这是一个比喻的说法，是为了说明身、心二者结合在一起，就像共生现象中一个生物背负着另一个生物。

美国学者安乐哲也曾从共生的角度理解中国古代思想中的身心关系。他认为，中国古典哲学中的"身心是一对'两极相关'（polar）而非'二元对立'（dualistic）的观念。因此，只有在彼此互涉的情况下，二者才能够得到理解"。因而他指出，在古典中国哲学中，"'人'被恰当地认为是一种'身心交关'（psychosomatic）的过程"。而所谓"两极相关"，是指"一种'共生性'（symbiosis），即两个有机过程的统一性。这种共生性要求双方彼此互为必要条件，以维系双方的存在"。[1] 安乐哲的这种两极相关的身心共生观虽说概括了身心的相互合作和依赖关系，但是忽略了中国古代思想中身心除了合作、依赖关系，还有一种主辅关系，即心为身主。

郭店竹简《六德》中，"仁"的写法是：上面一个身下面一个心。杨伯峻先生说这里的"仁"其实就是指"人"。也就是说，在儒家思想中，一个完整的人是兼具身心的。而且看这个"仁"字的写法，身在上，心在下，较为形象地解释了身心的主辅关系：身在前面抛头露面、展演行为，心在后面坐镇指挥、发号施令，决定着前方的身的行为表现。我们这里提出的"载心之身"概念与《六德》中"仁"的这种写法同理，只是把身和心的位置颠倒了一下，但道理是一样的：身和心二者结为一体、相互合作，身把心背在背上，身进行行为展演，但是其行为表现要受其背上的心的指挥；心虽然指挥着身，但是不能离开身，因为心自己无法表现自己，而必须借助身来表达自己。正如孙隆基所说："中国人的精神形态却是由这个'身'散发出去的'心'之活动。"[2] 同理，

---

① 安乐哲：《古典中国哲学中身体的意义》，《世界哲学》2006 年第 5 期。
② 孙隆基：《中国文化的深层结构》，广西师范大学出版社，2004，第 16 页。

身也离不开心，身离开心，其行为就是盲动，是褪去了伦理道德规范的纯动物行为，这是儒家和道家都不认同的。因此，身心的这种关系就是一种共生关系，跟生物的共生关系略有不同的是，身和心的共生关系有主次，心为身主。孙隆基还说过："中国人的'身'是由人伦与社群的'心'去制约的。"①

"载心之身"的概念形象表征了中国古代的身体思想和身心观念，也能够跟西方社会的身体思想，尤其是西方社会早期的身心二元对立、扬心抑身思想展开对话。

（四）中西方身体观存在的问题

与古典中国的身心合一观念不同，西方古典思想中的身体思想强调的是心灵与身（肉）体的二元对立，而且有明显的扬心抑身倾向。西方的这一思想源头可以追溯到苏格拉底。苏格拉底在临刑前说："死亡只不过是灵魂从身体中解脱出来，对吗？死亡无非就是肉体本身与灵魂脱离之后所处的分离状态和灵魂从身体中解脱出来以后所处的分离状态，对吗？"② 这就将肉体之身和灵魂做了明确的切割，认为二者可以分离开来。

柏拉图在此基础上更进一步，不但将身和心对立起来，还提出了扬心抑身的观点。他说："如果我们要想获得关于某事物的纯粹的知识，我们就必须摆脱肉体，由灵魂本身来对事物本身进行沉思。"③ 柏拉图认为，哲学家应当"藐视和回避身体，尽可能独立，所以哲学家的灵魂优于其他所有灵魂"。④ 他还说："天生就有欲念甚至情欲的、感性的身体是通往神性灵魂的障碍，也是爱智慧者追求真理与知识的阻碍。"⑤ 如果说第一句体现的是柏拉图的身心二元对立思想，那么后面的两句就是他的扬心抑身观念。

由苏格拉底和柏拉图等开创的这种身体思想，奠定了西方身体思想和身心关系理念的基调。这种身体思想延续到中世纪的基督教哲学和近

① 孙隆基：《中国文化的深层结构》，广西师范大学出版社，2004，第31页。
② 柏拉图：《柏拉图全集》（第1卷），王晓朝译，人民出版社，2002，第61页。
③ 柏拉图：《柏拉图全集》（第1卷），王晓朝译，人民出版社，2002，第63页。
④ 柏拉图：《柏拉图全集》（第1卷），王晓朝译，人民出版社，2002，第62页。
⑤ 柏拉图：《柏拉图文艺对话集》，朱光潜译，人民文学出版社，1963，第126页。

代早期的笛卡尔那里，并由笛卡尔将扬心抑身的观念推到了极致。笛卡尔认为，身体"只是一个有广延的东西而不能思维，所以肯定的是：这个我，也就是说我的心灵，也就是说我之所以为我的那个东西，是完全、真正跟我的身体有分别的，心灵可以没有身体而存在"。① 进入现代以后，胡塞尔、梅洛－庞蒂等对这种扬心抑身的观念进行了纠偏，力图将身体和心灵统一起来；而福柯、德勒兹等则在胡塞尔、梅洛－庞蒂等的基础上更进一步，力图将扬心抑身的关系颠倒过来，将身体确立为存在的根本。尽管如此，古典西方所确立的身心对立和扬心抑身思想作为西方身体观念的底色是很难被涂抹掉的。正如有学者所言："20 世纪身体哲学的一个最大图谋就是克服传统的身心二元论，所以如果仅仅是简单地把二者的各自位置做一个颠倒或翻转就可万事大吉，这绝对是大错特错。"②

西方的身心对立和扬心抑身思想传统使得西方社会可以在肉体和心灵（精神）的关系上做二元式处理，即对身和心采取完全不同的对待办法，将二者分而治之。因为古典西方的身体观念认为身和心是可以分离的，所以西方社会将心灵或者灵魂单独作为一个实体去对待，看重人的精神修炼，推崇理性、理智、思辨。同时，西方社会也将肉体单独地看作一个实体去对待，如古希腊人对身体力量和技能的推崇、对肉体本身之美的崇拜。这种分离甚至表现在学科划分中：身体是医学、生物学等自然科学的研究对象，心灵则是哲学、社会学等人文社会科学的研究对象。③ 因此，在西方社会，"暴露身体并不是一件新鲜事。历史充满着乳房和屁股，它们曾不加掩饰地出现在众人眼前。……在每一种社会中，男人和女人身体的某些部位可以被大方地示众，包括最隐秘的地方，有时甚至过于随便"。④ 即使在中世纪基督教的禁欲主义压制下，西方人的肉体狂欢仍然比古代中国要普遍得多，社会对待肉体放纵、狂欢的态度也要宽容得多。

---

① 笛卡尔：《第一哲学沉思录》，庞景仁译，商务印书馆，1986，第 82 页。

② 陈治国：《论西方哲学中身体意识的觉醒及其推进》，《复旦学报》（社会科学版）2007 年第 2 期。

③ 布莱恩·特纳：《身体与社会》，马海良、赵国新译，春风文艺出版社，2000，第 4 页。

④ 让－克鲁德·考夫曼：《女人的身体 男人的目光——裸乳社会学》，谢强等译，社会科学文献出版社，2001，第 3 页。

对于西方人来说，他们要面对心和身二者之间的战斗和撕裂。尽管西方社会对待肉体狂欢比中国古代要宽容，但并非不受指责和压制，毕竟社会推崇的是高尚的灵魂和超脱感性的理性。沉迷于肉体狂欢，或者如行尸走肉一样活着会被认为是卑贱的，而追求灵魂的升华才是高尚的。因此，尽管西方社会可以在身体和灵魂间做二元切割，但是作为个体的社会成员，仍然要在高尚（灵魂）和卑贱（肉体）之间做出抉择，这个抉择并不那么容易，尤其是当这种扬心抑身的思想观念和宗教信仰结合在一起的时候，这种抉择就转换成了天堂与地狱之间的抉择。

中国古代的身体思想虽无西方的身心对立之虞，但也存在自身的问题，即修身的具体标准取决于个人选择，而个人选择往往被具体的社会情境所左右。

在先秦儒家思想中，虽对"身"有伦理性和实践性的要求，希望"身"能够承担起"内圣—外王"的重任。但是，这种要求对每一个社会成员并不是一视同仁的。先秦儒家思想认为人是有等差的，应区别对待，如《论语·雍也》中的"中人以上，可以语上也；中人以下，不可以语上也"，[1]《论语·泰伯》中的"民可使由之，不可使知之"，[2]《论语·阳货》中的"唯上知与下愚不移"，[3]《荀子·哀公》所言的"人有五仪：有庸人，有士，有君子，有贤人，有大圣"，[4]《荀子·修身》所言的"君子役物，小人役于物"，[5]《中庸》第十四章中的"故君子居易以俟命，小人行险以徼幸"，[6]《中庸》第四章中的"道之不行也，我知之矣，知者过之，愚者不及也；道之不明也，我知之矣，贤者过之，不肖者不及也"。[7] 这些是对社会成员差等地位的总体划分：上人、中人、下人，民、君子、小人，上智、下愚，庸人、士、贤人、大圣、不肖，等等。《荀子·儒效》言："随其长子，事其便辟，

[1] 杨伯峻译注《论语译注》（第3版），中华书局，2009，第60页。
[2] 杨伯峻译注《论语译注》（第3版），中华书局，2009，第80页。
[3] 杨伯峻译注《论语译注》（第3版），中华书局，2009，第179页。
[4] 东方朔导读，王鹏整理《荀子》，上海世纪出版集团，2010，第355页。
[5] 东方朔导读，王鹏整理《荀子》，上海世纪出版集团，2010，第13页。
[6] 朱熹：《四书章句集注》，浙江古籍出版社，2012，第24页。
[7] 朱熹：《四书章句集注》，浙江古籍出版社，2012，第21页。

举其上客，亿然若终身之虏而不敢有他志；是俗儒者也。"①《荀子·尧问》言："夫仰禄之士犹可骄也，正身之士不可骄也。彼正身之士，舍贵而为贱，舍富而为贫，舍佚而为劳，颜色黎黑而不失其所，是以天下之纪不息，文章不废也。"② 这两句是对文人士大夫的划分：俗儒，仰禄之士、正身之士。

在对"身"的要求上，对不同层次的人，儒家思想也有不同的表述。对文人士大夫，有"修身、齐家、治国、平天下"的要求。在文人士大夫内部，又有"达则兼济天下，穷则独善其身"的区分。在《论语·泰伯》中，孔子说："笃信好学，守死善道。危邦不入，乱邦不居。天下有道则见，无道则隐。邦有道，贫且贱焉，耻也；邦无道，富且贵焉，耻也。"③这句是从邦有道无道的角度，提出对文人士大夫的不同要求。对"民"、"下愚"、"小人"则可以降低要求或不做要求。因而，儒家思想在"身"的问题上对不同层次的社会成员的不同标准，有点类似于一个连续统一体：一端是显达的文人士大夫，他们是"修身、齐家、治国、平天下"的中坚力量；另一端是"下愚"、"小人"，他们是被文人士大夫教化的对象；中间则是"中人"、落魄的文人士大夫，儒家要求他们至少要独善其身。之所以说这种对不同社会成员的不同要求构成了一个连续统一体，是因为对各类社会成员的划分主要基于仁、义、礼、智、信等道德标准，这类标准具有很强的主观性。所以这种基于道德规范的划分标准就不可能是一个绝对的、明确的、刚性的标准。在此标准下，各类社会成员对自身的评价、社会成员对社会他人的评价都只能是近似的，而很难给出一个精确的定位点。而且，根据先秦儒家思想，除了"上智"和"下愚"不移（"上智"和"下愚"，或者"贤"与"不肖"可以视作连续统一体的两个端点），其他人是可以通过学习、修行或教化而改变自身的。如《荀子·王制》所言："虽庶人之子孙也，积文学，正身行，能属于礼义，则归之卿相士大夫。"④ 因此，他们在伦理道德规范上的定位并不是一成不变的。这样一种特点，与连续统一体概念的内涵就很契合。

---

① 东方朔导读，王鹏整理《荀子》，上海世纪出版集团，2010，第 77 页。
② 东方朔导读，王鹏整理《荀子》，上海世纪出版集团，2010，第 363 页。
③ 杨伯峻译注《论语译注》（第 3 版），中华书局，2009，第 81 页。
④ 东方朔导读，王鹏整理《荀子》，上海世纪出版集团，2010，第 84 页。

在这个伦理道德规范的连续统一体上，儒家思想对每个社会成员给出了一个"修身"的要求，或者说给出了一个社会身份上的定位，但这种"要求"或"定位"都不是精确化的，都需要社会成员再去做自我裁量或自我选择。正如孔子在《论语·颜渊》中所言："为仁由己，而由人乎哉？"① 而且，在这种要求或定位下，社会成员的位置并不是一成不变的，普通人通过修身，可以成为文人士大夫，文人士大夫如背弃伦理道德规范，也可能成为"俗儒"、"仰禄之士"。定位模糊且位置变动不居，这就使得儒家思想对社会成员的伦理道德规范约束外紧内松。从形式上看，所有的社会成员都在这些伦理道德规范的约束之下，但实质上每个社会成员在伦理道德规范的定位上都有着很大的伸缩空间，可以在"上智"和"下愚"之间，或者在"贤"与"不肖"之间游弋。在社会清明、法度严谨或人生顺利时，社会成员大多会严于律己，提高对自己的道德要求，而在法度松弛、社会污浊、人生窘迫时，一些社会成员就倾向于放松或降低对自己的道德要求，甚至"无所不为"。儒家说，"达则兼济天下，穷则独善其身"，但现实的情况往往是："达"可以做到独善其身，甚至兼济天下，而"穷"能独善其身者则不多见。

（五）中国传统身体思想的社会学价值

很显然，西方古典社会学也受到其历史中早期的扬心抑身思想传统的影响，在其理论表述中讳言身体，而偏爱心智、精神、意识。希林引述特纳在《管控身体》中的观点说："社会学受到了笛卡尔思想的深刻影响，遵循哲学中的一股古老传统，接受心身两分，并把焦点落在心智上，认为它规定了人之作为社会存在。"② 希林本人的观点则比特纳温和一些，他认为："身体在社会学中并没有遭到彻底忽略，而是属于一种缺席在场（absent presence）。古典社会学很少持续聚焦于身体，视之为有其独立理据的考察领域，就此而言，身体在这门学科中是缺席的。……然而，当古典社会学关注社会的结构与功能运作，关注人的行动的性质，势必会引导它探讨人的具身体现的某些重要面相。"③ 但

① 杨伯峻译注《论语译注》（第3版），中华书局，2009，第121页。
② 克里斯·希林：《身体与社会理论》，李康译，北京大学出版社，2010，第9页。
③ 克里斯·希林：《身体与社会理论》，李康译，北京大学出版社，2010，第9页。

总的来说，古典社会学对身体的忽视和对身心二分的坚持是可以成立的。西方自 18 世纪以来的自然主义身体观将身体与社会的关系颠倒过来，认为人的身体决定了社会。"自然主义观点主张，人的身体所具备的能力与受到的约束规定着个体，生成了标志着国家和国际生活模式的那些社会、政治与经济关系。物质财富、法律权利和政治权力等方面的不平等都不是社会角度建构出来的，并非偶然生成，可以逆转，而是由生物性身体的决定力给定的，至少是由这种力量合法化的。"[①] 社会学对自然主义的这种身体观当然不会认同。与自然主义身体观相反，当代西方社会建构论的身体观则将身体视作"社会的铭写"，"社会建构论的身体观往往向我们详细阐述，社会是如何侵入身体，形塑身体，对身体进行归类，让身体蕴含意义"。[②] 福柯是这种身体观的典型代表。社会建构论的身体观是对古典社会学忽视身体的理论观点的一种挑战，在很大程度上将身体带入社会研究的视野。但是，社会建构论的身体观也有一些问题，它过度地将社会带入身体，而忽视了身体本身的社会学意义，"身体被置于各种各样的社会背景之中，但身体本身的许多维度却未被探察"，[③] "身体究竟是什么，为什么它能够具备这些重要的社会意义，我们却所知甚少"。[④]

如此说来，西方社会学从古典直至当代，在身体以及身体与精神、身体与社会的关系上都没有一个令人满意的处置，要么扬心抑身，要么重社轻身，始终无法做到身心合一、身社协调。这种身心合一、身社协调，如果用希林的话来说，就是"具身性"。所谓"具身性"，就是"要将身体作为兼具生物性和社会性的东西来分析"。[⑤] 所以，西方社会学的研究在身体的问题上始终是非具身性的，"社会学自创建伊始，历经发展，始终对其研究主题采取一种非具身性的思路。社会理论家们逐渐习惯于将身体看做另一门学科的领地，或是人类行动一项不可或缺但却无甚可观的前提条件，又或是社会控制的目标"。[⑥] 希林提出"具身性"这

---

① 克里斯·希林：《身体与社会理论》，李康译，北京大学出版社，2010，第 39 页。
② 克里斯·希林：《身体与社会理论》，李康译，北京大学出版社，2010，第 10 页。
③ 克里斯·希林：《身体与社会理论》，李康译，北京大学出版社，2010，第 70 页。
④ 克里斯·希林：《身体与社会理论》，李康译，北京大学出版社，2010，第 10 页。
⑤ 克里斯·希林：《身体与社会理论》，李康译，北京大学出版社，2010，第 101 页。
⑥ 克里斯·希林：《身体与社会理论》，李康译，北京大学出版社，2010，第 18 页。

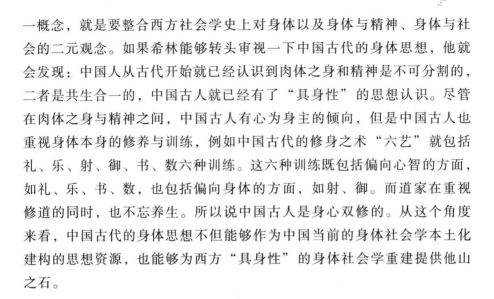

一概念，就是要整合西方社会学史上对身体以及身体与精神、身体与社会的二元观念。如果希林能够转头审视一下中国古代的身体思想，他就会发现：中国人从古代开始就已经认识到肉体之身和精神是不可分割的，二者是共生合一的，中国古人就已经有了"具身性"的思想认识。尽管在肉体之身与精神之间，中国古人有心为身主的倾向，但是中国古人也重视身体本身的修养与训练，例如中国古代的修身之术"六艺"就包括礼、乐、射、御、书、数六种训练。这六种训练既包括偏向心智的方面，如礼、乐、书、数，也包括偏向身体的方面，如射、御。而道家在重视修道的同时，也不忘养生。所以说中国古人是身心双修的。从这个角度来看，中国古代的身体思想不但能够作为中国当前的身体社会学本土化建构的思想资源，也能够为西方"具身性"的身体社会学重建提供他山之石。

（邓万春）

二 己：主客辩证统一的自我观

自我观是指个体对自己存在状态的认识。这里的"自己存在状态"既可指个体的生理、心理或精神状态，也可指个人与社会的关系。"自我"作为一个学术概念，来自西方的学术传统，1890年威廉·詹姆士在《心理学原理》一书中论述了他的"自我"理论。在中国传统思想中，虽然不存在"自我"这一提法，但不乏与自我类似的概念与相关理念。中国传统思想中其实有很丰富的关于"自我"的观念呈现。下面以传统儒家思想中独特的"自我"概念为基础来阐述主客统一的自我观念，并在此基础上分析中国传统自我观念的社会学意义。

（一）中西方的自我概念

1. 中国传统儒家的自我概念

在儒家的思想典籍中，最能集中体现自我观念的概念有如下五个：我、吾、身、己、自。最能代表传统儒家思想的《论语》中就同时有这五个概念，如《八佾》中的"子贡欲去告朔之饩羊。子曰：赐也，尔爱其羊，我爱其礼"，①《为政》中的"子曰：吾十有五而志于学，三十而立，四十而不惑，五十而知天命，六十而耳顺，七十而从心所欲，不逾矩"，②《学而》中的"曾子曰：吾日三省乎吾身。为人谋而不忠乎？与朋友交而不信乎"，③《学而》中的"子曰：不患人之不己知，患不知人也"，④《季氏》中的"邦君之妻，君称之曰夫人，夫人自称曰小童；邦人称之曰君夫人"。⑤

这五个概念中，"我"与"吾"同义，主要作为第一人称代词使用，不难理解，在此不做详解。

关于"己"的含义，段玉裁在《说文解字注》中说："戊己皆中宫，故中央土，其曰戊己。注曰：己之言起也。律历志曰：理纪于己。释名曰：己，皆有定形可纪识也。引申义为人己，言己以别于人者。己在中，人在外，可纪识也。论语：克己复礼为仁，克己言曰自胜也。"⑥ 意思是说："己"原本是"中央"、"起点"的意思，其引申义为"有别于他人的'己'"。从本意看，似乎有将"己"的主体性地位绝对化的嫌疑，但是其引申义则消解了这种嫌疑，将己置于人己关系之中。此外，如《尚书·大禹谟》曰："舍己从人"；⑦《礼记·坊记》曰："君子贵人而贱己，先人而后己"。⑧ 这些都是在一种人己关系中使用"己"。

"自"本意是指"鼻子"，许慎《说文解字》曰："自，鼻也，象鼻形。"⑨ 但我们一般多用其引申义，段玉裁《说文解字注》说："己也，自然也，皆引伸之义。"⑩ 邓晓芒认为，从指代词的角度来看，"自"和"己"是同义的。但是，"汉语若没有前面的主词，一般不用反身的'自'做动作行为的主语，'己'则可以"。⑪ 就是说，作为指代词，

---

① 杨伯峻译注《论语译注》（第3版），中华书局，2009，第29页。
② 杨伯峻译注《论语译注》（第3版），中华书局，2009，第12页。
③ 杨伯峻译注《论语译注》（第3版），中华书局，2009，第3页。
④ 杨伯峻译注《论语译注》（第3版），中华书局，2009，第10页。
⑤ 杨伯峻译注《论语译注》（第3版），中华书局，2009，第177页。
⑥ 段玉裁：《说文解字注》，上海古籍出版社，1981，第741页。
⑦ 吴哲楣主编《十三经》，国际文化出版公司，1993，第68页。
⑧ 吴哲楣主编《十三经》，国际文化出版公司，1993，第557页。
⑨ 许慎：《说文解字》，九州出版社，2001，第197页。
⑩ 段玉裁：《说文解字注》，上海古籍出版社，1981，第136页。
⑪ 邓晓芒：《论"自我"的自欺本质》，《世界哲学》2009年第4期。

"自"和"己"意思相同,但是"自"一般不单独作为主语使用。

"身"的用法和"己"类似。在传统儒家思想中,以"身"来指代自己、自身,这种含义是用得最多、最为普遍的,可以认为是"身"的最基本的含义。《论语》、《孟子》、《大学》、《中庸》、《荀子》中都有很多这种用法。如《大学》中的"欲齐其家者,先修其身",[①] 这里的"身"和"家"相对应,指自身、自己;《中庸》第十四章中的"失诸正鹄,反求诸其身",[②] 这里的"身"很明显指自身;《孟子·尽心章句上》中的"穷则独善其身,达则兼善天下",[③] 这里的"身"和"天下"相对,指自己。

这五个概念可以分为两大类:"我"与"吾"一类,"己"、"身"、"自"一类。为什么这样划分?是因为前者倾向于个体的主体性表达,后者则倾向于社会关系中的对象化表达。前者的"我"、"吾"概念更能表达个体作为主体的意志、心理和行为;后者的"己"、"身"、"自"概念则主要是在对象化的社会关系中去体现个体的意识、心理反应和社会选择。拿上面所举的例子"子曰:赐也,尔爱其羊,我爱其礼"来说,"我爱其礼"主要表达了作为主体的个体的自身好恶或行为选择。而在"子曰:不患人之不己知,患不知人也"中,"己"和"人"是相对的,所以个体自身的意识反应或行为选择就要放在一种自己和社会他人的对象化的社会关系中去考量:不要担心别人不知道自己,只怕自己不了解别人。"吾日三省吾身——为人谋而不忠乎?与朋友交而不信乎?"中的"身"与"人"、"朋友"对应,"人"、"朋友"指的是他人,而"身"则指自己。这是一种典型的在与社会他人的对象化关系中去反思自己的行为。作为指代词,"自"也多被用在人己关系中,如《论语·里仁》中的"见贤思齐焉,见不贤而内自省也",[④]《论语·卫灵公》中的"躬自厚而薄责于人,则远怨矣"。[⑤] 前一句中的"自"与"不贤"相对,后一句中的"自"与"人"相对。

① 朱熹:《四书章句集注》,浙江古籍出版社,2012,第5页。
② 朱熹:《四书章句集注》,浙江古籍出版社,2012,第24页。
③ 朱熹:《四书章句集注》,浙江古籍出版社,2012,第304页。
④ 杨伯峻译注《论语译注》(第3版),中华书局,2009,第38页。
⑤ 杨伯峻译注《论语译注》(第3版),中华书局,2009,第163页。

当然，这种划分是相对的，不是绝对的。但是这样一种大致的分类，却在某种程度上与西方的"自我"分类有暗合之处。

2. 西方的自我概念

詹姆士把"自我"分为两个部分，即纯粹自我和经验自我。"纯粹自我"又被定义为"主我"，是个体经验、知觉、想象、选择、记忆和计划的主体。经验自我又被定义为"客我"，是人认识的客体或对象。客我由"物质我"、"社会我"和"精神我"三个部分组成。詹姆士认为，"主我"是一个能动的、主动的我，"客我"是一个被动的我。

米德吸取了詹姆士从多重自我出发并把自我分为主我与客我的做法。他用"主我"（I）与"客我"（me）两个概念来描述自我的两个侧面。他指出："'主我是有机体对其他人的态度作出的反应；'客我则是一个人自己采取的一组有组织的其他人的态度。"① 在米德看来，"主我"是社会互动或社会情境中的主体，代表了人冲动的倾向和自发的行为，具有不可计算和不可预测性；"客我"则是按照一般化他人和社会的价值观念来形塑的自我，反映的是法律制度、伦理道德规范、社会价值观念对社会个体的期望。斯蒂文·小约翰指出："米德是使用'客我'的概念来解释社交上可接受和可调整的行为。而用'主我'来解释一个人内在的创造性的和不可预见的冲动。"②

根据詹姆士和米德，尤其是米德对主我和客我的划分和界定，我们发现，中国传统儒家思想中的"我"与"吾"接近他们所说的"主我"，而"己"、"身"、"自"则接近他们所说的"客我"。如前所述，"我"、"吾"概念更能表达个体作为主体的意志、心理和行为，个体的主体性倾向在"我"、"吾"中表现得更为明显。这与詹姆士和米德所说的主动、能动的我、个体的主体性是契合的。而"己"、"身"、"自"概念则主要是在对象化的社会关系中去体现个体的意识、心理反应和社会选择。这与詹姆士和米德所说的被动的我、对他人态度和行为的反应、根据社会价值规范塑造自身思想和行为是契合的。

---

① 乔治·赫伯特·米德：《心灵、自我与社会》，霍桂桓译，华夏出版社，1999，第189页。
② 斯蒂文·小约翰：《传播理论》，陈德民、叶晓辉译，中国社会科学出版社，1999，第288页。

然而，是否就能以詹姆士和米德的这种"主我"、"客我"划分及其定义来把握中国传统儒家的自我观念呢？或者说是否可以将传统儒家的自我观念嵌套进这种西方式的"主我"、"客我"划分框架中呢？要回答这个问题，还需要对"我"、"吾"和"己"、"身"、"自"两类自我概念进行具体的剖析。

（二）对象化的"己"与"为仁由己"

1. 对象化的"己"

中国儒家思想中的"己"或"自"一般出现在对象化的语境中，即一种"人-己"关系框架中。这里的"人"是指概化的社会他人，既指一般社会成员，也指社会群体或组织，还可以指社会价值规范。当"己"或"自"出现时，一般会有社会他人或社会价值规范对应出现，而"己"或"自"恰恰是对社会他人或社会价值规范的回应。

对一般社会成员的回应。在《论语·雍也》中，孔子说："何事于仁，必也圣乎！尧舜其犹病诸！夫仁者，己欲立而立人，己欲达而达人。能近取譬，可谓仁之方也已。"[1] 这里，孔子从"仁"的角度给出了"自我"的行为选择标准：自己想要站得住、行得通，关键在于要使别人也站得住、行得通。这就是说，社会他人的处境构成了自己行为选择的前提或条件。自己在进行行为选择时，顾及社会他人的行为与感受，这样才能做到与人方便，自己方便。如果更进一步，就是要通过成全（就）他人而实现自我。正因如此，孔子将"己所不欲，勿施于人"作为终身的行为准则，即总是要在"人-己"关系中去考虑自己的行为选择。"己"作为一个自我存在，其意识、行为和心理的框架就是"人-己"关系，脱离了这种关系框架去谈"己"，就不符合儒家"仁者爱人"的价值标准了。《孟子·离娄章句上》中的"夫人必自侮，然后人侮之；家必自毁，而后人毁之；国必自伐，而后人伐之"[2] 同样是在这种框架下说事：想要不被他人所"侮"、所"毁"、所"伐"，先要做到不"自侮"、不"自毁"、不"自伐"。

"身"的概念与"己"同理。《大学》中说："古之欲明明德于天下

---

[1] 杨伯峻译注《论语译注》（第3版），中华书局，2009，第64页。
[2] 朱熹：《四书章句集注》，浙江古籍出版社，2012，第244页。

者，先治其国；欲治其国者，先齐其家；欲齐其家者，先修其身。"① 这里的"身"就和"家"相对应，自己修身的目的或动机是"齐家"，因此"修身"就是对"齐家"的一个回应。《荀子·法行》中说："同游而不见爱者，吾必不仁也；交而不见敬者，吾必不长也；临财而不见信者，吾必不信也。三者在身，曷怨人。"② 这里的"身"和"人"相对，因为在和他人的交往中自己不仁、不长、不信，所以别人对自己就"不见爱"、"不见敬"、"不见信"。

对社会价值规范的回应。《论语·公冶长》中说："有君子之道四焉：其行己也恭，其事上也敬，其养民也惠，其使民也义。"③《论语·泰伯》中说："士不可以不弘毅，任重而道远。仁以为己任，不亦重乎？死而后已，不亦远乎。"④ 这两句中的"己"虽没有针对明确的社会他人，但是都有一个对社会价值规范的回应，如"行己也恭"是指自己的品行要谦恭，"仁以为己任"是指把实现仁作为自己的责任，前者是对"恭"的回应，后者是对"仁"的回应，就是说要按照这些社会价值规范去组织自己的行为。

根据这种自我观，个体的意识、心理和行为选择总是要回应社会他人的行为和处境，或者说要以社会他人的行为和处境为前提，或者说要以社会价值规范为行为准则。如有学者所言，"己"是与"人"相对而言的，"没有他人的承认，没有共同的视阈，'己'是不可能确立起来的"。⑤

2. 为仁由己

那么这样的一种自我观就类似于詹姆士和米德所定义的"客我"了，即"客我"是一种被动的"我"，是受制于社会他人或社会价值规范的"我"。事实是否如此呢？传统儒家中的"己"、"身"和"自"是不是一种完全被动的"我"呢？并不完全是这样。"己"、"身"和"自"作为一种自我概念时，的确体现出一定的被动性与顾及他人行为

---

① 朱熹：《四书章句集注》，浙江古籍出版社，2012，第5页。
② 东方朔导读，王鹏整理《荀子》，上海世纪出版集团，2010，第352页。
③ 杨伯峻译注《论语译注》（第3版），中华书局，2009，第46页。
④ 杨伯峻译注《论语译注》（第3版），中华书局，2009，第79页。
⑤ 唐文明：《本真性与原始儒家"为己之学"》，《哲学研究》2002年第5期。

和处境时的行为选择的限制性，但是传统儒家思想并不想强化"自我"这种被动性的一面，而是相反，力图在被动性和限制性中求主动、求突破，去削弱"己"、"身"和"自"的被动性色彩。这典型地表现在儒家明确提出了"为仁由己"、"为己"、"求诸己"等命题。

例如，在《论语·颜渊》中，颜渊向孔子问仁。孔子说："克己复礼为仁。一日克己复礼，天下归仁焉。为仁由己，而由人乎哉？"颜渊曰："请问其目。"子曰："非礼勿视，非礼勿听，非礼勿言，非礼勿动。"① 这里，从"克己复礼"，"非礼"勿视、勿听、勿言、勿动等观点仍然可看出"己"的对象化特点，"己"需回应仁、礼等价值规范。但是，孔子在此处还有另一句关键的话，即"为仁由己，而由人乎哉"，意思是实行仁德，关键在于自己，而不取决于别人。而且，根据段玉裁的解释，"克己复礼"中的"克己"是"自胜"之意，即自己战胜自己。这就是说，实行仁德的主动权在自身，"己"的行为虽受到社会他人和价值规范等外因的约束，但实现仁的关键还是取决于内因。

《论语·宪问》中孔子所说的"古之学者为己，今之学者为人"，②《论语·卫灵公》中的"君子求诸己，小人求诸人"，③《中庸》所讲的"射有似乎君子。失诸正鹄，反求诸其身"④ 也都有这种强调人的主动性和能动性的一面。如第一句是说过去的学者学习的目的主要是修养、完善自身，而现今的学者学习主要是为了外在的目的。如果说学习的目的是完善自身，而非功利性的意图，那么人在这个过程中就是相对自由、相对主动的，不会为身外之物"委屈"自己。

因此，作为自我概念的"己"、"身"和"自"，一方面需要在一种对象化的情境中做出自己的行为选择。这种选择要受社会他人或价值规范的约束，不能为所欲为。这是对象化的"己"被动的一面。另一方面，传统儒家思想又不忘张扬"己"的主动性和能动性，将伦理道德实践和社会行为的裁量权交给"己"，即"由己"。

这样一来，作为自我概念的"己"、"身"和"自"就很难与詹姆士

①　杨伯峻译注《论语译注》（第3版），中华书局，2009，第121页。
②　杨伯峻译注《论语译注》（第3版），中华书局，2009，第152页。
③　杨伯峻译注《论语译注》（第3版），中华书局，2009，第164页。
④　朱熹：《四书章句集注》，浙江古籍出版社，2012，第24页。

和米德单纯被动的"客我"画等号了，因为这里的"己"、"身"和"自"虽然以一般化他人的形式来形塑自我，但不是被动地成为社会他人和价值规范的接收器，个体自身在修身、修己、践行仁德的过程中都有其主动性和能动性，或者说有选择的空间。儒家之学是圣人、君子之学，但并不是每个人都能成圣、成君子，所以儒家有君子、小人之分，贤与不肖之分，上智、中人、下愚之分，即使对于君子而言，也有"达则兼济天下，穷则独善其身"的划分。所以，社会成员实际都有一个选择的空间，正如孔子所言："求仁而得仁，又何怨。"① 既然如此，"己"、"身"和"自"就是一种在主动性和被动性中求得平衡的自我概念，或者说体现的是被动与主动辩证统一的自我。

（三）主体性的"我"与"无我"

1. 主体性的"我"

相比"己"、"身"和"自"，传统儒家思想中的"我"和"吾"则更突出个体的主体性特征，反映出个体主动性的欲望、意向和行为倾向，这些欲望、意向和行为倾向更能体现个体直觉性的、深层次的意识倾向和行为动机。通俗地说，"我"和"吾"作为自我概念，更少受社会他人或价值规范所约制，更多透露个体的本心、本能与直觉。

《论语·公冶长》中，子贡说："我不欲人之加诸我也，吾亦欲无加诸人。"② 这句话的意思和"己所不欲，勿施于人"并无大的不同，但这两句话在反映个体的自我时，效果是完全不一样的。后一句中，"己"和"人"明显是相对而言的，"己"的行为选择是根据社会他人做出的，所以"己"在这里处于一个略显"被动"的位置，因人而己，即"我不能怎么样，是因为别人如何如何"。前一句中，从形式上看，也有"人"和"我"（"吾"）相对，但全句的语境和语意不是强调"人"与"我"相对，而是倾向于突出"我"、"吾"的主体欲求、主体动机，即"我不想怎么样，我想怎么样"。通过这两句的对比，就可以很清楚地看出"己"和"我"作为自我概念时的区别：前者具有对象化、被动性的特点，后者则彰显主体性和动机。

---

① 杨伯峻译注《论语译注》（第 3 版），中华书局，2009，第 69 页。
② 杨伯峻译注《论语译注》（第 3 版），中华书局，2009，第 45 页。

《论语·述而》中孔子讲的"饭疏食，饮水，曲肱而枕之，乐亦在其中矣。不义而富且贵，于我如浮云"①、"仁远乎哉？我欲仁，斯仁至矣"② 也能反映个体的主体性。这两句话中的"我"都与"义"、"仁"等伦理道德规范一起出现，也是在表现个体对这些伦理道德规范的反应，但是跟前述的"己"、"身"、"自"不同，这里的反应主要是从主体的角度做出的，即"我对这些伦理道德规范如何如何，而不是社会他人或价值规范使我（让我）如何如何"。例如，第一句的意思是："我对待不义的富贵，就像浮云一样"；第二句的意思是："我如果想要得到仁，仁就会到来"。这两句都是从主体"我"的角度出发来看待价值规范。《孟子·尽心章句上》说的"万物皆备于我矣"③ 也很强烈地表现了个体的这种主体性：世间的万事万物都为"我"所备。那么，"我"就是世界的主宰了。

由此可知，在传统儒家思想中，"我"、"吾"作为自我概念，的确是较"己"、"身"、"自"更倾向于凸显个体的主体性、表现主体的欲望和动机。

2. "无我"

但由此是否就可以认为"我"、"吾"能够与詹姆士和米德所界定的"主我"画等号呢？"我"、"吾"是否就成了詹姆士和米德笔下那个"代表了人的冲动的倾向和自发的行为"，"不可计算的、创造的和不可预测的"自我呢？事实并非如此。

传统儒家思想尽管通过"我"、"吾"彰显了个体的主体性，但是儒家思想并不想在这个方向上走得太远，或者说并不认同过于张扬的主体性。所以，儒家思想在适当给予个体主体性伸张的机会的同时，不忘适时提醒个体，要回到伦理道德规范的轨道上来。

《论语·子罕》说："子绝四：毋意、毋必、毋固、毋我。"④ 意思是说：孔子没有臆测、武断、固执、唯我四种毛病。这里的"毋我"通"无我"，即不要唯我独是，不要过于自我。言下之意自然是，要考虑他

---

① 杨伯峻译注《论语译注》（第3版），中华书局，2009，第69页。
② 杨伯峻译注《论语译注》（第3版），中华书局，2009，第73页。
③ 朱熹：《四书章句集注》，浙江古籍出版社，2012，第24页。
④ 杨伯峻译注《论语译注》（第3版），中华书局，2009，第86页。

人的想法和感受，不要总想着自己。因此，这里的"毋我"（"无我"）思想就是对彰显主体性的"我"、"吾"概念的一种平抑，有些趋向"己"、"身"、"自"概念的"人－己"关系的意味。《论语·宪问》中有一段对白，孔子说："莫我知也夫！"子贡说："何为其莫知子也？"孔子说："不怨天，不尤人，下学而上达，知我者其天乎！"[1]这段对白，从表面上看，是孔子不在乎别人不知道自己，而实际上恰恰反映了孔子还是很在意对象化的社会关系中，社会他人或者天对自己的理解、回应。所以这段对白似乎表明了孔子的主体性自我的虚弱，因为他很在意社会他人的关注和回应。

除了趋向于从"人－己"关系的角度来理解"我"，儒家思想还通过将"我"放入伦理道德规范的框架中来消解个体过度的主体性。《论语·宪问》中，孔子说："君子道者三，我无能焉。仁者不忧，知者不惑，勇者不惧。"[2] 孔子说自己"无能"，就是因为不忧、不惑、不惧三种伦理道德品质，孔子觉得自己不具备这三种道德品质。而认为自己"无能"，自然是从对象化的社会情境的角度出发对自身主体性的一种贬抑。与此类似的一句是《论语·子罕》中的"子曰：出则事公卿，入则事父兄，丧事不敢不勉，不为酒困，何有于我哉？"[3] 这也是从道德品质的角度出发对个体主体性的消极体认。这两句都是通过伦理道德规范来衡量自身，从而使"我"的自我感迷失，或者说丧失自我。在《孟子·尽心章句上》中，孟子刚刚讲完"万物皆备于我"，马上就说"反身而诚，乐莫大焉。强恕而行，求仁莫近焉"。[4] 前者彰显了个体的主体性，而后者的"反身而诚"、"强恕而行"则明显是对这种主体性的一种平抑。因为"反身而诚"是指根据伦理道德规范来反思自身的行为，"强恕而行"是指按推己及人的恕道努力做。这些都是以伦理道德规范来约制个体的主体性，是对主体性的消解。

因此，虽然传统儒家思想中"我"、"吾"作为自我概念有彰显主体性的倾向，但是儒家思想没有允许这种倾向走得过远，而是以"人－

---

① 杨伯峻译注《论语译注》（第 3 版），中华书局，2009，第 154 页。
② 杨伯峻译注《论语译注》（第 3 版），中华书局，2009，第 153 页。
③ 杨伯峻译注《论语译注》（第 3 版），中华书局，2009，第 91 页。
④ 朱熹：《四书章句集注》，浙江古籍出版社，2012，第 303 页。

己"关系或伦理道德规范去平抑"我"、"吾"的主体性倾向。所以，古代儒家思想中"我"、"吾"作为自我概念，与詹姆士和米德的"主我"是不一样的，这里的"我"不是詹姆士和米德笔下的冲动的、自发的、不可预测的我。恰恰相反，儒家思想要努力避免这种倾向。

（四）"由己"与"无我"：辩证统一的自我观

由上面的分析可知，在传统儒家思想中，作为自我概念的"己"、"身"、"自"和"我"、"吾"的确可以分为两类，"己"、"身"、"自"作为一类，倾向于西方自我观念中的"客我"；"我"与"吾"作为一类，倾向于西方自我观念中的"主我"。但这仅仅只是一个大致的划分。经过上面的具体分析，可发现，无论是前面一类，还是后面一类，都不能与西方"自我"划分中的"客我"和"主我"完全画等号，或者说西方"客我"、"主我"二分法式的"自我"分类并不能清楚解释中国传统儒家的自我观念。原因在于，传统儒家虽然在"主我"、"客我"之间做了一个大致的区分，但是他们并不像西方那样在主客之间做二元分立式的划分，或者说将主客对立起来。

1. 主体性与客体性的平衡

因此，儒家思想一方面在"主我"、"客我"之间做大致划分，另一方面又对这种二元划分有意识地进行消解，或者说平衡二者之间的张力。首先，是对"己"、"身"、"自"的客体性的、被动性的一面进行平抑，防止"己"、"身"、"自"在表现自我时，在被动性、客体化这个方向走得过远，避免使自我完全成为社会环境和伦理道德规范的傀儡。为此，儒家思想提出的核心命题就是"由己"、"为己"，并通过"为仁由己"这样的命题说明了个体虽要回应社会伦理道德规范的要求，但并非完全被动，而是可以发挥自己在此过程中的能动作用。正如有学者所言："儒家的'修己'是个体的理性自觉与义理悟性的统一，是个体自我参照和社会关系参照的统一。"[①] 这样，儒家思想就在作为自我概念的"己"、"身"、"自"内部又构建了一个主客平衡，通过提升"己"、"身"、"自"的主体性，使得"己"、"身"、"自"

---

① 李殿森、靳玉乐：《儒家的自我修养观及其对现代德育的启示》，《思想理论教育导刊》2005 年第 5 期。

不至于过于被动、客体化。其次，是对"我"、"吾"的主体性、冲动性一面进行平抑，防止"我"、"吾"在表现自我时，在主体性、冲动性这个方向走得过远，避免使自我完全脱离伦理道德规范的约束。为此，儒家思想提出的核心命题是"毋我"（"无我"）。"无我"命题强调个体不要过于唯我，不要过于自我，要想着他人，要考虑伦理道德规范。这样，儒家思想就在作为自我概念的"我"、"吾"内部也搭建了一个主客平衡：通过压抑"我"、"吾"的主体性，抬升其客体性，使"我"、"吾"的主体性和冲动性不致过度。

这就说明，传统儒家认识到自我具有主体性和客体性两个方面的秉性，且并不想将二者混淆，所以他们用了不同的概念来表达自我，以示这种区分。儒家传统也同样认识到自我的主客两个方面是无法做泾渭分明的划分的，而是一个主中有客、客中有主的相互关系。在主我与客我的关系上，米德也承认二者是互动的关系，他认为主我和客我"共同构成一个出现在经验社会中的人"，[①]且二者在社会互动中相互作用。但相比于传统儒家，米德对主我与客我的划分还是有着西方文化典型的二元论倾向。他认为，"在'主我'和'客我'之间始终是有区别的"。[②]

2. 主客辩证统一的自我观

从字面上看，"由己"与"无我"是相互矛盾的，前者是在张扬自我，而后者却在压抑自我。但事实上，"由己"是在张扬"客我"，"无我"则是在平抑"主我"。通过这种处理，就可形成一个不太被动的"客我"和一个不太冲动的"主我"。将不太被动的"客我"和不太"冲动"的"主我"组合起来，就构成了传统儒家完整的自我。所以，"由己"和"无我"看似矛盾，实则它们的提出就是为了化解矛盾，即化解"主我"与"客我"二元对立的矛盾。通过提出"由己"和"无我"概念，传统儒家的自我观就避免了西方式的"主我"与"客我"二元对立的矛盾，从而在自我理念上达到"主我"与"客我"的和谐

---

① 乔治·赫伯特·米德：《心灵、自我与社会》，赵月瑟译，上海译文出版社，1992，第158页。

② 乔治·赫伯特·米德：《心灵、自我与社会》，赵月瑟译，上海译文出版社，1992，第158页。

统一。

在目前的儒家自我观研究中，存在两种倾向：一种认为传统儒家思想是张扬个体主体性的，是强调"自我"的；另一种则认为传统儒家压抑了个体的主体性，只知按伦理道德规范行事，没有"自我"。如有学者认为，儒家"把自我完全同化于社会规范（礼）"，"孱弱的自我，溺没于群体的漩涡"。[①] 这种观点认为儒家的"自我"是孱弱的，完全被伦理道德规范所"客体化"。有学者则认为，儒家"对自我期望之大，也成全了儒家思想中的精英意识"，"凡事'求诸己'而不'求诸人'的思想也表达了儒家对自我之期望之大，从不怨天尤人，也反对自暴自弃"。[②] 这种观点则和上面的观点正好相反，强调儒家的自我意识和自我期望。由前文可知，这两种倾向都有一定的偏颇，儒家思想既不像前者所说的那样，没有自我，也不像后者所说的那样，有着强烈的自我主体性。儒家"使自我合于'礼'并遵循'道'并不意味着对个人主观欲望的忽视和压抑，其原因在于自我具有无限心并且具备能够理解'天道'的能力。因为，在儒家对自我的理解中，自我并非只是礼的遵循者，自我也是礼的制定者"。[③]

（五）中国自我观的社会学意义

自我观不仅指个体对自身存在状态的认知，也包含对个人与社会的关系的认识。

孔子在《论语》中说："七十而从心所欲，不逾矩。"[④] 这是孔子自己的理想自我，也是中国古代文人士大夫追求的理想自我状态。"从心所欲，不逾矩"既是对个体自身存在状态的认知，也是对个体与社会关系的一种认识。这句话是对儒家自我观的一个完美概括。因此，这里以这句话为例来说明儒家自我观的社会学意义。

这句话一方面给个体的主体性、独立性、能动性留下了空间——

---

① 陈卫平：《"和而不同"：孔子的群己之辩》，《华东师范大学学报》（哲学社会科学版）1994 年第 4 期。

② 唐文明：《本真性与原始儒家"为己之学"》，《哲学研究》2002 年第 5 期。

③ 刘慧敏、刘余莉：《儒家的礼、"自我"与德性完善》，《吉首大学学报》（社会科学版）2012 年第 6 期。

④ 杨伯峻译注《论语译注》（第 3 版），中华书局，2009，第 12 页。

"从心所欲"，另一方面又对社会制度规范给予足够尊重——"不逾矩"。
"从心所欲"说明个体是自由的、独立的、自主的，没有社会压抑感。
但这种自由与独立又恰恰不是如"从心所欲"字面上给人的印象，可以
为所欲为。因为这种"从心所欲"是在"不逾矩"的前提下实现的，既
然不能逾越社会的规矩、制度，那么"从心所欲"就是有条件的。而
"不逾矩"说明了制度规范对个体的约束是有效的，是能让人遵守的。
但制度规范并没有限制人的自由、自主，人们还能够"从心所欲"，这
是如何做到的？

　　这就是通过上文所论的主体性和客体性的平衡做到的。在传统儒
家思想中，个体的人始终是一个社会人，而一个社会化的人就应该是
遵守并内化社会规范的人。但这个内化社会规范的社会化过程不是一
个社会对个人的单向的过程，或者说不是社会规范的简单强制或约束
过程，而是个人与社会在互动中的逐渐习得，甚至可以说是相互磨合，
所以这个过程不是一蹴而就的，而是需要较为漫长的积淀。正因如此，
孔子说他直到70岁才做到了"从心所欲，不逾矩"。这个双向互动的
过程其实就是要达成个体与社会的某种平衡，或者说人的主体性和客
体性的平衡。首先，个体要遵守和内化规范，规范对个体的行为有约
制，但规范本身具有时代性，是在不断更化的，没有一成不变的僵死
规范。孔子在《论语·为政》中说："殷因于夏礼，所损益可知也；
周因于殷礼，所损益，可知也。"[1] 而规范的更化自然就给社会个体的
运作留下了自主空间。其次，个体在社会化的过程中并不是被动地接受
社会规范，而是要发挥自己的主动性，或者说要发挥内因的主导作用。
这里的主动性或内因，可以从两方面来理解。一是个体对社会规范的内
化是一个在社会互动中主动学习或适应的过程，"为仁由己，而由人乎
哉？"二是个体对社会规范的主动内化对于个体而言是一种有利的行为，
可以使自己处于主动位置，而不遵守规范、"逾矩"则适得其反，如
《论语·子路》篇所言："其身正，不令而行；其身不正，虽令不从。"[2]
这就如吉登斯所说，社会结构性因素可以成为行动的条件。因此，这样

---

① 杨伯峻译注《论语译注》（第3版），中华书局，2009，第21页。
② 杨伯峻译注《论语译注》（第3版），中华书局，2009，第134页。

就形成了个体和社会规范之间的一种较为良性的互动，个体主动习得、内化社会规范，社会规范也为个体的自主、自决留下了空间。在这种良性互动中，个人与社会就能够达成一种平衡，从而有了"从心所欲，不逾矩"的理想自我状态。

在西方社会学的早期历史中，个体与社会的关系是二元对立的，就如詹姆士对"主我"与"客我"的划分一样。直到当代，吉登斯、布迪厄才对这种二元对立的关系进行了卓有成效的回应，提出了整合个体（行动）与社会（结构）的方案。而中国传统儒家的自我观早就认识到个体与社会是辩证统一的。二元对立的个体与社会关系体现的是一种非此即彼的思维逻辑，个体的自由、独立与社会的制度规范是一对矛盾，所以西方社会总是试图通过限制国家权力或者公权力来争取个人的自由或私域的空间，而当这种自由主义的实践出现危机时，就会转向国家干预。于是自近代以来，西方的经济与社会发展出现了在自由主义与国家干预两极之间来回摇摆的现象。这种经济与社会发展的两极摇摆现象，在很大程度上就是西方个体与社会二元对立关系的显现。与西方相反，中国传统儒家的自我观提倡的是，通过习得和内化社会规范来获得一种内在的自由，在社会互动中达成个体与社会的和谐。从这个意义上说，中国传统儒家辩证统一的自我观对整合西方个体与社会二元对立的关系似有借鉴价值。

（邓万春）

三　性：个人修养与社会教化

"性"既涉及个人，也涉及他人与社会。"性"有生命、人的本性、性情、天命和运命等多种含义。关于"性"的命题有"性近习远"、"人性善"、"人性恶"、"性三品"和"人性二重性"。中国传统人性论重德性，相信人性善，坚信人通过努力能达到至善之境地。个人通过自身修养和社会教化来内化和接受仁、义、礼、智、信等价值观和社会规范，自觉维护和支持社会秩序。

（一）性的含义

从古代文献资料来看，"性"有如下几种解释。

一是生命。《左传·昭公十九年》中曰："吾闻抚民者，节用于内而树德于外，民乐其性而无寇仇。"[1]《韩非子·难势》中曰："为炮烙以伤民性。"[2]《史记·范雎蔡泽列传第十九》中曰："性命寿长，终其天年而不夭伤。"[3] 美国学者孟旦认为，新词"性"区别于旧词"生"部分表现在"性"特指存在于生命中的、不断出现的活力。通过描绘一物的"性"，可以描绘出它在生命中的可能行为。[4]

二是人的本性。《荀子·正名》中曰："生之所以然者谓之性。"[5]《春秋繁露·实性》中曰："性者，天质之朴也。"[6]《广雅》中曰："性，质也。"[7]《白虎通》中曰："五性者何谓，仁义礼智信也。"[8] 人性是人的本性，是"质"。它是人与生俱来的，在出生时秉承自天。它部分地是由一系列惯性重复行为组成的。人性的内容有五个方面——仁、义、礼、智、信，引申为事物固有的性质、特点。[9]

三是性情。《孟子·告子章句下》中曰："动心忍性。"[10]《战国策·齐策四》中曰："文倦于事，愦于忧，而性懦愚。"[11]《后汉书·梁统传》中曰："统性刚毅而好法律。"[12] 这里的"性"是性情。那么什么是性情呢？《礼记》中曰："何谓人情？喜、怒、哀、惧、爱、恶、欲，七者弗学而能。"[13] 许慎《说文解字》对情的解释是："人之阴气有欲者。"[14] 以上论述把性情等同于人的欲望，而人的欲望包括喜怒哀惧爱恶欲这几项，

① 李宗侗注译《春秋左传今注今译》（下册），台湾商务印书馆，1971，第1119页。
② 高华平等译注《韩非子》，中华书局，2010，第605页。
③ 司汉迁：《史记》，线装书局，2006，第346页。
④ 孟旦：《早期中国"人"的观念》，丁栋、张兴东译，北京大学出版社，2009，第73页。
⑤ 张觉校注《荀子校注》，岳麓书社，2006，第278页。
⑥ 曾振宇、傅永聚注《春秋繁露新注》，商务印书馆，2010，第219页。
⑦ 张揖：《广雅》卷三，中华书局，1985，第36页。
⑧ 班固等：《白虎通》，中华书局，1985，第209页。
⑨ 商务印书馆辞书研究中心修订《古代汉语词典》，商务印书馆，2014，第1661页。
⑩ 杨伯峻译注《孟子译注》，中华书局，1960，第298页。
⑪ 高诱注《战国策》，商务印书馆，1958，第91页。
⑫ 范晔、司马彪：《后汉书》（上），岳麓书社，1996，第497页。
⑬ 孙希旦：《礼记集解》（中），中华书局，1989，第606页。
⑭ 段玉裁：《说文解字注》，中华书局，2013，第506页。

这些都是人与生俱来的本能。从这里可以看出,"性"是人的欲望、能力,情亦是人的欲望,就这一点来说,两者相同。但"性"除欲望之外还有其他关于人本质的规定,因此"性"包含情。

四是天命、运命。《论衡·命义篇》说:"死生者,无象在天,以性为主。……命则性也。"[①] 人的生死,不是由天上星象来决定,而是由气形成生命之强弱,这是把命看作和性相同。《命义篇》又说:"夫性与命异,或性善而命凶,或性恶而命吉。操行善恶者,性也;祸福吉凶者,命也。"[②] 性与命不同,有的性善而命凶,有的性恶而命吉。操行品德的好坏,是性;遇到的祸福凶吉,是命。这表明,性与命既有联系,又有区别,相同之处在于命与性都是人生来如此;区别在于,命还有一种运命之含义,这不是生来既有的,而是与人的际遇有关。

综上所述,"性"是一个多面体,对"性"进行研究实际上就是对人进行研究,而人既是一个生物人,又是一个社会人。作为生物人,人有生命,有本能和欲望,这便是性当中的"生命"、"情";作为社会人,个人要在社会中生存,需要同他人交往,要理解和把握人的本质,这便是性当中的"人的本性"。古人用性来表示以上四层含义,实质上是认识人自身:人认识自身的目的不仅仅在于加深对自身的理解,陶冶自己的性情,更重要的目的在于在对人的本质及其特性的理解基础上更好地同人交往,适应社会并改造社会。这样,"性"不仅是一个哲学探讨的问题,还是社会学关注的问题,在这里,"性"与社会化、社会规范以及社会控制紧密结合起来。

(二)性的特征

从上述"性"的内容的演变历程中,我们可以发现,古代思想家对性的认识不断推陈出新,人性论的观点异常丰富,这加深了我们对人自身的理解和认识。同时我们可以发现,历代思想家的人性论思想包含如下几个共同的特点。

[①] 北京大学历史系《论衡》注释小组校注《论衡注释》(第一册),中华书局,1979,第78页。

[②] 北京大学历史系《论衡》注释小组校注《论衡注释》(第一册),中华书局,1979,第81页。

1. 重德性

纵观古代思想家对"性"的研究和认识的历史，可以发现一条明显的演变发展的逻辑，这就是从生、天赋本性的自然之性发展到道德之性、"天理之性"。孔子把"仁"作为一种道德情感、道德品质或全德之名，"仁者人也"，① 要"爱人"，② 就是说只有具备道德的人才能算作人，或者换句话说，道德是人性的特殊规定性。在孟子看来，人与动物的区别在于人有道德，"四善端"是人先天存在的一种道德的起点，是人性的重要表征。荀子认为人区别于动物在于"人能群"，人能结群在于"分"，人能"分"在于"义"。③ 也就是说，人之所以有社会性，在于人能分工合作，而之所以人能够在分工合作中和谐相处，在于人有"义"，义即道德，也就是说人的本质在于人的道德性。此后的"性三品"和"天地之性"与"气质之性"的二元人性论，其思想前提均为人的本质是道德，"性"的等级是根据人保有道德属性的多少加以区分的，而"天命之性"就是人的道德性，其基本内容是仁、义、礼、智、信等道德纲常。④

2. 坚信人性善

人性善是中国传统人性论的主流，为大多数中国人所接受。⑤ 孔子主张"性近习远"，孟子提出"性善论"，因为人性先天具有道德的潜质，因此，人性必然是善的，而且必然是向善、趋善的，人人皆可成为尧舜那样的圣人。即使主张人性恶的荀子也坚信"涂之人可以为禹"。⑥ 董仲舒、韩愈、二程、朱熹等思想家尽管在"性"的具体阐述或说法上各有差别，但就其思想实质而言，都认同"性善论"。在大众文化层面，《三字经》首句教训就是"人之初，性本善"。如果说西方文化是一种典型的"罪感文化"，信奉的是性恶说，那么中国文化就是一种"乐感文化"，从思想界到大众普遍持有人性善的思想。这种思想体现在人们的个人修养中便是相信自己能够进步，通过修身养性，接受教育并不断实

---

① 林久贵评析《大学 中庸》，崇文书局，2004，第 63 页。
② 杨伯峻译注《论语译注》，中华书局，2006，第 146 页。
③ 张觉校注《荀子校注》，岳麓书社，2006，第 95 页。
④ 肖群忠：《论中国传统人性论思想的特点与影响》，《齐鲁学刊》2007 年第 3 期。
⑤ 牟钟鉴：《儒家人性论的综合考察与新人性论构想》，《齐鲁学刊》1994 年第 6 期。
⑥ 张觉校注《荀子校注》，岳麓书社，2006，第 301 页。

践，能够成为圣贤。

3. 性的超越性

古今中外的思想家都十分热衷于探究与讨论"性"的问题，正如卢梭所言："人类的各种知识中最有用而又最不完备的，就是关于'人'的知识。"[①] 但是，东西方在人性论上也存在一些根本性的差异。西方思想家致力于从事实判断的角度探究"人性是什么"，从本质上或事实上"是什么"的意义上谈论人性；中国思想家侧重于从价值判断角度研究"人性应该是什么"，力图从中寻求人生的价值与终极归宿，以"如何行"为旨归。[②] 以上关于人性的观点抽象程度不同，性善论、性恶论、性三品基本上符合人的经验，符合人类自身多样性的现实。换句话说，现实中存在性善之人、性恶之人以及与性三品对应的人。宋以来的人性二重性关于天理之性、天地之性等观点具有高度的抽象性，把性与天理联系起来，与宇宙万物之内在规定性相联系，这样的性是至纯至善的。天理至高至善，而人的欲望是现实卑下的，人应该有更高的追求，把私欲放在一边，全力追求天理，这样，才能成为圣人，才能与天地同参。此外，中国传统社会中"性"是修身之理论基础，要求人不能离群索居，而应从自我做起，强调修身养性，做到推己及人，最终目的在于为国家和社会做出贡献。这是入世的而非出世的观念。可以说，性有不同的层次，人应该超越自身，通过修养和教化达到更高的境界，因此"性"具有超越性。

(三) 性的命题

纵观我国传统社会人性论，关于人性的内容，有如下几种命题。

1. 性近习远

儒家创始人孔子处于东周春秋末期，面对"礼崩乐坏"的社会现状，极力维护周礼，提出"仁"的学说，并"诲人不倦"地向弟子传授、向社会传播。孔子最早提出"性"的观点，这就是"性相近也，习相远也"，[③] 其意是人之天赋本性是相近的，但后天的习染致使人之性发

---

① 卢梭：《论人类不平等的起源和基础》，李常山译，商务印书馆，1962，第62页。
② 曾振宇：《董仲舒人性论再认识》，《史学月刊》2002年第3期。
③ 杨伯峻译注《论语译注》，中华书局，2006，第204页。

生变化，从而有不同的人。虽然他的"性近习远"的人性观尚未形成一种完整的理论体系，但由于"仁"、"礼"学说二而一的关系，而为后来孟子和荀子从人性论寻找儒学的理论基点、论证和发展儒学提供了理论空间。

2. 人性善

战国中期，孟子不再以恢复周礼来重整社会秩序，而是提出"仁政"学说，并以"性善论"来论证他的王道学说。他指出人性之善有四端："恻隐之心，人皆有之；羞恶之心，人皆有之；恭敬之心，人皆有之；是非之心，人皆有之。恻隐之心，仁也；羞恶之心，义也；恭敬之心，礼也；是非之心，智也。"① 这种观点，实际上认为人的本性之中先天具有仁义礼智的萌芽，它们是人不学而能、不虑而知的"良知"、"良能"，"仁义礼智，非由外铄我也，我固有之也，弗思耳矣"。② 由此，孟子肯定每个人都具有至善的道德本性，都可以通过自觉的努力成为道德完善的圣人。

3. 人性恶

战国后期，荀子看到了人性之欲望及其带来的后果，主张"性恶"。他认为："今人之性，生而有好利焉，顺是，故争夺生而辞让亡焉；生而有疾恶焉，顺是，故残贼生而忠信亡焉；生而有耳目之欲，有好声色焉，顺是，故淫乱生而礼义文理亡焉。然则从人之性，顺人之情，必出于争夺，合于犯分乱理，而归于暴。故必将有师法之化、礼义之道，然后出于辞让，合于文理，而归于治。"③ 人一生下来就喜欢财力、妒忌憎恨、喜好声色，依顺这种人性，所以淫荡混乱产生了，而礼义法度消失了。这样看来，放纵人的本性，依顺人的情欲，就一定会出现争抢掠夺，一定会和违犯等级名分、扰乱礼义法度的行为合流，而最终趋向于暴乱。他说："用此观之，然则人之性恶明矣，其善者伪也。"④ 所以一定要有师长和法度的教化、礼义的引导，然后人们才会从推辞谦让出发，遵守礼法，而最终趋向于安定太平。由此看来，人的本性是邪恶的就很明显

---

① 杨伯峻译注《孟子译注》，中华书局，1960，第259页。
② 杨伯峻译注《孟子译注》，中华书局，1960，第259页。
③ 张觉校注《荀子校注》，岳麓书社，2006，第293~294页。
④ 张觉校注《荀子校注》，岳麓书社，2006，第294页。

了，他们那些善良的行为则是人为的。

4. 性三品

西汉武帝时期，董仲舒针对人善恶混淆、良莠不齐等行为，把人性分为三类："圣人之性"、"斗筲之性"和"中民之性"。他说："圣人之性，不可以名性；斗筲之性，又不可以名性；名性者，中民之性。"① 所谓"圣人之性"，是天生的"过善"之性，是一般人先天不可能、后天不可及的；"斗筲之性"，是无"善质"的，生来就"恶"的，教化无用，只能采用刑罚的手段来处置他们；而"中民之性"，也就是万民之性，是"有善质而未能善"，必须通过王者的教化才能成善。

唐代韩愈认为："性之品有三，而其所以为性者五……性之品有上中下三。上焉者，善焉而已矣；中焉者，可导而上下也；下焉者，恶焉而已矣。其所以为性者五：曰仁、曰礼、曰信、曰义、曰智。"② 他认为"性"可分为上、中、下三品，这"三品之性"是由仁、礼、信、义、智五个道德和行为规范及其相互搭配所构成的不同道德与行为质量所决定的。

5. 人性两重性

两宋时期出现新儒学社会思想，糅合了儒、释、道思想。北宋张载提出人性的两重性观点——"形而后有气质之性，善反之则天地之性存焉。故气质之性，君子有弗性者焉"，③ 认为人受气于天地，先天具备"天地之性"，而且人的"天地之性"是至善的；同时，人们又具备"气质之性"，它有善的一面，也有恶的一面。程颐以理言"性"，认为"性即理也，所谓理性是也。天下之理，原其所自，未有不善"，④ "自性而行皆善也，圣人因其善也，则为仁义礼智信，以名之"。⑤ 他认为"性"的内容就是理，而所谓理就是仁义礼智信。人性和天理是一回事，人性是天理的体现。天理是至善至美的，人性也是至善至美的。南宋大儒朱熹认为，"性者，人生所禀之天理也"，⑥ "性者，人之所得于天之理

---

① 曾振宇、傅永聚注《春秋繁露新注》，商务印书馆，2010，第218页。
② 严昌校点《韩愈集》，岳麓书社，2000，第148页。
③ 刘玑：《正蒙会稿》，中华书局，1985，第52页。
④ 朱熹编《河南程氏遗书》，商务印书馆，1935，第318页。
⑤ 朱熹编《河南程氏遗书》，商务印书馆，1935，第349页。
⑥ 朱熹撰《孟子集注》，齐鲁书社，1992，第155页。

也。……此人之性所以无不善而为万物之灵也"。① "天命之性"是至善的，是"理"在人身上的体现，是人化了的"理"。天理先在，人性得之于天理，所以人性底子里是善的，堪称万物之灵。天理赋予的人性是普遍的、平等的、无差别的。所谓"性是天赋予人，只一同"，② "圣人亦人耳。其性之善无不同也"，③ 这是因为天理只有一个，体现同一天理的人性不可能是有差别的。

（四）性的养成：社会规范的内化

中国传统人性论重德性，相信人性善，坚信人通过努力能达到至善之境地，这为"性"的养成和社会教化奠定了坚实的理论基础。

1. 养性的内容

人不同于动物，人有更高的追求，希望在个人自己的修养和社会实践中去实现自我超越，使德性显现出来。这就需要"养性"。性是修身的目的与追求，修身就是养性。从个体自觉养性这个方面讲，养性与个人有关，养性就是自我修养。那么，自我修养的内容和标准是什么呢？这就是仁、义、礼、智、信，即儒家所谓"五常"。孔子将"智、仁、勇"称为"三达德"，又将"仁、义、礼"组成一个系统，认为"仁者人也，亲亲为大；义者宜也，尊贤为大；亲亲之杀，尊贤之等，礼所生焉"。④ 仁以爱人为核心，义以尊贤为核心，礼就是对仁和义的具体规定。孟子在仁、义、礼之外加入"智"，构成四端，认为"仁之实，事亲是也；义之实，从兄是也；智之实，知斯二者弗去是也；礼之实，节文斯二者是也"。⑤ 董仲舒加入"信"，并将仁、义、礼、智、信说成是天地长久的经常法则，号"正常"，"夫仁、义、礼、智、信五常之道"。⑥ 以上仁、义、礼、智、信既是人类美好的道德品性，又是统治阶级所宣扬的社会价值观和社会规范。也就是说，个人养性不仅成就了个人的道德，而且有助于维护社会秩序。

---

① 朱熹撰《孟子集注》，齐鲁书社，1992，第156页。
② 黎靖德编《朱子语类》（第四册），中华书局，1986，第1389页。
③ 朱熹撰《孟子集注》，齐鲁书社，1992，第162页。
④ 林久贵评析《大学 中庸》，崇文书局，2004，第63页。
⑤ 杨伯峻译注《孟子译注》，中华书局，1960，第183页。
⑥ 董仲舒：《董子文集》，中华书局，1985，第6页。

2．养性的方法

从社会学的视角看，仁、义、礼、智、信不仅是社会价值观，而且是社会规范。个人自我修养，就是学习并内化这些价值观和社会规范，从而自觉维护和支持社会秩序，这比从外部强制遵守效果要好得多。如何学习并内化这些价值观和社会规范并实现人生的超越？古代思想家提出了一套很有特色的方法。

其一，正心诚意。正心诚意是儒家倡导的一种道德修养境界。《大学》曰："欲修其身者，先正其心；欲正其心者，先诚其意；欲诚其意者，先致其知；致知在格物。"① 正心，指心要端正而不存邪念；诚意，指意必真诚而不自欺。推究事物的原理，从而获得知识，认为只要意真诚、心纯正、自我道德完善，就能实现家齐、国治、天下平的道德理想。

其二，"学"和"习"。中国古代思想家特别强调"学"和"习"，认为这是修身养性和实现人生超越的重要路径。孔子说，"学而不厌，诲人不倦"，② "不怨天，不尤人，下学而上达"。③ 皇侃云："下学，学人事；上达，达天命。我既学人事，人事有否有泰，故不尤人。上达天命，天命有穷有通，故我不怨天也。"④ 汉代扬雄认为："学者，所以修性也。视、听、言、貌、思，性所有也。学则正，否则邪。"⑤ 学习圣人之道就是为了端正人性。看、听、说话、容貌、思想，都受人的本性支配，学习了圣人之道，行为就会端正，不然就会产生邪念。清代王夫之说："习与性成者，习成而性与成也。"⑥ 他试图通过"习与性成"，使人的善性达到"日生日成"的地步。人生的超越不是通过对人性的否定来实现的，而是通过对人内在的自我提升能力的开发来实现的。这与基督教不同。在基督教看来，人要实现超越，要"尽心、尽性、尽意、尽力爱主你的神"（《圣经·马太福音》第12章第30节），以克服人的原罪，

① 林久贵评析《大学　中庸》，崇文书局，2004，第5页。
② 杨伯峻译注《论语译注》，中华书局，2006，第75页。
③ 杨伯峻译注《论语译注》，中华书局，2006，第176页。
④ 何晏集解、皇侃义疏《论语集解义疏》，中华书局，1985，第206页。
⑤ 韩敬注《法言注》，中华书局，1992，第8页。
⑥ 王夫之：《尚书引义》，中华书局，1962，第54页。

人得救的唯一指望是"信"，按照使徒保罗的说法就是因信称义。这种超越路径是以彻底否定人性为前提的。①

其三，善于反思。曾子说，"吾日三省吾身"，② 主张个人要在为人处世以及学习方面多加自我反省。在孟子看来，"仁义礼智，非由外砾我也，我固有之也，弗思耳矣。故曰：'求则得之，舍则失之。'"③ "思"的对象，正是仁、义、礼、智这四端，它们不是外在强加给我们的，而是我们内在固有的，只不过平时没有去想它因而不觉得罢了。所以说，探求就可以得到，放弃便会失去。换言之，"四端"是通过"思"来得到的。这种"思"，孟子称为"自反"，即反思自己是不是不仁爱、无礼义、不忠诚。④

其四，正确对待人的欲望。正确对待富贵、贫困是养性必须面对的问题。孔子说："富与贵，是人之所欲也；不以其道得之，不处也。"⑤ 发大财，做大官，是人人所盼望的，但不用正确的方法去得到它，君子不接受。"不仁者不可以久处约，不可以长处乐。仁者安仁，知者利仁。"有仁德的人甘于贫困，不太看重身外的物质享受，而不仁德的人追求的是物质享受、荣华富贵，而不注重自身修养。"君子谋道不谋食……君子忧道不忧贫。"⑥ 孔子追求的是超越现实和物质利害的"精神原则"（道）。"不义而富且贵，于我如浮云。"⑦ 做不正当的事而得来的富贵，在孔子看来好像浮云。孔子的主张对其学生及其后世有很大影响。孔子的学生颜回"一箪食，一瓢饮，在陋巷，人不堪其忧，回也不改其乐"。⑧ 孔子称其贤。人的欲望是正常的，物质财富是人生存的基础，但基于人的超越性，人不应过分看重这些东西。

---

① 赵法生：《孔子人性论的三个向度》，《哲学研究》2010 年第 8 期。
② 杨伯峻译注《论语译注》，中华书局，2006，第 2～3 页。
③ 杨伯峻译注《孟子译注》，中华书局，1960，第 259 页。
④ "有人于此，其待我以横逆，则君子必自反也，我必不仁也，必无礼也，此物奚宜至哉？其自反而仁矣，自反而有礼矣，其横逆由是也，君子必自反也，我必不忠。自反而忠矣，其横逆由是也，君子曰：'此亦妄人也已矣。如此，则与禽兽奚择哉？于禽兽又何难焉？'"见杨伯峻译注《孟子译注》，中华书局，1960，第 197 页。
⑤ 杨伯峻译注《论语译注》，中华书局，2006，第 39 页。
⑥ 杨伯峻译注《论语译注》，中华书局，2006，第 190 页。
⑦ 杨伯峻译注《论语译注》，中华书局，2006，第 80 页。
⑧ 杨伯峻译注《论语译注》，中华书局，2006，第 65 页。

（五）性的教化：规训与社会控制

上文从自我修养的层面讲性的养成，实质上是学习和内化人类道德和社会规范，这样既实现了个人目的，又实现了社会目的，可谓一举两得。由于性中含有欲望的成分，若放任自流，可能危及自身和社会，因此就需要进行教化。下面从性的规训与社会控制的角度阐述性的教化的原理和意义。

1. 教化的意义

孟子说："人之有道也，饱食、暖衣、逸居而无教，则近于禽兽。"① 这是说物质生活虽然能满足人的生理需求，却无助于人的心理发展。只有教育，才能把人培养成有思想、有道德、有文化、有才能的社会人。如果失去教育，人就会变得与禽兽相近。荀子看到人性有恶的成分，他说："人之性恶，善者伪也。"② 人的本性是邪恶的，那些善良的行为是后天的行为。教化是成就理想人格的关键。"教"就是教导，"教者，何谓也？教者，效也。上为之，下效之。民有质朴，不教不成"；③ "化"就是感化，也就是在"上"者的教育和引导下，使"下"者内在的人格精神发生变化。董仲舒说："性者，天质之朴也；善者，王教之化也。无其质，则王教不能化。无其王教，则质朴不能善。"④ "中民之性"，含有情欲，可以为善也可以为恶，需着力开发，只有"中民之性"，才需要教化也可以教化，而这样的人占社会的绝大多数。为了说明教化的重要性，董仲舒在《深察名号》与《实性》中一再说中民之性天生有善质，如同禾有米、茧有丝，但禾还不是米，茧也不等于丝，中民之性天生的善质也还不是现实善，现实善的完成必须经过后天的王教。禾有米、茧有丝、中民之性有善质是天所为，而禾出米、茧出丝、中民之性成善则是人所为，二者分属天人。只有通过后天王教的人为作用，中民之性包含的善质才可以成善，这就是董仲舒的"善者，王教之化也"⑤ 的含义。"无其质，则王教不能化；

① 杨伯峻译注《孟子译注》，中华书局，1960，第125页。
② 张觉校注《荀子校注》，岳麓书社，2006，第293页。
③ 班固等：《白虎通》，中华书局，1985，第201页。
④ 曾振宇、傅永聚注《春秋繁露新注》，商务印书馆，2010，第219页。
⑤ 曾振宇、傅永聚注《春秋繁露新注》，商务印书馆，2010，第219页。

无王教，则质朴不能善"① 是对中民之性有善质与王教成善辩证关系的进一步说明。一方面，中民之性有善质是王教成善的前提，若中民之性无善质，圣王教化何以施行？另一方面，王教是中民之性成善的保障，没有圣王教化，中民之性就不可能成善，只能停留在有善质的天所为的层面。② 韩愈认为，"中品之性情"经过社会教化，可以接近或成为"上品之性情"。张载说："如气质恶者，学即能移。"③ 要改变恶劣的气质之性，关键在于学习社会规范，克制自己的旧有行为，消除、制约习俗造成的不良影响。二程认为，人的恶行是可以改变的。这是因为人由气的材质构成，只要遵循天性，不断提高自我修养，即便是大奸大猾，也可弃恶从善。④

2. 教化的方法

"性"教化的内容是上文提到的仁、义、礼、智、信等社会道德和规范，教化的方法包括礼教、乐教、政教和刑教。

礼教。孔子提出，"克己复礼为仁。一日克己复礼，天下归仁焉"，⑤"兴于诗，立于礼，成于乐"。⑥《乐经》说："礼者，天地之序也。"⑦ 荀子认为"礼"的根本特点是"分"与"别"。⑧ "礼"是人们制定的各种人与人关系中各个角色所具备的权利和义务。依礼而行是"仁"的根本要求。所以，礼以"仁"为基础，以"仁"来维护。只克制自己的行为，而不实行"礼"，或者不是在克制自己的行为的基础上实行的"礼"，都不是"仁"，只有两者有机结合起来才是"仁"。另外，孔子所谓"克己"也是一种人的心理素质的修养，是把"礼"的规范内化于人们的思想和行动中去的过程。"克己复礼"就是通过人们的道德修养自觉地遵守礼的规定。其具体条目就是"非礼勿视，非礼勿听，非礼勿

---

① 曾振宇、傅永聚注《春秋繁露新注》，商务印书馆，2010，第219页。
② 黄开国：《董仲舒的人性论是性朴论吗？》《哲学研究》2014年第5期。
③ 张载：《张横渠集》（1~2册），中华书局，1985，第109页。
④ 王处辉主编《中国社会思想史》（第二版），中国人民大学出版社，2009，第374页。
⑤ 杨伯峻译注《论语译注》，中华书局，2006，第138页。
⑥ 杨伯峻译注《论语译注》，中华书局，2006，第87页。
⑦ 吉联抗译注《乐记》，音乐出版社，1958，第13页。
⑧ "先王恶其乱也，故制礼义以分之，以养人之欲、给人之求，使欲必不穷乎物，物必不屈于欲，两者相持而长。""曷谓别？曰：贵贱有等，长幼有差，贫富轻重皆有称者也。"见张觉校注《荀子校注》，岳麓书社，2006，第228~229页。

言，非礼勿动"。① 张载认为，克己的重点在于以社会规范为标准严格要求自己，深刻反省自己，使行为符合"礼"的要求。只有这样才能达到社会化的目的，即"反本"成圣、知礼成性。

乐教。"乐"的核心特征是"和"与"同"，"乐者，天地之和也"，②"德音谓之乐"。③ 乐与道德情感相一致，具有教化功能，即"乐也者，圣人之所乐也，而可以善民心。其感人深，其移风易俗，故先王著其教焉"。④ 乐是由圣王在治定天下之后，"正六律，和五声，弦歌雅颂"而成，具有陶冶性情、教化百姓的功效，是儒家成就理想人格的重要手段。因此，《乐记》说："是故知声而不知音者，禽兽是也。知音而不知乐者，众庶是也。唯君子为能知乐。"⑤ 能辨别音的节奏、知晓音所蕴含的情感，说明能够体察音的人文性，这是人区别于动物之处。

政教。孔子说，"为政以德"，朱熹在《四书章句集注》中对"政"的解释是："政之为言正也，所以正人之不正也。"⑥ 孔子认为："政者，正也。子帅以正，孰敢不正？"⑦ 朱熹引用范氏的解读称"未有己不正而能正人者"，⑧ 其意在说明统治者自身修为的带动和榜样作用。董仲舒继承了孔子正己正人之道。他说："为人君者，正心以正朝廷，正朝廷以正百官，正百官以正万民，正万民以正四方，四方正，远近莫敢不壹于正。"⑨ 政教方法侧重为政在人，而人之本在德。在正己的基础上正人，追求的就是一条德高而国治、国治而万物自化的理想路径。

刑教。刑教在于抑恶扬善，通过刑罚规制，把人性恶限制在最小的范围之内，并使个体自修自省，最终实现人的超越。孟子说，"不以规矩，不能成方圆"，"徒善不足以为政，徒法不能以自行"。⑩ 在荀子看来，"古者圣人以人之性恶，以为偏险而不正、悖乱而不治，故为之立

① 杨伯峻译注《论语译注》，中华书局，2006，第138页。
② 吉联抗译注《乐记》，音乐出版社，1958，第13页。
③ 吉联抗译注《乐记》，音乐出版社，1958，第43页。
④ 孙希旦：《礼记集解》，中华书局，1989，第998页。
⑤ 孙希旦：《礼记集解》，中华书局，1989，第982页。
⑥ 朱熹：《四书章句集注》，齐鲁书社，1992，第72页。
⑦ 杨伯峻译注《论语译注》，中华书局，2006，第145页。
⑧ 朱熹：《四书章句集注》，齐鲁书社，1992，第185页。
⑨ 董仲舒：《董子文集》，中华书局，1985，第4~5页。
⑩ 杨伯峻译注《孟子译注》，中华书局，1960，第102页。

君上之势以临之，明礼义以化之，起法正以治之，重刑罚以禁之，使天下皆出于治、合于善也"。① 对人之教化，"礼义"、"法正、"刑罚"三者缺一不可。究其缘由，在荀子眼中，礼义、法正、刑罚在治国理政方面起着各自不同的作用，面对悖乱和偏险之状况，明礼义可化，起法正可治，重刑罚可禁，由此天下皆出于治、合于善也。董仲舒认为："王者上谨承天意，以顺命也；下务明教化民，以成性也；正法度之宜，别上下之序，以防欲也。修此三者，而大本举矣。"②可见在他眼中，仁政教化和刑罚教化的作用与地位是不一样的，前者重养性，后者重制欲，前者是习惯性养成教育，后者是保护性强制教育，但目的都在于通过不同的手段来加强人性教化，以利于社会的和谐有序。

总之，"礼以道其志，乐以和其声，政以一其行，刑以防其奸：礼乐刑政，其极一也，所以同民心而出治道也"。③ 家长、国家从外部通过礼乐政刑的教化，对个人德性、德行进行规训和调整，提升个人品质，促进家、国、社会、自然的安宁和谐。

（陈为雷）

四　气：贯通形神、群己、天人的概念

"气"是中国传统哲学的核心概念之一，也是中国传统哲学中最具有特色的概念。如同西方哲学中有"原子论"，中国传统哲学中有"气论"。"气"与"原子"是两种不同的形态。"原子"的本义是"不可分"，它是有形的、"不可分"的、"不可入"的粒子，在原子与原子之间有"虚空"存在，它们是"物与虚不相资"，其间是断离分隔开的。而在中国传统哲学中，"气"是连续的、无形的存在，"其大无外，其小无内"，即其在空间上既是无限大，又是无限小。"充一切虚，贯一切实"，一切有形物体的生灭存亡都是由于气之聚散，而物与物之间的联系则是相互感应的"通天下一气"。原子论只是西方哲学中的一种理论

---

① 张觉校注《荀子校注》，岳麓书社，2006，第298页。
② 董仲舒：《董子文集》，中华书局，1985，第10页。
③ 吉联抗译注《乐记》，音乐出版社，1958，第2页。

形态，除此之外在西方哲学中占据主流地位的还有理念论和四因说等，原子论在西方的中世纪被遗忘，到了近代才又被唤醒，成为西方近代科学的物质观基础。与此不同，中国传统哲学的气论，不仅在狭义上是指以气为世界之本原的理论，而且在广义上也被道本论、理本论、心本论等所普遍容纳。也就是说，虽然道本论、理本论、心本论认为道、理、心比气更为根本，但它们也都是以气为化生世界万物的材料。就此而言，气论可以说是中国传统哲学广义上的物质观。正因如此，气论对体现中国传统哲学的特色具有重要意义。"气"概念的内涵非常丰富，简言之，可以说气是"一气涵五理"，即其包含物理、生理、心理、伦理和哲理的意义。① 以下主要就其贯通形神、群己、天人的意义进行阐述。

（一）形神观

"气"概念的原初具体意义有烟气、蒸气、云气、寒暖之气和呼吸之气（气息）等，哲学意义的"气"是从这些具体意义中抽象升华而来的。在先秦哲学中，"阴阳之气"主要是从云气、寒暖之气等抽象而来，气或阴阳是天地万物普遍联系的中介，也是决定天地万物之运动及其规律和秩序的主要因素。大约在春秋战国之际，或者说在老子哲学之后，先秦哲学有了"天地"并非固有而是由"阴阳之气"分化而成的思想，随之也就有了人与万物都是天地"合气"而化生的思想。这样，"气"就成为天地万物的本原或构成材料。老子哲学的"道生一，一生二，二生三，三生万物。万物负阴而抱阳，冲气以为和"，② 《易传》哲学的"易有太极，是生两仪，两仪生四象，四象生八卦"、"天地絪缊，万物化醇。男女构精，万物化生"，③ 庄子哲学的"人之生，气之聚也。聚则为生，散则为死。……故万物一也……通天下一气"（《庄子·知北游》）④ 等，是这一时期气论思想的代表性表述，也是以后中国哲学讲本体－宇宙论的主要经典依据。中国哲学的形神观（又称身心观）就是在这一理论框架下形成的。

在战国时期齐国稷下黄老学派的著作《管子·内业》篇中有云：

---

① 参见李存山《"气"概念的几个层次意义的分殊》，《哲学研究》2006年第9期。
② 王弼著，楼宇烈校释《王弼集校释》（上册），中华书局，1980，第117页。
③ 王弼著，楼宇烈校释《王弼集校释》（下册），中华书局，1980，第553、564页。
④ 郭庆藩辑《庄子集释》（第三册），中华书局，1961，第733页。

"凡人之生也，天出其精，地出其形，合此以为人。"① 这就是说，天（阳）出人的精神，地（阴）出人的形体，二者相合而成人。《内业》篇又说："气道（导）乃生，生乃思，思乃知……"② 这就是说，气在人的形体内通导运行才有了生命，有了生命才有思维，有了思维才有知识。《管子·枢言》篇也说："有气则生，无气则死，生者以其气。"③ 当时的人们普遍认为，气构成了人的生命的基础，而人的形神都源于气。

在气论思想中，人与万物都是由天地之间的"阴阳大化"所产生，而人与万物又构成了天地之间不同的生物层次。如荀子所说："水火有气而无生，草木有生而无知，禽兽有知而无义，人有气、有生、有知，亦且有义，故最为天下贵也。"（《荀子·王制》)④ 这里区分了无机物（水火）、植物（草木）、动物（禽兽）和"最为天下贵"的人。这些不同层次都是以气为本原，而气有"精粗粹驳"的不同，于是产生了人与万物的差异。禽兽之所以高于草木，是因为禽兽和人一样都有"血气"，有"血气"也就有生命的知觉。而人之所以"最为天下贵"，是因为人有道德伦理的"义"；人之所以能够经过"积思虑，习伪故"而产生"义"，又是因为人有不同于动物的"知虑才性"（《荀子·荣辱》)。⑤ 这种"知虑才性"就是人的"心"或"神"的功能。

荀子说："天职既立，天功既成，形具而神生。好恶喜怒哀乐臧焉，夫是之谓天情。耳目鼻口形能各有接而不相能也，夫是之谓天官。心居中虚，以治五官，夫是之谓天君。"（《荀子·天论》)⑥ 这里的"形具而神生"，就是说人的形体是气聚而产生，有了人的形体也就有了人的精神。在人的精神中包括"好恶喜怒哀乐"等情感，"耳目鼻口形"等感觉器官中，最重要的是"心居中虚，以治五官"，它有思虑、能知、产生道德意识和决定道德行为等功能。荀子说的人之"有义"、"能群"，其生理和心理基础就是人的"形具而神生"，人有了情感、知觉、思虑便会产生道德意识、礼义规范等。

---

① 赵守正撰《管子注译》（下册），广西人民出版社，1982，第79页。
② 赵守正撰《管子注译》（下册），广西人民出版社，1982，第78页。
③ 赵守正撰《管子注译》（上册），广西人民出版社，1982，第105页。
④ 北京大学《荀子》注释组注《荀子新注》，中华书局，1979，第127页。
⑤ 北京大学《荀子》注释组注《荀子新注》，中华书局，1979，第42页。
⑥ 北京大学《荀子》注释组注《荀子新注》，中华书局，1979，第271页。

《礼记·礼运》篇说:"何谓人情?喜怒哀惧爱恶欲七者,弗学而能。何谓人义?父慈、子孝、兄良、弟弟、夫义、妇听、长惠、幼顺、君仁、臣忠十者,谓之人义。讲信修睦,谓之人利。争夺相杀,谓之人患。故圣人所以治人七情,修十义,讲信修睦,尚辞让,去争夺,舍礼何以治之?……故人者,其天地之德,阴阳之交,鬼神之会,五行之秀气也。"[1]"五行"(水火木金土)概念起源很早,至战国中后期阴阳五行家把"五行"配以四方和四时(木配东、春,火配南、夏,土居中央,金配西、秋,水配北、冬),提出五行是阴阳之所生。这样,五行就成为阴阳之下属的概念,被容纳到气论的思想中。这种思想也被儒家和道家所广泛吸收。《礼记·礼运》篇说的"五行之秀气",就是说人禀赋了天地之间的精华、优秀之气,所以人不同于其他物类而有"七情"、"十义"等。

汉代的思想家桓谭对人的形神有"烛火"之喻。他说:"精神居形体,犹火之然(燃)烛矣。……烛无,火亦不能独行于虚空。"(《新论·形神》)[2]这也表达了"形具而神生"的思想,若无形体,则"精神"不能独行于"虚空"。汉代的另一位思想家王充说:"夫人所以生者,阴阳气也。阴气主为骨肉,阳气主为精神。"(《论衡·订鬼》)[3]"阴阳气"又称为"元气"。王充说:"人未生在元气之中,既死复归元气。元气荒忽,人气在其中。人未生,无所知;其死,归无知之本,何能有知乎?……形须气而成,气须形而知。天下无独燃之火,世间安得有无体独知之精?"(《论衡·论死》)[4]王充的形神观,同样认为天之阳气产生人之精神,地之阴气产生人之形体,"元气"本身是"无知之本",而"气须形而知"即是"形具而神生"。

南北朝时期的范缜针对佛教的"形尽神不灭"之说而作《神灭论》,他说:"神即形也,形即神也。……形者神之质,神者形之用,是则形称其质,神言其用,形之与神不得相异也。……神之于质,犹利之于刃;形之于用,犹刃之于利。利之名非刃也,刃之名非利也,

① 陈澔:《礼记集说》,中国书店,1994,第193页。
② 桓谭著,吴则虞辑校《桓谭〈新论〉》,社会科学文献出版社,2014,第7页。
③ 王充:《论衡》,上海人民出版社,1974,第347页。
④ 王充:《论衡》,上海人民出版社,1974,第317页。

然而舍利无刃，舍刃无利。"① 范缜的形神相即、形质神用、刃利之喻，是把形神看作体和用的关系，即把精神看作人之形体的机能。他说的"形尽神灭"也主张"气须形而知"，强调离开了人的形体，精神也就不存在了。

宋代的理学家周敦颐在其所作《太极图说》中有云："无极之真，二五之精，妙合而凝。乾道成男，坤道成女，二气交感，化生万物。万物生生，而变化无穷焉。惟人也，得其秀而最灵。形既生矣，神发知矣，五性感动，而善恶分，万事出矣。"② 这里说的"二五之精"，就是指阴阳五行之气。"惟人也，得其秀而最灵"，与《礼运》篇说人禀赋了"五行之秀气"是同一个意思。而"形既生矣，神发知矣"也就是"形具而神生"。"五性感动，而善恶分，万事出矣"中的"五性"是指仁义礼智信"五常"之性，而"五性感动"就是与外物相感应而有了情感，于是也就有了善恶的区分，有了世间的万事。《太极图说》被尊为理学的开山之作，理学又被称为"新儒学"，而新儒学的形神观与先秦儒学和汉唐儒学有着相因继承的关系。

儒家一贯重视"修身"，而身与心并不是两个实体，而是由气之阴阳所贯通的统一的关系——气聚而成形，形具而神生。因此，"修身"并不是只修养"身体"，而是一方面重视"践形"的道德实践，另一方面更重视"正心诚意"的内在精神修养。

（二）群己观

中国古代一直是"以农立国"，而农耕生产的社会组织是以家庭为基本单位，家与家的联系形成"聚族而居"的村社，进而由宗族、村社扩大为乡镇、州县、国家的行政组织。个人是家庭、宗族的成员，血缘的联系亦被认为是"同气"之相传流衍的关系。这种意识的推扩升华就形成了"家国天下"的情怀，乃至有了"以天下为一家，以中国为一人"的道德境界。

在气论思想中，"天地感而万物化生"（《易传·咸·彖传》），③ 人

---

① 姚思廉：《梁书》，中华书局，1973，第665~666页。
② 周敦颐：《周敦颐集》，中华书局，1990，第4~5页。
③ 王弼著，楼宇烈校释《王弼集校释》（下册），中华书局，1980，第373页。

作为万物中的一类，因禀受了天地间"五行之秀气"的精华，故而"天地之性（生），人为贵"（《孝经·圣治章》）。[1] 家庭作为人类社会组织的基本单位，每个人又都是父母所生，在家庭中形成的"孝悌"之心、"亲亲"之情也就成为社会道德的基础。

《易传·序卦》说："有天地，然后有万物；有万物，然后有男女；有男女，然后有夫妇；有夫妇，然后有父子；有父子然后有君臣；有君臣，然后有上下；有上下，然后礼义有所错。夫妇之道，不可以不久也，故受之以《恒》，恒者久也。"[2] 这段话本来是解释《周易》的上、下经，上经以《乾》、《坤》两卦为首，下经以《咸》、《恒》两卦为首。而从哲理上说，则简明地概括了中国哲学的自然观和社会观：从自然观说，就是人与万物都是天地所生；从社会观说，就是人类社会先有男女，然后有夫妇，再有父子，然后有君臣上下之序的社会道德伦理。在人类社会的发展序列中，由夫妇子女组成的家庭居于社会的基础地位，用现在的话说，就是家庭乃社会的细胞。《周易》的《咸》卦就是讲少男与少女的婚嫁结合（其卦象是"兑上艮下"，"兑"是少女，"艮"是少男）。有了男女婚嫁，于是有了家庭的"夫妇之道"，《中庸》说："君子之道，造端乎夫妇。"[3] 人类社会的世代传衍有赖于家庭来完成，所以"夫妇之道，不可以不久也"。在《咸》卦之后"受之以《恒》"，"恒"就表示家庭的恒久不已、生生不息。这实际上是人类社会的正常发生和发展，因而具有恒久、普遍的意义。

每个人作为社会的一个成员，他首先是家庭的一员。在中国文化中特别强调的是，每个人一生下来不是"孤零零"地被抛入社会的一个单独"自己"，而是首先养育在父母的温暖怀抱之中。如《诗经·小雅·蓼莪》所说："父兮生我，母兮鞠我。拊我畜我，长我育我。顾我复我，出入腹我。欲报之德，昊天罔极。"[4] 对父母的"报恩"之心就是"孝"心。每个人都首先生活在家庭之中，由家庭而进入社会，由家庭成员之间的"孝悌"之心、"亲亲"之情扩充出"仁者爱人"的普遍道德意识。

---

[1]　李隆基注，邢昺疏《孝经注疏》，北京大学出版社，2000，第33页。

[2]　王弼著，楼宇烈校释《王弼集校释》（下册），中华书局，1980，第583页。

[3]　朱熹：《四书章句集注》，中华书局，2012，第23页。

[4]　毛亨传、郑玄笺、孔颖达疏《毛诗正义》，北京大学出版社，2000，第909～910页。

《论语·学而》篇记载孔子的学生有若说："孝弟也者，其为仁之本与！"孔子说："弟子入则孝，出则弟，谨而信，汎爱众而亲仁。"① 这就是把孝悌作为仁之本始，而仁就是普遍的"爱人"。②

先秦著作《吕氏春秋》中有《爱类》篇，此篇说："仁于他物，不仁于人，不得为仁。不仁于他物，独仁于人，犹若为仁。仁也者，仁乎其类者也。"③ 所谓"爱类"、"仁乎其类"，也就是普遍地爱人类、爱所有的人。儒家所讲的"仁者爱人"、"博爱之谓仁"，就是以孝悌为仁之本始，通过"老吾老以及人之老，幼吾幼以及人之幼"的扩充，践行"己欲立而立人，己欲达而达人"、"己所不欲，勿施于人"的"忠恕"之道，达到普遍的"爱人"，进而兼及"爱物"。这也就是孟子所说的"亲亲而仁民，仁民而爱物"。

《吕氏春秋》中又有《精通》篇，其中说："故父母之于子也，子之于父母也，一体而两分，同气而异息。若草莽之有华实也，若树木之有根心也。虽异处而相通，隐志相及，痛疾相救，忧思相感，生则相欢，死则相哀，此之谓骨肉之亲。"④ 这里说的"一体而两分，同气而异息"，就是把父母与子女之间的血缘关系视为"一体"、"同气"而有分化流衍的关系。家庭成员之间的"骨肉之亲"，之所以能够"虽异处而相通，隐志相及，痛疾相救，忧思相感，生则相欢，死则相哀"，就是因为有"一体"、"同气"的相互感通。家庭成员之间的代际相承，形成"同宗"的一气之流衍，因而后辈的成就可以"光宗耀祖"，先辈的善恶行为也会影响到家族的兴衰，即所谓"积善之家，必有余庆；积不善之家，必有余殃"（《易传·文言》）。⑤

《精通》篇又说："慈石召铁，或引之也。……圣人南面而立，以爱利民为心，号令未出，而天下皆延颈举踵矣，则精通乎民也。……身在乎秦，所亲爱在于齐，死而志气不安，精或往来也。德也者，万民之宰也。月也者，群阴之本也。月望则蚌蛤实，群阴盈；月晦则蚌蛤虚，群

① 朱熹：《四书章句集注》，中华书局，2000，第48～49页。
② 《论语·颜渊》："樊迟问仁，子曰：爱人。"（朱熹：《四书章句集注》，中华书局，2000，第140页。）此处的"爱人"就是要泛爱所有的人，也就是"爱类"。
③ 张双棣、张万彬等译注《吕氏春秋译注》（下），吉林文史出版社，1987，第774页。
④ 张双棣、张万彬等译注《吕氏春秋译注》（下），吉林文史出版社，1987，第255页。
⑤ 王弼著，楼宇烈校释《王弼集校释》（上册），中华书局，1980，第229页。

阴亏。夫月形乎天，而群阴化乎渊。圣人形德乎己，而四方咸伤乎仁。"① 这里的"慈石召铁"、月亮的盈昃与蚌蛤的实虚，以及与"群阴"之潮汐的关系等，都是由于"或引之也"、"精或往来也"，也就是"同气"之相互感通的关系。自然界是如此，人类社会也是如此，因而不仅家庭成员之间有"同气"的相互感通，而且"圣人南面而立，以爱利民为心"，虽然"号令未出"，却可以迅速而普遍地感动下民，这也是因为"精（气）通乎民也"。因为有"通天下一气"的中介感通，世界万物就被视为一个有机的普遍联系的整体，而人类社会的个体与群体就不是对立隔绝的，而是群己贯通的统一关系。

（三）天人观

中国传统哲学的突出特点是主张"天人合一"，"推天道以明人事"是中国传统哲学的基本架构，而人性论是连接天道与人道的枢纽。先秦哲学中有以"气"言性者，孟子的性善论最先以"心"言性，而汉唐儒学仍以"气"言性，宋明理学继承孟子的性善论，但又有"天命之性"和"气质之性"之说。在工夫论上，宋明理学家把"变化气质"作为重要的修养方法，而"一气流通"成为实现"一体之仁"道德境界的世界观基础。

先秦哲学最先以"气"言性，可以追溯到春秋时期郑国的子大叔，他提出"民有好恶、喜怒、哀乐，生于六气"，此"六气"是指"阴、阳、风、雨、晦、明"。按子大叔所说："气为五味，发为五色，章为五声。淫则昏乱，民失其性。……哀乐不失，乃能协于天地之性，是以长久。"（《左传·昭公二十五年》）② 这里的"民"实即指"人"，先秦时期论人性大多不做"性"与"情"的区分，从"哀乐不失，乃能协于天地之性"看，由"六气"产生的人之性情本有其适当的节度，但是人之后天的"感物而动"往往使人"淫则昏乱"，乃至失其本性。人应该"审则宜类，以制六志"，使"哀乐"等六种情感"不失"其本来的节度，这样就能够与"天地之性"相协调了。

作于"孔孟之间"的郭店竹简有《性自命出》篇，其云："凡人虽

① 张双棣、张万彬等译注《吕氏春秋译注》（下），吉林文史出版社，1987，第254页。
② 杨伯峻编著《春秋左传注》，中华书局，1981，第1457～1459页。

有性，心无定志，待物而后作，待悦而后行，待习而后定。喜怒哀悲之气，性也。及其见于外，则物取之也。性自命出，命自天降。道始于情，情生于性。始者近情，终者近义。知情（者能）出之，知义者能入之。好恶，性也。所好所恶，物也。善不（善，性也）。所善所不善，势也。"① 这里讲的"喜怒哀悲之气，性也"，"好恶，性也"，就是把人之天生的未发之"情"作为人的本性，而"及其见于外，则物取之也"，就是人的"感物而动"的已发之"情"。《性自命出》篇并非持性善论，但它说"道始于情，情生于性"，"始者近情，终者近义"，又说"礼作于情，或兴之也"，"君子美其情，贵（其义），善其节，好其容，乐其道，悦其教，是以敬焉"。② 据此可以说此篇所讲的"性情"，应是倾向于善或接近于善的。

相传孔子之孙子思（孔伋）作的《中庸》云："天命之谓性，率性之谓道，修道之谓教。……喜怒哀乐之未发谓之中，发而皆中节谓之和。中也者，天下之大本也。和也者，天下之达道也。"③ 在这里，"天命之谓性"与"性自命出，命自天降"是相同的。而"率性之谓道，修道之谓教"中"道"已是对"性"的直接肯定，而不是"道"始于或近于性情了。"喜怒哀乐之未发"相当于说"喜怒哀悲之气，性也"，但赋予其"中"的属性，则其已经是性善论了；"发而皆中节谓之和"，则其已发之情本于性之"中"，就已不是"及其见于外，则物取之"了。因此，《中庸》的思想虽然没有明言"性善"，但其实质已经是性善论。其所谓"天命之谓性"，开了以后儒家哲学讲"性与天道合一"的先河。

孟子继《中庸》之后明确地提出了性善论，他说："恻隐之心，仁之端也；羞恶之心，义之端也；辞让之心，礼之端也；是非之心，智之端也。……凡有四端于我者，知皆扩而充之矣，若火之始然，泉之始达。苟能充之，足以保四海；苟不充之，不足以事父母。"（《孟子·公孙丑上》）④ 孟子以"心"言性，他所讲的"人性之善"就是指人本有"恻隐之心"、"羞恶之心"、"辞让之心"、"是非之心"的

---

① 李零：《郭店楚简校读记》，北京大学出版社，2002，第 105 页。
② 李零：《郭店楚简校读记》，北京大学出版社，2002，第 106 页。
③ 朱熹：《四书章句集注》，中华书局，2000，第 17～18 页。
④ 朱熹：《四书章句集注》，中华书局，2000，第 239 页。

"四端"，将此"四端"加以扩充，便是仁、义、礼、智"四德"。孟子说："尽其心者，知其性也。知其性，则知天矣。存其心，养其性，所以事天也。"（《孟子·尽心上》）① 所谓"尽其心"，就是充分发挥"心之官则思"的功能。所谓"知其性，则知天矣"，就是讲"性与天道合一"。"存其心，养其性"，是讲道德修养的工夫论。孟子又有"我善养吾浩然之气"之说。"敢问何谓浩然之气？"曰："难言也。其为气也，至大至刚，以直养而无害，则塞于天地之间。其为气也，配义与道；无是，馁矣。是集义所生者，非义袭而取之也。行有不慊於心，则馁矣。"（《孟子·公孙丑上》）② "浩然之气"是"配义与道"而俯仰无愧怍的高尚道德境界，其"至大至刚，以直养而无害，则塞于天地之间"，然则这种道德境界又是将天与人相贯通的精神境界。

荀子持性恶论的观点，认为道德礼义是圣人"积思虑，习伪故"而产生的。关于修养方法，荀子提出"治气养心之术"，他说："血气刚强，则柔之以调和；知虑渐深，则一之以易良；勇胆猛戾，则辅之以道顺；齐给便利，则节之以动止；狭隘褊小，则廓之以广大；卑湿重迟贪利，则抗之以高志；庸众驽散，则劫之以师友；怠慢僄弃，则照之以祸灾；愚款端悫，则合之以礼乐，通之以思索。凡治气养心之术，莫径由礼，莫要得师，莫神一好。夫是之谓治气养心之术也。"（《荀子·修身》）③ 荀子思想中的"心"本就是"形具而神生"的"天君"，由人之性恶向道德礼义的转化需要发挥"心"的认知和觉悟的功能。"心"的精神修养与"治气"相联系，就是把生理、心理和伦理相贯通。而荀子在所作《云》赋中说其"大参天地，德厚尧禹，精微乎毫毛，而充盈乎大宇"（《荀子·赋》），④ 就是将天与人相贯通了。

汉儒董仲舒用天道之"阴阳"论证人性有善恶两个方面，他说："人之诚有贪有仁，仁贪之气两在于身。身之名取诸天，天两有阴阳之施，身亦两有贪仁之性。""仁"是善，出于阳；"贪"是恶，出于阴。他又以此区分人的"性"与"情"，提出："天地之所生，谓之性情。

---

① 朱熹：《四书章句集注》，中华书局，2000，第 356 页。
② 朱熹：《四书章句集注》，中华书局，2000，第 232～233 页。
③ 北京大学《荀子》注释组注《荀子新注》，中华书局，1979，第 18 页。
④ 北京大学《荀子》注释组注《荀子新注》，中华书局，1979，第 18 页。

性情相与为一瞑，情亦性也。谓性已善，奈其情何？……身之有性情也，若天之有阴阳也。言人之质而无其情，犹言天之阳而无其阴也。"（《春秋繁露·深察名号》）① 依此说，他所谓"性"有广义和狭义之分：广义的性包含情在内（"情亦性也"），是指人性的"仁贪"或善恶两个方面；狭义的性，与情相对，性生于阳，为仁、为善，情则生于阴，为贪、为恶。董仲舒又首发"性三品"之说，提出："圣人之性，不可名性；斗筲之性，又不可以名性。名性者，中民之性。"（《春秋实露·突性》）② 虽然董仲舒主要是以"中民之性"言性，认为处于善恶两端的"圣人之性"和"斗筲之性"不可以"名性"，但他实际上已把人性做了上、中、下的"三品"之分。这种"性三品"的思想一直到唐代乃至宋初都有持续的影响。

宋代的理学家在人性论方面的重要贡献是上承孟子的性善论，而又提出了"天地之性"和"气质之性"的两性之说。"天地之性"（又称"天命之性"或"本然之性"）是纯善的，这在张载的气本论思想中源于"太虚为清，清则无碍，无碍故神"（《正蒙·太和》），③ 而在程朱的理本论思想中就是"性即理也"，"天下之理，原其所自，未有不善"。④ "气质之性"是因为有了所禀气质的清浊、昏明、"通蔽开塞"的不同而有了善恶之杂。张载说："形而后有气质之性，善反之则天地之性存焉。""性于人无不善，系其善反不善反而已。"（《正蒙·试明》）⑤ 程颐说："性无不善，而有不善者，才也。性即是理，理则自尧舜至于涂人一也；才禀于气，气有清浊，禀其清者为贤，禀其浊者为愚。"⑥ 程颐说的"才"也是指"气质之性"。"性于人无不善"就是人所普遍具有的纯善的"天地之性"或"天命之性"，它根源于"天道"或"天理"，"气质之性"则是"形而后"因所禀气质的不同而有了善恶贤愚等的分殊。朱熹综合张载和程颐的思想，更为明确地阐述了"天地之性"与"气质之性"的关系，他说："论天地之性，则专指理言；论气质之性，则以

---

① 苏舆撰、钟哲点校《春秋繁露义证》，中华书局，1992，第296、299页。

② 苏舆撰、钟哲点校《春秋繁露义证》，中华书局，1992，第311～312页。

③ 张载：《张载集》，中华书局，1978，第9页。

④ 《程氏遗书》（卷二十二上），载程颢、程颐《二程集》，中华书局，1981，第292页。

⑤ 张载：《张载集》，中华书局，1978，第22～23页。

⑥ 《程氏遗书》（卷十八），载程颢、程颐《二程集》，中华书局，1981，第204页。

理与气杂而言之。"① "气质之性只是此性堕在气质之中，故随气质而自为一性。"② 因为"气质之性"是随气质而后起的，所以"变化气质"就成为重要的修养方法，其目的是"善反之"，即复反于纯善的"天地之性"。

宋代理学家讲"性善"已不是只讲人性之善，而是说："性者，万物之一源也，非有我之得私也。"（《正蒙·试明》）③ "凡物莫不有是性，由通蔽开塞，所以有人物之别；由蔽有厚薄，故有智愚之别。"（《张子语录·后录下》）④ "天地之间，非独人为至灵，自家心便是草木鸟兽之心也，但人受天地之中以生尔。人与物但气有偏正耳。独阴不成，独阳不生。得阴阳之偏者为鸟兽、草木、夷狄，受正气者人也。"⑤ 这就是说，人与万物都有纯善的"天地之性"，而人与物的区别是由"气质之性"的"偏正"或"通蔽开塞"造成的。因此，理学家的道德境界就是"圣人尽性，不以见闻梏其心，其视天下无一物非我"（《正蒙·大心》），⑥ "民吾同胞，物吾与也"（简称"民胞物与"，《正蒙·乾称》），⑦ "公则物我兼照"，⑧ "仁者浑然与物同体"。⑨

明代的王阳明在心性论上与程朱的思想不同，但是在道德境界上同样讲"大人者以天地万物为一体者也，其视天下犹一家，中国犹一人焉。……故夫为大人之学者，亦惟去其私欲之蔽，以自明其明德，复其天地万物一体之本然而已耳"（《大学问》）。⑩ 他提出"致良知"的学说，认为良知与万物同体："人的良知，就是草木瓦石的良知。……风雨露雷、日月星辰、禽兽草木、山川土石，与人原只一体。……只为同此一气，故能相通耳。""天地鬼神万物离却我的灵明，便没有天地鬼神万物了。我的灵明离却天地鬼神万物，亦没有我的灵明。如此，便是一

---

① 黎靖德编《朱子语类》（卷四），岳麓书社，1997，第61页。
② 朱熹：《晦庵集》（卷五十八）《答徐子融》，《四库全书》文渊阁本。
③ 张载：《张载集》，中华书局，1978，第21页。
④ 张载：《张载集》，中华书局，1978，第341页。
⑤ 《程氏遗书》（卷一），载程颢、程颐《二程集》，中华书局，1981，第4页。
⑥ 张载：《张载集》，中华书局，1978，第24页。
⑦ 张载：《张载集》，中华书局，1978，第62页。
⑧ 《程氏遗书》（卷十五），载程颢、程颐《二程集》，中华书局，1981，第153页。
⑨ 《程氏遗书》（卷二上），载程颢、程颐《二程集》，中华书局，1981，第16页。
⑩ 王守仁：《王阳明全集》，上海古籍出版社，1992，第968页。

气流通的，如何与他间隔得！"（《传习录下》）① 这里说的"一气流通"、"同此一气"，的确是宋明理学家共有的贯通天人、达到仁者"以天地万物为一体"的高尚道德境界的哲理基础。

（李存山）

五　心态：社会心理的形塑和践行

社会史也是心态史，不同历史时期都具有其独特的心态，那也是人们所经历的不同历史时期演变的结果。中国传统文化中包含大量的社会学和心理学思想，这些思想还有待社会学和心理学深入发掘。本部分回顾了"心"、"心理"和"心态"等概念，心态虽然不见于古籍，但心态是最能反映宏观心理变化的概念，按照心态史学的研究方法，中国不同历史时期都可以描述出其典型的心态特征。在中国思想史中，无论是儒家经典，还是理学、心学都可以找到形塑国民心态的论述。中国文化核心思想的儒家、道家、法家、佛家等都有大量"心"的思想和理论。民族性（民族性格）是心态中最为核心的成分，本部分认为统治者自觉不自觉地在提倡和鼓励某种社会心态，儒家思想作为统治者的正统思想通过树立"圣人"、"君子"这些理想人格典型来形塑人们的思想、规训人们的行为，这些理想的人格标准中包含他们提倡的基本伦理价值。儒家思想中"君子"思想在经历了从"位"到"德"的转变，以及从"圣君贤相"到"人皆可以成尧舜"的转向后，统治者主导的价值观逐渐践行为包含上层、中层和下层社会的心态。这样的过程对当今社会治理具有一定的启示性，关涉当今政府提倡的"以德治国"。德治是儒家的核心思想，当儒家脱离了建制化后，其德治思想如何深入民心，以及如何成为引导社会心态可以借鉴的资源，是至关重要的问题。余英时讲到儒家日常人生化后存在的挑战，如"内圣外王"就已经被打破了，从格物、致知、诚意、正心、修身的"内圣"已经不能推及治国、平天下的"外王"。他还提出"修身、齐家"属于私领域，"治国、平天下"则是

---

① 王守仁：《王阳明全集》，上海古籍出版社，1992，第 107、124 页。

公领域，两部分之间存在明确的界限。① 但是，并不意味着儒家修身的思想就完全过时，毫无意义，如有学者认为，儒学治理社会的方案丰富多彩，其中《大学》"八条目"中正心、修身和治家，分别从"治心"、"治身"、"治家"三个角度提出治理社会的三大路径。② 其中以"正心"为核心的心态形塑是社会治理的应有之义，但在当今的社会治理中长期被忽视，应该重视孙中山先生"心理建设"的主张，重建中国核心价值体系。

（一）社会心态的界定

1. 心

"心"一词在中国古代的意义是心脏和精神。燕良轼在检索了中文主要辞书后发现，"心"的含义在这些辞书中有 4 ~ 15 种：《大汉和辞典》最少为 4 种，《汉语大字典》最多为 15 种，《辞海》8 种，《辞源》6 种，《汉语大辞典》13 种，《康熙字典》8 种。他检索了 11 种古籍中出现"心"的数量：《周易》24 次，《尚书》26 次，《春秋经传》100 次，《毛诗》119 次，《论语》6 次，《墨子》42 次，《孟子》119 次，《荀子》156 次，《庄子》170 次，《孝经》2 次，《尔雅》3 次。"心"的本义是心脏和精神，心脏是本义，精神是衍义。③ 心的本义是古人误以为心理活动是心脏的功能而不知是大脑的功能，新的衍义则包含丰富的内容，按照现代心理学的体系来分析包含认知、情感、意志等。如心在《易·系辞上》"二人同心，其利断金"中是思想、想法的意思；在《尸子·贵言》"目之所美，心以为不义，弗敢视也"中则表示理智、理性；在《礼记·礼运篇》"饮食男女，人之大欲存焉，死亡贫苦，人之大恶存焉。故欲恶者，心之大端也"中是指人的情感的两极；在《论语·为政》"七十而从心所欲，不逾矩"中则表示意志；在《左传·昭十九年》"尽心力以事君"中则是能力、心力的意思；在《荀子·正名》"心者，

---

① 余英时：《余英时文集》第二卷《中国思想传统及其现代变迁》，广西师范大学出版社，2004，第 134 ~ 135 页。
② 李承贵：《儒学治理社会的三个环节》，《华南师范大学学报》（社会科学版）2011 年第 6 期。
③ 燕良轼：《中国古代心理学思想概论》，湖南师范大学出版社，1999，第 19 ~ 21 页。

性之质也”中则表示气质、性格。①

2. 心理

心理学家对中国古代心理学思想梳理后认为，心理经历了“心”与“理”、“心理”和“心”即“理”三个阶段。② 燕良轼则表述为“心理之分”、“心理之合”和“心理合一”三个阶段。第一个阶段是魏晋之前，“心”和“理”不连用，心是心脏和精神，理和道一样用作规律。③ 第二个阶段，从魏晋南北朝开始，“心”和“理”连用，但于今日“心理”意义不同。早在 20 世纪 40 年代著名心理学家张耀翔就指出：“‘心理学’三字在中国古籍上似从未在一起排列过。就是‘心理’二字相连的也很少，陶潜诗：‘养色含精气，粲然有心理’或是这二字最早的联缀。但陶之所谓‘心理’未必和现在的解释相同。王守仁也连用过‘心理’二字。他说‘心即理，心理是一个’。这种用法显与吾人用法两样。”④ 第三个阶段则是宋明时期，陆九渊和王阳明所创立的陆王心学，明确提出了“心即理”的命题，“心”和“理”合而为一。陆九渊认为心就是宇宙，“四方上下曰宇，往古来今曰宙。宇宙便是吾心吾心便是宇宙”，⑤ “心”和“理”是一回事，“盖心，一心也；理，一理也。至当归一，精义无二。此心此理，实不容有二”，⑥ “天之所以与我者，即此心也。人皆有是心，心皆具是理，心即理也”。⑦ 王守仁也主张心和理合一：“致吾心之良知者，致知也。事事物物皆得其理者，格物也。是合心与理为一者也。”⑧ “先生曰：心即理也，天下又有心外之事、心外之理乎？”⑨ “诸君要识得我立言宗旨，我如今说个心即理是如何？只为世人分心与理为二，故便有许多病痛。”⑩ 心理学家认为，心学是中国本土心理学概念。⑪

---

① 燕良轼：《中国古代心理学思想概论》，湖南师范大学出版社，1999，第 25～28 页。
② 燕国材：《“心理”正名》，《心理科学》1998 年第 2 期。
③ 燕良轼：《中国古代心理学思想概论》，湖南师范大学出版社，1999，第 29～30 页。
④ 张耀翔：《心理学文集》，上海人民出版社，1983，第 210 页。
⑤ 陆九渊：《陆九渊集·杂说》，中华书局，1980，第 269 页。
⑥ 陆九渊：《陆九渊集·与曾宅之》，中华书局，1980，第 3 页。
⑦ 陆九渊：《陆九渊集·与李宰》，中华书局，1980，第 147 页。
⑧ 王阳明：《传习录·中》，中国画报出版社，2012，第 259～260 页。
⑨ 王阳明：《传习录·上》，中国画报出版社，2012，第 12 页。
⑩ 王阳明：《传习录·下》，中国画报出版社，2012，第 632 页。
⑪ 燕良轼：《中国古代心理学思想概论》，湖南师范大学出版社，1999，第 32 页。

3. 心态

检索一些常见古籍数据库并未见"心态"一词的使用。这一概念并非心理学或社会学的学术名词，而是一个日常用语。近30年来，"心态"一词从历史学的学术话语中走出来，逐渐成为社会科学共同关注的主题。心态是中外学术史上非常重要的概念，英文"mentality"（心态）来自法国年鉴学派。1938年，法国年鉴学派的第一代大师吕西安·费弗尔率先开始探索历史与心理学结合的问题，一种独特的心理历史学模式——"心态史学"（history of mentalities）开始在法国年鉴学派的倡导下逐渐兴起。20世纪60年代末起，以雅克·勒高夫为首的新一代年鉴派历史学家打出"新史学"的旗号，恢复了年鉴学派创始人注重精神状态史研究的传统，将研究重心逐步由社会—经济史转向以研究人们的心态为主要内容的社会—文化史。

费孝通在他的文章中多次提到关于"心态"的思想，提出社会学研究要从"生态"延伸到"心态"，扩展传统社会学的学科边界。[①] 一次，他在参观孔府时联想到孔子思想和"心态"的关系。

> 我从三十年代开始研究的是如何充分利用农村的劳动力来解决中国的贫困问题。物质资源的利用和分配还属于人同地的关系，我称之为生态的层次。劳动力对于财富的占有就是人与人之间的关系了。我个人的研究到今天为止，还没有跨出这个层次。现在走到小康的路子是已经清楚了，我已认识到必须及时多想想小康之后我们的路子应当怎样走下去。小康之后人与自然的关系的变化不可避免地要引起人与人的关系的变化，进到人与人之间怎样相处的问题。这个层次应当是高于生态关系。在这里我想提出一个新的名词，称之为人的心态关系。心态研究必然会跟着生态研究提到我们的日程上来了。生态和心态有什么区别呢？我们常说共存共荣，共存是生态，共荣是心态。共存不一定共荣，因为共存固然是共荣的条件，但不等于共荣。[②]

---

① 费孝通：《孔林片思》，《读书》1992年第9期；费孝通：《试谈扩展社会学的传统界限》，《北京大学学报》（哲学社会科学版）2004年第5期。

② 费孝通：《孔林片思》，《读书》1992年第9期。

他认为人们的心态正在发生着变化，作家们在用小说表现人们的心态，但科学性不够，弗洛伊德则是从病态来研究人的心态，做正面研究的是孔子，但他对心态的研究因陷入封建人伦关系，没能超越现实。他指出海湾战争背后的宗教、民族冲突等都已暴露出严重的心态矛盾，新的时代需要一个新的孔子。①

费孝通晚年想起他初学人类学时的老师史禄国有一本名称为 *Ethnos* 的小册子，1936 年收入其 *Psycho – mental Complex of the Tungus* 作为一章。"ethnos" 是个拉丁字，很不容易翻译。② 史禄国认为心理学日益偏重生理和神经系统活动，无法包括思想、意识，于是联上了 "mind" 这个字，创造出 "psycho – mental" 这一新词，用来指群体所表现的生理、心理、意识和精神境界的现象；又认为这个现象是一种复杂而融洽的整体，加上了 "complex" 一词，构成了人类学研究最上层的对象。费孝通把这一层次的社会文化现象简称心态。③

法国历史学家雅克·勒高夫认为心态是用来描述个人与群体共有信仰的。涂尔干在《宗教生活的基本形式》中使用了 "集体表象"，它所关心的是一种集体心态，属于社会实在。④ 而彼得·伯克认为当代的社会学家和人类学家更喜欢使用 "思维模式"、"信仰体系" 或 "认知图像"。⑤

心态史学最关心的是某一时代人们面对生、老、病、死时的真实观念和态度，以及这些观念和态度在不同时代、不同地区的文化中的转变与差异。心态是某一时代人们的世界观，或对世界的想象。心态本身有其内在动力，是自成一格的，可以称为群体潜意识，类似于涂尔干的社会事实。心态独立于个人的心理现象之外。个人心理现象不能解释心态，个人心理现象的总和也不等同于心态。心态是一种群体现象，是一个社群的群体心理，它并非参与其中之个人的心理总和，而是与个人心理绝

① 费孝通：《孔林片思》，《读书》1992 年第 9 期。
② 费孝通：《简述我的民族研究经历和思考》，《北京大学学报》（哲学社会科学版）1997 年第 2 期。
③ 费孝通：《人不知而不愠》，《读书》1994 年第 4 期。
④ 徐冰：《文化心理学：跨学科的探索》，载《中国社会心理学评论》第五辑，社会科学文献出版社，2010。
⑤ 彼得·伯克：《历史学与社会理论》，姚朋等译，上海世纪出版集团，2001。

对不同的现象。心态具有某种强制力，个人可以感受到，也可能感受不到它的集体力量；个人可能自觉或不自觉地服从它。心态史研究的是社会、社群或某个阶层，即使研究的对象是一个人，探讨的却是与这个人同时期、同文化的人所共有的心态。[①]

4. 社会心态

汝信主编的《社会科学新词典》借用法国年鉴学派勒高夫关于心态内涵的界定，从心态的社会性和文化性层次去界定这个概念，认为社会心态是"一定时代的社会、文化心理和观念及其反映的总称。心态构成了特定社会的价值－信仰－行动体系，这一体系常以集体无意识的形式积淀在特定的文化中并构成了这一文化最基本的层次"。[②]

笔者认为社会心态是在一定时期的社会环境和文化影响下形成的，社会中多数成员表现出的普遍的、一致的心理特点和行为模式，并成为影响每个个体成员行为的模板。[③] 笔者把社会心态的结构分为超稳定社会心态、稳定社会心态、阶段性社会心态和变动性社会心态四个层次（如图 3－1 所示）。社会心态中随社会转型和变迁变动较快的部分有社会认知、社会感受、社会态度等；而在一个时期较为稳定，表现为阶段性变化的，有社会情绪和社会信任等；较长时期内表现稳定的内容，有社会价值观念；社会心态中最为稳定的是社会性格（人格）部分，也就是英格尔斯所讲的国民性（national character）或民族性。[④] 英格尔斯认为，国民性是指"一个社会成年群体中具有众数特征的、相对稳定持久的人格特征和模式"，也称为"众数人格"（model personality）。[⑤] 台湾学者庄泽宣认为，"民族性系一个民族中各个人相互影响所产生之通有的思想、感情和意志，对个人深具压迫敦促之势力"。[⑥] 国民性、民族性是

① 余安邦：《文化心理学的历史发展与研究进路：兼论其与心态史学的关系》，《本土心理学研究》1996 年第 6 期。
② 汝信主编《社会科学新辞典》，重庆出版社，1988。
③ 王俊秀：《社会心态理论：一种宏观社会心理学范式》，社会科学文献出版社，2014，第 25 页。
④ 王俊秀：《社会心态理论：一种宏观社会心理学范式》，社会科学文献出版社，2014，第 31 页。
⑤ 艾历克斯·英格尔斯：《国民性：心理—社会的视角》，王今一译，社会科学文献出版社，2012，第 14 页。
⑥ 转引自沙莲香《中国民族性》，中国人民大学出版社，1992，第 3 页。

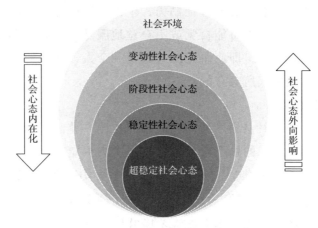

图 3－1　社会心态的结构层次

指社会性格，它是社会心态中最深层的也是最具动力性的核心成分，是社会文化的体现。费孝通从个体与社会的关系阐释过文化的作用，他指出："'文化'就是在'社会'这种群体形式下，把历史上众多个体的、有限的生命的经验积累起来，变成一种社会共有的精神、思想、知识财富，又以各种方式保存在今天一个个活着的个体人的生活、思想、态度、行为中，成为一种超越个体的东西。"① 社会心态的四个层次是一个相互影响的过程，从外层的变动性社会心态到内层更稳定的社会心态是一个逐渐内化的过程。社会心态的一些相对稳定的成分，可逐渐积淀为下一层的社会心态，但进入最内层的超稳定社会心态，即成为民族性格、文化层面的东西一般要经历漫长的过程。与之相反的过程，最内层的文化和民族性对稳定的社会心态具有支配和控制作用，稳定的社会心态如价值观等会影响阶段性社会心态，而最外层的变动性社会心态也会受到最深层社会心态的影响，但更多会受到最接近的阶段性社会心态的影响。也就是说，从变动性社会心态、阶段性社会心态、稳定性社会心态到超稳定社会心态，由外而内，内在化的过程由快到慢；反过来，由内而外，影响力逐渐减弱。②

---

① 费孝通：《试谈扩展社会学的传统界限》，《北京大学学报》2003 年第 3 期。
② 王俊秀：《社会心态理论：一种宏观社会心理学范式》，社会科学文献出版社，2014，第 32 页。

（二）社会心态的形塑

中国社会思想史可以看作心态史，中国传统文化中占主流地位的儒释道成为影响中国人几千年的最重要的价值体系，形塑着中国人的心态。正如费孝通所言，孔子的学说是心态学说，[①] 孔子的思想被用于形塑社会的心态，经过漫长的强化，儒家思想逐渐成为社会心态中最为稳定的核心影响力，延续两千多年。梁漱溟先生在引述夏曾佑《中国古代史》中提到的"孔子一身，直为中国政教之原，中国历史，孔子一人之历史而已"时说，好像言过其实，但不是乱讲的，虽然并不是那么简单。两千多年的历史是儒家、道家、法家，甚至佛家杂糅并存，儒家"奔赴理想，而法家则依据现实"。[②]"二千多年来儒家法家相济为用，自属当然。至道家，又不过介于其间的一种和缓调剂作用。单纯道家，单纯法家，乃至单纯儒家，只可于思想之上见，实际政治上都不存在。按之历史，他们多半是一张一弛、一宾一主，递换而不常。然其间儒家自是居于根本地位，以摄取其余二者。"[③]

正如王阳明所言："大道即人心，万古未尝改。"[④] 人心成为关系国家、社会运行的核心因素。孙中山是把社会心理（心态）作为建国基础的政治家。"国家政治者，一人群心理之现象也。是以建国之基，当发端于心理。"[⑤]"一国之趋势，为万众之心理所造成。"[⑥] 孙中山将"心理建设"置于建国方略的首要地位，心理建设是《孙文学说》的一部分。在《建国方略之一：心理建设》中，孙中山写道：

> 夫国者人之积也。人者心之器也。而国事者，一人群心理之现象也。是故政治之隆污，系乎人心之振靡。吾心信其可行，则移山填海之难，终有成功之日；吾心信其不可行，则反掌折枝之易，亦无收效之期也。心之为用大矣哉！夫心也者，万事之本源也。满清

---

① 费孝通：《孔林片思》，《读书》1992 年第 9 期。

② 梁漱溟：《中国文化要义》，上海人民出版社，2011，第 200 页。

③ 梁漱溟：《中国文化要义》，上海人民出版社，2011，第 201 页。

④ 王阳明：《王阳明全集》卷十九，上海古籍出版社，1992，第 673 页。

⑤ 孙中山：《孙中山全集》第 6 卷，中华书局，1986，第 214 页。

⑥ 孙中山：《孙中山选集》，人民出版社，1981，第 159 页。

之颠覆者，此心成之也；民国之建设者，此心败之也。①

可见，从古代到近代，心态一直是政治统治和国家治理关注的核心问题，心态的形塑依靠的是理想人格的塑造，进而形成政治统治和国家治理所需要的核心价值体系。

1. 理想人格

社会心态中最核心、最稳定的部分，就是"民族性"，或者称为"民族性格"，社会心态的形塑就是对民族性的形塑。民族性格是通过"理想人格"的提倡来实现的。荀子认为，人高于兽、草木、水火之处在于"义"，他写道："水火有气而无生，草木有生而无知，禽兽有知而无义，人有气、有生、有知亦且有义故最为天下贵也。"② 也就是把道德，即人格作为人的核心构成。孙隆基用"良知系统"这种文化的"深层结构"来分析中国文化历史演变和特征。这种观念明显受到精神分析心理学思想的影响，不同的是，他分析的是中国社会的心理特征。"良知系统"要表达文化影响下的社会演进，接近于一个"社会的超我"，其文化的深层结构也可以理解为"文化潜意识"。③

燕国材认为"中国古代的理想人格就是圣人"。圣人这样理想的人格在现实生活中是不存在的，孔子自己也不敢以圣人自居，后世人奉孔子为圣人。④ 燕国材把中国古代理想人格归纳为五个方面：①理想人格是圣人，也就是完人，具有高尚的思想品德和知性才能，仁、义、礼、智都得到高度体现；②理想人格是立足现实而不是超脱人世的，是建功立业、造福社会的；③理想人格是一种合理想象，是以人的本质力量与人格价值的自觉意识为基础的；④理想人格是一种高标准的设定，并鼓励每个人自觉努力可以达到标准，成为圣人；⑤理想人格的模式可归结为"内圣外王"，内圣指内部的心性修养，包括格物、致知、诚意、正心，外王包括修身、齐家、治国、平天下，只有当内部修养和外部行为保持和谐统一才能成为圣人（见图3-2）。⑤

---

① 孙中山：《孙中山全集》第6卷，中华书局，1986，第159页。
② 蒋南华主编《荀子全译》，贵州人民出版社，1995，第156页。
③ 孙隆基：《中国文化的深层结构》，广西师范大学出版社，2011，第20~25页。
④ 燕国材主编《中国古代心理学思想史》，远流出版事业股份有限公司，1999，第291页。
⑤ 燕国材主编《中国古代心理学思想史》，远流出版事业股份有限公司，1999，第291~292页。

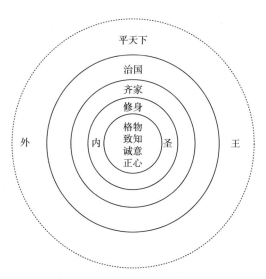

图3－2 理想人格模式

资料来源：燕国材主编《中国古代心理学思想史》，远流出版事业股份有限公司，1999，第292页。

胡适指出："孔子指出一种理想的模范，作为个人及社会的标准，使人'拟之而后言，仪之而后动'。他平日所说'君子'便是人生品行的标准。"[1] 有学者认为，儒家的理想人格类型有两个层次，一个是基本层次"君子"，另一个是更高层次"圣人"，"圣人"是最高道德典范。在儒家文献中，君子是可以与"士"、"士大夫"、"大丈夫"、"仁者"、"贤者"等概念互换使用的。同时，君子与圣人虽然是两个层次的概念，但并不意味着这两者是截然可分的，而是内在相关的。[2] 也有学者认为孔子的人格学说中，小人与君子是相对立的，而君子与圣人则是互补的。君子被孔子定位为社会精英阶层（士）的理想人格，在《论语》中君子和士的品格是交错套叠的，后来荀子有"士君子"的称谓。[3] 汪凤炎等认为，孔子等倡导的君子人格是具备和谐精神的典型人格，君子一般用"兼容多端而相互和谐"（张岱年语）的思想来处理天人、人我、身心和主客我的关系。君子人格既具有仁爱、平等、尊重、宽恕等人格特质，

---

[1] 胡适：《中国哲学史大纲》，东方出版社，1996。

[2] 龚群：《中国的君子人格理想》，《伦理学研究》2006年第1期。

[3] 陈卫平：《孔子君子论理论内涵的两重性》，《上海师范大学学报》（哲学社会科学版）2009年第4期。

也具共生取向、和谐发展的独立人格。① 在《论语》一书中，"君子"共出现107次，其中，意指"有才德的人"的"君子"共106次，意指"在高位的人"的"君子"只有1次。"小人"一词共出现24次，其中，意指"无德之人"的"小人"共20次，意指"老百姓"的"小人"共4次。② 可见孔子对"君子"人格与"小人"人格的重视。梁国典认为孔子君子人格的标准有10种：仁、义、礼、智、忠信、勇、中庸、和而不同、文质彬彬与自强不息。具备这10种素质者就是君子，不具备这10种素质者就是小人。孔子及先秦儒家"君子小人"之辨的目的在于扬善抑恶，塑造仁德的理想人格。③ 汪凤炎等则根据《论语》里记载的孔夫子言论、孔门弟子言论以及受孔子思想影响的其他流派的著作，梳理出孔子判断"君子"和"小人"的标准包含13个方面：仁、义、礼、智、信、忠、恕、勇、中庸、文质彬彬、和而不同、谦虚与自强。凡基本上具备这些素质者就是君子，反之就是小人。④ 从以上无论是10条还是13条标准来看，君子的标准中的核心内容是价值观，特别是与道德相关的价值观，也就是说，儒家为主的理想人格所要形塑的是伦理价值观。余英时认为君子是"道德之称"，儒学一向被认为是君子的"成德"之学。⑤

2. 核心价值

黄光国认为，先秦儒家基本的"人观"，就是要培养出有德性修养的"君子"。在"仁、义、礼"伦理体系里，孔子最重视的是"仁"的概念，孔子不断地鼓励其弟子用各种方法去学习"仁"，如"苟志于仁矣，无恶也。""里仁为美。择不处仁，焉得知？"⑥ "泛爱众，而亲仁。"⑦ 孔子主张用一套循序渐进的方法，系统地学习"仁"。这些方

① 汪凤炎、郑红：《孔子界定"君子人格"与"小人人格"的十三条标准》，《道德与文明》2008年第4期。
② 杨伯峻译注《论语译注》，中华书局，1980，第241页。
③ 梁国典：《孔子的"君子"人格论》，《齐鲁学刊》2008年第5期。
④ 汪凤炎、郑红：《孔子界定"君子人格"与"小人人格"的十三条标准》，《道德与文明》2008年第4期。
⑤ 余英时：《余英时文集》第二卷《中国思想传统及其现代变迁》，广西师范大学出版社，2004，第144页。
⑥ 钱穆：《论语新解》，生活·读书·新知三联书店，2002，第83～86页。
⑦ 钱穆：《论语新解》，生活·读书·新知三联书店，2002，第10页。

法有："志仁"，心里向往"仁"；"处仁"，住在左邻右舍都是"仁人"的环境里；"亲仁"，主动接近"仁人"，以接受其熏染；"友仁"，和"仁人"交结为友，互相切磋砥砺；然后还要从心中切实地"好善恶恶"，不使任何"不仁"之事加到自己身上。孟子认为："仁心"是"生而有之"的超越性的道德本体，可以源源不断地产生出各种不同的道德原则，构成儒家独有的"仁、义、礼"伦理体系。"仁心"既然是人人皆有，由"仁心"源生而出的"义、礼、智"，也就是人人皆有。①

冯友兰认为，孔子理想人格就是"礼"和"仁"的统一；② 张岱年认为，孔子哲学思想的特征之一是"标仁智以统礼乐"；③ 蔡尚思认为，孔子儒家构成了一个以"仁"为核心、以"孝"和"礼"为主要成分的道德思想体系；④ 徐复观认为，孔子由对礼的恭敬精神的把握，把礼与仁融合在一起，并以礼为实现仁的功夫；⑤ 冯达文认为，孔孟儒学作为整体是由仁、礼、命构成的。⑥ 可见"仁"和"礼"为孔子思想的核心要素。

景怀斌提出了儒家人格结构的模型（见图3-3），描述了儒家人格结构"仁"、"礼"、"知"、"命"的关系。在这个模型中，"仁"决定了"人"的价值的性质和方向；"礼"对人的行为具有规范作用，"知"是形成"君子"品质的心理前提，人对于仁有了解才会有仁的行为，对于义有了解才会有义的行为，对于礼有了解的行为才不会循规蹈矩；"知"是智慧的或理性的状态，是衡量君子的一个标准。在这个结构中，"仁"、"礼"、"知"是互动联系的，表现为"仁"和"礼"是统一的，"仁"与"知"是关联的，"礼"与"知"也不可分。在"仁"、"礼"、"知"的关系上，"知"为理性的认知能力和品质状态，"仁"为道德情感或理

① 黄光国：《"道"与"君子"：儒家的自我修养论》，《华中师范大学学报》（人文社会科学版）2014年第3期。
② 冯友兰：《中国哲学史新编》（第1册），人民出版社，1982，第145~146页。
③ 中国孔子基金会学术委员会选编《近四十年来孔子研究论文选编》，齐鲁书社，1987，第482页。
④ 中国孔子基金会学术委员会选编《近四十年来孔子研究论文选编》，齐鲁书社，1987，第282页。
⑤ 中国孔子基金会学术委员会选编《近四十年来孔子研究论文选编》，齐鲁书社，1987，第639页。
⑥ 冯达文：《早期中国哲学略论》，广东人民出版社，1997，第282页。

念，是内在的，"礼"为"仁"、"知"表现于外的行为秩序。"仁"、"礼"、"知"构成的整体所表现的性质是"德"。就终极目标来看，具有"德"属性的"仁"、"礼"、"知"要达到的目的是体悟"道"。"道"是人应当遵从的人之为人的"仁道"。以"知命"为中介，"仁"、"礼"、"知"与外在环境，构成了互动的、积极的关系。儒家的人格表现受环境的制约，但不是被动地、消极地受制于环境，而是以"知命"为前提，理性进退，追求"内圣外王"的人格精神。[①]

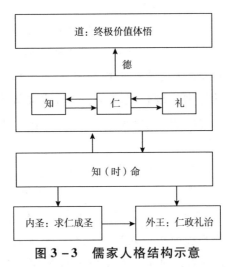

图 3 - 3　儒家人格结构示意

资料来源：景怀斌：《儒家的人格结构及心理学扩展》，《现代哲学》2007 年第 5 期。

　　景怀斌从心理学的视角把上述的人格结构转化为图 3 - 4 的形式，这一结构也说明了儒家人格形塑中儒家价值观的形塑机制。

　　通过理想人格，作为圣人和君子的价值标准被树了起来，这些价值也成为中国传统社会中的核心价值。陈来认为，中华文明最突出的成就与最明显的局限都与它的作为主导倾向的伦理类型的文化有关。[②] 他系统地提出了文明的价值、德性，认为最主要的价值与德性都是针对人与他人、人与社群的关系而言，以儒家为突出代表，显示出对仁爱、礼乐价值的重视。首先是崇仁，最重要的道德观念是"仁"，儒学始终把仁

①　景怀斌：《儒家的人格结构及心理学扩展》，《现代哲学》2007 年第 5 期。
②　陈来：《中华文明的核心价值：国学流变与传统价值观》，生活·读书·新知三联书店，2015，第 39 页。

德置于道德体系和价值体系的首位。仁的实践有其推广原则，需解决如何推己及人，这就是忠恕之道，特别是恕恕即是孔子所说的"己所不欲，勿施于人"，可以保证因尊重对方而不会把自己的爱和好强加于他人。这在当今时代已经成为全球伦理的普遍原则。其次为尊礼。古代中华文明被称为"礼乐文明"，礼在古代儒家文化中占有重要的地位。孔子强调，礼的实践是行仁的基本方式。在儒家看来，道德是在人与人交往的具体行为中实现的，这些行为的共同模式则为礼。礼是相互尊重的表达，也是人际关系的人性化形式。[①] 仁义礼智"四德"不仅是个人的道德，也是古代社会的社会价值。就社会价值而言，仁是仁政惠民，义是正义原则，礼是文化秩序，智是实践智慧。此外，古代对道德修养的方法非常重视，儒家经典中有很多养成道德的方法功夫，如克己、反身、存心养性、正心、诚意、谨慎恐惧、慎独等。从汉到唐，崇仁、贵和、尊礼、利群已经成为中国文化的核心价值。[②] 陈来认为，中华文明的价值观有四个基本特点：一是责任先于自由，强调个人对他人、对社群，甚至对

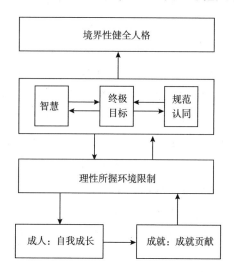

图 3-4　儒家人格结构心理学扩展示意

资料来源：景怀斌：《儒家的人格结构及心理学扩展》，《现代哲学》2007年第5期。

---

① 陈来：《中华文明的核心价值：国学流变与传统价值观》，生活·读书·新知三联书店，2015，第41~44页。

② 陈来：《中华文明的核心价值：国学流变与传统价值观》，生活·读书·新知三联书店，2015，第48~49页。

自然的责任，如孟子的"君子自任以天下为重"，中国从先秦的"士君子"到汉代的大夫都有突出的责任意识。二是"义务先于权利"，伦理的义务从家庭可以放大到宗族、社区，再到郡县、国家、天下、宇宙。三是"群体高于个人"。中国文化的主流思想不强调个人性的权利或利益，认为个人的利益不能高于社群价值。"公"是超出私人的、指向更大社群的利益价值，与家庭比个人是私，与国家比家庭是私，国家社稷的公是最大的公，最大的公道是天下的公道，所谓"天下为公"。四是"和谐高于冲突"。①

（三）理想人格的践行

1. 从"位"到"德"

余英时指出，儒学具有修己和治人两个方面，无论是修己还是治人，儒学都以"君子的理想"为其枢纽的观念：修己就是成为"君子"，治人也必须先成为"君子"。余英时认为，从这个角度说儒学事实上就是"君子之学"。② 余英时认为"君子理想"带有浓厚的"精选分子"的意味，笔者理解就是君子被赋予践行"人格理想"的重任。有学者认为春秋之前"君子"和"小人"的区分在"位"，也就是"君子"属于贵族阶层，"小人"属于平民百姓。孔子对当时君子阶层沉醉于物质享受，不培养品德感到忧虑，收徒办学意在培养"德位一致"的君子。③ 余英时则认为，虽然历史上儒家的"君子"和"士大夫"之间往往不易划清界限，但是从长期的发展来看，"君子"所代表的道德理想和他的社会身份，也就是"德"与"位"并没有必然的关系，相反，"德"的普遍性是超越"位"的特殊性的。他认为"君子"与"士"、"仁者"、"贤者"、"大人"、"大丈夫"以及"圣人"等是互通的。④

费孝通更强调士大夫阶层在政治统治中的作用，他用"政统"和

---

① 陈来：《中华文明的核心价值：国学流变与传统价值观》，生活·读书·新知三联书店，2015，第51~57页。

② 余英时：《余英时文集》第二卷《中国思想传统及其现代变迁》，广西师范大学出版社，2004，第137页。

③ 黎红雷：《"位"与"德"之间——从〈周易·解卦〉看孔子"君子小人"说的纠结》，《孔子研究》2012年第1期。

④ 余英时：《余英时文集》第二卷《中国思想传统及其现代变迁》，广西师范大学出版社，2004，第137页。

"道统"来说明孔子学说代表的儒家价值观念是如何作为"道统"来控制和统治社会的。费孝通指出："道统观念的形成是因为社会上发生了一种新的人物，这种人物已经被排斥于握有政治权力的圈子，但是在社会上却还保持着他们传统的威望；他们没有政权不能决定政治，但是他们要维持他们经济的特权，有他们政治的主张。这一套主张用文字构成理论对政治发生影响。他们不从占有政权来保障自己的利益，而用理论规范的社会威望来影响政治，以达到相同的目的——这种被认为维持政治规范的系列就是道统。道统并不是实际政治的主流，而是由士大夫阶层所维护的政治规范的体系。"他认为传说中的孔子身世正可以看成道统和政统分离的象征，"当士大夫阶层要用道统来驾驭或影响皇权，以规范牢笼现实的时候，孔子被抬出来作为道统的创始者，因之得到'素王'的尊号。传承道统的被称为师儒——'道在师儒'"。①

2. 从"上"向"下"

余英时认为："儒家思想在传统中国社会的影响是无所不在的，从个人道德、家族伦理、人际关系到国家的典章制度以及国际间的交往，都在不同的程度上受到儒家原则的支配。从长期的历史观点看，儒家的最大贡献在为传统的政治、社会秩序提供了一个稳定的精神基础。"② 那么，这个精神基础是如何影响社会的呢？余英时认为与"建制化"有关，"但儒家之所以能发挥这样巨大而持久的影响则显然与儒家价值的普遍建制化有密切的关系。上自朝廷礼乐、国家典章制度，中至学校与一般社会礼俗，下及家庭和个人的行为规范，无不或多或少地体现了儒家的价值"。③ 但余英时又不同意"建制化"完全出于政治动机而为帝王设计，而认为其是在长期历史演变中形成的，主要动力来自社会与民间，因此，儒家思想和建制化之间是一种理想和现实的关系，不可避免存在一定张力。④ 这种建制化到 20 世纪初结束了。余英时认为，儒家的理论

---

① 费孝通：《费孝通全集》第六卷，内蒙古人民出版社，2010，第 253 页。
② 余英时：《余英时文集》第二卷《中国思想传统及其现代变迁》，广西师范大学出版社，2004，第 130 页。
③ 余英时：《余英时文集》第二卷《中国思想传统及其现代变迁》，广西师范大学出版社，2004，第 130 页。
④ 余英时：《余英时文集》第二卷《中国思想传统及其现代变迁》，广西师范大学出版社，2004，第 131 页。

从个人的修身逐步扩大到齐家、治国、平天下，是无所不包的整体。近代中国对儒教的批判最初虽是从治国、平天下，也就是"外王"入手的，但很快便发展到齐家的层面，最终连修身也不能幸免，儒家的价值系统整体动摇了。① 这种建制化的结束代表着儒家基础的转向，余英时认为，这种转向从明代中叶就开始了，就是从寄望于"圣君贤相"到"人皆可以成尧舜"。这之后，儒家的建制化路径断绝了，必须走日常人生化的路，而这种日常人生化在明清时代就开始萌芽了。王阳明的"致良知"强调"与愚夫愚妇同的便是同德"。② "致"就是至、极、尽，"致良知"就是至极其良知、拓展自己的良知，将良知扩充到底，将良知运用到人伦日用当中。王阳明的"致良知"是期冀通过提高老百姓素质而改良社会风气。他认为，如果每个人都能够恢复被掩盖的良知，都从自身做起，都按照道德和法律的要求行事，一定会比行政命令更为有效。他提出："圣人必可学而至"，"夫良知即是道，良知之在人心，不但圣贤，虽常人亦无不如此"，"自己良知原与圣人一般，若体认得自己良知明白，即圣人气象不在圣人而在我矣"。无论是愚夫愚妇，还是当世的圣人、贤人，其内圣的潜质都是相同的，个体只要充分发挥自己的良知，圣人社会的建立就不成问题。王阳明肯定了良知存在的普遍性，确立了他的圣人社会的理论基础。"致良知"方法之一是格物致知："格物"就是在内心做"存善去恶"的功夫，"致知"就是恢复和找回良知本体。方法之二是事上磨炼，即个体在实践中践行良知的问题，就是在体用合一、心事不二的前提下，在所遭遇的事物上（实践中）做"为善去恶"的功夫，通过这种磨砺进一步强化个体的良知本体，巩固"格物致知"的成果。③

儒家为主的核心价值是如何从上到下来推广和施加影响的？从"君子"到"小人"强调从"位"到"德"，可以看到理想人格相伴随的伦理价值体系在不断由上而下地推延。"君子"不局限于"君之子"的身

---

① 余英时：《余英时文集》第二卷《中国思想传统及其现代变迁》，广西师范大学出版社，2004，第47页。

② 余英时：《余英时文集》第二卷《中国思想传统及其现代变迁》，广西师范大学出版社，2004年，第132～133页。

③ 王中原：《王阳明"致良知"的社会改良思想探析》，《求索》2016年第1期。

份而扩展到道德完善的平民，这使社会每个成员都有机会成为"君子"，使他们不是止于命定身份，而是进行修身，以完善自我的践行。到王阳明"致良知"的提出，不仅是儒家传统思想开始进入士以下的平民阶层，而且通过一系列的践行形塑底层社会的心态。王阳明不仅提出理论，而且采取具体行动来实践，具体表现为：重视宣传教育，颁发布告、劝谕；在书院讲学，宣扬心学；开办社学，重视学校教育；订立乡约，推行乡民自治。①

（王俊秀）

六　社与会：概念及其演变

在中国社会学史上，"社"与"会"始终与中国士贤尊崇的"修身、齐家、治国、平天下"的传统道德理想和经邦济世思想联系在一起。"社"与"会"既是中国社会传统思想中知识分子修身的表现形式和载体，也是其修身的重要规范和制度。因而，厘清"社"与"会"概念及其演变对于发展和丰富中国社会学理论具有重要的价值。

（一）"社"与"会"

1. "社"的多重含义

"社"的概念在中国悠久的历史长河中，体现出复杂性和多层次性的特点。纵观"社"的历史脉络，我们不仅可以窥视其概念内涵的丰富性，而且可以把握其演变发展轨迹的多样性。

第一，"社"最基本最原初之意为土地之神，就是土地神。我国第一部系统分析汉字字形和考究字源的《说文解字》指出："社，地主也，从示、土。"②《左传·昭公二十九年》云："共工氏有子曰句龙，为后土，此其二祀也。后土为社。"③《礼记·祭法》曰："王为群姓立社，曰大社。王自为立社，曰王社。诸侯为百姓立社，曰国社。诸侯自为立社，曰侯社。大夫以下，成群立社，曰置社。"④ 由此可见，社的最初含义为

---

① 王中原：《王阳明"致良知"的社会改良思想探析》，《求索》2016年第1期。
② 许慎：《说文解字》卷一上，中华书局，1963，第9页。
③ 蒋冀骋点校《左传》，岳麓书社，2006，第311页。
④ 胡平生、陈美兰译注《礼记　孝经》，中华书局，2007，第163页。

当时社会共同信奉和祭祀的土地神。①

第二，"社"具有地方基层行政单位之意。古人为了祭祀土地神，在不同历史时期曾对"社"的规模做了不同的规定。《左传·昭公二十五年》云："齐侯曰：自莒疆以西，请致千社。"杜预注云："二十五家为社。"孙颖达疏云："《礼》有里社……以二十五家为里，故知二十五家为社也。"② 由此可见，"社"在原来土地之神的基础上已发生了意义的转向，即变为一种"单位"，一种地方基层行政单位。汉代百家为一社。"百家以上则共立一社，今时里社是也。"③ 此后，元代、明代都对"社"、"里社"规模做了不同的规定。"社之名起源于古之国社、里社，故古人以乡为社。"④ 由此，社与乡建立了联系，并产生了后来的乡约。

第三，"社"为民间社会各种迎神赛会之意。鲁迅的第一部小说集《呐喊》中的《社戏》，散文集《朝花夕拾》收录的《五猖会》、《无常》，⑤ 这些文章用不同笔墨描写了大家耳熟能详的社戏。其中《社戏》写道："赵庄是离平桥村五里的较大的村庄；平桥村太小，自己演不起戏，每年总付给赵庄多少钱，算作合做的。当时我并不想到他们为什么年年要演戏。现在想，那或者是春赛，是社戏了。"⑥ 谭嗣同在《仁学》中指出："观夫乡社赛会，必择举一长，使治会事，用人理财之权咸隶焉……"⑦ 这里的"社"和"社戏"多指民间在社日期间进行的各种迎神赛会。当然，这层意义可以追溯到更早的时期，在宋词中有大量类似社、社戏的描写再现。

宋词中多有关于"社"的说法，如宋代词人史祖达《双双燕·燕咏》"过春社了"，黄公绍《青玉案》"年年社日停针线"，刘辰翁《永遇乐》"空相对，残红无寐，满村社鼓"，周邦彦《满庭芳》"年年，如社燕，飘流瀚海，来寄修椽"及《应天长》"梁间燕，前社客，似笑我、闭门愁寂"。⑧ 其中最为有名的为辛弃疾《永遇乐·京口北固

---

① 陈宝良：《中国的社与会》（增订本），中国人民大学出版社，2011，第1页。
② 阮元校刻《十三经注疏》（下册），中华书局，1980，第2110页。
③ 阮元校刻《十三经注疏》（下册），中华书局，1980，第1589页。
④ 顾炎武：《日知录》，甘肃人民出版社，1997，第977页。
⑤ 鲁迅：《朝花夕拾》，人民文学出版社，1979，第33～55页。
⑥ 鲁迅：《呐喊》，人民文学出版社，1979，第173～186页。
⑦ 谭嗣同：《仁学》，华夏出版社，2002，第103页。
⑧ 参见《宋词三百首》，中华书局，2010。

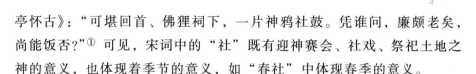

亭怀古》："可堪回首、佛狸祠下，一片神鸦社鼓。凭谁问，廉颇老矣，尚能饭否？"① 可见，宋词中的"社"既有迎神赛会、社戏、祭祀土地之神的意义，也体现着季节的意义，如"春社"中体现春季的意义。

第四，"社"指由志趣相投、信仰相同的人组成的团体，如诗社、文社等。明末杰出的思想家顾炎武指出："社之始，始于一乡，继而一国，继而暨于天下。各立一名以自相标榜，或数十人，或数百人；或携笔砚而课艺于一堂，或征诗文而命驾于千里。齐年者砥节砺行，后起者观型取法。一卷之书，家弦户诵；一师之学，灯尽薪传。"② 明代结社成风，作为文学团体的"社"发展势头比历代更盛，最有名的莫过于明代张溥等创建的"复社"。复社的主要任务在于揣摩八股、切磋学问、砥砺品行，但后来经过演变而带有浓烈的政治色彩。③

第五，"社"为行业性团体的意义。早在唐代，我国民间就有结成的"社邑"。宋代大文豪苏轼《元日次韵张先子野见和七夕寄莘老之作》中有"酒社我为敌，诗坛子有功"④ 的诗句。这里的"酒社"便指行业性团体或者商业性组织。这一意义沿用至今，北京有一个相声社团名为"德云社"，即是佐证。

2. "会"的多重含义

从语源学角度看，"社"显然早于"会"，并且两者有一定的差别。"集会为一时之联合，欢迎欢送之类属之。结社有永久性质，办事讨论之类属之。"⑤ "会"有汇合、聚会、聚合之意，"君子以文会友"就是此意。

首先，"会"是民间祭祀活动、集会之意。我国将民间祭祀称为会，众所周知的庙会就是民间祭祀神的一种活动、集会。我国北方的农村地区，几乎每个村都有祭祀神的会，并有专门负责主持祭祀活动的人，称为"会长"。其基本任务是组织募捐、祭祀、社火活动，修建庙宇等。这些"会"完全是由民间自发组织起来的，并不具有任何行政化的色

① 《宋词三百首》，中华书局，2010，第 165 页。
② 顾炎武著，黄汝成集释《日知录集释》卷 22《社》，上海古籍出版社，2006，第 520 页。
③ 参见丁国祥《复社研究》，凤凰出版社，2011。
④ 王文诰辑注《苏轼诗集》（第二册），中华书局，1982，第 421~422 页。
⑤ 徐珂：《风俗类·开会》，载《清稗类钞》（第 5 册），中华书局，2003，第 2188 页。

彩，与当地乡级行政单位没有任何联系，与村委会联系也不大。当代中国农村，政府相关部门默认或鼓励这些"会"逢年过节组织当地村民表演极具特色的社火，以丰富单调的乡村生活，传承千年沿袭而来的文化风俗。因而，"会"与蕴含有迎神赛会的"社"具有相通的意义。

其次，"会"具有民间组织之意。明朝思想家何心隐在超越传统社会关系的基础上，构建了称为"会"的理想社会组织。

> 夫会，则取象于家，以藏乎其身；而相与以主会者，则取象于身，以显乎其家者也。不然，身其身者，视会无补于身也。家其家者，视会无补于家也。何也？视会无所显无所藏也。乃若天下国之身之家之，可以显可以藏乎其身其家者也。会岂小补于身于象已乎？不然，身其身者，身于士农工商其身已也。家其家者，家于士农工商其家已也。小补于身于家已也，可象天下国之身之家之所显所藏者乎？必身以主会而家以会，乃君子其身其泰也，乃君子以显以藏乎士农工商其身其家于会也。乃仲尼其君子而身而家于国于天下，以显以藏以会也。会将成象而成形矣。又岂惟取象于身于家以显以藏，而小补以会已乎？[①]

这里的会是指民间组织，其功能为退则藏身、家，进则显身、家，弥补过去各类非正式群体的不足，建立完全不同于商会、同乡会的民间组织。这种民间组织的"会"是带有政治色彩的民间组织。有学者指出这类"会""更具现代意义，更具开创性"。[②]

再次，"会"是"结会"、"集会"、"集会讨论"之意。孙中山在《建国方略》之三民权初步（社会建设）中提出了"结会"的主张。孙中山指出："会议之定义，凡研究事理而为之解决，一人谓之独思，二人谓之对话，三人以上而循有一定规则者谓之会议。"[③] 并指出这个会议，"无论是为国会立法，乡党修睦，学社讲文，工商筹业，与夫一切临时聚众征求群策、纠合群力以应付非常之事者，皆其类也"；

---

① 容肇祖整理《何心隐集》，中华书局，1960，第28~29页。
② 庞绍堂、季芳桐：《中国社会思想史》，华中科技大学出版社，2011，第379页。
③ 孙中山：《建国方略》，华夏出版社，2002，第304页。

认为会议"乃能收集思广益之功，使与会者亦得练习其经验、加增其智能也"；[①] 进而认为，结会"教吾国人行民权第一步之方法也。倘此第一步能行，行之能稳，则逐步前进，民权之发达必有登峰造极之一日"。[②] 显然这里的"会"不仅具有"会议"、"集会讨论"之意，同时包含"集会讨论"的形式，它们发挥各自不同的作用，如"临时集会"、"永久社会"。其中"永久社会"中的"社会"显然又指作为集会的组织，即永久性、常设性的组织或机构。

最后，"会"也指团体、协会、学会。在清末民初，此类"会"在当时社会风行一时，颇为流行。梁启超在《变法通议》中指出："彼西人之为学也，有一学即有一会。故有农学会，有矿学会，有商学会，有工学会，有法学会，有天学会，有地学会，有算学会，有化学会，有电学会，有声学会，有光学会，有重学会，有力学会，有水学会，有热学会，有医学会，有动、植两学会，有教务会，乃至于照像、丹青、浴堂之琐碎，莫不有会。"[③] 梁启超试图呼吁当时的社会通过创建"会"来变法革新。如当时的"湘学会"、"南学会"、"圣学会"等中的"会"为"团体"或者"学术团体"之意。至今，我们依然沿用"学会"这一名词，如"社会学会"、"政治学会"等。

另外，我国民间还有一些为了达到某种目标而互相联系结成的民间组织，这些组织多为地下秘密组织，也多使用"会"，如清代，民间多有"小刀会"、"哥老会"等组织。同时，还有公开活动的各类"会"。这类公开活动的"会"多为经济互助组织或者公益互助组织，如"喜孝会"、"喜丧会"等。当今中国，村民在农村中自发组建的"红白理事会"等即属于此类。

通过以上文献梳理可以发现：社早于会；社由早期的土地之神而演变为基层组织规模单位、基层组织管理单位、社会组织、行业团体；后来逐渐具有了"会社"、民间组织的初步意义。会晚于社，会在某些方面具有与社相通的意义；会既有如集会、祭祀活动、庙会的意义，又有集会讨论、学术团体之意，并且还具有某种公益性活动团体、组织之意。

①　孙中山：《建国方略》，华夏出版社，2002，第304页。
②　孙中山：《建国方略》，华夏出版社，2002，第302页。
③　梁启超：《变法通议》，华夏出版社，2002，第75页。

（二）会社与社会

我国古文多以单音节字形式出现来表达双音节字或多音节字的含义。文言文中的"社"为单音节字，按照今天的理解，多指神社、会社、里社、乡社、社团等双音节词。文言文中的单音节字"会"，按照现代语言则为"集会"、"会社"、"社会"等双音节词的意义。

1. 会社

社与会均具"团社"、"结社"、"集会"、"汇合"的含义，甚至将"社"或"会"合并称为"会社"。如近人研究明代结社、团社等多称呼为"会社"，如文献中多指明代"会社林立"、"会社异常活跃"、"会社类型多样"等。① "会社"就是社或会的另一种叫法。由此而知，"会社"早期在我国具有"结社"、"团社"、"组织"等含义。"会社"一词在今天日本、韩国为"公司"、"商行"的意义，如"株式会社"、"合资会社"等。② 它是典型的经济组织，当属社与会其中一种类型。

2. 社会

社会一词在中国早已有之，在我国早期相关文献中，"社会"一词仍具有"会社"之意。如宋代孟元老著《东京梦华录》有这样的描述："社无定日，以春分后戊日为春社，秋分后戊日为秋社。主神曰勾芒。民俗以是时祭后土之神，以报岁功，名曰社会。春社燕来，秋社燕去，社神又名勾龙。"③

东晋史道硕名为《田家社会图》的画作，本身就有"社会"一词。史道硕"善人物故实，及牛、马、鹅"，其作品有《金谷图》、《七命图》、《蜀都赋图》、《三马图》、《八骏图》、《服乘箴图》、《王骏戈船

---

① 参见史五一《明清会社研究综述》，《安徽史学》2008年第2期；陈宝良《明代的社与会》，《历史研究》1991年第5期。

② 参见刘毅《日本株式会社的缘起与草创期的特征》，《日本研究》2000年第4期。最早介绍欧美公司制度的是被誉为"日本的卢梭"的福泽谕吉。1866年（庆应三年），福泽谕吉根据自己先后三次访问欧美的经历以其所见所闻著成《西洋事情》一书。在该书卷一"商人会社"项中，首次向日本人介绍了欧美公司制度的概况，并将英文"company"译成"会社"。从此，"会社"就约定俗成为以营利为目的的近代企业形态——公司的日文名称。

③ 孟元老：《东京梦华录》卷八《秋社》，上海古典文学出版社，1956，第50页。

图》、《梵僧图》、《鹅图》、《田家十月图》、《燕人送荆轲图》等。[1] 我们从其众多作品名称可以看出，史道硕笔下的"社会"多为当时社会的实物、习俗及佛教等民间活动的真实再现，大致有"民间生活"之意；同时，也不乏其对同时代陶渊明"世外桃源"生活的向往。

根据孟元老《东京梦华录》对"社会"的记述，当时宋代民间社类型多样，活动丰富活跃。尽管其题名为《社会》，但显然这里的"社会"指代的就是各类"社"，与前文所说行业性团体或者商业性组织的"社"同义。

据资料显示，明代乡村为了处理民间纠纷，就充分发挥了里社、老人制度等的调节作用。休宁茗洲村原有称为祈宁社的村社，春秋时节祭祀时，当地吴氏每逢社祭均设簿牒，记录半年间的天气和祥灾、地方官任命以及吴氏相关各类大事。后来将其归纳整理收录于《茗洲吴氏家记》，其中卷十名为《社会记》。该栏目除了社祭相关记载外，还包括中央、地方的大事，各种宗族活动，族人仕进和任官，里甲役和税役负担，米价动向等。资料所载内容丰富，翔实全面。最为独特的是，它还记录了许多吴氏与周边村落的其他宗族发生纠纷和诉讼的情况，以及宗族间大规模的抗争。[2] 这在传统的中国社会的家谱、家记中非常罕见。由此，我们可以看出，"社会"一词在此不仅具有"社祭"的内涵，还反映了社祭活动之外的里社活动、宗族活动等内容，"社会"的意义得到了进一步拓展。

3. 会社与群

我们依据上述分析可以发现，"社会"一词在中国早已存在，却并不常用。社与会、会社与社会与现代社会学意义上的"society"、"社会"大相径庭。日本明治维新期间的学者西周转用了中国"社会"一词；后来福地源一郎将"社会"用作"society"的译词；1876 年，永峰秀树在翻译《欧洲文明史》时，首先使用了"社会学"一词，并逐步将其固定下来。[3] 1902 年，我国著名学者章太炎流亡日本时候，读到

① 沈柔坚主编《中国美术辞典》，上海辞书出版社，1987，第 17 页。
② 中岛乐章：《明代乡村纠纷与秩序：以徽州文书为中心》，郭万平、高飞译，江苏人民出版社，2012，第 147 页。
③ 宋国恺：《中国变革：社会学在近代中国兴起的视角》，中国社会科学出版社，2011，第 88 页。

日本学者岸本武能太的《社会学》时，颇感兴趣，"乃料简其意，译为一编"，① 并于同年由上海广智书局出版。1903 年，严复在翻译出版《群学肄言》的时候，并没有借助当时已经有了的"社会"一词，也没有直接"拿来"当时已经有了的"社会学"一词，而是独具匠心地利用了荀子的"群"的概念，将"社会学"定名为"群学"。

在严复看来，"群"既非社与会之意，也非会社与社会之意，而是"society"或与"society"相对应的"社会"之意。换言之，社与会、会社与社会这两组概念，与"群"不在同一个层次，"群"远高于社与会、会社与社会，"群"的范畴远远大于社与会、会社与社会。群、社与会、会社与社会根本不是一个量级。从逻辑学的角度看，"群"是"属概念"，而社与会、会社与社会是"种概念"。前者是上位概念，后者是下位概念，前者外延远远大于后者。因而，严复认为，只有"群"这个概念才能涵盖他心目中"society"的范畴，才能完全反映与"society"相对应的"社会"的真意。

总之，中国社会学史中的社与会对后世产生了重要影响。这主要体现在与乡约、乡村建设运动，以及与社会、国家的关系等方面。下文将社与会一并以"会社"替代。

（三）会社与乡约及乡村建设运动

1. 会社与乡约

"会社"是在社与会的基础上逐步演变而来的。"社"最初的意义是祭祀土地之神、迎神赛会，后逐渐发展为民间组织，再进而演化为乡村基层组织。"里之为言止也，居也。古者五十家为里，今以百家为里。"② 另外，在社与会的基础上还衍生演变出"保"、"甲"、"牌"等组织单位。如明代的王守仁就提出了"十家牌法"等。此时的乡社等已进一步演变为基层组织及其管理单位。我国自宋以降，尤其是到了明代，整个社会的乡村基层组织又与乡约紧密联系在一起。

乡约是以"劝善惩恶"为目的的乡村教化组织。"劝善惩恶，莫如

---

① 李剑华：《社会学史纲》，载孙本文著《社会学大纲》（下），商务印书馆，1931，第115 页。
② 璩昆玉纂《古今类书纂要》卷二《地理部·里社》，转引自陈宝良《中国的社与会》，中国人民大学出版社，2011，第 2 页。

乡约。"① 乡约最为有名的为宋代陕西蓝田的"吕氏乡约"。吕氏乡约的主要内容包括德业相劝、过失相规、礼俗相交和患难相恤四个方面。吕氏乡约不仅是一种社会教化方式，同时也是一种社会救助机制。"吕氏乡约的基本主张在树立共同道德标准、共同礼俗标准，使个人行为有所遵守，不致溢出标准范围之外。这种步骤在礼学里面，可以说是到了登峰造极的地位。"② 吕氏乡约堪为后世乡约的样本。然而，自明代起，乡约却发生了重要转向和变化。"吕氏乡约于君政官治之外别立乡人自治之团体，尤为空前之创制……此种组织不仅秦汉以来所未有，即明初'粮长'、'老人'制度之精神亦与之大异。盖宋、明乡官、地保之职务不过辅官以治民，其选任由于政府，其组织出于命令，与乡约之自动自选自治者显不同科也。"③

明代著名的思想家、哲学家王守仁深刻认识到基层社会组织的重要性，创造性地提出了"十家牌法"，推行乡约制，劝民为善，维持秩序。他亲自制定了《南赣乡约》，并获得了官方的支持。王守仁指出，过去农民造反、危害乡里，不仅有主观个人的原因，也有客观环境的原因；既有本人修养的原因，也有乡村父老的原因。中国乡村社会所制定的乡约无非就是"往者不可及，来者犹可追。故今特为乡约，以协和尔民，自今凡尔同约之民，皆宜孝尔父母，敬尔兄长、教训尔子孙，和顺尔乡里，死丧相助，患难相恤，善相劝勉，恶相告戒，息讼罢争，讲信修睦，务为良善之民，共成仁厚之俗"。④ 乡约编制基本参照原存的村社或者具有里社特色的乡、图、甲，大致以保甲原编为基础，以就近为原则，将临近的乡村坊里合为一约，并在编为册，遵守约束。"劝善惩恶，法本相因，而乡约保甲原非两事。……乡约之所约者此民，保甲之所保者亦此民。"⑤ 这样将保甲、乡约合为一体。由此，一方面，明朝的乡约编制与"社"、"里社"等联系在一起；另一方面，与当时的官僚行政体制联系在一起，形成别于宋代的乡约。

① 吕坤：《吕坤全集》（中册），中华书局，2008，第987页。
② 杨开道：《中国乡约制度》，商务印书馆，2015，第67页。
③ 萧公权：《中国政治思想史》（下册），商务出版社，2011，第524页。
④ 王守仁：《王明阳全集》（中册），上海古籍出版社，2011，第664~665页。
⑤ 吕坤：《吕坤全集》（中册），中华书局，2008，第1062页。

因而，"社"与"会"在宋明两代以"乡约"的新形式延续发展，在基层社会治理中发挥了重要作用，尤其是在"劝善惩恶"、相互救恤、维持基层社会治安中发挥了不可忽视的作用。乡约不仅是基于里社的一套规范体系，还是一种基于里社发展而来的基层组织形式，并且对后来民国时期的乡村建设运动产生了重要而深远的影响。

2. 会社与乡村建设运动

20世纪30年代，中国农村经济日趋崩溃。民国时期与会社相关联的乡约对后来乡村建设运动产生了重要影响。现代新儒家的早期代表人物之一，有"中国最后一位大儒家"之称的梁漱溟认为，中国既不能走资本主义道路，也不能走俄国的社会主义道路。他提出了乡村建设运动，强调中国的根本出路在于从乡村入手，通过乡村建设不但可以解决当时存在的中国社会问题，而且可以走出一条中国民族自己的道路。①

梁漱溟指出中国的乡村建设运动，必须以乡村人自身力量为主，而要完成这个工作关键在于使政治重心、经济重心都建立在乡村的一个全新组织构造的社会上。那么，如何构建一个新组织呢？梁漱溟受到乡约启发，指出"这个新组织即中国古人所谓'乡约'的补充改造。大体上是采用乡约——不过此处所谓乡约，非明、清两代政府用政治力量来提倡的那个乡约，而是指当初在宋朝的时候，最初由乡村人自己发动的那个乡约。那个乡约是吕和叔先生的一种创造"。② 梁漱溟明确乡约需有"德业相劝、过失相规、礼俗相交、患难相恤"四大纲领，其中前两项着眼"人生向上，把生活上的一切事情包含在里边"。③

梁漱溟尤其欣赏清朝陆桴亭对乡约的研究。陆桴亭在《治乡三约》中提出，乡约是纲，包括三大项，即三约：社学——教育机关、社仓——经济机关、保甲——自治机关。乡约就是大家来办理这三者。梁漱溟认为"教育、经济、政治都包含进去，这真是一个很积极的乡约"。④ 同时，他要求新组织对陆桴亭的乡约进行补充改造，将其中消极的改为积极的精神；更将以往偏于个人的积极向上改为偏于整个社会、

---

① 杨雅彬：《近代中国社会学》，中国社会科学出版社，2001，第251~259页。
② 梁漱溟：《乡村建设理论》，上海世纪出版集团，2006，第156页。
③ 梁漱溟：《乡村建设理论》，上海世纪出版集团，2006，第157页。
④ 梁漱溟：《乡村建设理论》，上海世纪出版集团，2006，第164页。

偏于团体的积极向上。其改造内容包括四个方面。

第一，将消极的彼此顾恤，变为积极的有所进行。积极的顾恤是"不等到事情临头再进行补救，顶好是不让他发生事情"。①

第二，乡约的根本是要求人生向上、志气提振。梁漱溟指出，人生用力是必要的，在乡约中就是要发挥理性，发挥理性就是要提振志气。②

第三，乡约并非一乡之约。梁漱溟认为要将前两者落实执行，必须要有乡与乡的联络，而渐及县与县、省与省的联络，要普遍地去联络、相往来、通消息。因而，我们要改造社会，非联络不可。③

第四，乡约组织不能借政治力量来推行。梁漱溟强调乡约组织应由私人的提倡或社会团体的倡导而成，以社会运动的方式来推行。政府只能站在一个不妨碍或间接帮助的地位，不可以政府的力量来推动。④

梁漱溟指出这种改造在于"我们就是本古人乡约之意来组织乡村，而将其偏乎个人者稍改为社会的。我们要来发愿改造我们的乡村，更大的改造我们的社会，创造人类新文化"。⑤ 依照这样的思路，梁漱溟提出，中国的知识分子应该参与到这一新构造的组织中，间接操持政权，最终统一中国社会。由此可见，以社与会为发端并进而在宋、明两代产生形成的乡约，对我国民国时期乡村建设运动的深远影响。

（四）会社与社会、国家的关系

会社具有"组织"、"民间组织"的含义，下文将进一步讨论会社与"社会"、"国家"的关系。

1. 会社与社会的关系

"会社"为"社会组织"的含义。从社会学意义上讲，社会组织是社会群体的一种形式。它是有共同目标的人们有意识地组织起来，并在此基础上形成的相对稳定的组合方式，具有一定的结构并在其指导下有序运行。因而，社会组织既是一种结构，也是一个过程。孙本文认为：

---

① 梁漱溟：《乡村建设理论》，上海世纪出版集团，2006，第 165 页。
② 梁漱溟：《乡村建设理论》，上海世纪出版集团，2006，第 165~166 页。
③ 梁漱溟：《乡村建设理论》，上海世纪出版集团，2006，第 167 页。
④ 梁漱溟：《乡村建设理论》，上海世纪出版集团，2006，第 167~168 页。
⑤ 梁漱溟：《乡村建设理论》，上海世纪出版集团，2006，第 166 页。

"社会上有无数的行为规则及制度，去约束人类的行为，此类行为规则及制度的总体，具有相当交互与一致的关系者，通常谓之社会组织。"[①] 并且有了此类共同一致的行为规则与制度，人们就可维持一种共同的生活、维持社会的统一，而社会统一又依赖于社会组织。

孙本文同时指出，社会与社会组织有不同之处。因为社会组织是社会上人与人之间所发生的共同的行为关系的总体，所以其所指的是人与人之间的共同关系。至于社会，则是具有一切共同的行为规则及制度的一群人。所以，社会是就人的本身而言的。但二者不能分离，有社会必有社会组织，它们是同一个东西的两个方面。孙本文认为，社会组织有很多类别，大体可分为两类。首先，从地域性角度看，有区域性的社会，如农村、都市、国家等；也有非区域性的社会或团体，如政党、学会等。其次，从社会关系的角度看，有直接社会，如家庭、邻里、亲密朋友团体等；也有间接社会，如都市、政党、国家等。[②] 由此，我们可以看出，孙本文所讲的社会组织既有社会学意义上的社会组织的含义，也有现代"社会"本身的含义。这里需要指出的是：群学意义上的会社，多指当代社会学的社会组织。具体到我国的社会实践中，会社就是指我国三大类社会组织（社会团体、民办非企业单位、基金会）中的民办非企业单位。它们属于非营利性社会组织。

2. 会社与官府、国家的关系

由"会社"发展演变而来的社会学意义上的社会组织，无疑处于国家与社会之间。换言之，"会社"的两头分别为国家和社会。作为社会组织的"会社"在其形成发展进程中，试图摆脱国家、官方的控制，以谋求自治独立。尽管如此，作为社会组织的"会社"，无论是慈善性质的，还是互济性的，即使是迎神赛会类的民间会社，在其开展活动过程中，都始终与官方保持着千丝万缕的联系，无法完全摆脱官方的监管或控制。与此同时，"会社"代表民间社会的利益和力量，并通过组织的形式抵御外界的力量，尤其是来自官方的压力。陈宝良在关于会社与国家关系的研究中指出，首先，会社的成立多需要官府的认可。其次，各

---

① 孙本文：《社会学原理》，商务印书馆，1935，第 425 页。
② 孙本文：《社会学原理》，商务印书馆，1935，第 425~426 页。

类会社组织的组织者或成员，多为当地的绅士，是具有官方背景的管理者。再次，不论是公益性会社还是商业性会社，甚至是文化类会社，在创立和发展过程中，为了避免与官府发生冲突，其规章制度等力求与官府保持一致。最后，会社还承担官府的差役。① 由此，作为社会力量的会社与官府、国家之间的复杂关系可见一斑。

当然，亦有要求会社与政府、国家保持一定距离的事例，其中乡村建设运动就是典型的例子。在乡村建设运动中，梁漱溟反复强调了国家与社会之间的关系。"借政府的力量来做事情——用一种命令强制力，这个力量用下去，他一步一步都是机械的，上级交给下级，下级已经机械，一级一级再往下去，则一级一级的更加机械。每下一级，离开发动的地方越远一步越是被动，越为机械的，越没有生机，越没有活力，越不能适应问题——因为能适应问题的是靠活力。越不能适应问题，越失掉了他的意义，越称为无用的了。"② 他指出："乡村运动是主力，现政权则为助力。"③ 与此相矛盾的是，梁漱溟认为"我们要解决中国的经济问题，必须靠政治的力量，否则解决不了"。④

追根溯源，社与会在不同历史时期具有不同的含义，并在中国历史长河的生动实践中发挥了重要作用。社与会既是修身的载体，也是修身的规范。总体而言，尽管官府、国家对社与会有这样那样的规定制约，但是社与会离不开国家，国家也需要社与会。

（宋国恺）

七　天：社会的秩序与法则

在中国传统文化中，"天"是与宗教信仰密切相关的重要范畴，探索"天人之际"的奥秘是中国古代思想史的重要内容，自古以来天神、天命、天道、天理、天心、天性等信仰在中国社会生活中就扮演重要角

---

① 陈宝良：《中国的社与会》（增订本），中国人民大学出版社，2011，第 526 ~ 530 页。
② 梁漱溟：《乡村建设理论》，上海世纪出版集团，2006，第 169 ~ 170 页。
③ 梁漱溟：《乡村建设理论》，上海世纪出版集团，2006，第 171 页。
④ 梁漱溟：《乡村建设理论》，上海世纪出版集团，2006，第 170 页。

色。在中国以"天人合一"为主导特色的文化中，对个人而言，"敬天"更有以德配天、以诚配天、慎独的修身意涵。这里从社会思想史、宗教社会学等角度，考察中国文化中与"天"相关的独特观念、规范、制度与行为习惯。

（一）"天"意为何？

张岱年认为，中国古代哲学中"所谓天有三种含义：一指最高主宰，二指广大自然，三指最高原理"。[①] 汤一介在介绍中国人"天"的观念时也认为，中国哲学的"天"的概念有三意，分别为主宰之天、自然之天和义理之天。[②] 其实，他们都沿袭了朱熹时代的分类。[③] 主宰之天、自然之天的观念古已有之，"义理之天"是宋代新儒学的理论"特产"，理学集大成者朱熹认为："天之所以为天者，理而已。天非有此道理，不能为天。故苍苍者即此道理之天，故曰：其体即谓之天，其主宰即谓之帝。……天下只有一个正当的道理，循理而行，便是天。"[④]

中国哲学史家冯友兰对"天"有更细致的分类，归纳出"天有五义"，并认为中国古代以主宰之"天"居多。"五义"有：物质之天，与地相对；主宰之天，皇天上帝，人格化的上帝；运命之天，人生中之无可奈何者；自然之天，自然运行之天，如荀子《天论》篇所言之天；义理之天，指的是宇宙之最高原理。[⑤]

俗而言之，按照现代人的观点，天有如下五种含义：一是天空之天、物质之天；二是天神之天、主宰之天；三是"天意"之天、天命之天；四是自然之天，即自然而然的大自然；五是天道、天则之天，讲的是宇宙运行的规则，义理之天也。其中，物质之天和自然之天，强调的是"天"外在于人的客观性；主宰之天、运命之天、义理之天，强调的是"天"对人的巨大影响，假设了"天"与人类之物质、社会、性灵等方面的相关性。

---

① 张岱年：《"天人合一"思想的剖析》，载张岱年等著《中国观念史》，中州古籍出版社，2006，第25页。
② 汤一介、汪德迈：《天》，北京大学出版社，2011，第34~35页。
③ 朱熹著，黎靖德编《朱子语类》卷一，中华书局，1988年；池田末利：《"天道"与"天命"：理神论的发生》，选自张岱年编《中国观念史》，中州古籍出版社，2005，第214页。
④ 朱熹著，黎靖德编《朱子语类》卷二十五，中华书局，1988。
⑤ 冯友兰：《中国哲学史》（上），重庆出版社，2009，第34~35页。

如果将冯友兰所言之物质之天和自然之天合并、主宰之天与运命之天合并，就有汤一介、张岱年的说法。张岱年、汤一介的说法比较精简，符合大众的观点，而冯友兰的说法也有它微妙差别的价值。古人或许只有自然之天，而"物质"之天是天人二分之后的观点，符合现代人的看法。自然之天、运命之天，在中国古代与作为儒学主流的"义理之天"纠缠在一起。而易、道、佛三家崇尚心性之天，提出天性之学，成为后来儒家有益的补充，在《中庸》中有集中体现。

汤一介认为，在中国哲学传统中，"天"是有机的、连续性的、有生意的、生生不息的、与人为一体的。[①] 即使是荀子等先贤"明于天人之分"，也常常论及天人之合和，总体上这一点是中国文化的特色。在经受科学教育的现代人看来，比较容易认同物质之天、自然之天，觉得"天是天，人是人"，天和人是分立的两个概念；而对其他类型的"天论"则难以理解，甚至觉得荒谬。然而，在中国文化中，"天"和"人"一直是密切相关的："天"由"人"成，"人"在"天"中。从文字源流上的考辨来看，"人"本身就是"天"的一个不可或缺的组成部分。谷衍奎在《汉字源流字典》中指出："甲骨文像突出了头部的正面人形，意在表示人的头顶。金文将头简化为一横。篆文整齐化。隶变后楷书写作天。"[②]"天"的意思指在人之上的那部分东西，比人大、比人高，超越、凌驾于人之上，有超人类，甚至超自然的内涵。

总之，在中国文化中，"天"有自然之天、主宰之天、义理之天三种主要含义；而"天"和"人"是一对密切相关的概念，论"天"免不了谈"人"。

（二）中国社会中"天"的主要类型

中国文化的主流思想是"天人合一"。台湾学者杨慧杰的《天人关系论：中国文化一个基本特征的探讨》将中国文化分为天人感应型、天人合德型、因任自然型三种基本类型，都有以天人合一为基础的心态。荀子提出了"明于天人之分"的新思想，但是，除了对王充、刘禹锡等

① 汤一介、汪德迈：《天》，北京大学出版社，2011，第42页。
② 俞吾金：《人在天中，天由人成——对"天人关系"含义及其流变的新反思》，《学术月刊》2009年第1期。

少数思想家有影响之外，对中国主流文化的影响很小。在此叙述中国社会中"天"的主要类型。

1. 天在空中：自然之天

（1）中国古代宇宙观中的天

"天论"首先属于宇宙观的基本内容。中国古人所言之天，是指自然之天、时空之天。由于中西自然观的差异，中国人没有西方后来发展起来的机械论思想，中国的"天"包含但不等同于近代所谓"物质之天"。

在中国古代神话世界中，对于天已有一些说法。屈原的《天问》很好地反映了一系列古人关于天的传说。例如，开篇云："上下未形，何由考之？冥昭瞢暗，谁能极之？冯翼惟象，何以识之？明明暗暗，惟时何为？阴阳三合，何本何化？圜则九重，孰营度之？惟兹何功，孰初作之？斡维焉系，天极焉加？八柱何当，东南何亏？九天之际，安放安属？隅隈多有，谁知其数？天何所沓？十二焉分？日月安属？列星安陈？"[①]屈原在这里首先问到了宇宙（上下、混沌、阴阳、明暗）的来源、天的时间结构（日夜、四时、月份）和空间结构（九天、八柱），以及人如何认识这些事物。

唐朝刘禹锡《天论》中概括了中国古代天文学中的"天论"："古之言天之历象，有宣夜、浑天、《周髀》之书；言天之高远卓诡，有邹子。"古代中国主要有宣夜说、浑天说和盖天说三种说法，以浑天说最为流行。其中，宣夜说主要认为天无形质，是气，日月星辰无所根系，这种学说流筋到东汉曾有王充力主，在三国之后"绝无师法"，被科学家和大众抛弃了。《晋书·天文志》载有："周髀家云：'天员（圆）如张盖，地方如棋局。'"中国古代历法主要是依据浑天说解释的。

《易·序卦》比较系统地描述了中国人的宇宙观："有天地然后有万物，有万物然后有男女"，然后有夫妇、父子、君臣、上下，"有上下然后礼义有所错"。这是中国人理解的宇宙生成秩序，从开天辟地开始，从自然到人文。在中国远古创世神话中，宇宙生成经历了从混沌到有序的过程，《列子·天瑞》曰："清轻者上为天，浊重者下为地，冲和气者

---

① 林家骊译注《楚辞》（第2版），中华书局，2015。

为人。故天地含精，万物化生。"宇宙源于"混沌"，"混沌"的状态如何？《三五历记》曰："天地混沌如鸡子，盘古生其中，万八千岁，天地开辟。阳清为天，阴浊为地，盘古在其中，一日九变，神于天，灵于地。"① 而"混沌"何来？学者还在前面加入太易、太初、太始、太素，分别对应未见气也、气之始也、形之始也、质之始也四种阶段，等到"气形质具，而未相离，故曰混沌"。②这种模式是我国主导型创世神话：③天为阳清，地为阴浊，人生天地间，吸收天地精华，神于天而灵于地。④其中提到盘古，天地乃自己孕育而成，"天"代表"阳清"的力量，与"神"有关，但这个"神"的意义主要是变化的力量，而并非人为设计，不同于西方人格化的"上帝"。

　　汉代时中国人的宇宙观基本形成。此时古人认为"精神者"不是基于身体功能，而是源于"天"，两者有生成论关系。人生于天地间，天造精神，地成形体。《淮南子》第七卷《精神训》讲："夫精神者，所受于天也；而形体者，所禀于地也。"还说："故天有四时、五行、九解、三百六十日，人亦有四肢、五脏、九窍、三百六十节。天有风雨寒暑，人也有取与喜怒。故胆为云、肺为气、脾为风、肾为雨、肝为雷，以与天地相参也，而心为之主。是故耳目者，日月也；血气者，风雨也。……日月失其行，薄蚀无光。风雨非其时，毁折生灾。五星失其行，州国受殃。夫天地之道，至纮以大，尚犹节其章光，爱其神明；人之耳目，曷能久熏劳而不息乎！精神何能久驰骋而不既乎！"⑤

　　古人很早就有这种天人同构的观念：天地大宇宙，人体小宇宙，两者同构同形而类似。这是古代流行的观念，而并非汉朝董仲舒之流新创。

　　（2）道家的自然之天

　　老子和孔子对于"天"的观念差异很大，有三点差异最为明显。

　　其一，老子从宇宙创生角度，认为人生于天地间。《道德经》第二

①　转引自柳诒徵《中国文化史》上册，中华书局，2015，第6页。
②　柳诒徵：《中国文化史》上册，中华书局，2015，第4页。
③　转引自柳诒徵《中国文化史》上册，中华书局，2015，第14页。
④　三皇五帝之"三皇"者，古人也曾以天、地、人区别之。但那是"大洪水"之前的事情，没有文字记载，存在许多争议。王符《潜夫论》言："世多以伏羲、神农为三皇。其一者，或曰燧人，或曰祝融，或曰女娲，是与非未可知也。"
⑤　刘安著，陈广忠、许慎注释《淮南子》第七卷，中华书局，2014。

十五章曰："人法地，地法天，天法道，道法自然。""天"之上有"道"，而道法自然。后来的道家把"道"看作宇宙的起源，万物源于"道"，"天"也不例外，道遵循的是"自然"。"天"又是"道"和"自然"的重要载体，天是载道而不载"仁"的，不是人为的，而是自然的。"天"是"有"，尽管接近于"无"，但与"无"相比，还是潜层次的力量，此外"玄之又玄"的终极力量才是最终根源。

其二，老子不相信"天命"，而推崇"自然"，他的"天"去除了儒家所负载的道德形而上的意义。

老子比较了天道和人道的关系，而倾向于遵循天道。他在《道德经》第五章中说："圣人不仁，以百姓为刍狗。"在礼崩乐坏的大背景下，老子以天道自然，以"自然之天"观人，提出了不同于儒墨的治国策。这个治国策的总体原则就是遵循天道，"为而不争"、"无为而治"。老子重视"生生之道"，不争功图名。他在《道德经》第九章中认为"功遂身退，天之道也"，在《道德经》第八十一章中指出："天之道，利而不害；圣人之道，为而不争。"

老子在《道德经》第七十七章还比较了"天道"和"人道"的差别，主张以"天道"改进"人道"。"天之道，其犹张弓欤。高者抑之，下者举之，有馀者损之，不足者补之。天之道，损有馀而补不足。人之道则不然，损不足以奉有馀。孰能有馀以奉天下，唯有道者。"什么意思？是说天之道，很像拉弓，高了就把它压低些，低了就把它抬高些，有多余就减去，不足时就补给。天道是减损有余的来弥补不足的，但人之道不是这样，它是减少不足的来供奉有余的。人世间"人之道"，往往违背"天之道"，那么谁能用有余供奉天下呢？只有循天道之人，而这是难能可贵的，也是道家所赞赏的。

其三，老子在《道德经》第五十九章提出"治人事天莫若啬"。"啬"直译为爱惜、保养，或认为通"穑"，泛指种庄稼的智慧。对"天"的解释也有两种，一是指身心（性情），二是指自然之天。"事天"意味着保养天赋，这一点被看作道家"长生久视之道也"。老子在《道德经》第六十七章总结自身处世经验时说："我有三宝，持而保之：一曰慈，二曰俭，三曰不敢为天下先。"与儒家"敢为天下先"不同，他是"不敢为"，要大智若愚；儒家提倡"仁"，他提倡"慈"，与佛家的

"慈悲"接近；他把"俭"当作"三宝"之一，主张节俭，反对在"反自然"的一些事务中浪费精力，提倡无为而治。

《道德经》第七十三章称："天之所恶，孰知其故？天之道，不争而善胜，不言而善应，不召而自来，坦然而善谋。"原因是"勇于敢则杀，勇于不敢则活"。老子的"勇于不敢"是为了避祸"则活"，这在动乱之中不能不说是一种智慧。此后又说"天网恢恢，疏而不失"，坏人自有天罚，不必太强求速决。

王焱不同意刘笑敢的观点，认为《庄子》中"天"有多重含义，需要廓清庄书中天、人、道的具体所指，再谈天人关系或天道关系就比较可信。当"天"作为物质之天时，天为道所生，道指从宇宙发生学角度而言的"产生万物之根源"，所以道高于天。而当"天"作为自然之天时，其与道从形而上学角度而言的"万物存在之根据"的含义相同，所以"天"同于"道"，都是指称万物之本性。[①]

庄子则把"天"或天地看成是自然，从宇宙创生论角度，认为一切事物都由天地产生，都包括在天地之中，《庄子·达生》讲："天地者，万物之父母也。"但天地不是故意这样做的，而是自然如此的，所以又说："天无为以之清，地无为以之宁，故两无为相合，万物皆化。"

"天"也可理解成为"天然"的意思。例如，《庄子·秋水》中的"何谓天？何谓人？"北海若曰："牛马四足，是谓天；落马首，穿牛鼻，是谓人。"庄子在《庄子·天地》中认为，"无为"就是"天德"："君原于德而成于天。故曰：玄古之君天下，无为也，天德而已矣。""故通于天地者，德也；行于万物者，道也。"这里的"无为"获得了道德形而上的意义。《天地》篇还言道："若夫人者，非其志不之，非其心不为。虽以天下誉之，得其所谓，謷然不顾；以天下非之，失其所谓，傥然不受。天下之诽誉无益损焉，是谓全德之人哉！"

庄子深知个人之有限性，继承了老子"无为"理念，《庄子·逍遥游》中有"至人无己，神人无功，圣人无名"。《庄子·大宗师》曰："不以心捐道，不以人助天，是之谓真人。"至人、真人又称全德之人，这里把得道之人称为至人、神人、圣人、真人或全德之人。同时，"不

① 王焱：《庄子天论——破解天人关系与天道关系的难题》，《思想战线》2010年第1期。

以人灭天"，"无以故灭命"，"畸于人而侔于天"。庄子肯定"人"在
"天"的面前归根到底是无能为力的，思想中暗含某种宿命论的倾向。
因此，荀子在《荀子·解蔽》中批评庄子的思想"蔽于天而不知人"是
有道理的。

（3）现代社会的物质之天

中国古人的"天"是有机论的，而非西方机械论的。近代以来，西
方很早就有天人分立的观念，近代受机械论自然观的影响，"天"变成
了在人外的独立的物质之天。天人分立之后，现代社会的"天"祛魅而
成为物质之天，这会带来自然的失趣和社会的失序，而更重要的是当人
失去自我超越的参照系，可谓"天失而人萎"。

2. 天在灵界：主宰之天和运命之天

中国人不仅生活在人世间，还创造了一个富含想象力的"灵界"，在
这个神话世界里，天是神灵所在，而天神是百神之首。天作为主宰之天、
运命之天，与变幻莫测的人世间有千次万缕的密切联系。这种天的观念
在上古最为盛行，与古代宗教、文学、政治密切相关。

（1）"天"为百神之首，居于至上神的地位

在中国古代，"天"除指自然之天外，多指主宰之天。①台湾学者杜
而未认为，中国古代的天是在人之上的神的力量，天人之间的关系不可
混淆。天之为神的意义是绝对的，所以天是至上神，人鬼和皇帝都不能
称之为天或上帝。随着文化的演变，"天则始终保持了至上神的纯洁"。②

可以想象一下当时中国先人在人类的童年时代的生活情境：人生天
地间，如同孤苦无依的儿童，在地球上四处流浪，茹毛饮血，风餐露宿，
朝不保夕，整体生存能力非常弱小。在这种艰难处境下，地大于人，天
大于地，天在人上，天地玄黄，或有神乎？自然而然会产生对大自然的
敬畏之心。按照人类童年常有的万物有灵论观念，天之神力量最大，成
为终极的主宰者。这种认识一直延续下来，后世民间传说的玉皇大帝、
如来佛都是天界领袖，主宰着天上人间一切事务。

天神是百神之大君，主宰一切，管理众神。天高高在上，往往被作

---

① 冯友兰：《中国哲学史》（上），中华书局，1955，第55页。
② 杜而未：《中国古代宗教研究》，台湾学生书局，1976，第15页。

为人格化的上帝，在神仙世界里被视为百神之首。对于这么重要的角色或力量，当然应该敬仰、信赖，因此古人信天弥笃、敬天虔诚。在中国上古文献中，天和帝常为同义词。①《诗》、《书》、《左传》、《国语》等中国的早期著作中多有言"天"而指人格化的"上帝"之内容。

（2）天命无常

古代天命论可谓源远流长，对百家和百姓都有深刻影响。殷商时代称"帝"或"上帝"，周朝称为"天"或"天命"。天命之"天"或运命之天，亦属主宰之天之一种，这个"天"表达了人们对主宰人世间命运的神秘变化力量的敬畏，却未必是有神论的。

春秋战国时的古代著作多是如此：认为命从天降，对天抱持敬畏之心。"子不语怪力乱神"，但孔子的语言中很多体现了对主宰之天、运命之天的畏惧，诸如知天命，天罪之，天厌之，欺天乎，这些用法中的"天"都是指人格化的天、有意志的天。如孔子在《论语·季氏》卷八中说："君子有三畏：畏天命，畏大人，畏圣人之言。"再如，颜渊死，孔子在《论语·先进》中说："噫！天丧予！天丧予！"在这些语言中，孔子都是认同"天命"之存在的。在《论语·宪问》中，孔子曰："不怨天，不尤人；下学而上达。知我者其天乎？"这个"天"只是感叹之语，不能理解为人格化的上帝。孔子著作中，"天"主要是指运命之天。

"天命"是失败者的安慰，天命之流行反映了动荡年代老百姓普遍的挫折感。孔子把自己难逞仁政抱负的政治失败也看作"天命"的结果，心里面这个"坎"也就过去了。对于作为重点培养的接班人、最有希望将他的学说发扬光大的颜渊，也是少有的知音好友，先他而死，老人家至为悲痛，因此说"天丧予"。颜渊之死对自身学术生命的损折，孔子深有体会。

把宇宙秩序统一于"天命"，当时可能具有一定的进步意义。在远古时代，人们都处于愚昧无知的状态下，用什么力量可以把人们组织成一个社会以保存和发展人类呢？智者利用人们对自然现象的畏惧心理编造出"天命论"，将"天"看作主宰一切的力量，最高统治者是"天子"，奉"天"之命来统治人间。这就是所谓"神道设教"，而创造这种

---

①　王力主编《中国古代文化常识》（第 2 版），世界图书出版公司，2008，第 3 页。

方法的智者被尊为"圣人"。"天命论"的政治作用主要是"愚民"，但是"民无信不立"，在当时社会条件下统治者能"愚民"对保持社会稳定还是有积极意义的。

"天"的政治内涵，既可用于维护社会稳定，也可用来伸张正义、表达民意。周桂钿先生认为，先秦时代的政治生活中有两种"天"：一种是和最高统治者联系在一起的"天"，"天子"是"天"的意志代表，《周易·乾》言："'大人'者，与天地合其德"；另一种是和人民联系在一起的"天"，指民心所向，代表着上天意志。这两种对"天"截然相反的看法，可以说是这一时期的社会阶级矛盾的反映。尽管从唯物主义认识论上说，这两种看法都是错误的，但在那个历史时期，把"民"和"天"相联系，提倡重民、爱民的民本思想，还是有一定进步意义的。①儒家"天命论"和墨家"天志说"分别代表了这两种政治倾向的天论，无论是借"天德"劝说还是借"天志"威吓，目标都是希望"天子"崇德而爱民。在那样的时代，儒墨作为士人，如此说道用道，实为上策。

（3）墨子的非命论和天志说

冯友兰认为，古代所谓天，乃主宰之天。孔子因之，墨子提倡之，至孟子所谓天，有时已经为义理之天。②其实在墨子那里，"运命"和"天"之间出现裂解，墨家并非简单"提倡之"，而是同时提出"非命论"和"天志说"。

胡孚琛认为墨家的"明堂之制"，与后来宗庙家天下的封建制度有实质性差异：明堂之上，有庶民参政议政的权利。墨家"实际是按照理性主义思维方式对氏族原始社会的天道观及宗教传统进行了改造和继承"。③

墨家学说与"天"有关的是"非命论"和"天志说"。这两者相辅相成，有值得我们注意的精彩方面。

墨家非命论是针对天命论的。"生死有命，富贵在天"的观念很早就流行，儒家也是附和这种看法的。墨子反对将一切都归于"命"的懒人哲学，强调人之富贵贫贱、国之强弱兴衰主要靠自身的努力，不完全

① 周桂钿：《天命论产生的进步意义》，《北京师范大学学报》（社会科学版）1986年第5期。
② 冯友兰：《中国哲学史》（上），中华书局，1955，第55页。
③ 胡孚琛：《道学通论》，社会科学文献出版社，2009，第13页。

是命运的安排。人的发展依靠"力"，而非命。

墨家非命。《墨子·非命下》的一段话非常集中地体现了"非命"的必要性："今用执有命者之言，则上不听治，下不从事。上不听治，则刑政乱；下不从事，则财用不足；上无以供粢盛酒醴祭祀上帝鬼神，下无以降绥天下贤可之士，外无以应待诸侯之宾客，内无以食饥衣寒，将养老弱。故命上不利于天，中不利于鬼，下不利于人。而强执此者，此特凶言之所自生，而暴人之道也！是故子墨子言曰：今天下之士君子，忠实欲天下之富而恶其贫，欲天下之治而恶其乱，执有命者之言，不可不非。此天下之大害也。""当若有命者之言，不可不强非也。曰：命者，暴王所作，穷人所术，非仁者之言也。今之为仁义者，将不可不察而强非者，此也。"

墨子的非命论"颇具起懦振迷之效用，为儒家之所不及"。[1] 但是，就孔、孟、荀三家而言，他们都不主张人们听天安命，因此，"似墨子以非命攻儒，几无的放矢矣"。[2]

墨子坚持古代"天"的信仰，并修正来为反映和满足劳动人民服务。任继愈认为，墨家的"天志说"是"最保守、最落后的"见解。[3]冯契认为"天志说"在墨学中不占主要地位，作为三表之一，"那就很荒谬了"。[4]本人以为不然，其实墨家对"天志"的理解更多反映了中下层的利益、意志，这就是说，他们希望底层的民意以"天志"的形式，对君主、统治阶级产生约束力。

我们先从《墨子》的《天志》上、中、下三篇看看"天志说"的主要内容。

"天志"乃君子之"法仪"。墨子认为有天志，就像制轮的人有圆规、木匠有方尺一样。《墨子·天志上》曰："我有天志，譬若轮人之有规，匠人之有矩，轮匠执其规矩，以度天下之方圆，曰：'中者是也，不中者非也。'今天下之士君子之书，不可胜载，言语不可尽计，上说诸侯，下说列士，其于仁义则大相远也。何以知之？曰我得天下之明法

---

① 萧公权：《中国政治思想史》，商务印书馆，2011，第 145 页。

② 萧公权：《中国政治思想史》，商务印书馆，2011，第 146~147 页。

③ 任继愈：《墨子与墨家》，商务印书馆，1998，第 77 页。

④ 冯契：《中国古代哲学的逻辑发展》，中国出版集团东方出版中心，2009，第 81~82 页。

以度之。"墨子"天志说"提倡注重"天意"的仁义价值观，希望"天下士君子"认真践行"法仪"。

义从天出。《墨子·天志下》曰："天之志者，义之经也。"而"义者，善政也"，不从愚且贱者出，必自贵且知者出。因为天是最尊贵、最聪明的，因此"义从天出"。怎么知道天最尊贵、最聪明？《墨子·天志下》曰："天子为善，天能赏之；天子为暴，天能罚之；天子有疾病祸祟，必斋戒沐浴，洁为酒醴粢盛，以祭祀天鬼，则天能除去之，然吾未知天之祈福于天子也。""非独子墨子以天之志为法也，于先王之书大夏之道之然。"《皇矣》曰："帝谓文王，予怀明德，毋大声以色，毋长夏以革，不识不知，顺帝之则。"此诰中，文王之以天志为法也，而顺帝之则也。

知义从天，为百姓仗义。《墨子·天志上》曰："今天下之士君子，知小而不知大。何以知之？以其处家者知之。""非独处家者为然，虽处国亦然。""然而天下之士君子之于天也，忽然不知以相儆戒。""今天下之君子，中实将欲遵道利民，本察仁义之本，天之意不可不慎也。""然则天亦何欲何恶？天欲义而恶不义。然则率天下之百姓以从事于义，则我乃为天之所欲也。""天下有义则生，无义则死；有义则富，无义则贫；有义则治，无义则乱。"

天政论：天子应顺天意，行义政。子墨子主张圣王之"天政"而反对"暴王"之"力政"，《墨子·天志上》言："曰且夫义者政也，无从下之政上，必从上之政下。……天子未得次己而为政，有天政之。""天之为政于天子者"，天行其政，天子为之，只是代理人。天政"上利于天，中利于鬼，下利于人，三利无所不利，故举天下美名加之，谓之圣王。力政者则与此异，言非此，行反此，犹幸驰也。处大国攻小国，处大家篡小家，强者劫弱，贵者傲贱，多诈欺愚。此上不利于天，中不利于鬼，下不利于人。三不利无所利，故举天下恶名加之，谓之暴王"。"顺天意者，兼相爱，交相利，必得赏。反天意者，别相恶，交相贼，必得罚。"

天人互动，不得不顺天意。《墨子·天志中》曰："然有所不为天之所欲，而为天之所不欲，则夫天亦且不为人之所欲，而为人之所不欲矣。人之所不欲者何也？曰病疾祸祟也。若已不为天之所欲，而为天之所不欲，是率天下之万民以从事乎祸祟之中也。"

　　以上是"天志论"的核心观点。我们认为，墨家"天志说"并非封建迷信，天命论才是迷信，而墨子是彻底的"非命论"者。"天志"其实是一种比喻修辞，符合广大老百姓的思维特点。"天志说"实质追求生活的公正，"天志"不仅属于"士君子"，更针对统治阶级，实质包含社会监督，甚至民主思想的萌芽。

　　方授楚认为，《天志》、《明鬼》"乃藉以坚平民之信仰而增其勇气也"。至于墨子自身是否信仰鬼神，信仰多少，却是不一定的。[①]萧公权认为，墨子天志、明鬼是"神道设教"，"虽为初民社会必有之现象，然至民智稍开之世，则天真既凿，势不复能笃信天鬼之必有"。因为现实往往是"鬼神之说不足以儆戒痴顽矣"，后来墨家弟子就对鬼神的作用产生怀疑，所以，萧公权认为"墨子乃持此以与儒家相抗，欲以之移风易俗，至天下于太平，其为计亦左矣！"[②]

　　墨家自身更像宗教团体，虔信、身体力行"天志"，做到有力相营、有财相分、有道相教。但不幸的是，在经历若干年的战乱之后，"天"的观念的至上性到春秋末期已经发生了动摇。而墨家主张非天命、选天子、禅王位、举贤能、纳诽谤、均天下、讲兼爱、反战争，显然非周代以来父权家长制社会所乐见，终于在汉代以后的集权社会被排斥为异端而衰竭不传。[③]相反，儒家附和"天命论"，助长了封建君主的独裁统治，削弱了民意表达、递送的力量，而得以"独尊"。

3. 天在社会：义理之天

　　天在社会，主要是指宗教、政治、伦理的至高权威，探寻的是社会秩序之源。在此，对"天"的崇敬可以转化为对权威的崇敬和服从。

　　（1）皇天无亲，惟德是辅

　　商汤伐夏时，借"天"聚集人气，有很动听的说辞，《尚书·汤誓》曰："有夏多罪，天命殛之……予畏上帝，不敢不正。……至天之罚。"意思是：彼时夏朝太"作"，远远背离了上天意志，需要商汤去"正"之，商汤伐夏是不得不做的事情，是"畏上帝"，而夏之被伐则是"天命殛之"，是天罚、是活该。总之，一切都理所当然，是天意的安排。

---

①　方授楚：《墨学源流》，商务印书馆，2015，第113~114页。
②　萧公权：《中国政治思想史》，商务印书馆，2011，第145页。
③　胡孚琛：《道学通论》，社会科学文献出版社，2009，第14页。

而彼时也，民怨沸腾，民意即是天意，"革命"口号一呼百应，摧古拉朽，完成以商代夏的朝代更替。

而此前，《诗》之《商颂》云："天命玄鸟，降而生商。"商朝皇家的颂歌，给自己的来源寻找到一个创世神话，说自己祖先来自天堂的玄鸟授命。随着王朝政治的堕落，出现了残暴的商纣王，民不聊生，武王伐纣时，被讨伐的则是商汤后裔，为了破除老百姓对"商由天生"的迷信，周朝起义者提出了"皇天无亲，惟德是辅"的响亮口号。武王一方面采取类似的逻辑，认为伐纣是替天行道，师出有名；另一方面说"皇天无亲"，是无私的，劝告百姓不要害怕讨伐商纣王会招来"天亲"助他，只要是应该的就去做，上天"惟德是辅"，是站在武王这一边的。这种"惟德是辅"的重要修正使得顺应民意的"天德"成为帝王政权合法性的重要标准，也成为历代叛乱和起义常用的意识形态。

封建社会开始，社会生产力低下，各地诸侯王偏霸一方，宫廷政治内斗严重，尽管大部分周朝皇帝谨守祖训，希望以礼乐治国，也难以维系偌大国家的稳定。几十个大大小小的诸侯国相互攻击，战乱纷呈，战争带来的是民生凋落，百姓饱受战争动乱之苦，常有忧愤。《诗经》有深厚的民间基础，多处言及天、帝、受命者。如《诗经》之《荡》篇曰："荡荡上帝，下民之辟。疾威上帝，其命多辟。天生烝民，其命匪谌。靡不有初，鲜克有终。"

对于人世间的命运多舛，当时的草民们总想从天、帝方面寻找解释，而总得不到解释和解脱，就不得不质疑天、帝意愿之公正与否。等到普遍怀疑"天"的存在与否，意味着这个时代要"变天"了，那已是战乱纷呈的战国时代。

（2）寻求社会的自然秩序

宗教是伦理的根源。古代社会要寻找伦理根基，往往要找到宗教那里。孔子曰"民无信不立"，"信"是社会秩序的基石，中国文化里"信"所"仰"者唯"天"而已。在中国古代社会，对政治合法性的寻求往往是寻到"天"那里，历代中国学者寻找中国人伦理的根基，寻找仁、德的基础，也往往要寻到"天"那里。尽管这在逻辑推理上存在很大的问题，尤其是"天人合一"的大逻辑前提使得最终这种解释本身有很大问题。但从社会学角度，儒家的目标还是可取的："天"及其"性"

可以作为世俗礼义的自然基础。

《周易·序卦》演绎万物化生的秩序:"有天地然后万物生焉。……有天地然后有万物,有万物然后有男女,有男女然后有夫妇,有夫妇然后有父子,有父子然后有君臣,有君臣然后有上下,有上下然后礼义有所措。"这多个"然后"之间的顺序暗含一定的因果联系。而董仲舒《春秋繁露·奉本》认为,"王道三纲"皆取法于天,"其尊皆天也"。[①]"礼者,继天地,体阴阳,而慎主客,序尊卑、贵贱、大小之位,而差内外、远近、新旧之级者也。"亲亲、尊尊,都是天经地义的,类似社会的自然秩序。[②]"仁"被视为社会伦理的大德,董仲舒的贡献就是在"仁"之前加上"天"的作用。于是形成了如下的逻辑:天心—天志—仁—亲亲—尊尊—礼。

董仲舒从"天"入手,构建人世间"仁"的合理性、合法性基础。人为构建的社会秩序借助"天心"、"天志",如今有了貌似"自然秩序"的形象。

这是中国古代道德发生学的逻辑,讲出了修身养性的"天论"依据。这种秩序很难经得住现代社会科学的推敲,但在几乎没有社会科学的那个时代,最为重要的不是它是否科学,而是它能否消除民众的疑虑而让百姓有所信仰。在民智尚未完全开化的汉朝,这种学说在官方、学者、百姓之中赢得了广泛的市场,当时是比较成功的学说。后来这一逻辑借助官方的权威而成为学术界普遍的观念,经若干代沿袭而来,成为儒家的道德发生学。

(3)神道设教,维护政治权威

按照类似于道德发生学的逻辑,可以为现世政权寻找超世俗的神圣的基础,这正是历史上中国的皇权神学所下的功夫。西方中世纪寻找的是"上帝",中国文明从周代以后,承担这一超级权威的是代表超自然力量的、有神秘色彩的"天"。这本身无可厚非,还包含丰富的古代政治智慧。远古以来,为了博取被统治者的尊崇,初民社会中种种制度最初也假借天帝名义,让草民以为上帝所命须服从之。西方也一样,例如

---

① 周辅成:《论董仲舒思想》,载《周辅成文集》卷一,北京大学出版社,2011,第595页。
② 周辅成:《论董仲舒思想》,载《周辅成文集》卷一,北京大学出版社,2011,第599页。

摩西十诫、罗马法、基督教的教义之类，都设计了一个美丽的传说。中国封建制度被看作天神的作品，统治者被看作"天子"，是天神的代理人。既然如此，太平日子里，百姓唯有服从而已。

中国的政治神学自古有之。《尚书·洪范》记载："我闻在昔，鲧堙洪水，汩陈其五行，帝乃震怒，不畀洪范九畴，彝伦攸斁。鲧则殛死，禹乃嗣兴，天乃赐禹洪范九畴，彝伦攸叙。"鲧因为乱了五行，不得好死，而大禹顺应水土自然习性，治水有功，上帝给予洪范九畴作为奖赏，帮助他治理国家。"这种天启的神权政治，确是古人宗教思想中的一幕。"①

《国语·楚语》中有一篇"观射父论绝地天通"的文章，记载了此后古代宗教的变迁。昭王问于观射父，曰："《周书》所谓'重、黎实使天地不通者，何也'若无然，民将能登天乎？"对曰："非此之谓也。古者民神不杂。民之精爽不携贰者，而又能齐肃衷正，其智能上下比义，其圣能光远宣朗，其明能光照之，其聪能月彻之，如是则明神降之，在男曰觋，在女曰巫。是使制神之处位次主，而为之牲器时服，而后使先圣之后之有光烈，而能知山川之号、高祖之主、宗庙之事、昭穆之世、齐敬之勤、礼节之宜、威仪之则、容貌之崇、忠信之质、禋洁之服而敬恭明神者，以为之祝。使名姓之后，能知四时之生、牺牲之物、玉帛之类、采服之仪、彝器之量、次主之度、屏摄之位、坛场之肿、上下之神、氏姓之出，而心率旧典者为之宗。于是乎有天地神民类物之官，是谓五官，各司其序，不相乱也。民是以能有忠信，神是以能有明德，民神异业，敬而不渎，故神降之嘉生，民以物享，祸灾不至，求用不匮。"这是秩序良好的宗教时代，有"五官，各司其序，不相乱也"，最重要的是"民是以能有忠信，神是以能有明德，民神异业，敬而不渎"。

此后，民神关系发生了混乱。《国语·楚语》曰："及少昊之衰也，九黎乱德，民神杂糅，不可方物。夫人作享，家为巫史，无有要质。民匮于祀，而不知其福。蒸享无度，民神同位。民渎齐盟，无有严威。神狎民则，不蠲其为。嘉生不降，无物以享。祸灾荐臻，莫尽其气。颛顼受之，乃命南正重司天以属神，命或正黎司地以属民，使复旧常，无相

① 王治心：《中国宗教思想史大纲》，上海三联书店，1988，第39页。

侵渎，是谓绝地天通。"“绝地天通"是颛顼的宗教管理策略，目标是"使复旧常，无相侵渎"。

在中国"巫史传统"中发展的一个环节，"重、黎氏世叙天地"，后来演变为主管历史的司马氏。《国语·楚语》曰："其后，三苗复九黎之德，尧复育重黎之后，不忘旧者，使复典之。以至于夏、商，故重、黎氏世叙天地，而别其分主者也。其在周，程伯休父其后也，当宣王时，失其官守，而为司马氏。宠神其祖，以取威于民，曰：'重实上天，黎实下地。'遭世之乱，而莫之能御也。不然，夫天地成而不变，何比之有？"他们说"重实上天，黎实下地"，是"宠神其祖，以取威于民"的策略而已。其实，不独司马氏，几乎所有帝王都会"宠神其祖，以取威于民"，这已成为历代帝王敬天尊祖的文化惯习。

中国历代统治者，至少从夏商周时代开始，就自称"天子"，告诉老百姓这个皇帝是上天封的，是天注定的，而且皇帝每每"事天如事父"，亲自祭拜天地，利用百姓对天之敬重赢得其对皇权的服从。陈胜、吴广起义时，质疑"王侯将相，宁有种乎？"根本推翻了"天赋皇权"的政治逻辑，各地纷纷起义反对暴秦。

到了取代秦的汉朝，董仲舒利用政治神学的逻辑，为君主集权体制做神学辩护，同时也是为了对专制君主进行社会监督。

中古有纬书，主要指"七纬"（包括《易纬》、《诗纬》、《乐纬》、《尚书纬》、《春秋纬》、《礼纬》、《孝经纬》）及《论语谶》，其将经义的解释与阴阳五行、天人感应等结合，诡为隐语，预决吉凶。在王者仁政学说随宋明理学兴起之前，以天人感应和五德终始学说为基础的纬学思想，始终是中古政治理论的核心。与之相关的符瑞、灾异、德运、占候、天文、历法、音律、堪舆等内容，是古人知识体系的重要组成部分，有其严密的内在逻辑，并且在当时的政治社会生活中发挥着重要的作用。而"龙图"、"凤纪"、"景云"、"河清"等，是主要的政治符号。①

黑格尔认为："中国人有一个国家的宗教，这就是皇帝的宗教，士大夫的宗教。这个宗教尊敬天为最高的力量。"②"天"是适合作为皇权

---

① 孙英刚：《神文时代：谶纬、术数与中古政治研究》，上海古籍出版社，2015。
② 黑格尔：《哲学史讲演录》（一），贺麟、王太庆译，商务印书馆，1983，第125页。

象征进行祭拜的。中国是一个大一统的封建帝国，幅员辽阔，普天之下，率土之滨，都是皇帝的天下。各个地方神灵，只能属于地方所有，不能为所有臣民膜拜，只有"天"无边无际、神鬼莫测，天神作为百神之首，可以为所有臣民所膜拜。而皇上，作为天子，受命于天，正适合统治"天下"的臣民百姓。祭天仪式回答了难以回答的权力来源和合法性问题，让皇帝作为"天子"获得了天帝代理人的身份。"这种神义论，又往往给苦难本身安上了一种它本来全然不知的正面价值，这种情形并不罕见。"① 历代帝王都制定了严格而烦琐的祭天礼仪。

（4）天理何为

中国人常说：人在做，天在看；头顶三尺有神明。这里"天"、"神明"带有一定的人格化特征，但其实反映的是正义、良心等伦理要求。"天理难容"，但"天理"何在？"天理"更多的是指一种合理性秩序，有应当性的诉求。

孔子在创立儒学时，即淡化了传统宗教观念"天"的人格性质，将其抽象化为命运之天，有类似康德对道德律的义理之天的敬畏之情。汉代董仲舒通过其"天意"、"天志"概念重新恢复了天的人格神形象，推动了儒学的宗教化，但人类这时已经失去天真，不少人已经不信天神、天意之说。朱熹则以"天理说"取代了汉代的"天神说"，复兴了儒家的义理之天，并将简单粗糙的儒家天命观提升到本体论的理论高度。②

"天理"一词其实古已有之，宋代道学家首先将之作为理学的核心概念。从其学术意义上讲，这个范畴初创于二程。程颢在《二程集·外书》中有言："吾学虽有所受，天理二字却是自家体贴出来的。"而程颐认为"天"就是理，而天、理、上帝、鬼神、乾，都是实同名异的概念。他们二位当初何苦要将"天"与"理"结合，造出"天理"这么一个词？单从效果来说，这一方面重新构建了天人相关的关系，使基于"天人合一"的皇权政治文化得以续命；另一方面以"天"来说"理"，赋予"理"以类似于自然规律的"天"的地位，同时回避了汉代天谴论的迷信基因。后来，朱熹以"天理说"为基础，系统提出了新的"天人

---

① 马克斯·韦伯：《儒教与道教》，商务印书馆，1999，第13页。
② 张进：《朱熹的宗教思想初探》，《中共济南市委党校学报》2007年第3期。

合一"思想，从"性"找到了"人所受之天理"。他在《论语集注》中说："性者，人所受之天理。""本于天而备于我"，"天命者，天所赋之正理也"。朱熹注《孟子·万章章句上》曰："盖以理言之谓之天，自人言之谓之命，其实则一而已。"[1]如果加上"性自命出，命自天降"，这种逻辑就很顺畅了。

（三）"天"在心中：对君子修养和情怀的启示

受科技水平的局限，大部分中国古人未必说得清楚"天"究竟是什么。对他们而言，心中有"天"的位置和认真面对"天"，才是更重要的。中国古人有以德配天、以诚配天的传统思想，讲究慎独，追求内在超越，这对"修身"相当重要，至今犹然。

1. 以德配天

武王伐纣以来，历代统治者从"天"而得的警诫首先就是要"敬德保民"，否则会"变天"。春秋战国之后，尽管礼崩乐坏，但是"以德配天"的思想不断丰富发展，成为儒家学者的共识，也成为君子修身效仿的准则。

在整个封建社会，占据主流的宗教观念就是《国语·晋语六》所说的"天道无亲，唯德是授"。所以，后世帝王应该尽心尽责，才配接受天的赐福。《左传》中把"以礼治国"作为"以德配天"的一个重要方面，但认为重要的是德行，而不是礼节本身。《左传》开始排斥单纯依靠祭品的丰盛来取悦上天的做法，认为德行是顺从天意的最重要的方式，如果没有德行，再丰盛的祭品、再虔诚的祈祷都不可能得到天助。例如，据《左传·僖公五年》记载，晋国向虞国借路讨伐虢国，虢国大夫宫子奇劝国王虞公不要答应，虞公不听劝而亡国。在天和德的关系上，虞公错误地认为"吾享祀丰絜，神必据我"，把祭品的丰盛洁净作为获得上天保佑的充分必要条件。但是，宫子奇指出，事实并非如此。他引经据典地劝说道："臣闻之，鬼神非人实亲，惟德是依。故《周书》曰：'皇天无亲，惟德是辅。'曰：'黍稷非馨，明德惟馨'。又曰：'民不易物，惟德繄物'。如是，则非德民不和、神不享矣。神所凭依，将在德矣。若晋取虞，而明德以荐馨香，神其吐之乎。"这段话强调的中心观点就

---

[1] 朱熹：《四书章句集注》，中华书局，1983，第308页。

是"以德配天"。因为鬼神"非人实亲"，如果"德民不和、神不享矣"，甚至"吐之乎"。反过来说，"以德事天"，才是获取天助的必要条件。

孟子推荐帝王实施"导师制"，让"师"来帮助帝王，以让帝王有德。《孟子·梁惠王章句下》讲："《书》曰：天降下民，作之君，作之师，惟曰其助上帝，宠之四方。"孟子认为，天不但任命了君王，同时也任了孔子、孟子这类导师来协助上帝，把上帝的恩惠送达各地。

孟子是坚定的道德理想主义者，他对天是敬畏的，但是并不因此而盲从于所谓"天子"。周朝以来"以德配天"的思想，起初其基本内容是倡导君王勤勉政事，不要耽于酒色等。懒惰和好享乐，是遵循快乐主义的人会犯的低级错误，这个道德的标准还太低，但对于帝王而言，克服这些人性的缺点其实也非常不容易。到了孔子，他主张"为政以德"，大力倡导"仁"，并对"仁"的内容做了很多阐释，认为这样做不仅可以使群众顺从，而且是获得天恩的必要方式。他说的"德"就是向高标准看齐，但可行性下降了。孟子发挥了孔子的这个思想，提倡王道仁政，在谈论尧、舜为什么能做天子，而孔子为什么未能做天子的时候，把贤能与否，也就是把德行作为做天子的唯一内在条件。《孟子·万章章句上》曰："匹夫而有天下者，德必若舜禹，而又有天子荐之者，故仲尼不有天下。继世以有天下，天之所废，必若桀纣者也，故益、伊尹、周公不有天下。"他以尧舜禅让为例说，当年尧把舜推荐给天，"天受之"，天接受的标志就是"使之主祭而百神享之"。孟子崇德亦甚，"德必若舜禹"的高要求让历代帝王汗颜。孔子有德，但没有天子推荐，所以"不有天下"。现位天子"若桀纣者"，将为"天之所废"，为了保住位置就应该以舜禹为正方面榜样，认真做好政治学习。推而论之，失德的君主就没有政治合法性，"天"会取消他的王位，推翻无德的君主乃是合乎天意的。

孟子有一系列民本的言论，他将民心和天意挂钩。《孟子·万章章句上》引《尚书·泰誓》曰："天视自我民视，天听自我民听。"意思就是：只要得到民心，就是顺从了天的意志，或者说天意通过民意表现出来。当然，只有行仁德，才能得到民心、顺从民意，这是一以贯之的。他还有一系列被看作危险言论的"革命思想"，例如主张在君主无礼作践臣子时，臣子可以把君主当作仇敌。例如，他主张君主不走正道且不听劝时，可以把他撤换掉。《孟子·万章章句下》曰："君有大过则谏，反复之而不听，则易位。"这种言论符合民心，但对于君权来说属于"大逆不道"，因此孟子的思想很长一段时期不受统治者重视。

2. 以诚配天

（1）儒家的天德曰诚

真诚是道德的基础，假仁假义，其实就是不仁不义。老子推崇天道自然，批评儒家"伪君子"，《道德经》第十八章讲"大道废，有仁义；智慧出，有大伪"。其实，儒家本意并不教人虚伪，而是相当重视"诚"。儒家认为"诚"乃天之大德，"仁义"是建立在"天德"基础之上的，需要获得"天德"的支持。

孟子在《孟子·离娄章句上》中曰："诚者，天之道也；思诚者，人之道也。"《中庸》有言："诚者，天之道；诚之者，人之道。"王船山对此注释：诚者，达于天人之际。太虚，一实者也。故曰"诚者天之道也"。用者，皆其体也。故曰"诚之者人之道也"。王船山《思问录·内篇》再次解释："天曰无极，人曰至善，通天人曰诚，合体用曰中；皆赞辞也，知者喻之耳。喻之而后可与知道，可与见德。""通天人曰诚"，诚者"达于天人之际"。司马迁"究天人之际，通古今之变，成一家之言"的理想，在儒家诚明者的语言里算是实现了，只是他们没有告诉后来者具体路径。

（2）诚与敬：对现代人的启示

"以诚配天"的宗教力量极为震撼，诚、忠、敬的修养，对于以自我为中心的现代自恋主义文化是一剂良药。

现代学者乐黛云在一次阳明心学研讨会上发言时说："在中国'诚'是非常核心的价值，做人就是要'诚'，从一开始就讲'诚之者人之道'、'不诚无物'，而我们现在一直都还谈不上。现在我们最大的问题是没有一个'诚'，诚信是一个很重要的问题。说假话，不说真话，已经成为一个常态，大家可以回想一下，我们一天到晚说了多少真话，说了多少假话，这是非常大的问题。……如果没有'诚'，'良知'也好，'知行合一'也好，都没用。"[①]

---

① 乐黛云：《王阳明知行合一的核心就是"诚"》，凤凰国学，2016 年 10 月 16 日。

国人伪善之弊久矣，这与汉唐以来的不当"敬天"行为带来的"玩天之心"有关系。董仲舒研究了一套解释天命的办法，通过阴阳五行学说解释灾异（体现天意），向皇上觐见，通过非天意的解读对皇上的行为进行引导或精神威胁。[①]这种做法，会有不良影响。宋人区分敬天、玩天，认为汉唐有"玩天之心"。[②]

3. 慎独：面对上天不自欺

"慎"就是小心谨慎、随时戒备；"独"就是独处、独自行事。意思是说，单独的时候不靠别人监督，也要慎重，自尊自觉。这一点其实很难做到，但真君子是可以做到的，因为他的心里有"天"，所谓"举头三尺有神明"。当消除外界监督，各种行为不是做给别人看的。当你面向自己的良知，面向天地良心，有"天知、神知、你知、我知"。要想人不知，除非己莫为。

（1）慎独的修身价值

独是"反身而诚"的机会，自然应该谨慎。《诗经》之《燕燕》曰："燕燕于飞，差池其羽。之子于归，远送于野。瞻望弗及，泣涕如雨。"能差池其羽，然后能至哀，君子慎其独也。慎独的"独"并非空间上的独居、独处，而是心理上的"未发"或未与外物接触，指遵从内心的意志、意念。"独"的这种含义也见于先秦典籍之中。世间的事情往往是这样，当人们过分关注外在的形式，内心的真情反而无法自然表达，所以真正懂得丧礼的人能够超越丧服（衰绖）的外在形式，而关注内心的真情，"言至内者之不在外也"。在这即是"独"："独也者，舍体也。"所谓"舍体"，即舍弃身体感官对外物的知觉、感受，而返回内在的心理状态。

古人讲，慎独是对君子行为的要求。"慎独"是我国古代儒家创造出来的具有我国民族特色的自我修身方法，而墨家曾经身体力行做得最好。文字上最先见于《礼记·大学》和《礼记·中庸》。《大学》第一次出现慎独一词："所谓诚其意者，毋自欺也。如恶恶臭，如好好色，此之谓自谦。故君子必慎其独也。""诚于中，形于外，故君子必慎其独

---

① 周桂钿：《中国古人论天》，中央编译出版社，2008，第5~6页。
② 孙英刚：《神文时代：谶纬、术数与中古政治研究》，上海古籍出版社，2014，第296页。

也。"《中庸》的慎独也是如此。《中庸》首章云："故君子戒慎乎其所不睹，恐惧乎其所不闻。莫见乎隐，莫显乎微。故君子慎其独也。"第二十章引时谚曰："诚无垢，思无辱。"又说："夫不诚不思而以存身全国者亦难矣。"这说明《中庸》的慎独主要是对"诚"而言。还说："是故君子戒慎乎其所不睹，恐惧乎其所不闻，莫见乎隐，莫显乎微，故君子慎其独也。"君子戒慎恐惧自己有什么状况没有看见与听见，内在的盲点常会在阴暗处更鲜活、在细微处更显著，因此君子更要慎重承担自己具有独立性的生命，不要怀着攀附心态而自毁自弃。后来清人主张释"慎独"的"慎"为"诚"，相应地有人就把"独"解释为"身"。慎独是儒家修行的最高境界，举一例而言其深。曾国藩总结自己一生的处世经验，写了著名的"日课四条"，即慎独、主敬、求仁、习劳。《刘子全书》卷八说，这四"独之外别无本体，慎独之外别无功夫"。

（2）慎独是道德的根本

《周书》曰："慎，德之守也。守终纯固。"《成之闻之》篇曰："敬慎以守之，其所在者入矣。""言慎求之于己，而可以至顺天常矣。……故君子慎六位，以祀天常。"《荀子·不苟》篇有言："君子养心莫善于诚，致诚则无它事矣。惟仁之为守，惟义之为变化代兴，谓之天德。天不言而人推其高焉，地不言而人推其厚焉，四时不言而百姓期焉。……夫此顺命，以慎其独者也。善之为道者，不诚则不独，不独则不形……夫诚者，君子之所守也，而政事之本也，唯所居以其类至。"[①]

（3）慎独之难

《后汉书·杨震传》记载："当之郡，道经昌邑，故所举荆州茂才王密为昌邑令，谒见，至夜怀金十斤以遗震。震曰：'故人知君，君不知故人，何也？'密曰：'暮夜无知者。'震曰：'天知，神知，我知，子知。何谓无知！'密愧而出。"《传赞》又曰："震畏四知。"王密遗金或有感于举荐之恩，但实为行贿，而杨振以"天知，神知"警诫王密，让其"愧而出"，确实是君子之德。此事是教人"慎独"之德，之所以为人称颂，也因为这样的君子太少，而贪官太多。

要慎独首先要顶住诱惑，慎独有时候是很难的。明朝焦竑《玉堂丛

---

① 王先谦：《荀子集解》，中华书局，1997。

语》卷一中记载了一则"曹鼎不可"的故事："曹鼎为泰和典史，因捕盗，获一女子，甚美，目之心动。辄以片纸书'曹鼎不可'四字火之，已复书，火之。如是者数十次，终夕竟不及乱。"曹鼎是明朝的一名警察官，抓了一名绝色女盗，颇为心动，为提醒自己抵住诱惑，不能公务犯罪，于是在纸片上写下"曹鼎不可"提醒自己不要失控。他歧念又生，烧掉纸片，然后又写，终于没有乘人之危，保住了自身清白。"数十次"写"曹鼎不可"，正说明"天人交战"之激烈。

慎独并非要把自己修持成神仙，慎独的成果不是打造"公众的形象"，而是为了沐浴灵魂，保持心意上的诚然愉快状态。慎独的过程也许痛苦，但自觉地进入慎独的境界一定很美。正如毕达哥拉斯所说："无论是别人在跟前或者自己单独的时候，都不要做一点卑劣的事情——最要紧的是自尊。"

现代社会中个人心中无法无天，没有虔诚，不懂自尊，宅男宅女独处久了，邪念熏染，对邪淫妄语的警惕性和敏感度便开始降低，鉴别力和自控力开始弱化，作奸犯科者也有之。

4. 追求内在超越的世界

钱穆晚年将这些观点缩小到一点，专讲"天人合一"。天人合一到底是什么意思？在大陆引起了很多讨论，包括季羡林这些学者也参与其中。但是他们把天人合一变成了自然和人的"合一"，这是现代的观念，从根本上就不对。古代的天人合一讲的绝不是这个，而是一种超越的世界，不是自然的世界，不是自然万物跟人的关系问题。这里产生了误解，思考人怎么与自然合二为一。人本来就是自然的一部分，用不着合一。

余英时认为人类社会需要"超越的世界"，类似于柏拉图的观点。他认为在现实世界之上还有一个世界，这个世界说它是人造的也可以，说它是宇宙间某一种力量使人有这种感受也可以，这个宗教思想中的超越世界不是我们眼睛能看见的、感官能感受到的世界，而是人类社会需要的超越的世界，否则"现实世界的一切都是肯定的，就不能批评任何东西"。[①] 超越的世界在精神上有超脱的地方，是在理性之外的信仰世

---

① 李怀宇：《余英时谈新著〈论天人之际〉：中国精神归宿于"内向超越"》，《时代周刊》2014年3月27日，http://www.time-weekly.com/index.php? a = show&c = index&catid = 13&id = 24343&m = content。

界，如果理解成为"理想"，好像"有点太现代化、太理性了"。按照这一说法，现代中国人普遍缺乏宗教信仰，容易拘泥于有限的日常生活，这本身是不幸的；但作为一个国家，中国有共产主义、"中国梦"，也许比其他国家更为幸运。

在远古，天人沟通曾经是"巫"的职业技能。不少先秦学者探究天人之际的奥秘，希望能找到一条通天的沟通渠道，让灵魂通及天上，把"天"神秘的力量引向自身。后来儒道释都讲究"内向超越"，事关天人之际的沟通，希望把"天"重新引向自我，至少回到人心里去。宋儒程朱称"天理"，把理与天当作一回事。陆王心学谈良知的来源时，依然脱离不了天，称天理即良知，万物皆备于我，吾心即宇宙。心学追溯到孔子、孟子，再往前就是巫的来源了。心学批评巫却又取代了巫，利用了巫有吸引力、有号召力的地方。追求内在超越而达到"天人合一"境界，这确实是中国思想的一个特色。

（邹珺）

八 自然：修身的最高境界

自然是历代国人修身的最高目标。"自然"这一境界上可回溯到诸子百家，下可探寻于当代社会。其中有很多经典论述广为流传，成为中国人修身的逻辑准则。本部分主要从修身的角度阐释"自然"的内涵及发展渊源，挖掘人与自然关系和人与社会关系中的"自然"体现，并进一步阐释"自然"在促进个人道德修养和社会文明进步过程中的当代价值。

（一）概念阐释

"自然"一词最早出自老子《道德经》第二十五章："人法地，地法天，天法道，道法自然。"这里的"自然"即为道，所谓"自然"不过是"道"的另一种说法，[①] 故"自然"和"道"是同样一种难以捉摸的

① 鲁枢元：《生态批评视域中"自然"的涵义》，《广西民族大学学报》（哲学社会科学版）2009 年第 3 期。

状态。"自然者，无称之言，穷极之辞也。"① 在王弼看来，"自然"穷尽了人的辞藻，没有什么语言可以描述它，无法言传，只可意会。方克立等编纂的《中国哲学大辞典》对"自然"解释为：自己如此，自然而然。② 另有学者认为：宇宙间最根本的原则是自然，听任世界上所有事物的自生自灭而不加以干预最为高明。③ 这里的论述和无为而治的思想相结合，将"自然"看作"自然无为"，即不妄为、不乱为，要顺应客观态势、尊重自然规律。而庄子的自然观更倾向于人与大自然的和谐统一，"天地与我并生，而万物与我为一"，将天地万物与自身融为一体。④ 更说道："山林与！皋壤与！使我欣欣然而乐与！"表达了自己对自然的热爱与身处自然之中的享受。⑤ 王夫之对老庄自然之本意的概括可谓深得其精义："自然者，本无故而然"，"自然者，无必然也，以其必然，强其不然，则违其自然者多矣"。⑥ 因此，道家的"自然"体现了人生的一种理想境界。

儒家注重自我修身。在早期儒家思想和行为中，中庸是最高的德行准则，也是一种"自然"标准。《中庸》中，孔子曰："中庸其至矣乎！民鲜能久矣。"⑦ 其中最具代表性的是孔子在《论语·为政》中所说的"七十而从心所欲，不逾矩"，孔子作为大思想家直到七十岁才能做到从心而不逾矩的自由状态，达到为人处事的至高境界，这体现了孔子的"人的自然化"倾向。⑧ 孟子认为，自然界和人的发展是统一的，人应该和自然界和谐相处，才能实现人本身的发展。所以，孟子更加重视人和自然界之间关系的改善。他认为，人在和自然界相处时，如果因"时"而动，就会如他在《孟子·梁惠王章句上》所说的："谷与鱼鳖不可胜食，材木不可胜用，是使民养生丧死无憾也。"荀子

---

① 河上公注，王弼注、刘思禾校点《老子》，上海古籍出版社，2013，第 77 页。
② 方克立、卢育三等主编《中国哲学大辞典》，中国社会科学出版社，1994，第 282 页。
③ 张岱年主编《中国哲学大辞典》，上海辞书出版社，2014，第 109 页。
④ 方勇译注《庄子》，中华书局，2010，第 31 页。
⑤ 方勇译注《庄子》，中华书局，2010，第 378 页。
⑥ 王夫之撰《庄子解》，转引自王国良、王泱《老庄道家自然主义思想及其价值》，《理论建设》2012 年第 5 期。
⑦ 陈戍国点校《四书五经·中庸》，岳麓书社，1991，第 7 页。
⑧ 陆庆祥：《人的自然化：孔子休闲哲学考》，《兰州学刊》2011 年第 2 期。

与孟子观点相反，认为自然界有自己的运行规律，和人无关。荀子更多地表达了人类与自然界相互独立，人类可以认识自然，并"制天命而用之"。① 汉代董仲舒认为，"天人合一"是人的最高境界，这里的"天"应作自然解。② 到了宋代，朱熹强调人与自然的共在性，具有很强的实践性，即通过德性修养从而实现人的内在德性的实践，也就是实现自然界"内在价值"的实践。③ 总体来看，儒家思想欣赏自然山水，重视赞美人与自然山水特点相似的精神。④

法家的自然观包含朴素的唯物主义论，认为物质世界是第一性，精神是第二性，⑤ 将天看作物质性的自然界，与人的思想和行为无关，强调"人定胜天"，人要利用客观规律来为自己服务。墨家同样具有朴素的唯物主义观点，墨子已经认识到物质的客观实在性与可认识性的联系，⑥ 认为物质自然是可知的，并可以利用这种可知来说明世界的变化。法家和墨家给现代人在合理处理与自然界的矛盾上带来启迪，让人类认识自然、尊重自然和改造自然。

（二）人与自然的相处之道

如何与自然和谐相处是人类面临的一个重大问题。老子在《道德经》第四十四章有言："道生之，德蓄之，物形之，势成之，是以万物莫不尊道而贵德。道之尊，德之贵，夫莫之命而常自然。"这里揭示了万事万物自然成长的三个关键要素，即道、德和势。道生成万事万物，指向的是整个宇宙自然界的运行规律，具有客观外在特性，人类无法改变，而应该去认识和顺应。德养育万事万物，指向宇宙自然界的生命意志。从生命伦理角度来看，人类应该尊重和珍惜其他生命，节制自己的物质欲望。势提供给万事万物以合适的环境。对处于食物链顶端的人类

① 曾振宇：《荀子自然观再认识》，《东岳论丛》1990 年第 3 期。
② 费孝通：《文化论中人与自然关系的再认识》，《群言》2002 年第 9 期。
③ 李涛：《朱熹的理学自然观研究》，《陕西师范大学学报》（哲学社会科学版）2013 年第 5 期。
④ 张文彦：《论先秦儒家与道家的自然观及历史观》，《史学理论研究》2003 年第 3 期。
⑤ 黄见德、葛德海、杨长桂：《评法家的唯物主义自然观》，《华中工学院学报》（自然科学版）1975 年第 1 期。
⑥ 欧阳茂森、李传忠：《试论后期墨家的自然观——先秦自然观研究之一》，《齐鲁学刊》1985 年第 3 期。

来说，应该通过适应自然节奏来营造适合万事万物生长的环境。从整体系统来说，人类与自然生命相互交融、密不可分，共同构成理想的"天人合一"境界。① 因此，下面从顺应自然规律、尊重自然生命、适应自然节律和践行天人合一四个方面论述中国人与自然的相处之道。

1. 顺应自然规律

在中国社会思想中，自然规律、天道或者上天与人是一种相互合作、共同促成的关系，而不是天人二分、主客体之间相互对立、控制和被控制的关系。人类应尽量地体察"天道"，使自己的行为顺应自然规律。中国人做事强调不逆天地之道而动，认为遵循天地之道，顺天应时，才能事半功倍。②

中华文明以农耕为本，非常重视农业耕作技术和生产规律。美国农学家富兰克林·H. 金将中国延续 4000 余年的农耕方式命名为"永续农业"，③ 即能够延续 4000 余年并保持有效状态的耕作方式。中华农业往往建立的是一个资源循环的小生态系统。农民根据大自然提供的环境条件来选择耕作方式和作物品种，逐步摸索出犁耕、播种、浇水、施肥、收割、贮藏等各个环节的自然规律。人们一边种植谷物和蚕桑，一边养殖牲畜和家禽，以耕牛为生产工具，以作物秸秆作为家畜的饲料来源，以家畜的粪便为土壤施肥，④ 有的地方还添加一个鱼塘构成小生态系统，实施轮作复种、间作套种，均衡地利用土壤养分，调节土壤肥力。在充分发挥种植业和养殖业的生态效益基础上，中华农业在实现土地产出最大化的同时，保持了人与自然的和谐关系，实现了"万物并育而不相害，道并行而不相悖"⑤ 的理想境界。正如《淮南子·主术训》所言："上因天时，下尽地财，中用人力，是以群生遂长，五谷繁殖。"古代中国在水利工程、建筑、交通、冶金、造纸、纺织、印染等方面的成就，更呈现了他们对科学技术的探索、开发和创新精神。

同时，在自然规律基础之上，先民还建立了一系列的制度。以"里

---

① 胡火金：《中国传统农业生态思想与农业持续发展》，《中国农史》2002 年第 4 期。
② 贺少华：《传统生态思想的现代价值》，《前沿》2010 年第 10 期。
③ 富兰克林·H. 金：《四千年农夫：中国朝鲜和日本的永续农业》，程存旺、石嫣译，东方出版社，2011，第 1 页。
④ 严火其：《中国传统农业的特点及其现代价值》，《中国农史》2015 年第 4 期。
⑤ 子思撰，丹明子编撰《中庸的谋略》，华中师范大学出版社，2011，第 207 页。

革断罟"典故为例,有一年夏天,鲁宣公到泗水撒网捕鱼,大夫里革出来割破了他的网,把它丢弃一旁,因为"夏,鸟产卵、兽怀胎、鱼类长成时,掌管山林禽兽的官便禁止使用网捕捉鸟兽鱼类",[1] 这是古训。这说明,顺应自然规律、尊重先人智慧,可以让一个普通官员敢于藐视权力,制止上司的不当行为。

2. 尊重自然生命

为了生存,人不得不向自然索取资源。中国主流社会思想强调尊重自然生命,合理开发,强本节用,留有持续利用的空间和余地。孔子在《论语·述而》中主张,"钓而不纲,弋不射宿"。老子在《道德经》第四十四章中倡导"知足不辱,知止不殆,可以长久",主张一种节俭且可持续的生活方式。《吕氏春秋·义尝》中说:"竭泽而渔,岂不获得,而明年无渔;焚薮而田,岂不获得,而明年无兽。"这些都反映一个道理:为了满足人类的长期需要,向大自然的索取一定要有节制。

为了保护渔业资源、合理捕捞,在上古时代舜在位时,就依据部落实际生产生活的需要,设立了"虞"这一职位,负责管理部落里打鱼和捕猎的一系列活动。《史记》中有"益主虞,山泽辟"[2] 的记载。大禹还创制了我国乃至世界史上第一个保护渔业资源的法令,被后世尊为"禹之禁"。[3] 而春秋战国时期,人们已经有了要保护渔业资源以促进渔业可持续性的正确认识,产生了阻止无节制捕捞鱼类的法律,如禁止使用"数罟"(捕捉小鱼小虾的密网)捕鱼,[4] 目的是保证鱼类的繁衍生息。古代还设有专职官员水虞,他的职责就是负责渔业生产和水产资源的繁殖保护,监督和执行禁渔期和捕鱼期,不到捕鱼期,严格禁止捕捞。[5]人们约束自己的行为是因为认识到人类与其他生物之间是一种共生的关系,如果采取耗竭式的开发和利用,虽然可以获得短期的收益,但牺牲的是长远利益。

---

[1] 胡文波校点《国语·鲁语》,上海古籍出版社,2015,第 171 页。

[2] 司马迁撰《史记·五帝本纪》,线装书局,2006,第 3 页。

[3] 李茂林、金显仕、唐启升:《试论中国古代渔业的可持续管理和可持续生产》,《农业考古》2012 年第 1 期。

[4] 万丽华、蓝旭译注《孟子》,中华书局,2006,第 5 页。

[5] 周才武:《古代山东地区渔业发展和资源保护》,《中国农史》1985 年第 1 期。

3. 适应自然节律

人类与其他生物是一种共生关系，而生物的成长需要适宜的环境。自然界因为气候的周而复始变化而存在一定的节律，社会也会因为周而复始的休养生息而存在一定的节奏。相对而言，社会节奏受到人类自身的意志更大的影响，因此，让社会节奏适应于自然节奏是人类顺应自然规律、尊重自然生命之后的又一个内在要求。中国古代特别重视农业生产，因此，人们强调农业生产要顺应自然的节律，不能人为地破坏和中断自然事物的生长发育周期和自然特性。[1] 比如《管子·禁藏》中说："故春仁，夏忠，秋急，冬闭，顺天之时，约地之宜，忠人之和。故风雨时，五谷实，草木美多，六畜蕃息，国富兵强。"其主要意思是"不夺农时"，要对自然履行修复、保养、维护的义务和责任。[2]《荀子·天论》提出"顺其天政，养其天情，以全其天功"，《荀子·王制》提出"春耕、夏耘、秋收、冬藏，四者不失时"，《吕氏春秋·审时》提出"凡农之道，原（候）之为宝"。其主要意思就是告诫人们把握农业生产的季节性特点，顺天应时，才能获得丰厚的生产、生活资料。为了更加具体地指导农业生产，我国古代劳动人民根据自然规律和长期的生产生活经验总结出了"二十四节气"。它是用来辅助农业生产的社会时间概念，具有一定的科学性和实际应用价值，对人们了解、掌握和普及农业耕作节奏有极大的帮助。各地在运用节气概念的时候，还可以结合当地的实际环境特点而规定具体农作活动的时间。个体在生活层面上的修养作息也追求与自然节律相适应。无论是为了身体健康还是成就大事，人们均应该"顺其情而使之，因其势而导之，乘其机而动之"（《知行录·绥柔流贼》），[3] 将自己的行动节奏与自然、社会的情势节律相吻合。

4. 践行天人合一

"天人合一"是我们用来指称人与环境之间的和谐关系最熟悉的词语。"天人合一"的理念，是指人与自然相依相存，有机统一，不可分割。[4]

---

① 张磊：《中国传统农业文化的生态意蕴及其当代价值》，《西北农林科技大学学报》（社会科学版）2016 年第 5 期。

② 贺少华：《传统生态思想的现代价值》，《前沿》2010 年第 10 期。

③ 转引自胡为红《王阳明箴言录》，中国言实出版社，2013，第 237 页。

④ 张磊：《中国传统农业文化的生态意蕴及其当代价值》，《西北农林科技大学学报》（社会科学版）2016 年第 5 期。

它主张以天、地、人、物相合相融的整体思维方式构建自然社会系统。① 其思想来源《周易·序卦》说："有天地然后有万物，有万物然后有男女，有男女然后有夫妇，有夫妇然后有父子，有父子然后有君臣，有君臣然后有上下。"这是对天地衍生万物及人类社会的最早阐述。②

人的行动如何体现这样的关系呢？《周易·乾》有言："夫大人者，与天地合其德，与日月合其明，与四时合其序。"其意为一个优秀杰出的人，应该是品德如天地般宽广，智慧如日月般明亮，行动与四季顺序相适宜。明代思想家王阳明对"大人"有一番更为具体的阐述："大人者，以天地万物为一体者也。"他对孺子、鸟兽、草木、瓦石的损害或破坏有恻隐、不忍、悯恤、顾惜之心。③ 这种对环境中事物的护惜之心是出于一体之仁、发自内心的自然情感，而不是理智的、功利主义或者价值论的推论，建立在体验之上，无关善恶。④ 而在经验层面，万物在取用上是有价值差等的，也就是事物存在"厚薄"。所谓厚薄，是良知上自然的条理，不可逾越，如"把草木去养禽兽"，"宰禽兽以养亲，与供祭祀、宴宾客"，"不能两全，宁救至亲，不救路人"。⑤ 他认为，人在自然身上发现了自己的本质，而且在先验的条理上人人皆同，但在后得的条理中价值次序的安排是人人殊异的。⑥ 因此，在王阳明看来，天人合一是爱万物和合理取用万物的统一，是共性和个性的统一，也符合知行合一的状态。

"天人合一"可以解决人类中心主义和非人类中心主义的二元对立，给世界万物存在合理性并使人类的行为张弛有度，但尚不能直接用于解决现代生态危机。因为它适用于农耕生产技术方式和自然经济条件，而不适用于现代商品经济，也难以解决以工业污染为主导的生态环境问

① 胡火金：《天地人整体思维与传统农业》，《自然辩证法通讯》1999 年第 4 期。
② 孙涛：《中国古代生态自然观阐析》，《山西师大学报》（社会科学版）2013 年第 2 期。
③ 王守仁撰《王阳明全集》，上海古籍出版社，1992，第 968 页。
④ 张学智：《从人生境界到生态意识——王阳明"良知上自然的条理"论析》，《天津社会科学》2004 年第 6 期。
⑤ 王守仁撰《王阳明全集》，上海古籍出版社，1992，第 108 页。
⑥ 张学智：《从人生境界到生态意识——王阳明"良知上自然的条理"论析》，《天津社会科学》2004 年第 6 期。

题。① 这从我国现代的生态环境破坏状况可以证明。因此，这里蕴含一条中西会通之路，即把"天人合一"思想与"主－客"思维方式结合起来，让中国传统的"天人合一"思想具有较多区分主客体的内涵，而不至于流于玄远，也可以让"主－客"思维方式包摄在"天人合一"思想指导下而不至于听任其走向而片面和极端。②

（三）人与社会的相处之道

每一个人都需要在社会中立足，寻找到自己的位置，方能在社会中生存。可是，人的社会行为无时无刻不受到社会规则的约束。人需要在与社会的关系中找到平衡，就要逐渐学习、适应和遵守这些规则。古代思想家对人与社会关系有诸多表达，如孔子的"从心所欲，不逾矩"、子思的"中庸"、庄子的"逍遥"、朱熹的"格物致知"、王阳明的"知行合一"和"致良知"、郑板桥的"难得糊涂"等。这些思想描述了中国人在个人与社会相处过程中所呈现的行为准则。下面从五个层面梳理中国传统思想对个人与社会关系的处理之道的修身境界。

1. 常怀初心

"初心"二字来源于《华严经》卷第十七："三世一切诸如来，靡不护念初发心。"③ 所谓"初发心"或"初心"，指的是人生来具有的那颗质朴、纯洁、真诚的本性之心。在人的成长过程中，保持这颗初心，是极其重要的。《中庸》提出："天命之谓性，率性之谓道，修道之谓教。"④ 我们可以把它理解为：人性本于天命，顺从和发扬人的本性就合乎道，这一论述为道德修养确立了人性论的基础。⑤ "道"是古人追求的至高境界，而达到这一境界的关键在于发扬本性，即初心。以初心贯穿始终，才能最终实现"道"，可见初心对个人修养的重要性。

在古代先贤的思想里，初心占据重要位置，有很多相关的表述。孔

---

① 钟远平、黎英、陈靖怡：《中外三大生态思想的现实困境解析》，《学校党建与思想教育》2010 年第 1 期。
② 张世英：《中国古代的"天人合一"思想》，《求是》2007 年第 7 期。
③ 实叉难陀撰《华严经》，宗教文化出版社，2001，第 329 页。
④ 陈戌国点校《四书五经·中庸》，岳麓书社，1991，第 7 页。
⑤ 景天魁主编《中国社会发展观》，云南人民出版社，1997，第 82 页。

子弟子曾参主张每日"三省吾身"，孔子自己也提倡"内省"，内省是对内心的省察，^①就是衡量自己的内心或行为是否符合社会的道德标准，是否符合自己的初心。《孟子·尽心章句上》认为："存其心，养其性，所以事天也。"所谓存心，就是保持人生来就有的良心、仁义之心而不丧失，^②即常怀初心。这就是孟子提倡的对待天命、对待人生的态度。唐代李翱认为，人生来心中就有善的本性，凭借着内心的善，每个人都有成为圣人的可能，善的本性是人们成为圣人的关键所在，"天命之性"生而圆满自足，是绝对的善，无一丝一毫不善之杂，是人成为圣人的内在根据。^③在《复性书·中》里，李翱把道说成是"循其源而反其性者"，也就是对人性的回归。回归人性就是回归善，回归道。^④明代王夫之以孟子"性善论"为基础，认为"心之实"是仁义，即心的本体是仁义，肯定了"仁"为心之体的根本特性。^⑤这是王夫之仁学思想的重要组成部分。总体来看，在古代先贤思想中，"性善论"始终居于主流地位，人生的"初心为善"是多数儒家思想家的共识。

然而，如《诗经·大雅·荡》所言，"靡不有初，鲜克有终"，对于社会中大多数人的初心发展来说，亦是如此。几乎每个人在幼年时都怀有一颗纯洁无瑕、天真善良的初心，但是人们进入社会之后，不断受到个人利益、社会关系、社会环境的影响，出现利益诉求多元化、社会关系网络化和社会环境复杂化的情况，"初心"再难保持。个人的利益诉求成为人们生活的全部，完全没有了"笑问客从哪里来"的纯真与质朴。在现代复杂的社会环境下，我们固然可以采取"害人之心不可有，防人之心不可无"的做法，维护个人的正当权益，但是不应该以个人主义为中心而隔离社会，否则只能回念初心而不可得，与初心渐行渐远，最后在追求自身利益的过程中迷失自我。所以，初心是要常常追寻的，把初心作为自己生活的向导，才能在享受生活和追求利益之间找到平衡点。

---

① 景天魁主编《中国社会发展观》，云南人民出版社，1997，第81页。
② 景天魁主编《中国社会发展观》，云南人民出版社，1997，第83页。
③ 林耘：《李翱复性学说及其思想来源》，《船山学刊》2002年第1期。
④ 黄开国：《李翱的复性说》，《甘肃社会科学》1990年第2期。
⑤ 王博：《王夫之仁学思想探析》，《船山学刊》2014年第3期。

2. 君子欲而不贪

我们每个人都需要在现实社会中求生存，几乎每天都处于复杂的利益网络中，环境和社会中的每一项事物都与我们息息相关。这些利益关联着我们和他人。而利益总是有限的，如何平衡自身与他人的利益关系是我们需要认真思考的问题。人作为一种社会性生物，是有欲望的，孔子也说："富与贵，是人之所欲也"，[①] 即人人都有追求富贵的权利，人人都可追求富与贵。但是，对欲望的追求要有度，要把欲望控制在合理的范围之内，不能贪婪。老子曰："祸莫大于不知足，咎莫大于欲得。故知足之足，常足矣。"[②] 老子告诫我们要克制自己的欲望，才能躲避祸患，做人要学会知足，才能感受到幸福的存在。

"贪"在佛家看来也是不被允许的，被列为佛家"三毒"之一。佛经认为，"贪嗔痴"是造成众生种种痛苦，导致众生不能摆脱生死轮回的根本原因，称之为"三毒"。[③] "贪"就是贪恋、贪婪之心，妄图获得自己不应该得到的钱物、名利等，这是佛家之忌。贪欲会让个人永不满足于自己的所有，试图不断扩大自己的占有范围，若不能通过合法方式得到就会采取极端的方式来满足自己的欲望。欲望的膨胀会让人失去自己的本来面目，不顾法律和社会规范的约束，走上违法犯罪的道路，所以"戒贪"即是远离罪恶。贪欲是难以通过满足来解决的，佛教有"灭谛"之说，只有戒除贪，才能断绝苦恼，摆脱痛苦，享受快乐。[④]

对于普通人来说，很难彻底戒除贪念，面对利益，产生欲望是不可避免的。那么，怎样才能处理好个人和欲望之间的关系呢？孔子肯定"子路拯溺受牛"，而批评"子贡自费赎人"。[⑤] 透过这两件事，我们可以一窥孔子的利益观。孔子在《论语·尧曰》中称："君子惠而不费……欲而不贪。"面对利益，我们可以在不损害自己正当利益的情况下，让惠于他人，孔子不鼓励为了满足他人的利益而使自己的正当利益蒙受损失，更不赞同为了自己的欲望而伤害他人的正当利益。我们要平等尊重

---

① 杨伯峻、杨逢彬译注《论语·里仁》，岳麓书社，2000，第28页。
② 崔钟雷主编《老子 庄子》，哈尔滨出版社，2011，第52页。
③ 杨曾文：《佛教和谐思想诠释及其当代意义》，《佛学研究》2008年年刊。
④ 陈兵：《佛教苦乐观》，《法音》2007年第2期。
⑤ 刘增光：《从"子贡赎人让金"看儒家的道德、伦理、法律关系》，《江汉论坛》2014年第4期。

所有人的正当利益，做好个人欲望和他人利益之间的平衡。在利益追求中要"欲而不贪"，更要"惠而不费"，这才是正确的做法。这对现实社会中人们处理利益关系具有实际意义。

3. 风物长宜放眼量

"风物长宜放眼量"是毛泽东古诗作品《七律·和柳亚子先生》中的第六句。人生很长，在这个过程中会有顺境，也会有逆境。有的人在顺境中得意忘形，有的人在逆境中一蹶不振，这都是过于注重短期境况的结果。俗语说"不以成败论英雄"，这里所说的"成"和"败"指的就是一时的成败，一个人是不是英雄取决于他对历史和社会的功绩，而不取决于这个人一时的成败。人生短期的结果只能影响一时，决定不了一世，能够在其中起到决定作用的是人自身对待成败的态度。"风物长宜放眼量"，如果我们把自身处境放在整个人生中来考量的话，成败荣辱需要一生的漫长积累，一时、偶尔的成败、荣辱只占到很小的一部分。过度看重一时的得失，无异于一叶障目，让人难以分辨主次和正确把握自己，只有放眼未来、整体，才能不被羁绊，才能走得更远，人生的风景也会更加精彩。

从历史的角度来看，我们现在的境遇终将成为我们的个人历史，而且每个人都在建构属于自己的历史。怎样建构个人历史，建构一部怎样的个人历史，决定权在我们自己手中。我们应把自己的处境当作即将过去的历史来对待，要用长远的眼光来看这个历史过程，平静地对待逆境和顺境。逆境是对能力的锤炼，顺境是对心态的考验，不能因为遇到艰难险阻而畏缩不前，也不能因为遇到一帆风顺而放弃努力。在逆境中怨天尤人、在顺境中自我陶醉都是不可取的做法，无论顺境还是逆境都是对个人心智的一种磨炼，我们应该坦然接受并努力坚持。

《中庸》说道："上不怨天，下不尤人，故君子居易以俟命，小人行险以徼幸。"[①] 这句话指明了我们应该怎样对待自己目前的境遇。当身处逆境时，有些人总是会自暴自弃，抱怨上天不公或世态炎凉，自己每天无所事事，不思进取。这样的人是不能从逆境中走出来的。走出逆境，我们必须要做的是"上不怨天，下不尤人"，要从自己身上寻求突破，

---

① 陈成国点校《四书五经·中庸》，岳麓书社，1991，第9页。

提升能力，为走出逆境创造条件。当自己身处没有危险的处境时，不能碌碌无为，享受太平，应该"居易以俟命"，而不是"行险以徼幸"，其中"俟"是关键，即要我们居安思危，做好分内工作，在平凡的境遇中求进步，在太平的环境中待时机，以求有所作为。

"天命难知，人道易守"，[①] 虽然我们不能提早预知自己未来的命运，但为人处世的态度是可以自己掌握并践行的。无论身处顺境还是逆境，都不能放纵自身，应该坚持做好自己，"尽人事，听天命"。[②] 逆境也好，顺境也罢，都只是一时而已，要达观处之。逆境不强求，顺境不妄为，顺其自然，顺势而为，逆境也会变为顺境，否则顺境也可能变为逆境。

4. 穷则独善其身，达则兼济天下

个体存在于社会之中，无时无刻不与社会外界发生联系。人的成长过程，也是个体和社会逐渐融入的过程。人是社会共同体的一分子，不可能脱离社会而独立存在。个人之中有社会的气质，社会之中有个人的性情。社会不能离开个人而单独存在，社会中一定是要有人的，社会需要全体成员的共同支持，才能成为一个完整的共同体。社会的发展进步和每个人的积极参与是分不开的，每个个体都应为推动社会进步贡献力量，这就需要人们承担自己能力范围之内的社会责任。社会责任并不是英雄人物的专属，每一个普通人都可以承担。

尽管人的能力和处境不同，但应做到"穷则独善其身，达则兼济天下"。这句话也是中国知识分子立身处世的信条。其中"独善其身"并不是要人在自己穷困不得志时，不问世事，冷眼旁观，这与讲求出世和治世的儒家思想不符。儒家提倡"修身、齐家、治国、平天下"，认为一个人应以提高自己的修养为先，然后经营好自己的家庭，再进一步提升来治理国家，一个能把自己国家治理好的人，也能促进天下的和谐。这可以说是中国数千年来知识分子循序渐进的追求路线。这一追求与"穷则独善其身，达则兼济天下"是一致的，"独善其身"的表现结果就是"修身齐家"，就是当一个人能力弱小时，要保持自己的善性，洁身自好，不沉沦，做好自己的本职工作，同时管控好自己的家庭，实现个

---

① 范晔、司马彪：《后汉书·桓谭冯衍列传》，岳麓书社，1994，第423页。

② 李细成：《〈尚书〉的"卜不习吉"观及其与〈易传〉的关系》，《中州学刊》2012年第3期。

人和家庭关系的和谐。当一个人能力强大时，就不能只"修身齐家"，还要"治国平天下"，要将目光从自身转移，放眼社会，帮助社会中的相对弱势人员，服务和回馈社会，以己之力做一些对社会和国家有利的事。"穷"、"达"二者应该各司其职，各谋其位，正如《孟子·尽心章句上》所言："得志，泽加于民；不得志，修身见于世。"或者也可以说"穷则修身齐家，达则治国平天下。"这里所表达的不是轻重之分，而是能力不同，个人事业的重心也就不同。

公私关系是社会中每一个人面临的基本问题。个人是谓私，社会是谓公，人的社会性联结着公和私。一个人既有私的一面，也有公的一面。个人能否把私的事情处理好，关系着社会能否健康发展。个人解决了私所存在的问题，会为公的问题解决提供便利，这也是对作为公的社会的贡献。所以，独善其身和兼济天下都是对社会发展的补充，都是对相应社会责任的承担。不论是选择"独善其身"还是"兼济天下"，都要充分认知个人能力，随机而行，找到和自己相匹配的社会角色，发挥自己的社会效能，这样才能真正实现个体与社会责任的统一，推动社会的发展与进步。

5. 从心所欲，不逾矩

人对自身与社会关系的最高追求就是自由，但自由是绝对的自由吗？是没有任何限制的自由吗？不，自由在人这里一开始就是对欲望的克制。[①] 没有任何克制的所谓"自由"不是自由，而是放纵。"人的自由"的存在前提是对他者的尊重和对既有规则的内化，是对人作为一种生物所具有的本能欲望的克制。只要培育了克制欲望的能力，人就有了很大的余地，在理性的范围之内可以做很多事情，这种超越就是真正的自由。[②] 实际上自由就是自觉遵守社会规范，消除内心违反这些规范的欲望，没有了与社会相冲突的欲望，也就感觉不到社会的限制了。社会的规矩就是个人自身的规矩，当社会规范内化为个人的生活信念，社会规矩对个人而言，就不再是约束。[③] 这时候就实现了个人的自由。

---

① 邓晓芒：《什么是自由？》，《哲学研究》2012 年第 7 期。

② 邓晓芒：《什么是自由？》，《哲学研究》2012 年第 7 期。

③ 朱承：《在规矩中自在——由"从心所欲，不逾矩"看儒家自由观念》，《现代哲学》2008 年第 6 期。

个体享受自由时可以按照自己的欲望行事，但不能损害到他人的自由和利益，否则，自己的行为必然会受到社会的限制，就失去了某一方面的自由，个人也会感觉到不再自由。没有侵害到他人的行为就是自由的行为，而侵害他人的行为就是不自由的行为，也是社会所不允许的。人能获得自由是需要支付一定代价的，这代价就是自身对社会规范和规则的遵守，不遵守社会规范，个人就难以拥有自由。比如小孩子因为"不懂事"会经常犯错误，被父母管制的方面很多，随着成长，他了解到的社会常识和规范越来越多，自己的行为和社会规范的契合度会越来越高，犯的错也会更少，这就是所谓"懂事了"，这时父母的管制会变少，对孩子来说，他获得了比小时候更多的自由。因此，可以说自由是个人和社会长期磨合的结果，也是一个人不断提高自身道德修养水平的过程。

　　自由的最高境界当推孔子的"从心所欲，不逾矩"。这是最大的自由：自觉于规矩。① 孔子到七十岁的时候能够顺从内心的欲望做事而不会违背社会的规范，这是一个人真正的自由。孔子倡导通过"克己复礼"和"仁"来提高自己的道德修养，并且为后世做出了修身的表率。孔子曾自述："吾十有五而志于学，三十而立，四十而不惑，五十而知天命，六十而耳顺，七十而从心所欲，不逾矩。"② 这是孔子一生的自我道德修养历程，可以看出孔子自我修身的脚步从未停止，逾五十载终有大成。这也启示我们，道德修养不是一时的，而是终身的事情。儒家提倡的修身方法有内省、践行、慎独、中和、养气等。③ 历代儒家贤哲层出不穷，和儒家崇尚修身不无关系。

　　明代王守仁"致良知"学说亦是修身的经典。"致"就是充分发挥的意思，"良知"就是人们先天所固有的道德认识和观念。④ 也可以把"良知"理解为天理——一种真理和道德标准。"致良知"就是将人生来具有的道德认知充分发掘出来，通过学习与实践，将道德天理内化于自

---

① 刘鹤丹：《自觉于规矩——由"从心所欲，不逾矩"看孔子的自由观》，《孔子研究》2013年第5期。

② 杨伯峻、杨逢彬译注《论语译注》，岳麓书社，2000，第9页。

③ 景天魁主编《中国社会发展观》，云南人民出版社，1997，第80~88页。

④ 黄海涛：《论王阳明"致良知"学说中的道德构建》，《孔学研究》2002年年刊，第239~246页。

己的德行之中，把内在的自我良知表达成外在的社会行动，从而实现个人行为和道德天理的统一。

程明道在《定性书》中说道："君子之学，莫若廓然而大公，物来而顺应。"君子与廓然而大公的天地自然之心相通，顺应万物，最终到达之点便是顺应天理之自然而生。[①] 这里的"君子"等同于"圣人"，是说圣人无论做什么事都能顺应天地变化，顺其自然而行，他们的所思所为也都是合乎天地之间规律的，真正做到了人与世间万物关系的和合。这可以说是到了"从心所欲，不逾矩"的自然境界。

从以上讨论可以看出，中国人关于立足社会（即人与社会相处之道）的思想并不适用于西方社会。反过来说，西方社会思想中的集体主义和个体主义的二元对立分析框架也难以分析中国人的社会立足思想。中国人的社会立足思想既不是一种集体主义，也不是一种个体主义，而是以个体修身为基础的具有巨大弹性的社会责任体系，但也与个体主义和集体主义存在一些联系。修身是本位，也是以个体为单位的行动。社会责任小到家庭，中到国，大到天下，绝不仅仅是个体的事。以家庭为范畴的社会责任以血缘关系为基础，保持与家本位文化的一致性。这里的国其实是诸侯国，现在相当于籍贯所在地的县或市，是一个地方性共同体。因此，以国为范畴的社会责任与现代社会的地缘关系是吻合的。它为现代社会建构社会组织、非正式群体、社会关系网络等提供了传统基础。天下是以中华帝国为基础的邦国体系，以天下为范畴的社会责任相当于现在的公民身份和角色。传统中国思想认为，人的社会责任是集体的，但集体有很多层次，选择集体层次的因素主要取决于个体的能力。这与西方社会思想有区别。后者是以个体为基础，将各类集体视为个体的自由组合，集体的大小取决于个体组织的广度。因此，中国人关于修身立足的社会思想明显体现自强基础上的关系取向。如果个体不能自强，也就难以克服环境的挑战。此时，他可以求助于血缘或地缘中的关系网络成员，如果仍然不能解决问题，便可以理解为"尽人事，听天命"，个体可以心安理得。反之，如果个体不积极去寻求血

---

① 沟口雄三：《中国人的公与私·公私》，郑静译，孙歌校，生活·读书·新知三联书店，2011，第12~13页。

缘或地缘关系中有能力的人的帮助，那么，社会舆论会视之为"刚愎自用"、"自暴自弃"。

（四）"自然"概念的当代价值

修身立足境界意义上的"自然"概念对当代社会具有指导意义。我们的目标是在行动层次上实现人与自然的和谐，而且这种实现不是强制干预而是顺其自然的结果。斯宾诺莎认为，"真正的自由"是依自己的本性而行动，本性应体现爱和慷慨，阻止剥削，同情深陷苦境的存在物，关心与己有关的存在物的自我实现，最终便可以提高自我的实现程度。[①]在当代中国，保持"自然"的秉性和品性十分重要。因为自然环境的生存意义具有普遍性，不会因为中国文化的特殊性就改变环境安全的标准。中国现在面临严峻的环境问题，已经到了环境恶化的边缘，而中国还处于发展之中，人们接受了平等、尊重、积极进取等价值观念，而且有强烈的物质文化需求。如何从思想上尊重环保约束而又保持发展的进取心？如何在行动上自觉履行环保义务而又入世改造社会？如何处理这一对对尖锐的矛盾？这里关键是要寻找既尊重基于合理需求的动力机制，也采用基于责任公平的约束机制，让中国的发展既有动力，也有规则，让动力在环保硬约束之下自由发挥。为此，我们需要探讨理想目标、社会情绪、生产方式、消费、人际关系等主题上的"自然"原则。

1. "自然"的理想目标

目标是人们行动的内在驱动力。理想的生产目标和生活目标应该务实和具备可操作性，应该带有一定压力但努力后可以实现。"自然"的理想目标意指适可而止的奋斗目标，不违背客观规律，不突破环境容量，不追求奢靡生活。如果将美国人的生活方式作为中国人的发展目标，那确实会成为世界环境的灾难。这并不是说"中国不要或不能发展"，而是说"中国需要制定符合国情的发展目标"，需要走出新的发展道路。这条新道路必须满足"不违背客观规律，不突破中国的环境容量，不降低中国人的环境质量"。这条路具有巨大的挑战性。从人口、能源、住房、交通等角度，中国人的主流价值应该限制在密集型、紧凑型、节约

---

① 杨通进：《深层生态学的精神资源与文化根基》，载赵轶峰主编《当代中国的"人－自然"观》，东北师范大学出版社，2015，第 37 页。

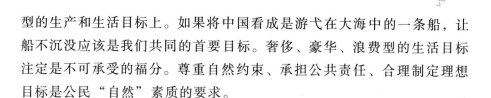

型的生产和生活目标上。如果将中国看成是游弋在大海中的一条船，让船不沉没应该是我们共同的首要目标。奢侈、豪华、浪费型的生活目标注定是不可承受的福分。尊重自然约束、承担公共责任、合理制定理想目标是公民"自然"素质的要求。

2."自然"的社会情绪

社会情绪是很重要的社会变量。因为人的判断多数来自情绪的影响。"自然"的社会情绪包含真实的喜怒哀乐，对新鲜事物表示好奇，对期盼的事物表示渴望，对未来不确定的事物保持探索，对过去失败的或者不理想的结果表示遗憾。因此，它抵制焦虑。目前，"次生焦虑"是转型社会中个体较为普遍的社会心理现象。[①] 各种社会因素介入，导致"自然的社会情绪"反而被理性地压制住。从修身角度看，社会情绪是需要个体自我管理的，而良好的情绪管理需要疏导和激发。借鉴中国古代社会思想，自然的情绪管理应该既能释放其内在的"天然之性"，又能控制其消极的效应，并做出适当的调整。

3."自然"地生产

传统社会均是在阳光下生产。自从工业革命以来，人们的生产空间发生了巨大变化，从白天到夜晚，从室外到室内，从看天吃饭到控制气候、基因和原始本性。如转基因食品，它是采用基因工程"去杂质化"，把需要的留下来，把不需要的除掉，将原来自然演化的基因序列进行重新改造。[②] 改变自然界的生产方式虽然大大提高了生产效率，但是也增加了食品风险。生产者应该对自然事物保持一种敬畏的态度，对技术保持一种批判的态度。正如谚语所云，"君子爱财，取之有道"，生产致富本身没有过错，但在追求的过程中应该遵循"道"，也就是体现社会规律和个体道义。由经济利益驱动的市场机制激发出人们强大的生产动力，也经常挑战既有的法律和道德约束，因而需要弘扬传统的"礼义廉耻"在社会教化中的作用。

4."自然"地消费

消费是生产的最终目标。人们生活中的商品都需要通过消费方式获

① 陈阿江：《次生焦虑》，中国社会科学出版社，2010，第 1 页。

② 黄万盛：《"人－自然"问题的哲学——价值立场》，载赵轶峰主编《当代中国的"人－自然"观》，东北师范大学出版社，2015，第 51 页。

得，如果没有生产，自然没有消费，但消费本身是一件独立的事物。"自然"地消费是指要适度、绿色和节制消费。消费环节应该考虑环境的外部性，承担公共责任。普通人还没有树立自觉的环保意识和行动，需要国家通过政策、设施加以引导。比如超大面积套房的消费税，不仅可以承担流通环节中的公共管理费用，还可以将环境的外部效应纳入其中，让消费与社会责任相互匹配。再比如，电子产品的价格不仅要包括产品的生产成本和流通成本，还要附加电子垃圾的处置成本。

5. "自然"的人际关系

中国人重视人际关系，喜欢串门，也不排斥拥挤的群居生活。这有利于我们在人口稠密环境中的适应性。可是，中国人也看重攀比，所谓"不患寡而患不均"。这既推动了我国社会中相互追赶、奋发向上的社会风气，也产生了盲目跟风、平均主义的陈规陋习。"自然"的人际关系意指从符合人性、义理的原则出发，相互尊重和关怀，拓展奉行普遍主义和社会公义的人际关系网络。拓展人际关系不能不择手段地争夺领先优势或竞争优势，忘记自己的初心，走入人生的歧途。每一个公民都应首先履行好自己的本职工作，其次对弱者抱以更多的同情和关怀，多"雪中送炭"，少"锦上添花"。

（顾金土　韩立国）

中国社会科学院文库
法学社会学研究系列
The Selected Works of CASS
Law and Sociology

中国社会科学院创新工程学术出版资助项目

中国社会科学院文库·法学社会学研究系列
The Selected Works of CASS · Law and Sociology

中国社会学：起源与绵延

（下 册）

Chinese Sociology:
The Origin and Sustainability

景天魁 等/著

社会科学文献出版社
SOCIAL SCIENCES ACADEMIC PRESS (CHINA)

目 录

上 册

第四章
齐　家

本章概要

　　家是"治国"及"明德于天下"的基础，"齐家"需要通过"修身"与"正心"来获得。因此，治理好"家"不仅可以修身与正心，而且有助于治国、平天下。

　　在中国社会学语境下，家是社会的基础构成，齐家就是要准确把握"家"的内涵与外延，清楚"家"是"己"与"诸侯国"乃至"天下"的中间环节。古代社会的"家"不仅是一个伦理单元，也是一个社会单元及社会组织，它具有凝聚社会个体并将其整合成社会群体与社会组织，以及保障群体内社会成员等基本功能。"家"是一个集合概念，既可以指一个又一个相对独立的核心家庭组织，也可以指若干单一家庭组织而成的家族、宗族，宗族及家族乃至国家与天下只不过是家的延展，从个体到家庭，再到家族、宗族，通过层层扩展就结成了一种以亲缘为基础的关系网络。这个关系网络不仅构成了传统社会治理的基础，而且是传统社会治理的重要力量，治理国家及天下其实就是"齐家"。因而"家"及其扩大化了的"宗族"自然就构成了传统基层社会治理的重心，在生活照顾、兴办义学、赈济灾荒、养老慈幼以及婚丧嫁娶等事务方面发挥着不可或缺的功能。

　　在传统社会里，能够把家内部成员、家与家，进而把整个社会整合起来的文化纽带就是"孝"。它最初是子女或晚辈对父母或长辈的善心与善行，是一切道德行为的起点，由此发展出敬老尊老的家庭伦理规范，进而演化为"移孝作忠"，从而把家庭成员代际的"孝"置换为君臣之忠义，把"孝"从家庭扩展到社会、从个人推及君主，实现了传统社会以"孝治"为基础的"家国同构"，维护着社会秩序、社会凝聚及社会治理。如果说"孝"最初体现在亲情之间"下"对"上"的规范，那么其他群体之间的互动则依靠"礼"，所谓"圣人之道，一礼而已矣"。"礼"主要体现在"养"和"别"两个方面，"养"就是要保障"养人之欲，给人之求"，满足人的基本需求；"别"就是要形成"贵贱有等，长幼有差，贫富轻重皆有称"的规范秩序，体现为礼节仪式和社会规范，成为规范社会行为的制度典章。

在传统社会里，治"家"特别是治国及天下不仅需要"孝"和"礼"，而且需要"义"和"信"。"义"主要应用于非血缘关系群体之间的交往及互动中，是行动者的行动准则，规定了人与人之间的责任关系，是织成社会关系、凝结社会规范的纽带，成为社会共同的价值追求。治理民众要依靠君子"礼义"，用"礼义"就可以协调民众并使之各守其职，个体就可以相安无事，国家统治就具有合法性基础，社会就实现了有效治理。与"义"紧密相关的则是"信"。它作为列国交往、人神沟通以及为人处世的基本原则与重要准则，是个体及群体乃至诸侯国立足于社会的基础，在社会行动中发挥着重要作用，是社会得以存在的根据。无"信"则社会亦不能成立，"人必有信，不是某种社会之理所规定之规律，而是社会之理所规定之规律"。有了"信"就会减少社会运行的阻力，实现社会的安定与和谐。

在传统社会里，只有重孝明礼、重义讲信，才能言"利"。"利"寄托着人们对丰收而富足生活的美好向往，维系着家庭、宗族以及其他经济社会组织的运行。人们在社会交往中以"利"为基础逐渐整合各种规则体系，"利"由此成为社会行动的整合力量，构成了社会运行的动力，成为社会良性运行乃至"天下"得以塑造而成的机制。

（高和荣）

一 家：社会的基础构成

家是社会的基本细胞，是"公"和"私"交汇的场域。个体为自己谋好处是私，为家庭谋福利是公，而"舍小家为大家"、为国家服务是更高层次的公。家是一个社会历史范畴，不同的社会发展时期人们对家有着不同的理解，赋予它以不同的内涵及使命。家的范围具有伸缩性，它以父系父权家长制为核心，从而又具有伦理性。家是个体走向社会的桥梁及中介，它在中国社会学和中国社会中处于基础性地位。

（一）家的含义

家是构成社会的基本单元。古代甲骨文中就已出现"家"字，这表明，当时的社会已有家。当然，对于甲骨文中的"家"，有人认为是"养猪之处"，象征着屋顶下有猪，引申为一个畜牧点。清代段玉裁在《说文解字注》中认为家的"本义乃豕之居也。引申假借以为人之居"；[①]也有人认为是宗庙，是宗族团体"共同祭祀的场所"；[②] 还有人认为它是个会意字，表示一个以血缘聚居团体为基础的财产单位，这个财产单位是父系的家族，引申开来亦可指代财产、宗庙、政权等。[③] 由此可见，家不仅与个人生活息息相关，而且与人们的集体生活紧密相连。因为只有人才需要饲养猪，并把猪作为生活资料。因而，家总是与人的生产和日常生活相关联。

马克思认为，家庭"在罗马诸部落中是晚期现象；'familia'一词的字义证明了这一点；这个字和'famulus'——仆从——一字具有同一字根。斐斯塔斯谈道：'famulus 一字出自阿斯堪族的语言，他们把奴隶叫做 famul，由此便产生 familia 这一名称'。由此可见，familia 一词的原义不是指婚配的对偶或其子女，而是指奴隶和仆从的总和，这些奴隶和仆

---

① 段玉裁：《说文解字注》，中华书局，2013，第 341 页。

② 郑慧生：《释家》，《河南大学学报》1985 年第 4 期。认为家本义是指"宗庙"的还有：陈梦家：《殷墟卜辞综述》，中华书局，1988；刘克甫：《西周金文家字辨义》，《考古》1992 年第 9 期。

③ 梁颖：《家字之谜及其相关问题》，《广西师范大学学报》（哲学社会科学版）1996 年第 4 期。

从用劳动维持家庭，并且处在家庭的父亲（pater familias）权力之下。在一些遗嘱中，familia 一语和可以继承的财产（patrimonium）用作同义语。这个词在拉丁社会用来表示一种新的机构，这种机构的首领将妻子儿女和相当数量的奴隶控制在自己的父权之下"。① 可见，罗马人从具有遗产性质的奴隶之义引申出"家"，与我国古人把"家"当作养猪和祭祀之地是不同的。

（二）家的演变

在中国，家是一个社会历史范畴，不同的社会发展时期人们对家有着不同的理解，赋予它以不同的内涵及使命。结合王玉波等学者的观点，我们可以把家划分为三个阶段。②

1. 先秦以前的家

古书记述："天地初分之后，遂皇之时，则有夫妇。"③ 也就是说，燧人氏时期就有了婚姻家庭关系。约从 1 万年前开始，我国远古人类进入"知母不知父"的母系氏族社会。④ 约 5500 年至 4000 年前，人类进入父系氏族社会，男性的财产权和社会地位高于女性，家庭婚姻关系也由母系氏族社会的"从妻居"改变为"从夫居"，子女不再是母系氏族的成员而成为父系氏族的成员和父亲财产的继承者。

在氏族社会后期我国出现了夏、商、周等朝代，这些朝代均存在宗族和宗法制度。根据宗法制度，西周时的贵族分三个等级。第一，王族，即周王直系族人构成的宗族。王族是最高层次的贵族。第二，公族，即诸侯直系后代及同宗族人构成的宗族。王族和公族拥有一定数量的土地、人口，并设置一定的政治、宗族管理机构。第三，家族，这里的家族即卿大夫的直系后裔和同宗族的人构成的宗族。卿大夫的宗族是基层贵族。广大平民（西周时叫作庶人）耕种各级贵族的土地，随贵族的分立，他们也被分赐给不同的贵族。与贵族同姓的庶人被纳入贵族系统之中，与

---

① 马克思：《摩尔根〈古代社会〉一书摘要》，人民出版社，1965，第 37~38 页。
② 参见王玉波《中国家庭的起源与演变》，河北科学技术出版社，1992；徐扬杰：《中国家族制度史》，武汉大学出版社，2012；冯尔康：《中国社会史概论》，高等教育出版社，2004，第 209~343 页。
③ 阮元校刻《十三经注疏下》，中华书局，1980，第 452 页。
④ 张双棣等注译《吕氏春秋译注》，北京大学出版社，2000，第 686~687 页。

贵族不同姓的庶人以 100 家左右的同姓个体家庭构成一个宗族，在政治上隶属于贵族，受贵族的统治。

春秋战国以后，铁制工具广泛应用，耕作方法进步，耕地面积日益扩大，耕作效率和单位面积产量也随之提高。由于私田的大量垦殖和公田荒芜，井田制瓦解，出现了大量自耕农和地主，地主可以把土地租佃给佃农。这个时期小家庭成为整个社会的基本组织形式。孟子说："百亩之田，勿夺其时，数口之家可以无饥矣。"[①] 这里的数口之家就是小家庭。使家庭独立的一个重要标志是商鞅变法中的规定："民有二男以上不分异者，倍其赋。"[②] 儿子长大了就要与父亲分家，这样一家之中只有夫妻和未成年的子女，或是刚成年尚未婚配因而暂时还没有分出去的子女，由此个体家庭脱离宗族而独立。所以，从世代结构来看，一般为两代人共居，祖孙三代同堂的极少。

2. 两汉至隋唐的家

两汉至隋唐时期，由于土地集中、战乱和商品经济衰退以及家庭伦理孝道思想深入人心，父系小家庭制度演变为父系大家庭制度。大家庭有两种类型。一是家属多的大家庭。家属包括妻妾、子女和投靠的亲族和奴仆。也就是说，外姓姻亲也成了大家庭成员。例如南朝的沈庆之，他修建了一个大庄园之后，就把中表亲也请来住在一起了。[③] 有的还将宾客纳入家中，只不过这些宾客到了东汉之后逐渐成了完全依附于家长的、带有奴仆性质的"役属"、"部曲"、"佃客"了。[④] 这类家庭大都是拥有政治权势和经济实力的高官显贵或豪富之家。二是累世同居的大家庭。魏晋以后废除了商鞅实行的民有二男以上必须分居的法律，大力提倡父子兄弟同居共财。所以，累世同居的家庭逐渐增多，同居的世代也日益扩大。唐代在法律上确定父和祖父在世时，子女一律不得分家，此外还制定了一系列维护大家庭的法律。累世同居的大家庭以寒门庶族为主体，这类家庭往往会获得朝廷旌表。唐代张公艺"九代同居。北齐

① 杨伯峻译注《孟子译注》，中华书局，1960，第 6 页。
② 马驰盈注《史记今注》（第五册），台湾商务印书馆股份有限公司，1979，第 2259 页。
③ 沈约：《宋书》（第 7 册），中华书局，1974，第 2003 页。
④ 参见魏向阳《宾客不为宾——论汉魏晋南北朝宾客的身份和地位》，《学术月刊》1990 年第 3 期。

时，东安王高永乐诣宅慰抚旌表焉。隋开皇中，大使、邵阳公梁子恭亦亲慰抚，重表其门。贞观中，特敕吏加旌表。麟德中，高宗有事泰山，路过郓州，亲幸其宅，问其义由。其人请纸笔，但书百余'忍'字。高宗为之流涕，赐以缣帛"。① 江州陈氏从一个小家庭发展成一个大家庭，十数代聚居在一起，"室无私财，厨无异爨"（《陈氏书堂记》），家崇孝悌，门尚敦睦，受到地方官员和最高统治者旌表。获得旌表的累世同居大家庭称为"义门"，被奉为社会典范。作为社会组织的大家庭，在维护基层社会秩序方面具有举足轻重的作用，朝廷旌表褒奖这些大家庭是为了树立道德典范、传播忠孝伦理、教化百姓，进而匡正社会风气、建立稳定的社会秩序。②

士族门阀制度是这个时期社会生活的一个重要特点，它根据不同的家族来划分社会等级制度。在这种制度下，士族、门阀属于社会上的最上层，居于特殊地位，拥有种种特权；士族、门阀以外的平民家庭，叫作庶族，社会地位低下。士族和庶族家庭有下列区别。第一，士族与庶族的户籍不同。士族之家免除国家的赋税和劳役、兵役，庶族家庭要向国家缴纳赋税并承担各种劳役和兵役。第二，士族与庶族不能杂居，分开居住，使得两者在空间上被隔离开来，较少联系，各自形成固定的人际交往圈子。第三，士族与庶族的衣着穿戴和出门使用的交通工具也有区别。士族穿宽袍大袖衣服，庶族则穿短衫和裤；士族喜欢乘牛车，庶族则坐柴车。第四，士族及其子孙享有世世代代做官的特权。这表明，通过建立士族门阀制度，实现了社会分层。目的是按门第高低选拔与任用官吏，从而出现了"上品无寒门，下品无士族"之状。社会成员的身份取决于家庭出身，士族可以按门第高低当官做宰，庶族仕进的道路则被堵塞了。

3. 宋元以来的家

宋元以来的家庭仍以父子为核心、以父系家庭为主体，法律上仍然规定父、祖在世，兄弟不得分居。也就是说，大家庭制度仍然是国家确认和保障的制度。宗族组织趋于严密，它在一定程度上规范着家庭及其

---

① 刘昫：《旧唐书》，中华书局，1975，第4920页。
② 陈世林、余冬林：《唐宋宗族文化的缩影——江州义门陈氏》，《光明日报》2013年12月12日，第11版。

成员的思想与行为。这一时期的家庭与以前相比发生了很大的变化。一是士族门阀制度衰落，官僚家庭兴起。唐末、五代连年战乱，士族门阀受到沉重打击，它们的族谱随之散失，到了宋代，国家就不再凭借家族图谱来任官了。宋代完善了科举制度，使科举出身的官吏在政权机构中占有绝对优势，士族不再形成利益集团和社会等级，门阀制度不复存在，官僚家庭的威望来自其家庭成员在官职生涯中不断做出的业绩。二是家庭观念发生了变化。宋以后，平民百姓子弟不仅可以通过读书科举取得官职，而且只要在各级科举考试中取得功名，就可以获取实惠，形成了"万般皆下品，唯有读书高"的社会文化及社会心理，也影响了人们的婚姻观念，婚配双方非常看重配偶自身的条件，讲究郎才女貌。三是两性的经济社会地位区隔加剧。从唐代开始只有男子拥有田产，女子不参加田间劳动，她们的经济社会地位完全依赖于丈夫家，妇女被关在家宅之内，裹脚在大多数阶层中普及，缠足成了身份与品德的代名词。[①]

（三）家的特性

从上述家的变迁历程中我们可以发现家总是与特定的社会结构有关，与人们的社会地位及社会声望相连，并形成如下几个鲜明特点。

1. 家的范围具有伸缩性

传统社会的家是一个具有伸缩性的概念，有"大家"和"小家"之分。"大家"与族、宗族、家族同义。商周时期的甲骨卜辞有"我家"、"牛家"、"宋家"等家，这里的家就是族，所以"我家"就是我族，"牛家"就是牛族，"宋家"即为宋族。春秋晚期，家的范围大体以五服为典范，大功以上是共财的最大范围，主要为父、己、子三代，最广可推到同祖父者，这是家的范围。小功至缌麻同出曾高祖而不共财，是"家族"；至于五服以外共远祖之同姓，为"宗族"。在周代，士以上的家包括非自由人，如妾和其他家奴，秦汉以后士族和官僚之家还包括仆人、奴婢。妾由男子买来，并无亲属的名分，但以夫为家长。明清律之首专门列有《妾为家长族服之图》，有时妾还可得到家长的荫庇，如《唐律·名例律》："诸五品以上妾，犯非十恶者，流罪以下听以赎论"。

---

① 安德烈·比尔基埃等主编《家庭史》，袁树仁等译，生活·读书·新知三联书店，1998，第 714 ~ 723 页。

至于家庭奴隶，地位相当于"畜产"，[1] 但有时亦须履行家庭成员的义务，如《唐律》规定部曲、奴婢应为主人隐罪，其"漏口"条特别注明"部曲、奴婢亦同"，唐至明清的法律多规定主人犯反逆罪奴婢亦在缘坐之列等。这样，家长以外的家庭成员，也就是家属，虽以包括配偶在内的几代亲属为主体，但又不局限于亲属。在一些朝代还存在累世同居的大家庭。这就是"大家"的范围。

"小家"指个体的家庭，它出现于春秋战国时代。《易·家人》中所讲的家包含父子、兄弟、夫妇，[2]《礼记·礼运》中的"父子笃、兄弟睦、夫妇和而家肥"[3] 等也表明小家以父子、兄弟、夫妇为主体。到战国时代，家的意义在文献中表现得更为清楚，如《孟子·梁惠王上》有"数口之家"，[4]《墨子·长命篇》有"某县某里某子，家食口二人，积粟六百石。某里某子，家食口十人，积粟百石"。[5] 这里的家不是氏族或宗族，而是个体性的家庭。按《周礼·地官·小司徒》所谓之"上地家七人"、"中地家六人"、"下地家五人"推算，小家一般应为五六人或七八人。从汉代以来人口和每户平均人口来看，小家的人口一般为3~7人。表4-1中国历代人口和每户平均人口体现的正是小家的人口。

表4-1 中国历代人口和每户平均人口

年代（公元）	户数（户）	口数（人）	户均人口（人）
2（西汉）	12233062	59594987	4.87
105（东汉）	9237112	53256229	5.77
608（隋）	8907546	46019956	5.17
705（唐）	6156141	37140000	6.03
1006（宋）	7417570	16280254	2.19
1291（元）	13430322	59848964	4.46

---

[1] 《唐律疏议·名例律》："奴婢贱人，律比畜产"；"奴婢同于资财"；"奴婢者与畜产财务同"。

[2] 徐志锐：《周易大传新注》，齐鲁书社，1986，第237~240页。

[3] 孙希旦撰《礼记集解》（上），中华书局，1989，第604页。

[4] 杨伯峻译注《孟子译注》，中华书局，1960，第17页。

[5] 朱越利校点《墨子》，辽宁教育出版社，1997，第149页。

年代（公元）	户数（户）	口数（人）	户均人口（人）
1391（明）	10684435	56774561	5.31
1403（明）	11415829	66598337	5.83
1502（明）	10409788	50908672	4.89
1602（明）	10030241	56305050	5.61
1911（清）	71268651	368146520	5.17

资料来源：张琢：《中国古代家庭规模到底有多大？》，《社会学研究》1987 年第 6 期。

2. 以父系父权家长制为核心

传统社会父权至上，父作为家长是家的主宰，治理整个家。《荀子·致士》云："父者，家之隆也。隆一而治，二而乱。"① 《礼记·坊记》中的"家无二主，尊无二上"② 便是家长权威的写照。家长对内是一家一户的统领，握有家务的决定权。《颜氏家训》云："治家之宽猛，亦犹国焉。"③ 也就是说，家长在家犹如国君在国，得专制擅断。此外，家中祭祀祖先等活动必须由父亲主祭，妻子助祭，全体家庭成员参加。父亲作为家长还有指挥、管理、监督家庭成员劳动并支配家庭财产的权力，甚至还有卖妻子、儿女的权力。总之，在父权制家庭中，子女没有独立的人格，家庭内部按照尊卑长幼身份建立起父尊子卑、兄长弟幼的等级秩序，并通过"仁"、"义"、"礼"的教化得以强化，从而实现荀子所说的"贵贱有等，长幼有差，贫富轻重皆有称"。④

3. 家具有伦理性

梁漱溟认为中国传统社会是"伦理本位"，这种伦理本位在笔者看来首先发轫于家庭，正是由于家具有伦理性，并从家推及社会与国家，整个社会深深地打上伦理的烙印。孔子提出"君君，臣臣，父父，子子"，⑤ 父子之间要有上下尊卑秩序，子女对父母要尽孝，做到"敬"⑥、

---

① 张觉校注《荀子校注》，岳麓书社，2006，第 170 页。

② 孙希旦撰《礼记集解》（上），中华书局，1989，第 1283 页。

③ 程燕青译注《颜氏家训·朱子家训》，山西古籍出版社，2004，第 21 页。

④ 参见张觉校注《荀子校注》，岳麓书社，2006，第 228~229 页。

⑤ 杨伯峻译注《论语译注》，中华书局，2006，第 143 页。

⑥ 子游问孝。子曰："今之孝者，是谓能养。至于犬马，皆能有养；不敬，何以别乎？"见杨伯峻译注《论语译注》，中华书局，2006，第 15 页。

"生事之以礼"、"死葬之以礼，祭之以礼"；① 孔子引《尚书》说"友于兄弟"，② 兄长对弟弟要友爱，"弟子，入则孝，出则悌"，③ 弟弟对兄长要恭敬。孟子讲"父子有亲，君臣有义，夫妇有别，长幼有序，朋友有信"，④ 父子、夫妇、长幼三种人伦关系都发生在家庭中。韩非子说："臣事君，子事父，妻事夫。三者顺则天下治；三者逆则天下乱，此天下之常道也。"⑤ 韩非子注意维护人伦关系，把君臣、父子、夫妻关系上升到"天下之常道"的位置。《三字经》里也讲："父子恩，夫妇从，兄则友，弟则恭，长幼序，友与朋，君则敬，臣则忠，此十义，人所同。"⑥ 在家庭内部强调父慈子孝，父母对子女要慈爱，子女小时候要服从父母的命令，等父母老了以后应当照顾父母、满足父母的物质生活需要。当然，在传统家庭中"父慈子孝"更多地强调"子孝"，即使父母对子女不慈爱，经常打骂，子女也应当孝敬父母。与父慈子孝相伴而生的则是夫义妻顺、夫妻好合，丈夫的做法要合乎道义，妻子要尊敬丈夫、服从丈夫的命令。同时，在一个家庭内部，弟弟要尊敬、顺从哥哥。强调父亲、丈夫、哥哥的权威，其实质都是一样的，就是强调"男人的权利"，这其实就是"长者优先权"在家庭内部关系中的反映。

（四）家是"己"走向社会的驿站

中国古代的家本身就是一个复杂的社会网络，"己"是这个网络中的一个节点，占有网络中一个位置，并同网络也就是家庭乃至家族和宗族成员互动，由此家成为"己"走向社会的第一驿站，人们可以由"己"到家，再由家到国，最后及于天下。

1. 由"己"到家

费孝通认为，中国传统社会里的人际关系体系是"由己到家，由家到国，由国到天下，是一条通路。……在这种社会结构中，从己到天下是一圈

---

① 孟懿子问孝。子曰："无违。"樊迟御，子告之曰："孟孙问孝于我，我对曰：无违。"樊迟曰："何谓也。"子曰："生，事之以礼；死，葬之以礼，祭之以礼。"见杨伯峻译注《论语译注》，中华书局，2006，第14页。
② 杨伯峻译注《论语译注》，中华书局，2006，第21页。
③ 杨伯峻译注《论语译注》，中华书局，2006，第5页。
④ 杨伯峻译注《孟子译注》，中华书局，1960，第125页。
⑤ 高华平等译注《韩非子》，中华书局，2010，第741页。
⑥ 王应麟撰《三字经》，岳麓书社，1986，第12～13页。

一圈推出去的"。① "己"虽然位于"差序格局"这种社会结构的中心,但它只是一个观察点,受到其他关系网络的制约,因而不是西方社会所强调的独立的"个体"。"己"在思考或行动时必须要清楚自己所处的位置,协调好自身所面临的关系,以此出发去观察并与其他人展开互动,因此"己"总是处于与其他人的关系之中。对"己"来说,要"克己复礼",要"修身齐家治国平天下"。再有,家高于"己",家对"己"有明确的要求和约束,要求"己"在家要孝悌,传宗接代,在国要尊崇君权,忠君爱国。清代常州《张氏族谱·家规》明确规定:"凡我宗族,夏熟秋成,及期完纳,使人不忘本,毋累官私焉,实亦忠之一端也。而实保家之道也。"② 效忠于国,才能保家收族,最为显要。而重考敬、分等级,也是族规所定。另外,家还施教族人,如家训中常见的教育族人"务本业"、"禁奢侈"、"习勤劳"、"考岁用"、"崇厚德"、"端好尚"、"严约束"、"慎婚嫁"等条目,皆属宗族尤其是族长的教导权。当然,不光只有约束,家对"己"也有支持,如家可以提供就学机会和条件,使其成员参加科举选拔。宋以后宗族多置共有财产,如山林、土地、房屋等,其中族田的设置,就为济贫赡养所立。

也就是说,家与"己"之间没有明确的界限,因此没有明确的权利与义务之分,更多的是"己"对家的义务关系以及家对"己"的约束控制和支持关系。这里的行为逻辑是先摆正位置,然后明确自己的地位、身份,以及与之交往的对象,在此基础上思考与行为。而在随后的行为模式中,强调"己"的义务,以及家高于"己"的优势与支持。

2. 由家到国

冯友兰指出,传统社会里的国"实则还是家。皇帝之皇家,即是国,国即是皇帝之皇家,所谓家天下者是也"。③ 有学者认为,家、国二者的关联先是反映在西周家国一体宗法制秩序之中,后则构建于宋代以后基于绅权与皇权相联结之家国同构的官僚政治秩序中,其间宗室诸侯分封与门阀士族政治盛行时期是家国结构性矛盾相当突出的一段时期。④

---

① 费孝通:《乡土中国 生育制度》,北京大学出版社,1998,第28页。
② 许结:《家国同构:中国古代家族·宗法制(三)》,《古典文学知识》2001年第5期。
③ 冯友兰:《冯友兰选集(下)》,北京大学出版社,2000,第143页。
④ 沈毅:《家"国"关联的历史社会学分析——兼论"差序格局"的宏观建构》,《社会学研究》2008年第6期。

西周的家国一体按照血缘与拟血缘的宗法等级秩序而建构，它采取的是宗法制与分封制。在这些制度下，嫡长子拥有所分封实体的所有权力和财产权，《诗经》说："溥天之下，莫非王土；率土之滨，莫非王臣。"① 诸侯和大夫分别拥有国和家的权力和财产，此即孔子所说"有国有家者"。② 《左传》载："天子建国，诸侯立家，卿置侧室，大夫有贰宗，士有子弟，庶人工商各有分亲，皆有等衰。"③ 天下、国、家之间的隶属关系使彼此间的界限是相对明晰的，天子、诸侯、大夫等各级贵族主要是对各自所分封的实体负责，对上与对下亦承担或享有一定的责任，由此从上至下构成了金字塔式的垂直结构形态。

战国时期，分封制逐步瓦解，嫡长子继承制被打破，商鞅变法后开始实施诸子均分制。秦汉之后诸子均分制开始成为一般平民家庭的惯例，而后来的门阀士族聚居共产，且依附士族逃避赋役的私属农民甚多，从而使强宗大族有了对抗皇权的人力、财力基础。秦汉之际的《孝经》提出："君子之事亲孝，故忠可移于君；事兄悌，故顺可移于长；居家理，故治可移于官。"④ 尽管在伦理层面上确立了家与国的同构性，但在经济、政治上家与国之间还存在张力。唐代用科举制逐步取代门阀制，使寒门有机会转为官僚，平民阶层与统治阶层之间的间隔被真正打破了。宋以来，各代律法都对诸子均分制做出了明确肯定，进一步强化了家长对家产实行诸子均分的原则，极大地动摇了家长在家政中的实际权威。伴随诸子均分制强化的宗族平民化与嫡长子继承制强化的皇权集权化，科举制"再生产"的官僚之家与上层皇家政权之间构建了有效衔接，所建构的家国同构之差序格局正展现了移孝作忠之伦理形式的实践形态。正是在这样的历史背景之下，宋代以朱熹等为代表的士大夫特别阐发了早期儒家学说中"身"、"家"、"国"、"天下"一以贯之、不断外推的价值理念，并把《大学》奉为四书之一。⑤ 不管是家国一体还是家国同构，都从正面强调家与国之间的密切关系，表明"家"是国的基础，国

① 袁梅：《诗经译注》，齐鲁书社，1985，第604页。
② 杨伯峻译注《论语译注》，中华书局，2006，第195页。
③ 杨伯峻编著《春秋左传注（修订本）》，中华书局，1990，第94页。
④ 陈鳣撰《孝经郑注》，中华书局，1985，第12～13页。
⑤ 沈毅：《家"国"关联的历史社会学分析——兼论"差序格局"的宏观建构》，《社会学研究》2008年第6期。

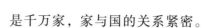

是千万家，家与国的关系紧密。

（五）家在中国社会中的功能

作为社会构成的基础，家在中国社会中发挥着凝聚功能、整合功能和保障功能等，为生生不已的中国社会做出了独特贡献。

1. 家的凝聚功能

家不是独立的，而是处于纵横交错的关系网络中，不管是从内向外看还是从外向内看，家始终是一个具有极强凝聚力的集体。从内向外看，作为家庭成员的"己"包含于小家中，小家又包含于家族和宗族等"大家"之中；从外向内看，"大家"包含小家，小家包含家庭成员（己）。小家把家庭成员联结在一起，"大家"把小家联结在一起，"家是最小国，国是千万家"是中国社会的真实写照。家的凝聚力不仅体现在这种联系紧密的关系网络之中，还体现在家庭仪式和象征物上。在古代，每一家族都设有祠堂，对祖宗的祭奠是家族的大事，也是家族团结的象征和凝聚力的源泉。家谱是家庭的重要象征物，家谱记载着家族的谱系及历史，可以防止血缘关系的混乱，并有助于解决家族内部的纠纷。修谱还可以起到敬宗收族的作用。

2. 家的整合功能

首先，家庭结构是父系父权家长制，在这种结构中家长具有绝对权威，这种权威辅之以家规和家范，对家庭成员各个方面进行约束。如宋司马光《居家杂议》载："凡诸卑幼，事无大小，毋得专行，必咨禀于家长。"[①] 家长要教导家人，如《朱子家训》说，"居家戒争讼，讼则终凶；处世戒多言，言多必失"，"守分安命，顺时听天；为人若此，庶乎近焉"。[②] 家庭成员在家里要服从家长，并接受家的教育，从而保持家庭和睦和社会和谐。其次，国家提倡儒家思想，并以儒家伦理观念对家内成员进行教化。在地主与佃户之间、师傅与学徒之间，甚至道士与初修之人之间的矛盾冲突，均倾向于将其作为纯粹家庭事务那样来加以解决。这实际上是把家内关系挪用到社会，用家庭成员之间的关系模式来处理他人之间的关系。北齐颜之推说："夫同言而信，信其所亲；同命而行，

---

① 司马光：《司马氏书仪》，中华书局，1985，第41页。
② 程燕青译注《颜氏家训·朱子家训》，山西古籍出版社，2004，第240、241页。

行其所服。禁童子之暴谑，则师友之诚，不如傅婢之指挥；止凡人之斗阋，则尧舜之道，不如寡妻之诲谕。"① 这样便使人们之间的关系比较亲近，人们的服从发自内心，更容易遵守秩序。最后，国家大力支持家庭，发挥家庭在社会中的整合功能。如前所述，在周代，家国一体，宗族是政权的基础，国通过控制宗族来实现对个人的控制。两汉至隋唐，家与国之间尽管存在张力，但士族之家与国在实质上没有什么不同，国家重视家庭建设，通过旌表义门，发挥它们在维持社会秩序中的模范作用。宋以后家国同构，国家支持官僚之家，重视家族建设，通过敬宗收族，发挥家族的社会整合功能。

3. 家的保障功能

传统社会里，家是重要的生产生活单位，家内成员间不仅分享财富、经济资源以及相互支持，而且存在一种彼此照顾的义务，如赡养老人、抚养婴幼儿以及照顾遭受疾病和残疾的家庭成员等。② 宗族对小家尤其是家族中的贫寒家庭起到重要的保障功能。先秦时期，"赈济贫穷族人"已成为宗族救助的首要任务。③ 汉代的宗族救助物品主要是钱粮、布帛等基本生活资料，以保障贫困族人的基本生存需要。④ 魏晋南北朝时期，宗族贫困救助成为民间救济的主要力量，富宗使用俸禄资财帮助贫宗，如荀或和荀攸"皆谦冲节俭，禄赐散之宗族知旧，家无余财"。⑤ 唐代，"宗族共同拥有的丰厚资产为救助宗族中之贫弱者提供了可靠的保证。宗族成员仕宦者也为宗族救助提供了大量经济来源"。⑥ 北宋范仲淹首创"义庄"，这是不可分的田产，其收入用来办学或构成互助基金，以从财政上帮助贫困的亲友，其范围大大超过服丧登记所界定的范围。⑦ 明清时期，徽州宗族通过设置义田、义仓、学田、义屋、义冢等途径

① 程燕青译注《颜氏家训·朱子家训》，山西古籍出版社，2004，第3页。
② 潘屹：《中国传统农村福利探寻》，《东岳论丛》2014年第9期。
③ 甄尽忠：《试论先秦时期的宗族和宗族社会救助》，《青海民族研究》2006年第3期。
④ 林兴龙：《汉代宗族救济问题的考察与现实思考》，《厦门理工学院学报》2010年第3期。
⑤ 谢南山：《论魏晋南北朝时期民间社会救济》，《江西广播电视大学学报》2009年第2期。
⑥ 盛会莲：《唐五代社会救助研究》，浙江大学博士学位论文，2005，第137页。
⑦ 安德烈·比尔基埃等主编《家庭史》，袁树仁等译，生活·读书·新知三联书店，1998，第721页。

开展宗族内部救济，帮助贫困族人渡过难关。[①] 家庭和宗族保障在传统社会福利体系中具有特殊的地位和作用，是中国传统民间福利的重要类型。[②]

西方社会学自创立起，就重视对家庭进行研究。孔德提出静力学分析，涉及个人、家庭与社会三个方面的社会存在，他认为真正的社会单位是家庭。[③] 此后许多社会学家对家庭进行了研究，从而出现了家庭社会学这个社会学分支学科。在中国，家庭历史悠久，家庭是社会的基础构成，是家庭成员走向社会的驿站，《大学》有名言"修身齐家治国平天下"，家把"己"、国、天下联结起来。在中国传统的社会结构当中，"家"这个概念集中表现了中西文化在公私关系、群己关系、个人与社会的关系这些社会学关注的基本关系上的重大差别。[④] 要构建中国社会学的概念和理论体系，首先要精选概念，毫无疑问"家"就是这样一个基础的概念。

（陈为雷）

二　宗族：传统社会治理的重心

中国差序格局社会是以亲缘关系为基础的，从个体到家庭，再到家族、宗族，通过层层扩展，形成了一种以亲缘为基础的社会关系网络。这个社会关系网络不仅构成了中国传统社会的基础，而且是中国传统社会治理的重要力量。费孝通为此提出了"双轨政治理论"，说的是在传统中国县以上为皇权统治，县以下是绅权和族权治理。这两种权力相互作用，并行不悖，构成了"皇权不下县，县下唯宗族"的基层社会治理格局。而绅权和族权作为宗族权力的代表，实际上行使着基层社会治理功能。因而可以说传统社会的基层治理是以宗族为重心的。宗族作为一种最普遍的基层社会组织，在生活照顾、兴办义学、赈济灾荒、养老服

---

① 陈瑞：《明清时期徽州宗族的内部救济》，《中国农史》2007 年第 1 期。

② 毕天云、刘梦阳：《中国传统宗族福利体系初探》，《山东社会科学》2014 年第 4 期。

③ 于海：《西方社会思想史》，复旦大学出版社，1993，第 193 页。

④ 景天魁：《致传统文化与两岸社会建设研讨会的贺信》，2016 年 4 月 23 日。

务以及婚丧嫁娶等事务处理方面确实发挥着不可或缺的作用。即便是现代治理手段已经渗透到社会最基层的今天，宗族依然发挥着不可忽视的作用。当前，中国正经历着巨大的社会变迁，这种以亲缘为基础的社会关系网络或社会组织如何适应新的社会结构？它自身会如何发展和变异？这种变化又对当今基层社会的治理有何影响？这是中国社会学所应关注并需要解答的问题。

（一）宗族的概念及相关研究

宗族是一个社会学概念，它源于人们对家庭关系及家庭结构的认识。学术界普遍认为，宗族出于父系的血缘，所谓"父之党为宗族"。然而，不同时代宗族有其不同的内涵。

在中华典籍中，最早关于宗族的经典定义应为《尔雅·释亲》中的"父之党为宗族"，该定义给宗族划定了严格的父系单系标准。另一个经典定义是《白虎通德论》的阐释："宗者，何谓也？宗尊也，为先祖主也，宗人之所尊也。《礼》曰：宗人将有事，族人皆侍。圣者所以必有宗何也？所以长和睦也。大宗能率小宗；小宗能率群弟，通其有无，所以纪理族人者也"；"族者何也？族者，凑也，聚也，谓恩爱相流凑也。生相亲爱，死相哀痛，有会聚之道，故谓之族"。把"宗"与"族"合在一起，意思就是敬仰共同的长辈。

在许慎的《说文解字》里，"宗，从宀从示"。段玉裁注为："示为神也，宀谓屋也。"这就是说，"宗"是位于祖庙中的祖先偶像或牌位。从这个角度看，"宗"有鲜明的祖先崇拜色彩。《说文解字》把"族"字右下侧的"矢"字解释为箭头，整个字就像在"族旗"指引下"矢之所集"地射向一个目标。段玉裁因此认定"族"字本意是同类物品的聚集，引申意为同姓同祖亲属组成的集团。把"宗"与"族"合在一起，就是一个有共同先祖的父系血缘集团。

到了近代，冯尔康等总结其他学者的观点后认为："宗族是由男性血缘关系的各个家庭，在宗法观念的规范下组成的社会群体，它一般具备四个要素，即男性血缘系统的人员关系、以家庭为单位、聚族而居或相对稳定的居住区、有一定的组织机构和原则。"[①] 从这个定义来看，宗

---

① 冯尔康等：《中国宗族社会》，浙江人民出版社，1994，第 7 ~ 11 页。

族有点类似于今天各种正式的组织，有人员、场所、组织纪律、组织机构等。作为基层社会组织，宗族具有自己的组织架构，形成了自己的内部治理体系，并开展针对本族内部成员的福利供给。当宗族内部成员违反族规或者需要做出重大决策时，代表族权的族长便会召集相关人员进行处理。钱杭、谢维扬认为宗族主要存在于农村社会里，其依据真实的血缘关系联结而成，是具有稳定结构并对其成员有约束力的团体，最典型的表现形式就是"在祖先祭祀、宗族财产、伦理、宗子继承以及参加宗族活动等方面，对于族人有着严格的和成形的规定"。[①] 常建华在梳理《尔雅》、《白虎通》关于宗族的解释之后，认为"宗族即同一父系祖先若干分支结成的同姓集团……宗族已成为一种制度，即它是宗族活动有组织的系统，以祖先崇拜把族人结合在一起，强调共同体意识和互助精神，并有相应的规范。这一制度表现在祭祀先祖和睦族人的庙制，包含继承、分支、管理的大小宗制，五服亲属制度，最基本的组织是家庭"。[②] 郑振满在研究明清福建家族组织之后，认为"宗族一词指一种团体，其成员有共同的祖先，分享共同的资产、从事共同的活动，且意识到自身属于同一个团体"。[③]

在论述宗族时，自然而然地要涉及同源于血缘关系的家族。在日常表述中，"家族"和"宗族"并无多大区别，比如民间常说的"修家谱"，其实质就是"修族谱"。在学界也是如此，学者们往往将家族视同于宗族。比如杨善华认为，所谓家族是由"男系血缘关系的各个家庭，在宗法观念的规范下组成的社会组织"。在他看来，宗族与家族、宗族制与家族制、宗族社会与家族社会、宗族生活与家族生活，并"没有严格意义上的区别"。[④] 徐扬杰也把家族称为宗族，认为宗族是"同一个男性祖先的子孙，若干世代相聚在一起，按照一定的规范，以血缘关系为纽带结合而成的一种特殊的社会组织形式"。[⑤] 其实，将家族和宗族放在一起来讲，也有一定意义。不仅是由于二者都具有亲属团体的某些共同

---

① 钱杭、谢维扬：《宗族问题：当代中国农村研究的一个视角》，《社会科学》1990 年第 5 期。

② 常建华：《中华文化通志·宗族志》，上海人民出版社，1998，第 55 页。

③ 郑振满：《明清福建家族组织与社会变迁》，中国人民大学出版社，2009，第 9 页。

④ 杨善华：《近期中国农村家族研究的若干理论问题》，《中国社会科学》2000 年第 5 期。

⑤ 徐扬杰：《宋明以来的封建家族制度论述》，《中国社会科学》1980 年第 4 期。

特征，更重要的是由于二者的结构和功能互补，因而具有不可分割的逻辑关系。这也是学术界一般把宗族和家族放在一起来用的原因。

实际上，家族和宗族还是有些细微的差别。正如《辞海》对家族和宗族的解释不同："家族，以婚姻和血缘关系结成的社会单位"；"宗族，谓同宗同族之人"。① 可见，家族是血缘关系比较密切的亲族集团，而宗族是血缘关系相对疏远的同姓宗亲。它们之间的区别主要有三点。一是规模大小不同。家族是由家庭联合而成，是具有明确血缘关系的近几代人的组合，一般由几个已分家的至亲家庭构成，虽说也是以拜祭共同祖先为纽带所构成的社会团体，但所追溯的祖先一般不会超过四代。而宗族则是由一个家族与另一个或多个有着共同男性祖先的家族所组成，宗族的指涉范围更广，尤其是联宗的出现，更是扩大了宗族的范围。二是血缘的远近不同。中国民间社会大多是根据"五服"来区分亲疏之别。就血缘关系而论，五世以后就超过了"服制"范围，情谊关系已经极为疏远。② 也就是说五服之内为家族，五服之外的共祖同姓为宗族。由此，从血缘关系上看，家族要近于宗族。三是功效不同。由于血缘相近，家族成员间的日常交往频繁，凝聚力比较强，它所关注的更多是群体内部的情感联系；而宗族则是以祠堂、族田、族谱等具体的物质载体把群体联系在一起，具有政治、经济和法律关系上的密切联系，所以它更倾向于某种工具性的联系。

从上面的叙述可以发现，宗族具有社会治理功能，代行基层社会的治理与运作职能。第一，作为父系单系相传且祭祀共同祖先的一个群体，具有社会凝聚功能。它以族谱、祠堂、族田等具体的宗族活动行为或场所为载体把族众整合在一起，借助于族长的主持祭祀、宣扬教化和惩处越轨等职能和权力，实现社会控制。第二，宗族是一种基本的社会组织，体现出特殊的社会经济关系。它通过满足族人政治、经济、文化等各方面要求的方式，比如赈灾济困、襄助后学，甚至是修桥筑路、兴修水利等，达到宗族内部秩序稳定和团结的目的，进而实现基层社会秩序的稳定。第三，宗族实际上也履行着一定的国家治理职能。比如向族内土地

---

① 夏征农、陈至立主编《辞海》（缩印本），上海辞书出版社，2009，第868、2558页。
② 左云鹏：《祠堂族权族长的形成及其作用试说》，《历史研究》1964年第5~6期。

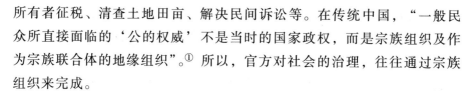

所有者征税、清查土地田亩、解决民间诉讼等。在传统中国，"一般民众所直接面临的'公的权威'不是当时的国家政权，而是宗族组织及作为宗族联合体的地缘组织"。① 所以，官方对社会的治理，往往通过宗族组织来完成。

（二）宗族的结构特征

在中国历史上，宗族是不断变化发展的。一般认为，中国的宗族组织曾经历过上古宗法制、中古重望族的宗族制和宋元以降以"敬宗收族"为目的的宗族制等主要发展阶段。② 所以，我们现代人观念上的宗族，是经宋儒及理学家们改造以后而发展起来的，兴盛于明清，受冲击于民国，衰退于新中国成立初期，而在当代中国又有复苏之势。

可以说，宋元以来的宗族制度，既是对中古以前宗族制的延续，但又不是对其的直接继承。因为在唐宋交替时期，宗法宗族制度经历了一些重大的转折。一是五代时期频繁的战乱使门阀士族势力遭到严重打击，其优越的社会身份和政治地位丧失殆尽。二是在宋代以后，科举考试制度继续发展，代替了门阀士族的世袭选官制，使得累世大族再难以出现累世公侯的局面，从而削弱了世家大族的政治影响力。三是宋代的商品经济比较发达，土地以私有为主，地权的流通转移速度加快，租佃制成为主要的土地经营形态。上述因素使魏晋以来士家大族的生存基础——九品中正制和庄园制走向崩溃，这就为一般官僚地主和庶民地主势力的兴起创造了条件，也开启了士族宗法宗族制向庶民宗法宗族制的过渡与转化。③ 关于宗族的转折，萨孟武在《中国社会政治史》中分析道："隋文肇兴，要建立巩固的国家，对于豪宗大族，不能不设法打击。而世族所以有其势力则由于三种原因，一是土地集中，二是户口荫附，三是九品官人之法。"④ 隋代为此采取的政策是：实行均田制，限制世族的土地；编户齐民，打掉人口对世族的依附；实行科举，改变世族豪强的阶级身份。经过五代十国到宋代，社会基本转向了庶民宗族制。

---

① 郑振满：《中国家族史研究：历史学与人类学的不同视野》，《厦门大学学报》（哲社版）1991 年第 4 期。

② 杨善华：《近期中国农村家族研究的若干理论问题》，《中国社会科学》2000 年第 5 期。

③ 参阅康武刚《宋代的宗族组织与基层社会秩序》，《学术界》2015 年第 4 期。

④ 萨孟武：《中国社会政治史》（卷三），台湾三民书局，1995，第 20 页。

虽然门阀士族宗族制度存在的社会基础遭到冲击，但这种宗族制度具有的保家又保国的社会治理功能依然是政府和社会所必需的。所以，重塑宗族制度、凝聚血缘关系、稳定社会结构成为庶民化宗族制度建构的关键。新的宗族制度的建构，是以"敬宗收祖"方式进行的。所谓"敬宗收祖"，即《礼记·大传》里"是故人道亲亲也，亲亲故尊祖，尊祖故敬宗，敬宗故收族"。意思是人的本性是亲近、孝敬父母，孝敬父母就会尊崇祖先，尊崇祖先才能凝聚血缘、团结族人，进而稳定社会。具体使用什么措施来"敬宗收祖"呢？宋及以后主要采用建祠堂、修族谱、置族田、定族规、树族权的方式来塑造。可以说，后来的宗族，基本都是靠这些有形或无形的载体联结起来的。族田是家族制度中祭祀祖先、救济族众、举办义学等所依赖的物质基础，依靠它可以把族众凝聚在一起，即"收族"；祠堂和家谱则是以对祖先的崇拜、血缘的传继，来实现尊祖敬宗，规定族规族法，从价值观念和意识上塑造和维系宗族制度，即"敬宗"。而族规、族权则是实现"敬宗收族"的行政手段。换言之，族规是基层社会治理的规章制度，族权则是治理的行政权力。

　　族权和族规是分不开的。族规是载体，族权是体现。族规，也称家法，起初是教养子孙洒扫应对的处事之道，如《颜氏家训》后来逐渐演变为一种约束家庭成员的规章制度。族权是由族长、祠堂、族田和族谱联结而成。族长则是族权的人格化体现。至于族权如何兴起，可以从《张子全书》卷四《宗法》说起："且如公卿一旦崛起于贫贱之中，以至公相，……既死，遂族散……如此则家且不能保，又安能保国家？"所以主张"立宗子法"，"以管摄天下人心，收宗族，厚风俗"。程颐也指出："若宗子法立，则人知尊祖重本，人既重本，则朝廷之势自尊。"（《朱子家礼·卷一》）后来，经过朱熹的进一步完善，族权、族规制度得以确立下来。从此，祠堂、族田和族谱便开始大量涌现。

　　祠堂是一个宗族的中心，是团结宗族的客观载体。通过祭祀祖先，把族人用血缘关系团结在一起，便形成一个严密的家族组织。从宋代起，宗族开始建立祠堂，但属于个别现象，直到明中期受嘉靖皇帝改革民间祭祖礼制的驱动才得以快速发展，至清代基本成为一种普遍现象。祠堂里供有祖先的神主牌位，因此是全族祭祀祖先的最重要场所。一是全族集会的地方，一旦族中遇有难以解决的纠纷，需全族共议时，就要集合到祠堂中商议。二是族长向族人传播伦理道德思想和家规家法的场所，所谓"其族长朔望读祖训于祠"。[①] 如果说家规家法是家族的法律，那么祠堂就是家族的法庭。族长执行家族的法律，代表祖宗在祠堂里处罚违反家规家法的子孙。可见，祠堂有很强的社会控制功能，它可以通过祭祀收拢人心、增强宗族凝聚力，可以通过族内教化和家族仪式的举行来增加族人对宗族的认同，可以通过祠堂执法实施对族人的硬性控制，等等。正如乾隆时期《休宁古林黄氏重修族谱》所载："管摄天下之人心莫善于立祠堂。盖祠堂立，则报本反始上以敦一本，即下以亲九族，而宗法亦隐寓于其中。"

"族谱"是记载血缘关系及其来历的记录，即家族的历史。它记载着全族的户口、婚配及血缘关系，还有全族的坟墓和族田的四至方位等。[②] 宋代以后，修谱发生了重大改变，除皇家玉牒外，家谱均由私家编修，自此修撰族谱之风十分盛行。到明清时，可以说既没有无谱之族，也没有无谱之人。早在宋代苏洵就强调修谱有着崇拜祖先、团结族人的作用，苏氏修谱的原因是避免本是一个祖先的宗族却不知什么关系，形同陌路之人。明代林鹭云："先儒程子尝谓，管摄天下人心，收宗族乡厚风俗，使人不忘本，须是明谱系、立宗子法。又谓宗子法废，后世谱牒尚有遗风，谱牒既废，则人不知来处，以至流转四方，往往来来，绝示相识。噫！谱牒之关于名教也。"[③] 可见，族谱有着建构社会治理体系的作用，作为社会关系网络的联结者，承载着族众的心理认同和有案可查的联系。直到今天，族谱仍然是团结族人的重要手段。

族田是宗族共有的土地，有祭田、社地、义庄天、祠堂田等名目。[④] 族田的出现，学术界一般认为始于北宋。[⑤] 皇佑元年（1049）范仲淹首倡义庄，使其"日有食，岁有衣，嫁娶凶葬皆有赡"，[⑥] 其目的在于"收

---

① 徐扬杰：《明清以来的封建家族制度述论》，《中国社会科学》1980年第4期。
② 徐扬杰：《明清以来的封建家族制度述论》，《中国社会科学》1980年第4期。
③ 转引自武新立《中国的家谱及其学术价值》，《历史研究》1988年第6期。
④ 夏征农、陈至立：《辞海》（缩印本），上海辞书出版社，2009，第2565页。
⑤ 许华安：《试析清代江西宗族的结构和与功能特点》，《中国社会经济史研究》1993年第1期。
⑥ 钱会辅：《义田记》，载吴楚才、吴兆基编《古文观止》，长城出版社，1999，第500页。

族"。朱熹在《家礼》中规定设墓祭田，"初立祠堂，乃计见田亩每龛取二十分之一，以为祭田。亲尽则以为墓田，宗子主子，以给祭用"（《朱子家礼》卷一），目的是"敬宗"。族田的收入可用于祭祀、恤贫、敬老、奖勤、助学等，但主要用于祭祀。这种从经济方面入手团聚宗族，把族众深深地吸引在一起的方式，能够达到联宗、收族的目的。从此以后，购置族田的风气盛行起来。从明代开始，许多官僚士绅广泛建置族田，如知县廖汝恒"得俸余皆以置义田赡族"，歙县商人许文义捐田 70 亩置族田，江西吉水县张处士"割田百亩"为义田。①

明朝中期以后，以祠堂、族田、族规、族权为体现的宗族组织体系逐步形成，意味着具有基层治理功能的宗族制度开始形成。学界也普遍将祠堂、族谱、族田和族权视为宗族构成的基本要素，而族权对其他三者起到统领作用。族权的体现者——族长是家长的延伸，它介于政府和家庭之间，上可以对接官府，下可以联结百姓。诚如清代冯桂芬在《复宗法议》里所言："牧令所不能治者，宗子能治之，牧令远而宗子近也；父兄所不能教者，宗子能教之，父兄可从宽而宗子可从严也。宗子实能弥乎牧令、父兄之隙者也。"可见，宗族把作为社会基础细胞的家和行使社会控制功能的国家联结在一起，形成对上负责对下控制的联通格局，也就是作为"绅权"的承载者，发挥着"皇权"所不能及的社会治理功能。

（三）宗族的转型与重建

作为一种文化符号和社会现实的宗族，既是社会组织也是最基本的社会经济关系，长期以来发挥着团结家族、稳定基层社会、促进家国同构的作用。

可是，进入 20 世纪，在学习西方、反思传统和寻求自强之道的过程中，宗族基本上被当成消极的东西，成为封建落后的代名词。其主要原因在于 20 世纪对宗族问题的认识，与对传统社会的定性以及解决现实社会革命道路的问题密切联系在一起。② 在给传统社会定性方面，严复所翻译的《社会通诠》的作者甄克斯认为，人类社会先从图腾社会向宗法

---

① 转引自曹凤祥《论明代族田》，《社会科学战线》1997 年第 2 期。
② 常建华：《二十世纪的中国宗族研究》，《历史研究》1999 年第 5 期。

社会发展，再向军国社会发展，而宗法社会的社会细胞由家族构成，个人归属于各自的宗族并受族规约束，个人缺乏自由，严复也因此认为宗法具有消极、反动的含义。所以，沟口三雄指出："严复自己在序言中也将宗法与封建合在一起使用，自那以后，将封建社会等同于宗法社会，并看作是历史发展阶段中一个落后社会的认识得以迅速扩散。"① 这一定性很大程度上影响了后来的新文化运动，人们认为宗族是封建、落后、专制的代表。而在解决现实社会革命道路方面，毛泽东在其《湖南农民运动考察报告》中指出，宗法封建制是几千年专制政治的基础，而代表封建宗法思想的政权、族权、神权、夫权又是束缚劳动人民的四大绳索，所以作为其一的族权必须是革命的对象，以解决社会危机，重建新的社会秩序。

一般认为，自清末以来宗族制度受到了强烈的冲击。一是科举制度的废除和皇权政治的解体，使宗族赖以生存的士绅阶层开始衰落，从而削弱了家族与中央政权的联系，使宗族失去了统治权威。二是西方现代国家政权建设的推进，使中央政权在农村地区建立越来越多的新型社会组织，不断分化和蚕食原属于地方宗族的权势。尽管民国时期，一些地方长官试图借助宗族组织促进地方社会治理，如 1932 年江西武宁县长提出利用"宗族组织团结社会以增进政治效率"，该制度在得到省政府认可后，江西省主席在 1933 年发布训令，要求各县全力推行族董会制度，② 但是，随着国家政权建设力度的不断加大，宗族制度不可避免地遭受到严重的侵蚀。三是近代工商业的兴起带来了更大的社会流动，使以封闭乡村社会为基础的宗族制度受到极大的冲击，尤其是乡村精英分子离乡进城，削弱了宗族所需要的社会支持力量。

更多的学者认为，新中国成立尤其是革命话语体系的确立，在更大程度上冲击了宗族制度。如王沪宁指出："在地主被消灭后，家族文化失去了主要动力，家族组织的治理功能不复存在；合作化和人民公社创造了不同于家族的组织，将农民历史性地纳入跨家族的集体之中，更削

---

① 沟口三雄：《日本人视野中的中国学》，李苏平等译，中国人民大学出版社，1996，第 70 ~ 71 页。

② 杨吉安：《宗族制度与国家控制——以 20 世纪三四十年代江西万载县为个案的考察》，《民国研究》2014 年秋季号。

弱了家庭的功能。"① 陆学艺等也认为："家族在社会主义改造的过程中深受冲击。在人民公社化时期销声匿迹。对农村和农民的生活没有什么影响。"② 概而言之，就是土地改革没收了作为祖产的族田、斗倒了作为地主阶级领袖的族长、剥夺了具有地方治理功能的族权；合作化运动的土地公有，把宗祠变成了公产；破"四旧"把与宗族有关的礼仪和规范简化或革除。可以说，在这一系列运动之下，家族作为一种社会组织与社会制度，从外表看确实已经不复存在了。③

然而有一些学者却不这么认为。经过在一些地方的实地调查研究他们发现，在新中国成立后的前30年，宗族确实受到了很大的冲击，但远没有被摧毁或瓦解。新中国成立后取缔了宗族的谱牒、族产和制度，但未能摧毁其文化观念和深层结构。④ 甚至可以说，国家权力能打破有形的宗族，却割不断无形的血缘亲情关系。比如，作为家族活动重要事项的祭祖、上坟等并没有完全被禁止，婚丧嫁娶、送往迎来中的亲属交往更是随处可见。可见，与家族制度相联系的家族观念与网络或隐蔽或显现地存在着。即使在国家对基层控制最严的20世纪60~70年代，家族作为一种社会群体仍构成农村社会的基础。这就使很多地区党的基层领导都有意无意地在安排村级领导班子时注意到村中各个姓氏之间的平衡。⑤ 再如众所周知的小岗村，签订包产到户生死协议的18人中大多数姓严，签订协议的领头人严俊昌更是在严姓村民中有着类似族长的威信。这足以表明，宗族是难以从文化根基上被清除干净的。因为宗族意识已经渗透到农民的日常生活中，当遭遇艰难困苦时，血缘成为他们强大的凝聚力，宗亲关系把他们联结在一起，并成为他们寻求资源或帮助的基础。

改革开放之后，随着国家权力对基层社会控制的松动，宗族活动又重新活跃起来。族谱的重修、祠堂的重建等使宗族文化开始复苏，宗族

---

① 参阅王沪宁《当代中国村落家族文化：对中国社会现代化的一项探索》，上海人民出版社，1991，第58~60页。

② 陆学艺等：《社会结构的变迁》，中国社会科学出版社，1997，第86页。

③ 参阅杨善华《近期中国农村家族研究的若干理论问题》，《中国社会科学》2000年第5期。

④ 王朔柏、陈意新：《从血缘群到公民化：共和国时代安徽农村宗族变迁研究》，《中国社会科学》2004年第1期。

⑤ 杨善华：《近期中国农村家族研究的若干理论问题》，《中国社会科学》2000年第5期。

组织也开始在各地重新兴起。但是仔细考察近二三十年复兴的宗族，显然不是传统宗族的重复或翻版，而是宗族的转型或重建。正如钱杭所言，现阶段中国农村宗族的重建过程，应被视为传统宗族发展史上的一个"后宗族"（post‐lineage）阶段。"后宗族"并不是"无"宗族，也不是"非"宗族，它虽然在很多方面不同于传统宗族，但在宗族的基本规定上又是整个宗族传统的最新延续，或者可称为转型阶段。①

但需要重申的是，转型中的宗族与传统宗族有着重大的区别。第一，转型中的宗族大多没有确定的宗族首领，只有宗族事务的临时召集人，而传统宗族中的族长是确定的，并且主持宗族祭祀及日常事务；第二，转型中的宗族没有统一固定的形式，稳定性也不强，反观传统宗族，一般形式比较固定，宗族礼仪及族规也比较规范；第三，转型中的宗族一般是来去自如的松散性自愿组织，而传统宗族则是一个基于血缘关系的强制组织，游离它也就失去了庇护和认同。

同时需要指出的是，宗族在当代的转型与重建，并不代表宗族的完全复兴，反而有可能会因为社会流动的常态化和家庭规模的小型化，以及社会组织和社会信用体系的建立完善，而失去赖以存在的基础，从而使宗族制度和观念消失殆尽。

（四）宗族在社会治理中的作用

站在 21 世纪的今天，回望有着两三千年历史的宗族制度，如何认识、定位，尤其是评估它的价值显然有着重要的现实意义。温铁军将传统的基层社会治理概括为"皇权不下县"，而秦晖进一步引申为"国权不下县，县下惟宗族，宗族皆自治，自治靠伦理，伦理造乡绅"。尽管"皇权到底下不下县"的问题在学界争论颇大，比如胡恒认为："皇权不下县真正的理论根基在于区分皇权对县以上和县以下不同的治理模式，县以上通过建立科层式的官僚机构进行直接统治，而对县以下借助三老等乡官或里甲、保甲等带有职役性质的基层组织进行间接统治，从而缓解了传统社会资源不足的困境，并因介入力度较弱而为宗族、士绅留下了运作空间。"② 但不可否认的是，宗族在传统中国基层社会的治理中，

---

① 钱杭：《论汉人宗族的内源性根据》，《史林》1995 年第 3 期。

② 胡恒：《"皇权不下县"的由来及其反思》，《中华读书报》2015 年 11 月 4 日，第 5 版。

起着不可替代的作用。诚如前述分析，宗族所发挥和承担的社会治理作用重要而多样：协助国家税收，赈济族内困苦，兴办义学乡学，修筑公共设施，凝聚身份认同，维护社会稳定，等等。可以说，宗族在传统中国社会治理中的作用是不可替代的。概而言之，它既是一种社会制度也是一种社会经济关系，既是一种社会组织也是重要的社会意识，既是中国重要的文化特征也是中国人的一种礼仪。

当然，传统宗族制度也有消极的一面，比如限制人的思想、束缚人的自由等。这些，如果用传统社会机械团结和现代社会有机团结的逻辑来分析，也有其合理性和必要性。因为在一个封闭的社会环境里，社会规范和宗族规定一般不可分割，违反社会规范也相当于使宗族蒙羞，族内的惩罚也就相应严厉，所以在思想上限制、在行为上约束是对这种严厉后果的必要防范。然而，进入现代社会，如同社会由机械团结转为有机团结一样，对违反社会规范的惩罚相应地由以刑罚为主转向以民事调解为主，所以，宗族制度的转换也完全可以扬长避短，从而在新的社会环境下发挥其应有的价值和意义。

事实上，宗族在现代社会中依然发挥着极其重要的作用。首先，宗族组织是一种很重要的社会资本。普特南认为，社会资本是一种和物质资本、人力资本相区别的，存在于社会结构中的个人资本，它为结构内的行动者提供便利资源，包括关系网络、信任和规范。[1] 也有学者研究发现，在农村新的经济结构启动和发育过程中，亲缘关系是信任结构建立的基础，也是实际获得资源的重要途径。对许多乡镇企业和企业家的调查表明，企业经营的直接动因以及资金、信息、技术、人才、原料和销售市场的获得常常是直接或间接的亲缘连带关系带来的。[2] 甚至，亲缘关系作为一种文化传统和象征体系，能够在更广泛意义上被复制和放大。比如在改革开放初期，我国相当多的外资来源于具有亲缘关系的华人华侨的资本。再如在当前的扶贫开发过程中，有学者主张利用社会资本进行扶贫开发，他们认为穷人之所以贫困的一个原因是缺乏物质资本进行融资，扶贫开发完全可以利用亲缘等社会关系网络作为社会资本，

---

① Robert Putnan, *Bowling Alone: The Collapse and Revisal of American Community*, New York: Torchstone, 2000, p. 45.

② 郭于华：《农村现代化过程中的传统亲缘关系》，《社会学研究》1994 年第 6 期。

为贫困人员的信贷融资进行担保，从而帮助他们摆脱贫困。

其次，宗族组织是一种社会身份认同。埃里克森认为，认同是"通过现实和想象的人们对自我内涵共同认识而形成和保持的一种自我认知框架，是一种自我的统一性和历史连续性的感觉"。[①] 在传统中国，个体是通过宗族来实现身份认同和情感体感获得的，所谓叶落归根，无论个人取得多大成绩，人生最终的归宿还是那个精神和实体的故土，因为宗族组织可以为他们提供满足身份认同和情感归属的需求。在现代中国，社会的变迁使农村人纷纷进入城市创业、谋生，以实现自己的人生价值。在未来的中国，叶落归根的观念可能会被终生的迁移所打破，但是身份认同作为一种认知和想象很难被消磨殆尽，人们总会想方设法调整行动方式满足这种需求。在当前，人们除通过续家谱、回乡祭祖外，还试图通过老乡会、同学会、宗亲会等方式找关系、套近乎。其实，这些行为方式常常是拟亲缘的，主要是利用各种各样的组织结缘，把陌生人变成熟人。换言之，这种新的拟亲缘性社会组织不仅仅是社会关系的相互利用，在更大意义上是寻求一种社会身份上的认同，找到"我是谁？我从哪里来？我要到哪里去？"的心灵归宿。

最后，宗族组织为一种社会互助团体。在传统中国，宗族互助一直是民间社会保障的一个重要类型，并有着丰厚的实践经验。如在明清时期，有些宗族往往通过设置义田、义仓、学田、义屋、义冢等途径开展宗族内部救济，帮助贫困族人渡过难关。这是因为村落经济是乡村社会的物质基础，人们的生活网络相对比较封闭，所以社会关系是围绕亲缘关系而展开的，亲缘关系自然地成为纽带把人们联结在一起，从而形成了宗族自治共同体。一旦遇到灾难，宗族的关系网络就成为传统社会成员寻求资源和帮助的首选。这种亲缘之间的互帮互助，如同加里·贝克尔所说："在传统社会中，一个同血缘关系的亲属集团，就是一个很有效力的'保险公司'。"[②] 即使到现代社会，宗族这一社会互助团体仍发挥着重要作用。在当前家庭保障功能弱化和国家保障乏力的情况之下，发掘和鼓励宗族成员之间的互助不失为一种明智之举。实际上，现在也

① E. H. Erikeson, *Identity*, *Youth and Crisis*, New York：Norton, 1968, p. 17.
② 加里·贝克尔：《家庭经济分析》，彭松建译，华夏出版社，1987，第277页。

有一些宗族通过内部集资或是族人捐资设立了新形式的族产，对族内成员进行帮助。如地处珠江三角洲鹭江村的车氏宗族便利用族产给每位退休的老人（55岁以上）500元/月。[1] 这种宗族内部的互助、保障，完全可以作为社会保障制度的补充。另外，宗族互助不仅是物质上的帮助，更重要的是精神上的认同，其作用类似于传统族田的"收族"功能。这样一来，除补充国家保障的不足之外，宗族互助还可以增进族众的认同，进而有利于社会关系网络的构建。

所以，许多学者在考察宗族对现代社会的适应性之后认为，宗族与现代化并不矛盾，它完全可以通过自身革新而与现代化社会相适应，并在其中发挥积极作用。事实上，宗族组织也将在我国基层社会治理中继续发挥重要作用：在政治上，可以和基层政权合作，进入法制的轨道，发挥治理上的辅助作用；在经济上，可以充分发挥作为社会关系网络和社会资本的作用，促进地方经济协同发展；在文化上，可以通过亲缘关系的纽带帮助人们找到心灵的归宿，实现对家族和国家的认同。

（杨建海）

三 孝：社会整合的基点

中国传统社会以家为核心，家成为联系个人与社会的桥梁，而维系家庭团结及社会整合的基础则是"孝"。它从"养父母之身"开始，推及人伦规范、家庭关系、社会团结和国家治理。作为传统社会的精神基础，"孝"透过人际关系的延伸，广泛渗透于社会、政治、经济、宗教、教育、文化等各个领域。作为把个人、家庭、社会、国家结合在一起的纵向链条，"孝"逐步成为社会组织的伦理规范，并作为社会整合的基点，维护着社会秩序和国家凝聚。

（一）"孝"的起源与形成

"孝"具体起源于何时目前尚无定论。一般认为，"孝"起源于先民

---

① 杨嬛、左停：《中国乡村治理中宗族功能的变迁》，《湖北民族学院学报》（哲学社会科学版）2007年第2期。

对祖先的崇拜，而明确形成孝观念则是在周朝。

从起源上看，《礼记·郊特牲》解释敬祖的意义时说："万物本乎天，人本乎祖"，可见对祖先的崇拜是为了使子孙后代永远不忘祖先的开拓之功。崇拜统一的祖先，是某一血缘团体保持一致、共同对外的基础。有了本族内部的团结才能联络其他团体，结成联盟。《尚书·尧典》有言："克明俊德，以亲九族。九族既睦，平章百姓。百姓昭明，协和万邦。"

殷人心目中的最高神是"上帝"，[①] 上帝左右人世间的风雨云雷、生死祸福。而殷人的祖先可以直接拜谒上帝，成为上帝与人世间的主要媒介。如《尚书·太甲上》有云："先王顾諟天之明命，以承上下神祇。社稷宗庙，罔不祇肃。天监厥德，用集大命，抚绥万方。"殷王死后"宾于帝"，灵魂随侍于帝廷，当时国王只能通过祭祖这条唯一渠道与他沟通，所以殷王祭祖虔诚、隆重、频繁。[②] 正因为祖先是人界和神界的媒介，殷人的祖先崇拜成为宗教生活的核心。《礼记·表记》载："殷人尊神，率民以事神，先鬼而后礼，先罚而后赏，尊而不亲，其民之敝荡而不静，胜而无耻。"通观夏、殷两代的宗教，其显然还处于一种较低的水平，处处带有原始宗教的痕迹。殷人虔信鬼神，祭祀频繁，重鬼治而轻人治，尚未形成"孝道"的宗教伦理。

自武王伐纣，以周代殷以来，分封制度的建立使社会结构发生了重大变化。为配合政治制度的变革，周代开始把传统的宗法性宗教向人文化方向发展，并增加了道德伦理方面的内容。侯外庐曾经说过，"德与孝是周代统治阶级的道德纲领"，"德以对天"、"孝以对祖"是周代伦理的特色。[③]

"孝"字在西周青铜器中已经大量出现。《三代吉金文存》中"孝"字共 104 见，《西周金文大系考释》中 36 见，除去两书中重复的部分，讲"孝"的铭文达 112 则，[④] 如《三代吉金文存》中有云："月追孝与其

---

① 此处的"上帝"和西方基督教意义上的"上帝"不同，中华先祖是多神崇拜，而最高的神是"天"、"上天"，即此处的"上帝"，属于"天道"崇拜。

② 参见张践《儒家孝道观的形成与演变》，《中国哲学史》2000 年第 3 期。

③ 侯外庐：《中国思想通史》第一卷，人民出版社，1957，第 92～93 页。

④ 查国昌：《西周"孝"义试探》，《中国史研究》1993 年第 2 期。

父母，以锡永寿。"《商周青铜器铭文选·追簋》有云："用享孝于前文人。"产生于殷周之际的《尚书》、《周易》以及稍后的《诗经》，其中关于"孝"的论述更是比比皆是。可见，孝道在周代已经是一种相当普遍的道德伦理了。从金文中"孝"字的用法来看，尽管主要还是针对故去的祖先的，但是周人在颂扬祖先功德、祈求祖灵佑护时，也出现了"孝养"观念。《尚书·酒诰》云："小子惟一妹土，嗣尔股肱，纯其艺黍稷，奔走事厥考厥长。肇牵车牛，远服贾用，孝养厥父母，厥父母庆，自洗腆，致用酒。"这段话是周公对殷族遗民的训诫之词，要求他们自食其力、专心农事，农事之余则牵着牛车到外地去从事贸易，以便孝敬、赡养自己的父母兄长。

伦理规范意义上的孝，特别是用来规范家庭成员及社会秩序的孝，到孔子才完全突显出来，并逐渐成为中国人的人格特质以及对行为模式最具影响力的因素。例如，在《论语·颜渊》篇中出现的颜渊问仁、仲弓问仁、樊迟问仁等，无不是通过对行为即"礼"的判断来解释"仁"。同时，作为普遍性原则的"仁"需要通过"孝"等特殊性来实现伦理道德的具体化，如"三年无改于父之道，可谓孝矣"（《论语·学而》），"今之孝者，是谓能养，至于犬马，皆能有养，不敬，何以别乎？"（《论语·为政》）等记述，都对孝的具体行为做了阐述。进而，孔子还将"孝"与"礼"结合起来，说对父母长辈，应该"生，事之以礼；死，葬之以礼，祭之以礼"（《论语·为政》）。从《礼记》中大量关于孝的记述中可以看出，此时已经实现了孝与礼的结合。由此，以孔子为代表的儒家先贤完成了孝道从宗教到哲学、从抽象到具体、从"追孝"到"养孝"的转变。而且，他们认为，孝敬父母不再是因为社会的外在压力、鬼神的约束，而是出自人们内心的情感要求和道德自觉，如"身体发肤受之父母，不敢毁伤，孝之始也"（《孝经·开宗明义》）。

按照台湾学者韦政通的看法，孝道在孔子时代形成大概有两个重要原因。一是到孔子时代，中国以单系亲族组织为原则的社会结构已经趋于定型。在这种亲族组织中，以父子关系为主轴的伦常关系，如君臣、夫妇、长幼、朋友的行为，都是以父子关系为准绳的。所以，"提倡孝道是稳定这一社会结构最为有效的社会力量"。二是"孝"承担着把"仁"贯彻到具体行为的责任。也就是说，孝成为每个人具体行为中的特殊规范，可以由孝来考验人之践仁与否。① 从历史上看，春秋时期是社会剧烈变动的时期，社会变革也引起了意识形态的变化。随着周王室的权力式微，原来那种一直作为唯一社会意识形态的宗法性宗教开始土崩瓦解，并严重影响着维系人际关系的孝道，儿子杀老子、臣子杀国君的现象屡见不鲜，出现了孔子所痛心疾首的"礼崩乐坏"局面。在这种背景下，以孝道为核心的伦理秩序必须重新构建，以规范人伦秩序和家庭关系，促进社会整合和国家长治。

（二）"孝"的含义与演化

孝道观念既然已经形成，那么何为"孝"？《尔雅·释训》中对孝的解释是"善事父母为孝"；《说文》的解释是"善事父母者，从老省、从子，子承老也"。当今学者对"孝"的金文字形的解释与上述说法大体相同，《辞海》对"孝"的解释是"善事父母"，几乎与《尔雅》的解释完全一样。康殷《文字源流浅说》的分析更有趣，"像'子'用头承老人行走。用扶持老人行走之形以示'孝'"。② 可见，"孝"的古文字形和"善事父母"之义完全吻合，因而"孝"就被看作子女对父母的一种善行和美德。从这个角度看，"孝"字在当时的界定包含三方面的含义。一是就行为主体而言，特指子女，非子女之行不得称"孝"，强调下代对上代，体现代际的互动与传承。二是就行为性质而言，是"善"或"善事"。子女的所作所为应该是很好的、尽心尽力的、自己觉得好且别人也认为好的行为，也就是说，子女的孝行要体现出"善"、"敬"。三是就行为对象而言，在家庭关系结构中，善待或善事的对象只能是父母，且应该主要是指在世的父母，对父母以外的其他人再好，也不得用"孝"字称之。③

如果说孝观念形成于孔子时代，孔子成为孝道观念承前启后的转折点，那么孔子以后的孝道，在概念、范围或是意义、功能上都发生了重大的变异。作为孔子再传弟子的孟子对"孝"进行了意义和范围上的扩

---

① 韦政通：《中国孝道思想的演变及其问题》，《现代学苑》（台湾）1969 年第 6 卷第 5 期，第 169～177 页。
② 宋金兰：《"孝"的文化内涵及其嬗变——"孝"字的文化阐释》，《青海社会科学》1994 年第 3 期。
③ 参阅焦国成、赵艳霞《"孝"的历史命运及其原始意蕴》，《齐鲁学刊》2012 年第 1 期。

展，并且对孝的行为规范做了详细说明。在孔子那里，"孝"仅为众德之一，到孟子开始把孝的价值逐步提高，尤其是"亲亲"原则的建立，把"孝"在孔子时代仅作为父子一伦的规范，极端化到治国理政的唯一标准。其经典论述分别出现在孟子和万章①以及孟子和桃应的问答里。②从这两篇问答里，可以看出孟子的价值观念：当国法与亲情相冲突时，国法要从属于亲情。甚至有学者认为，从孔孟到秦汉孝道思想的演变，是"忠"与"孝"、"私情"与"国法"混同的过程。③

到了汉代，随着汉王朝"以孝治天下"的治国方略及举孝廉等制度的实行，孝与仕途、利益紧密地联系在一起。自此，孝、孝道观念和孝道伦理有了根本性的转变。而成书于秦汉之际的《孝经》和《礼记》对此观念的形成起到了关键性推动作用。《礼记》可以说在所有的古籍中，是对孝道阐发最为丰富的一本。其通过对孝普遍化的论述，认为人间的一切价值都可以包含在孝道之中。《礼记·祭义》有言："夫孝，置之而塞乎天地，薄之而横乎四海，施诸后世而无朝夕，推而放诸东海而准，推而放诸西海而准，推而放诸南海而准，推而放诸北海而准。"它通过对孝行、孝容、孝祭的规范，把孝子所可能涉及的行为事项，都做了详细规定。《礼记·曲礼上》记载："夫为人子者，出必告，反必面，所游必有常，所习必有业。"并且借助于孝道与治道关系的阐述，实现了孝道与政治的互通。如《礼记·大传》言："人道亲亲也。亲亲故尊祖，尊祖故敬宗，敬宗故收族，收族故宗庙严，宗庙严故重社稷，重社稷故爱百姓，爱百姓故刑罚中，刑罚中故庶民安，庶民安故财用足，财用足故百志成。"概而言之，《礼记》认为事孝（亲）如事天，事天如事孝（亲），至此孝道与天道实现了融合。

---

① 万章问曰："象日以杀舜为事，立为天子，则放之，何也？"孟子曰："封之也，或曰放焉。"万章曰："舜流共工于幽州，放驩兜于崇山，杀三苗于三危，殛鲧于羽山，四罪而天下咸服，诛不仁也。象至不仁，封之有庳。有庳之人奚罪焉？仁人固如是乎？在他人则诛之，在弟则封之。"曰："仁人之于弟也，不藏怒焉，不宿怨焉，亲爱之而已矣。亲之欲其贵也，爱之欲其富也。封之有庳，富贵之也。身为天子，弟为匹夫，可谓亲爱之乎？"（《孟子·万章上》）

② 桃应问曰："舜为天子，皋陶为士，瞽瞍杀人，则如之何？"孟子曰："执之而已矣。""然则舜不禁与？"曰："夫舜恶得而禁之？夫有所受之也。""然则舜如之何？"曰："舜视弃天下犹弃敝蹝也，窃负而逃，遵海滨而处，终身欣然，乐而忘天下。"（《孟子·尽心上》）

③ 韦政通：《中国孝道思想的演变及其问题》，《现代学苑》（台湾）1969年第6卷第5期，第169～177页。

与《礼记》成书年代相去不远的《孝经》更是孝道思想的大成之作。它作为殷周敬天祭祖思想的延续，通过对孔子、曾子和孟子有关孝道思想的梳理、归纳和总结，实现了对儒家孝道伦理的系统化和理论化，也成为儒家孝道伦理创造完成的标志。在不到 2000 字的文本里，《孝经》对孝源（孝的根源）、孝行（孝的方法及其功效）、孝德（孝是政治行为的根源，政治是孝的自然延伸）等孝道伦理进行了阐述和论证。换言之，《孝经》是通过对孝行和为政之德及其关系的梳理归纳，将本来规范血缘关系的家庭伦理变成了国家政治哲学，将简单的父子亲情伦常转化成具有宗教意义和政治教化功能的普遍德行。自此开始，经过历代政治的推广、民间的教化、制度的推动，"孝"作为最重要的文化基因，开始在中国人的血液里流淌，作为社会整合的核心，维系着社会的秩序。

经过《礼记》和《孝经》两部经书的影响，汉代在"独尊儒术"和"天人合一"思想指导下，从理论上完成了"移孝作忠"，在实践上开始了"以孝治天下"的王朝统治。在汉代，"孝"既是皇权合法性的来源，也是君主的统御之术。所以，汉代的统治者以多种方式宣传"孝"、实践"孝"。第一，皇帝以身作则，行孝重孝。汉朝皇帝谥号大多都有"孝"，颜师古说："孝子善述父之志，故汉家之谥，自惠帝以下皆称孝也。"（《汉书·惠帝纪》）第二，将"孝"政治化，用行政手段强化孝。设置"孝悌常员"掌管孝行事务，开设"察举孝廉"选拔官吏，设置"三老"管理民间教化。第三，倡导尊老敬老的社会风气。颁布"养老诏"，赐"鸠仗"以尊重高寿翁妪，体恤年老病残。第四，"孝治"不仅褒奖行孝悌者，还严惩"不孝罪"者。宣传"孝子"，普及民间孝道，实行养老政策，维护父母特权，设《孝经》博士，重视并推广《孝经》等；同时对不孝者惩罚十分严厉，规定对不孝者要"斩首枭之"。[1] 可见，汉代经过一系列运作，把君主的统治整合进家庭的伦理秩序：一是将行孝与尽忠结合起来，为皇权统治谋求到统御之道与合法来源，开启了以孝治天下的先河；二是重新构建了以"孝"为核心的社会秩序，为社会的整合找到了凝聚点；三是通过敬老养老风气的提倡，促进了家庭这个社会基层组织的和睦。

---

[1] 肖群忠：《孝与中国文化》，人民出版社，2001，第 67 页。

虽然魏晋隋唐时期儒家文化相对衰弱，以儒学为基本价值观念的孝道和汉代相比受重视程度较弱，但总体来说依然是"以孝治天下"。这是因为，其一，经历两汉三百多年的推广、教化和熏陶，"孝"已经渗入社会机理和民众心理，制度的惯性会延续社会对"孝"的依赖；其二，这一时期的政治比较动荡，特别是魏晋南北朝，时常"城头变幻大王旗，你方唱罢我登场"，如果以"忠"来教化百姓，显然不符合谋权篡位者的心理要求，所以还要用"孝"来整合社会，促进社会团结。到了唐代，虽然"孝"依然不太受重视，但是出于统治需要，孝道伦理仍然获得充实和发展。一是唐玄宗两次注疏《孝经》，成为至今使用的通行版本；二是《孝经》成为科举考试的必修科目；三是拥有中华法系最高立法成就的《唐律疏议》，对"孝"特别重视，其中能够体现"孝"的有 58 条之多。① 此时，从印度传入的佛教开始发掘吸纳有关孝亲思想，使佛教得以在中国土地上生根发芽并茁壮成长。如《杂阿含经》卷四曾痛斥弃父不养者："虽具人形，实同兽心；有子如此，尚不如杖。"

宋代是孝道伦理的中兴时期。因为伴随着理学的兴起，宋代的先哲们进一步对"孝"进行了阐释和论证。他们认为礼是文、理是本，礼是理的社会化表达，仁、义、礼、智、孝都是天理内在的属性，是外显于社会关系准则的人伦道德观念，由此认为"人伦者，天理也"，② 并认为"父子君臣，天下之定理，无所逃于天地之间"。③ 朱熹作为理学之集大成者，更是认为"理"是万物之本，孝即理的产物。"为君须仁，为臣须敬，为子须孝，为父须慈"，④ 就是"君臣父子皆定分也"，⑤ 并且是"古今共有之理"。⑥ 既然是定理，父慈子孝、兄友弟恭、君尊臣卑也就成了人类顺应天理的表现。所以，"孝"在宋朝迎来了又一发展巅峰。其一，"人伦即天理"的哲学论证，最终发展出"三纲五常"这个极端

---

① 杨志刚：《唐律疏议对孝经的承嬗离合》，《东北师范大学学报》（哲学社会科学版）2012 年第 6 期。

② （宋）程颐、程颢：《河南程氏外书》（卷七），载《二程集》，中华书局，1981，第 394 页。

③ （宋）程颐、程颢：《河南程氏遗书》（卷五），载《二程集》，中华书局，1981，第 77 页。

④ （宋）朱熹：《朱子语类》（卷十八），中华书局，1994，第 398 页。

⑤ （宋）朱熹：《朱子语类》（卷六十三），中华书局，1994，第 1536 页。

⑥ （宋）朱熹：《朱子语类》（卷十三），中华书局，1994，第 231 页。

化的礼教秩序，对以后明清两朝的"忠孝合一"，甚至是愚孝的发展产生了深刻影响；其二，随着社会结构的变革和氏族大家的衰败，士大夫和乡绅逐步取代豪强地主成为地方政权的实际领导者。所以，这一时代的乡绅、士大夫们开始注重孝道在民间的推广和实践，以利于基层社会的稳定。他们通过编写劝孝诗文、乡规民约、家规家范等，使孝道教化通俗易懂，便于在民间流传。比如邵雍编写的《孝悌歌十章》、朱熹编写的《古今家礼祭》以及修改增删的《吕氏乡约》都流传甚广、影响很大，成为民间行孝效仿的范本。

元代虽然不如中原政权那样重视孝道，但出于统治的需要，孝也有所发展，成书于元代的《二十四孝》就极大地丰富了孝的素材。明政权发端于农民皇帝，朱元璋深知"孝"在民间的无穷力量，故在兴"孝"方面注重从自身做起，以身作则，躬行孝道。登基之日，即率世子及诸子奉神祖，诣太庙，追尊四代祖考妣。洪武一朝，荐举讲孝、科举讲孝，选拔官员亦讲孝。朱元璋还以养老的方式教化孝道：赐老人以衣帛，授以爵位，评议官员，理民诉讼，并明文规定80岁以上的老人由官府供养。与此同时，民间士绅也承继宋代的传统，重视用乡规民约来约束百姓，王守仁就在镇压江西、福建、广东、湖南四省农民起义后，撰写和颁布了《南赣乡约》来约束和教化百姓。

清代作为外族政权，入关承继大统之后，不断学习汉族文化，传诵儒家经典，当然也借助"孝"的力量进行统治，康熙皇帝就特别强调三纲五常，而在三纲五常中又把"孝"放在首位。他认为，帝王治天下，要"推之有本，操之有要"，而这个"本"与"要"就是"首崇孝治"。为推动孝行，雍正皇帝也曾效仿汉代举"孝廉方正"，赐六品顶戴。乾隆也给中选者授予知州、知县等官位。[1] 与此同时，民间力量也借助通俗的教材，如《百孝图》、《劝孝篇》、《老来难》等，不遗余力地推广和宣传孝道。这种广泛的传播行径一直持续到清末民初。

---

[1] 参阅李云光《论孝道的源起、发展及其历史作用》，《书目季刊》1994年第27卷第4期，第168~173页。

（三）"孝"的社会整合

从上文的分析可以看出，"孝"由最初的敬宗追祖，发展出敬老尊老的家庭伦理规范，后来在演变过程中发展出"移孝作忠"，通过"忠"与"孝"观念的建构，把父子亲情巧妙地置换为君臣之义，把"孝"从家庭扩展到社会、从个人推及君主，从而实现了传统社会以"孝治"为基础的"家国同构"。由此可见，"孝"推动了传统社会的整合。既然如此，那它是通过什么途径，又是怎样整合社会的呢？"孝"对社会的整合实质上暗合了儒家"修齐治平"的内在逻辑——由己而人、由家而国，从个人到家庭、到社会，再到国家，每一步"孝"都在其中起着整合、联结和凝聚作用。

第一，"孝"是个人修养的完善，塑造着个人伦理责任。在传统社会，"孝"被看作一切道德行为的起点。《孝经·开宗明义》有言："身体发肤，受之父母，不敢毁伤，孝之始也。"意思是说保护好自己的身体和生命，是每个孝子必须尽到的责任。"孝有三，大孝尊亲，其次不辱，其下能养"（《礼记·祭义》），强调的是养父母之身的行孝远远不够，一个真正的孝子还要宽父母之心，甚至长父母之志。凡此种种，都说明行孝需要先把自己做好。所谓"身修才能家齐"，从"孝"的意义上讲，就是如果自己的身体、心性都修养不好，无法做到能养及不辱，更遑论尊亲了。

需要说明的是，孝敬父母不仅指子女对父母的孝敬，还扩展出更广泛的意义，比如对朋友的真诚、对师长的尊敬，甚至对国家的忠诚等，也就是《孝经》开宗明义地提出的"夫孝，始于事亲，中于事君，终于立身"。孝的立足点其实就是修身，而最终止于立身，即"立身行道，扬名于后世，以显父母，孝之终也"（《孝经·开宗明义》）。可见，事亲和事君是个人立身行道过程中的两个必经之路或目的。事亲是孝的应有之义，事君则是孝在政治生活中的延展或实现。实质上，这也是一个推己及人的过程，由对父母孝敬推广到对人忠诚、对国家效忠、进而发展出中国人常说的"孝治天下"。

第二，"孝"是家庭伦理的准则，规范了家庭成员内部之间的长幼顺序，维系着家庭和睦。"孝"在传统社会被看作一种基本的家庭道德和维系家庭成员之间关系的准则。当然，处理亲子关系是"孝"最主要也是最原始的功能，它不仅要求"父慈子孝"，还要求"兄友弟恭"，在民间常常与"悌"一起使用。所以，孝是处理家庭事务、维系家庭和睦最重要的伦理规范，它使传统中国的家庭成员之间能够同产共居、几代同堂，即便是父子或兄弟分家另处之后，各个家庭之间也能互帮互助。

正如学者在分析传统中国的家族本位时指出，宗法社会的基本特征是"家国同构、家国一体"，在政治、经济及社会生活等各个方面都以父家长制的家族为本位，统治者对国家的治理是"通过家族来实行的"。在这样的社会里，统治者十分注重维护家族的安定与和谐，这不仅"因为家族的安定是国家安定的基础，而且因为在一定意义上国家就是扩大了的家族"。① 只有家"齐"才能国"治"，因此，维护家庭的稳定和谐就成为最为重要的伦理目标和宗旨。而"孝"作为宗法等级制度的伦理精神基础，对维系家族的延续和团结起到了不可替代的作用，成为宗法社会的灵魂。

第三，"孝"是社会团结的核心，维持着社会稳定。涂尔干认为传统社会是靠"机械团结"来维系的。因为在文明程度较低的社会中，由于分工程度较低，同一团体的成员们同质性较强，需要保持同样的习俗，信奉同一图腾，这种共同性使他们意识到大家必须同属一个集体才能有效生存。换言之，传统社会基本上是从"相似性"中生成的社会，即所谓"同质"的社会。所以，该团体的首要任务是使成员尊重团体的信仰和各种传统，即维护共同意识、维持一致性。在中国，这种共同意识和价值观念就是"孝"。

由于传统中国是一个宗法社会，宗族在很大程度上本身就是一个小社会，社会中各个家族（宗族）的稳定基本上等同于社会稳定。古德也说："在帝国统治下，行政机构的管理还没有渗透到乡村一级，而宗族特有的势力却维护着乡村的安定和秩序。"② 所以说，家族是社会稳定的基础，家族稳定，社会就能稳定。而宗族或家族的团结正是靠"孝"来凝结的。所谓"其为人也孝弟，而好犯上者，鲜矣；不好犯上，而好作乱者，未之有也"（《论语·学而》）。这句话的基本逻辑是说做到孝悌，

---

① 肖群忠：《孝与友爱：中西亲子关系之差异》，《道德与文明》2001 年第 1 期。
② W. 古德：《家庭》，魏章玲译，社会科学文献出版社，1986，第 166 页。

就不会犯上，不会犯上自然就不会作乱，无人作乱的社会自然就比较稳定，如同儒家传统一向所认为的"忠臣出自孝门"、"长幼顺而上下治"。所以，宗族社会是借着孝道来保持自身系统的有序和稳定。当然，反过来聚族而居的生产和生活方式又为孝道的实施提供了空间、时间、责任归属等诸方面的保障。

第四，"孝"是国家治理的基础，维护着社会和谐。从上述"孝"在个人、家庭、社会中的作用来看，"孝"确实在其中起到了贯通和整合作用，这是因为孝道的实践得到了自下而上和自上而下的双重支持，道德的社会化使其成为社会心理的基础和行为规范的量化标准，道德的政治化又使"孝"具备了无须论证的至上合法性以及国家法律的支持。可见，孝道在国家治理中发挥着结构性的聚合作用，成为亲疏有别、长幼有序、君臣有义的秩序维护者。"移孝作忠"、"忠孝一体"观念的建构，"家国同构"的社会格局造就了民众的广泛政治认同。事实上，传统的国家治理正是把宗法家族内的父权和国家机制中的君权融合起来，借助忠孝一体的价值观念，实现了对家族或宗族的统治，从而实现了社会及国家治理。例如"举孝廉"制度，自汉代创立之后始终为历代所沿袭，这种注重考察官员孝悌品行的选拔方式，实质上是孝道伦理在人事管理制度中的体现。还有在古代乡村，国家依托宗族建构了"国权不下县，县下惟宗族，宗族皆自治，自治靠伦理，伦理出乡绅"的基层社会治理制度。这种把官治体制、宗族组织和乡绅结合起来的治理方式，实质上与现代市民社会自治理念十分契合。

这些观点还可以在许多儒家经典著作，如《礼记》、《孝经》等中得到证实。似乎人世间的一切价值都包含在孝道之中。《礼记·大传》曰："是故，人道亲亲也。亲亲故尊祖，尊祖故敬宗，敬宗故收族，收族故宗庙严，宗庙严故重社稷，重社稷故爱百姓。"此言阐述了由亲情到敬祖、到家庭和睦，再到重视国家社稷，最后到爱百姓的逻辑，其实就论证了个人、家族、国家、百姓之间是一个闭合循环并融为一体的相互支持的关系。《礼记·祭义》有言："立爱自亲始，教民睦也。立教自长始，教民顺也。教以慈睦，而民贵有亲；教以敬长，而民贵用命。孝以事亲，顺以听命，错诸天下，无所不行。"意思是说，君王要立爱于天下，就要教导老百姓敬爱自己的双亲，以孝敬之心侍奉双亲，就会以顺从的态度听从长者的教导，听从长者的教导就会遵从长官的命令，所以普天之下就会和谐共处。《孝经·广扬名》也有言："君子之事亲孝，故忠可移于君。事兄悌，故顺可移于长。居家理，故治可移于官。"此章更是直接地将孝移作忠，把悌转为顺，视理家为社会管理。从上述的儒家理想来看，所有的政治教化都可以通过"泛孝化"来完成。事实上也是如此，传统中国基本上就是通过"移孝作忠"、"忠孝一体"来实现"家国同构"的，自然也完成了君主对民众的教化、政府对人民的统治。

（四）"孝"在当代的社会价值

"孝"在传统社会具体独特的整合功能，尤其在融合亲子关系、维护家庭和睦和促进社会团结、进行政治教化，甚至在代替宗教信仰等方面，都发挥了不可替代的作用。它"凝聚着以血缘为纽带的宗法氏族关系，为维系家庭团结和保持社会稳定起着特殊重要的作用"。[①] 当然，"孝"是建基于较少流动的传统农业社会和以宗族为基础的宗法社会结构之上的。20世纪特别是新中国成立以后，受西方科技文明的冲击，虽然孝道及其依附的社会结构遇到了很大的挑战，但是父子亲情需要融合、家庭关系需要维护、社会秩序需要和谐，而对这些关系的维护仍然需要"孝"发挥作用。当前，人口流动加剧、家庭规模小型化甚至核心化导致社会结构急剧变迁，"孝"所依附的社会结构已经发生重大变革，这就要求调整"孝"及其社会规范，重塑"孝"的价值，积极适应时代的要求。

第一，"移孝为爱"，培养公民的爱心、责任感和感恩意识。前文已经论及，"孝"是儒家思想核心"仁"的具体化，正所谓"孝弟也者，其为仁之本与？"（《论语·学而》）儒家伦理讲求仁者爱人，所以完全可以利用"推己及人"的理念，首先从爱自己的双亲做起，逐步做到爱天下的父母，把对父母的小爱变为对大众的大爱。因为在儒家的政治伦理中，"孝"不仅指一个人对亲人的天然之情，更以孝敬父母、尊敬兄长为轴心，逐层地向外扩展、推进，将孝道与家族、国家和天下相缔结。[②]同时，完全可以利用对父母之"孝"培养公民的责任心和感恩意识。因

---

① 罗国杰：《"孝"与中国传统文化和传统道德》，《道德与文明》2003年第3期。
② 夏湘远：《论"孝"的政治伦理意蕴》，《湖南师范大学社会科学学报》2006年第7期。

为"孝"本身就包含许多对父母的责任和感恩之心，比如"父母在，不远游，游必有方"（《论语·里仁》）、"服三年之丧"① 等。正如直觉主义伦理学大师威廉·大卫·罗斯教授认为，人的自明道德义务有忠诚、公正、赔偿等，其中重要的一项则是感恩。而感恩又是一种善良的道德意识与情感，是支配人实现道德行为的思想基础。② 所以，利用孝心培养公民的责任感和感恩意识是提高全民族思想道德素质的重要途径。

第二，倡导孝敬，助力家庭养老。养父母之身是"孝"的本源之义，进入现代社会也应如此。即便是当前的家庭养老功能已经弱化，但是在缺少社会养老资源的广大农村地区，儿女对父母的"养老送终"依然是主要方式。众多学者研究表明，由于孝道伦理的滑坡，加上社会养老资源的不足，农村养老状况十分堪忧。所以，在当前国家不能完全接力养老责任的状况下，在农村还应该大力倡导孝道，鼓励子女尽到本分，不仅养父母之身，还要养父母之心。当然，提倡孝道不等于只依靠孝道，而是在家庭、社会和国家共同作用下，子女应该对老人提供更多的精神慰藉和养老服务支持。从另一个角度看，中国独有的"独生子女"问题折射出家庭养老服务的不足问题。所以，提倡孝道，对未来的家庭养老甚至是机构养老都是一个很大的支持和补充。

第三，弘扬孝道，促进社会和谐。"夫孝，德之本也，教之所由生也。"（《孝经·开宗明义》）传统中国把孝当作一切道德的根本，所有的教化都要从"孝"开始。因为从"孝"的本质来看，它是一种反映人的社会属性或善良的德性。从"孝"的功能来看，它具有规范人伦秩序、凝聚家庭团结、整合社会关系、维护社会秩序等多种独特功能。再者，"孝"本身也蕴含在家有孝亲的责任感、在社会上遵守秩序的精神机制。

所以，弘扬孝道就是要使孝道伦理并不局限于尊敬自己的父母，还应尊敬他人的父母及其他长者，普遍地爱天下一切人的父母，即"老吾老，以及人之老；幼吾幼，以及人之幼"。这样才能使孝道所倡导的不

---

① 宰我问："三年之丧，期已久矣。君子三年不为礼，礼必坏；三年不为乐，乐必崩。旧谷既没，新谷既升，钻燧改火，期可已矣。"子曰："食夫稻，衣夫锦，于女安乎？"曰："安。""女安，则为之！夫君子之居丧，食旨不甘，闻乐不乐，居处不安，故不为也。今女安，则为之！"宰我出，子曰："予之不仁也！子生三年，然后免于父母之怀。夫三年之丧，天下之通丧也。予也有三年之爱于其父母乎？"（《论语·阳货》）

② 参阅魏英敏《"孝"与家庭文明》，《北京大学学报》（哲学社会科学版）1993 年第 1 期。

忘父母养育之恩延伸出知恩图报、不忘师友、博爱众生等理念，促进人际关系的和谐；使孝道所倡导的"长幼有序"理念促进人伦秩序规范、家庭矛盾化解、社会和睦稳定；使孝道所推崇的忠君、报国、敬业等理念，促进社会力量的凝聚。

总之，弘扬孝道，就是要回归"善养其身"的本源，并借助儒家"推己及人"思想"移孝为爱"，在促进人伦亲情、家庭和睦、社会和谐的同时，增强社会的凝聚力。

（杨建海）

四 礼：社会的典章制度

"礼"是中国传统社会的核心概念，是规范社会行为的制度典章。"圣人之道。一礼而已矣。"① "礼"经常与"仁"一起使用。"仁"注重内心修养，而"礼"侧重外在规制，"没有仁，礼就徒具形式；没有礼，仁就无所依托"。② "礼"因构建起中国人的社会交往准则及社会规范体系，而成为中国社会学的重要概念。

（一）"礼"的内涵与特性

1. "礼"的起源

"礼"究竟起源于何时以及何种社会活动，人们的看法并不一致。有学者认为"礼"起源于原始宗教的祭祀仪式，这可以从《说文解字》以及王国维、郭沫若的字源考据得出。《说文解字》讲："礼，履也。所以事神致福也。从示，从豊。"③ 从构字法来看，礼"从示，从豊"，说明"礼"与祭祀有关。《礼记·祭统》也说："凡治人之道，莫急于礼。礼有五经，莫重于祭。"④ 也有学者认为"礼"起源于原始的风俗习惯。⑤

① 凌廷堪：《礼经释例》，中华书局，1985，第9页。
② 钱逊：《孔子仁礼关系新释》，《孔子研究》1990年第4期。
③ （东汉）许慎：《说文解字新订》，臧克和、王平校订，中华书局，2002，第4页。
④ 李学勤主编《十三经注疏（六）·礼记正义》（十三经注疏标点本），北京大学出版社，1999，第1345页。
⑤ 参见杨宽《古史新探》，中华书局，1965，第234页；匡亚明：《孔子评传》，南京大学出版社，1990，第352页。

《礼记·礼运》篇言："夫礼之初，始诸饮食，其燔黍捭豚，污尊而抔饮，蒉桴而土鼓，犹若可以致其敬于鬼神。及其死也，升屋而号，告曰：'皋某复！'然后饭腥而苴孰，故天望而地藏也，体魄则降，知气在上，故死者北首，生者南乡，皆从其初。"① 这就是说，不仅可以"因俗立法"，还可以"缘俗制礼"，这就是"礼"从俗出。还有学者认为，礼起源于货物交换行为，比如周朝的货物交换行为"还有浓厚的礼仪性质"。② 马塞尔·莫斯（Mauss）也发现："氏族间和部族间的交换，往往仅限于互相通婚和有友好关系的才进行礼品交换，而和一般的以物易物是不同的。这种礼品交换，就是我们过去所说的'礼尚往来'，'来而不往，非礼也'……如北美洲印第安人的'夸富宴'（Potlatch）和美拉尼西亚某些岛民的'库拉'（Kula）等。"③

2. "礼"的内涵

荀子认为，"礼"主要体现在"养"和"别"两个方面："养"就是要从制度上保障"养人之欲，给人之求"，满足人的物质欲望和需求；"别"就是要形成"贵贱有等，长幼有差，贫富轻重皆有称者"的制度或规范。④ 前者偏重于指人的身体方面、生理性方面，后者则侧重于指人的社会地位、社会性方面，两者相互依存。

一是"养"人之"礼"。作为"养"的"礼"，就是要"养人之欲，给人之求"，要养人之口、鼻、目、耳、体。《荀子·礼论篇》中曰："礼起于何也？曰：人生而有欲，欲而不得，则不能无求；求而无度量分界，则不能不争；争则乱，乱则穷。先王恶其乱也，故制礼义以分之，以养人之欲，给人之求，使欲必不穷于物，物必不屈于欲，两者相持而长，是礼之所以起也。故礼者，养也。刍豢稻粱，五味调香，所以养口也；椒兰芬苾，所以养鼻也；雕琢、刻镂、黼黻、文章，所以养目也；钟鼓、管磬、琴瑟、竽笙，所以养耳也；疏房、檖貌、越席、床笫、几筵，所以养体也。故礼者，养也。"⑤

---

① 李学勤主编《十三经注疏（六）·礼记正义》（十三经注疏标点本），北京大学出版社，1999，第666页。

② 杨向奎：《礼的起源》，《孔子研究》1986年第1期，第36页。

③ 杨堃：《民族学概论》，中国社会科学出版社，1984，第226页。

④ 安小兰译注《荀子》，中华书局，2007，第157页。

⑤ 王先谦：《荀子集解（全二册）》，沈啸寰、王星贤点校，中华书局，1988，第346～347页。

不仅如此，"礼"还可以养信、养威、养安、养生、养财、养情。《荀子·礼论篇》中讲："君子既得其养，又好其别。曷谓别？曰：贵贱有等，长幼有差，贫富轻重皆有称者也。故天子大路越席，所以养体也；侧载睪芷，所以养鼻也；前有错衡，所以养目也；和鸾之声，步中武、象，趋中韶、濩，所以养耳也；龙旗九斿，所以养信也；寝兕、持虎、蛟韅、丝末、弥龙，所以养威也；故大路之马必倍至教顺，然后乘之，所以养安也。孰知夫出死要节之所以养生也！孰知夫出费用之所以养财也！孰知夫恭敬辞让之所以养安也！孰知夫礼义文理之所以养情也！"①

这表明，礼具有外在的社会规范性，呈现为一定的程序、次序、秩序，体现了"礼"的社会调节功能。孔子认为，"礼"就要"治情"，而"情"也是"欲"的一种。《礼记·礼运》讲："夫礼，先王以承天之道，以治人之情。故失之者死，得之者生。"②《礼记·礼运》中还说："夫礼必本于天，动而之地，列而之事，变而从时，协于分艺，其居人也曰养，其行之以货力、辞让、饮食、冠、婚、丧、祭、射、御、朝、聘。"③ 按照孔子的理解，作为"养"的"礼"具有两个方面的规定性：一是养护、满足，比如养情、顺情；二是治情、节欲。《荀子·礼论篇》所谓"孰知夫出死要节之所以养生也！孰知夫出费用之所以养财也！孰知夫恭敬辞让之所以养安也！孰知夫礼义文理之所以养情也！"④ 说的正是后面一层含义，表面看是对人欲的一种节制，其实恰恰是对人欲的一种维持。

二是"别"人之"礼"。作为"别"的"礼"表现为差异性，也就是所谓"礼"的"别异"或者"明分使群"，"礼"主要明"别"、"异"、"等"、"殊"、"分"、"序"。⑤ 它强调一种分别、名分，表现为差序、序列，君臣上下贵贱有等和长幼尊卑亲疏有别，造就出一种"亲亲尊尊长长贤贤、君君臣臣父父子子"的社会结构。所谓"礼，亲亲父为

---

① 王先谦：《荀子集解（全二册）》，沈啸寰、王星贤点校，中华书局，1988，第347~349页。

② 李学勤主编《十三经注疏（六）·礼记正义》（十三经注疏标点本），北京大学出版社，1999，第662页。

③ 李学勤主编《十三经注疏（六）·礼记正义》（十三经注疏标点本），北京大学出版社，1999，第707页。

④ 王先谦：《荀子集解（全二册）》，沈啸寰、王星贤点校，中华书局，1988，第348~349页。

⑤ 刘泽华：《中国政治思想史集》（第二卷），人民出版社，2008，第41页。

首，尊尊君为首"。① "礼"的差别性具体体现为贵贱、尊卑、长幼、亲疏有别的社会秩序，它要求人们的行为方式都要符合其社会身份和社会地位，不同身份地位的人要遵循不同的行为规范。

《荀子·非相》说："人道莫不有辨，辨莫大于分，分莫大于礼。"② 还说："故先王案为之制礼义以分之，使有贵贱之等，长幼之差，知愚、能不能之分，皆使人载其事而各得其宜。"③《礼记·曲礼》中也说："夫礼者，所以定亲疏，决嫌疑，别同异，明是非也。"④《礼记·中庸》又有："亲亲之杀，尊贤之等，礼所生也。"⑤《韩非子》说："礼者，所以貌情也，群义之文章也，君臣父子之交也，贵贱贤不肖之所以别也。"⑥ 董仲舒也讲："礼者，继天地、体阴阳，而慎主客、序尊卑、贵贱、大小之位，而差外内、远近、新故之级者也。"⑦《白虎通》言："夫礼者，阴阳之际也，百事之会也，所以尊天地，傧鬼神，序上下，正人道也。"⑧ 所以，"礼"之"分"表现为分物以养体、等级分野与差等，以及在职业分工上使农、士、工、商各守其业、劳心劳力，智愚高下各尽其能，以使人的行为规范化，引导人达到心正意诚的境界。⑨

由此可知，"礼"是调整社会关系的等级制度，也是维护社会秩序的行为规范，体现为一系列的礼节仪式和社会道德规范，进而是人们必须遵守的社会规范。在先民们看来，"礼"不仅是为了"养人之欲"，更是为了标明社会群体、个体的亲疏远近关系和社会身份地位差异，厘清差序化的社会层级结构，因而是一种规范社会运行的典章制度。其实，即便是"养人之欲"也有其内在的别异分殊和差序有别：从"礼"的调节性角度来讲，"礼"节制了人心、人情、人欲，也滋养了人心、人情、

① 司马迁：《史记》（简体字本），中华书局，1999，第 2488 页。
② 王先谦：《荀子集解（全二册）》，沈啸寰、王星贤点校，中华书局，1988，第 79 页。
③ 王先谦：《荀子集解（全二册）》，沈啸寰、王星贤点校，中华书局，1988，第 70 页。
④ 李学勤主编《十三经注疏（六）·礼记正义》（十三经注疏标点本），北京大学出版社，1999，第 13 页。
⑤ 李学勤主编《十三经注疏（六）·礼记正义》（十三经注疏标点本），北京大学出版社，1999，第 1440 页。
⑥ 王先慎：《韩非子集解》，钟哲点校，中华书局，1998，第 132 页。
⑦ 董仲舒：《春秋繁露今注今译》，赖炎元注译，台湾商务印书有限公司，1984，第 254 页。
⑧ 陈立：《白虎通疏证》，吴则虞点校，中华书局，1994，第 95 页。
⑨ 刘泽华、葛荃：《中国古代政治思想史》（修订本），南开大学出版社，2001，第 61 页。

人欲，成为人克服私"己"的一种手段、途径和目标。人们"克己复礼"，"克"的就是随心所"欲"、私心私情，从而恢复那种维系社会秩序的典章制度，促进社会秩序的正常运转以及公共生活的有序进行。

因此，"礼"本身作为一种社会秩序的代称，不仅是个体修身养性或修养身心的一种途径和手段，而且是社会整体"克己复礼"、礼乐有序的一种追求。它既追求个体身心的和谐与平衡，又追求社会的和谐与平衡。每个人都循礼守制，便可实现个体内心心理平和、情绪有节、欲望可控，以及个体行为的中节、合礼，进而实现社会关系的融洽有序，实现社会交流的顺畅、合理。最终的结果就是整个社会运行的最优化。

3."礼"的特性

"礼"是社会交往与社会互动的制度规定，是人独立于动物界所特有的规定性，是社会形成的必要条件。人类可以没有民族、国家，但绝对不能没有"礼"，否则就无法组成相互依存的社会形态。按照荀子的理解，"礼"涉及"养"和"别"两个方面，做到"养人之欲，给人之求"，个体之间、个体与群体之间便可形成亲疏远近的社会关系、尊卑相称的社会地位与差等有序的社会结构，天地万物、人间万事便会运行不悖、顺畅有序。从唐宋时期出现的由礼转理、以礼合理的转向，到二程、朱熹等开展的由礼入理、以理释礼、理一分殊的探析，乃至清儒纳礼入理、礼理贯通以及以礼代理、礼理之辩的论争，"礼"的社会规定性始终如一。总的来讲，"礼"具有四个方面的规定性。

第一，制度规范性。"礼"是一种制度规范。许慎《说文解字》曰："礼，履也。"[1]"礼"就是用来践行的，是一种行为规范和社会行动准则。无论是对人的治情节欲，还是其所强调的行为规范、礼节仪式，无一不体现礼的规范性与制约性，言行、情欲、私利都需"中规中矩"、"中节"。"礼"的规范性表现在制度、仪式方面。在传统社会里，"礼"与"乐"经常并用，构筑起一整套社会规范，形成"家国一体"的典章制度体系，是谓"礼制"。《尚书大传》和《礼记·明堂位》中都记载了周公"制礼作乐"以规范人们行动一事。"夫礼始于冠，本于昏，重于

---

① 许慎：《说文解字新订》，臧克和、王平校订，中华书局，2002，第4页。

丧祭，尊于朝聘，和于射乡，此礼之大体也。"① 这是说"礼"已经成为国家认可的社会制度与社会治理依据，构成社会运行的典章。所谓"孝因心生，礼缘情立"。② "礼者，因人之情而为之节文，以为民坊者也。故圣人之制富贵也，使民富不足以骄，贫不至于约，贵不慊于上，故乱益亡。"③ "饮食男女，人之大欲存焉；死亡贫苦，人之大恶存焉。故欲恶者，心之大端也。人藏其心，不可测度也。美恶皆在其心，不见其色也，欲一以穷之，舍礼何以哉！"④ 这里的"礼"实际上已成为约束人情、节制人欲的制度规范，涵盖礼俗、礼仪、礼制、礼规等方面，从而实现了社会层面的整合。

同时，"礼"的规范性也表现为它经常成为一种社会评判标准。荀子说："礼者，人主之所以为群臣寸尺寻丈检式也。"⑤ 这就是说，礼制是君主为臣子制定的治人的法度。《春秋》中到处可见"礼也"、"有礼"与"非礼也"的判断。"礼"在人的社会化过程中不仅能够调节人们的社会行为，而且能够调节人们的心理。"礼""从消极意义上说，是对行为的节制、限制；从积极意义上说，则是对内心本有的真情的调节、指导。"⑥ 正所谓"以义制事，以礼制心"。⑦

第二，结构差异性。"礼"的差异性表现为人的社会地位差异。"礼"是维系君臣地位差异的"节之准也"，⑧ 这里的"节"指的是进行社会统治的君臣之间的"差等"。臣子之间的地位与"礼"相匹配。《左传·庄公十八年》曰："王命诸侯，名位不同，礼亦异数。"⑨ 朱熹曾说，

① 李学勤主编《十三经注疏（六）·礼记正义》（十三经注疏标点本），北京大学出版社，1999，第1620页。
② 刘昫等：《二十四史全译·旧唐书》（第2册），汉语大词典出版社，2004，第724页。
③ 李学勤主编《十三经注疏（六）·礼记正义》（十三经注疏标点本），北京大学出版社，1999，第1400页。
④ 李学勤主编《十三经注疏（六）·礼记正义》（十三经注疏标点本），北京大学出版社，1999，第689页。
⑤ 王先谦：《荀子集解》（全二册），沈啸寰、王星贤点校，中华书局，1988，第145~146页。
⑥ 王处辉：《中国社会思想史》，中国人民大学出版社，2002，第96页。
⑦ 李学勤主编《十三经注疏（二）·尚书正义》（十三经注疏标点本），北京大学出版社，1999，第198页。
⑧ 王先谦：《荀子集解》（全二册），沈啸寰、王星贤点校，中华书局，1988，第262页。
⑨ 李学勤主编《十三经注疏（七）·春秋左传正义》（十三经注疏标点本），北京大学出版社，1999，第259页。

"礼是那天地自然之理"，①"礼者，天理之节文，人事之仪则"。②"盖自天降生民，则既莫不与之以仁义礼智之性矣。然其气质之禀或不能齐，是以不能皆有以知其性之所有而全之也。"③"人之德性本无不备，而气质所赋，鲜有不偏，惟圣人全体浑然，阴阳合德，故其中和之气见于容貌之间者如此。"④就是从天理、人性等角度论证了人的先验本性来自"礼"，人的差异性不离"礼"，王夫之也认为"礼为天理之经"。⑤

当然，"礼"的差异性还表现为社会关系结构的差序。"礼"是人的社会性存在尺度，体现出尊卑次序等差异，要求对不同对象施行不同的"礼"，做到父慈、子孝、兄良、弟悌、夫义、妇听、长惠、幼顺、君仁、臣忠，以便将差异化的个体整合为社会整体，使各层级、各群体之间形成相互依存的共生互惠关系，表现出"人伦"在各类社会关系中的差序，逐渐形塑那种以"石头扔到水里产生的波纹为中心"分层化、伸缩性的社会结构。费孝通先生说："我们的格局不是一捆一捆扎清楚的柴，而是好象把一块石头丢在水面上所发生的一圈圈推出去的波纹。每个人都是他社会影响所推出去的圈子的中心。被圈子的波纹所推及的就发生联系。每个人在某一时间某一地点所动用的圈子是不一定相同的。"⑥这种"差序格局"构成中国社会的基本特性。在差序格局中，"社会关系是逐渐从一个一个人推出去的，是私人联系的增加，社会范围是一根根私人联系所构成的网络"。⑦整个社会关系以"己"为中心，"像水的波纹一般，一圈圈推出去，愈推愈远，也愈推愈薄"。⑧这都是"礼"的亲疏、远近、尊卑、上下、内外、厚薄关系内涵的生动写照，也是"礼"差异性的最典型体现。同时，差序格局绝不仅仅是一种人伦模式，更多地体现出对一种社会稀缺资源配置的模式与格局。⑨这就形

①　黎靖德：《朱子语类》，王星贤点校，中华书局，1986，第1049页。
②　朱熹：《四书章句集注》，中华书局，1983，第51页。
③　朱熹：《四书章句集注》，中华书局，1983，第1页。
④　朱熹：《四书章句集注》，中华书局，1983，第102页。
⑤　王夫之：《船山全书》（第八册），岳麓书社，1990，第754页。
⑥　费孝通：《乡土中国》，北京大学出版社，2005，第32页。
⑦　费孝通：《乡土中国》，北京大学出版社，2005，第40页。
⑧　费孝通：《乡土中国》，北京大学出版社，2005，第34页。
⑨　孙立平：《"关系"、社会关系与社会结构》，《社会学研究》1996年第5期。

成了以个人为重心、以关系为网络、以资源为给养填充、以"礼"为资源配置规则、以行动实践为社会动力的立体社会结构。

不仅如此，"礼"的差异性还表现为社会运行的差别。一方面，差异性是社会运行的原则，"礼"的社会建构过程存在差异性，各个社会整体以及社会结构内部都存在不同的运行机制。差异性体现在变通性和适应性上，它要因时因地、因人因事、因情因实而制宜，要"称"其名、"称"其数。孔子就说过："礼不可不省也。礼不同、不丰、不杀。"① "是故先王之制礼也，不可多也，不可寡也，唯其称也。"② 另一方面，差异性又是社会运行的结果，"礼"的社会结构状态存在差异性，各个社会及各个社会结构内部组成、社会关系都有不同的构造形态。正是"礼"在社会运行状态及呈现结果方面的差异，才形成了"小康"、"大同"及"大顺"三种礼乐有序的不同社会形态。③

第三，社会公平性。"礼"对公平价值的追求使其具有特定的公平指向性。一方面，"礼"的公平性表现为差异性公平。"礼"的公平不是无差别、绝对的公平，而是那种因人而异、按礼分配、"各得其分"的差异性公平。它规定了不同层级的人有不同的权利和义务，要求人们遵守与其身份与地位相应的社会规范，不同层级的人获得与其身份及地位相称的生活资料及消费资料，这就是"礼"所定的"名分"。这或许同当今社会人们所追求的平等或公平观念有所不同，但描述了一种社会现实，指明了一种社会变迁实质。

另一方面，"礼"的公平性体现为相对性公平。基于上述缘由，"礼"所表现出来的公平自然就是一种相对的公平，体现为"礼"的相对性，外显为一种附着有参照对象的"关系型"公平，要做到"上下相安"。不同的人有不同的"礼"，有不同的礼仪用度规定，应做到各归其位、各司其职、各有相称、各得其所。"礼"所定的"名分"类似于今天的物权、产权，具有定分止争的作用。孔子曾说："不患寡而患不均，不患

---

① 李学勤主编《十三经注疏（六）·礼记正义》（十三经注疏标点本），北京大学出版社，1999，第732页。

② 李学勤主编《十三经注疏（六）·礼记正义》（十三经注疏标点本），北京大学出版社，1999，第734~735页。

③ 李学勤主编《十三经注疏（六）·礼记正义》（十三经注疏标点本），北京大学出版社，1999，第656~715页。

贫而患不安。"① 朱熹认为这个"均"就是"各得其分",这个"安"实际上就是"上下相安"。② 这与费孝通所说的"各美其美、美人之美"异曲同工。各得其分则各得其所,如此才能上下相安无事而天下咸宁,整个社会就会达到一种"美美与共、天下大同"的公平状态。

第四,社会有序性。首先,"礼"的有序性体现为社会制度的恒常性。有序是社会运行与发展的理想性追求,实现社会的有序首先要求社会规范及社会制度的恒常。《礼记·曲礼上》提到,无论是道德仁义、教训正俗、分争辨讼、定君臣上下或父子兄弟、宦学事师、班朝治军、莅官行法、祷祠祭祀、供给鬼神等,③ 还是伦理道德、民间习俗、法律判决、社会关系、教育军事、宗教祭祀,都缺礼不成、无礼不行。可以说,即便是最普通的礼仪和人伦关系准则,"只要削减掉这些习惯中的一种,你便动摇了国家"。④ 不依"礼"行事必定导致社会的混乱与失序,乃至民族国家的消亡。《礼记》也说:"礼者,天地之序也。"⑤ 这将"礼"又拔高了一个层次,由社会秩序至自然秩序,由"礼"而实现天人合一,"礼"贯通了天人关系。

其次,"礼"的有序性体现为社会秩序的稳定性。"礼"是针对整个社会处于"礼崩乐坏"局面而被孔子重提的,因此,重建社会秩序、维系社会稳定就成了"礼"的重要使命,它甚至被提到维护"万世太平"的高度。⑥ 在这种情形下,"礼"强调"别",即所谓"尊尊";"乐"注重"和",即所谓"亲亲"。"礼"、"乐"并用不仅成为衡量社会安定有序的两把尺度,同时也是规范社会秩序、促进社会良性运行的制度化手段。"礼看似是对人加以限制,造成分别,其实作用在于调和人与人的关系,使相通相和如一体……礼就是要在个性与群体性之间求得和

① 李学勤主编《十三经注疏(十)·论语注疏》(十三经注疏标点本),北京大学出版社,1999,第 221 页。
② 朱熹:《四书章句集注》,中华书局,1983,第 170 页。
③ 李学勤主编《十三经注疏(六)·礼记正义》(十三经注疏标点本),北京大学出版社,1999,第 14 页。
④ 孟德斯鸠:《论法的精神》,张雁深译,商务印书馆,1978,第 316 页。
⑤ 李学勤主编《十三经注疏(六)·礼记正义》(十三经注疏标点本),北京大学出版社,1999,第 1090 页。
⑥ 王国维:《殷周制度论》,载《观堂集林(附别集)》(全四册),中华书局,1959,第 453 页。

谐。"① "礼"对社会群体、社会关系和社会行为等的规范，最终都是为了实现社会安定与和谐有序。"夫礼者，所以定亲疏，决嫌疑，别同异，明是非也。"② "民所由生，礼为大。非礼无以节事天地之神也，非礼无以辨君臣、上下、长幼之位也，非礼无以别男女、父子、兄弟之亲，昏姻疏数之交也。"③ 由此可见，礼是礼治社会公认合式的行为规范，是人们判断是非曲直、规范社会行为的标准和依据，同时也是实行社会控制、维护社会秩序的必备手段。

"礼"的上述四种特性相互关联，可以总称为"礼性"。其中，规范性也是因人而异的差异性，只有各得其分的规范才是公平的；公平性是有序性的必要条件，社会秩序则随时而化、因时而变，从而生产生生不息的社会。

（二）"礼"对社会的建构

"礼"作为一种思想不仅存在于典籍文献中，而且深深地扎根于日常生活，成为人们内化于心、外化于行的须臾不可离之物，它塑造了人本身以及人所属的那个社会。作为人们必须遵循的行为规范，"礼"包括社会生活中的道德原则和社会政治、经济制度等各个方面的典章规范，它既是约束人的社会行为的基本准则，又是约束人与人之间的社会关系的基本规则，还是国家政治事务治理的重要典章和依据。④

第一，"礼"将人教化成社会的人。这就是荀子所谓"化性起伪"，或者后世所谓"礼教"。首先，"礼"是人安身立命需要习得的知识和规范，甚至成为法、律例的总纲，由此成为做人的最高道德标准。《礼记·祭统》云："凡治之人道，莫急于礼"，⑤ "礼者人之规范，守礼所以立身也"。⑥ "礼"的这种常识和规范要求人们内化于心、外化于行。"礼者，

---

① 王处辉：《中国社会思想史》，中国人民大学出版社，2002，第 95 页。

② 李学勤主编《十三经注疏（六）·礼记正义》（十三经注疏标点本），北京大学出版社，1999，第 13 页。

③ 李学勤主编《十三经注疏（六）·礼记正义》（十三经注疏标点本），北京大学出版社，1999，第 1373 页。

④ 曹德本：《中国政治思想史》，高等教育出版社，2004，第 47 页。

⑤ 李学勤主编《十三经注疏（六）·礼记正义》（十三经注疏标点本），北京大学出版社，1999，第 1345 页。

⑥ 程颢、程颐：《二程集（全四册）》，中华书局，1981，第 1174 页。

法之大分，类之纲纪也，故学至乎礼而止矣。夫是之谓道德之极。"① "礼者，人道之极也。"② 因此，"礼"还是法的总纲、律例的纲纪和典章，是人们学习的最高思想境界和做人的最高道德标准。

其次，"礼"是社会教化的手段。"礼"能够化民善俗、安上治民，常常作为支撑社会治理和维护社会秩序的教化手段。就知识和仪式而言，"六经"与"六艺"都有如何施礼的介绍，如"祭礼"要对祖先歌功颂德并体现出慎终追远的情感，"婚礼"有表达生殖崇拜、人口繁衍与社会延续的重要意义，"冠礼"则将成年人和未成年人等不同人群区别开来；就道德规范来说，"礼"调节个人的思想情感、情绪欲望等方面。以儒、道、释为代表的传统文化认为，人的七情六欲必须要借助于"礼"加以整治，否则就会影响身体健康及道德品性。正所谓"发乎情，止于礼义"，③ 有"礼"才可以使自然之"情"得到合理的宣泄及必要的规制。《礼记·曲礼上》说："敖不可长，欲不可从，志不可满，乐不可极……礼从宜，使从俗。"④ 可见"敖"、"欲"、"志"、"乐"均需有度，而"礼"则能够治情节欲，让人保持情绪与心态的中正平和，使人摆脱动物本性，变为社会的人，这正是人社会化的主要方面。《礼记·檀弓下》讲："丧礼，哀戚之至也。节哀，顺变也……失之矣，于是为甚。"⑤ 就是说即使是表达哀悼等情感也需要有所节制。就社会准则来看，"礼"强化了人际交往与社会互动，促进了人际关系和谐。《论语·学而》曰："礼之用，和为贵。先王之道，斯为美。小大由之，有所不行。知和而和，不以礼节之，亦不可行也。"⑥ 正是通过常识性知识、道德规范和社会准则三种途径，社会中的"礼"才将自然的人教化为社会的人。

---

① 王先谦：《荀子集解（全二册）》，沈啸寰、王星贤点校，中华书局，1988，第 12 页。

② 王先谦：《荀子集解（全二册）》，沈啸寰、王星贤点校，中华书局，1988，第 356 页。

③ 李学勤主编《十三经注疏（三）·毛诗正义》（十三经注疏标点本），北京大学出版社，1999，第 15 页。

④ 李学勤主编《十三经注疏（六）·礼记正义》（十三经注疏标点本），北京大学出版社，1999，第 8~11 页。

⑤ 李学勤主编《十三经注疏（六）·礼记正义》（十三经注疏标点本），北京大学出版社，1999，第 264~271 页。

⑥ 李学勤主编《十三经注疏（十）·论语注疏》（十三经注疏标点本），北京大学出版社，1999，第 10 页。

第二，"礼"构造了特定的社会群体与组织。"礼"作为一种行为规范与社会准则，对人们的社会生活具有调节和指导作用，形成了一系列特定群体与社会组织。"礼"使人异于禽兽，是人之所以为人的根据，而这个"人"不是自然人而是社会人，它让人成为"宗法血缘网络中的一个结"，① 借用冯友兰的话就是"使人成为人的那个人"而存在。

首先，"礼"构建了社会最基本的组成单位。传统社会通过冠婚丧祭、朝聘乡射等礼仪及活动建立起各种各样的"群"，如家庭、宗族、行会等。比如，婚礼是形成社会最基本组成单位的重要条件，而家庭是最基本的"礼"的单元以及最基本的社会细胞和最初级的社会组织，它规定着夫妻、父子乃至君臣等关系，进而组成一个个的社会群体与组织。"礼"规定了夫妻、父子关系，成为维系家庭这一社会组织的文化纽带，让家庭得以稳固地延续下去。《周易·序卦》说："有天地然后有万物，有万物然后有男女，有男女然后有夫妇，有夫妇然后有父子，有父子然后有君臣，有君臣然后有上下，有上下然后礼仪有所错。"② 这就是说，家庭中的男女关系、夫妇关系是人类第一位且最重要的社会关系，男女合婚标示着家族联姻，夫妇关系是其他"四伦"的前提，有了夫妇关系才能演化出其他各种人际关系。更重要的是，"礼"不仅建构了社会的基本单位，还维系着社会群体的认同和集体记忆，塑造了社会群体的集体意识、社群意识，维护了社会群体的社会团结，使人们能够安礼乐俗、群生和洽、群居和一，成为社会整合的基本力量。尤其是在文字出现之前，人们"除了依靠口耳相传方式之外，主要就是靠集体的舞蹈、歌唱、祈祷等礼仪活动，把生产的操作、知识的传递、信仰的感应融汇进去，文化的积累，就是这样一代一代通过礼仪的传承达到的"。③ 这种传承方式即便在文字出现后也一直存在并发挥作用。不仅如此，人们还能够"以礼察物"，"礼"实际上也是人们认识事物的出发点和准则，是检验判断认识

---

① 武树臣：《中国法律思想史》，法律出版社，2004，第194页。
② 李学勤主编《十三经注疏（一）·周易正义》（十三经注疏标点本），北京大学出版社，1999，第336～337页。
③ 邹昌林：《中国礼文化》，社会科学文献出版社，2000，第18页。

的标准和统一社会认识的准则。① 因此，"礼"具有认识论、知识论价值，是构造共同文化心理结构和社会价值准则的基础。

其次，"礼"构建了一套社会自治组织。与家庭相关的另一个重要的社会设置就是家族或宗族，家族或宗族构成了宗法家族制式的社会组织结构，它是通过血缘关系演绎而来的社会组织，使宗法等级和政治等级取得一致并长盛不衰，对整个社会产生了巨大影响。梁启超曾说："吾中国社会之组织，以家族为单位，不以个人为单位，所谓家齐然后国治是也。周代宗法之制，在今日其形式虽废，其精神犹存也。"② "案礼，将营宫室，宗庙为先。"③ 对君王而言，建立宫室前要先建立宗庙，"天下有王，分地建国，置都立邑，设庙、祧、坛、墠而祭之，乃为亲疏多少之数"，④ "建国之神位，右社稷而左宗庙"。⑤ 古人对宗庙、宗法的尊崇备至也是"礼"之本意"事神致福"最明显的表现，所谓"礼有五经，莫重于祭"。⑥ "故礼，上事天，下事地，尊先祖而隆君师，是礼之三本也。"⑦ 它表明"礼"所形成的社会自治机制主要体现在血缘关系上，正是围绕祭祀活动，人们形成了一套完整的社会自治机制。人们祭祀天神地祇人鬼，以攘祸、求福、报恩、怀念神祇人祖，借此来表达孝顺恭敬之情、慎终追远之义，正所谓"祭者，所以追养继孝也"。⑧ 从而维护了宗法体制，使人们对家族、宗族和国家产生认同感，并增强了血缘群体与社会组织的凝聚力，强化了社会整合功能。此外，"礼"所形成的社会自治组织还体现在业缘、地缘等社会关系上，如民间自发形成的各种行会、商会组织就是在业缘基础上依照一定的组织规范建立并运转的。

① 刘泽华：《中国政治思想史集》（第二卷），人民出版社，2008，第42~43页。
② 梁启超：《饮冰室合集·专集》（第5册），中华书局，1989。
③ 沈约：《二十四史全译·宋书》（第1册），汉语大词典出版社，2004，第366页。
④ 李学勤主编《十三经注疏（六）·礼记正义》（十三经注疏标点本），北京大学出版社，1999，第1300页。
⑤ 李学勤主编《十三经注疏（六）·礼记正义》（十三经注疏标点本），北京大学出版社，1999，第1344页。
⑥ 李学勤主编《十三经注疏（六）·礼记正义》（十三经注疏标点本），北京大学出版社，1999，第1345页。
⑦ 王先谦：《荀子集解（全二册）》，沈啸寰、王星贤点校，中华书局，1988，第349页。
⑧ 李学勤主编《十三经注疏（六）·礼记正义》（十三经注疏标点本），北京大学出版社，1999，第1346页。

最后，"礼"建构了各种政治组织。《周礼》对中央和地方组织进行了详细描述与构想，展示了完善的国家典章制度系统，勾画出完整的行政组织体系，对后世政权组织形式产生了深远的影响。例如，隋代"三省六部制"中的"六部"就是仿照《周礼》"六官"而设，并成为后世"六部"的原型；《开元六典》、《开宝通礼》、《大明集礼》的修订，也是以《周礼》为模型，形成"礼"的家庭组织、家族结构以及国家秩序。① 由此可见，人们只有"循礼"、"守礼"才能组织人群、构建社会网络、维系社会规范体系、增进社会凝聚与社会融入。正是借助于"礼"，人们才能更好地稳固家庭、凝聚宗族、规范社会组织、构筑政权组织，形成完整的社会架构。

第三，"礼"建立起完整的社会规范与制度体系。首先，"礼"是社会规则与行为准则的代称。"礼"是修己正人和调情节欲的通用法则，社会交接礼仪是生产生活的必要规范，礼让精神是社会行动的普遍要求。一方面，"礼"属于个人范畴，是个人行为与社会行动的准则；另一方面，"礼"更是社会与政治的范畴，既指所有的典章制度，又指礼典的仪文形式，即礼仪。② "礼"规范了个人日常行为，调整了人际社会交往行为，从而得以让个人情欲和理性和谐统一、得享中道。孔子曰："非礼勿视，非礼勿听，非礼勿言，非礼勿动。"③ 就是从"礼"的角度来规范人的视听言动等行为，教人不可逾礼而行或僭礼而为。不仅如此，"礼"能够让群体生活互爱凝聚、分工合作，以令群居不乱、遂生乐业，促进各种"关系"的相互适应，进而实现社会运行中的"天地位焉，万物育焉"。④ 荀子把"礼"作为"正身"手段，是人道德修养的重要内容和目标。"夫名以制义，义以出礼，礼以体政，政以正民。是以政成而民听。

---

① 《周礼》对中国政制影响深远，比如西汉王莽曾模仿周制，北朝西魏宇文泰曾以《周礼》为蓝图组织政府机构，唐玄宗又仿效《周礼》做《唐六典》，王安石变法时则极力推崇《周礼》为其变法理财制度的历史根据。参见刘泽华著《中国政治思想史集》（第一卷），人民出版社，2008，第307页。
② 陈弱水：《公共意识与中国文化》，新星出版社，2006，第306~307页。
③ 李学勤主编《十三经注疏（十）·论语注疏》（十三经注疏标点本），北京大学出版社，1999，第157页。
④ 李学勤主编《十三经注疏（六）·礼记正义》（十三经注疏标点本），北京大学出版社，1999，第1422页。

易则生乱。"① 其中，以《周礼》、《仪礼》、《礼记》这"三礼"为代表的礼乐文化对上至国家法度、政治体制、外交礼仪，下至言行举止、饮食起居、婚丧礼仪等，都做了权威的记载和解释。故此，"礼"实际上成了处理日常社会中生产生活各种事务、调整人际交往中各种社会关系的社会规范，以及维持社会正常运行的秩序规范。

其次，"礼"是一切社会规范的总和，是社会行动的必然要求、社会治理的普遍标准和社会运行的绝对准则。在"三礼"中，《礼记》包括用品、祭祀等方面的规定、程序及说明，《仪礼》有冠、婚、丧、祭、乡、射、朝、聘等规范，而《周礼》则记载了宗法、畿服、爵谥和礼乐等名物制度和礼节规定，涉及授田制、军制、分封制、乡遂制、度量衡、货币制，涵盖社会组织、商业、教育、祭祀、法律、风俗等领域。② 社会就是以此规范个人和组织的行为。"礼者，圣人之法制也。"③ 在李觏看来，"礼"是"圣人之法制"，它构成施政、立教、治国、安民、修己、育人的准绳和根据。④ 因此，作为一切社会规范的总和，"礼"只是一个总括性的虚称，"言乎礼，则乐、刑、政、仁、义、智、信在其中矣。故曰：夫礼，人道之准，世教之主也。圣人之所以治天下国家，修身正心，无他，一于礼而已矣"。⑤ "礼"包括仁、义、智、信以及乐、刑、政等诸多内容。⑥ 作为一种外在表现形式，礼仪、礼节引领并规范着人们的日常生活，产生了各种社会仪式。

最后，"礼"体现为政治和文化制度规范。《礼记·哀公问》中讲："为政先礼，礼其政之本与!"⑦《礼记·仲尼燕居》中孔子曰："制度在礼。"⑧

---

① 李学勤主编《十三经注疏（七）·春秋左传正义》（十三经注疏标点本），北京大学出版社，1999，第152页。

② 参见金春峰《周官之成书及其反映的文化与时代新考》，东大图书股份有限公司，1993；另可参见彭林《〈周礼〉主体思想与成书年代研究》，中国社会科学出版社，1991。

③ 李觏：《李觏集》，中华书局，1981，第11页。

④ 姜国柱：《李觏评传》，南京大学出版社，1996，第98页。

⑤ 李觏：《李觏集》，中华书局，1981，第7页。

⑥ 王处辉：《中国社会思想史》，中国人民大学出版社，2002，第342~344页。

⑦ 李学勤主编《十三经注疏（六）·礼记正义》（十三经注疏标点本），北京大学出版社，1999，第1376页。

⑧ 李学勤主编《十三经注疏（六）·礼记正义》（十三经注疏标点本），北京大学出版社，1999，第1387页。

"礼"形成了政治制度的根本框架，《周礼》本身就是最系统的"礼"的制度规范体系代表。《左传》也讲："礼以体政，政以正民"，[①] "政以礼成，民是以息"。[②] 还讲："礼之可以为国也久矣，与天地并。君令、臣共，父慈、子孝，兄爱、弟敬，夫和、妻柔，姑慈、妇听，礼也。"[③]《左传》甚至用"礼"还是"非礼"作为事物得失、国家兴亡的评判标准，"礼"由此上升到典籍层面，业已成为一种规范化和制度化的"礼制"，尤其以"乡遂制"为典型。在西周时代，周王畿和各诸侯国划分国野、以国治野，《周礼·地官司徒》讲："惟王建国，辨方正位，体国经野，设官分职，以为民极。"[④]《国语·楚语》也说："地有高下，天有晦明，民有君臣，国有都鄙，古之制也。"[⑤] "礼"成了区分文明与野蛮、华夏与蛮夷的标准。这种区分既有阶层性意味，也有制度性内涵，还带有浓厚的文化色彩，将其扩展开来就衍生出所谓"中原"、"五服"、"八荒"等制度框架。这表明，"礼"形成了各种社会文化及群体共识，通过社会遗传、社会变迁机制得以承续。另外，各地鬼神观念和祭祀传统均指向祖先崇拜，通过祭祀神灵，强化了家本位思想，强调了孝悌和睦、尊老爱幼，产生了推己及人、由己及家、由家至国的文化规范，形成了"家国同构"的社会格局以及"大一统"的政治格局，最终汇集成各美其美、多元一体的制度体系。

第四，"礼"建构了差序的社会结构体系。首先，"礼"建构了社会结构的差序格局。殷周以来的仪礼，"无论从祭祀对象、祭祀时间与空间，以及祭祀的次序、祭品、仪节等等方面来看，都是在追求建立一种上下有差别、等级有次第的差序格局"，[⑥] 进而追求构建一种上下有序、有条不紊、名实相称、协调和睦的社会。"礼"规定了每个人的社会地

① 李学勤主编《十三经注疏（七）·春秋左传正义》（十三经注疏标点本），北京大学出版社，1999，第 152 页。
② 李学勤主编《十三经注疏（七）·春秋左传正义》（十三经注疏标点本），北京大学出版社，1999，第 751 页。
③ 李学勤主编《十三经注疏（七）·春秋左传正义》（十三经注疏标点本），北京大学出版社，1999，第 1479 页。
④ 李学勤主编《十三经注疏（四）·周礼注疏》（十三经注疏标点本），北京大学出版社，1999，第 223 页。
⑤ 徐元诰：《国语集解》，王树民、沈长云点校，中华书局，2002，第 499 页。
⑥ 葛兆光：《中国思想史》（第一卷），复旦大学出版社，2000，第 92 页。

位、社会身份及社会声望，不同的人遵循不同的"礼"数，每个人都被要求定位好自己的社会地位与社会角色，由此形成因情而变的"群"、"己"之分。在逐级拓展的"群"内都是同一类人，尽管"群"内也蕴含亲疏远近的差序格局，但都是"圈内人"、"局内人"。男女成年时要举行"冠礼"、"笄礼"，这是成年与未成年的分群方式和界分仪式，也是男女能否婚嫁的年龄界分。"以昏冠之礼，亲成男女。"① "昏姻冠笄，所以别男女也。"② 这也标志着人的社会地位、身份与角色的转换及其社会关系网络的转变。"礼"作为人们社会行为的规范准则和制度设计，不仅表现为各个人群之间或每个人群内部的差序关系，也表现为每个人自身生命历程中的一种界分依据和分野仪式。每个人都在各种不同的关系结构所形成的差序空间中不断地转换角色，从而为社会结构的稳定性和适应性增加营养供给。

其次，"礼"促成了社会分工和社会分层。从横向上看，"礼"促成了横向社会分工。所谓"通工易事"、分职授事，比如《周礼》所列官职计有360多个，其中就规定了天官主管宫廷（治官）、地官主管民政（教官）、春官主管宗族（礼官）、夏官主管军事（政官）、秋官主管刑罚（刑官）、冬官主管营造与职业分工。③ 这"六官"各司其职，共同管理各项社会事务，让人们各得其分。从纵向上看，"礼"维护了纵向社会分层。依"礼"所形成的社会分层结构是一种稳固的纵向社会结构，不同阶层、不同等级的人在政治、军事、文化、生活等方面享受不同的待遇，使得"名分"、"礼制"、"器物"、"礼仪"等各有其俗、各有其礼。比如，《逸礼·王度记》就对天子、诸侯、大夫、士、庶人的享用、婚娶、祭祀等制度做出了规定，"天子驾六，诸侯驾五，卿驾四，大夫三，士二，庶人一"。④ 《礼记·王制》也对公、侯、伯、子、男五种爵位在吃穿住用、行走坐卧等方面做出规定，形成

---

① 李学勤主编《十三经注疏（四）·周礼注疏》（十三经注疏标点本），北京大学出版社，1999，第468页。

② 李学勤主编《十三经注疏（六）·礼记正义》（十三经注疏标点本），北京大学出版社，1999，第1085页。

③ 李学勤主编《十三经注疏（四）·周礼注疏》（十三经注疏标点本），北京大学出版社，1999，第1055～1063页。

④ 沈约：《二十四史全译·宋书》（第1册），汉语大词典出版社，2004，第413页。

了尊卑有序的社会分层图景。通过《周礼》就可以看出，"所有的礼都有等级规定，各种不同等级在都城、宫室、车旗、衣服、器用、座位、用乐、揖让等方面都有具体的规定。礼不仅是习俗，而且是行政规定，两者二合为一"。① 无论任何人，只要他的社会行为不合自己身份或"名分"就会遭到非议，被认为是不合时宜的，甚至被当作越制和僭越而受到惩戒。

最后，"礼"保证了社会流动有序进行。无论是横向的还是纵向的社会分层都包含社会流动。某种程度上讲，"礼"是社会变迁的动力，阶层名分是否合理、阶层流动是否顺畅都由"礼"来决定和维系，它对阶层流动起着促进或阻滞作用。随着个人年龄增长、知识水平提升及职位升迁，人在获得不同身份地位后就需要相应的"礼"与之对应，人与"礼"处在一种相互调适中，"知书达礼"、"学而优则仕"成为人们向上流动的动力和目标。只要具备了一定的条件，人就能在"礼"的体系中流动，实现个人社会空间的转换。可以说，"礼"就是人在差序格局社会结构下的一种身份空间或地位空间、角色空间，总体上表现为一种"差序空间"。这种空间伴随着人的身份或地位、角色而"如影随形"地做适应性转换，这种空间转换促成了不同的分工体系和分层结构，表现为横向或纵向的社会流动过程。

第五，"礼"支撑了国家治理并促进了社会变迁。首先，"礼"是社会治理的重要手段。这主要是指"礼治"。《荀子·大略》有言："礼者，政之挽也。为政不以礼，政不行矣。"② "礼"是政教之本，是治国理政、宣教化民的重要工具，古今中外的国家及社会治理，没有一个是单纯靠政治强制力、军事暴力或法律手段来完成的，也没有一个是脱离了"礼"治的，民间社会的自治、日常生活的运转更是依靠"礼"进行。李觏曾言："夫礼，人道之准，世教之主也。圣人之所以治天下国家，修身正心，无他，一于礼而已矣。"③ 他认为"礼"是法制之总称总名，是治世之根本大法。"故知礼者，生民之大也。乐得之而以成，政得之而以行，刑得之而以清，仁得之而不废，义得之而不

---

① 刘泽华：《中国政治思想史集》（第一卷），人民出版社，2008，第312页。

② 王先谦：《荀子集解》（全二册），沈啸寰、王星贤点校，中华书局，1988，第492页。

③ 李觏：《李觏集》，王国轩校点，中华书局，1981，第5页。

诬，智得之而不惑，信得之而不渝。圣人之所以作，贤人之所以述，天子之所以正天下，诸侯之所以治其国，卿大夫之所以守其位，庶人之所以保其生，无一物而不以礼也。穷天地、亘万世，不可须臾而去也。"① 国家有"礼"则治，无"礼"则乱，人没有"礼"就像禽兽，不仅手足无措、是己非人，而且交相非、互争利，导致天下大乱。《墨子》中曰："天下之乱也，至如禽兽然，无君臣上下长幼之节，父子兄弟之礼，是以天下乱焉。"② 因此，"礼"具有安定社会秩序、维护长治久安等政治伦理功能。③ 于是，"礼"经常作为君王治理国家的重要手段，成为有道或无道的评判标准，这就是"礼治"。《孟子》中说："见其礼而知其政，闻其乐而知其德；由百世之后，等百世之王，莫之能违也。"④ 反过来，"无礼义，则上下乱"。⑤《论语》也讲："礼之用，和为贵。先王之道，斯为美。"⑥ "道之以政，齐之以刑，民免而无耻。道之以德，齐之以礼，有耻且格。"⑦ 这就是说，"礼"和"政"、"刑"、"德"一样，都是君王治理国家的手段，它们各自的任务有所不同，其中"礼"主要用来明确"耻"、规范"格"、形成公序良俗。《周礼》⑧所说的六典、八法、八则、八柄、八统、九职、九赋、九式、九贡、九两，既具政治纲领意义，又是治道细则，也是国家治理的重要组成部分。

其次，"礼"是社会革新的适应性手段。"礼"在差异性和规范性支配下，为了追求新的有序性和公平性目标，就必定要求进行社会变

---

① 李觏：《李觏集》，王国轩校点，中华书局，1981，第19~20页。
② 孙诒让：《墨子间诂》，孙启治点校，中华书局，2001，第78页。
③ 景天魁：《中国社会发展观》，云南人民出版社，1997，第51页。
④ 李学勤主编《十三经注疏（十一）·孟子注疏》（十三经注疏标点本），北京大学出版社，1999，第79页。
⑤ 李学勤主编《十三经注疏（十一）·孟子注疏》（十三经注疏标点本），北京大学出版社，1999，第387页。
⑥ 李学勤主编《十三经注疏（十）·论语注疏》（十三经注疏标点本），北京大学出版社，1999，第10页。
⑦ 李学勤主编《十三经注疏（十）·论语注疏》（十三经注疏标点本），北京大学出版社，1999，第15页。
⑧ 李学勤主编《十三经注疏（四）·周礼注疏》（十三经注疏标点本），北京大学出版社，1999，第24~41页。

革。"礼，时为大，顺次之，体次之，宜次之，称次之。"① "礼"最重要的是要随时而制，因时而变。所以，"礼"不是固定不变的，而是与时俱进的。公孙鞅曰："礼者，所以便事也。是以圣人苟可以强国，不法其故；苟可以利民，不循其礼。"② "三代不同礼而王，五霸不同法而霸……贤者更礼，而不肖者拘焉。"③ 又曰："前世不同教，何古之法？帝王不相复，何礼之循？……各当时而立法，因事而制礼；礼法以时而定，制令各顺其宜……臣故曰：'治世不一道，便国不必法古。'汤、武之王也，不修古而兴；夏殷之灭也，不易礼而亡。"④ 因此，"礼"不仅是社会治理的依据，也是社会变迁的根本所在，还是政治革新和政权更替的潜在动因。"礼贵随时，事须沿革"，⑤ "虽古今异时，文质异礼，而有礼之情，与问礼之本者，莫不通其变，酌而行之"。⑥ 故此，"礼"既是一种社会治理的手段，又是社会治理的目标，还是社会变迁的推动力。

最后，"礼"是社会变迁的运行动力和社会类型的区分标准。"礼"对社会变迁具有推动或阻滞作用。"礼"是变化的，但必须据"义"以作"礼"、据"义"以变"礼"。"礼"的变化需要"变而从时"，"修礼以达义"，"时"和"义"因而就成为制作新礼和变更旧礼所必须遵循的两条基本准则。⑦ 在历史上，"礼"不仅被作为托古改制的一种手段，而且被作为祖宗成法或祖制留存后世的内容，成为社会变迁的动力依据。在这种情形下，无论是"公羊三世说"、"小康论"还是"大同论"乃至"天下为公论"等，"礼"都蕴含在其中并发挥着重要作用，成为评判社会进步与退步、优劣、好坏的尺度。"礼崩乐坏"就是典型例子。孔子写《春秋》"所见异辞，所闻异辞，所传闻异辞"，⑧ 董仲舒《春秋繁

---

① 李学勤主编《十三经注疏（六）·礼记正义》（十三经注疏标点本），北京大学出版社，1999，第 719 页。

② 蒋礼鸿：《商君书锥指》，中华书局，1986，第 3 页。

③ 蒋礼鸿：《商君书锥指》，中华书局，1986，第 4 页。

④ 蒋礼鸿：《商君书锥指》，中华书局，1986，第 4~5 页。

⑤ 刘昫等：《二十四史全译·旧唐书》（第 2 册），汉语大词典出版社，2004，第 747 页。

⑥ 刘昫等：《二十四史全译·旧唐书》（第 2 册），汉语大词典出版社，2004，第 856 页。

⑦ 景天魁：《中国社会发展观》，云南人民出版社，1997，第 50 页。

⑧ 李学勤主编《十三经注疏（八）·春秋公羊传注疏》（十三经注疏标点本），北京大学出版社，1999，第 71~72 页。

露》中提出"《春秋》分十二世以为三等：有见、有闻、有传闻"，① 其实就提到了"所见世"、"所闻世"、"所传闻世"这"三世"。综合东汉何休、清代刘逢禄等对"公羊三世说"的阐发，龚自珍又将"春秋公羊学"的"三世"与《礼记·礼运》联系起来，认为人类历史"通古今可以为三世"，② 即"据乱世—升平世—太平世"，③ 也就是所谓"治世—衰世—乱世"，其判断依据就是"礼"及其运行状态，参照标准就是"小康"与"大同"。康有为在《大同书》中吸收了"公羊三世说"、"大同论"、"小康论"等，又结合进化论、天赋人权论以及空想社会主义等思想，精心规划并设计了美好的未来人类社会。④

综上所述，"礼"构建并支撑了整个社会，它既有调节中和个人身心情欲的功能，又有社会教化和文化传承、人际交流和社会互动的功能，既有社会控制的功能，也有社会整合的功能；它既造就了社会化的人，又形成了各种社会单元和社会组织、构建了各种社会仪式和社会制度；它既是内容，拥有具体性，又是形式，具有抽象性；它既是经济制度，也是政治制度、文化制度和社会制度；它既包括横向的社会分工，又涉及纵向的社会分层，通过群己界分构建了立体的社会结构；它不仅使男女有别、夫妇有别、长幼有序，确定了家庭伦理，而且明确了群体、国野之别，树立了政治伦理；它既强调秩序又注重进步，既强调礼制又注重礼治，支撑并影响整个社会治理和社会变迁。

（三）"礼"对当代社会的价值

坚持融会贯通，善于从古今中外汲取社会理论资源是历代中国学者的理论自觉。"礼"是礼俗社会重要的社会秩序来源，古人以"礼"为纽带构建起较为完整的社会治理结构体系。法国学者汪德迈（Léon Vandermeersch）曾说，五经思想的核心概念是"礼仪主义"，"礼"是"社会各种矛盾和冲突的最好的协调方式"，在《礼记》所见的举止和行为科学中，特别明显的是"社会组织的安排，远远超过西方的社交仪式；相

---

① 董仲舒：《春秋繁露今注今译》，赖炎元注译，台湾商务印书有限公司，1984，第8页。
② 龚自珍：《龚自珍全集》，上海人民出版社，1975，第48页。
③ 龚自珍：《龚自珍全集》，上海人民出版社，1975，第48页。
④ 王处辉：《中国社会思想史》，中国人民大学出版社，2002，第603页。

比起来后者相当的粗糙"。① 他还说："礼治是治理社会的一种很特别的方法，除了中国以外，从来没有其他国家使用过类似礼治的办法来调整社会关系，从而维持社会秩序。"② 这是中国社会的特色，也说明了"礼"的历史地位和社会价值。

第一，重视礼治观念，善用"礼性思维"。首先，要重视礼治观念，注重人类社会行为与社会治理的相互调试，以及社会行动与社会结构的相互适应。西方社会学在研究社会及其运行时大多只注重个体的社会行动，而将心灵问题交给心理学或者神学，在人－神关系背景下更多构造了身心关系、灵肉关系、个体行动与社会结构、行动者和社会、微观与宏观、建构论与实在论、唯名论与唯实论等二元对立。根本原因就在于他们只看到其对立的面向，而忽视其背后存在的一致性与共性。

其次，要善用"礼性思维"，强调辩证统一，注重天人合一与家国同构思维方式的拓展，注重差序格局和修齐治平的演化。"礼"、"礼运"和家国同构、修齐治平的理论路径是"礼性思维"最典型的注解，这与齐美尔形式社会学颇有可比之处，但二者社会互动和交往的类型和形式有较大差异。中国古代更强调实实在在的五伦关系，"礼"贯通了家庭伦理和政治伦理，呈现轮状辐射和自相似性的社会立体关系网络，统摄忠孝、君臣父子等关系和推己及人的差序格局，以及己所不欲、勿施于人，己欲立而立人、己欲达而达人的思想。它既调适人体身心关系、主客自我关系，实现身心和顺，又调整人际关系或者说人我关系，实现人际和睦，还调和天人关系、人与自然的关系，实现天人和谐，强调上述各种关系一而二、二而一本性的对等，注重二元关系、二重性结构的内在互动性、协调性。齐美尔关注的统治与服从、竞争与合作、冲突与凝聚、社会交换、群体间关系以及个人自由等互动形式，呈现线性连接和闭循环式的社会关系序列。这既与中国家国天下的集体主义理路中差序互动形式有着明显的不同，又与中国基于君臣父子、兄弟朋友、家国天下等社会事实的互动方式不同，由此形成了中西方社会学的差异。

第二，重视"礼性"深意，阐发"礼运"义理。"礼"由其"礼

---

① 汪德迈：《重新研究和翻译"五经"的意义》，《周易研究》2009 年第 5 期。
② 汪德迈：《礼治与法治——中国传统的礼仪制度与西方传统的 JUS（法权）制度之比较研究》，载《儒学国际学术讨论会文集》，齐鲁书社，1989。

性"而至"礼运",涵盖丰富的社会理论要旨。一方面,"礼"是静态的"礼性"与动态的"礼运"的结合体,它既表现出"结构性"一面,又表现出"结构化"一面,从而形成对个体及群体的社会行动的制约。另一方面,"礼"是理论性与实践性的统一体。"礼"蕴含布迪厄的"惯习"之意,遵礼而行、循礼而为就是"例行公事"。百姓日用而不知的"礼",就是人类社会行为背后那个潜移默化的行为动因。"礼"就是习惯、风俗、法律,人们参照作为道德标准、社会规范、礼仪形式、民俗惯例的"礼",反省内心、反观己身、反照己行、"克己复礼",使身心言行全然合乎"礼",这里内含吉登斯的"反身性监控"主意。"礼"规定并协调着个体与群体、群体与群体的互动关系。"礼"既是个人行动的来源,又是社会结构的源泉,既是日常生活的规范,又是国家治理的典章。"礼"既规范个人社会行为,作为日常社交礼仪与行动者相关,又调节人际利益关系,作为经济政治制度与行动者相关。"礼"作为风俗习惯和日常礼仪与人们"须臾不离",百姓"日用不知",而作为宏观的社会制度和国家法度则与人们"如影随形",彼此"若即若离"。同时,"礼"是历史性和现实性的统一体。历史的问题也在"礼运"当中展开,历史在"礼"的框架下不必是线性的、进步的,它实际上也包含反面,蕴含历史维度的多样性、复杂性、波折性,蕴含社会发展道路的多元性、差异性、可选择性,蕴含历史辩证法诸多要素的对照和互动。多与一、异与同最终都得以统一,各种社会样式都"殊途同归"并终成正果。"礼"借助自身、通过"礼运"建构了社会全体,调适了个体行为。"礼"不是存在于人体、人类社会之外,而是存在于人类身心、行为、社会之中,并通过它们而存在、运行并延续。

具体来说,在社会发展的制度规范方面,"礼"要求人们恪守有限自由的社会建设准则。一方面,"礼"对人的社会行为具有规范与制约功能。规范性作为"礼"的本性是有序性的基础,有序性作为"礼"的追求是规范性的目标,两者有机结合起来形成一种动态的社会稳定与社会秩序。另一方面,"礼"的规范与标准不是绝对的,它在制度规范内部预设了自由空间,让人能够"从心所欲,不逾矩",要求人们不再局限于模式化的社会秩序,不再主观虚幻地建构并死守一个固定的标准或者模型,昭示着我们应该采取典章制约与有限自由、恪守规制与相时而动相统一的社会建设准则。

第三，重提"礼性人"，重塑"礼运社会"。首先，"礼性人"消解了西方关于人的二元争论问题，回应并弥补了"理性人"假设的不足。中国讲究天人合一，而西方侧重于天人分野；中国人注重综合判断，而西方人侧重于分析判断：中西方这种差异性生发出无数概念、假设、理论上的区别。[①] 通过"礼"可以实现身心、群己、物我、个体与社会、微观与宏观的统一。"礼运社会"注重"礼治秩序"，是由重视"礼性"、倡导"礼性思维"的"礼性人"生活于其中并构建的。"礼性人"将"礼性思维"和典章制度的"礼性"内化到己身己心之间，融入自身行动中，做到了"内外于心，外化于行"、"随心所欲不逾矩"的言行如一。个体行为成就自身的同时也造就了社会，社会结构既实现了自身建设也调试了个体行为，二者互相成全、互惠互利、相辅相成。"礼运社会"对思考人类社会建设策略选择具有重要的价值。

一方面，"礼"充盈在天地之间、社会及人性之中，"礼"无时不在、无处不在，它造就了人和社会本身。社会运行顺畅，"礼"就能成就健康的时代精神；而一旦运行乖舛，"礼"则会败坏人文道德。因此，它要求在个人修为上礼德并行、在社会治理上礼法并用、在社会制度上礼乐并举，实现柔与刚、软和硬，内与外、己与群，养与节、分与和，身与家、家和国的统一，既保留自身本性又成就对方，既实现自身和谐又造就良好的社会秩序。另一方面，在策略上要坚持中庸调和，抛弃那种非此即彼——要么全盘否定要么照搬照抄的极端式社会建设策略，充分发掘古礼文化、礼乐文化的积极功能，积聚"礼"的正能量，做到古为今用、趋利避害。同时，坚持有序的社会建设过程，引领整个社会稳健地实现既定理想，既要防止大改大动带来的社会动荡或制度失稳，也要防止零敲碎打导致的畏缩不前，实现小步快跑、稳中求变、与时俱进、赶超跨越的社会发展效果。

今天，我们认识"礼"并不是要让今日社会回到那种"德化天下"、

---

① 在此，"天"和"人"都是代称，代指一系列类似于人–天、己–人、主–客、心–身，和个体–社会、行为–结构、微观–宏观等概念范畴及其关系类型。

"隆礼重法"状态，而是要从中汲取对我们有用的概念及思想，积极回应当前社会建设难题，既不走封闭僵化的老路，也不走改旗易帜的邪路，更不走"治世—衰世—乱世"的歪路，而是积极创新社会典章制度，努力塑造良好的社会结构体系，形成良性的社会运行机制，扎实推进和谐社会建设实践，实现各美其美、美人之美、美美与共的社会愿景。

（高和荣 范玉显）

五 义：社会的基本规范

亘古至今，"义"是蕴含伦理道德和文化价值的一朵浪花，虽历经涤荡而激昂不息。它作为社会的基本规范之一，对个人行为、家族维系、社会运转乃至治国理政，都产生了重大的规范和引导作用，成为中国社会学最基本的概念之一。改革开放以后，市场经济的建立给"义"文化及"义"规范带来了很大冲击，重利轻义、薄情寡义、不讲道义、违背公义等现象时有发生，在一定程度上降低了社会信任水平，不利于社会凝聚与社会整合。这就需要批判地继承传统"义"规范的合理部分，充分挖掘"义"在凝聚家庭成员、培育社会资源、稳定社会秩序、增进国家认同等方面的积极功能，在全社会范围内树立起恪守道义、弘扬正义的良好风尚，不断增强中国社会学的理论自信。

（一）"义"的起源、发展与争辩

按照张岱年的看法，义的观念"大概萌芽于孔子之前，孔子将其确立为一个重要的观念"。[1] 其内涵主要有五层意思：一是"应当"、"正当"、"当然"，如"见义不为，无勇也"[2]、"君子喻于义、小人喻于利"[3]、"见利思义"[4] 等；二是"合理"、"恰当"，如"义之与比"[5]、"义者宜也"[6]、

① 张岱年：《中国哲学大纲》，中国社会科学出版社，1994，第386页。

② 张燕婴译注《论语》，中华书局，2006，第23页。

③ 张燕婴译注《论语》，中华书局，2006，第47页。

④ 张燕婴译注《论语》，中华书局，2006，第210页。

⑤ 张燕婴译注《论语》，中华书局，2006，第44页。

⑥ 朱熹撰《四书章句集注》，中华书局1983，第28页。

"义者，事之宜也"①；三是"好"、"善"，如"闻义不能徙"②、"徙义"③；四是"意思"、"意义"，如"群居终日，言不及义"④，"凡看文字，须先晓其文义，然后可以求其意"⑤；五是"公平"、"正义"，如"义也夫，可谓直也"⑥、"多方乎仁义而用之者，列于五藏哉"⑦、"上义为之而有以为"⑧。孟子说，"生，亦我所欲也，义，亦我所欲也。二者不可得兼，舍生而取义者也"，就是这个意思。⑨ 实质上，"义"的上述含义有着内在的联系，其中，"应当"、"正当"、"当然"是"义"最基本的含义，是其他四个含义的基础，其他含义都从它引申而来。

1. "义"的起源

在孔子之前，"义"的行为和观念就已经存在了。在人类社会生成之初，人类生产能力非常低下，脱离群体的个体难以独自存活下来，这就需要统一规范群体成员的行动，为群体生活提供必要的秩序，否则群体很可能会解组，于是便形成了有利于指导人们更好地开展群体生活的社会规范，以确定哪些行为是"应该"或"应当"的。这意味着人们的社会行动就有了"义"的价值意蕴，"义"的概念也被建构出来。

在有据可考的文字记录中，甲骨文中就已经有了"羛"字，用作地名或人名，在后来出现的金文中也有"羛"字，主要用于人名。⑩ 繁体写法的"义"本来是一个会意字，从"我"，从"羊"。其中，"羊"可做两种解释：一是从"羊"字形状看，"羊"字上边两点左右均分，中间也是左右对称，表示不偏不倚，由此可推敲出"羛"象征公平；二是从实物上看，羊在古代最神圣的使命是被用作祭品，因而"羛"表达的是信仰，代表着人们最重要的价值。"我"表示持戈的武士。两者结合在一起，"义（羛）"是指为了公平或信仰而战斗，突出了"义"对个体

---

① 朱熹撰《四书章句集注》，中华书局 1983，第 52 页
② 张燕婴译注《论语》，中华书局，2006，第 86 页。
③ 张燕婴译注《论语》，中华书局，2006，第 76 页。
④ 张燕婴译注《论语·卫灵公》，中华书局，2006，第 239 页。
⑤ 朱熹撰《四书章句集注》，中华书局，1983，第 44 页
⑥ 赵生群：《春秋左传新注》，陕西人民出版社，2008，第 829 页。
⑦ 陈鼓应：《庄子今注今译》，商务印书馆，2007，第 272 页。
⑧ 饶尚宽译注《老子》，中华书局，2006，第 93 页。
⑨ 万丽华、蓝旭译注《孟子》，中华书局，2010，第 186 页。
⑩ 查中林：《说"义"》，《四川师范学院学报》（哲学社会科学版）2000 年第 1 期。

的极端重要性。

2. "义"的变迁

"义"作为一种社会规范不是与生俱来的，而是在社会变迁中慢慢形成的，是古人对日常生活及社会行动理性选择的结果。

《礼记·中庸》认为，"义者宜也"，即将"义"解释成"应该"或"应当"，由于儒家在各思想派系中居于统领地位，受到儒家经典的影响，多数学者认同将"义"解释成为"宜"。显然，"应该"或"应当"的含义要远远比"公平"宽泛，公平仅仅是"应该"或"应当"的一种具体情形，而且公平必然涉及是否"应该"或"应当"的问题，从这一角度来看，这样的解释似乎更支持"义"的概念起源于祭祀活动的说法，因为通常只有人们信仰的价值，才会被认为是"应该"或"应当"通过其努力实现的，而如果没有价值信仰，也就不会存在所谓"应该"或"应当"的问题。从这一层意义上而言，"义"起源于祭祀活动的观点似乎更加合理。

战国中晚期，"义"不但指社会生活中的规范，还代表社会阶层化的秩序。它作为阶层化的社会秩序，要求各人善尽自身角色的责任，服从长上的权威。《大戴礼记·盛德》说："义者，所以等贵贱、明尊卑；贵贱有序，民尊上敬长矣。"管子也说："是故辨于爵列之尊卑，则知先后之序，贵贱之义矣。"① 后来，荀子列举了"贵贵、尊尊、贤贤、老老、长长"五种合乎"义"的社会秩序行为，"贵贵"、"尊尊"一类，"老老"、"长长"第二类，而"贤贤"自成一类。其中，"尊尊"是社会生活中的首要价值，常被视为"义"的本质；② "老老"、"长长"是中国古代的普遍价值，在有关"义"的观念论述中触及较少；③ "贤贤"

① 唐敬杲译注《管子》，商务印书馆，1936，第37~38页。
② 《新语·道基》引《春秋穀梁传》："仁者以治亲，义者以利尊。"（不见今本《穀梁传》）《礼记·丧服四制》曰："贵贵尊尊，义之大者也。"易言之，"义"所指的"尊"包括贵者、老者和贤人，即"尊"是"义"的行为或态度的一个整体特质。
③ 然而，孟子不仅否定仁义内外的区分，也不认为二者各有特定的适用领域。他主张血亲关系中引发的态度与价值可扩展到人类生活的全体，"长长"（敬事兄长）也被看作义的基本价值。譬如，《孟子·离娄上》第二十七条讲："仁之实，事亲是也；义之实，从兄是也。"《孟子·尽心上》第十五条讲："孩提之童，无不知爱其亲者，及其长也，无不知敬其兄也。亲亲仁也，敬长义也。无他，达之天下也。"

是"义"的另一基本运作规则，即权威的构成受到尚贤原则的约束。① 除此之外，"义"德还包括社会成员个人应尽的角色责任。② 在古代典籍中，"君臣之义"、"长少之义"、"贵贱之义"和"夫妇之义"等表述皆为明证。

秦汉时期对"义"的论述颇丰，并日益影响到人们的日常生活。时至宋代，"义"的非血缘含义仍然占据主导地位。南宋洪迈在《容斋随笔》卷八"人物以义为名"中说："人物以义为名者，其别最多。仗正道曰义，义师、义战是也。众所尊戴者曰义，义帝是也。与众共之曰义，义仓、义社、义田、义学、义役、义井之类是也。至行过人曰义，义士、义侠、义姑、义夫、义妇之类是也。自外入而非正者曰义，义父、义儿、义兄弟、义服之类是也。衣裳器物亦然。在首曰义髻，在衣曰义襕、义领，合中小合子曰义子之类是也。合众物为之，则有义浆、义墨、义酒。禽畜之贤，则有义犬、义乌、义鹰、义鹘。"宋代以后，"义"与宗族活动联系密切，并成为血缘团体的重要价值标志。比如，宋代以前，"义浆"（置于道路供行旅共用的茶水）、"义井"（公众尤其是行旅之人使用的水井）③、"义社"④ 和"义冢"以及"义舍"、"义米酒"等均起源甚早，"义门"、"义庄"或"义田"、"义学"⑤ 或"义塾"等的出现赋予"义"新的含义。

这表明，"义"观念的变化体现在三个方面：一是其应用范围虽然主要是非血缘关系，但宗族生活是个重要例外；二是"义"演变成救济

---

① "敬长"以自然形成的位阶为准，而"贤贤"肯定能力与人为的努力，两者共同构成尊贵地位的来源。比如，《文子·上仁》云："知贤之谓智，爱贤之谓仁，尊仁（贤）之谓义，敬贤之谓礼，乐贤之谓乐。"《礼记·中庸》说："仁者人也，亲亲为大；义者宜也，尊贤为大。"由于古代中国的社会身份并非一成不变，君主执掌任用官员的最终权力，因而有人特别强调"尊贤"是君德。例如，郭店竹简《六德》有言："大材艺者大官，小材艺者小官，因而施禄焉，使之足以生，足以死，谓之君。以义使人多。义者，君之德也。"郭店竹简《唐虞之道》亦云："孝，仁之冕也；禅，义之至也。"

② 譬如，《荀子·非十二子》如此描述理想人格（"仁人"）的行为："遇君则修臣下之义，遇乡则修长幼之义，遇长则修子弟之义，遇友则修礼节辞让之义，遇贱而少者，则修告导宽容之义。"

③ 唐代，"义井"与佛教关系密切，不仅佛教组织以设立义井著称，世俗民间也有类似举动。

④ "义"是指称社会自发的非血缘组织的关键概念；"社"是中国传统以春秋二社的祭祀为中心的民间组织。从南北朝到隋唐，"邑义"、"义邑"、"法义"或"义坊"等以佛教信仰为纽带的团体经常从事佛教造像、共修佛法、公共建设和社会救济等活动。唐五代，敦煌地区的"社"有的与佛教信仰有关，有的纯属互助性质，立社被称为"结义"、"合义"。

⑤ 私人或官府捐资供人免费或低费用就读的学塾也用此名，清代台湾地区就有很多"义学"。

帮助他人，而非消极性地遵从；三是"义行"带有强烈的民间属性，政府救济少用"义"字，由此使"义"向"仁"靠拢，"仁"、"义"的区别明显降低。

3. "仁义内外"及"义利之辨"

在社会学史上，对"义"的争鸣主要涉及"仁义内外"和"义利之辨"。孔子以"仁"为最高道德理想，孟子、墨子则仁义并举。

孔子将"仁"作为最高道德原则（"贵仁"），而"义"也成为道德原则之义。① 《左传》记载春秋各国卿大夫的言论，屡次谈及"仁"、"义"，但无仁义并举之例。战国时期对"义"的最著名议题当属来源于《孟子》的"仁义内外"，② 由于孟子主张性善，并以"仁"、"义"为社会生活的两大支柱，因此持有仁义内在的观点；③ 而告子则认为"仁"是产生于内心的情感，"义"是由外在事物所决定的行为，因而主张"仁内义外"；墨子坚称仁义皆内；《管子》中说，"仁从中出，义由外作"。这些提法对后世学者产生了深远的影响。

在陆贾看来，仁义是维系社会关系的基础。"骨肉以仁亲，夫妇以义合，朋友以义信，君臣以义序，百官以义承，曾、闵以仁成大孝，伯姬以义建至贞，守国者以仁坚固，佐君者以义不倾，君以仁治，臣以义平，乡党以仁恂恂，朝廷以义便便，美女以贞显其行，烈士以义彰其名，阳气以仁生，阴节以义降，鹿鸣以仁求其群，关雎以义鸣其雄。"（《新语·道基》）董仲舒提出，仁是爱人，能爱人才可称为人，仅仅自爱不能称为仁；义是自正，能自正方可称为义，仅仅正人不可称为义。他说："仁之法在爱人，不在爱我。义之法在正我，不在正人。"（《春秋繁露·仁义法》）在王弼那里，自然与仁义之间是母子关系或本末关系。④ 郭象

---

① 据《论语》所载，孔子曰："君子义以为上。"（《阳货》）"君子义以为质，礼以行之。"（《卫灵公》）"见义不为，无勇也。"（《为政》）"务民之义，敬鬼神而远之，可谓知矣。"（《雍也》）"见得思义。"（《季氏》）

② 在传统典籍中，是指"仁义"源自生命的内在抑或外界；在郭店楚墓竹简中，则以血缘为区别人间关系内外的界线，如《六德》有言："仁，内也；义，外也；礼乐，共也。内立父、子、夫也，外立君、臣、妇也。"

③ 《孟子·离娄下》第十九条对舜的评价是："由仁义行，非行仁义也。"

④ 王弼说："仁义，母之所生，非可以为母。""夫仁义发于内，为之犹伪，况务外饰而可久乎?"（《老子道德经注》第三十八章）。

指出，仁义与自然是现象与本体的关系，仁义即自然。① 王通认为，仁义与人性相通，主张"仁义发中"、"得仁义之几"、"以仁义公恕统天下"。② 韩愈以"仁义道德"为中国古代圣人相传之道。③ 他认为，儒家道的"本原"就是仁义。④ 周敦颐将"仁义之道"作为人的行为的基本准则。张载认为，仁义之间在一定条件下可能发生矛盾。⑤

"义利之辨"贯穿于社会规范的确立及恪守之中。孔子不仅区分了"义"与"利"，还将二者对立起来，使之成为"君子"及"小人"的区分标志。⑥ 当然，他并非完全排斥"利"，也主张"因民之所利而利之"（《论语·尧曰》），强调"见得思义"（《论语·季氏》），提倡重视"民之所利"，从而把"义"当成必须遵循的原则，"利"侧重于个体的私利。孟子秉承孔子的观点，更强调义与利的对立，认为"苟为后义而先利，不夺不餍"（《孟子·梁惠王上》）。而墨家认为，义与利是统一的，"义，利也"，"义，志以天下为芬，而能能利之，不必用"（《墨经上》）。这里所谓"利"是公共利益，即"国家百姓人民之利"（《墨子·非命上》），而非个人私利，主张"仁人之所以为事者，必兴天下之利，除去天下之害，以此为事者也"（《墨子·兼爱中》）。

董仲舒认为义利是人"养其体"及"养其心"的两个方面，要求"正其谊（义）不谋其利，明其道不计其功"（《汉书·董仲舒传》）。宋代李觏肯定了利的重要性，认为孟子的"何必曰利"有点偏激了，"焉有仁义而不利者乎？"对于"义利之辨"，程颢、程颐提出两个原则：一

---

① 郭庆藩说："仁义者，人之性也。"（《庄子集释·天运第十四》注）"夫仁义自是人之情性，但当任之耳。恐仁义非人情而忧之者，真可谓多忧也。"（《庄子集释·骈拇第八》注）"夫圣迹既彰，则仁义不真而礼乐离性，徒得形表而已矣。"（《庄子集释·马蹄第九》注）"夫黄帝非为仁义也，直与物冥，则仁义之迹自见。迹自见，则后世之心必自殉之，是亦黄帝之迹使物撄也。"（《庄子集释·在宥第十一》注）

② 仝晰纲、查昌国、于云瀚：《中华伦理范畴·义》，中国社会科学出版社，2006，第168~171页。

③ 《原道》："博爱之谓仁，行而宜之之谓义，由是而之焉之谓道，足乎已无待于外之谓德。仁与义为定名，道与德为虚位。"

④ "博爱之谓仁，行而宜之之谓义，由是而之焉之谓道，足乎己而无待于外之谓德。仁与义为定名，道与德为虚位。"（《原道》开篇）

⑤ 《正蒙·至当》："义，仁之动也，流于义者于仁或伤；仁，体之常也，过于仁者于义或害。"

⑥ 《论语·里仁》："君子喻于义，小人喻于利"。

是利不妨义，"圣人于利，不能全不较论，但不至妨义耳"；① 二是重义轻利，"君子处世，事之无害于义者，从俗可也；害于义，则不可从也"。② 他们认为，义利关系实质上是公私关系，也就是群己关系，"义与利，只是个公与私也"，③ 主张由克己去私而达成至公无私。

朱熹主张"重义轻利"，认为"义利之说乃儒者第一义"（《朱子大全集·与延平李先生书》）；陆九渊认为，人的思想决定于其日常行为习惯，而这又取决于他的志趣动机，"人之所喻由其所习，所习由其所志。志乎义，则所习者必在于义；所习在义，斯喻于义矣。志乎利，则所习者必在于利；所习在利，斯喻于利矣。故学者之志，不可不辨也"（《讲义》），应当"志于义则行在义"。其他思想家如陈亮、张栻、李贽等都对"义利"进行了探讨，提出了自己的主张。这些辩论实质上反映了个人利益与社会整体利益之间的关系。

（二）"义"的社会学含义

按照张汝伦的看法，"义"是"指导和判断人之行为的道理与意义"，④ 它不仅具有伦理价值，而且具有基本的社会功能，是行动者的行动准则，是织成社会关系、凝结社会规范的纽带，构成传统社会学的重要范畴。

1. "义"是维系社会稳定的始源性结构

在正式制度相对缺失的传统社会里，"义"作为社会规范成为维系社会稳定的基本结构，它对整个社会系统的运行具有关键作用。

第一，"义"是传统社会一个始源性结构。有效的社会规范是社会正常运行必不可少的，但这些规范并不会天然地被人们所接受并信仰，而是需要在个体社会化过程中逐步被接受和内化，否则，个体将会与社会规范相脱离。从这一层意义上讲，"义"是联结社会个体与社会规范的必要媒介，任何社会规范要具有效力，都必须建立在个体认为其"应

---

① 程颢、程颐撰《河南程氏外书》卷七，载《二程集》，中华书局，1981，第 396 页。
② 程颢、程颐撰《经说》卷六，载《二程集》，中华书局，1981，第 1150 页。
③ 程颢、程颐撰《河南程氏遗书》卷十七，载《二程集》，中华书局，1981，第 176 页。又如"义利云者，公与私之异也"，见程颢、程颢撰《河南程氏粹言》卷一，载《二程集》，中华书局，1981，第 1172 页。
④ 张汝伦：《义利之辨的若干问题》，《复旦学报》（社会科学版）2010 年第 3 期。

该"或"应当"遵守这些规范的基础上。一个社会只要离不开社会规范，就离不开"义"这一社会结构。换言之，社会有了规范也就意味着出现了"义"的行动要求。

第二，"义"是规范社会行动的非正式制度。"义"虽然没有具体而明确的内容，却扎根于每一个人的心底，成为人们社会交往与社会互动所要遵守的基本规范。同时，"义"帮助人们建立起信任关系，因此，"义"既是一种行为规则，也是一种社会资源。古人在社会化过程中潜移默化地接受"义"规范，并且按照"义"的要求行动。因为"义"规范本身是来自社会的，当主体自觉按照"义"的要求行动时，他就会获得社会的认可，从而融入社会，成为社会的一分子。所以，"义"对其主体具有结构化功能，而当主体基于"义"而被结构化之后，其会利用"义"规则与其他主体互动，建立起一系列新的社会关系。此时，他实际上已经不是被动地被"义"规范结构化，而是通过对"义"规范的利用创造出更有利于自身生存的社会结构。这样，"义"既规范了个体的行为，也为个体融入社会提供了手段。

第三，"义"是传统社会中秩序的基本构成要素。"义"是引导人们交往或互动的一种社会规范，在这一交往或互动规范引导下，人们形成一种相互嵌入、体现差序格局的社会网络。这种差序格局以每一个体为核心，围绕这一个体形成一个亲疏有别的网络体系，每一个体都可以在这张网中找到属于自己的位置。一旦位置确定，那么其角色也就确定，而角色包含社会对特定主体的行为期望，当每一个体都按照社会赋予其应有的角色行为时，"义"就得以实现，社会就会按照人们所期望的方式运行或以人们期望的结构存在，所以"义"有利于保持社会的相对稳定。于是，"义"就成为中国传统社会秩序生产的一个关键要素。

作为维持社会稳定的始源性概念，"义"类似于西方的"社会契约"。按照社会契约论的观点，社会之所以成为一个有组织的社会，就在于人们发现在自然状态或原初状态中的生活存在诸多难以克服的问题，人们要想生活得更好，就必须克服这些存在的难题，于是，人们"签订"社会契约，让渡出自身一部分或全部权利，从而形成了一个有秩序的社会。因此，社会契约得到有效遵守就成为社会稳定的基础和前提。

由此可以看出，社会契约维持着社会的存在、稳定和发展，它是维持西方社会稳定的始源性概念，与中国的"义"具有功能上的一致性。

2. "义"规定了人与人之间的责任关系

社会交往需要遵循规则才能有序地进行，而"义"恰恰为个体间的交往提供了指导，确保了个体间的交往得以存续。而且，作为非正式制度的"义"体现了色彩鲜明的人文关怀，它总是引导个体设身处地地为交往对象考虑，使交往对象不仅可以获得相应的物质支持，也可以充分感受到来自社会的伦理关怀。因此，"义"所确立的交往个体之间的关系并非一种"主体－客体"关系，而是一种主体间关系。

第一，"义"具有指导人们行动的神圣性。随着实践的发展及生活的需要，人们把祭祀活动加以规范化与制度化，形成一整套行为规则。儒家后来发展了这一思想，对"义"进行了阐释和延伸，使"义"具有了丰富的社会含义，成为指导人与人之间互动和交往的根本原则，构成了人们"行"、"出"、"成"等活动的基础。孔子曾说："君子义以为质，礼以行之，孙以出之，信以成之。君子哉！"① 孟子也说："上无道揆也。下无法守也，朝不信道，工不信度，君子犯义，小人犯刑，国之所存者幸也。"② 荀子更具体而明确地指出："遇君则修臣下之义，遇乡则修长幼之义，遇长则修子弟之义，遇友则修礼节辞让之义，遇贱而少者，则修告导宽容之义。"③ 由此可见，儒家把祭祀活动遵守的"义"扩展为所有行为遵守的"义"，发展为人们的行为准则。④ 从这一层面上讲，"义"天生具有一种神圣性，不仅成为终极信仰的一部分，而且迅速被人们所接受。因此，"义"一开始就拥有了不容置疑的正当性，深深地扎根于每一个人的心底，指导人们在交往互动时遵守规范。

第二，"义"规范了各主体间"应当的权利"与"恰当的义务"。"义"包含道德权利与道德义务两个基本方面。例如，幼儿"应当"获得父母的哺育，老人"应当"得到儿女的赡养，处于困境中的人"应当"得到帮助。前者相对于后者而言都享有特定的道德权利，而后者相

---

① 张燕婴译注《论语》，中华书局，2006，第239页。
② 万丽华、蓝旭译注《孟子》，中华书局，2010，第107页。
③ 安小兰译注《荀子》，中华书局，2007，第63页。
④ 刘雪河：《"义"之起源易礼新探》，《四川师范学院学报》2003年第4期。

对于前者而言都应履行特定的道德义务。正如朱熹所讲："义者，天理之所宜。"① "义"规定了人们互动时应该遵循的规则，明确了交往各方所应采取的"适宜"行为。享有某种权利就"应当"承担相应义务，践行了这个"应当"就是"义"，否则就是不"义"。这样，"义"就成为主体做自己"应该"做的"恰当的"事情。孔子说过："非其鬼而祭之，谄也。见义不为，无勇也。"也就是说，见到"应该"挺身而出的事情却袖手旁观就是"不义"，就是"无勇"、"怯懦"。② 荀子说过："君子易知而难狎，易惧而难胁，畏患而不避义死，欲利而不为所非，交亲而不比，言辩而不辞，荡荡乎其有以殊于世也。"③ 朱熹认为，"朋友有通财之义。"④ 这些都强调"义"体现出主体间"权利－义务"关系。

第三，"义"体现着主体的自我认同。一般而言，个体只有行"义"，才会成为一名合格的社会成员，得到他人和社会的认同；而只有"义"的行为得到社会认同，个体行"义"的行为才是有价值的，他才会继续认可"义"，并且在认同他人"义"行的基础上认同他人本身。正如《诗经》所指出："事君无义，进退无礼，言则非先王之道者，犹沓沓也。"⑤ 孔子说："有君子之道四焉：其行己也恭，其事上也敬，其养民也惠，其使民也义。"⑥ 韩非曾言："义者，君臣上下之事，父、子贵贱之差也，知交朋友之接也。"君臣、君民、父子、朋友等之间的互动，都体现着对"义"的认同。

3. "义"成为社会整合的纽结

人之所以不能无群就在于人有"义"的规则，通过"义"可将分散的个体整合为群体进而联结为社会。荀子就曾说过，人"力不若牛，走不若马，而牛马为用，何也？曰：人能群，彼不能群也"。荀子又反问自身："人何以能群？曰：分。分何以能行？曰：义。"所以，荀子说："故义以分则和，和则一，一则多力，多力则强，强则胜物。故宫室可得而居也，故序四时，裁万物，兼利天下，无它故焉，得之分义

---

① 朱熹撰《四书章句集注》，中华书局，1983，第73页。
② 张燕婴译注《论语·为政》，中华书局，2006，第23页。
③ 蒋南华等译注《荀子全译》，贵州人民出版社，1995，第33页。
④ 朱熹撰《四书章句集注》，中华书局，1983，第122页。
⑤ 万丽华、蓝旭译注《孟子》，中华书局，2010，第107页。
⑥ 张燕婴译注《论语》，中华书局，2006，第59页。

也……故宫室不可得而居也，不可少顷舍礼义之谓也。"（《荀子·王制》）由此可见，"义"具有社会组织化功能。

首先，"义"是维系相互关系的纽结。人际交往是最基本的社会行为之一，在交往过程中，个体或群体必然面临如何对交往对象做出反应的问题，只有交往双方都认为对方做出了"应该"或"应当"的反应，双方交往才能持续进行下去，双方之间的交往关系才能确立下来。由此可以看出，人们之间交往关系的确立以交往双方都做出"应该"或"应当"的反应也就是理解各自行动的意义为前提，而"应该"或"应当"概念恰恰是"义"最原初的含义。因此，在传统社会中，"义"有效地指导人们建立起双方都认同的交往关系，正是人们相互讲"义"，才维持了彼此关系的和谐和顺畅。从这一层意义上而言，"义"可以看作人际交往关系的黏结剂，它把交往双方有机地联结在一起，推动个体之间、群体之间的整合。

其次，"义"是规制人们行为的制度。在社会生活中，"义"不仅告诉人们"应该"或"应当"如何行为，也告诉人们"不应该"或"不应当"如何行为。一旦人们做了"不应该"或"不应当"的行为，如"背信弃义"、"忘恩负义"、"薄情寡义"等，便会受到他人乃至整个社会的谴责。因此，"义"规范如果得到贯彻，将会抑制人们做出不利于社会团结的行为，减少或避免社会的矛盾或冲突。从这一层意义上看，"义"可以看作个体行动乃至社会运行的润滑剂，正是它的存在并且得到普遍遵守，才使传统社会内部得以和谐。

最后，"义"成为社会共同的价值追求。"义"的最高层次含义是"公平"与"正义"，它是整个社会乃至全人类都"应当"追求的一种价值，它为人们处理个体之间、群体之间的矛盾和冲突提供了一个最高标准和指导原则，成为引导人际关系的典范、解决社会冲突的价值目标，为人们提供一致的价值追求，进而使人们形成积极向上的社会价值目标。当某一社会中不同个体或群体都将"义"作为他们共同追求的目标时，"义"就成为维系社会运行、促进社会凝聚的价值导向。

总之，"义"成为维系人与人之间相互关系的纽结，是规制个体行动的制度，也是社会共同追求的价值目标。正因为如此，古代贤哲们才认为，治理民众要依靠君子"礼义"，用"礼义"等级就可以协调民众并使之各守其职，个体就可以相安无事，社会就能达到有效治理。

（三）"义"的社会建构

"义"既可以引导个体的行为，也可以帮助个体建立起信任、互惠网络，凝结成社会结构。当行动者基于"义"被结构化后，就会利用"义"与他人进行互动，建立起全新的社会关系与社会网络，形塑出新的社会结构。因此，"义"既是一种行动规则，也是一种社会资源。古人在日常社会互动中潜移默化地接受"义"规范，按照"义"的要求行动，并使自身获得社会认同，从而融入群体与组织，进而重塑这些群体与组织。

1. "义"有助于形成稳定的家庭关系与结构

家庭是一个道德实体，它建立在一系列社会规范之上。中国传统家庭重视"孝"、"悌"、"慈"、"贤"等规范，由于"义"是联结个体与社会规范的媒介，因而只有家庭成员接受了"义"规范的要求，才会自觉地遵守这些家庭规范。

第一，"义"是构建家庭的制度基础。家庭是传统社会最基本的单位，作为一个非正式组织，家庭内部成员之间如夫妻、母子、父子之间存在各自拥有何种权利和义务的问题，他们的行动必须依据特定的社会规范，"义"构成家庭成员互动的"应当"性价值与行为规范，否则，家庭成员之间就无法展开有效互动，从而会阻碍家庭的发展。因此，"义"维持着家庭的运转。正如孔子所言："夫达也者，质直而好义，察言而观色，虑以下人。在邦必达，在家必达。"①

第二，"义"是引导家庭运转的统领规范。作为一种实践价值，"义"承载着人们的终极价值信仰，成为人们开展社会行动时不需要怀疑或否定的正当性准则，也成为指导家庭成员行为的一个统领性规范，其他家庭伦理及规范都统属于"义"。遵守家庭纲常就是"义"，"家日益、身日安、名日荣，处官得其理"，反之则是不"义"。同时，作为一种社会规范，"义"是个体在家庭交往或互动中恪守的规范，相较于其他社会规范（如孝、悌、慈等）而言更具有基础性与前提性地位，其他规范要想发挥作用必须恪守"义"，如果不与"义"相结合其他规范都将失去效力。正是由于"义"驱使着家庭成员自觉地遵守家庭纲常，才塑造出中国特有的家庭文化。

---

① 张燕婴译注《论语》，中华书局，2006，第181页。

第三，"义"是延伸家庭网络的必要材料。中西方家庭的一个明显区别在于家庭界限的非明晰性，汉语中"家"的外延非常宽泛，既可以指以夫妻为基础建立起来的小家庭，也可以指以血缘、血亲为基础存续的家族、宗族，甚至整个社稷乃至天下也是一个"家"。因此，中国的家庭网络具有很大的弹性，可以向外不断地延伸，把越来越多的相关个体包含进来。但是，中国人延伸家庭网络凭借的并不是强制力，也不是家庭成员的扩充，而是建立在对"家"的共同认同基础之上，对"家"的认同实际上也就意味着对自身作为家庭成员建立在"义"基础上的、"应当"的权利与义务的认同，所以"义"成为家庭延伸外部网络的必要材料。

2. "义"是构成差序格局社会结构的纽带

中国是个差序格局社会，每个人都以自己为圆心，以亲缘、血缘关系为基础，向外推出去，从而结成亲疏远近的关系网络。整个社会就是一个扩大了的家庭，而维系家庭存在、促进家庭发展的基础就是"义"。

首先，"义"建构了中国特有的差序格局。社会始于个体的整合及家庭的扩大，它通常以个人为中心，家庭成员处于差序格局的最里层，由此向外涉及家族或宗族成员，再往外一层就是其他非直系亲属，如同乡、同学、同党、同僚等，实际上他们也是家庭关系在家庭之外的再现。通过这种直接或间接的家庭关系将整个社会成员纳入其中，个人、家庭与社会之间就建立起有机联系，促成了中国特有的"家国一体"观念的形成。于是，家庭的"纲规"、家族的"家规"、宗族的"族规"就构成了差序格局中个体处理人际关系的重要准则，这些"纲规"、"家规"和"族规"在"义"作用下发挥各自的功能。因此，"义"与"纲规"、"家规"和"族规"一起，为核心家庭关系不断向外延伸提供了媒介，为差序格局的形成奠定了制度基础。

其次，"义"是差序格局社会运转的关键。中国社会特有的差序格局不只是围绕某一特定个体构建起来的关系网络，更是一种资源传输网络。中国人正是依靠这种网络获得相应的亲情关怀、经济资助、信息资源等的，但这些资源在差序格局人际网络中的传输并不是无条件的，而是需要为资源输出者提供一个"应当"输出的理由。否则，资源输出者的输出行为就没有价值和意义，整个资源传输网络也就会失灵。正是每一个网络成员基于"义"的解读，认识到自身享有的权利与承担的义务，才能依据权利向其他网络成员获取资源、依据义务向特定成员提供资源，唯有如此，整个差序格局才能得以有效运转。

最后，"义"是差序格局得以更新的保障。个体总是处于特定社会网络中，成为差序格局中的一员，但个体获得差序格局社会的认可是以其恪守社会运行的规范为前提的。也就是说，个体要想真正融入差序格局社会，就需要遵守社会所规定的"义"，避免社会不允许的"不义"行为。这样，个体就会源源不断地被纳入差序格局社会中，使得整个社会系统不断发展、不断更新，历经数千年而绵延不断。

3. "义"促生了社会资源

"义"是中国古代社会中社会资源生成的重要基础，按照罗伯特·帕特南（Robert D. Putnam）的观点，社会资本是"社会上个人之见的相互联系——社会关系网络和由此产生的互利互惠和相互信赖的规范"。[①]这种相互联系建立在如下的假定基础之上："我为你做这件事，不期待任何回报，因为我相信以后当我需要帮助的时候，也会有人挺身而出。"[②]这样的观念也正是中国传统社会中"义"精神所倡导的。在传统社会中，人们之间的交往或互动都以"义"为指导原则，"义"成为人们之间建立相互联系的基础，即社会资源培育的基础。

第一，"义"促生了个体的社会资源。社会资源是中国传统语境中的"人脉"，人脉资源的多寡极大地影响到个体的发展状况，而要想获得并积累人脉资源，就必须恪守道义、重情守义。如果一个人在特定群体内不做他"应当"做的事情，不讲道义，那么他就难以获得群体内其他人的认同；同时，由于他不履行他"应当"履行的义务，当他需要他人帮助时，他人可能也会拒绝履行帮助他的义务，从而也就难以围绕该个体建立起一个互惠网络。因此，个体在社会中守"义"、行"义"就可以为自身获取社会资源，所以，"义"可以看作个体社会资源的催生剂。

第二，"义"本身就是一种群体社会资源。在一个群体内部，"义"

① 罗伯特·帕特南：《独自打保龄：美国社区的衰落与复兴》，刘波等译，北京大学出版社，2011，第7页。
② 罗伯特·帕特南：《独自打保龄：美国社区的衰落与复兴》，刘波等译，北京大学出版社，2011，第10页。

本身是一种互惠的规范，当每个人都做他"应当"做的事情时，群体成员内部就容易形成一种相互信任的关系。这样，如果一个群体尊重"义"，倡导"义"，严格按照"义"采取行动，就可以降低群体生活的成本、增进群体内部的和谐、扩大群体外部的积极影响等，体现出社会资源所应该具有的功能。正因为如此，孔子才警告说："群居终日，言不及义，好行小慧，难矣哉!"① 要求人们在群体生活中重"义"。

第三，"义"催生了国家社会资源。中国"家国一体"的特殊社会结构形式决定了"义"不仅可以在家庭层面得到倡导和应用，也可以在国家层面得到倡导和应用。在中国传统社会中，以儒家为代表的思想家们认为国家的统治不仅要建立在暴力机器基础之上，而且要建立在民心基础之上，而要获得民心，就需要统治者以"仁义"治天下。"君舟民水"成为历代统治者所遵守的道义，统治者践行了这一理念，民众就会认同其统治，他就可以获得民心，从而为政治统治奠定坚实的社会基础，促进社会的和谐与稳定。由此可以看出，"义"可以帮助统治者获取民心，因而也就为国家提供了重要的社会资源。

4. "义"对国家意识的建构

中国古代社会的典型特征是"家国同构"，这意味着作为建构家庭基石的"义"，同时必然是建构国家的基石。于是，"义"在促生了人们家庭意识的同时，也促生了人们的国家意识和民族意识，成为维系中华民族强大凝聚力的重要文化支柱之一。

第一，"义"是国家成为有机整体的规范基础。以国王或皇帝为核心构成了完整的政权组织，整个国家就是国王或皇帝之家，这个"家"的家长就是皇帝或国王，每一个臣民都成为这个大家庭的一分子，其他的只是"皇家"的一部分并为皇家服务，所谓"普天之下，莫非王土；率土之滨，莫非王臣"正是中国古代社会的真实描述。② 国家在字面意义上就是"以国为家"，于是，适用于普通百姓家庭的"纲规"同样适用于整个"国家"，"义"同样在国家中发挥其应有效用。孔子就说："上好礼，则民莫敢不敬；上好义，则民莫敢不服；上好信，则民莫敢

---

① 张燕婴译注《论语》，中华书局，2006，第239页
② 王秀梅译注《诗经》，中华书局，2006，第299页。

不用情。"① 也就是说，如果统治者对臣民不"义"，臣民对其统治就会丧失信心，国家就会分崩离析，"义"是国家成为整体的一个规范基础。正是"义"规范的长期有效存在，才维系了中华民族大家庭的团结和发展。"义"成为传统社会须臾不可或缺的部分，其中就强调社会及民族与国家认同。

第二，个体以"义"为标准审视自身与国家的关系。家庭关系的交叉与延展形成了庞大的差序格局网络，个体成为社会整体的一分子，个体在时空的延伸中不断组成以自我为中心的家庭、宗族等社会关系网络，由此形成相互依存的国家。作为维系个体之间行为准则的"义"不断拓展到个人与家庭、宗族以及家庭与家庭、宗族与宗族之间，成为这些群体、组织交往的准绳，由此"义"便可用来处理个人与国家的关系。抵御外敌、打击违法犯罪、维护社会秩序等成为国家"应当"的义务，而报效国家成为每个个体"应尽"的义务。这样，"义"就将个人、家庭、国家三者有机地联系在一起，个人需要对家庭和国家尽"义"，所以，"位卑未敢忘忧国，事定犹须待阖棺"，② 应该做到"先天下之忧而忧，后天下之乐而乐"。③ 而且，由于每个个体都拥有家庭与国家成员的双重身份，当然也会出现优先向家庭尽"义"还是优先向国家尽"义"的选择困境，即古人所说的"忠孝不能两全"，传统社会强调"舍小家为大家"、舍生取义的做法。

第三，"义"是国家运行的重要指导原则。"义"最高层次的含义就是"公平"与"正义"，"公平"与"正义"是人类普遍的追求。正是社会对"公平"与"正义"有需要，国家存在才具有合理性。尽管在古代，国家通常以强大的军事力量为基础，但政治统治也必须考虑"公平"与"正义"原则，否则，不公平或非正义的统治会诱发社会内部矛盾和冲突，对自身统治带来巨大威胁。因此，古代开明君主也都倡导"公平"与"正义"，主要表现在政府赏罚分明、秉公执法，官员清正廉明等方面。历史上每个盛世几乎都是把"公平"与"正义"原则贯彻得相对较好的时期。所以，"公平"与"正义"原则也成为中国古代国家

---

① 张燕婴译注《论语》，中华书局，2006，第188页。
② 陆游：《陆游集》，中华书局，1976，第193页。
③ 李先勇、王蓉贵校《范仲淹全集》，四川大学出版社，2007，第195页。

治理的基本原则，使国家统治具有了合法性基础。

（四）"义"价值的弘扬

"义"作为人们交往或互动的一种社会规范，是构成中国社会的精神要素与纽带，推助中国传统社会形成特有的差序格局，并使之得以绵延数千年，对中国社会的发展乃至中华文明的延续发挥了重要作用。尽管"义"规范有一定的消极作用，但它对规范人们的社会行动、构建稳定的社会秩序具有独特作用。因此，深入挖掘"义"的内涵以及它在规范人们的社会行动、维系社会稳定方面的积极作用，有助于建立中国自己的社会学理论体系，推动当代中国的社会建设。

1. 发掘"义"的家庭凝聚功能

家是人类生活的重要载体，也是"义"精神得以彰显的起点，弘扬"义"首先就要充分挖掘它在家庭整合方面的功能。当前，中国家庭小型化、家族宗族纽带弱化、婚姻关系错化、家庭亲情淡化等，使传统社会中家庭所具有的功能受到挑战。例如，子女尽孝观念的淡化导致老人的晚年生活得不到良好照顾；高离婚率不仅影响到当事夫妻的生活，而且直接影响到其子女的生活；族长权威的弱化不仅影响一些村庄集体活动的开展，而且使家族或宗族失去整合功能……这些问题与家庭或家族内部的"纲规"失效有关，也与"义"规范的弱化有关。因此，要重塑中国社会中家庭的良好功能，就必须唤起人们重视用"义"规范社会。

一方面，通过正式制度的建设推助家庭整体性、完整性与稳定性建设，为家庭成员能够长期生活在一起创造条件，培养家庭成员之间以及成员对整个家庭的"义"；另一方面，对传统"义"规范进行研究和挖掘，加强对"义"规范中积极内容的倡导和宣传，特别是要对各种"重情守义"的行为加以宣传，对那些不讲"义"、违背"义"的家庭成员要在道德上、舆论上予以谴责，甚至在法律上予以制裁，使"义"规范在现代社会中得以发扬光大，从而在全体社会成员中形成崇尚"义"、遵守"义"的良好风尚。

2. 塑造社会资源的重要力量

受市场经济的冲击，"重利轻义"、"不守道义"、"薄情寡义"现象时有发生，这就内在地需要我们弘扬"义"、融入"义"，以累积更多的社会资源，增强社会信任。为此，要切实加强信义教育，积极倡导和引导人们"重义"、"守义"，努力在全社会范围内形成讲信修睦、恪守道义的良好社会风尚。另外，要对传统文化中的"义"规范进行发掘和整理，在扬弃基础上汲取其精华，采取社会道德模范评选、公民道德论坛等方式，将"义"融入社会行动中，使其成为凝聚社会资源的重要元素。

3. 促进社会整合与社会团结

经济社会的转型意味着不确定性因素的增加以及社会冲突风险的增多，需要用"义"规范不同群体之间的关系，促进社会整合与社会团结。首先，加强正式制度的供给，建立起能够体现"义"精神的法律制度体系，确保社会事务的处理拥有充分而可靠的法律依据，不断增强社会主体的行为预期，凝聚社会共识、减少社会对抗、增进社会和谐；其次，通过建立社会诚信体系等措施将"义"规范中的合理内容设计为正式制度内容，以增加人们违反"义"规范的成本，为重义、守义、遵义的人们提供切实保护，促进社会秩序与社会认同；再次，在大力塑造积极的"义"文化同时，要剔除传统"义"规范中的消极因素，引导和塑造积极的、肯定的有助于现代社会秩序建设与现代社会结构和谐稳定的"义"文化与"义"规范，促进社会整合与社会团结。

4. 增进国家与社会的认同

改革开放以来，民众经过现代化的洗礼，传统社会中建立在"君权神授"这一终极价值信仰基础上的国家合法性迅速消失，社会进入快速的转型期，"社会转型必然引起社会群体的利益分化，使得不同利益群体之间出现矛盾和冲突，使得不同群体中的个体出现'身份认同危机'"。[1] 当个体面临身份认同危机时，会产生一种被国家或社会遗弃了的感觉，由此带来的后果就是其降低对国家的认同，而公众对国家认同的降低必然会影响到政府的治理绩效。为此，就有必要通过弘扬中国传统社会中"义"的精神重塑公众对政府的信任，增进公众对国家的认同。

（高和荣 赵春雷 苑仲达）

---

[1] 赵渭荣：《转型期的中国政治社会化研究》，复旦大学出版社，2001，第172页。

六 信：社会交往的原则

"信"作为重要的社会学概念，构成社会交往的重要原则和准则，在社会行动中发挥着重要作用。即便视"三纲五伦"为毒祸的谭嗣同仍然高举朋友之信，"万善之首必曰信"。① 在冯友兰看来，"信"是社会得以存在的根据，无"信"则社会亦不能成立，"人必有信，不是某种社会之理所规定之规律，而是社会之理所规定之规律"。② 其中，社会学关于信任所展开的理论与实证研究，在某种意义上使"信"超越简单的伦理规范范畴，成为人们之间进行社会交往的重要原则。对"信"的概念进行研究，有助于拓展社会学信任研究的深度，也有助于更好地理解中国的社会交往及社会互动。

（一）"信"的基本含义

"信"，《说文解字》解析为"诚也。从人从言。会意"。③ 人言为信，意即人说话必须算数，不可"食言"，取义为诚信，体现的是个体在社会交往过程中对于诺言的履行或信守的责任和义务。甲骨文中并没有发现"信"字，直到战国"信"字方见于《中山王壶》，④ 而文献典籍中的"信"字最早现于《尚书》的《汤誓》篇，"尔无不信，朕不食言"，⑤ 其意为"相信"，表达的是国君希望获得臣民的信任，以获得讨伐战争的成功。总结"信"字在《尚书》、《周易》、《左传》、《国语》等文献中的用法，可以发现"信"字主要用于以下几种语境之中。

第一，"信"是列国交往的重要原则。在诸侯国交往中，"会"、"盟"、"誓"等非常频繁，如"葵丘之盟"、"黄池之会"等，《国语·鲁语》中载"夫盟，信之约也"，⑥《礼记·曲礼下》载"约信曰誓"，⑦

① 谭嗣同：《谭嗣同全集》，生活·读书·新知三联书店，1954，第180页。
② 冯友兰：《三松堂全集》（第4卷），河南人民出版社，1986，第133页。
③ 许慎：《说文解字》，中华书局，1963，第52页。
④ 阎步克：《春秋战国时"信"观念的演变及其社会原因》，《历史研究》1981年第6期。
⑤ 王世舜：《尚书译注》，四川人民出版社，1982，第78页。
⑥ 汪济民等：《国语译注》，百花洲文艺出版社，1992，第114页。
⑦ 孙希旦：《礼记集解》，中华书局，1989，第140页。

《左传》中载"苟信不继，盟无益也"。① 也就是说，诸侯国有所约定多采取盟誓等方式，而盟誓必以"信"为基本要求。这种列国交往之"信"是有关各方宣誓缔约、互有承诺的行为，更是列国之间履行诺言、条约的基本义务。大国确保信义，则可吸引其他国家归附；小国讲求信义，则可获得其他国家支持，避免大国攻伐，即所谓"小所以事大，信也。失信不立"，②"国非忠不立，非信不固"。③《史记》记载齐与鲁盟，鲁曹沫劫齐桓公要求其返还鲁之失地，后齐桓公想毁约而杀曹沫，"管仲曰：'夫劫许之而倍信杀之，愈一小快耳，而弃信于诸侯，失天下之援，不可。'于是遂与曹沫三败所亡地于鲁。诸侯闻之，皆信齐而欲附焉"。④ 可见，有信之盟将会被称誉，无信之盟则会被斥责，"信"确为列国间交往的重要原则，直接关系到国家的安定稳固，"信"也成为列国间交往的基本秩序要求。

第二，"信"乃是人神沟通的重要原则。人神之间的沟通主要通过祭祀来达成。要获得神灵的庇护，使所求之事获得成功，就要求在祭祀过程中遵循"信"的原则。如《左传·恒公六年》中载："忠于民而信于神也。……祝史正辞，信也。"⑤《左传·昭公二十年》载："其祝史荐信，是言罪也。"⑥《左传·庄公十年》载："牺牲玉帛，弗敢加也，必以信。"⑦ 也就是说，人对天、祖、上帝、神等祭祀对象，必须做到诚信不欺，祝词要实事求是，牺牲玉帛要言符其数，在人神沟通的关系之中，"信"确为重要的原则，直接关系到所求之事的祸福吉凶。在人神的沟通中坚持"信"的原则还反映在中国人的还愿行为及报应观念中。人们认为，如果向神许愿而愿望得以实现之后，便要实施相应的还愿行为或者举办相应的还愿仪式，这是履行对神的承诺，否则将受到神的严厉惩罚；而报应不爽观念更是加深了对神的笃敬，使人们在人神沟通之中不敢有半点欺瞒之心。

① 李梦生：《左传译注》，上海世纪出版股份有限公司、上海古籍出版社，2004，第85页。
② 李梦生：《左传译注》，上海世纪出版股份有限公司、上海古籍出版社，2004，第769页。
③ 汪济民等：《国语译注》，百花洲文艺出版社，1992，第176页。
④ 司马迁：《史记》，线装书局，2006，第145页。
⑤ 李梦生：《左传译注》，上海世纪出版股份有限公司、上海古籍出版社，2004，第67页。
⑥ 李梦生：《左传译注》，上海世纪出版股份有限公司、上海古籍出版社，2004，第1104页。
⑦ 李梦生：《左传译注》，上海世纪出版股份有限公司、上海古籍出版社，2004，第120页。

第三，"信"乃是应予以修养的道德品质以及为人处世的价值原则。人应该以诚实守信为做人的基本原则，做到言行一致、心口相依。如《周易》的《文言传》中载："君子进德修业。忠信，所以进德也。"①《左传》中载："人所以立，信、知、勇也。"② 而在《国语》中则明确列举了十一种美德，包括敬、忠、信、仁、义、孝等，而"信"乃是"文之孚也"，③ 意即诚实守信之美德。"信"作为君子的重要品德，是人立身处世的基本原则，所谓"道正事信，明令德矣"。④ 如果人人重视诚信待人，守信为本，那么就能实现人与人之间的和睦，这种人与人之间的互信和睦，正如《礼记·礼运》篇所言："大道之行也，天下为公。选贤与能，讲信修睦。"⑤ 通过"讲信修睦"，在待人接物中秉承诚信原则，便能增进人际关系及社会互信，从而能够向"大同"社会迈进。在孟子看来，这种诚信的品质更是天道所在，对这种诚信品质的追求，便是为人的根本，他说："诚者，天之道也；思诚者，人之道也。"⑥ 可见，"信"作为重要的道德品质以及为人处世的原则，不但能够增进个人修养、促进社会交往，更是实现社会和谐与稳定的根本所在。

综上，"信"在不同的语境之下具有不同的意义，列国关系之间重视"信"的原则，要求缔约国对诺言、条约、盟誓如实履行；人神关系之间重视"信"的原则，要求人对神的诚敬和各项典礼仪式的实事求是；而作为道德品质之"信"，则取诚实守信之义，是人立身处世的基本价值原则。

（二）"信"的历史演变

"信"既是人神沟通乃至列国交往的重要原则，同时还是君子的重要品德，在漫长的文明历程中，"信"逐渐成为社会生活的道德规范而进入社会领域，成为人与人之间进行社会交往的重要原则，在人的社会交往与社会互动中发挥着重要作用。

① 张吉良：《〈周易〉通读》，齐鲁书社，1993，第548页。
② 李梦生：《左传译注》，上海世纪出版股份有限公司、上海古籍出版社，2004，第136页。
③ 左丘明：《国语》，上海古籍出版社，2015，第63页。
④ 左丘明：《国语》，上海古籍出版社，2015，第65页。
⑤ 李慧玲、吕友仁译注《礼记》，中州古籍出版社，2010，第89页。
⑥ 金良年：《孟子译注》，上海古籍出版社，2004，第156页。

1. "信"是个体立足社会的基础

在"周礼"逐渐瓦解的春秋战国时期，通过"礼"来调节社会个体之间的权利与义务关系不太可能，因而在孔孟看来，强调"信"在社会领域中的重要作用，以"信"来立身处世、调节人与人之间的交往，是社会领域的基本秩序要求。《论语》中载："人而无信，不知其可也，大车无辀，小车无軏，其何以行之哉?"① 又如："言忠信，行笃敬，虽蛮貊之邦行矣；言不忠信，行不笃敬，虽州里行乎哉?"② "与朋友交，言而有信。"③《孟子》中载："仁义忠信，乐善不倦。"④ 又如："君子不亮，恶乎执?"⑤ "父子有亲，君臣有义，夫妇有别，长幼有叙，朋友有信。"⑥ 这表明在孔孟那里，"信"是个体立足社会生活的基础，是调节朋友关系的基本原则，一个人不具备"信"的品质，便是在邻里间也寸步难行，而个体通过建立自己的"信"誉，便能交朋结友，进而拓展自己的社会关系，获得来自社会的认同，从而实现自身的社会价值。正如《孟子》所言："善人也，信人也"，⑦ "一乡之善士斯友一乡之善士，一国之善士斯友一国之善士，天下之善士斯友天下之善士"。⑧

2. "信"在交往情境下的变通

战国到秦是"法治"逐渐建立的时期，这一时期以"法"来调节社会秩序，孔孟所推崇的"信"有衰微迹象，虽然"信"仍是社会交往的基本要求，但此时列国征伐已经更加强调"信"的功利取向，社会交往中也更强调具体情境下的"信"。此时论"信"已然离不开"权谋"、"诈"等这样的对举词汇，如"言无常信，行无常贞，唯利所在，无所不倾"。⑨ 不过，荀子仍然主张信，认为邦国若是遵循"信"则有利于称霸于天下，即"义立而王，信立而霸，权谋立而亡"；⑩ 如果士大夫、商

① 金良年：《论语译注》，上海古籍出版社，2004，第 17 页。
② 金良年：《论语译注》，上海古籍出版社，2004，第 184 页。
③ 金良年：《论语译注》，上海古籍出版社，2004，第 4 页。
④ 金良年：《孟子译注》，上海古籍出版社，2004，第 247 页。
⑤ 金良年：《孟子译注》，上海古籍出版社，2004，第 266 页。
⑥ 金良年：《孟子译注》，上海古籍出版社，2004，第 112～113 页。
⑦ 金良年：《孟子译注》，上海古籍出版社，2004，第 307 页。
⑧ 金良年：《孟子译注》，上海古籍出版社，2004，第 229 页。
⑨ 王先谦：《荀子集解》，中华书局，2012，第 51 页。
⑩ 王先谦：《荀子集解》，中华书局，2012，第 199 页。

旅、百工、农夫都做到"忠信"而不欺诈，那么社会互信就会增加，市场就有保障，国家必能安定强盛。他说："士大夫务节死制……商贾敦悫无诈则商旅安，货通财，而国求给矣；百工忠信而不楛，则器用巧便而财不匮矣。农夫朴力而寡能……"① 荀子的这些观点，乃是从有利于列国争霸角度提出，折射出当时社会信任的衰微。在这种情况下，要求人们在具体的交往之中变通地对"信"进行取舍，做到具体情境下的变通之信，即"信信，信也；疑疑，亦信也"。②

3. 政治秩序中的"信"

汉武帝独尊儒术之后，"信"逐渐成为政治统治、建立政治秩序的基本要求，是政教合一的礼教体系的"五常"之一。秦国统一六国前夕，《吕氏春秋》的《贵信》篇中"信"兼糅儒法思想，"凡人主必信，信而又信，谁人不亲！故《周书》曰'允哉允哉！'以言非信则百事不满也，故信之为功大矣！……君臣不信，则百姓诽谤，社稷不宁；处官不信，则少不畏长，贵贱相轻，赏罚不信，则民易犯法，不可使令，交友不信，则离散郁怨，不能相亲，百工不信，则器械苦伪，丹漆染色不贞。夫可与为始，可与为终，可与尊通，可与卑穷者，其唯信乎！"③ 也就是说，既要讲法令刑赏之信，又要讲道德人伦之信，"信"不仅受到社会舆论监督，还受到政治和法律的约束，从而增加了人们违背信义的成本。至董仲舒提出"独尊儒术"，把"信"列为"仁、谊（义）、礼、知（智）、信"的五常之一，他认为："夫仁、义、礼、智、信五常之道，王者所当修饬也。"④ "信"不仅仅是个体修身立世的价值原则，更成为治国理政的政治原则，它规范着君臣、父子、夫妇以及朋友之间的交往。"信"由此固化在"五常"中，为历代政权的统治者所接受和推崇。

4. "信"的变迁

后世思想家基本接受了"五常"中"信"的说法，着重阐明"信"

---

① 王先谦：《荀子集解》，中华书局，2012，第225页。
② 王先谦：《荀子集解》，中华书局，2012，第97页。
③ 吕不韦：《吕氏春秋新校释》，上海古籍出版社，2002，第1311～1312页。
④ 中国科学院哲学研究所中国哲学史组、北京大学哲学系中国哲学史教研室编《中国哲学史资料简编（两汉-隋唐部分）》，中华书局，1963，第8页。

在社会交往中规范人际关系的重要作用。如三国时期的刘劭对"五常"关系进行了阐释，把"信"当成巩固德性的根本，认为信者，"德之固也"。[①] 西晋思想家傅玄极力推崇"信"，认为"讲信修义，而人道定矣"，否则"若君不信以御臣，臣不信以奉君，父不信以教子，子不信以事父，夫不信以遇妇，妇不信以承夫，则君臣相疑于朝，父子相疑于家，夫妇相疑于室矣。大小混然而怀奸心，上下纷然而竞相欺，人伦于是亡矣"。[②] 也就是说，在傅玄看来，君臣、父子、夫妇是基本的人伦关系，如果在这些最基本的人际交往中都不重视"信"，那么人道必定危亡，天下国家不可能安定太平。南北朝时期的颜之推则在《颜氏家训》中把"信"纳入家庭道德教育中，认为"信"即"不妄之禁也"。[③] 至唐朝，唐太宗以"大信行于天下的明主"为自居，[④] 成为史学家所推崇的以"信"处理君臣关系的典范。武则天在《臣轨》中明确说："故君臣不信，则国政不安。父子不信，则家道不睦。兄弟不信，则其情不亲。朋友不信，则其交易绝。夫可与为始，可与为终者，其唯信乎。"[⑤]

5. "诚"与"信"的互训

秦汉以降，中国已然是中央集权的君主专制国家，儒家思想逐渐成为正统思想，"信"作为"五常"之一，贯穿于各个王朝的政治统治之中。到了宋明时期，由于儒学的内在发展以及应对佛学冲击的需求，儒学从孔孟学术思想中挖掘出"诚"字，不仅从修身慎独角度谈自我的"诚"，更加强调"毋自欺"之正心诚意，[⑥] 而且从待人接物的人伦之道上、人际互动上去谈"诚"，"诚者，天之道也；诚之者，人之道也"。[⑦] 在一定程度上"诚"代替了"信"，"诚"与"信"的互训成为此一时期的显著特点。如在周敦颐那里，"'大哉乾元，万物资始'，诚之源也。'乾道变化，各正性命'，诚斯立焉，纯粹至善者也"。[⑧]

---

① 刘绍：《人物志》，长春出版社，2001，第 127 页。

② 傅玄：《傅子》，天津古籍出版社，2010，第 32 页。

③ 颜之推：《颜氏家训集解》，上海古籍书出版社，1980，第 339 页。

④ 吴兢：《贞观政要》，上海古籍出版社，1978，第 179 页。

⑤ 唐武后撰《臣轨》，中华书局，1985，第 38 页。

⑥ 朱熹撰《四书章句集注》，上海古籍出版社，2006，第 10 页。

⑦ 朱熹撰《四书章句集注》，上海古籍出版社，2006，第 37 页。

⑧ 周敦颐：《周子通书》，上海古籍出版社，2000，第 31 页。

"诚"成为宇宙的精神本体和道德本源,"五常之本,百行之源",① 也成为五种伦常美德的根本,成为道德行为的基础。王阳明致良知学说也强调"诚","故圣人之学,只是一诚而已"。② 王夫之甚至把"诚"当成最高的范畴:"说到一个诚字,是极顶字……尽天地只是一个诚字,尽圣贤学问也是一个诚。"③ 他把"诚"解释为"实也,实有之,固有之",④ 其意义大致可相当于我们现在所说的真实无妄、实事求是。"诚"之代"信",是宋明以来儒学发展的重要特征,是儒家修身齐家学说的重要基础,正如徐复观所言,"忠信发展而为《中庸》之诚"。⑤

6. "信"在社会交往中的平等取向

尽管"诚"、"信"互训,但"信"始终笼罩在君臣、父子、夫妇这样的人伦秩序中,平等性被遮蔽了,代之而起的则是差等性得到认同,这种局面直至民国初期才得到改观。谭嗣同在《仁学》中把"三纲五伦"视为"惨祸烈毒",唯一应予以肯定的只是朋友这一伦,他说:"五伦中于人生最无弊而有益,无纤毫之苦,有淡水之乐,其惟朋友乎!"⑥朋友之间的交往乃是平等、和睦的,朋友之伦的中心就是"信",因此,他说"万善之首必曰信"。⑦ 后来,冯友兰在《三松堂全集》的《信》篇中说:"一社会之所以能成立,靠其中之分子互助。于互助时,此分子与另一分子所说之话,必须可靠。此分子所说之话,必须使另一分子信之而无疑……若在一社会之内,其各分子所说之话,均不可靠,则其社会之不能存在,可以说是'无待蓍龟'。人必有信,不是某种社会之理所规定之规律,而是社会之理所规定之规律。"⑧ 在冯友兰看来,个体之间需要互助合作,这就必须坚持"信"的原则,否则社会离散不堪,社会整合便难以实现,而互助合作的前提便是人与人之间的平等相待。因此,"信"乃是社会交往需要遵循的基本准则。

① 周敦颐:《周子通书》,上海古籍出版社,2000,第 32 页。
② 张涅:《王阳明"诚"的思想与生活儒学》,《中共宁波市委党校学报》2011 年第 5 期。
③ 王夫之:《读四书大全说》,中华书局,1975,第 605 页。
④ 王夫之:《尚书引义》,中华书局,1976,第 116 页。
⑤ 徐复观:《中国思想史论集》,上海书店出版社,2004,第 60 页。
⑥ 谭嗣同:《谭嗣同全集》,生活·读书·新知三联书店,1954,第 66 页。
⑦ 谭嗣同:《谭嗣同全集》,生活·读书·新知三联书店,1954,第 180 页。
⑧ 冯友兰:《三松堂全集》(第 4 卷),河南人民出版社,1986,第 133 页。

（三）"信"的特点

由此可见，"信"作为社会交往的原则处理的是自我与他者的关系，而这个"他者"，从至亲的家人一直延续到天下之人。由于自我具有极强的伸缩性，自我与他者的边界并非能够轻易做出区分。[①] 这种边界的模糊性使得中国人在对待他者时形成一种关系取向，而在关系的具体判别时又有着极强的情境主义倾向。因而，中国人的"信"在具体运行中有着不同于西方社会的一面，使中国人以"信"为原则的社会交往具有自己的特点。

第一，"信"不仅仅调节自我与他者的关系，还调节心灵与自我的关系，而后者是前者的基础。孔孟认为，一个人只有对待自己真实，言行合一、心口相依，才能取得别人的信任，而人际交往首先要做到可信，荀子甚至直接提出："能为可信，不能使人必信……耻不信，不耻不见信。"[②] 也就是说，"信"的关键不在于是否可以取得他人的信任，而在于自己是否值得信任，这种对自身"值得信"的强调，显然是以建立自己的人格信任为基础的，人格信任的建立是自我通向社会的起点。这种人格信任建立之后，熟人社会中自然形成一套评价与推广的体系，个人靠着这种"可信"的声誉与他人交往，这是社会交往的首要原则。

孟子的弟子乐正子便是这样一位"可信"之人，在《孟子·尽心》中，浩生不害问孟子如何评价乐正子，孟子说："善人也，信人也。"[③] 当乐正子要去鲁国治理国政，孟子听说后，"喜而不寐"。孟子知道乐正子乃是"信人"，他去治理鲁国必定有益于国家，由此而喜。[④] 在《后汉书》中还记载了一件信士必不乖违并托死的史事，东汉范式与其朋友张劭共同求学于国学堂，临别时相约两年之后要去登门拜访，两年后果然千里奔赴如约而至。范式的"可信"在当时的社会被传为美谈，连从未见过范式之面的陈平子因为听说他乃是"信士"，临终前便放心把自己的后事托付给他。

第二，"信"是可以变通的。在处理自我与他者的关系时，由于他

---

① 杨宜音：《"自己人"：信任建构过程的个案研究》，《社会学研究》1999 年第 2 期。

② 王先谦：《荀子集解》，中华书局，2012，第 101 页。

③ 金良年：《孟子译注》，上海古籍出版社，2004，第 306 页。

④ 金良年：《孟子译注》，上海古籍出版社，2004，第 266～267 页。

者身份的不确定性，以及自我与他者关系的情境性，行动者在面对不同的他者，或者身处不同的情境时，均要变通地处理"信"。《论语》中就提出，"信近于义，言可复也"，[①] "君子贞而不谅"；[②]《孟子》中更明确提出，"大人者，言不必信，行不必果，惟义所在"。[③] 也就是说，"信"在处理人际关系时要有所变通，不能"愚信"，在不同的人伦关系中要对"信"做权变处理。孔子的两则事例清晰地反映出"信"的这种变通性。

《子路》篇载有叶公与孔子的对话，叶公问："吾党有直躬者，其父攘羊，而子证之。"孔子回答说："吾党之直者异于是：父为子隐，子为父隐。——直在其中矣。"[④] 由此可知，血缘关系特别是父子亲情关系是所有人伦关系中最为重要的，对父母的"孝"理应优于对他人的"信"，当"孝于亲"与"信于人"发生冲突时，应选择履行居于主导地位、具有绝对价值的"孝于亲"这一行为规范。在《史记》的《孔子世家》中记录了另一案例，孔子去卫国时经过蒲地，与公叔氏进行了会谈，公叔氏说："苟无适卫，吾出子。"孔子与他结盟后离开了蒲地向卫国前行。子贡问："盟可负邪？"孔子告诉子贡："要盟也，神不听。"也就是说，在受人胁迫下所订立的誓言是可以违背的，这在孔子看来，反而是捍卫了"信"真正的道义基础。

第三，社会交往中"信"的结构。"信"的内涵及其变迁实际上反映出中国社会人际交往的次第关系，亲疏贵贱不同则决定了将对谁更加信任或是更为不信。传统社会是一个熟人社会，公私领域的界限并不如现代西方社会那般明确，从家庭、社会到国家是一个连续的统一体，更是一个相互交织在一起的有机整体，在不同的次第关系中，既有"孝"、"忠"、"悌"等概念分别予以调节和规范，同时也强调"信"在这些关系中的基础性地位，"信"亦是协调君臣、兄弟、夫妇和朋友关系的基本原则。陆九渊就说："为人子而不主于忠信，则无以事其亲；为人臣而不主于忠信，则无以事其君；兄弟而不主于忠信则伤；夫妇不主于忠

---

① 金良年：《论语译注》，上海古籍出版社，2004，第 194 页。
② 金良年：《论语译注》，上海古籍出版社，2004，第 194 页。
③ 金良年：《孟子译注》，上海古籍出版社，2004，第 173 页。
④ 金良年：《论语译注》，上海古籍出版社，2004，第 153 页。

信则乖；朋友而不主于忠信则离。"① 但这些君臣、兄弟、夫妇和朋友之间的关系并不是平行的，而是有次第顺序的。例如，《论语》虽主张"四海之内皆兄弟"，② 但在对待这种拟血缘关系似的兄弟时是要掌握分寸的，也就是"忠告而善道之，不可则止，无自辱焉"。③ 朋友之交，忠告不听则止，而对血亲兄弟，则有更进一步的"悌"的责任。

这种次第人伦关系使得"信"发挥的作用不尽相同，至亲中间是一个比较放心的领域，对家人的"信"几乎是无条件的，而最外围的、陌生人之间的"信"，便要依据不同的情境分别予以判断。当然，判断的依据依然是基于熟人社会对其"可信"的评估，如孟子所言："居下位而不获于上，民不可得而治也；获于上有道，不信于友，弗获于上矣。信于友有道，事亲弗悦，弗信于友矣。"④ 也就是说，一个人在家孝顺父母，才有可能在朋友交往中做到诚实可信；一个人在朋友交往中做到诚实可信，才有可能获得上级领导的青睐。这种在家人与外人、熟人与陌生人之间进行差别性对待，以亲疏之别为中心的"信"的次第关系结构便构成了中国人社会交往的重要特点。

第四，以"报"为核心的"信"的运作。由于亲疏贵贱的不同而采取不同的信任策略，中国人在拓展自己的社会关系时要以"报"为核心进行关系运作，其特点便是拟血缘关系的社会交往方式，即"拉交情"、"认亲家"、"结义兄弟"，其结果是使陌生人逐渐纳入"自家人"圈子中来。《礼记》中载："乐也者施也，礼也者报也"，⑤ "太上贵德，其次务施报。礼尚往来。往而不来，非礼也。来而不往，亦非礼也"。⑥ "报"，简单来说便是一种人情往来，其目的不在于是否在社会交往中进行了有偿交换，而是双方是否要进行进一步的社会交往、合作以及是否要增进互信。《诗经》中载："投我以桃，报之以李"，⑦ "投桃报李"便是这种

---

① 陆九渊：《陆九渊集》，中华书局，2008，第374页。
② 金良年：《论语译注》，上海古籍出版社，2004，第134页。
③ 金良年：《论语译注》，上海古籍出版社，2004，第143页。
④ 金良年：《孟子译注》，上海古籍出版社，2004，第156页。
⑤ 崔高维：《礼记》，辽宁教育出版社，1997，第130页。
⑥ 崔高维：《礼记》，辽宁教育出版社，1997，第1页。
⑦ 陈节译注《诗经》，花城出版社，2001，第437页。

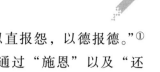

关系运作方式的最直接说法。《论语》中载："以直报怨，以德报德。"①
这种仁爱之心更是孔子所支持的社会交往方式。通过"施恩"以及"还
报"这样的"做人情"方式，个体与他者逐渐建立起信任的关系，直至
使陌生的他者融入自己的圈子，成为"亲信"、"自家人"。

（四）"信"的现代启示

中华民族素有"崇尚诚信，耻奸伪诈"的优良传统，而传统社会思
想中的"信"在诸多方面仍然潜移默化地影响着中国人的信任行为，传
统与现代之间并非决然断裂的，"信"的概念对现代社会信任的建立仍
具有启发意义。

第一，自己"可信"是社会信任建立的起点。费孝通在《试谈扩展
社会学的传统界限》中说，中国人自我与他者的关系，是一种"由里及
外"、"由己及人"的具有"伦理意义"的"差序格局"，这种由内而外
的关系应该是真诚、和睦、利他的。② 当代社会的转型不可能要求国人
全然拒绝这种社会关系的处理方式，因而要实现这种外推关系的和睦、
达致社会信任的建立与维系，应考虑如何培育行动者"不自欺"的修
养。以"不自欺"为起点，一个人对待自己真实无妄，待人接物实事求
是，那么便达到了孟子所谓"信人"境界。③ 如此便可实现荀子所主张
的"诚信生神"，④ 使个体在处理自我与他者的关系中始终居于主动地
位，从而社会交往才有序可言，这是社会信任建立的起点。

第二，"大信"与"小信"。"大信"，是在《礼记》的《学记》中
明确提出的，即"大德不官，大道不器，大信不约"。⑤ 而何谓"大信"？
何谓"小信"？则可以分别用孔孟的两句话予以解释，一是"言必信，
行必果，硁硁然小人哉！抑亦可以为次矣"，⑥ 二是"大人者，言不必
信，行不必果，惟义所在"。⑦ "小信"乃是不择是非而必于"信"，"大

① 金良年：《论语译注》，上海古籍出版社，2004，第175页。
② 费孝通：《试谈扩展社会学的传统界限》，《北京大学学报》（哲学社会科学版）2003年第5
期。
③ 金良年：《孟子译注》，上海古籍出版社，2004，第306页。
④ 王先谦：《荀子集解》，中华书局，2012，第51页。
⑤ 崔高维：《礼记》，辽宁教育出版社，2000，第124页。
⑥ 金良年：《论语译注》，上海古籍出版社，2004，第155页。
⑦ 金良年：《孟子译注》，上海古籍出版社，2004，第173页。

信"则以"义"为准绳，乃是区别是非善恶之"信"。韩非曾经说过："小信成则大信立，故明主积于信。"[①] 也就是说，社会交往中从小信到大信应该多层次地兼顾，进而把"小信"整合为"大信"，以便构建起信任社会。如果个体之间的社会交往遵循"信"的原则，从小信积累，逐渐成就大信，就能形成诚信的社会，人与人之间的冲突和矛盾就会减少，社会交往便有序可言，社会的凝聚力便会提高，定能构建起信任的社会和信任的中国。

第三，"信"作为社会交往的原则，是建立和维持各种社会关系的基础。中国传统社会之"信"，主要是基于人格的信任，信任的发生仍旧主要在君臣、家庭、朋友等社会关系之中，这种信任关系固然重要，却还是在一定程度上限制了社会交往的半径，使个人的社会交往行为难以超出熟人社会的范畴，从而难以实现远距离的合作。因此，在现代社会，如何使中国社会从传统向现代转型，如何从人格信任向系统信任、普遍信任转化显得格外重要，而这种转化恰恰意味着约束机制的有效建立，使得人们"背信弃义"的成本增高。这种约束机制既包括社会舆论的约束，同时更为重要的乃是法律的调节作用。因此，促使传统信任向现代信任转型，就需以市场经济和民主政治为着力点，以公正、公平、公信为道德原则发展社会主义市场经济体系，保障人们之间有序的社会交往、提升社会交往的互信程度、减少社会运行的阻力、实现社会的安定与和谐。

（徐　磊）

七　利：社会行动的动力

在社会学史上，关于社会运行的动力问题一直存在分歧，不同的社会学家对此有不同的理解。孔德、涂尔干以及韦伯等对此有着不同的理解，帕森斯、布劳、霍曼斯的看法也不尽相同。在这个问题上，中国历代社会思想家们也进行过探索，认为"仁"构成社会运行的理念基础，

---

① 徐翠兰、木公译注《韩非子》，山西古籍出版社，2003，第184页。

"义"成为社会运行的基本规范，"礼"构成社会得以运行的典章制度，而"利"则是社会运行的动力，也是社会良性运行乃至"天下"得以塑造而成的机制，所谓"天下熙熙皆为利来，天下攘攘皆为利往"就包含这层意思。

（一）"利"的多义性及其指向二重性

汉字的构词手法以及本义、引申义的存在使其普遍具有多义性，"利"也不例外。"利"自始至终都是一个社会范畴，而中国特有的社会伦理本位又决定了"利"的二重性。

1."利"的含义

"利"是一个含义比较丰富的社会范畴，它与人们的生活情境相关联，不同的语境及情境下人们对它有不同的理解。在社会学视野里，作为"社会良性运行"得以存在的"利"指经济利益、政治权利、社会地位与社会声望，[①] 它总是在与"义"、"礼"、"法"、"理"、"害"等社会规范以及社会制度的相互关系中不断丰富自己。

"利"通常有三层含义。"利"的最初含义是"锋利"。甲骨文中的"利"指刀剑的"锋利"，"中从秉，右从刀，下从土"。秉为"束禾"，"从刀"表示像刀那样割取，预示着丰收和吉祥，"从土"则表示"禾为土所出"，而会"所得束禾为利"之意，实际上就是"以刀断禾"。《说文解字》解释为"铦"，也是指刀剑等工具的锋利。台湾学者据此把"从刀刈禾"的"利"理解为"赢"，大大深化了对这个概念的理解。[②] 从"秉"、从"土"意味着物质的丰收以及生活的保障，这契合以刀耕火种为主的农业社会特质，成为维系农业社会存在与运行的经济基础和动力。实际上，与从"秉"、从"土"有关的其他字如"和"、"种"等都含有"有利于"、"有益于"、"方便"、"便利"之意。《易经》中有"利见大人"、"利有攸往"、"利涉大川"等说法，表明"利"可引申出吉祥、好处、利益或风范之意，此时其多与"害"相对，指涉一种美好的人生愿望。

---

① 郑杭生、龚长宇：《义利互动模式与社会良性运行——对义利关系的一种理论和实证的社会学分析》，《学术界》2001年第4期。

② 高树藩：《正中形音义综合大字典》，正中书局，1995，第144页。

"利"的第二层意思是"仁义道德"，表现为人所应具有的某种德性。《易经·文言》提到作为君子应当具备"元、亨、利、贞"四种德性，其中"利"位居第三，认为"利者，义之和也"。《子夏传》也提出："利，和也。"主张"当以义协和万物，使物各得其理而为'利'也"，[①] 强调"'利物足以和义者'，言君子利益万物，使物各得其宜，足以和合于义，法天之'利'也"。也就是说，无论是"协和万物"、"利益万物"，还是使物"各得其理"、"各得其宜"，都表明"利"与"义"及"理"密切相关，它不仅是仁义的聚合，更是"理"的统一，施"利"于人完全符合道义。这样的"利"指涉伦理道德上的"利益、结果、事功"等价值追求，[②] 所谓"讲信修睦，谓之人利"就是这个意思。在这个层面上，利与义相结合，是"和义之利"，表现为"公义"、"大义"，体现出正义、道义。

　　"利"的第三层意思是与"道义"相对的"财货"、"资本"及"利益"。《洪范》"八政"中"一曰食"、"二曰货"，即令人"勤农业"、"宝用物"。[③] "食"即"农殖嘉谷可食之物"，"货"则为金刀龟贝、金玉布帛之属。就是说人主施政教于民有八件事，而食货居首二位，"一曰食，教民使勤农业也。二曰货，教民使求资用也"。[④] 史书中也多专列"食货志"，以彰显对整个社会经济及物质生产的重视。"天下之人，熙熙攘攘，都是为利而来，为利而往"说的就是"财利"、"货利"这一义项。这种经济意义上的财货之利、物质之利来自物质生产、社会劳动，指涉财富、财产、衣食或货币、金钱，进而引申为富贵荣华、功名利禄。当然，在以自给自足为特质的农业社会里，作为"资本"或"收益"的"利"总是得不到社会的肯定与尊重，《论语》中就讲"君子喻于义，小人喻于利"，白居易在《琵琶行》中也讲"商人重利轻别离"。正是在这个层面上，人们赋予"利"以消极否定含义，认为言"利"不是君子所

①　李学勤主编《十三经注疏（一）·周易正义》（十三经注疏标点本），北京大学出版社，1999，"卷第一·乾"，第1页。

②　龚长宇：《义利问题20年》，《道德与文明》2003年第3期。

③　李学勤主编《十三经注疏（二）·尚书正义》（十三经注疏标点本），北京大学出版社，1999，"卷第十二·洪范第六"，第305页。

④　李学勤主编《十三经注疏（二）·尚书正义》（十三经注疏标点本），北京大学出版社，1999，"卷第十二·洪范第六"，第305页。

为，当为人所不齿。

这层含义其实也涉及"义利之辨"，并由此牵涉"义利王霸"之辨、公私之辨、理欲之辨、理情之辨、人我之辨、群己之辨等重大社会命题。张汝伦认为："儒家的很多论题如'人禽之辨'、'王霸之辨'、'君子小人之辨'、'经与权'的问题等，都与义利问题有关，甚至可以说是围绕着这个核心问题展开的，而且儒家也以此来理解和评判中国社会，典型的一个例子就是朱子与陈亮关于'汉宋功过论'的争论。"① 可以说，义利是儒家的基本价值观，义利之辨是儒家的主要哲学命题，它贯穿于整个中国伦理史、哲学史以及社会史，对中国社会影响"至广至大至深至远"。② 宋代二程认为："天下之事，惟义利而已。"③ 朱熹认为："义利之说，乃儒者第一义。"张栻在《孟子讲义》中也称："学者潜心孔孟，必得其门而入，愚以为莫先于义利之辨。"直至今天，义和利仍然是极为重要的社会命题，构成社会学重要的概念范畴。④

总之，"利"在不同时代其内涵和外延是不同的，有时兼有狭义的"利"和"义"的含义，有时则特指与狭义的"义"相对的那个狭义的"利"，这反映了人们对义利关系认识的分歧以及对"利"的内涵和外延认识的不同。《国语·周语上》有云："夫利，百物之所生也，天地之所载也，而或专之，其害多矣。""利"由万物所产生、天地所养育，是大家公共所有而不能专有，否则将贻害无穷。王夫之说："立人之道曰义，生人之用曰利。出义入利，人道不立；出利入害，人用不生。"人立身之道就是道义，满足人的生存生活需要就是利益。离开正义进入利益时，人就没有了立身之道；离开利益进入危害之中时，就不能满足人的生活需要。义与利就如同硬币之两面，缺一不可。

---

① 参见张汝伦《义利之辨的若干问题》，《复旦学报》（社会科学版）2010 年第 3 期。
② 吕明灼：《义利之辨：一个纵贯古今的永恒主题》，《齐鲁学刊》2000 年第 6 期。
③ 程颢、程颐著《二程集·河南程氏遗书》（卷十一），中华书局，1981，第 124 页。
④ 参见龚长宇《几位经典社会学家眼中的义利问题》，《湖南师范大学社会科学学报》2004 年第 1 期；龚长宇：《义利问题 20 年》，《道德与文明》2003 年第 3 期。国内关于义利问题的社会学研究可以参见郑杭生、冯仕政《中国社会转型加速期的义利问题：一种社会学的研究范式》，《东南学术》2000 年第 2 期；郑杭生、龚长宇：《义利互动模式与社会良性运行——对义利关系的一种理论和实证的社会学研究》，《学术界》2001 年第 4 期；郑杭生、龚长宇：《转型期社会个体的义利选择——一种伦理社会学视角的理论分析与实证研究》，《河南社会科学》2003 年第 4 期。

2. "利"的特性

从"利"所具有的三层含义可以看到，"利"是一个具有二重指向性的社会学概念。"利"一开始就被打上了社会的烙印，是一个具有丰富内涵和社会价值的社会学概念，具有明显的社会指向性和价值指向性。

首先，就社会指向性而言，纯粹的个体不存在"利"，即便是"自利"也是相对于他人而言的，因此，"利"总是要关涉"他者"，在与他人互动乃至社会运行中形成，因而"利"总是强调相互性，要"交相利"。一方面，"利"强调在社会分工下通过与他人的社会交换实现"利益万物"、"利益众生"，这就是说，以"利"为基础的社会分工把个体与他人相互结合起来，形成社会的存在及社会的整体。孟子很早就认识到"劳心"、"劳力"这样一种社会分工形式。《孟子·滕文公》论述了社会分工协作、通功易事、互通有无、彼此交换对互惠互利的重要性。另一方面，"利"是人与社会存在的物质基础，它促进人与人互利共赢，推动社会不断向前发展。管子说过："仓廪实则知礼节，衣食足则知荣辱。"人们围绕"利"还形成了社会生产、分配、交换和消费的各种制度形式。墨子的"交相利"思想也主张国与国之间、人与人之间都应当相爱相利，只有这样才能兴利除害，实现社会安定繁荣。总之，"利"既是社会交换与社会互动的前提和基础，又是社会交换与社会互动的目的及结果。没有"利"就没有可供社会交换与社会互动的物质基础，也就没有社会交换与社会互动的动机动力。

其次，就价值指向性而言，"利"必定要是合宜的，它应当符合社会的价值规范，求"义之和"。《说文解字》把"利"解释为："铦也。从刀。和然后利，从和省。《易》曰：'利者，义之和也。'"只有合情、合理、合法的"利"，只有适宜、和合的"利"，才是真正长远的大利、公利。否则，过分强调自己所获得的自私自利、小名小利、小恩小惠，只能是短视之利、眼前之利、急功近利，从而会导致"天下大乱"。丧失了"义"和"理"的"利"必定是不道德或是非法的"利"，结果必定害人害己，将不利于社会的良性运行。因此，"利"强调合宜，即合乎道义、合乎义理，正所谓"君子爱财，取之有道"。

从上面的叙述我们可以得到：要避免"义"、"利"走向两个极端，防止义利分离、义利分裂，既要力戒"天下熙熙皆为利来，天下攘攘皆为利往"、"人不为己，天诛地灭"、"人为财死，鸟为食亡"、"笑贫不笑娼"等唯利是图的极端，防止利令智昏、见利忘义，也要避免"仁人者，正其道不谋其利，修其理不急其功"（董仲舒：《春秋繁露·对胶西王越大夫不得为仁》）乃至"夫仁人者，正其谊不谋其利，明其道不计其功"（《汉书·董仲舒传》）的极端，努力实现"利"和"义"的统一。正所谓"君子爱财，取之有道"，做到"仓廪实则知礼节，衣食足则知荣辱"。

（二）利：社会运行的动力源泉

"利"寄托着人们对丰收而富足生活的美好向往，中国古代社会形成的一整套有关"利"的价值观念、社会交往方式以及生活态度，是社会存在的基础，成为整合社会行动、推动社会运行的动力来源。

1. "利"是社会存在的基础

"利"构成了人们日常生产及生活的客观需求，是人们需求、欲望、私利满足的合理性与正当性，是各得其利与各得其宜的统一。同时，基于财货和食物、财产和权力的"利"满足了人们的物质生产与日常生活需要，作为一种物质性的财货需求，"利"在经济发展及社会运行中具有基础性地位，为经济的发展以及社会的运行提供了必要的物质基础。

第一，"求利"是人的自然天性和生物本能。"利"为人类生存所必需，是构成社会、形成大千世界的基础，所谓"无财不成世界"、"天下熙熙皆为利来，天下攘攘皆为利往"，就是说"利"构成人们交往的原初动力。人类生命的维持、生产活动的进行等都有待于人们基本欲望的满足，没有"利"就没有人们的经济社会行动，"无利不起早"、"民为财富才发奋"。对个体而言，只有先解决温饱问题后才能使之知书达礼。"食不足，心不常，虽有礼义，民不可得而教也。"（北宋李觏：《平土书·序》）"利"成为人的社会活动的本能，它承认个人利益的正当性与合理性，使人认识到趋利避害、好利恶害、兴利除害是人的自然天性和生物本能，把"利"当成现实社会构成的前提。荀子讲："好利恶害，是君子小人之所同也。"通过物质生产、社会劳动形成各种社会产品来满足人的口腹之欲、七情六欲，这是人类社会的基本功能。"利"满足了个人的私欲和生理欲望，实现了人自身的再生产和人口的再生产。"利"符合人类趋利避害的本性，提供了人们基本生存需要和生活生产所需。所谓"人非利不生"，没有"利"则最基本的生存、生命维持和延续都实现不了，更谈不上社会的其他方面。因此，荀子认为："义与利者，人之所两有也。虽尧舜不能去民之欲利，然而能使其欲利不克其好义也。虽桀纣亦不能去民之好义，然而能使其好义不胜其欲利也。"这种利欲之心、财货之利、物质之求，是人和所有有生之物自然的天性。

第二，"求利"是人的社会需要与理性选择。趋利避害、就利逐利不仅是人的本能，而且是个体的社会需要与理性选择。需要是人类活动的动因与目的，合理的利益追求是人的社会化所必需，"人能够超越自然和本能，创造一种人为的生存环境，根本原因是为了满足需要"。对于个体而言，"正是由于有了'利'和'义'的需要，才会产生'求利'和'求义'的动机，进而推动人作出价值判断和行为选择"。[1] 当然，"求利"需要"取义"作为价值指导。一方面，"求利"是人最基本的生活需要，马克思也说过，"人们奋斗所争取的一切，都同他们的利益有关"。[2] 没有"利"人就没有生存发展的可能，人与人之间就没有交往互动的必要，社会就没有发展进步的条件，所谓"财是世上养命根，白银催动黑人心"就是这个意思。因此，"钱之为言泉也！百姓日用，其源不匮"，是说"钱"得名于"源泉"的"泉"，老百姓每天都要用到它，钱的源泉是不会缺乏的。另一方面，"求利"更是人的理性选择，"财足粮丰家国盛"、"凡事皆须务本。国以人为本，人以衣食为本"（《贞观政要》卷八《论务农》）。社会因"利"而永动前行，在某种意义上说，"人为财死，鸟为食亡"也是理性选择的结果。唐代进士张谓认为："世人结交须黄金，黄金不多交不深。纵令然诺暂相许，终是悠悠行路心。"（《题长安壁主人》）这在较为极端的层面上强调了"利"的追求的合理性。恩格斯就曾说过："每一既定社会的经济关系首先表现为利益。"[3] 当然，这种"求利"必须建立在"义"之上，没有"义"的求利行为将面临严重的社会失范，将导致礼崩乐坏，出现"人为财死累世有，父子兄弟亲朋分"的状况，使得人与人之间的交往

---

① 郑杭生、龚长宇：《转型期社会个体的义利选择——一种伦理社会学视角的理论分析与实证研究》，《河南社会科学》2003 年第 4 期。
② 《马克思恩格斯全集》第 1 卷，人民出版社，1956，第 82 页。
③ 《马克思恩格斯全集》第三卷，人民出版社，2012，第 258 页。

互动失去应有的文化价值，社会发展迷失航向，整个社会将停滞不前，以至于出现社会解组。古人因此告诫我们："劝君莫贪无义财，下山猛虎能杀人。"

第三，"利"是社会存在的物质基础与逻辑前提。《易经》认为，"元、亨、利、贞"既是作为万物起源的宇宙的四个特性，也是它的运行法则，"利"意味着宇宙万物的和谐，及"义"、"理"的统一。一方面，"利"是宇宙运行、国家长治久安以及社会运行的基本需要。"仓廪实而知礼节，衣食足而知荣辱"，只有拥有适当的物质基础和温饱保障，才能实现"民人乐业，国家富强"。孟子在《滕文公上》中也讲："民之为道也，有恒产者有恒心，无恒产者无恒心。苟无恒心，放辟邪侈，无不为已。"《国语·周语上》有云："夫利，百物之所生也，天地之所载也……天地百物，皆将取也。"就是说"利"作为天地万物所固有的规律，有助于百物的生长，反过来，如果失去了"利"则会导致万物不生。另一方面，"利"为个体的生存以及社会的运行奠定了坚实的物质基础。每个人的生存都离不开一定的物质作为基础，"财来生我易，我去生财难"。物质资料的生产，满足了人自身的再生产，实现了人口的繁衍生息以及社会的发展延续。"利足以生民"、"计利而富民"，没有物质利益的追求就不可能存在人口、民族、国家。同时，这也为社会制度的建立和社会的运行提供了支撑。人们各自追求个人自身的物质利益，也就维护了各阶层的身份、地位以及社会结构。因此，"利"既是个人生存繁衍的基础，也是国家和社会维系延续的基础。正是由于"利"的存在才结成社会群体与社会组织，进而形成民族国家，它是"社会何以可能"的条件，是"利"而不是其他别的什么凝聚成了社会。

2. "利"是社会行动的态度

"利"是推动社会运行的动力，它促成了人们集体意识的形成，塑造了特定社会行为的文化及心理基础。在中国文化里，合理的或合义的利是社会运行的常态，不同的群体以及不同的阶层有不同的"利"益价值，"君子喻于义，小人喻于利"。整个社会既有"仗义疏财"、"富而好礼"的肝胆侠义之人，也有"安贫乐道"、"忧道不忧贫"、"宁可清贫自乐，不可浊富多忧"的谦谦君子，更有为了生计而践行"人为财死、鸟为食亡"思想的山野庶人，他们构成了一幅丰富多彩的社会生活画卷。因此，中国古代思想家一直引导人们"积金千两，不如明解经书"，"宁可无钱，不可无耻"，"穷莫失志，富莫癫狂"。

第一，"利"成为个体的行动准则。个体在行动过程中受到特定社会的义利观念影响，每一个体都有自己的"利"，不同的个体有其独特的"利"，"利"成为普通大众思想意识的重要导向和指引，规范着个体的社会行为。古人所谓"格致诚正、修齐治平"其实就是在"利"作用下形成的，"格物"即是"利"物，"致知"就是"利"知，"诚意"即是"利"意，"正心"则是"利"心。而"修身"就是"利"身，"齐家"即是"利"家，"治国"就是"利"国，"平天下"则是"利"天下。这些都是人们社会行为的价值要求，内化入心后成为个体终生为之奋斗的价值信仰和人生抱负。另外，包括物质资料的生产、日常生活以及自身的繁衍行为等在内的人的各种社会行动，都是特定社会意识在现实社会生活中的表现而已。以自利、他利或者民族国家之利等不同的"利"为准则，会形成不同的观念以及不同的行动后果。像林则徐那样会坚持"苟利国家生死以，岂因福祸避趋之"，树立"利在一身勿谋也，利在天下者谋之；利在一时勿谋也，利在万世者谋之"的价值理想。

第二，"利"影响了大众的社会态度。首先，"利"是个体开展行动的基础与条件。将"从刀刈禾"的"利"理解为"赢"，就是从"互利"、"共赢"角度讲的，每个个体受"利"的驱使，从事着满足自身利益需要的行动。如果没有"趋利避害"的"赢"，那么个体就不可能行动；如果没有"利益万物"、"利益众生"，也就没有互利共赢、利益一致之下的社会行动。由此看来，"利"是一个影响"自我"、关涉"他者"的社会范畴，个体对"利"的认识影响着自身以及其他个体的社会行动。其次，"利"作为社会共识影响个体的社会认知。特定的社会对"利"的态度影响着这个社会的人们的价值观、权利观、义利观，成为人们的生活目标、价值标准和行动指南，指导着人们的各种社会活动。儒家的重农贱商观形成了"富贵于我如浮云"、"钱乃身外之物"、钱财"生不带来，死不带去"的社会心态。当然，儒家这种重义轻利、"存理去欲"、"德在人先，利居人后"的观念有失偏颇，而见利忘义、纵情肆欲更是荒谬，合理的行为选择应该是"遵义兴利、循理节欲"。① 由此可见，"利"始终是一个涉及"他人"且具有行动"意义"的社会范畴，社会的"利"潜移默化地影响着个体的"义利"观，塑造了特定个体的社会认知态度。

第三，"利"形塑了中华民族特有的文化心理结构。中国历史上次第出现的各种"义利观"构成了中华文化特有的内容，无论是"义"还是"利"都会"泛化为特定的社会心理"，② 成为社会心理的一部分。古人讲"生死有命，富贵在天"就包含这层意思。从"利"角度看，名利、权利等"利"既满足了人们的心理需求，又刺激了人们的求利欲望、激发了人们的求利行动，这种逐利的本性将把各个个体整合起来形成共同的社会行动，由此推动社会的运动、变化与发展，正所谓"君子爱财，取之有道"。这表明，"利"将形成一种共同的集体意识，表现为一种有助于社会团结、社会整合的社会心理。当然，"利"所表现出来的社会心理也要受到其他社会规范如"义"的制约，从而形塑了中华民族特有的群体心理、社会形态及民族性格，影响到生活在其中的每一个社会成员，如凝聚成"弃利而取义、取义而弃利"的社会互动价值与观念，养成"勿贪意外之财"、"贪念之心不可有，不义之财切莫取"、"勿损人而利己，勿妒贤而嫉能"的公序良俗观念，这是社会运行以及社会进步的心理基础。不过，极端情况下的逐利还会形成过度谋利乃至唯利是图倾向，出现"有钱能使鬼推磨"、"小人放利，不顾天理"等情形，这同样成为浩瀚的中华文化的一部分，表现为社会的亚文化。

3."利"是社会行动的整合力量

人们在社会交往中以"利"为基础逐渐形成的各种规则体系，规范并维持整个社会组织的建立、社会关系的确立以及社会制度的形成，"利"由此成为社会行动的整合力量。

第一，建立起一套行动者的获利规则。"利"深深地融入社会生活以及社会运行的各个方面，在要不要争利方面，中国人把"利"当成社会运行发展的内在驱动力，认为人们的生产及社会活动就是"求利"，

① 张岱年：《新时代的义利理欲问题》，《北京大学学报》（哲学社会科学版）1994 年第 6 期。

② 张国钧：《义利活动·义利关系·义利论》，《江海学刊》1994 年第 2 期。

"利"维持着个体生存及人口再生产，为社会发展和国家维系提供了坚实的物质基础，是"利"而不是其他别的什么建构起社会。因此，适当地争利是社会发展的常态，为保证争利而形成的行动规则促进了社会的分化及社会流动，成为形成特定社会结构的基本维度，形塑了"差序格局"社会关系，由此"利益众生"。在争利限度方面，中国一直强调注重长远利益而不要计较眼前利益，认为"合理可作，小利不争"、"若争小利，便失大道"，由此形成了"大事明白、小事糊涂"的处理利益关系的准则及行动方式。在对待所得之利的态度方面，中国社会一直秉持节俭理念，强调无论多么富有，节俭持家乃第一要务，家庭中的成员应该牢固树立"家中虽有万贯财，不知节俭亦枉然"、"金银到手非容易，用时方知来时难"、"富贵必从勤苦得"等观念，从而构造出一个自给自足、节庆有余的生活图景。

第二，协调了人们的社会交往关系。"利"通过观念塑造和规范引导协调整个社会的交往关系。北宋邵雍在《义利吟》中曾说："意不若义，义不若利。利之使人，能忘生死。利不若义，义不若意。意之使人，能动天地。"[1] 在《义利吟（二首）》中又讲："君子尚义，小人尚利。尚利则乱，尚义则治。"[2] 在另一首《义利吟》中，邵雍讲道："贲于丘园，束帛戋戋。义既在前，利在其间。舍尔灵龟，观我朵颐。义既失之，利何能为？尚义必让，君子道长。尚利必争，小人道行。"[3] 对义利的侧重点不同，成为君子与小人的分野，也会影响社会的治乱兴衰，还会产生或让或争的社会交往关系。"利"通过观念引导和物质互惠调整着人们的交往关系。一定的社会"义利"观念，必定成为指导人们社会行动的内在道德约束，反映到人们的社会行动与社会选择、社会关系与利益协调上来。例如，商品交换中强调"一字两头平，戥秤不亏人"、"刻薄不赚钱，忠厚不折本"、"贪图小利，难成大事"等就是如此。这意味着，人们对"利"的态度影响着人们社会关系的形成及其性质，形塑了人们的社会交往交换、分工合作等社会关系，协调着人们之间的社会利益关系，指导着人们相互之间的交往准则。

---

[1] 邵雍：《康节说易全书·伊川击壤集》，陈明点校，学林出版社，2003，第182页。

[2] 邵雍：《康节说易全书·伊川击壤集》，陈明点校，学林出版社，2003，第186页。

[3] 邵雍：《康节说易全书·伊川击壤集》，陈明点校，学林出版社，2003，第197页。

第三，"利"维系着家庭、宗族以及其他经济社会组织的运行。组织的形成与凝聚都离不开"利"，经济组织自然如此，社会组织也是这样，所谓"聚天下之人，不可以无财"（北宋王安石《乞制置三司条例》）就是这个意思。首先，"利"维系了家庭的运行。"男耕女织"的家庭互动方式本质上讲就是一种利益共同体的互补与整合，这种整合方式奠定了家庭伦理本位的经济基础，衍生出家庭组织的其他社会功能。其次，"利"维系着家族及宗族等社会组织的运转。对生活的追求把各个单一家庭整合成家族及宗族，在家族及宗族组织的作用下，内部成员之间实现某种互助，这种互助就是在互惠基础上以血缘关系为纽带而形成的"一种社会交换行为"，[①] 并凝聚成该家族及宗族成员共同遵守的行为规范与福利观念。例如，先秦以来民间社会普遍存在的"血亲宗族、宗教、姻缘、地缘及业缘"四种互助养老形式，[②] 构成了民间社会治理的一部分。这就是说，中国特有的义利观、福利观影响了中国的家族及宗族的形成与运行，并以此为导向形成了其他民间自治互助组织形式。实际上，由家庭演变而来的小作坊式工商业组织运行模式，以及今天的家族企业组织等，都是家庭生产组织的变体。再次，国家机构的设置也是以"富邦国"和"养万民"为要务（王安石《周官新义》卷一）。此外，"利"催生了其他社会组织的形成。比如，古代社会产生的闾里制、里坊制、坊巷制、街巷制以及各种行会及票号等金融组织就与当时社会特有的利益观念密切相关。人们对利的认知催生了相应的谋利及逐利组织的形成，构成了中国特有的"子承父业"、"传男不传女"等运行模式，并随不同时代的人们的不同理解而进行调整。这也引发了中国古代社会临街开店设铺、"前店后寝"建筑样式的兴起，形成了前朝（朝廷）、后市（市场）、左祖（太庙）、右社（社稷坛）的都城设计模式。《汉书·食货志》为此有言："圣王域民，筑城郭以居之，制庐井以均之，开市肆以通之，设庠序以教之。"

第四，"利"建构起社会规范体系和社会经济制度。一方面，人们

---

① 高和荣、张爱敏：《中国传统民间互助养老形式及其时代价值——基于闽南地区的调查》，《山东社会科学》2014 年第 4 期。

② 于咏昕：《中国民间互助养老的福利传统回溯及其现代意义》，《今日中国论坛》2013 年第 7 期。

围绕"利"形成了社会行动规范和社会行为准则，建构出相应的社会规制手段，形成了与之相应的规则系统。比如，古代社会非常强调"安贫乐道"、"富而好礼"，讲究"君子爱财，取之有道"，主张"淡泊名利"，甚至要求"盗亦有道"。这样的利益导向逐步催生了"轻利重义"的社会规范体系与社会风尚。另一方面，在一个社会体系中，人们围绕"利"形成了生产、分配、交换和消费等制度形式。由于"利"观念的变化，城市小生产作坊和交易市场与居住区的布局也经历了从"市坊分离"到"市坊合一"的变化，促进了"城"与"市"的不断融合。

在物质生产方面，形成了"国以农为本，民以食为天"等体现农耕文明的"重农抑商"制度理念。[①] 就基层社会而言，产生了聚族定居、男耕女织、自保排外的小农经济，家庭及家族内部是"男耕女织"的生产结构，村落则是"鸡犬之声相闻，老死不相往来"的社会关系结构。这是"小富即安"、"各人自扫门前雪，哪管他人瓦上霜"文化心理结构的社会基础，这种社会心理上升到民族国家层面则是以"家国天下"为载体的井田制、均田制、屯田制等土地制度，进一步强化出"重农抑商"、"地大物博"、"天朝上国，万邦来朝"与"夜郎自大"的大国心态。在社会交换方面，强调互通有无、调剂余缺，形成了反对囤积居奇、哄抬物价的社会风尚。"古之为市也，以其所有易其所无者"（《孟子·公孙丑》），主张"多禁以止能，任力以穷诈"（《商君书·算地第六》）、"富商大贾无所牟大利，则返为本，而万物不得腾踊"（《史记·平准书第八》）。在社会消费方面，强调生活用度勤俭节约、耗费有度。"民之生，度而取长，称而取重，权而取利。明君慎观二者，则国治可立，而民能可得。……故圣人之治也，多禁以止能，任力以穷诈。两者偏用，则境内之民壹。民壹则农，农则朴，朴则安居而恶出。"（《商君书·算地第六》）勤俭节约不只是经济问题，更是关系到秩序乃至政权稳定的社会政治问题。

---

① 古代中国出现了重农重田思想，《周礼》中已有较成熟的土地制度，后世历代都重视土地田亩、农业赋税。比如："土地，本也；耕获，末也。无地而责之种，犹徒手而使战也。"（《李觏集》卷十九《平土书》）"民之大命，谷米也；国之所宝，租税也。"（《李觏集》卷十六《富国策第二》）又如："谷者，人之司命也；地者，谷之所生也；人者，君之所治也。有其谷则国用备，辨其地则人食足，察其人则徭役均。知此三者，谓之'治政'。"（《通典》卷一《田制》）

4. "利"是社会运行的动力来源

在中国社会学里，"利"蕴含追求财富与贬低财富、追求利与合乎义的对立统一关系，追求利蕴含向外扩张的意思，而"利益万物"则意味着合乎义理的约束。"义利"所蕴含的这种对立统一关系是生产力与生产关系矛盾运动在中国社会学话语体系中的表达，它推动着社会的运行。

第一，"逐利"推动原子化社会的形成。"人不为己，天诛地灭"以及"拔一毛而利天下，不为也"（《孟子·尽心上》）等，是个体的欲望与本能。这种"趋利避害"本性驱使个体采取各种经济社会行动，形成一种以利为核心的互动关系及社会交往范围，在一定条件下，滋生着"自私自利"、"见利忘义"、"损人利己"等个人主义的行动方案及实践模式，织成了"各人自扫门前雪，哪管他人瓦上霜"、"事不关己，高高挂起"这种人情冷漠的利己主义行动图景。从某种程度上讲，社会的分工与合作、社会的整合与变革都是为了实现更大的"利"，社会的竞争与合作、社会的冲突与对抗等归根到底就是利益的竞争、冲突与对抗。那种以家为基础向外拓展而成的整个"家国天下"的社会结构其实就是"自利"观念在社会领域内的集中反映，在一定程度上限制了工商业的发展以及以陌生人经济为主要表现形式的市场经济的形成，从而把整个社会结成以家为载体、以自利为导向、以熟人关系为基础的礼俗社会、圈子社会。

第二，"利益万物"推动理想社会的建设行动。古人认为"人人皆可为尧舜"，强调"舍生取义"、"利益万物"，就是强调社会的运行有着不同于个体活动的特殊性，只有舍"小我"成"大我"、舍"小家"成"大家"，只有遵循利他主义，限制甚至压制纯粹的"逐利"行为，去追求理想的社会道德规范，才能实现"协和万物"、"利益万物"且使万物"各得其理"、"各得其宜"。古人为此强调"厚者不毁人以自益也，仁者不危人以要名"。因此，孔子所讲的"大同社会"首先是一个道德社会，它以"利益万物"为前提和纽带，强调"天下为公，选贤与能，讲信修睦"，要求"货恶其弃于地也，不必藏于己；力恶其不出于身也，不必为己"，做到"老有所终，壮有所用，幼有所长，矜、寡、孤、独、废疾者皆有所养"，从而实现"谋闭而不兴，盗窃乱贼而不作，故外户而不闭"的理想社会状态（《礼记·礼运》）。其实，也正是有了"利益万物"，中国历来不缺舍生取义的仁人志士，他们为了心中的理想国家舍利逐义乃至杀生成仁，成为照耀中国前行的航灯。

第三，"逐利"与"利益万物"的统一推动社会的运行。只有利人利己、互惠互利、合作共赢，生产与消费、经济与社会才能良性发展。反过来，一旦"逐利"与"取义"关系紊乱必定导致人心不古、社会动乱乃至朝代更替。从社会运行角度来讲，中华民族历来主张"义胜利者为治世，利克义者为乱世"，[①]强调"君子义以为质"。董仲舒指出："义则世治，不义则世乱。"[②]可以说，义利的取舍关系到社会稳定与否，关系到国家兴衰与社会治乱。北宋邵雍曾说过："天下将治，则人必尚义也；天下将乱，则人必尚利也。尚义，则廉让之风行焉；尚利，则攘夺之风行焉。"[③]当然，人们基本的利益诉求得不到保证将引发社会冲突和政治动荡。例如，土地过分集中于少数人手中往往导致社会底层、弱势群体食不果腹，引起大规模的农民起义，出现所谓"上下交征利而国危"的情况，这是推动社会变迁的重要力量。

（三）利：社会运行的功能

"利"提供了物质生产交换的基础和条件，协调经济利益关系，凝聚社会共同文化，引导并塑造着人们的行为方式与价值观念，它构成了社会运行的动力。合理的利益追求可以保障人们的生活，适当的利益追求可以激发整个社会的获利，维护社会的良性运转，增进人们之间的互动、交换及整合。因此，"利"对社会的运行具有积极功能。

1. "利"保障社会的运行

从个体层面上讲，"利"为个体的基本需求提供了保证，满足了人们的物质生活需要。即便是被孔子极力赞赏的"颜回之乐"，也是以"一箪食，一瓢饮"这个"微利"为前提的，所谓"文钱逼死英雄汉"，"衣食父母"、"食色，性也"等都强调"利"是人类最基本的需求。从社会分层角度看，"礼"规定的那种与社会地位相称的食货层级是一种社会分层设置，只有与个人名分相称、各得其所且各安其分的"利"的

---

① 王先谦：《荀子集解（全二册）》，沈啸寰、王星贤点校，中华书局，1988，第502页。
② 董仲舒：《春秋繁露》，叶平注译，中州古籍出版社，2010，第144页。
③ 邵雍：《皇极经世书》，（明）黄畿注、卫绍生校理，中州古籍出版社，1993，第275页。

分配才是正当合理的。士农工商等不同职业群体、公侯伯子男等不同社会地位、君臣上下等不同层级、亲疏远近等不同关系群体的利益分配结构是不同的。从社会层面来讲，"利"作为社会最基本的物质生产活动，为社会存在与发展提供了物质基础，是社会存续的可靠保障，它对国家兴亡、政权更迭、社会兴衰、历史更替都至关重要。

2. "利"推进社会的运行

无论是功利还是道德，无论是人们的"欲"还是"礼"、"利"还是"义"、"私利"还是"公利"，都是通过交换来满足和实现的。一方面，"利"是人们处理社会关系的尺度和开展社会互动的准则。民间乃有"财可通神"、"有钱能使鬼推磨"的说法，这从一个较为极端的角度说明"利"将人与神、人与鬼联系在一起，实现了人与神明的对话及互动。有了利，人可以支配"鬼"，让"鬼"为人所服务；有了利，可更好地进行凡人之间的互动。《金瓶梅》亦言："钱帛进珠笼内收，若非出道少贪求。亲朋道义因财失，父子情怀为利休。急缩手，且抽头，免使身心昼心愁。"另一方面，"利"还是人们调节情理与理欲关系、开展社会互动的准绳。"义者，天理之所宜；利者，人情之所欲。"这表明，"利"调整人们的私利、私欲和公利、公理之间的关系，规定了二者的内涵与界域。同时，"利"表现为各种不同的社会互动形式。分工、合作或整合，竞争、冲突或对抗等互动形式，都是"利"的不同表现形式，都是由利益的生产、分配、交换、消费过程而来。社会分工或社会合作、社会整合就是为了实现更大的"利"，带来更大的社会发展和社会进步；社会竞争、社会冲突、社会对抗等归根到底都是利益的竞争、冲突与对抗。通过个体、群体、组织等各种不同类型社会行动者之间持续不断的分工与竞争、合作与冲突、整合与对抗等社会互动形式，"利"源源不断地为社会流动和社会变迁提供不竭动力。

3. "利"激励社会的运行

"利"有助于激发社会个体之间的竞争。按照交换理论，人与人之间的关系表现为经济、社会及文化资源的交换关系，人们之所以进行社会交往、开展社会互动、进行社会交换就在于"利"，这种"利"不仅包括"人为财死，鸟为食亡"、"天下熙熙皆为利来，天下攘攘皆为利往"的物质层面的"利"，而且包括精神层面或者道义层面的"利"。个体之间的互动取决于各自所掌握的资源以及能够从对方那里获得多少资源，这个资源同样是"利"。用今天的话说，这里的"利"既包括个人拥有、能为个人所支配的禀赋、知识、地位等个人资源，又包括存在于人与人之间的社会关系网络之中，与他人发生交往才能获得的权力、财富和声望等社会资源。应该看到，由于社会个体之间存在种种先天或后天的差异，个体所占有的资源有所不同，从而形成了社会分层现象。拥有较低经济社会文化资源的阶层在利驱使下产生了"趋利避害"以及"人往高处走"的经济社会行动，甚至对名利趋之若鹜，"急功如蝇之于腐肉，近利若犬之于粪土"，乃至"蝇营狗苟"、"投机钻营"，尽可能求得自身利益的最大化。"求利"、"逐利"是社会流动的重要动因，它激励着社会的运行及人们的行动。

4."利"整合社会的运行

一方面，通过"利"可整合人们共同认可的社会规范与社会秩序。重义轻利思想渗透到日常生活的各个方面，逐渐形成了中国人羞于言利的社会心理及社会规范，为社会群体与组织提供了规范和导向。文化的交流融合、制度的创设与政令统一、社会价值与集体意识的认同、社会规范体系的形成，都是在特定的"利"的观念指引下整合而成的，形成了"银钱如粪土，脸面值千金"、"欲多伤神，财多累心"、"求财恨不多，财多终累己"以及"超越天地之外，不入名利之中"、"世事茫茫如流水，休将名利挂心头"等规范体系。另一方面，群体的形成和整合离不开"利"，所谓"聚天下之人，不可以无财"（王安石《乞制置三司条例》）。例如，家庭、家族以及宗族的凝聚与整合都是在"利"作用下形成的，这些组织承担着养儿防老、生养死葬、孤寡抚恤等"利益众生"等社会功能。同时，"利"通过协商合作、奖惩赏罚等制度规范，将个体、群体以及组织之间的利益关系整合起来。正所谓"利，和也"，"利者，义之和也"，"利物足以和义"，离开了"利"就丢失了社会关系和谐的基础。正是由于"利"的存在，才能够"协和万物"、"利益万物"，使万物众生"各得其理"、"各得其宜"，使物尽其用、人尽其才、各得其所、各安其分，实现社会安定、天下咸宁。

5."利"控制社会的运行

社会是一个复杂的有机整体，片面强调利将把人引向霍布斯丛林，导致"为达目的不择手段"的越轨行为乃至违法犯罪行为的产生；过分否定利则不利于国民财富的增长以及人民生活水平的提高。只有将"利"加以适度的规制，形成与"义"的整合，追求二者的平衡统一，才能实现民众和谐有序、社会安定团结。实际上，无论是战争还是和平，国泰民安还是民不聊生，在很大程度上都是因为"利"。荀子早就提出了"明分"才能"使群"的观点，认为"群而无分则争，争则乱，乱则离，离则弱，弱则不能胜物"（《荀子·王制》），主张通过"明分"来"止纷"、"止争"，实现政治统治和社会控制。王安石曾言："人之情，不足于财，则贪鄙苟得，无所不至。"（《上皇帝万言书》）因此，必须对人之情欲和需求有所节制，通过"礼乐刑政"、德法并用等进行社会控制。否则会出现贪念成俗以及"贪饕之行成，则上下之力匮。如此则人无完行，士无廉声，尚陵逼者为时宜，守检柙者为鄙野，节义之民少，兼并之家多，富者财产满布州域，贫者困穷不免于沟壑"的状态（王安石《风俗》）。也就是说，如果没有对"利"加以适当的控制，必定造成社会衰乱、政治动荡、民不聊生、国无宁日。

（四）"利"的社会价值

发掘"利"在中国社会学中的价值，就是要着重探讨"利"在维护社会运行、促进社会发展中的地位及作用，扎实推进中国社会学的建设。

第一，社会运行历来是社会思想家们关注的重点。荀子在《天论篇》开篇就讲："天行有常，不为尧存，不为桀亡。应之以治则吉，应之以乱则凶。强本而节用，则天不能贫；养备而动时，则天不能病；循道而不贰，则天不能祸。"这就肯定了自然及社会运行的客观规律性。又言："天不为人之恶寒也辍冬，地不为人之恶辽远也辍广，君子不为小人之匈匈也辍行。天有常道矣，地有常数矣，君子有常体矣。"（《荀子·天论篇》）。韩非认为，社会运行的环境与状况变动不居，治理社会的方法应随时调整。董仲舒提出："道之大原出于天，天不变，道亦不变。"（《汉书·董仲舒传》之《举贤良对策》三）在他看来，社会运行的背后存在亘古不变的规律。柳宗元认为社会变迁的依据是"生人之意"而非"天人感应"，其原则是"利于人、备于事"。[1]龚自

---

[1]　参见王处辉《中国社会思想史》，中国人民大学出版社，2002，第332~333页。

珍认为，"天道十年而小变，百年而大变"（《龚自珍全集·拟上今方言表》）。郑观应认为，整个社会遵循"天地自然之理"，以及"世界由游猎时代变为农耕时代，再变为格致时代"的运行过程。① 正是在这个层面上，康有为把"运行"与"变化"当成社会不变的规律，并由此提出其变法图强这一促进社会良性行动的主张。

总体上看，古代思想家将社会运行分为"治"与"乱"或"大治"与"大乱"两种状态，如"文景之治"、"贞观之治"、"开元盛世"、"康乾盛世"，对应"侯景之乱"、"安史之乱"等。具体来讲，《春秋公羊传》提到孔子写《春秋》，"所见异辞，所闻异辞，所传闻异辞"，董仲舒《春秋繁露·楚庄王第一》也提到"所见世"、"所闻世"、"所传闻世"这"三世"；邹衍提出"五德终始说"社会循环论；王夫之认为社会是从未开化到开化、从野蛮到文明的变迁过程，体现了"理势合一"、"理势相乘"；② 龚自珍又将"公羊"、"三世"与《礼记·礼运》联系起来，认为人类社会可以分为"治世—衰世—乱世""三世"；康有为进一步将其系统化为"据乱世，升平世，太平世""三世"，③ 并与西方的"君主专制"、"君主立宪"、"民主共和"三种制度相比较来说明社会的不同演化阶段；④ 孙中山认为民生是"人类社会发展的基础和原动力，而互助则是社会进化的主动力"。⑤ 这些思想都蕴含治乱兴衰和求治去乱的丰富内容，与西方社会学所谓社会运行及社会变迁思想基本一致。⑥

第二，利是中国社会学的重要概念。人们对"利"的认识以及"义利之辩"贯穿于中国社会发展的始终，对整个中国社会，包括民众社会心理、社会治理方式和社会结构等都有着"深远的

① 参见王处辉《中国社会思想史》，中国人民大学出版社，2002，第593页。
② 参见王处辉《中国社会思想史》，中国人民大学出版社，2002，第542~544页。
③ 康有为：《论语注》（第13卷），中华书局，1984。
④ 参见王处辉《中国社会思想史》，中国人民大学出版社，2002，第601页。
⑤ 参见王处辉《中国社会思想史》，中国人民大学出版社，2002，第612页。
⑥ 景天魁提出中国社会特有的"社会运行协调论"，包括礼乐（制度保障）、惠民（利益调节）、德化（宏观管理）、修身（行为控制）、参赞（生态平衡）。参见景天魁《中国社会发展观》，云南人民出版社，1997。

影响"。^① 总体上看，孔孟主张 "先义后利"，荀子主张 "见利思义"，墨子主张 "义利合一"，老庄强调 "义利双弃"，韩非主张 "以法代义"，董仲舒主张 "尚义反利"，宋明理学则将义利之辨转换为理欲之争，凡此种种各执一端。^② "利" 成为指引社会运行的重要范畴及价值规范，对那个时代的社会关系、社会结构、社会文化与社会心理等方面都产生了重要影响。另外，社会运行的动力问题牵涉解决利益与道德、经济发展与道德进步、个人利益与公共利益之间的矛盾问题。从比较的视角看，中西方社会学对社会运行动力问题的认识有所不同。西方社会学从个体独立性出发，强调天赋人权，主张自由竞争：有的把人类的理智看作社会运行与社会进化的原动力，社会分工构成了涂尔干关于社会运行及社会变迁的动力源泉，有的则将新教伦理当作资本主义社会运行与发展的动力来源，马克思在肯定人的主观性以及个体能动性的同时指出生产力在社会运行发展中起决定作用。而中国从群体本位出发，从家庭、家族推演至家国天下，形成了以家为载体的人与仁、人与礼、人与义的结合以及利与仁、利与礼、利与义、利与理的统一，"义利合一" 的 "利"构成了社会运行的动力，由此形成了中西方社会学关于社会运行动力的分野。

第三，"利" 带来了经济发展与道德进步的协调。在发展经济的同时必须强调经济建设与道德伦理、物质利益与社会价值的统一。"经济发展可能带来道德的进步，也可能带来道德的衰退。"^③ 这是古今中外历史发展的经验总结，也是 "利" 的规定性和义利观的题中之义。义利并举、义利统合对发展经济、治理社会具有重要的价值，它推动着中国经济的腾飞以及中华民族的伟大复兴。当然，要赋予传统义利观以现代内

① 郑杭生、冯仕政：《中国社会转型加速期的义利问题：一种社会学的研究范式》，《东南学术》2000 年第 2 期。

② 这里是一种总体述说，就个别历史人物的具体观点或态度而言，可能会存在分歧。相应研究与分析讨论可以参见张岱年《中国哲学大纲》，江苏教育出版社，2005；张岱年：《新时代的义利理欲问题》，《北京大学学报》1994 年第 6 期；郑杭生、龚长宇：《义利互动模式与社会良性运行——对义利关系的一种理论和实证的社会学分析》，《学术界》2001 年第 4期；苗润田：《中西义利思想的比较研究》，《孔子研究》1990 年第 1 期；黄伟合：《儒、法、墨三家义利观的比较研究》，《江淮论坛》1987 年第 6 期。

③ 张岱年：《新时代的义利理欲问题》，《北京大学学报》1994 年第 6 期。

涵，使之成为社会主义核心价值观的重要组成部分，重塑当代中国的社会信仰、社会价值以及职业道德，引导民众树立正确的金钱观、权力观以及合理的社会交往观。这就要注重私利与公利的调和，在追求个人利益的时候不能减损和伤害他人利益以及社会利益，实现私利与公利、私欲和公德、功利与价值的统一。

第四，将"利"与"欲"嵌入社会结构中。要承认个人利益对社会运行与发展的推动作用，正是有了"利"才形成个体之间的互动，产生了社会交换行为，驱动着人们开展各种经济社会行动，进而促进社会的发展与进步。"利"尤其是物质利益是维系社会存在与社会运行的基础。但要对"利"尤其是"私利"加以适当的调节，将其整合到社会秩序以及社会价值中，充分发挥以义制利的积极意义，把人的欲望调整到可控轨道上，让利益、欲望走上有规制、有节制的车道，既充分满足个体、群体、部门利益，又不损害集体、社会、全局利益，在兼顾私利的同时实现社会大义。为此，要进一步挖掘传统文化中优秀的"利"文化、利益观、义利观，发扬崇尚节俭的传统美德，实现个人利益与集体利益、地方利益与国家利益、局部利益与整体利益的统一，实现利己利人、社会和谐，扎实推进社会的良性运行。

（高和荣）

第三编

中国社会学的基本概念——善群与乐群

| 第五章 |
治 国

本章概要

　　国家的产生标志着人类历史迈进政治社会时代，国家治理由此成为政治社会的核心议题。中华民族进入政治社会以来，历代思想家、政治家在思考和实践治国理政的过程中提出了丰富的治国学说，构成中国传统社会思想的重要组成部分。在以"修齐治平"为总体框架的中国社会学体系中，治国思想占有非常重要的地位，上继"修身齐家"，下承"平天下"。中国传统治国思想博大精深，体现其核心思想的基本范畴包括"国与民"、"国土"、"士"、"王道与霸道"、"贤与能"、"科举"、"公与私"、"秩序"和"位育"，它们涉及国家治理的基本问题、空间治理、精英阶层、治理方式、治国人才的选拔标准和选拔制度、国家与个人的边界、国家治理的目标与理想状态。

　　中国传统治国思想不仅是中华民族的治国智慧，而且是全人类治国学说的宝贵财富。中国共产党十八届三中全会提出：我国全面深化改革的总目标是完善和发展中国特色社会主义制度，推进国家治理体系和治理能力现代化。推进国家治理能力现代化，既要学习借鉴发达国家的治理学说，更要汲取中华民族的传统智慧。国外理论只是"流"，中华传统才是"源"。只有扎根于中华文化之源，才能找到实现国家治理现代化的"中国道路"，才能为改善全球治理结构提供"中国经验"，为促进人类治理进步贡献"中国智慧"。

（毕天云）

一　国与民：国家治理的基本问题

国与民是中国传统治国思想中的基本概念，国与民的关系问题是传统国家治理中的基本问题。在传统国家治理体系中，以天子（君王）为首的王权是国家治理主体，国土范围内的民众是国家治理对象。传统治国结构中的君民关系格局是民体君用，以此为基础，民本思想成为国家治民的价值理念，具有价值理性特征；国家治民的制度包括内外服制度、国野制度和郡县制度，具有工具理性特点。推进当代中国的国家治理体系和治理能力现代化，应该继承和发扬民本思想，在国家治理中实现价值理性与工具理性的有机统一。

（一）国家的起源与形成：国家治理的历史前提

没有国家的形成，国家治理便无从谈起，国家形成是国家治理的前提条件。

《西方哲学英汉对照辞典》强调国家应该具备的几个要素是，"较大量的人口、领土、主权、政治组织及相关法律制度"。[1] 关于中国古代国家的起源与形成，史学界有诸多看法。例如，王宇信、王震中等认为，"夏朝是我国进入阶级社会以后，建立起来的第一个奴隶制统一国家"。[2] 沈长云、张渭莲等借用西方人类学的早期国家理论，[3] 认为"我国历史上的夏、商、周三个朝代，就是三个国家，是自原始社会之后依次出现的三个早期国家"。[4] 本部分不着重探讨中国古代国家的起源与形成问题，只侧重于表达国家的形成是国家治理的前提条件。夏商周三代虽然保留有原始社会的特征，但已经具备了成熟国家的两个基本特征："地域关系的建立及公共权力的创设"。[5] 这就为国家治理提供了前提条件。

---

① 沈长云、张渭莲：《中国古代国家起源与形成研究》，人民出版社，2009，第46页。

② 李学勤主编，王宇信、王震中等著《中国古代文明与国家形成研究》，中国社会科学出版社，2007，第249页。

③ 参见沈长云、张渭莲《中国古代国家起源与形成研究》，人民出版社，2009，第9页。

④ 沈长云、张渭莲：《中国古代国家起源与形成研究》，人民出版社，2009，第176页。

⑤ 沈长云、张渭莲：《中国古代国家起源与形成研究》，人民出版社，2009，第18页。

（二）国家治理的主体与对象

1. 王权：国家治理的主体

在中国传统社会中，国家治理的主体是以天子（君王）为首的王权，王权之下设置各级官员，为王权代行治民之事。

中国传统社会中王权至上。王权至上在学理上的本源是天命论。夏商两朝的天命论具有两层要旨：一是天命鬼神主宰人类社会；二是将天命视为维护统治的不二法宝。如《尚书·召诰》言："有夏服天命。"① 其一，百姓不能怨天，因此夏朝统治的确立理所当然；其二，"服天命"的主语是夏，统治者如果对百姓有各种盘剥，百姓也不能尤人。商代的天命论认为殷人的先祖契是帝喾次妃有娀氏的女儿简狄吞食玄鸟之卵后怀孕所生。同时，《尚书·盘庚上》言，"勉出乃力，听予一人之作猷"，② 表明商朝已经出现"自觉的王权意识"。③ 这是王权至上的萌芽，"构成中国传统政治思维的基本理念之一"。④

天命论在确立王权至上性的同时，还为王权设置了一个限制，这个限制便是天。王权因受命于天而具有无上权威，但同时"天聪明，自我民聪明；天明畏，自我民明畏"，⑤ "天视自我民视，天听自我民听"，⑥ "天畏棐忱，民情大可见"。⑦ 天意来自民意，王权便不能为所欲为。正如《尚书·洪范》所言："曰天子作民父母，以为天下王。"⑧ 天子（君王）是天人之间的一个桥梁，既要上承天命以保民众，又要下尊民意以明天德。如此，天子（君王）就需要明德行德，因为"惟命不于常"，⑨ 天命不会始终如一，"皇天无亲，惟德是辅"，⑩ 上天公正无私，只会帮助德行高尚之人，唯有明德敬天保民，才能永享天命。

---

① 李民、王健撰《尚书译注》，上海古籍出版社，2012，第 228 页。
② 李民、王健撰《尚书译注》，上海古籍出版社，2012，第 123 页。
③ 谢遐龄主编《中国社会思想史》，高等教育出版社，2013，第 5 页。
④ 谢遐龄主编《中国社会思想史》，高等教育出版社，2013，第 5 页。
⑤ 李民、王健撰《尚书译注》，上海古籍出版社，2012，第 29 页。
⑥ 李民、王健撰《尚书译注》，上海古籍出版社，2012，第 157 页。
⑦ 李民、王健撰《尚书译注》，上海古籍出版社，2012，第 205 页。
⑧ 李民、王健撰《尚书译注》，上海古籍出版社，2012，第 175 页。
⑨ 李民、王健撰《尚书译注》，上海古籍出版社，2012，第 210 页。
⑩ 李民、王健撰《尚书译注》，上海古籍出版社，2012，第 262 页。

在此意义上，作为治理主体的君王（天子）是承天命而为民父母、保民周全之人，以其为首的王权（包括分设的各级官僚）在治理民众时应该敬德行德，重视民情民意，以承担对天所负的责任（实则亦是对民众所负的责任）。

2. 民众：国家治理的对象

在中国传统社会中，国家的治理对象统称为民，即国土范围内的民众。在我国古代的文献典籍中，可以与民进行互释的同义词有众、众人、庶人、百姓、国人、野人等，它们都可表示国土范围内的民众，都是国家治理的对象。

（1）民

《诗·大雅·烝民》言，"天生烝民，有物有则"，[①] 此句意为上天生下众民，亦有了民应该遵守的法则。《管子·治国》言，"故先王使农、士、商、工四民交能易作"，[②] 此时民内部已然有了士、农、工、商的不同职业划分。韩愈《原道》言，"民者，出粟米麻丝、作器皿、通货财，以事其上者也"，[③] 认为民创造社会财富，并且有尊上的义务。纵观之，民的含义由简单的民众演变为承担社会分工、创造社会财富的社会角色，这是由生产力的发展和社会的进步决定的。但就总体而论，民指国土范围内的民众。

（2）众、众人与庶人

朱凤瀚认为，奴隶并不是夏商周三代社会中的基本阶级，"当时社会最基本的两大阶级是贵族和平民，平民才是当时社会生产劳动的主要承担者。他们在商代被称作'众'或'众人'，在周代称作'庶人'"。[④] 显然，拥有平民身份的众、众人、庶人就是国土范围内的民众，构成治理对象的主体。

（3）百姓

现代百姓的含义基本与民相同，但在先秦典籍中，百姓指百官。

---

① 周振甫译注《诗经译注》，中华书局，2015，第443页。

② 耿振东译注《管子译注》，上海三联书店，2014，第237页。

③ 转引自陆学艺、王处辉主编《中国社会思想史资料选辑》（秦汉魏晋南北朝隋唐卷），广西人民出版社，2006，第334页。

④ 沈长云、张渭莲：《中国古代国家起源与形成研究》，人民出版社，2009，第17页。

《史记·五帝本纪》言，"百姓昭明，合和万国"，① 其意为唯有百官职责明确，方能保证天下团结安定。"群黎百姓，遍为尔德"② 也是用百姓指代百官的例证。秦汉以后，百姓才转为与民同义。《史记·张耳陈余列传》中的"夫秦为无道，破人国家，灭人社稷，绝人后世，罢百姓之力，尽百姓之财"，③ 唐人刘禹锡《乌衣巷》诗中的"旧时王谢堂前燕，飞入寻常百姓家"，都是用百姓指代国土范围内的民众。

（4）国人与野人

国人与野人是周朝国野制度中对不同身份的人的称呼。国是指周王和诸侯都城及四郊以内的地区，野是指四郊以外的地区。住在国的人叫国人，住在野的人叫野人，国人与野人共同组成国土范围内的民众。

3. 君民关系：民体君用

君民关系是传统中国社会中国家治理的核心问题，对君民关系的认识直接影响国家治理的价值理念。价值理念不同，治民方法也不同。

中国传统社会虽然是王权至上的社会，但"天下，非一人之天下也，天下之天下也"。④ 传统中国社会的关系是民体君用：作为治理主体的君王是政治中的虚位，作为治理对象的民众才是政治中的实体，即"天之生民，非为君也，天之立君，以为民也"。⑤ 民体君用关系格局主要体现在三个方面。

第一，民贵君轻。正如孟子所言，"民为贵，社稷次之，君为轻"，⑥ 国家治理重视民情民意应强于重视君王个人所欲。

第二，设置君王的目的是为民众服务。正如康有为所言："所谓君者，代众民任此公共保全安乐之事。为众民之所公举，即为众人之所公用。"⑦ 实际上，康有为是以孟子的民贵君轻思想为基础，将其进一步发展为具有近代民权意义的民主君仆说。

第三，设置官吏的目的是为民服务。柳宗元在《送薛存义之任序》

① 李翰文主编《名家集评全注全译史记》，新世界出版社，2013，第 3 页。
② 周振甫译注《诗经译注》，中华书局，2015，第 224 页。
③ 李翰文主编《名家集评全注全译史记》，新世界出版社，2013，第 1056 页。
④ 陆玖译注《吕氏春秋》，中华书局，2015，第 22 页。
⑤ 廖名春、邹新明校点《荀子》，辽宁教育出版社，1997，第 131 页。
⑥ 杨伯峻译注《孟子译注》，中华书局，2015，第 364 页。
⑦ 转引自金耀基《中国民本思想史》，法律出版社，2008，第 169 页。

中说："凡吏于土者，若知其职乎？盖民之役，非以役民而已也。"[1] 在国家治理问题上，应该遵循民本位原则，而非官本位原则。

（三）国家治民的价值理念

谢扶雅说："中国五千年来之政治思想，实为一气呵成，可作一幅整个图书来看，因其无非发挥一个'民'字，故全部得称为'民学'。"[2] 谢扶雅所言民学实则是中国传统治国学说中的民本思想。民本思想渊源于《尚书》中的"民惟邦本，本固邦宁"，[3] 经周公及儒家发扬光大，遂成贯穿传统社会中国家治民的价值理念，具有价值理性特征。价值理性不同于工具理性，工具理性"着重考虑的是手段对达成特定目的的能力或可能性，至于特定目的所针对的终极价值是否符合人们的心愿，则在所不论"，[4] 而价值理性则关注人们的终极关怀。换言之，民本思想作为一种价值理性，最终归宿并非只求国家社会的稳定，而是以民为本，从民出发，追求保民、养民、利民、安民。

1. 民为国本

《国语·鲁语》记载："黄帝能成命百物，以明民共财，颛顼能修之。帝喾能序三辰以固民，尧能单均刑法以仪民，舜勤民事而野死，鲧鄣洪水而殛死，禹能以德修鲧之功，契为司徒而民辑，冥勤其官而水死，汤以宽治民而除其邪，稷勤百谷而山死，文王以文昭，武王去民之秽。"[5] 这里通过对古代圣王功业的列举，指出圣明的帝王共同特征是以民为本、为百姓提供行为准则、敦促百姓和睦。《尚书·盘庚中》言，"古我前后，罔不惟民之承保"，[6] 指出商代的众先王没有不顾全民众的；同时，盘庚本人"视民利用迁"，[7] 即根据民众的利益迁徙。《国语·周语上》言，"后非众，无与守邦"，指出君王若没有民众的拥戴，便无法保卫邦国。《四书》言人君应该"以民之所好好之，以民之所恶恶之"，[8]

---

① 转引自金耀基《中国民本思想史》，法律出版社，2008，第128页。
② 转引自金耀基《中国民本思想史》，法律出版社，2008，第10页。
③ 李民、王健撰《尚书译注》，上海古籍出版社，2012，第72页。
④ 杨善华、谢立中主编《西方社会学理论》（上卷），北京大学出版社，2005，第185页。
⑤ 张永祥译注《国语译注》，上海三联书店，2014，第84~85页。
⑥ 李民、王健撰《尚书译注》，上海古籍出版社，2012，第125页。
⑦ 李民、王健撰《尚书译注》，上海古籍出版社，2012，第125页。
⑧ 陈蒲青注译《四书》，花城出版社，1998，第11页。

直接对君王提出了顺民心、顺民意的要求。刘勰言，"衣食者民之本也，民者国之本也，民恃衣食，犹鱼之须水，国之恃民，如人之倚足"，[①] 认为国之恃民如同鱼之需水，须臾而不可离。唐朝著名政论家陆贽认为，"立国之本，在乎得众"，[②] 明确君王应该"以天下之心为心，而不私其心，以天下之耳目为耳目，而不私其耳目"。[③] 概言之，民本思想的第一要义是民为国本，唯有以民为本、顺从民意，才能求得国治民安。

2. 民意即天意

天意在民，民意即是天意。传统社会普遍认为君王承命于天，因此，天对于中国人来说是最高价值的体现。庞绍堂等指出，天并不只是纯粹抽象外在的天，而是与民心统一的内在的天；天并非纯粹的无原则超越性本体，而是秉持伦理原则的现实性本体。[④]《尚书·泰誓中》言，"天视自我民视，天听自我民听"，[⑤] 指出天所见所闻来自民众之所见所闻。陆贽言，"则天所视听，皆因於人，天降灾祥，皆考其德"，[⑥] 认为上天会顺从民意，同时会根据统治者的德行而降灾祥于人间，以此警醒统治者。因为民意是天意的体现，所以"得众之要，在乎见情"，[⑦] 统治者必须重视民情。敬天、行德、保民，方能保天命长存。

3. 养民利民

在强调民为国本、民意即是天意之后，民本思想中的养民利民要义呼之欲出。唯有养民利民，民本思想在民众的现实生活中才能找到扎扎实实的落脚点。据《论语·公冶长》记载，子路向孔子请教孔子的志向，孔子答曰："老者安之，朋友信之，少者怀之。"[⑧] 安老怀少论是孔子保民养民思想的具体体现。孟子言，"民之为道也，有恒产者有恒心，无恒产者无恒心，苟无恒心，放辟邪侈，无不为已"，[⑨] 指出一定的产业

① 袁孝政注《刘子》，中华书局，1985，第 13 页。
② 转引自金耀基《中国民本思想史》，法律出版社，2008，第 132 页。
③ 转引自金耀基《中国民本思想史》，法律出版社，2008，第 133 页。
④ 参见庞绍堂、季芳桐《中国社会思想史》，华中科技大学出版社，2011，第 25 页。
⑤ 李民、王健撰《尚书译注》，上海古籍出版社，2012，第 157 页。
⑥ 薛根生编《陆宣公奏义续本》，新文化书社，1935，第 19 页。
⑦ 转引自金耀基《中国民本思想史》，法律出版社，2008，第 132 页。
⑧ 杨伯峻译注《论语译注》，中华书局，2015，第 51 页。
⑨ 杨伯峻译注《论语译注》，中华书局，2015，第 125 页。

收入是民众拥有道德观念的物质基础。又言，"是故明君制民之产，必使仰足以事父母，俯足以畜妻子，乐岁终身饱，凶年免于死亡；然后驱而之善"，[①] 主张英明的君主应该为百姓规划产业，保证百姓上足以赡养父母，下足以抚养妻儿，遇到好的年成能够丰衣足食，遇到不好的年成不致饿死，然后再诱导百姓走上从善之路。《荀子·王制》言，"王者富民，霸者富士，仅存之国富大夫，亡国富筐箧、实府库。筐箧已富，府库已实，而百姓贫；夫是之谓上溢而下漏"，[②] 指出藏富于国库、于国君、于士大夫都非明君之选择，行王道的君主应该懂得藏富于民之道。民富方能国强，明确了藏富于民的主张。

4. 仁政王道

民本思想欲得最后施行，需借助君王行仁政王道。何为仁政？孟子言，"王如施仁政于民，省刑罚，薄税敛，深耕易耨；壮者以暇日修其孝悌忠信，入以事其父兄，出以事其长上"，[③] 认为行仁政就是要减免刑罚、减轻赋税，鼓励百姓深耕细作，提倡百姓孝顺父母、敬爱兄长。孟子的仁政论兼顾到百姓日常生活的方方面面，对后世统治者影响深远。何为王道？在孟子看来，王道与霸道相对，霸道是以力假仁，即通过武力手段维持社会秩序，所谓"春秋无义战"即是就霸道而言；而王道则是以德行仁，即通过德政、仁政、善政来达到国治民安的效果。君王治国必须贵王道贱霸道，方能保民、养民、安民。

综上，民本思想作为传统社会中国家治理的价值理念，主要涵括民为国本、民意即天意、养民利民、仁政王道四方面的内容。有夏以来，民本思想历经数千年而未衰，成为传统治国思想中的一颗明珠。民本思想在传统社会的治国体系中发挥着价值导向的作用，无论何时何地，治理行为都应该以百姓的利益为出发点和最终归宿，如此才能为民谋利，才能民安国治。

（四）国家治民的制度工具

国家产生以后，对民众的治理主要采取按照行政区域划分进行管理

---

① 杨伯峻译注《论语译注》，中华书局，2015，第18页。
② 王威威译注《荀子译注》，上海三联书店，2014，第64页。
③ 杨伯峻译注《孟子译注》，中华书局，2015，第11页。

的制度。从历史的进程看，商代的内外服制度、周代的国野制度和秦汉以后的郡县制度，都是对民众进行治理的制度工具。作为治民的工具，这些制度更多地体现出一种技术性，即通过制度性的规定和可操作的措施来达成对国土范围内民众的管理。

1．内外服制度

《尚书·酒诰》记载了商朝的内外服制度："越在外服，侯甸男卫邦伯；越在内服，百僚庶尹惟亚惟服，宗工越百姓里居。"[①] 内服是"商王直接治理的以商族为核心的地区"，[②] 居住着百僚、庶尹、亚、服、宗工等各级官员和宗室贵族；外服是"给商王提供种种服务的部族"，[③] 包括侯、甸、男、卫、邦、伯六类诸侯。从地理分布来看，以王畿为中心，内服是王畿以内的官职，外服是王畿以外的官职，类似于后世的中央与地方之关系。正是通过内服与外服的划分，商王实现了对王畿之内的官员、民众和王畿之外的各部族的管理。

2．国野制度

（1）国野制的含义

国野制度是西周至春秋时期治民的一种制度。西周建立之后，为明确王都、周王辖地及各诸侯国都城、诸侯辖地中各种人的身份、权利和义务，设置了国野制度，借此实现对民众的社会控制和管理。据《周礼·天官·序官》记载："惟王建国，辨方正位，体国经野，设官分职，以为民极。"[④] 所谓"体国经野"，就是在一国之内划分出都城与郊野的界限，国是指周王和诸侯都城及四郊以内的地区，野是指四郊以外的地区。

与国野制相应，《周礼》中还记有六乡、六遂之制。赵世超认为，乡是国人居住之地，共有六乡，乡以下分为州、党、族、闾、比；遂是野人居住之所，共有六遂，遂以下分为县、鄙、赞、里、邻。因此，国野制又称乡遂制。赵世超指出，国野制是为了区分征服者与被征服者、统治者与被统治者，以便周王朝对不同身份的人采取不同的统治政策。

① 李民、王健撰《尚书译注》，上海古籍出版社，2012，第216页。
② 李世愉、孟彦弘撰《中国古代官制概论》，中国社会科学出版社，2009，第12页。
③ 李世愉、孟彦弘撰《中国古代官制概论》，中国社会科学出版社，2009，第12页。
④ 吕友仁、李正辉注译《周礼》，中州古籍出版社，2010，第21页。

住在国中的国人与住在野中的野人的地位大不相同，前者是统治者，后者是被统治者，他们享有的政治待遇有着天壤之别。①

春秋时期的齐国实行一种与国野制相似的国鄙制。管仲在回答齐桓公问政时说："昔者，圣王之治天下也，叁其国而伍其鄙"，② 即把国都划分为三个区域，把郊野划分为五个区域。仿效圣王先例，管仲提出"制国以为二十一乡"，③ 包括六个工商乡和十五个士乡，此政策的目的是"定民之居，成民之事"，④ 即确定百姓的居住区域，好让百姓各就其业。张金光认为，先秦时期，很多诸侯国都有类似的制度，如鲁之国野、陈之邑野、宋之乡遂、郑之国野等。⑤ 可见，国野制或其变式在先秦时期是较为普遍的治理制度。

（2）国野制的特征

国野制的核心特征是受到王权的绝对控制，具体表现在以下三方面。

第一，诸侯和各级官吏处于王权的控制之下。首先，据《周礼·夏官司马第四·大司马》记载，各邦国由中央派大司马"制畿封国"，⑥ 即按照王畿的模式建立，由王派掸人向诸侯宣谕王命，王对诸侯的言行随时进行考察，四方诸侯必须四时轮流而来向王述职。诸侯中如有违抗王命者，王将"眚之、伐之、坛之、削之、侵之、正之、残之、杜之、灭之"。⑦ 其次，王权之下，分设六官：天官掌邦治，地官掌邦教，春官掌邦礼，夏官掌邦政，秋官掌邦禁，冬官掌邦务。六官之外，《周礼》中列出的官职尚有360多个，它们共同构成由中央到地方基层组织的一整套官制体系。⑧

第二，地方区划和基层组织处于王权的控制之下。首先，据《周礼·夏官司马第四·大司马》载："乃以九畿之籍，施邦国之政职。方千里

---

① 参见赵世超《周代国野制度研究》，陕西人民出版社，1991，第13~16页。
② 张永祥译注《国语译注》，上海三联书店，2014，第121页。
③ 张永祥译注《国语译注》，上海三联书店，2014，第127页。
④ 张永祥译注《国语译注》，上海三联书店，2014，第121页。
⑤ 参见张金光《战国秦时期"邑"的社会政治经济实体性——官社国野体制新说》，《史学月刊》2010年第11期。
⑥ 吕友仁：《周礼》，李正辉注译，中州古籍出版社，2010，第254页。
⑦ 吕友仁：《周礼》，李正辉注译，中州古籍出版社，2010，第254页。
⑧ 参见吕友仁《周礼》，李正辉注译，中州古籍出版社，2010，第274~278页。

曰国畿，其外方五百里曰侯畿，又其外方五百里曰甸畿，又其外方五百里曰男畿，又其外方五百里曰采畿，又其外方五百里曰卫畿，又其外方五百里曰蛮畿，又其外方五百里曰夷畿，又其外方五百里曰镇畿，又其外方五百里曰蕃畿。"① 国畿即王畿，管辖以王城为中心"方千里"的区域；王畿之外分别是以"五百里"为界向外辐射分布的九畿（侯畿、甸畿、男畿、采畿、卫畿、蛮畿、夷畿、镇畿、蕃畿）。九畿（九服）以王畿为中心，唯王畿为尊。其次，国野制又称乡遂制，共有六乡、六遂。六乡之中每一级组织都设有官吏进行管理。王权通过此由上而下的各级地方组织，采取"编户齐民"的方式对国、野之内的每一个人进行严格控制。

第三，人口和税收处于王权的控制之下。首先，小司徒负责核查户籍。《周礼·地官司徒第二·小司徒》载："小司徒之职：掌建邦之教法，以稽国中及四郊都鄙之夫家、九比之数"，② 即由小司徒核查王城之中以及四郊都鄙载于户籍的男女人数和按九家为一井、五家为一比编制起来的家数。其次，小司徒负责颁布执行统计户口、财产的"比法"。"颁比法于六乡之大夫，使各登其乡之众寡、六畜、车辇，辨其物，以岁时入其数。"③ 每个乡大夫每季度向小司徒呈报一次本乡人口的总数、六畜的总数和各种车辆的总数。除此之外，"及三年，则大比"，④ 每隔三年要举行一次全国性的户口、财产调查统计。

综上，国与野是一个地域范围的标志，是西周至春秋时期王朝国家为了统治的需要，在其控制范围内分出不同的地域，同时通过国与野把其地域内的人们自然划分为具有不同权利和义务身份的国民，进而实现治理民众的一种制度。

3. 郡县制⑤

秦灭六国以后，彻底废除了分封制，在全国范围内代以郡县制对民众进行治理。李世愉和孟彦弘指出："大体说，秦统一天下之时，设郡36个，后又加调整，达到46个，外加掌治京师的内史，共有47个统县

---

① 吕友仁：《周礼》，李正辉注译，中州古籍出版社，2010，第254页。
② 吕友仁：《周礼》，李正辉注译，中州古籍出版社，2010，第112页。
③ 吕友仁：《周礼》，李正辉注译，中州古籍出版社，2010，第112页。
④ 吕友仁：《周礼》，李正辉注译，中州古籍出版社，2010，第112页。
⑤ 因本部分旨在从国家治理的制度工具角度看待郡县制，故不对郡县制做详细深入的分析。

郡。县则近千个。"① 西汉初年刘姓诸侯王的分封，实则是郡国制。汉武帝元封五年（公元前 106 年），为实现对各郡国的监察，遂将全国分为13 部，每部设刺史一人，代表中央对郡守进行监察。东汉时，州由监察区演变为行政区，遂成州郡县的三级体制。东汉以后，对民众的治理基本上沿袭州郡县的三级行政区划体制。

传统社会的治理结构以王权为中心，为实现对地方社会和民众个人的控制，先后出现了内外服制度、国野制、郡县制等以行政区划为特征治理民众的制度。相对具有价值理性的民本思想而言，这些制度更多地具有工具理性的特征。

总而言之，研究传统社会中国家治理的基本问题，有助于在推进国家治理体系和治理能力现代化过程中借古鉴今。一方面，要继承并发扬传统民本思想，秉持全心全意为人民服务的宗旨，致力于情为民所系、权为民所用、利为民所谋，积极推进社会主义民生建设；另一方面，要在治国理政中高度重视价值理性与工具理性的有机统一，推行"善政"、提高效率，以达成国家治理的理想状态。

（徐珺玉）

二 国土：国家的空间建构与治理

"国土是人民生活的场所，是进行各项经济建设和文化活动的基地，是发展生产所需要的各种原料和能源的来源地。"② 在传统社会中，国家以国土为基地，开展国家的空间建构和治理，重点是土地分配和赋税制度。土地分配制度可以明确土地之上相关角色的权利和义务，先进、合宜的土地分配制度可以凝聚人们的关联行动、维持国家的繁荣稳定；土地赋税制度是传统国家的主要财政收入来源，是国家机器运作的经济基石，也是农民、地主和官僚贵族之间的一种利益分配方式。本部分重在梳理中国古代的土地分配和赋税制度，从早期的井田制、名（占）田

---

① 李世愉、孟彦弘撰《中国古代官制概论》，中国社会科学出版社，2009，第 44 页。
② 高冠民等编《国土学概论》，中国环境科学出版社，1992，第 2 页。

制、屯田制到均田制，从租庸调法、两税法、一条鞭法到摊丁入亩法，并探讨了它们对现代国土治理的意义。

（一）国土的内涵及制度演变

国土由"国"和"土"组成。繁体的"国"字包含"戈"（武器，引申为武力、保卫国家的武装力量）和"口"（可以指国民，也可指国都），是疆界之地区之意。① 许慎在《说文解字》中解释道："土，地之吐生物者也。二象地之下、地之中，物出形也。"② 其意思是："土，吐生万物的土地。二象地的下面，象地的中间，中间的一竖象万物从土地里长出的行政。"③ 古代的国家被称为"社稷"，也与土地有关，因为"人非土不立，非谷不食，土地广博不可一一敬也，故封土立社"。④ "国土"还可指政治力量统治的领地，属于帝王所有。随着社会的进步，土地的延伸功能越来越丰富，如已包含空间承载、财产和文化等功能。空间承载功能体现为工业生产、城市建设和人类活动；财产功能源于其稀缺、不可移动、可控和增值效应，是各国不动产的主要形式；文化功能体现在各类自然人文景观上。因此，土地作为一种宝贵资源，是国家治理的重中之重。正如北宋李觏在《平土书序》中所言："生民之道，食为大，有国者未始不闻此论也……是故土地本也，耕获末也，无地而责之耕，犹徒手而使战也……食不足，心不常，虽有礼义，民不可得而教也。"⑤ 治理好土地问题，就可以调动农民的生产积极性，解决人们的吃穿，也可以推动工商业主积极经营，开发土地的潜在价值，还可以承载物质文明。现代国家强调国民、国土和主权。国土治理解决了空间建构问题，为国民和主权的治理奠定了基础。

传统社会中的土地制度和管理思想经历了漫长的历史发展过程。在先秦时代，国土以诸侯为单位加以管理，因为各诸侯掌握着领地的直接治理权，内部实施自己的一套度量衡和土地制度，以井田制为代表。公

① 许慎著，汤可敬撰《说文解字今释》，岳麓书社，1997，第845页。

② 许慎著，汤可敬撰《说文解字今释》，岳麓书社，1997，第1950页。

③ 许慎著，汤可敬撰《说文解字今释》，岳麓书社，1997，第1950页。

④ 班固：《白虎通》，转引自韦政通《中国哲学辞典》，吉林出版集团有限责任公司，2009，第484页。

⑤ 李觏：《平土书序》，转引自韦政通《中国哲学辞典》，吉林出版集团有限责任公司，2009，第484页。

元前 221 年，秦始皇统一中国，实施车同轨、书同文、立郡县并确立度量衡的标准，为经济、政治和文化上的统一立下制度化的规范。① 从此，中国进入帝国天下模式，国土名义上归皇帝所有，直到 1911 年清朝皇帝逊位。其间土地制度纷繁复杂，有屯田制、名田制、均田制等。到了"中华民国"，社会组织进一步发育，国家、公共团体开始对土地资源进行实质性的控制，从近代历史看当时的土地制度主要有四种：国家土地、私人土地、公共团体土地和土司土地。地主土地和国家土地以及公共团体土地主要以出租方式经营，自耕农和佃农主要以家庭式的小农方式经营其土地，土司土地的经营方式大都采取农奴制。佃农耕种的土地收获物的一部分要作为地租交与地主，其余部分作为自己的生活生产资料；自耕农的土地收获物的一部分和地主地租的一部分要作为赋税交与政府，其余部分作为自己的生活生产资料。② 新中国成立后，国家实行土地的社会主义公有制，即全民所有制和劳动群众集体所有制。根据现有法律规定：全民所有，即土地所有权由国家代表全体人民行使，具体由国务院代表国家行使，用地单位和个人只有使用权。农民集体所有的土地依法属于村农民集体所有，由村集体经济组织或者村民委员会经营、管理。其中已经分别属于村内两个以上农村集体经济组织的农民集体所有的，由村内各个农村集体经济组织或者村民小组经营、管理；已经属于乡（镇）农民集体所有的，由乡（镇）农村集体经济组织经营、管理。③ 当然，随着经济社会的发展，具体土地的使用权、经营权也出现了新的形式，呈现国家法规和社会需求之间的动态演变。

（二）土地分配制度

传统社会中土地分配制度的内容很多。土地分配者有多种主体，如帝王、地主、寺院、族长、家长等。帝王分配土地的范围最大、对象最多，特别是改朝换代的时候，土地分配调整的程度最深。其他主体只能在自己的组织或者群体内分配。如果按照分配方式分，有权力划拨、市

---

① 费孝通：《中华民族的多元一体格局》，《北京大学学报》（哲学社会科学版）1989 年第 4 期。

② 白寿彝主编《中国通史·近代后编（1919~1949）》，上海人民出版社，1996，第 326~335 页。

③ 见《中华人民共和国土地管理法》（2004 年修正本）第二条。

场买卖、捐赠、掠夺、罚没等。土地所有者形式主要有国有田地、寺院田产、地主所有、农民所有等。当然，土地权利有所有权、经营权、收益权和处置权，它们可同属一个主体，也可分别属于不同主体。由于土地分配制度非常繁多，此处主要就四种中国历史上最重要的土地分配制度加以分析，分别是井田制、名（占）田制、屯田制和均田制。

1. 井田制

井田制是一种起源于夏、商，盛行于西周，瓦解于战国时期的土地分配制度。井田是指在田与田之间划分各种疆界，即通车的大路或人行的小道，大小路交错像无数"井"字。① 一个井田有九百亩地，中间的一百亩作为公田，周围的八百亩为私田，公田由八家共同耕种，其收成作为国家赋税上缴，耕种的顺序是先公后私。由于耕地受到自然状况的影响，严格按照理想的井田制实难成立，这也不可避免地遭到一些学者的质疑。

井田制的初期为夏朝。夏禹设置"太常"专门负责绘制地图，丈量划分土地，同时，区分公田与私田；贡由耕者共同负担，土地也相应地平均分配，且采用劳役式地租；② 私地并非私有，耕种者只有租用权，不能买卖。③ 井田制的完善时期为商朝。商朝继承了夏代的土地制度，但明确了国家最高统治者"王"对土地的实际所有权与支配权，还把不同等级的土地分为不同"品"。④ 到了西周，井田制到达全盛时期，相关制度更加明确。井田制中的私田虽然是耕种者分得的田地，但耕种者并无所有权，不得私自买卖。自己死亡或年老，可以由长子继承做户主，世代依附在小块土地上，离开土地便不能生活。井田制中的公田是周天子拥有的土地，是天子收入的主要来源，名义上是由周天子亲自耕种，实际上是由领得私田的农夫代为耕种。西周时期还鼓励农夫多开辟私田。⑤

---

① 范文澜：《中国通史》（第一卷），人民出版社，1994，第85页。
② 王希岩：《井田制与贡、助、彻》，《山东师范大学学报》（人文社会科学版）2014年第1期。
③ 刘正山：《大国地权：中国五千年土地制度变革史》，华中科技大学出版社，2014，第83~84页。
④ 刘正山：《大国地权：中国五千年土地制度变革史》，华中科技大学出版社，2014，第83~84页。
⑤ 范文澜：《中国通史》（第一卷），人民出版社，1994，第89~90页。

关于井田制，曾经在 20 世纪的学术界产生过巨大的争议。今文经学认为，"井田制本身并不存在，但由于该制度是孔子创制的理想制度，因此其中包含着孔子的微言大义"；古文经学认为，"井田制是三代历史上真实存在过的土地制度，并非孔子创制出来的理想，其中也没有所谓的微言大义"。① 多数学者认为，井田制确有其制度。② 胡寄窗认为，孟轲的井田原始模式本身是不可能实现的空想。③ 周谷城先生则认为，原来井与田两个字，并不是连用的，这两个字根本没有区别，只是表示"豆腐干块"式的土地经界，不承认"八家皆私百田"的井田制。④ 本部分不分析井田制的争论，探讨井田制的主要社会功能才是一个更有价值的问题。纵观历史，井田制具有以下四个社会功能。

一是划清边界。孟子认为："夫仁政必自经界始，经界不正，井地不均，谷禄不平。是故暴君污吏必慢其经界。经界既正，分田制禄，可坐而定也。"⑤ 井田制使得王畿、邦国和郊外之野的各类土地均有明确的归属，使各个社会阶层之间不相逾越，对乡野部落、家族、家庭内部的土地分配和调整产生了积极影响。在当时人口稀少、交通不便、水利农耕技术低下以及货币经济不发达的背景下，井田制较好地解决了王权与农民、集体（部落或家族）与农民、农民与农民之间相对均衡的权利、义务划分。

二是占地平均。面对土地交易造成的贫富差距，不少学者开始回顾井田制的优势。张载在《经学理窟·周礼》中指出："治天下不由井地，终无由得平，周道止是均平。"⑥ 程颢《论十事札子》言："天生蒸民，立之君使司牧之，必制其恒产，使之厚生，则经界不可不正，井地不可不均，此为治之大本也。"⑦

---

① 凌鹏：《井田制研究与近代中国——20 世纪前半期的井田制研究及其意义》，《社会学研究》2016 年第 4 期。
② 周洪：《井田制之我见》，《农业考古》1989 年第 1 期。
③ 胡寄窗：《有关井田制的若干问题的探讨》，《学术研究》1981 年第 4 期。
④ 周谷城：《中国通史》，上海人民出版社，1986，第 44 页。
⑤ 杨伯峻译注《孟子译注》，中华书局，2015，第 176 页。
⑥ 转引自韦政通《中国哲学辞典》，吉林出版集团有限责任公司，2009，第 484 页。
⑦ 黄淮等编《历代名臣奏议》，转引自刘复生《理想与现实之间——宋人的井田梦以及均田、限田和正经界》，《四川大学学报》（哲学社会科学版）2006 年第 6 期。

三是有助于社会秩序自我维护。中国传统社会具有自治的传统。井田制适应的是当时缺乏官僚阶层的部落或家族集中居住的村落状态。由于没有官僚阶层，人们的土地赋税负担较轻。同时，村落的社会秩序需要内部成员解决并加以维护。由村落首领或者乡村绅士组织整顿聚落，乡田共井，"庐井有伍"。[①] 当守望相助的村落社会内部找到集体和个体之间的理想利益平衡点之后，各司其职的一套协作体系便顺利运作下去。

四是有利于公共设施建设。井田制的理想是物物交换时代的农业合作模式。平均分配、拥有、经营土地是农民相互合作的基本前提。农田系统需要大量的基础设施，需要公共参与。大致相同的需要把大家聚集起来，共同在田间挖建沟洫灌溉系统，田界有条有章，实现"田有封洫"。[②] 井田制构建了一种井然有序的社会结构，使上下不交互争利，在最基层的社会形态中，形成一种出入共守、有无相贷、饮食相召的"相保相受"的原初农庄共同体。[③] 在某种意义上，井田制实现了耕者有其田的理想，但这只是在生产力水平极低、劳动产品极端匮乏之下的一种均衡。

随着人口增长，国家之间相互竞争压力越来越大。西周初年，人口总量约为 500 万人，到西周末年有缓慢增长，但其规模仍然在百万数量级上，到春秋时期增加至 1300 万人左右，战国时期的人口增至 4000 万 ~4500 万人。[④] 各诸侯国为刺激生产积极性、扩大剥削量，并达到控制和吸引人口及财富的目的，先后都进行了制度改革，如齐国齐桓公时期的管仲实行"相地而衰征"的变革，晋国的"作爰田"、"作州兵"变革，鲁国的"初税亩"改革，郑国的"作丘赋"改革，等等。秦国的变法最晚，商鞅于公元前 359 年和公元前 350 年先后两次实行变法，"废井田，开阡陌，授土于民"，废除"世卿世禄制"，根据人们的军功大小授予爵位，官吏从有军功爵的人中选取；而且废除分封制，实行郡县制。[⑤]

---

① 马贤磊、仇童伟、石晓平：《社会资本理论视角下井田制演变及其启示》，《南京农业大学学报》（社会科学版）2015 年第 2 期。

② 曹毓英：《井田制研究》，华中师范大学出版社，2005，第 98~99 页。

③ 渠敬东：《中国传统社会的双轨治理体系——封建与郡县之辨》，《社会》2016 年第 2 期。

④ 臧高峰：《先秦时期农地产权演进的制度经济学分析——基于人口压力的视角》，《西部商学评论》2010 年第 1 期。

⑤ 黄绍筠：《中国第一部经济史——汉书食货志》，中国经济出版社，1991，第 100 页。

随着驾牛犁田，畜力代替了人力，农业生产力获得巨大解放，两人协作的耦耕不再必要，个体农耕在生产技术上成为可能。① 因此，随着技术的进步、生产力的提高，村民在其"私地"上生产出更多的产品，甚至还有了剩余。这种剩余的出现导致村民对"公地"依赖减少，从而也逐渐失去了在"公地"上耕作的激励。② 最终，西周以来形成的以农村公社为基础的具有排他性公有产权性质的土地制度瓦解了，代之以土地的私有产权。

2. 名（占）田制

名田制或占田制的实质是"限民名田"，也就是限制编户民的占田数量，通过控制富人占田不准过限，以改善贫弱之家的土地占有状况。③ 名田制以立户为首要条件，并根据户主的爵位确定田宅标准；女子只有达到为户要求时，才可立户并拥有田宅。④ 名田制并不是官府授田，更不是将地主的田地授予农民，而只是允许农民占垦荒地情形下实施的制度。⑤ 也就是说，这样的制度变革只是在增量土地范围内实施的有限约束，难以改变土地分配不公的大局。对于官僚士族而言，占田制的主要精神不在于对官僚士族占田、荫客、荫亲属的特权加以限制，而在于确认和保护他们已占到的大量土地和户口的既成事实。同时，制度要求占田的数量必须与自己身份相符，并由官府对田地占有情况进行监核，因此，底层官员在统计与汇报土地占有状况的过程中获得了相应的权力。⑥

推行名田制的原因在于政府希望开发地广人稀的区域，限制富人超额占用土地，提高农民与土地的结合程度，以增加粮食产量、赋税收入和国土空间的均衡程度。据《汉书·食货志》记载："古井田法虽难卒行，宜少近古，限民名田，以澹不足，塞并兼之路。"⑦ 西汉也

① 刘玉娥：《西周井田制与农业发展》，《农业考古》2013 年第 6 期。
② 黄涛、何炼成：《井田制研究——对先秦土地制度变迁的经济学解释》，《河南师范大学学报》（哲学社会科学版）2006 年第 5 期。
③ 于振波：《张家山汉简中的名田制及其在汉代的实施情况》，《中国史研究》2001 年第 1 期。
④ 张波、樊志民主编《中国农业通史·战国秦汉卷》，中国农业出版社，2007，第 98 页。
⑤ 臧知非、霍耀宗：《"名田"与"授田"辨证——秦和西汉前期土地制度性质析疑》，《史学集刊》2015 年第 6 期。
⑥ 张履鹏：《汉初名田制执行情况探讨》，《古今农业》2014 年第 1 期。
⑦ 黄绍筠：《中国第一部经济史——汉书食货志》，中国经济出版社，1991，第 100 页。

对商人占有土地进行限制。如《汉书·食货志》记载："贾人有市籍，
及家属，皆无得名田，以便农。敢犯令，没入田货。"① 凡是在户籍上注
明商人身份的"不许占田"，若商人私改户籍占田，一律没收其土地。
到西晋的时候，民屯基本废止，贵族、官僚争相侵占田地，隐匿户口。
原来的屯田客或投依豪门，或游食商贩，加上服役为兵者，有一半人
不从事农业生产。因此，农业荒废，国库空虚，百姓穷困。针对这种
情况，西晋采取两项重大措施：罢州郡兵以归农和颁布占田制。其中
的占田令规定："男子一人占田七十亩，女子三十亩"，"丁男课田五
十亩，丁女二十亩，次丁男减半，次丁女不课"；②"官吏以官品高卑贵
贱占田，从第一品占五十顷，至第九品占十顷，每品之间递减五顷"，
还规定可"依官品高低荫庇亲属"，从三族到九族。③ 这里的占田无年龄
之分，课田有年龄、性别的区别，占田数要高于课田数，这些规定鼓
励人们去占田垦荒，有利于扩大耕地面积。与军事化管理的屯田制相
比，占田制的总体税负有所减轻，因此，有助于提高农民的生产积极
性。但是随着爵制的泛滥、人口的增加和新田开拓的放缓，名田制无
法克服合法的土地兼并，占田超限不受约束地发展，名田制最终遭到
破坏。④

3. 屯田制

屯田制始于西汉，完善于曹魏，是国家强制农民或士兵耕种国有土
地并征收一定数额田租的一种土地制度。⑤ 据《三国志·魏志·武帝纪》
记载："是岁，用枣祗、韩浩等议，始兴屯田；是岁，乃募民屯田许下，
得谷翰万斛，于夏州郡例置由官。"⑥

曹魏屯田有民屯和军屯两种，后来还有漕运屯田和盐屯。"民屯每50
人为1屯，屯置司马，其上置典农都尉、典农校尉、典农中郎将，不隶郡
县；收成与国家分成：使用官牛者，官6民4；使用私牛者，官民对分；
屯田农民不得随便离开屯田；军屯以士兵屯田，60人为1营，一边戍守，

---

① 黄绍筠：《中国第一部经济史——汉书食货志》，中国经济出版社，1991，第159页。
② 男女16~60岁为丁，13~15岁、61~65岁为次丁。
③ 高敏：《关于西晋占田、课田制的几个问题》，《历史研究》1983年第3期。
④ 于振波：《张家山汉简中的名田制及其在汉代的实施情况》，《中国史研究》2004年第1期。
⑤ 赵幼文：《曹魏屯田制述论》，《历史研究》1958年第4期。
⑥ 高敏：《关于曹魏屯田制的几个问题》，《史学月刊》1981年第1期。

一边屯田。"① 漕运屯田就是"耕以济运"，即国家拨给领运漕粮军丁土地，由漕运军丁耕种，或召民屯种，收获物充作漕运开支。② 屯丁被编入"军户"，世代相袭，不许脱离，在法律上处于被强制性劳役的农奴地位。他们被封建国家强制地固附在屯田之上，经济地位极不独立；他们失去了最低限度的劳动工具，只能依靠国家供给耕牛、农具和种子在屯田上耕作，以维持残生，基本没有与政府谈判的资本。③

王夫之评价屯田之利有六："战不废耕，则耕不废守，守不废战，一也；屯田之吏十据所屯以为己之乐土，探伺密而死守之心固，二也；兵无室家，则情不固，有室家，则为行伍之累，以屯安其室家，出而战，归而息，三也；兵从事于耕，则乐与民亲，而残民之心息，即境外之民，亦不欲凌轹而噬龁之，敌境之民，且亲附而为我用，四也；兵可久屯，聚于边徼，束伍部分，不离其素，甲胄器仗，以暇而修，卒有调发，符旦下而夕就道，敌莫能测其动静之机，五也；胜则进，不胜则退有所止，不至骇散而内讧，六也。"④ 因此，屯田制有利于保卫边区、开发边疆、民族融合，免除军粮运输成本，解决流民、失地农民的出路，也间接减轻了农民的租税负担，实现"寓兵于农、兵农合一"的管理创新，还有利于国家政权的稳定。⑤ 另外，屯田制由于剥削较重，屯田农民被束缚在土地上，身份不自由，屯田士兵则更加艰苦，因此，它是农民与土地之间非自愿结合、生产潜力无法得到充分发挥的一种土地制度。

4. 均田制

均田制始于北魏太和九年（公元485年），至唐建中元年（公元780年）颁行两税法时宣告结束，经过北魏、北齐、北周、隋、唐共五代，历时近300年。⑥ 北魏建立政权前，国内大部分土地属于皇帝、官府、大

① 赵幼文：《曹魏屯田制述论》，《历史研究》1958年第4期。
② 漕运屯田只在直隶、山东、安徽、江苏、浙江、江西、湖北、湖南等几省推行。清朝政府从这些省份征收粮食，并通过水路运往北京，以供京城皇室贵族和官僚军队食用。因此，在运河两岸设置漕运卫所，派兵保护押运漕粮，在漕粮征集和运输途经的省份设置屯田，专为赡养屯丁和运军之用。
③ 薛理禹：《清代屯丁研究：以江南各卫所及归并州县屯丁为例》，《史林》2012年第2期。
④ 王夫之：《读通鉴论》卷十《三国（二十七）》，转引自古薇《王夫之对中国古代史学的突破和发展》，《江汉论坛》1991年第1期。
⑤ 朱绍侯：《两汉屯田制研究》，《史学学刊》2012年第10期。
⑥ 王利华主编《中国农业通史·魏晋南北朝卷》，中国农业出版社，2009，第152~158页。

地主，个体农民和牧民所占的土地很少，却是赋税和劳役的主要来源；北魏政权建立后，由于长期的战乱，人民流离失所，田地大量荒芜，国家赋税收入减少，于是采用均田制，即把政府掌握的土地分配给农民，农民向政府交纳租税，并承担一定的徭役和兵役。① 均田制的主要内容有：

①男子十五岁以上，受露田（未种树的田地）四十亩，桑田二十亩；妇人受露田二十亩；分露田时会加倍或加两倍授给，以备休耕；身死或年满七十岁，须还露田于官；拥有奴婢和耕牛的人，可以额外获得土地，奴婢同普通农民一样受田，人数不限，土地归主人；丁牛（4岁以上）每头受露田30亩，一户限4头。所受之田不准买卖，年老身死，还田给官府。

②初受田者，男子每人另授桑田20亩，限3年内种上规定的桑、枣、榆等树。桑田可作为世业田，终身不还，可以世袭，但限制买卖。在不宜种桑的地区，男子每人另授麻田10亩，女子5亩，奴婢同样受田，按露田法还受。新定居的民户还可分到少量的宅田，每3口一亩，奴婢5口一亩，宅田也属世业。

③桑田按现有丁口计算。"盈者得卖其盈，不足者得买所不足，不得卖其分，亦不得买过所足。"桑田为世业，允许买卖其一部分。原有桑田已超过应授田数，"无受无还"；达到应授额的，不准再受；超过应授额部分，可以出卖；不足应授额，可以买足。

④若全家都是老小残疾的，11岁以上及残废者各受丁男一半之田，年过70的不还所受，寡妇守志，虽免课亦授妇田。

⑤地狭的地方，居民可以向空荒地区迁徙受田；地广的地方，居民不许无故迁徙，可随力所及向官府申请借种受田以外的土地。因犯罪流徙或户编无人守业的土地，收归国家所有，作均田授受之用。

⑥地方官吏随在职地区给予公田，刺史十五顷，太守十顷，治中、别驾各八顷，县令、郡丞六顷。新旧任相交接，不许出卖。后代谓此"公田"为"职分田"或"职公田"。②

① 万淮北：《中国古代土地制度演变浅析》，《辽宁教育行政学院学报》2010年第1期。
② 柯美成主编《理财通鉴：历代食货志全译》，中国财政经济出版社，2007，第114~116页。

在所授田中，永业田可传子孙，口分田在身死后归官府，平民不允许卖田，官卖田限制不严，永业田、口分田一般不允许买卖，但迁徙他乡及身死无力营葬可买卖永业田。① 均田制肯定了土地的所有权和占有权，减少了田产纠纷，有利于无主荒田的开垦，因而对农业生产的恢复和发展起了积极作用。均田制也减轻了农民的土地赋税，有利于政府依附农民摆脱豪强大族控制，转变为国家编户。由于政府控制的自耕小农这一阶层的人数大大增多，保证了赋役来源，从而增强了国家控制能力。可是，均田制并没有从根本上解决土地兼并问题，随着土地兼并的日趋严重，国有土地不断减少，均田制难以为继，最终在安史之乱爆发后不久便彻底崩溃。

（三）土地赋税制度

井田制是氏族共同体共同耕作，将公田上的产出作为集体活动的开支。在氏族具有向心力的时候，农民先公后私、守望相助，在公田耕作可以看作集体合作生产或者劳役地租，也可以视为共同体中的"成员责任"，维持集体的存在也就维持了个体的存在，因此，以血缘关系为基础的氏族成员均能尽心尽力地耕作。井田制下的供奉也是一种适宜的集体财务安排。进入夏商周之后，随着农业工具和耕作技术的发展，个体农民不再依附于氏族部落，而可以选择更有利于自身发展的空间去生存。这样氏族部落的生产和居住模式被打破，国家组织逐渐成形，公田逐渐消亡而转化为私田，私田也逐渐成为赋税的对象。周灭商之后，将天下土地收归王室所有，并实施分封制：周天子把土地及土地上的劳动人手分封给诸侯，建立封国；各诸侯又在自己的封国内按同样的办法分封卿大夫；卿大夫又在自己的采邑里把土地分配给士。各级贵族对既有的领地世代承袭，又世代按这一套办法分封。② 之后，公元前 770 年，周宣王宣布在其直接控制的邦国内公田和私田一律"彻田为粮"，开始由劳役地租向实物地租转变。③ 在这样的背景下，各个诸侯国也实施了一系列的创新行动：公元前 685 年，齐桓公和管仲实施"相地而衰征"，公田

---

① 薛政超：《再论唐代均田制下的土地买卖》，《云南社会科学》2016 年第 1 期。
② 董恩林：《论周代分封制与国家统一》，《华中师范大学学报》（人文社会科学版）1998 年第 5 期。
③ 李修松：《试论两周时期劳役地租向实物地租的转化》，《安徽教育学院学报》1992 年第 2 期。

被分割，私田正式纳入征税范畴；公元前 645 年，晋国"作爰田，作州兵"，划公田为私田，分赐有功之臣；公元前 594 年，鲁宣公"初税亩"，履亩而税；公元前 408 年，秦简公"初租禾"，实行实物地租，废止劳役地租。① 土地私有化的直接后果就是土地变成了"商品"，可以自由买卖，同时体现了李觏提出的"人无遗力，地无遗利"、"人各有事，事各有功"和"不劳动者不得食"的思想。②

1. 租庸调法

租调制在曹魏时期已经成熟并得到推行。③ 隋朝又开始出现"输庸代役"制。④ 唐朝将其进一步系统化为租庸调法。租庸调法是以均田制为基础的赋役制度，均田人户不论其家授田多少，均按丁缴纳定额的赋税并服一定的徭役。⑤ 它的内容是："每丁每年要向国家缴纳粟二石，称为租；服徭役二十天，称为正役，国家若不需要其服役，则每丁可按每天缴纳绢三尺或布三尺七寸五分的标准，交足二十天的数额以待役，这称为庸；按人头缴纳绢二丈、绵三两或布二丈五尺、麻三斤，称为调；国家若需要劳役，每丁服役二十天的正役外，若加役十五天，免其调，加役三十天，则租调全免。"⑥ 唐代还出现相应的赈恤制度：若出现水旱等严重自然灾害，农作物损失十分之四以上免租，损失十分之六以上免调，损失十分之七以上，赋役全免。⑦

租庸调法的优点是：内涵全面，包括劳役、吃穿实物；政府可以根据公共工程需要，充分利用劳役，平衡粮食和布帛之间的需求；农民也可以根据家庭的实际情况，选择有利于自己的租庸调结构的合理分配；租庸调法考虑了自然灾害的影响，给民生以较大的保障，税率也较前代为轻。因此，以人丁为核算基础的租庸调法适应于均田制，计量清晰、

---

① 张中秋、阮晏子：《井田制的衰亡——新制度经济学派视角下的春秋战国土地产权制度变迁》，《法商研究》2003 年第 5 期。
② 李觏：《李觏集》，中华书局，1981，第 214～215 页。
③ 张学锋：《论曹魏租调制中的田租问题》，《中国经济史研究》1999 年第 4 期。
④ 张焯：《北朝的给干与食干制补议——兼论隋唐输庸代役制的起源》，《天津师范大学学报》（社会科学版）1988 年第 2 期。
⑤ 岑仲勉：《租庸调与均田有无关系》，《历史研究》1955 年第 5 期。
⑥ 柯美成主编《理财通鉴：历代食货志全译》，中国财政经济出版社，2007，第 165 页。
⑦ 张学锋：《唐代水旱赈恤、蠲免的实效与实质》，《中国农史》1993 年第 1 期。

标准简单，给农民以较大的选择空间，是土地赋税制度的一种较好安排。但它不适用于土地占有面积两极分化的社会，其结果是有利于大地主，而不利于中小地主和无地农民。因此，当土地占有状况两极分化形成之后，租庸调法就难以发挥其社会功能。

2. 两税法

"安史之乱"后，均田制彻底瓦解。面对新的土地占有状况，唐德宗元年的宰相杨炎积极推进两税法，其主要内容是：（1）政府不再授田，土地可自由买卖；（2）"以贫富为差"，根据实际情况进行收税，税额不定；（3）把原来复杂的赋税合并为户税和地税，简化手续；（4）"户无主客，以见居为簿"，不分主户、客户，一律在定居地登记，按贫富交税；（5）"夏税无过六月，秋税无过十一月"，每年一次收税改为每年分夏、秋两季征税；（6）课税形式由原来的实物缴纳改为以钱谷定税，临时折征杂物。[①] 两税法体现出税收均等精神，并为明清的"一条鞭法"与"摊丁入亩"奠定了基础。它的实施产生了以下三项社会功能。

一是简化了税制，取缔了名目繁多的杂税。征收部门统一"以尚书度支总统"（《旧唐书》卷一一八）；在征收时间上，以前一年到头不分时段，现改为夏秋两季，且有时间限制；在征收项目上，原有的租庸调、户税、地税、青苗钱等税以及其他杂税均统一以货币计算进行征收，删去"租庸杂役"，保留户税和地税。[②]

二是促进了商品经济的发展。两税法以货币缴纳赋税代替实物，即以一般交换等价物作为赋税依据，迫使农民将农产品转换为货币，进入商品市场环节，将原来非商品的粮食作为商品出售。这在客观上活跃了商品市场，让从事种植和养殖的农民统一地为了追求货币收益而进行生产，也促进了商品交易和农村手工业和副业的发展，带动了商品经济的发展。

三是使赋税负担趋于合理，保证了政府财政收入。两税法的征税原则是"唯以资、产为差"，不分土户（主户）与客户、不分定居或行商，

---

① 李永刚：《唐两税法刍议》，《中央民族大学学报》（哲学社会科学版）2009年第5期。

② 钱穆：《国史大纲》，商务印书馆，1996，第484页。

大家都要纳税。这样就减轻了贫苦劳动者的负担，使赋税负担趋于合理，把政府财政收入置于可靠的社会生产的基础上，对唐朝中后期的社会安定和经济发展均较为有利。① 唐朝在具体实施两税法时，命官员按地收费，得到土户与客户 300 余万，原先占 2/5 的浮寄户（即不定居的农户）被豪强所隐占，现转为承担田赋的农户。② 国家因此增加了纳税范围和数量、增加了财政收入。

两税法的主要局限是"因出制入"，没有统一的税率和固定税额，而由地方官员确定标准和执行。因此，掌握实权的地方税收官吏获得了大量的寻租机会。比如在确定户等时有可能发生恃强凌弱的行为，"以钱计税"时易受物价影响，③ 容易造成农民的不满和负担的不公。

3. 一条鞭法

一条鞭法（又称类编法、总编法）是明代中后期面对土地兼并加剧、抗倭战争开支巨大、财政入不敷出、贪污腐败严重、商品经济的发展和白银的广泛流通形势严峻，由张居正主导进行的赋役制度方面的一项重大改革。据《明史·食货志》记载："一条鞭法者，总括一州县之赋役，量地计丁，丁粮毕输于官。一岁之役，官为金募。力差，则计其工食之费，量为增减；银差，则计其交纳之费，加以增耗。凡额办、派办、京库岁需与存留、供亿诸费，以及土贡方物，悉并为一条，皆计亩征银，折办于官，故谓之一条鞭。"④ 一条鞭法的主要特征是取消徭役和杂税、合并编派、合并征收、用银缴纳、官收官解。⑤ 一条鞭法的社会功能有以下三点。

一是简化了税制，降低了征税成本。一条鞭法去繁就简，将赋役分散的多次征收改为赋役合并的一次征收，精简了税收制度、降低了政府的征税成本、提高了国家税收体系的运行效率，并从制度上约束了腐败

---

① 刘昫等：《旧唐书》，中华书局，1973，第 3424 页。
② 白寿彝主编《中国通史》，上海人民出版社，1996，第 99~101 页。
③ 刘正山：《大国地权：中国五千年土地制度变革史》，华中科技大学出版社，2014，第 189~192 页。
④ 朴元熇：《明史·食货志》，权仁溶校注，天津古籍出版社，2014，第 20 页。
⑤ 付春杨：《明代一条鞭法之兴衰——立足于法律实效的分析》，《社会科学家》2007 年第 3 期。

行为，使国家财政收入得到稳健的增长。①

二是降低了税负，促进了税负公平。一条鞭法对差役部分"以田为宗"，通过"计亩征银"的方式来确定每个人的赋役水平，然后进行赋役征收，实行摊派，并以法的形式对纳税户的赋税负担加以界定和限制，抑制了土地兼并。这种改革，从根本上降低了农民的不合理负担、增加了大土地所有者的税收负担、平衡了社会各阶层的赋役负担、改善了农民的生存状况，还通过清查田亩杜绝了田地瞒报现象。② 张居正在万历六年（公元 1578 年）下令清丈全国土地，清查溢额脱漏，结果国家掌握的田亩数增加了 300 万顷。③

三是进一步促进了商品经济的发展。这项规定从法律上明确了"货币是赋役征收的主要标的"，促进了国家从"实物税"向"货币税"的转化，也促进了白银的流通和使用。同时，它削弱了农民因徭役制而形成的人身奴役关系，让农民获得较多的人身自由。④ 因此，一条鞭法促进了土地价值的货币化和农产品的商品化，放宽了劳动力流动的赋税约束，自然推动了商品经济的进一步发展。

一条鞭法的推行速度和效果与张居正的主观能动性休戚相关。在万历九年（公元 1581 年）一条鞭法被全国采用，但是，不久张居正病死（公元 1582 年）。⑤ 一条鞭法的改革制度被后继者稀释，税赋加派现象重生，变革效果日渐消弭。一条鞭法上承唐代的两税法，下启清代的摊丁入亩，是我国推行的一项重要土地赋税制度。它改变了历代赋与役平行征收的形式，统一了役法，实现了赋役制度由繁到简、征纳以实物为主向以货币为主的转变，⑥ 并实现了从赋役制向租税制的过渡，反映了封建生产关系的量变过程，为后期的工商业生产方式出现奠定了基础。虽

① 《明经世文编》卷一九九和《明经世文编》卷三二五，转引自肖立军《明代财政制度中的起运与存留》，《南开学报》（哲学社会科学版）1997 年第 2 期。
② 万明：《传统国家近代转型的开端：张居正改革新论》，《文史哲》2015 年第 1 期。
③ 张廷玉：《明史》，转引自万明《传统国家近代转型的开端：张居正改革新论》，《文史哲》2015 年第 1 期。
④ 万明：《白银货币化视角下的明代赋役改革（下）》，《学术月刊》2007 年第 6 期。
⑤ 阎炎：《一条鞭法的宿命》，《中国土地》2010 年第 9 期。
⑥ 曾唯一、沈庆生：《一条鞭法的历史意义和作用》，《四川师范大学学报》（社会科学版）1984 年第 1 期。

然由于历史的局限和自身的不足，一条鞭法并未完全得以实施，比如额外增派和火耗问题一身存在。① 有些地方政府在一条鞭法之外另行增加徭役赋税，特别是到了王朝末年，一条鞭法已基本不被遵守，但是它确实为后面更先进、更适宜的土地赋税制度提供了宝贵的经验。

4. 摊丁入亩制

摊丁入亩是清代社会在明代的"一条鞭法"基础上的继续和发展，在清朝康熙、雍正、乾隆年间普遍实行。② "摊丁入亩"制度的主要内容是：在全国范围内统一将固定下来的丁银摊入田赋征收，征收统一的地丁银，废除了以前的"人头税"，也废除了新生人口的人头税。③ 该制度在明代中后期已经初露端倪。根据《明英宗实录》卷 46 记载，由于明代中期的徭役负担沉重，加上自然灾害，农民逃亡现象明显增多，正统三年（1438 年），山东、河南、山西三省及顺天、真定等府，因农民逃亡而造成达 300 多万石税粮（相当于全国税粮的 1/10）的遗荒田。④ 到嘉靖年间，国内各地形成了所谓"一邑之中，有田者十一，无田者十九"，土地兼并又造成大量的人口流动，不少人丁聚而复逃。在这种形势的逼迫下，赋役的改革被提到议事日程上来。许多官僚、绅士主张"丈地计赋，丁随田定"，即实行"摊丁入亩"，以期通过采用赋役合一的办法来消除前弊。⑤ 土地确实是完整的、稳定的，而人口却是变动的，因此，按田定役或摊丁入亩的制度就比按人丁定役的里甲制度要稳妥和适用。基于这种情况，嘉靖十年（1531 年），江西赣州在都御史陶谐的主持下，在推行"一条鞭法"的过程中，全面清丈土地，以实地征实粮（赋），将徭役摊入田亩。⑥ 此举实现了人丁税和土地费的统一征收。"摊丁入亩"制度主要有三项社会功能。

---

① 额外增派是指有些地方政府在一条鞭法之外另行增加徭役赋税。"火耗问题"是因税法规定纳银，而银两熔铸过程产生了所谓"火耗"。熔铸碎银的实际火耗为平均每两一至二钱，即 1%～2%，但实际征收的火耗往往高得多，每两达二至三钱，有时甚至更多。
② 戴辉：《清代"摊丁入亩"政策研究》，《广西社会科学》2007 年第 2 期。
③ 樊树志：《摊丁入地的由来与发展》，《复旦学报》1984 年第 4 期。
④ 转引自李三谋《清代"摊丁入亩"制度》，《古今农业》2001 年第 3 期。
⑤ 贺长龄、魏源：《皇朝经世文编·户政》，转引自李三谋《清代"摊丁入亩"制度》，《古今农业》2001 年第 3 期。
⑥ 李三谋：《清代"摊丁入亩"制度》，《古今农业》2001 年第 3 期。

一是使田赋与丁役银二者之间形成稳定的对应关系，解决了长期以来存在的赋役混乱的难题。对于无田的乡民、佃户和市民来说，他们不再参与徭役活动，因此，也就无须因差役负担沉重而逃亡，这在客观上安定了百姓的生活、维护了社会秩序的稳定。[①]

二是在客观上降低了对人口的控制与束缚，减弱了地主、贵族与农民之间的人身依附关系。农民和手工业者从而可以自由迁徙，出卖劳动力，刺激了劳动力市场的形成与发展，无形中促进了资本主义生产方式的缓慢增长。[②]

三是有利于贫民而不利于地主。人丁不再是征税对象，土地租佃及买卖交易比较活跃，促进了封建土地私有制的增长。摊丁入亩制的财政和人口效果是：到雍正末年，国家库存银两由康熙末年的 800 万两增加到 6000 多万两；全国人口更是由顺治十八年（1661）的 8490 万人猛增到乾隆五十九年（1794）的 3.13 多亿人。[③] 中国封建社会由此进入发展的顶峰——"康乾盛世"。

（四）国土治理制度的现代意义

受中国人多地少的限制，历代政治改革和革命起义均以土地问题为核心诉求。土地资源因为其巨大的价值而为所有居民重视。如何治理好国土，既是一个科学问题，也是一个政治问题。从我国实施的井田制、名田制、屯田制和均田制等分配制度来说，虽然各种制度存在内容上的差别，但其宗旨是一致的，也就是调节人地关系，让"地尽其力"。只有让农民安心务农，才能发挥农业科技的力量，保证土地的正常产出和国家的粮食安全。不管是自耕农还是佃农，如果无心农事，土地抛荒，那么，全国的粮食就会呈现危机，社会也会陷入动荡。因此，土地分配制度的变革依据应该是农民对农地的态度和耕作行为。农民对农地的态度和耕作行为取决于多种因素，如人地比例（即可开垦土地资源总量与人口的比例）、土地所有权分配、地租价格和支付方式、农耕技术和社会组织形态等。中国的人地比例总体偏紧，但在不同的历史阶段有所不

---

① 朱年志：《对清代"摊丁入地"改革的再认识》，《理论界》2009 年第 1 期。
② 姜守鹏：《明清时期的北方劳动力市场》，《东北师大学报》1995 年第 4 期。
③ 范春梅：《清初"摊丁入亩"政策对环境的影响》，《中国环境管理干部学院学报》1999 年第 3 期。

同。当朝廷腐败，连年征战，人口大量死亡，就会出现大量已经开垦但无主的土地，缓和人地关系，为新的土地分配制度变革提供有利条件。当社会秩序良好，并持续一段时间后，人口不断膨胀，则导致下一轮的人地关系紧张。在一定土地总量的前提下，土地所有权分配越公平、获得土地的农民越多，总的农产品质量也会越高。但在土地可交易的背景下，社会贫富两极分化的结果便是土地占有状况的两极分化。当土地分配平等系数越低、农民向地主租用土地的谈判条件越弱，地租价格会越高，支付方式也会越苛刻。而农耕技术的进步有利于土地资源的开拓和农田单位产值的提高，但如上所述，农耕技术的提高既不是常态，也不是小农的强项。开拓新的土地资源需要帝王的认可和确权，因此，对于新开垦土地由国家实施屯田制或均田制就有强烈的合法性。其弊端是约束了农民的迁徙自由。社会组织形态是一个社会的重要特征。社会组织程度高，会对社会实务的参与能力、程度以及危机的防御能力产生积极影响。一盘散沙是农民的自然状态。发挥邻里关系、血缘关系，建立地方性共同体，可以提高农民的社会组织程度。因此，儒家文化强调家族本位、长幼有序的伦理规范体系符合农村社会的生产和生活方式。而诸子平分的财产继承制度削弱了土地兼并的速度和力度，让子辈有相对平等的竞争环境。

土地赋税制度主要解决的是国家与农民的关系问题。农民对"皇粮"赋税是认可的，但是也有限制性的适度标准，如"井田制"或"什一税"。后来，因为土地所有权和经营权分离，承包土地种植的佃农不仅需要承担地主的租金还需要承担国家的赋税，因此，农民负担从三成以致发展到六成，严重影响农业生产者的利益和积极性，导致民怨沸腾。国家治理者不得不察农民、地主和国家（官僚阶层为代理者）之间的利益关系，让三方"各谋其位，各尽其责"。国家获得赋税，保障子民的生存；地主获得租金，承担农田基础设施建设；农民承担农业劳作，获得土地产出的剩余物。土地赋税制度的精髓是激发农民从事农业劳动的内在积极性，实现丰年有盈余，歉年有救济。

传统社会中有宝贵的治国理念和基本原则。由于受到制度和生产技术的限制，国土治理始终走不出治乱的周期性循环。现代社会需要吸收其中的有效成分，剔除其中的糟粕成分。在工商业社会时期，土地仍然是最大的不动产资源，是公共财富的主要积淀形式。我国的土地财政既是土地资源历史重要性的现代延续，也是现代中国社会结构的基石。我国坚持城乡土地资源的二元制度，即城镇土地资源的国家所有制和农村土地资源的集体所有制并存，并通过政府垄断一级市场、放开二级市场，为我国的土地资源潜在价值的有序释放和公共品属性提供了制度保障。由于存在巨大的经济价值落差，地方政府、工商企业、农民、村级组织均表现出空前的积极性。当然，我们也应该正视存在的社会矛盾和分配不公问题，在前进的道路上加以改进完善。目前的争议点很多：农村建设用地如何入市，农民住房如何流转，二级市场中的土地使用权到期如何续期，如何从一次性的土地拍卖收入转为细水长流的土地使用税，如何解决失地农民对土地的生活依赖和情感依赖，如何防止农村的空心化和衰败化，如何让农民重视土壤污染和肥力衰退，等等。历史的经验告诉我们，"囤积土地"、"炒作地皮（包括房地产）"是阻碍社会资源正常流动的毒瘤，是必须克服的社会发展顽疾，"耕者有其田"或者说"农民与土地的有机融合"，让"农民决定土地的利用"是维护土地秩序和社会秩序的基本条件。

（顾金土　朱　杰　陈嘉晟）

三　士：国家治理中的精英阶层

在中国传统社会的国家治理体系中，士扮演着重要的社会角色。春秋以前，士通常指宗法分封制中最低的一个贵族等级；春秋以后，士成为知识分子的代称。士阶层的形成经历了士人数的增加—士转变为文士—士阶层的形成三个阶段。士阶层最显著的特征是追求"志于道"的理想和实践，认定自己具有参与从政和教化万民的使命。士阶层的内部构成具有历史性，先秦时期主要是游士阶层，秦汉之后演变为士大夫阶层。士阶层的社会流动包括垂直流动和水平流动两种类型，矢志于济世救民的士人向往得君行道，形成士阶层的垂直流动；矢志于传道授业的士人向往评议时政、开课授徒、德化乡里，形成士阶层的水平流动。士阶层是中国传统社会中的精英阶层，也是影响国家治理的重要力量，在中国传统社会的治国理政中发挥了重要的历史作用。在全面推进国家治理体系和治理能力现代化的进程中，需要高度重视知识分子承担的政治角色，充分发挥知识分子在构建中国特色社会主义国家治理体系中的作用。

（一）士的含义沿革

春秋以前，士通常指宗法分封制中最低的一个贵族等级；春秋以后，士成为知识分子的代称。

1. 士指宗法分封制中最低的一个贵族等级

《左传·昭公七年》记载："天有十日，人有十等，下所以事上，上所以共神也。故王臣公，公臣大夫，大夫臣士，士臣皂，皂臣舆，舆臣隶，隶臣僚，僚臣仆，仆臣台。马有圉，牛有牧，以待百事。"① 可见在宗法分封制中，士是王、公、大夫之下的一个贵族等级。《孟子·万章章句下》记载："北宫锜问曰：'周室班爵禄也，如之何？'孟子曰：'其详不可得闻也，诸侯恶其害己也，而皆去其籍；然而轲也尝闻其略也。……君一位，卿一位，大夫一位，上士一位，中士一位，下士一位，凡六等。'"② 北宫锜向孟子请教周朝制定的等级制度如何，孟子给出的回答是：君为一级，卿一级，大夫一级，上士一级，中士一级，下士一级，一共六级。可见，士是宗法分封制中最低的一个贵族等级，其本身又包括上士、中士、下士三个等级。

同时，士作为一个贵族等级，或为文士，或为武士，是"在政府中担任各种'职事'的人"。③ 第一，士为文士。《尚书·多士》记载："成周既成，迁殷顽民，周公以王命诰，作《多士》。惟三月，周公初于新邑洛，用告商王士。王若曰：'尔殷遗多士，弗吊旻天，大降丧于殷，我有周佑命，将天明威，致王罚，敕殷命终于帝。肆尔多士！非我小国敢弋殷命。'"④《尚书·多士》记载了当时辅政的周公告诫殷商旧臣的情形，周公认为纣王无道，耗损天命，而周朝敬天保民，才得以使天命降于周。通过此番论述，周公实际是在向殷商的旧臣申明周王朝政权的合

① 左丘明撰，蒋冀骋标点《左传》，岳麓书社，1988，第291页。
② 杨伯峻译注《孟子译注》，中华书局，2015，第256~257页。
③ 余英时：《士与中国文化》，上海人民出版社，2003，第599页。
④ 王世舜译注《尚书译注》，中华书局，1979，第301~302页。

法性，同时劝诫殷商旧臣顺应天命，服从周王朝的统治。在《多士》篇中，士指臣子或官员。第二，士为武士、军士、甲士。孙立群认为："春秋以前的战争以车战为主，战车一乘有甲士居车上，《司马法》曰：'长毂一乘，甲士三人'。"① 这里的士就是冲锋陷阵的基层军官。

综上，春秋以前，士是宗法分封制中最低的一个贵族等级，他们在政府中担任一定职务，文士可献言献策，武士可冲锋陷阵。

2. 士指知识分子

春秋以后，士成为知识分子的代称。据《国语·楚语下》记载，观射父论祭祀时言"士、庶人舍时"、"士、庶人不过其祖"，② 将士与庶人连用。《孟子·万章下》言，"下士与庶人在官者同禄，禄足以代其耕也"，③ 将士与在公家当差的庶人相衔接，其职责为处理各部门的基层事务。士与庶人连用，说明士与庶人之间的关系比士与大夫等贵族阶层之间的关系更为密切，士与庶人的界限已经模糊，甚至士已经融入庶人之中。《管子·小匡》中记载，管仲在回答齐桓公问政的时候说："士农工商四民者，国之石民也，不可使杂处。"④ 这便是有名的"四民"论。在"四民"论中，士已经褪去了贵族的光环，成为庶民当中的一个阶层——有学问的知识分子。

曾子言，"士不可以不弘毅，任重而道远"，⑤ 认为士应该刚强且有毅力，以承担重大的责任。孟子重视仁义，认为"天子不仁，不保四海；诸侯不仁，不保社稷；卿大夫不仁，不保宗庙；士庶人不仁，不保四体"，⑥ 指出士如果不行仁义，会连自己的身体都无法保全。墨子极言士的重要性，"入国而不存其士，则亡国矣，见贤而不急，则缓其君矣。非贤无急，非士无与虑国。缓贤忘士，而能以其国存者，未曾有也"，⑦ 认为倘若治国者不能优待贤士，就会导致国家灭亡的下场。荀子说，

① 孙立群：《中国古代的士人生活》，商务印书馆，2015，第1页。
② 左丘明撰《国语》，上海古籍出版社，2015，第381页。
③ 杨伯峻译注《孟子译注》，中华书局，2015，第257页。
④ 黎祥凤撰《管子校注》，中华书局，2004，第400页。
⑤ 杨伯峻译注《论语译注》，中华书局，2015，第79页。
⑥ 杨伯峻译注《孟子译注》，中华书局，2015，第177页。
⑦ 孙诒让撰《诸子集成·四》，中华书局，2006，第1页。

"良农不为水旱不耕，良贾不为折阅不市，士君子不为贫穷怠乎道"，[①]指出对士的期许是不因为贫穷和困厄而怠慢道义。显然，上述先秦诸子口中的士是指有学问的知识分子。

以时间维度衡量士的含义沿革，春秋以前，士指宗法分封制中最低的一个贵族等级；春秋以后，士指知识分子。作为新兴的知识分子，士人登上历史舞台，秉持"志于道"的原则，广泛参与到春秋战国时期的社会政治变革中，逐渐形成具有自觉性的士阶层。

（二）士阶层的形成

士阶层的形成，大致经历士人数的增加—士转变为文士—士阶层的形成三个阶段。

1. 士人数的增加

春秋以后，周代封建秩序渐趋解体，导致原有社会阶层的垂直流动，即"上层贵族的下降和下层庶民的上升"。[②]

第一，上层贵族中有一部分下降为士。西周原有的封建宗法秩序使贵族统治阶级内部形成森严的等级制，自上而下是天子、诸侯、卿大夫、士的金字塔结构。春秋以后，贵族衰落，《左传·昭公三年》言，"虽吾公室，今亦季世也。戎马不驾，卿无军行，公乘无人，卒列无长。……栾、郤、胥、原、狐、续、庆、伯，降在皂隶"，[③] 便是明证。此段论述的大意是：即使我们是公室，现在也是末世了，战马无人驾驭，国卿不率军队，兵车没有御者和戎右，步兵没有长官……晋国的八大贵族栾、郤、胥、原、狐、续、庆、伯的后人已经沦为低贱的皂隶。"降在皂隶"有可能是夸大之词，但春秋以后贵族的衰落是不争的事实，在此情况下，有一部分贵族下降为士也属当然。

第二，庶民中有一部分人上升为士。春秋以后各国奖励战功的举措实际上是在破坏原有的等级制度。齐思和指出："晋赵氏与范氏、中行氏战，许其属克敌者上大夫受县，下大夫受郡，士田十万，庶人商遂，人臣隶圉免，是为阶级之大破坏。"[④] 在西周的封建制度中，封建与宗法

① 王威威译注《荀子译注》，上海三联书店，2014，第 25 页。
② 余英时：《士与中国文化》，上海人民出版社，2003，第 10 页。
③ 左丘明著，王珑燕译注《左传译注》，上海三联书店，2015，第 261 页。
④ 齐思和：《战国制度考》，《燕京学报》1938 年第 24 期。

相结合，各级贵族的封爵由嫡长子继承，其余庶子作为小宗被分封为更低一级的贵族。但类似晋国的奖励战功的政策实则是为庶民的上升提供了机会，使下层庶民中的一部分人上升为士。

综上，上层贵族的向下流动和下层庶民的向上流动共同带来士人数的增加。

2. 士转变为文士

士庶合流与士人数的增加是同时并举的过程，经由这个过程，士逐渐演变成为最高一级的庶民。在管子的士农工商"四民"论中，士已成为庶民的一种。在西周原有的封建宗法秩序中，士是最低的一个贵族等级，士庶合流之后，士从固定的封建关系中游离出来，形成了"士无定主"[1]的状态，社会中已经没有属于士的固定位置。换言之，春秋战国是"旧的秩序已经破坏而新的秩序又尚未建立的时代"，[2]士阶层已经不复为宗法分封制中的贵族阶层，反而在当时的社会中无所凭依，甚至流亡各国，形成"游士日多"[3]的局面。此情形推动了大部分士"趋重于知识、能力之获得"，[4]以求能够"自呈其能于列国君、相"。[5]

此时，士已经转变为劳心者的范畴，掌握知识成为士的追求。而且，春秋战国时期，士人掌握的知识不是自然知识，而是规范知识。自然知识如果不正确就不会奏效，所以人们不会去遵守不正确的自然知识。但规范知识"附着了价值观念，有着正当不正当的问题"，[6]用儒家的语言表达，规范知识涉及一个人如何修身、齐家、治国、平天下的问题，是关于稳定社会秩序、推动社会发展的知识。相比自然知识，规范知识更容易得到君主青睐，士要"自呈其能于列国

---

① 顾炎武：《日知录》，黄汝成集释，栾保群、吕宗力校点，上海古籍出版社，2014，第295页。

② 金耀基：《中国民本思想史》，法律出版社，2008，第49页。

③ 顾炎武：《日知录》，黄汝成集释，栾保群、吕宗力校点，上海古籍出版社，2014，第172页。

④ 顾颉刚：《武士与文士之蜕化》，转引自余英时《士与中国文化》，上海人民出版社，2003，第6页。

⑤ 顾颉刚：《武士与文士之蜕化》，转引自余英时《士与中国文化》，上海人民出版社，2003，第6页。

⑥ 费孝通、吴晗等：《皇权与绅权》，生活·读书·新知三联书店，2013，第18页。

君、相"，①必然注重规范知识的习得。因此，士转变为文士是必然趋势。

3. 士阶层的形成

士最终形成知识分子阶层，与春秋战国时期的社会政治背景密切相关。

第一，社会对人才的渴求，为士施展才华提供了有利的客观环境。春秋战国时期，社会动荡，周天子实际上已经失去了"天下共主"的地位，各诸侯国形成政治多元的格局，诸侯之间竞争激烈。各诸侯国为了实现国富民强的目标，急需人才，形成了礼贤下士的良好社会氛围。如战国时期魏国的开国君主魏文侯在位期间礼贤下士，拜子夏、田子方、段干木等儒门弟子为"王者师"；任用李悝、翟璜为相，推行法治，改革弊政；起用乐羊、吴起为将，开拓疆土。正是由于善用贤士，魏文侯方能励精图治，使魏国一跃而成为战国初期的中原霸主。再如燕昭王为求贤纳士而筑黄金台。据《战国策》记载，燕昭王为求取贤人而问计于郭隗，郭隗对曰："今王诚欲致士，先从隗始；隗且见事，况贤于隗者乎？岂远千里哉？"②建议燕昭王从任用自己开始，以招致比自己更有才能的人。燕昭王听从了郭隗的建议，"为隗筑宫而师之"，③并在"易下（今河北易县东南）建筑了一座高台，上置千金，延聘天下贤士，名之曰'黄金台'。④各国贤士闻风而动，最终"乐毅自魏往，邹衍自齐往，剧辛自赵往，士争凑燕"，⑤共襄燕国盛世。

第二，私学的兴起，为士的脱颖而出提供了必备的教育条件。周代的教育制度是"学在官府"，只有贵族子弟才享有受教育权，平民很难进入官学学习。至春秋时期，私学逐渐兴盛。孔子提出"有教无类"⑥的教育原则，倡导平民教育，改变了知识被贵族垄断的传统，推动了知识向民间的传播。据《史记·孔子世家》记载："孔子以诗书礼乐教弟

① 顾颉刚：《武士与文士之蜕化》，转引自余英时著《士与中国文化》，上海人民出版社，2003，第6页。
② 吕壮译注《战国策译注》，上海三联书店，2014，第328页。
③ 吕壮译注《战国策译注》，上海三联书店，2014，第328页。
④ 沈长云：《士人与战国格局》，安徽人民出版社，2013，第19页。
⑤ 吕壮译注《战国策译注》，上海三联书店，2014，第328页。
⑥ 杨伯峻译注《论语译注》，中华书局，2015，第168页。

子，盖三千焉，身通六艺者七十有二人。"① "孔子弟子三千，贤者七十有二"，皆受益于私学的兴起。如果私学不兴盛，与庶民合流的士人无法习得知识，自然不可能形成以知识为主要谋生手段的士阶层。

第三，春秋时期社会动荡、社会秩序紊乱，是士阶层得以重塑的现实背景。宗法分封秩序中的士是最低的一个贵族等级，其职责和追求是维护等级森严的宗法分封制。至春秋战国时期，士以知识分子的面目出现，其职责和追求发生了改变，以重建社会秩序为终极归宿。马克思说："哲学家们只是用不同的方式解释世界，而问题在于改变世界。"② 显然，马克思对西方知识分子只解释世界的传统并不认同。与西方知识分子不同，士致力于改变世界，司马谈言："夫阴阳、儒、墨、名、法、道德，此务为治者也。"③ 一语道破士的治天下诉求。修身、齐家、治国、平天下，由内圣开外王，无不反映出士阶层经世致用的取向，他们既追求解释世界，也追求改变世界。故自春秋以后，"明道定心以为体，经世宰物以为用"④ 成为士阶层的群体自觉。

春秋战国时期是社会大变革时期，社会对人才的渴求为士施展才华提供了有利的客观环境，私学的兴盛保证了士能够习得知识，动荡的时局赋予士"以天下为己任"的群体自觉。上述三个因素共同促进了以知识（规范知识）仕进的士的大量涌现。据《吕氏春秋》记载："子张，鲁之鄙家也；颜涿聚，梁父之大盗也；学于孔子。段干木，晋国之大驵也，学于子夏。高何、县子石，齐国之暴者也，指于乡曲，学于子墨子。索卢参，东方之巨狡也，学于禽滑黎。此六人者，刑戮死辱之人也。今非徒免于刑戮死辱也，由此为天下名士显人，以终其寿，王公大人从而礼之此得之于学也。"⑤ 子张、颜涿聚、段干木、高何、县子石、索卢参六人本是应该受到刑罚的人，但他们由于拜师学习，最后都封侯拜相，成为以知识仕进的典范。从这个维度而言，"中国知识分子之形成一自

① 李翰文主编《名家集评全注全译史记》，新世界出版社，2013，第652页。
② 《马克思恩格斯全集》（第三卷），中共中央马克思、恩格斯、列宁、斯大林著作编译局译，人民出版社，1960，第6页。
③ 李翰文主编《名家集评全注全译史记》，新世界出版社，2013，第1495页。
④ 李颙：《李二曲先生全集》（二），华文书局股份有限公司，1970，第503页。
⑤ 陆玖译注《吕氏春秋·上》，中华书局，2015，第110页。

觉的社会集团是在春秋战国之际才正式开始的"，① 而这一自觉的社会集团便是士阶层。

（三）士阶层的内部构成

士阶层的主体是掌握规范知识的士人。同时，"士是随着中国史各阶段的发展而以不同的面貌出现于世的"，② 在不同的历史时期，士阶层的内部构成呈现一定的差异性。

1. 春秋战国时期：游士阶层

春秋战国时期的士不再是宗法分封秩序中的贵族阶级，而是在社会阶层中无所凭依之人，这一时期士的总体面貌是游士。

在由游士构成的士阶层内部，根据从事活动的不同，又可将士阶层进行不同的划分。《墨子·杂守》言士"有谋士，有勇士，有巧士，有使士"四类。《商君书·算地》把士分为谈说之士、处士、勇士、技艺之士和商贾之士五种，认为不同的士所具备的资本不同，"谈说之士资在于口，处士资在于意，勇士资在于气，技艺之士资在于手，商贾之士资在于身"。③ 商鞅此论一语道破士阶层的突出特点，即士已经发展到以自身所持有的知识或技能为资本，与社会进行交换的程度。《庄子·徐无鬼》则将士分为更详细的十二类，分别是知士、辩士、察士、招世之士、中民之士、筋力之士、勇敢之士、兵革之士、枯槁之士、法律之士、礼教之士、仁义之士。④ 沈长云认为，春秋战国时期的游士阶层包括"纵横捭阖的策士、著书立说的学士、高蹈远遁的隐士、使性任侠的侠士、占星问卜的术士以及鸡鸣狗盗的食客"。⑤ 总体而论，根据所从事活动的不同，游士阶层包括策士、学士、隐士、侠士、私门食客五种，他们都是各自领域的佼佼者。

一是叱咤风云的策士。战国时期相对较弱的四国是韩、赵、魏三国以及它们北边的燕国，而东向的齐国、西向的秦国以及南向的楚国则相对版图较大、实力较强。基于此格局，七国之间形成了两种战略方针，

① 余英时：《士与中国文化》，上海人民出版社，2003，第 80 页。
② 余英时：《士与中国文化》，上海人民出版社，2003，第 80 页。
③ 高亨：《商君书注译》，清华大学出版社，2011，第 78 页。
④ 陈鼓应注译《庄子今注今译》（下册），中华书局，2015，第 679 页。
⑤ 沈长云：《士人与战国格局》，安徽人民出版社，2013，第 22 页。

一种是"合众弱以攻一强"，① 另一种是"事一强以攻众弱"，② 此即为历史上著名的合纵和连横之术。策士便是凭借口舌之辨，以合纵或连横之术纵横捭阖于各诸侯国的精英群体。比如主张"合纵"的苏秦，一人身佩六国相印，以至于"当是之时，天下之大，万民之众，王侯之威，谋臣之权，皆欲决苏秦之策"。③ 再比如主张"连横"的张仪，以许诺楚怀王600里土地和美女的方式拆散齐楚联盟并使秦国得到齐国的支持，最终使秦军在秦楚交战时得以削弱楚国。

二是不治而学的学士。不治而学的学士是未进入仕途的士，他们未进入仕途有两种原因。第一，不得赏识。孔子周游列国14年，最终返回鲁国修订六经；孟子亦重蹈孔子之覆辙，最终返乡教育天下英才。两人都是志不得行于诸侯，但丝毫不影响两人的成就，孔子被后世尊为"至圣先师"，孟子则被尊为"亚圣"。第二，自愿著书立说，此类学士的典型代表便是云集于稷下学宫的学士。《中论·亡国篇》言："齐宣王立稷下之宫，设大夫之号，招致贤人而尊宠之。"④ 换言之，稷下学宫以招揽贤人为目的，俨然成为齐国君主的智囊团。比如身长不足7尺的淳于髡机智善辩，用隐喻诱导齐威王说出"此鸟不飞则已，一飞冲天；不鸣则已，一鸣惊人"⑤ 的豪言，从此踏上励精图治的正途。再比如持阴阳五行论的邹衍，以其丰富的想象力和傲人的学识创立了"大九州"说和"五德始终"说。

三是遗世独立的隐士。隐士是士阶层中最为特殊的一种类型，他们远离世俗，睥睨一切，不求任何功名，只求精神超脱。第一批真正的隐士当属楚狂接舆、长沮、桀溺、荷蓧丈人。据《论语·微子》记载，楚狂接舆对孔子"趋而避之"（赶快避开）；⑥ 长沮和桀溺则对子路说，"且而与其从辟人之士也，岂若从辟世之士哉"（与其跟着孔丘做逃避坏人的人，为什么不跟着我们这些逃避整个社会的人）；⑦ 孔子亦对子路明

---

① 张松辉、张景译注《韩非子译注》，上海三联书店，2014，第381页。
② 张松辉、张景译注《韩非子译注》，上海三联书店，2014，第381页。
③ 孟庆祥译注《战国策译注》，黑龙江人民出版社，1986，第66页。
④ 徐干撰，孙启治解诂《中论解诂》，中华书局，2014，第341页。
⑤ 张大可编著《史记》，三秦出版社，1992，第2064页。
⑥ 杨伯峻译注《论语译注》，中华书局，2015，第191页。
⑦ 杨伯峻译注《论语译注》，中华书局，2015，第192页。

言荷蓧丈人是"隐者"。① 隐士中最为人熟知的当属庄子，他追求自由自在的精神生活，向往成为"肌肤若冰雪，绰约若处子，不食五谷，吸风饮露，乘云气，御飞龙，而游乎四海之外"② 的真人，能与天地精神相往来，且不受世俗杂念所羁绊。

四是好勇忠诚的侠士。侠士以刺客为主，他们凭借勇武之身效忠主人，必要的时候慷慨赴死，写下许多悲壮挽歌。比如春秋末年吴国的专诸，因效忠公子光而刺杀吴王僚，最终与吴王僚同归于尽。再比如荆轲，以必死之心踏上刺杀秦王之路，临行前"风萧萧兮易水寒，壮士一去兮不复还"③ 的悲歌已经预示了此行必是悲剧，最终荆轲刺杀秦王未遂却被武士乱剑砍死，引后人扼腕。

五是士之末流——私门食客。士阶层中有大量寄居在贵族门下、以自己的一技之长谋口饭吃的士，他们虽被视为士之末流，但同样才能佼佼。比如赵国公子平原君的门客毛遂，自荐出使楚国，促成楚赵联盟，被誉为"三寸之舌，强于百万之师"。④ 再比如齐国公子孟尝君的门客冯谖，代替孟尝君到封地收取债务的时候将不能还息的债券全部烧掉，为孟尝君俘获了百姓的心。

2. 秦汉以后：士大夫阶层

秦汉以后，士阶层的基本变化趋势是："从战国的无根的'游士'转变为具有深厚的社会经济基础的'士大夫'。"⑤

秦朝严格控制游士。春秋战国时期的游士是可以在社会中自由流动之人，对于大一统的封建王朝来讲，这样的游士并不利于社会秩序的稳定。据《云梦竹简·游士律》记载："游士在亡符，居县赀一甲，卒岁责之。有为故秦人出，削籍，上造以上为鬼薪，公士以下刑为城旦。"⑥ 此律条的对象包括外国游士和秦士：没有通行证的外国游士住在秦国境内会在年终被罚一甲之钱；秦士外游者除被削籍外，还面临"为鬼薪"或"为城旦"的惩罚。所以，秦王朝的建立宣告了游士的终结。同时，

① 杨伯峻译注《论语译注》，中华书局，2015，第194页。
② 陈鼓应译注《庄子今注今译》，中华书局，2015，第25页。
③ 孟庆祥译注《战国策》，黑龙江人民出版社，1986，第738页。
④ 张大可编著《史记》，三秦出版社，1992，第1461页。
⑤ 余英时：《士与中国文化》，上海人民出版社，2003，第52页。
⑥ 《云梦竹简·游士律》，转引自余英时著《士与中国文化》，上海人民出版社，2003，第54页。

秦朝统一六国以后采取了一系列文化专制政策，取缔私学，焚书坑儒，其统治时期是士成为专制统治祭品的时期，士阶层毫无立足之地。

西汉建立以后，汉高祖于公元前196年下诏举贤，言"贤士大夫有肯从我游者，吾能尊显之……其有意称明德者，必身劝，为之驾，遣诣相国府"，[①] 开西汉察举制之先河。汉文帝于公元前178年下诏，言"举贤良方正能直言极谏者，以匡朕之不逮"，[②] 要求举荐敢于直谏之士。汉武帝于公元前134年采纳董仲舒的建议，正式实行察举制度，令郡国岁举秀才和孝廉，后郡县举孝廉改以士为对象，成为常制。察举制作为一种取士制度，标志着士阶层中被举荐者将会进入官僚系统，从此汉代"郎、吏由'士'出身便制度化了"。[③] 自此，春秋战国时期的游士正式转变为士大夫，成为具有重要影响的政治主体。

在秦汉之后的2000年中，由于历代士阶层从事活动不同，其构成亦呈现阶段性的特征。余英时认为，秦汉两朝，士阶层主要由以儒学为中心的"吏"和"师"构成；魏晋南北朝时期，儒学衰落，士阶层主要由反对名教的名士（如阮籍、嵇康等）和希望济世的高僧（如道安、慧远等）构成；隋唐两朝，科举制正式形成，此后的士阶层主要由登第之士和落榜之士构成，前者得君行道，后者德化乡里，共同担当起士阶层"以天下为己任"的重任。[④]

（四）士阶层的基本特征

1."志于道"

士阶层初登历史舞台之时，孔子便为士阶层设定了"志于道"[⑤] 的理想主义追求。孔子要求士阶层所坚守的"道""超越他自己个体的和群体的利害得失，而发展对整个社会的深厚关怀"，[⑥] 是"先天下之忧而忧，后天下之乐而乐"的济世救民诉求。士"志于道"，既要在理论上论证如何修养心性，又要在实践中探索如何经世致用，这便是儒家所提

---

① 班固撰，李士彪、张文峰译注《汉书》，山东画报出版社，2012，第90页。
② 班固撰，颜师古注《汉书》，中华书局，1962，第116页。
③ 余英时：《士与中国文化》，上海人民出版社，2003，新版序第5页。
④ 参见余英时《士与中国文化》，上海人民出版社，2003，引言第7页。
⑤ 杨伯峻译注《论语译注》，中华书局，2015，第36页。
⑥ 余英时：《士与中国文化》，上海人民出版社，2003，第25页。

倡的修身、齐家、治国、平天下。"志于道"是士阶层传承 2000 多年的共同追求，具体表现在理论层面和实践层面。

（1）理论层面的"志于道"：担当精神

首先，"志于道"是士阶层必须恪守的行为原则。孔子说，"笃信好学，守死善道"，[①] 指出士应该笃信"道"，努力学习并誓死保卫它；又言，"君子谋道不谋食"，[②] 指出对士来说，道比衣食更为重要。曾子曰，"士不可以不弘毅，任重而道远"，[③] 以双重否定的方式肯定了士要弘道的要求。孟子说，"故士穷不失义，达不离道……穷则独善其身，达则兼善天下"，[④] 指出士应该秉持道，穷困时要独善其身，得意时要兼善天下。

其次，如何"志于道"的问题实际上是修养心性的问题，孟子言"我善养吾浩然之气"，[⑤] 程朱理学讲要"存天理，去人欲"，阳明心学提倡格物致知，都是在用不同的方式阐释修养心性问题。唯有修养心性，方能博观约取，将"士志于道"的价值诉求内化，形成"诗书宽大之气"[⑥] 的士大夫人格。

就理论层面而言，士既要恪守一定的行为原则，又要修养自己的心性，两者结合，方能成为具有担当精神的士人。

（2）实践层面的"志于道"：救世、授业

孔子言，"我欲载之空言，不如见之于行事之深切著明也"，[⑦] 意在明确士阶层的实践取向：不尚空言，见之于事。士阶层的实践取向表现为士阶层参与政治、社会事务的实践：明道以救世和明道以授业。

一是明道以救世，深切关怀国家、社会乃至公利之事。首先，士阶层具有强烈的忧患意识。在士阶层形成之初，社会动荡，诸侯征战不休，政治斗争尖锐复杂，故而士阶层"所思所想所为多针对天下如何统一、

---

① 杨伯峻译注《论语译注》，中华书局，2015，第 81 页。
② 杨伯峻译注《论语译注》，中华书局，2015，第 166 页。
③ 杨伯峻译注《论语译注》，中华书局，2015，第 79 页。
④ 杨伯峻译注《孟子译注》，中华书局，2015，第 334 页。
⑤ 杨伯峻译注《孟子译注》，中华书局，2015，第 65 页。
⑥ 黄宗羲著，李伟译注《明夷待访录译注》，岳麓书社，2008，第 39 页。
⑦ 李翰文主编《名家集评全注全译史记》，新世界出版社，2013，第 1500～1501 页。

国家如何富强、社会如何治理等问题"。① 秦汉以后，士阶层作为社会的良心，又以明道以救世为追求，自然会心怀强烈的忧患意识。

其次，士阶层具有强烈的入仕诉求。春秋战国时期，士阶层是怀揣经纶学问的阶层，但社会中没有针对他们而设置的固定的职位。在困顿的社会现实和"士志于道"的群体意识的双重作用下，士阶层希望自己能够进入仕途，得君行道，完成救世宏图。《论语·子罕》记载了一段孔子与子贡师徒二人的对话："子贡曰：'有美玉于斯，韫椟而藏诸？求善贾而沽诸？'子曰：'沽之哉，沽之哉！我待贾者也。'"② 子贡问老师的问题是："一块美玉是应该放在柜子里藏起来，还是应该找个识货的商人卖掉？"孔子的回答直截了当："卖掉！我也在等待识货的人来发现我的才能！"孔子作为士阶层的先驱，其积极入仕的意图彰然立显。孟子言，"士之仕也，犹农夫之耕也"，③ 认为士人入仕，就像农夫耕田一样天经地义。而孟子也热衷于入仕，公元前 312 年，孟子终因在齐国政坛的不得志而选择离开，但孟子离开齐国的行动很迟缓，"三宿而后出昼"。④ 在昼县（今山东临淄西北）歇了三天才离开，别人问及原因时，孟子这样解释："予三宿而出昼，于予心犹以为速，王庶几改之！王如改诸，则必反予。"⑤ 在孟子的心中，在昼县逗留三天尚显太短，他一直在盼望齐王能够回心转意追他回去。由此可见孟子的入仕意图是十分明显的。《墨子》开篇就言"亲士"，明确指出统治者应该礼贤下士；《荀子》有《富国》、《王霸》、《君道》、《臣道》、《致士》等篇，俨然以社会制度和社会规范的设计者自居；商鞅以"霸道"成功游说秦孝公进行变法；苏秦、张仪、公孙衍等或主张合纵，或主张连横，皆身佩相印。以上数例表明，士阶层在形成之初就有着强烈的入仕诉求。但士阶层的入仕诉求并不是只为求取荣华富贵，亦不是只为在社会阶层中谋得跻身之地，而是为了实现明道以救世的理想。因为步入仕途是士阶层成为政治主体的捷径，亦是士阶层得君行道的前提，正如金耀基所言："中国

---

① 孙立群：《中国古代的士人生活》，商务印书馆，2015，第 9~10 页。

② 杨伯峻译注《论语译注》，中华书局，2015，第 90 页。

③ 杨伯峻译注《孟子译注》，中华书局，2015，第 151 页。

④ 杨伯峻译注《孟子译注》，中华书局，2015，第 113 页。

⑤ 杨伯峻译注《孟子译注》，中华书局，2015，第 113 页。

读书人最大心愿不是做皇帝，而是做丞相。做了丞相，则可康济黎庶，以达霖雨苍生，兼善天下之大愿。"①

最后，士阶层具有强烈的卫道精神。余英时认为，中西方知识分子的共同点之一是"以批评政治社会为职志"，② 此评议时政的精神便是士阶层卫道精神的体现。孔子言，"天下有道，则庶人不议"，③ 指出天下如果太平，百姓就不会议论纷纷。从反面理解孔子所言，实则是"天下无道，则庶人可议之"，庶人的议论是对天下无道的抨击，是卫道精神的体现。孔子又言，"天下有道则见，无道则隐"，④ 提出天下太平就工作、天下不太平就隐居的主张。孔子的卫道精神采取"无道则隐"的消极方式，其背后却隐藏着士阶层强烈的卫道诉求，如果卫道诉求不强烈，天下无道时无视就好，无须隐居，更无须评议。齐宣王时建立稷下学宫，集中了大量"不治而议论"的士人，他们"从道不从君"，评议时政，捍卫道统。魏晋时期盛行清谈之风，士人批判时政，以"辨然否"⑤ 为追求。北宋名臣范仲淹言，"宁鸣而死，不默而生"，强调士人直言的重要性。以上数例皆反映出士阶层具有强烈的卫道精神，他们敢于发声评议时政，其目的仍是避免弊政，实现其明道以救世的理想。

二是明道以授业。对于士阶层来说，促进文化的传播与发展亦是其在实践层面的重要表现。春秋战国时期，诸子百家设帐授徒，传道解惑，是士阶层得以形成的重要条件，亦促进了文化的传播与发展，推动了百花齐放的文化繁荣局面的形成。秦汉两朝，士阶层主要由以儒学为中心的"吏"和"师"构成，其重要职责便是负责百姓的教化。宋明时期，程朱理学、泰州学派、阳明心学等都有传道授业的传统，基于此，各学派的思想方能得以继承和发展。正如韩愈所言："古之学者必有师。师者，所以传道受业解惑也。"⑥ 传道授业是士阶层实践取向的重要表现。

---

① 金耀基：《中国民本思想史》，法律出版社，2008，第151页。
② 余英时：《士与中国文化》，上海人民出版社，2003，第104页。
③ 杨伯峻译注《论语译注》，中华书局，2015，第172页。
④ 杨伯峻译注《论语译注》，中华书局，2015，第81页。
⑤ 王充著，陈蒲清点校《论衡》，岳麓书社，1991，第423页。
⑥ 转引自陆学艺、王处辉主编《中国社会思想史资料选辑》（秦汉魏晋南北朝隋唐卷），广西人民出版社，2006，第338页。

2. 以知识为立身手段

春秋战国时期，士阶层已经成为独立的知识群体，其知识也已形成理论学说，为后人所称道的诸子百家便是例证。正是因为各家所持道术不同，才有诸子之别。诸子以自家学派所秉持的知识理论作为设帐授徒、游说诸侯乃至谋求出仕的依据，知识成为其立身手段。孟子言，"无恒产而有恒心者，唯士为能"，[1] 认为没有固定的产业收入却能够坚守道德准则的只有士人。实际上是说，士能够借以立身的唯有知识，而非经济资源。以知识为立身手段，乃士阶层的特征。

（五）士阶层的社会流动

社会流动是指"人们在社会结构空间中从一个地位向另一个地位的移动"。[2] 以流动的方向为标准，社会流动可以分为垂直流动和水平流动。垂直流动也称纵向流动，指"人们在同一社会分层结构中的不同社会阶层之间地位的变动"；[3] 水平流动也称横向流动，指"人们在同一社会阶层内部社会地位的变动"。[4] 士阶层的社会流动包括垂直流动和水平流动两个方面。

1. 春秋战国时期士阶层的社会流动

（1）垂直流动

春秋战国时期士阶层的垂直流动包括向上流动和向下流动两个方面。士人们实现向上流动的时候，可谓春风得意，权势煊赫；士人们向下流动的时候，可谓火尽灰冷，权势尽失。

一是士阶层的向上流动。各诸侯国对人才的渴求和士人积极的入仕精神是推动士阶层向上流动的两大直接动因。从各诸侯国的角度讲，多元化的政治格局和激烈的兼并争霸斗争使得各诸侯国急需政治、军事、外交等各种人才，这为士阶层的向上流动提供了有利的客观条件。从士阶层的角度讲，他们满腹才学，为了实现自己的人生价值和政治理想，乐于入仕参政，这是士阶层实现向上流动的主观条件。在主客观因素的共同作用下，士阶层以满腔的热情效力于各诸侯国君主的麾下，施展自

---

① 杨伯峻译注《孟子译注》，中华书局，2015，第18页。
② 王思斌主编《社会学教程》，北京大学出版社，2010，第156页。
③ 王思斌主编《社会学教程》，北京大学出版社，2010，第157页。
④ 王思斌主编《社会学教程》，北京大学出版社，2010，第157页。

己的施政理想。比如商鞅，以"霸道"说服秦孝公先后两次实施变法，使秦国一跃而成为当时诸侯中的强国。商鞅本人亦被秦孝公封为"商君"，赐予"商（今陕西商县东南）、於（今河南内乡县东）两地 15 处城邑"，① 成功达成了自己的向上流动。

二是士阶层的向下流动。士阶层是一个特殊的阶层，这种特殊性体现在如果想实现向上流动，就必须依附王权，倘若士人失去王权的庇护，其败亡便是"翘足而待"。② 仍以商鞅为例，秦孝公死后，继位的秦惠文王下令逮捕商鞅，削其爵位，并最终对其施以车裂的极刑。

士阶层不掌握社会经济资源，仅以知识为立身手段，因此必须依附王权。无论是向上流动还是向下流动，从某种程度上而言都是士阶层的悲哀，他们即使才华、学识、能力卓尔不凡，依旧不能完全左右自己的命运。

（2）水平流动

与实现垂直流动的士人相比，大部分士人并没有实现个人在社会分层结构中的变化，而是实现了地理空间上的移动，他们或周游列国宣传自己的政治主张，或聚而学之、著书立说、设帐授徒，或投入某个贵族门下成为私家养士，这种地理空间上的移动为士阶层赢得更多的是社会结构中的声望资源，属于士阶层的水平流动范畴。比如孔孟二人周游列国数十载的事实、以公家养士而著称的稷下学宫和碣石学宫、以私家养士著称的战国四公子（魏国信陵君、赵国平原君、楚国春申君、齐国孟尝君），都反映了春秋战国时期士阶层频繁的水平流动。

作为春秋战国时期当之无愧的精英阶层，士阶层没有辜负时代的厚爱，他们通过垂直流动和水平流动施展了才华和抱负。春秋战国的多元格局成就了士阶层，士阶层亦照亮了春秋战国的格局。

2. 秦汉以后士阶层的社会流动

秦汉以后，士大夫阶层的垂直流动与取士制度紧密联系，水平流动则与养士制度密切相关。

（1）取士制度是士大夫阶层实现垂直流动的制度化保证

两汉时期的察举制、魏晋南北朝时期的九品中正制、隋唐以后的科

---

① 沈长云：《士人与战国格局》，安徽人民出版社，2013，第 44 页。

② 孟庆祥译注《战国策》，黑龙江人民出版社，1986，第 62 页。

举制，均是封建王朝选拔士人的制度。基于上述取士制度，士阶层得以
进入官僚体系，实现垂直流动。

（2）养士制度是士大夫阶层实现水平流动的制度化保证

秦时有博士制度，王国维指出，"博士一官盖置于六国之末，而秦
因之。……《史记》所云博士者犹言儒生云尔"，① 认为博士便是儒生，
即传统的读书人。余英时认为，"博士置于六国之末，而且是嗣风于稷
下"，② 主张博士制度是稷下学宫的发展，据此，博士制度当是一种养
士制度。汉武帝接受董仲舒"兴太学，置明师，以养天下之士"③ 的建
议，设立太学，据《汉书》记载："丞相弘请为博士置弟子员，学者益
广。"④ 太学是养士制度在西汉时期的进一步发展。汉以后，太学制度
得以因袭，使得普天之下的士阶层得以聚于太学中求学闻道，实现水
平流动。

总体而论，士阶层的社会流动与其特征关系密切。首先，士阶层以
知识为立身手段，经济资源的短缺使士阶层不得不依附王权，以求得立
身之本。其次，"士志于道"在实践层面包括明道以济世和明道以授业
两个方面。士阶层要明道以济世，就要跻身官僚阶层，如此方能得君行
道，促进士阶层的垂直流动；士阶层要明道以授业，就要设帐聚徒讲学，
如此方能传播知识，促进士阶层的水平流动。

（六）士阶层的历史作用

士阶层是中国传统社会中的精英阶层，是传统中国治国理政中的一
支重要力量，在中国的发展进程中扮演了重要的社会角色、发挥了重要
的历史作用。

1. 春秋战国时期

春秋战国时期，士阶层的历史作用主要表现在两个方面。

第一，跻身官僚阶层的士人参与社会政治变革，推动社会进步发展。

---

① 王国维：《汉魏博士考》，转引自余英时著《士与中国文化》，上海人民出版社，2003，第
　43 页。
② 余英时：《士与中国文化》，上海人民出版社，2003，第 44 页。
③ 班固撰，颜师古注《汉书》，中华书局，1962，第 2512 页。
④ 班固撰，颜师古注《汉书》，中华书局，1962，第 172 页。

其时各诸侯国对人才的渴求，形成"贤人在而天下服，一人用而天下从"[1]的局面。士阶层作为春秋战国格局中继往开来的一个阶层，上承西周，下启秦王朝，通过本阶层的社会流动参与了春秋战国时期的社会政治变革。一方面，士阶层借由垂直社会流动过程实现了"对各国社会改革的指导，尽快地确立了我国中央集权的政治制度和封建法制"。[2]春秋时期管仲通过变法辅佐齐桓公位列春秋五霸；战国初期李悝倡"重农"与"法治"结合，佐魏文侯成为治国明君；吴起明审法令，辅佐楚悼王大力改革楚国陋俗；战国中期商鞅为秦孝公制定富国强兵之法。如此种种变法之举，都有力地推动了各诸侯国迈向封建法制化。在这个意义上，士阶层可谓中国"2000年封建政治制度最初设计者的重要角色"。[3]另一方面，士阶层借由垂直流动过程参与各诸侯国之间的战争，加速了中国走向统一的步伐。士阶层对各国战争的参与具体表现在理念上的鼓吹与实践上的参与两个方面。就前者而言，孟子主张"定于一"，墨子主张"尚同"，荀子主张"一天下"，其实都是鼓吹天下统一的理念。就后者而言，大批策士以及兵家更是切身投入各诸侯国的争战中，以实际行动推动了中国走向统一。

第二，没有跻身官僚阶层的士人通过水平社会流动过程实现了百家争鸣，为后世留下广博宏大的精神财富。百家争鸣是我国历史上的第一次思想大解放，亦是后世无法企及的文化巅峰。儒、墨、道、法、名、兵、农、杂、阴阳、纵横等各家通过对话、辩论而交流传播本学派的思想主张，百花齐放，最终沉淀为中国传统文化的基石。

2. 秦汉以后

秦汉以后，士阶层的历史作用也主要表现在两个方面。

第一，士阶层通过察举制、九品中正制、科举制等取士制度实现向上流动，进入国家的官僚体系，得君行道，直接参与国家治理。

第二，士阶层通过养士制度实现水平流动，德化乡里，既促进了文化的传播，也推动了社会的进步。

正如余英时所言，自士阶层形成伊始，"文化和思想的传承与创新

---

① 孟庆祥译注《战国策》，黑龙江人民出版社，1986，第66页。
② 沈长云：《士人与战国格局》，安徽人民出版社，2013，第20页。
③ 沈长云：《士人与战国格局》，安徽人民出版社，2013，第21页。

自始至终都是士的中心任务"，①士阶层理所应当地成为社会的良心，成为人类基本价值的维护者。同时，士阶层的社会流动也为社会的发展与进步注入新鲜的活力，他们胸怀济世安民的大志、怀揣经纶满腹的才学，上下求索，成为中华文明发展与传承的中流砥柱。当代中国正在致力于推进国家治理体系和治理能力现代化，数量庞大的知识分子队伍是一支不可或缺的重要力量。特别需要准确定位知识分子的政治角色，强调知识分子的政治担当，发挥知识分子在全面实现国家治理现代化中的作用。

（徐珺玉）

四　王道与霸道：国家的治理方式

治理方式是实现治国目标的关键环节，方式得当事半功倍，方式不当事倍功半。在中国传统治国思想中，思想家们提出了多种治国方式，既有"德治论"、"仁政论"、"礼治论"、"孝治论"，也有"法治说"、"武治说"、"力治说"和"人治说"。自孟子提出并明确区分"王道"与"霸道"以来，"王道"与"霸道"两个范畴以其高度的概括性和鲜明的异质性，代表了中国历史上两种基本的治国理念、治国方略和治国方式，其中"王道"思想是贯穿中国传统治国方式思想的"主文化"。在历代王朝的治国实践中，"王霸并举、德主刑辅"成为常态的理性选择。中国传统治理方式思想与西方国家治理学说相比，既有相近性也有差异性。全面推进当代中国的国家治理体系和治理能力现代化，需要汲取中华优秀传统治理文化资源，通过治理方式现代化提高国家治理现代化水平。

（一）"王霸"思想的历史演进

1. "王霸"概念的提出

"王道"一词，始见于《尚书·洪范》："无偏无陂，遵王之义；无有作好，遵王之道；无有作恶，遵王之路。无偏无党，王道荡荡；无党

---

① 余英时：《士与中国文化》，上海人民出版社，2003，引言第1页。

无偏，王道平平；无反无侧，王道正直。"① 这里的"王道"主要指周先王等治国安民的"先王之道"，相对于周王之后的治国之道。孔子说："先王之道，斯为美。"② 孔子心目中的"王道"就是指夏商周三代先王的治国思想和治国经验，包括尧、舜、禹、文王、武王、周公的治世之道。③ 蒋庆认为："王道政治就是指依王者之道所从事的政治，故王道就是指圣王之道；具体说来是指禹汤文武周公孔子一脉相承的治国平天下之道。"④

"霸道"则是对"春秋五霸"和"战国七雄"争霸实践的理论总结。西周末期，以宗亲伦理为基础的王道政治秩序被破坏，周幽王"烽火戏诸侯"标志着古代中国进入诸侯"称霸"的春秋时期。⑤ 春秋时期，周王室权威衰微，诸侯兴起，"礼乐征伐自诸侯出"，产生了著名的"春秋五霸"。⑥ 经过春秋时期旷日持久的争霸战争，周王朝境内的诸侯国数量大大减少，"三家分晋"后形成了"战国七雄"格局。公元前 230 年至公元前 221 年，秦国通过战争方式先后灭韩、赵、魏、楚、燕、齐，于公元前 221 年统一了中国，结束了诸侯割据称雄的封建制国家状态，开启了中央集权制的郡县制国家历史。在春秋战国时期，诸侯国君主要通过武力和战争成就霸业，显著区别于主张"敬德保民"和"以礼治国"的"先王之道"，"霸道"思想应运而生。

孟子最早从治国方式类型学的意义上使用"王道"和"霸道"概念，视之为两种不同的治国之道。《孟子·公孙丑章句上》说："以力假仁者霸，霸必有大国；以德行仁者王，王不待大——汤以七十里，文王以百里。以力服人者，非心服也，力不赡也；以德服人者，中心悦而诚

---

① 王世舜、王翠叶译注《尚书》，中华书局，2012，第 149 页。
② 杨伯峻译注《论语译注》，中华书局，2009，第 7 页。
③ 赵金科、林美卿：《王道与霸道——中西文化的历史分野与现实考量》，中央编译出版社，2012，第 4 页。
④ 蒋庆：《政治儒学：当代儒学的转向、特质与发展》，生活·读书·新知三联书店，2003，第 202 页。
⑤ 王鸿生：《中国传统政治的王道和霸道》，《武汉大学学报》（哲学社会科学版）2009 年第 1 期。
⑥ "五霸"之说有两种代表观点：一是司马迁认为"五霸"包括齐桓公、晋文公、楚庄王、秦穆公和宋襄公；二是荀子认为"五霸"是指齐桓公、晋文公、楚庄王、吴王阖闾和越王勾践。本部分采用司马迁之说。

服也，如七十子之服孔子也。"① 在孟子看来，治国之道可分为"王道"和"霸道"两种类型："王道"遵循"以德行仁"，通过"德治"推行"仁政"，最终实现心悦诚服的"以德服人"；"霸道"则仰仗"以力假仁"，通过假借仁义名义来使人民屈服，并不能使人真正诚心归服。

2. 王霸关系观的演进

"王道"和"霸道"的区分具有理想类型的意义，对于二者之间关系的认识和实践，历代思想家和政治家的理解角度不同，观点也不一致，提出过多种看法。

孟子主张"尊王贱霸"和"崇王抑霸"。② 孟子认为，实行霸道者虽然能得国，但不能得天下，只有行王道者才能得天下。孟子说："不仁而得国者，有之矣；不仁而得天下者，未之有也。"③ 孟子认为，从王道到霸道是一种国家治理的退化过程，他说："五霸者，三王之罪人也；今之诸侯，五霸之罪人也；今之大夫，今之诸侯之罪人也。"④ 孟子认为，治国之道不同，百姓心情也不同。孟子说："霸者之民，驩虞如也。王者之民，皞皞如也。"⑤

荀子主张"王霸共举"，尊王而不黜霸。荀子认为，一个君主要治理好国家，除了要掌握国家政权外，还必须谨慎选择治国大道。荀子说："得道以持之，则大安也，大荣也，积美之源也。不得道以持之，则大危也，大累也。"⑥ 荀子把治国大道分为"王道"、"霸道"和"亡道"三种形式："故用国者，义立而王，信立而霸，权谋立而亡。三者，明主之所谨择也，仁人之所务白也。"⑦ 荀子认为："道王者之法与王者之人为之，则亦王；道霸者之法与霸者之人为之，则亦霸；道亡国之法与亡国之人为之，则亦亡。"⑧ 荀子还认为，王道高于和优于霸道，王道能够平天下，霸道只能治一国（诸侯）。

---

① 杨伯峻译注《孟子译注》，中华书局，2012，第77页。
② 王心竹：《以尊王贱霸倡王道理想——孟子王霸论探析》，《河北学刊》2012年第1期。
③ 方勇译注《孟子》，中华书局，2015，第289页。
④ 方勇译注《孟子》，中华书局，2015，第244页。
⑤ 方勇译注《孟子》，中华书局，2015，第263页。
⑥ 方勇、李波译注《荀子》，中华书局，2015，第162页。
⑦ 方勇、李波译注《荀子》，中华书局，2015，第162页。
⑧ 方勇、李波译注《荀子》，中华书局，2015，第167页。

《管子》中提出"王霸人本"论和"王霸形势"论。《管子》中认为"以人为本"是王霸的基石："夫霸王之所始也，以人为本。本治则国固，本乱则国危。"① 又说："夫争天下者，必先争人。明大数者得人；审小计者失人。得天下之众者王，得其半者霸。"② 《管子》中还提出治国理政要审时度势、因时制宜、善用自己优势成就王霸之业："霸王之形，德义胜之，智谋胜之，兵战胜之，地形胜之，动作胜之。……强国众，合强以攻弱，以图霸；强国少，合小以攻大，以图王。强国众，而言王势者，愚人之智也；强国少，而施霸道者，败事之谋也。"③

西汉大儒董仲舒结合汉初社会现实，融合先秦王霸二道，提出"王霸本于仁"的"新王道"思想。④ 董仲舒说："《春秋》之道，大得之则以王，小得之则以霸。故曾子、子石盛美齐侯，安诸侯，尊天子。霸王之道，皆本于仁。"⑤ 董仲舒强调，"仁"源于"天"，"仁道"源于"天道"。他说："仁之美者在于天。天，仁也。……人之受命于天也，取仁于天而仁也。"⑥ 因此，"故王者惟天之施，施其时而成之，法其命而循之诸人，法其数而以起事，治其道而以出法，治其志而归之于仁"。⑦ 董仲舒认为君主治理国家必须"恩威并重"，既要修德也要重权威。他说："国之所以为国者，德也；君之所以为君者，威也。故德不可共，威不可分。德共则失恩，威分则失权；失权则君贱，失恩则民散；民散则国乱，君贱则臣叛。是故为人君者，固守其德，以附其民；固执其权，以正其臣。"⑧

东汉思想家王充认为，治理国家既要"养德"也要"养力"，提出"王霸相辅相成"论。王充说："治国之道，所养有二：一曰养德，二曰养力。养德者，养名高之人，以示能敬贤；养力者，养气力之士，以明

① 李山译注《管子》，中华书局，2016，第150页。
② 转引自邵先锋著《〈管子〉与〈晏子春秋〉治国思想比较研究》，齐鲁书社，2008，第39页。
③ 耿振东译注《管子译注》，上海三联书店，2014，第178页。
④ 韩进军：《董仲舒新"王道"考释》，《衡水学院学报》2012年第5期。
⑤ 周桂钿译注《春秋繁露》，中华书局，2011，第79页。
⑥ 周桂钿译注《春秋繁露》，中华书局，2011，第151页。
⑦ 周桂钿译注《春秋繁露》，中华书局，2011，第151页。
⑧ 周桂钿译注《春秋繁露》，中华书局，2011，第93页。

能用兵。此所谓文武张设，德力具足者也，事或可以德怀，或可以力摧。外以德自立，内以力自备。慕德者不战而服，犯德者畏兵而却夫德不可独任以治国，力不可直任以御敌也。"①

唐太宗李世民提出"文武并用"的王霸观。他说："朕虽以武功定天下，终当以文德绥海内。文武之道，各随其时。"② 宋太宗赵光义提出"宽猛相济"的王霸观，"宽"即王道，"猛"即霸道。赵光义说："治国之道，在乎宽猛得中，宽则政令不成，猛则民无所措手足，有天下者，可不慎之哉！"③

宋代理学的集大成者朱熹提出"天理王道"论。④ 朱熹从形而上学层面讨论国家治理的理想模式，认为道义原则是国家治理中的普遍法则，王道所遵守的道义原则来源于形而上的"天理"，而非来源于先王的实践经验。朱熹从道义至上论出发，强调来源于"天理"的道义原则在国家治理中的优先性，认为王道与霸道的根本区别"在于心"，只有心中严守道义原则的国家治理才是王道，否则就是霸道。朱熹说："古之圣人致诚心以顺天理，而天下自服，王者之道也……若夫齐桓晋文，则假仁义以济私欲而已。设使侥幸于一时，遂得王者之位而居之，然其所由，则固霸者之道也。"⑤

南宋的陈亮从功利主义立场出发，提出"义利双行，王霸并用"论。陈亮反对以"德"与"力"的对立来区分王与霸，强调王道并非离力而纯仁德化；反对用"以德服人"与"以力服人"的对立来区分王道与霸道，强调霸道也是"以德服人"；反对把仁义与功利对立起来，更反对以义利的对立来解释王霸的不同；认为仁义的对立面并非功利，故孔子屡称管仲"如其仁"。⑥

---

① 转引自王勇《王霸之辨与中国传统文化软实力思想》，《云南社会科学》2012 年第 1 期。
② 转引自宋洪兵《古代中国"王霸并用"观念及其近代形态》，《求是学刊》2011 年第 2 期。
③ 转引自宋洪兵《古代中国"王霸并用"观念及其近代形态》，《求是学刊》2011 年第 2 期。
④ 李锋：《天理与道义的彰显——朱熹王道思想的政治哲学解析》，《贵州师范大学学报》（社会科学版）2008 年第 4 期。
⑤ 转引自王勇《王霸之辨与中国传统文化软实力思想》，《云南社会科学》2012 年第 1 期。
⑥ 赵峰：《儒者经世致用的两难选择——朱陈义利王霸之辩解读》，《中国学术》2003 年第 2 期。

元末明初的"国家重望"朱升提出"王霸并举"论。[1] 一方面，朱升继承孔孟以来以德政治理国家的"王道"的政治理想，主张"宽而理，得民心；严而有容，进贤而教"，倡导"力行仁军"的治军思想。朱升主张官吏要关注民情、重视民生。在朱升的王道民本观念影响下，朱元璋提出"民者，国之本也"，主张"凡为治以安民为本，民安则国安"。另一方面，朱升又吸收了先贤的霸道力政思想，提出"高筑墙、广积粮、缓称王"之"九言三策"，编订《刑统赋解》，积极参与朱元璋成就"霸业"的一系列"霸道"行为。

清世宗雍正提出"宽严相济"的王霸观，"宽"即王道，"严"即霸道。雍正说："自古为政者，皆当宽严相济。所谓相济者，非方欲宽而杂之以严，方欲严而杂之以宽也。唯观乎其时，审乎其事，当宽则宽，当严则严而已。"[2]

清代思想家魏源把追求富强之心作为衡量王霸的标准，提出"王霸在心"论。魏源说："自古有不王道之富强，无不富强之王道。王伯之分，在其心不在其迹也。"[3] 魏源超越视"富强"为霸道思想的传统观点，认为富强也是王道的前提条件。在魏源看来，区分王霸的基本标准在于统治者是否具备"富强"的"公心"，以"公心"追求富强就是王道，以"私利"追求富强则是霸道。康有为早期的王霸思想与魏源的观点如出一辙，他说："王霸之辨，辨其心而已，其心肫肫于为民而导之以富强者，王道也；其心规规为私而导之以富强者，霸术也。"[4]

孙中山先生从东西文化差异的角度解读和界定"王道"和"霸道"，提出著名的"东王西霸"论。孙中山认为："东方的文化是王道，西方的文化是霸道，讲王道是主张仁义道德，讲霸道是主张功利强权；讲仁义道德，是由正义公理来感化人，讲功利强权，是用洋枪大炮来压

---

[1]　陶新宏、解光宇：《论朱升"王霸并举"的治国之道》，《海南大学学报》2012年第1期。

[2]　转引自宋洪兵《古代中国"王霸并用"观念及其近代形态》，《求是学刊》2011年第2期。

[3]　魏源：《魏源集》，中华书局，1976，第36页。

[4]　转引自宋洪兵《古代中国"王霸并用"观念及其近代形态》，《求是学刊》2011年第2期。

迫人。"① 孙中山的最高理想就是用王道实现世界大同："用固有的道德和平做基础，去统一世界，成一个大同之治，这便是我们四万万人的大责任。"②

（二）王霸思想的基本观点

1. 王道思想的基本观点

王道思想以儒家为主体，但不仅限于儒家思想，道家、墨家、佛家、兵家等也有类似儒家"王道"思想的主张。③ 王道思想的基本观点可概括为四个命题。

（1）为政以德

"为政以德"是王道思想的第一要义。《尚书·尧典》赞扬帝尧"克明俊德，以亲九族。九族既睦，平章百姓。百姓昭明，协和万邦"。④ 大禹说："德惟善政，政在养民。"⑤ 周文王崇尚德教，慎用刑罚，即所谓"明德慎罚"。⑥ 周公提出"以德配天"的政治伦理观，用道德兴废解释夏、商、周更替的历史原因。王鸿生认为："周代统治者奉行周代政治的核心理念是王道，王道的社会基础是封建的诸侯国，文化基础是宗法伦理，实行王道的关键是德政。"⑦

孔子主张效法先王，把德政作为首选的治国之道。孔子说："为政以德，譬如北辰居其所而众星拱之。"⑧ 孔子认为，以德治国的前提条件是为政者必须提升道德修养，先正其身，以身作则，率先垂范。孔子说："政者，正也。君为正，则百姓从政矣。君之所为，百姓之所从也。君

---

① 转引自章开沅《王道与霸道——试论孙中山的大同理想》，《浙江社会科学》2000 年第 3 期。

② 孙中山：《孙中山选集》，人民出版社，1981，第 691 页。

③ 赵金科、林美卿：《王道与霸道——中西文化的历史分野与现代考量》，中央编译出版社，2012，第 5～6 页。

④ 王世舜、王翠叶译注《尚书》，中华书局，2012，第 5～6 页。

⑤ 王世舜、王翠叶译注《尚书》，中华书局，2012，第 355 页。

⑥ 王世舜、王翠叶译注《尚书》，中华书局，2012，第 181 页。

⑦ 王鸿生：《中国传统政治的王道和霸道》，《武汉大学学报》（哲学社会科学版）2009 年第 1 期。

⑧ 杨伯峻译注《论语译注》，中华书局，2009，第 11 页。

所不为，百姓何从。"① 又说："其身正，不令而行；其身不正，虽令不从。"② 孔子提出统治者提高道德修养的根本途径在于修身，"知所以修身，则知所以治人。知所以治人，则知所以治天下国家矣"。③ 孟子继承孔子把道德与政治结合起来的德治思想，提出"以德服人"观点，强调最高统治者的道德修养对治理国家有垂范意义。孟子说："君仁莫不仁，君义莫不义，君正莫不正。一正君而国定矣。"④ 荀子认为，治国的关键在于统治者自身的率先垂范。荀子说："君者，民之原也；原清则流清，原浊则流浊。"⑤《管子》中言："夫为人君者，荫德于人者也。"⑥ 因此，"是故有道之君，正其德以莅民，而不言智能聪明"。⑦

（2）仁政爱民

"为政以德"重在解决执政者特别是君王的道德修养及其在国家治理中的重大意义，但执政者具备了高尚的道德素养并不一定能够保证国家的长治久安，为政者只有把内在的道德修养外化为实实在在的仁政行动，德治才能落到实处。孔子提出"仁者爱人"的重要命题，认为"能行恭、宽、信、敏、惠五者于天下为仁矣"。⑧ 孟子认为，执政者要从内心的"恻隐之心"出发，推行仁政，仁者无敌。孟子说："三代之得天下也以仁，其失天下也以不仁。国之所以废兴存亡者亦然。天子不仁，不保四海；诸侯不仁，不保社稷；卿大夫不仁，不保宗庙；士庶人不仁，不保四体。"⑨ 又总结说："行仁政而王，莫之能御也。"⑩

推行仁政的理论基础是民本思想。孟子提出"民为贵，社稷次之，君为轻"的民本思想，认为要取得和维持政权就必须得到人民的拥护。孟子说："得天下有道：得其民，斯得天下矣；得其民有道：得其心，

---

① 王文锦译解《礼记译解》，中华书局，2016，第 656～657 页。
② 杨伯峻译注《论语译注》，中华书局，2009，第 134 页。
③ 陈晓芬、徐儒宗译注《论语》，中华书局，2015，第 326 页。
④ 杨伯峻译注《孟子译注》，中华书局，2009，第 193 页。
⑤ 王威威译注《荀子译注》，上海三联书店，2014，第 144 页。
⑥ 耿振东译注《管子译注》，上海三联书店，2014，第 181 页。
⑦ 耿振东译注《管子译注》，上海三联书店，2014，第 181 页。
⑧ 杨伯峻译注《论语译注》，中华书局，2009，第 181 页。
⑨ 杨伯峻译注《孟子译注》，中华书局，2012，第 177 页。
⑩ 杨伯峻译注《孟子译注》，中华书局，2012，第 60 页。

斯得民矣；得其心有道：所欲与之聚之，所恶勿施，尔也。"① 荀子强调："'君者，舟也；庶人者，水也。水则载舟，水则覆舟。'此之谓也。故君人者欲安则莫若平政爱民矣，欲荣则莫若隆礼敬士矣，欲立功名则莫若尚贤使能矣。"②《管子》中也非常重视民心所向，在《牧民》篇中提出："政之所兴，在顺民心。政之所废，在逆民心。"③

推行仁政的核心在于解决好民生问题。《尚书》提出"政在养民"——实现长寿、富贵、康宁、好德和善终五种幸福。④ 孟子认为："养生丧死无憾，王道之始也。"⑤ 他提出恒产论："民之为道也，有恒产者有恒心，无恒产者无恒心。"⑥ 孟子描绘了王道政治的民生理想："五亩之宅，树之以桑，五十者可以衣帛矣。鸡豚狗彘之畜，无失其时，七十者可以食肉矣。百亩之田，勿夺其时，数口之家，可以无饥矣；谨庠序之教，申之以孝悌之义，颁白者不负戴于道路矣。七十者衣帛食肉，黎民不饥不寒，然而不王者，未之有也。"⑦

（3）为国以礼

中华民族素以"礼仪之邦"著称，为国以礼是王道思想的重要内涵，"王道"在一定意义上也可称为"礼治之道"。孔子首先提出"为国以礼"思想："故圣人以礼示之，故天下国家可得而正也。"⑧ 第一，礼是治国的根本准则。《国语·晋语》说："夫礼，国之纪也……国无纪不可以终。"⑨《左传》说："礼，政之舆也；政，身之守也。怠礼，失政；失政，不立，是以乱也。"⑩《左传》中强调礼是治理国家、安定社稷、秩序人民、利于后代的大法。又说："礼，经国家，定社稷，序人民，利后嗣者也。"⑪ 第二，礼是维护等级秩序的工具。礼治的根本原则是确认

① 杨伯峻译注《孟子译注》，中华书局，2012，第182页。
② 王威威译注《荀子译注》，上海三联书店，2014，第63页。
③ 耿振东译注《管子译注》，上海三联书店，2014，第5页。
④ 王世舜、王翠叶译注《尚书》，中华书局，2012，第157页。
⑤ 杨伯峻译注《孟子译注》，中华书局，2012，第6页。
⑥ 杨伯峻译注《孟子译注》，中华书局，2012，第125页。
⑦ 杨伯峻译注《孟子译注》，中华书局，2012，第6页。
⑧ 王文锦译解《礼记译解》，中华书局，2016，第260页。
⑨ 陈桐生译注《国语》，中华书局，2013，第379页。
⑩ 郭丹、程小青、李彬源译注《左传》（中册），中华书局，2012，第1284页。
⑪ 郭丹、程小青、李彬源译注《左传》（上册），中华书局，2012，第89~90页。

社会的等级差别，礼是维护等级化社会秩序的有效手段。孔子说："夫礼者，所以定亲疏、决嫌疑、别同异、明是非也。"① "道德仁义，非礼不成；教训正俗，非礼不备；分争辨讼，非礼不决；君臣、上下、父子、兄弟，非礼不定。"② 第三，礼是实现个体社会化的途径。"自然人"只有通过礼仪的"熏陶"和"教化"，才能转化为合格的"社会人"，承担合适的社会角色。孔子说："安上治民，莫善于礼。"③ 人要知礼、懂礼、习礼、守礼、用礼，"不学礼，无以立"。④ 做人要坚守"非礼勿视，非礼勿听，非礼勿言，非礼勿动"。⑤ 荀子强调："人无礼则不生，事无礼则不成。"⑥ "凡人之所以为人者，礼义也。礼义之始，在于正容体，齐颜色，顺辞令。"⑦ 第四，礼是调节社会冲突的手段。孔子说："礼之用，和为贵。"⑧ "分争辨讼，非礼不决。"⑨ 孟子则说："无礼仪，则天下乱。"⑩ 荀子说："国家无礼则不宁。"⑪ "今人之性恶，必将待师法然后正，得礼义然后治……无礼义，则悖乱而不治。"⑫ 第五，礼是协和万邦的手段。中国古代"诸侯林立"，君王以宾礼亲邦国，和谐邦交。根据《周礼》记载，天子"春朝诸侯而图天下之事，秋觐以比邦国之功，夏宗以陈天下之谟，冬遇以协诸侯之虑，时会以发四方之禁，殷同以施天下之政"。⑬

（4）义立而王

王道思想强调重义、讲义、守义、崇义，王道在某种意义上也可称为"义道"，荀子提出"义立而王"思想。⑭ "义"的含义非常丰富，既

① 王文锦译解《礼记译解》，中华书局，2016，第2页。
② 王文锦译解《礼记译解》，中华书局，2016，第3页。
③ 王文锦译解《礼记译解》，中华书局，2016，第652页。
④ 杨伯峻译注《论语译注》，中华书局，2009，第176页。
⑤ 杨伯峻译注《论语译注》，中华书局，2009，第121页。
⑥ 王威威译注《荀子译注》，上海三联书店，2014，第21页。
⑦ 王文锦译解《礼记译解》，中华书局，2016，第817页。
⑧ 杨伯峻译注《论语译注》，中华书局，2009，第7页。
⑨ 王文锦译解《礼记译解》，中华书局，2016，第3页。
⑩ 杨伯峻译注《孟子译注》，中华书局，2012，第363~364页。
⑪ 王威威译注《荀子译注》，上海三联书店，2014，第21页。
⑫ 王威威译注《荀子译注》，上海三联书店，2014，第21页。
⑬ 徐正英、常佩雨译注《周礼》（上），中华书局，2014，第808页。
⑭ 方勇、李波译注《荀子》，中华书局，2015，第162页。

是一种具有崇高价值的正义追求，也是一种适当、适宜的道德准则；既是一种超越功利的精神追求，也是一种为人处世的伦理规范。体现和符合"王道"理想的"义"主要有四种形式。

一是道义至上。这里的"道义"即"道德正义"，治理国家要"务张其义"。孔子说："礼以行义，义以生利，利以平民，政之大节也。"①荀子认为："义眇天下，故天下莫不贵也。"②荀子还说："以国齐义，一日而白，汤武是也。汤以亳，武王以鄗，皆百里之地也，天下为一，诸侯为臣，通达之属，莫不从服，无它故焉，以义济矣。是所谓义立而王也。"③《墨子》中也主张善政以义："义者，善政也。何以知义之为善政也？曰：天下有义则治，无义则乱，是以知义之为善政也。"④

二是交往修义。孔子提出人际交往中要修十种"人义"："何谓人义？父慈、子孝、兄良、弟悌、夫义、妇听、长惠、幼顺、君仁、臣忠，十者谓之人义。"⑤荀子要求在人际交往中必须遵守适宜的行为准则。荀子说："遇君则修臣下之义，遇乡则修长幼之义，遇长则修子弟之义，遇友则修礼节辞让之义，遇贱而少者则修告导宽容之义。"⑥

三是贵义轻利。中国传统社会中的"义利之辨"不仅体现公私观念，也反映王霸理念。在义利关系上，奉行王道理念的儒家代表人物的总体倾向是"贵义轻利"，包括"惟义所在"、"见利思义"、"先义后利"、"义然后取"、"利不克义"和"以义制利"等。孔子提倡"君子喻于义，小人喻于利"。⑦孟子强调国家"大义"（正义）优先原则，认为只有以正义原则规范国家关系，才能避免战争。⑧荀子认为："义胜利者为治世，利克义者为乱世。"⑨

四是崇尚义举。中国传统社会强调褒扬正义之举，倡导仗义之举，

---

① 郭丹、程小青、李彬源译注《左传》（中册），中华书局，2012，第873页。
② 王威威译注《荀子译注》，上海三联书店，2014，第70页。
③ 方勇、李波译注《荀子》，中华书局，2015，第163页。
④ 梁奇译注《墨子译注》，上海三联书店，2014，第208页。
⑤ 王文锦译解《礼记译解》，中华书局，2016，第268页。
⑥ 王威威译注《荀子译注》，上海三联书店，2014，第48页。
⑦ 杨伯峻译注《论语译注》，中华书局，2009，第38页。
⑧ 陈乔见：《公私辨：历史衍化与现代诠释》，生活·读书·新知三联书店，2013，225~226页。
⑨ 方勇、李波译注《荀子》，中华书局，2015，第451页。

鼓励"见义勇为"和民间互助，贬斥见义不为。孔子说："见义不为，无勇也。"①

2. 霸道思想的基本观点

（1）以法治国

"以法治国"在霸道思想中占有极为重要的地位，可以说是霸道思想的核心。荀子最早提出"重法爱民而霸"观点，把"法治"理念纳入"霸道"思想的范畴。荀子说："君人者，隆礼尊贤而王，重法爱民而霸，好利多诈而危。"②《管子·明法》篇中最先提出"以法治国"概念："威不两错，政不二门。以法治国，则举错而已。"③ 法家的代表人物从多个方面论述了以法治国与成就霸业之间的关系。

首先，"法治"关乎国家强弱。韩非说："国无常强，无常弱。奉法者强，则国强；奉法者弱，则国弱。"④ 他还指出："明法者强，慢法者弱。强弱如是其明矣，而世主弗为，国亡宜矣。"⑤

其次，以法治国才能"保公去私"。法家认为，"法"代表国家公共利益，"法"为"公法"，只有实行以法治国才能"去私"。⑥ 慎到说："法制礼籍，所以立公义也。凡立公，所以弃私也。"⑦ 又说"法之功，莫大使私不行……故有道之国，法立则私议不行。"⑧ 韩非认为，私是扰乱法治的根源，制定法令的目的就是保公废私："夫立法令者，以废私也。法令行而私道废矣。私者，所以乱法也。"⑨

再次，以法治国才能有效规范社会行为。法家把"法"比拟为度、量、衡，认为"法"是"天下之仪也"，是有效规范社会行为的准则。《管子·七法》曰："尺寸也、绳墨也、规矩也、衡石也、斗斛也、角量也，谓之法。"⑩ 又说："明主者，一度量，立仪表，而坚守之；故令下

---

① 杨伯峻译注《论语译注》，中华书局，2009，第21～22页。
② 方勇、李波译注《荀子》，中华书局，2015，第429页。
③ 黎翔凤《管子校注》，中华书局，2004，第914页。
④ 高华平、王齐洲、张三夕译注《韩非子》，中华书局，2015，第41页。
⑤ 高华平、王齐洲、张三夕译注《韩非子》，中华书局，2015，第180页。
⑥ 时显群：《法家"依法治国"思想研究》，人民出版社，2010，第132页。
⑦ 钱熙祚校《诸子集成》，中华书局，1954，第3页。
⑧ 许富宏撰《慎子集校集注》，中华书局，2013，第64页。
⑨ 高华平、王齐洲、张三夕译注《韩非子》，中华书局，2015，第652页。
⑩ 李山译注《管子》，中华书局，2016，第61页。

而民从。法者，天下之程式也，万事之仪表也。"①

最后，以法治国必须高度重视立法。有法可依是以法治国的前提，立法是保证有法可依的基础。法家从功利主义观点出发，强调制定法令时要充分权衡利弊得失，利大于弊方可立法，且要保持相对稳定，不能"数变法"。韩非强调："治大国而数变法，则民苦之。是以有道之君贵静，不重变法。"②

（2）以力服人

"以力服人"既是孟子的"霸道"观，也是法家的"霸道"观。孟子认为，"以德服人"属于王者之道，"以力服人"属于霸者之道。法家的霸道观也主张"以力服人"。韩非从社会发展进化论的角度提出："上古竞于道德，中世逐于智谋，当今争于气力。"③ 商鞅则说得直截了当："国之所以重，主之所以尊者，力也。"④ 在弱肉强食的战国时期，只有走富国强兵之路，提高自身的经济实力和军事实力，才能保证本国的生存与发展。《管子·治国》中说："凡治国之道，必先富民。民富则易治也，民贫则难治也。"⑤ 如何提高国家实力？商鞅提出国家兴盛在于"农战"："国之所以兴者，农战也。"⑥ "治国者欲民者之农也。国不农，则与诸侯争权不能自持也，则众力不足也。"⑦ 他主张推行农战以增强实力，实力能产生强大，强大能产生威力，威力能产生恩德，恩德又产生于实力，即所谓"力生强，强生威，威生德，德生于力。"⑧ 商鞅认为："以力攻者，出一取十；以言供者，出十亡百。国好力，此谓以难攻；国好言，此谓以易攻。"⑨ 《管子》非常重视发展农业生产，认为粮食生产是成就霸业的根本，是君主治国理政的第一要务。《管子》曰："夫富国多粟生于农。……民事农则田垦，田垦则

---

① 转引自时显群《法家"依法治国"思想研究》，人民出版社，2010，第141页。
② 高华平、王齐洲、张三夕译注《韩非子》，中华书局，2015，第202页。
③ 高华平、王齐洲、张三夕译注《韩非子》，中华书局，2015，第703页。
④ 石磊译注《商君书》，中华书局，2011，第103页。
⑤ 李山译注《管子》，中华书局，2016，第263页。
⑥ 石磊译注《商君书》，中华书局，2011，第24页。
⑦ 石磊译注《商君书》，中华书局，2011，第31页。
⑧ 石磊译注《商君书》，中华书局，2011，第103页。
⑨ 石磊译注《商君书》，中华书局，2011，第103页。

粟多，粟多则国富。国富者兵强，兵强者战胜，战胜者地广。"①

（3）信立而霸

"信立而霸"是荀子提出的"霸道"观。荀子认为，"王道"与"霸道"的根本区别在于是以"义立"还是以"信立"，统治秩序建立在"仁爱"基础上还是建立在"信用"基础上。②荀子以春秋五霸的政治实践作为讲究信用以成就霸业的成功案例，他认为一个国家讲究信用，就会兵力强盛，城防坚固，敌国就会害怕；国家统一，约定明确，盟国信任，即使是偏僻落后的国家，也能威震天下。荀子总结说："齐桓、晋文、楚庄、吴阖闾、越勾践，是皆僻陋之国也，威动天下，强殆中国，无它故焉，略信也。是所谓信立而霸也。"③三国时期著名军事家诸葛亮认为，信义是成就霸业的基本条件，主张"大信为本"。他在《隆中对》中对刘备说："将军既帝室之胄，信义著于四海，总揽英雄，思贤如渴，若跨有荆、益，保其岩阻，西和诸戎，南抚夷越，外结好孙权，内修政理。天下有变，则命一上将将荆州之军以向宛、洛，将军身率益州之众出于秦川，百姓孰敢不箪食壶浆以迎将军者乎？诚如是，则霸业可成，汉室可兴矣。"④

（4）以势固位

"势治"学说是法家霸道思想的重要组成部分。在法家的"势治"学说中，"势"就是权势、威势、阵势，是一种具有高度威严性和畏惧性的"社会场"；"势治"就是要以权势确保君主大权在握，巩固君主的统治地位。"势治"思想比较丰富，主要观点有四。

一是权势是胜众之资。《管子·法法》曰："凡人君之所以为君者，势也。故人君失势，则臣制之矣。势在下，则君制于臣矣；势在上，则臣制于君矣。"⑤韩非把权势推崇到更为重要的位置："君执柄以处势，

①　李山译注《管子》，中华书局，2016，第263～264页。

②　陈开先：《"王霸并道"思想及其管理智慧》，《华南农业大学学报》（社会科学版）2005年第3期。

③　方勇、李波译注《荀子》，中华书局，2015，第165页。

④　转引自黄前程《汉魏之际的霸道思想论析》，《长沙理工大学学报》（社会科学版）2012年第3期。

⑤　耿振东译注《管子译注》，上海三联书店，2014，第152页。

故令行禁止。柄者，杀生之制也；势者，胜众之资也。"①

二是权势来自民众支持。韩非认为，君主的权势来自民众支持，要重视争取民心。韩非说："人主者，天下一力以共载之，故安；众同心以共立之，故尊。……故古之能致功名者，众人助之以力，近者结之以成，远者誉之以名，尊者载之以势。如此，故太山之功长立于国家，而日月之名久著于天地。"②

三是掌权用势必须得法。韩非认为，君主即使手握大权也要用权得法，唯此才能保住尊贵地位，才能治国安邦，才能立功成名。韩非提出，君主应该始终保持独尊地位，树立独一无二、至高无上的权威，即"明君贵独道之容"；③君主要大权独揽，不可"借人"、不可"共势"，"偏借其权势，则上下易位矣。此言人臣之不可借权势也"。④

四是谨记丧失权势的教训。韩非认为君主既要善于总结获得权势和巩固权势的经验，更要汲取丧失权势的教训，并列举了君主导致政权覆灭的"十过"。⑤

（5）以术驭臣

"术治"学说是霸道思想中的君主控臣论。所谓"术"，就是君主驾驭群臣的各种策略、技术和方法；所谓"术治"，就是君主运用各种权术驾驭控制群臣的行为。法家先驱人物申不害最早提出"术"治思想，法家集大成者韩非则提出"七术六微"，⑥拓展、补充并推动形成了系统的"术治"思想。归纳起来，"术治"主要包括"五术"。⑦

一是"形名术"。作为一种君主治臣手段，申不害提出"正名责实之术"。韩非则主张"寻名而责实"和"名实相副"，以"名"为标准来责求"实"是否与"名"相符，奖赏"名副其实"者，惩罚"名不副实"者。韩非说："为人臣者陈而言，君以其言授之事，专以其言责

① 高华平、王齐洲、张三夕译注《韩非子》，中华书局，2015，第681页。
② 高华平、王齐洲、张三夕译注《韩非子》，中华书局，2015，第310~311页。
③ 高华平、王齐洲、张三夕译注《韩非子》，中华书局，2015，第62页。
④ 高华平、王齐洲、张三夕译注《韩非子》，中华书局，2015，第163页。
⑤ 高华平、王齐洲、张三夕译注《韩非子》，中华书局，2015，第77页。
⑥ 参见高华平、王齐洲、张三夕译注《韩非子》，中华书局，2015，第318页。
⑦ 参见时显群《法家"依法治国"思想研究》，人民出版社，2010，第183~211页。

其功。功当其事，事当其言，则赏；功不当其事，事不当其言，则罚。"①

二是"用人术"。韩非认为，"任人以事"事关国家存亡治乱，必须讲究"任人之术"。他说："任人以事，存亡治乱之机也。无术以任人，无所任而不败。……故无术以用人，任智则君欺；任修，则君事乱，此无术之患也。"② 韩非强调官吏设置要职责分明、各司其职，以免相互争功诿过。他说："明主之道：一人不兼官，一官不兼事。"③

三是"听言术"。韩非提出君主要广开言路，兼听则明；要分清责任，使臣子负有"有言之责"。他特别强调君主倾听逆耳忠言的重要性："良药苦于口，而智者劝而饮之，知其入而已己疾也；忠言拂于耳，而明主听之，知其可以致功也。"④

四是"无为术"。韩非创新老子的"民自化"、"民自正"、"民自富"、"民自朴"等"无为"思想，提出"君道无为而臣道有为"思想，主张"明主治吏不治民"的无为术。他说："明君无为于上，群臣竦惧于下。……臣有其劳，君有其成功，此之谓贤主之经也。"⑤ 韩非还强调："故吏者，民之本、纲者也，故圣人治吏不治民。……是以圣人不亲细民，明主不躬小事。"⑥

五是"治奸术"。韩非针对奸臣当道横行的政治现实，为君主设计了一整套察奸、防奸、禁奸和灭奸的"治奸术"。韩非提出"利害相反"的察奸之术，"重言以惧远使"、"举往以悉其前"、"倒言以尝所疑"等防奸之术，"作斗以散朋党"、"宣闻以通未见"、"举错以观奸动"等锄奸之术，以及"禁奸于未萌"等禁奸之术。

3. 王道与霸道的差异

从比较角度看，王道思想与霸道思想之间存在明显差异，这些差异体现了两种治国之道的各自特征。

一是人性假设。王道思想以"性善论"为人性基础，其终极价值

---

① 高华平、王齐洲、张三夕译注《韩非子》，中华书局，2015，第54页。
② 高华平、王齐洲、张三夕译注《韩非子》，中华书局，2015，第668~669页。
③ 高华平、王齐洲、张三夕译注《韩非子》，中华书局，2015，第533页。
④ 高华平、王齐洲、张三夕译注《韩非子》，中华书局，2015，第395页。
⑤ 高华平、王齐洲、张三夕译注《韩非子》，中华书局，2015，第35页。
⑥ 高华平、王齐洲、张三夕译注《韩非子》，中华书局，2015，第518页。

追求在于实现"圣王之治"的社会理想，渗透着浓厚的"实质合理性"和"价值合理性"理念。霸道思想以"性恶论"为人性基础，强调功利主义和实用主义，其价值追求在于立竿见影的"富国强兵"和"以力服人"，渗透着鲜明的"形式合理性"和"工具合理性"色彩。①

二是治国理念。王道思想推崇"德治主义"，霸道思想崇尚"法治主义"。王道思想主张"道德中心论"，崇尚"以德立国"和"以德治国"，强调治国者的道德修养和品德境界，具有"道德至上论"的特性。霸道思想主张"法制中心论"，崇尚"以法立国"和"以法治国"，强调法制体系的完备和有效运行，具有"法治至上论"的倾向。

三是治国手段。王道思想讲究"教化政治"，霸道思想讲求"武力政治"。王道思想主张在治国理政中使用"柔性"的"文治教化"手段，通过说理引导、用情感化、循循善诱等方式实现长治久安，是一种治理国家的"柔性治道"和"宽容治道"。霸道思想主张在治国理政中使用"刚性"的"以力服人"手段，通过奖励耕战、利益激励、法律约束、战争制服等方式实现国家富强，是一种国家治理的"刚性之道"和"威严之道"。朱通华认为："霸道，意即凭借武力、刑法、权术、威势等进行统治的政策。霸道的主要特征是崇尚武力、刑法、权术、权势等统治手段，为政以刑，为政以力，为政在君。"②

四是治国理想。王道思想具有"理想主义"特点，霸道思想具有"现实主义"特质。王道思想中有很多"应然"成分和"超时空"设想，而且包含浓厚的"怀旧"要素，是对难以解决的现实社会问题的"超越性设计"，因而具有一定的"指望未来"、"期待未来"的"乌托邦"性质。霸道思想立足于解决现实社会中存在的实际问题，重视国家治理政策与治理措施的实际效果，较少有"幻想"或"空想"因素，是一种"问题导向"和"效果导向"的治国之道。

（三）王霸思想与西方治国学说

西方国家在长期的治国实践中也产生了丰富的治国学说。虽然西方

---

① 孟蕾乐：《论早期儒家王霸之辨——在价值理性与工具理性之间》，《三峡大学学报》（人文社会科学版）2012 年第 5 期。

② 朱通华：《试论王道、霸道与正道》，《南京师大学报》（社会科学版）1994 年第 1 期。

学者没有提出过中国式的王道思想和霸道思想，但也有一些相近或相似的学说或理论。

1. "善治"理论与王道思想

20世纪90年代以来，随着全球化时代的来临，人类社会政治生活发生了重大变化，政治过程的重心从统治转向治理，从民族国家的政府统治走向区域和全球治理。① 与此相应，在西方学术界，"治理"（governance）一词逐步取代"统治"（government）成为流行词，"治理理论"应运而生。② 治理理论研究者发现，虽然治理相对于"统治"具有许多优越性，但治理本身并非万能，依然存在治理失效的可能性。在探讨"有效治理"的过程中，"善治"概念取代了政治理想中长期独占鳌头的"善政"概念，"善治"理论随之脱颖而出。

俞可平认为，善治就是使公共利益最大化的社会管理过程，善治的本质特征在于它是政府与公民对公共生活的合作管理，是政治国家与市民社会两者的最佳状态。③ 他把善治理论的核心观点概括为十个要素。①合法性，指社会秩序和权威被自觉认可和服从的性质和状态。合法性越大，善治的程度越高。②法治。法律是公共政治管理的最高准则，任何政府官员和公民都必须依法行事，在法律面前人人平等。③透明性，指政治信息的公开性。每一个公民都有权获得与自己的利益相关的政府政策信息，透明程度愈高，善治的程度也愈高。④责任性，指人们应当对其自己的行为负责。公众尤其是公职人员和管理机构的责任性越大，善治的程度越高。⑤回应性，指公共管理人员和管理机构必须对公民的要求做出及时负责的反应。回应性越大，善治程度就越高。⑥有效性，主要指管理的效率，包括管理机构设置合理、管理程序科学、管理活动灵活、最大限度地降低管理成本。⑦参与，指公民参与社会政治生活和其他社会生活。没有公民的积极参与和合作，就只有善政而没有善治。⑧稳定。社会政治的稳定程度是衡量善治的重要指标，稳定意味着国内和平、生活有序、居民安全、公民团结、公共政策连贯等。⑨廉洁，主要是指政府官员奉公守法、清明廉洁，不以权谋私、不以自己的职权寻

① 吴志成：《西方治理理论述评》，《教学与研究》2004年第6期。
② 俞可平：《治理和善治引论》，《马克思主义与现实》1999年第5期。
③ 俞可平：《全球治理引论》，《马克思主义与现实》2002年第1期。

租。⑩公正，指不同性别、阶层、种族、文化程度、宗教和政治信仰的公民在政治权利和经济权利上的平等。①

对比善治理论与王道思想的主张，二者的差异非常明显。善治理论具有鲜明的现代性特征，是现代民主社会或现代法治国家追求的"善治"模式。王道思想具有浓厚的传统性特质，与中国传统君主专制政治相适应，是一种前现代国家的"善政"模式。但无论是"善治理论"还是"王道思想"，蕴含其中的深层理念都是追求国家治理中的"善"，都强调在国家治理中要遵循好的"治理伦理"。

2. 马基雅维里主义与霸道思想

15 世纪意大利著名政治思想家马基雅维里在《君主论》一书中提出了比较系统的马基雅维里主义。这一理论与中国古代法家思想集大成者韩非"法术势"三位一体的霸道思想之间有较多相似、相近、相通之处。正因为如此，《君主论》的第一个中译本题名为《霸术》，第二部中译本题名为《横霸政治论》。②

首先，马基雅维里以人性恶为立论基础。马基雅维里认为，统治者必须以人性作为建立国家、治理人民、维持社会秩序的出发点。人的本性趋向是什么？马基雅维里说："所有人都是恶的，只要他们一有机会，就总要依这种恶之本性行事。"③ 他还说："关于人类，一般地可以这样说：他们是忘恩负义、容易变心的，是伪装者、冒牌货，是逃避危难，追逐利益的。"④ 马基雅维里以性恶论作为治国学说的理论基础，主张超道德的功利主义政治观，并据此设计具有实效性的治国方法、治国手段和治国技术。其次，马基雅维里高度重视法律与武力。马基雅维里认为，法律和军队是立国的两大支柱，也是建立和控制社会秩序的两大法宝。马基雅维里说："世界上有两种斗争方法：一种方法是运用法律，另一种方法是运用武力。"⑤ 在两种斗争方法中，马基雅维里更重视武力，毕生致力于建立国民军，他甚至把军队建设视为君主唯一的专业："君主

---

① 俞可平：《全球治理引论》，《马克思主义与现实》2002 年第 1 期。

② 尼科洛·马基雅维里：《君主论》，潘汉典译，商务印书馆，1985，第 130 页。

③ 转引自秦延红《论马基雅维里国家政体学说的人性论基础》，《当代法学》2002 年第 2 期。

④ 尼科洛·马基雅维里：《君主论》，潘汉典译，商务印书馆，1985，第 80 页。

⑤ 尼科洛·马基雅维里：《君主论》，潘汉典译，商务印书馆，1985，第 83 页。

除了战争、军事制度和训练之外，不应该有其他的目标、其他的思想，也不应该把其他事情作为自己的专业，因为这是进行统帅的人应有的惟一的专业。……亡国的头一个原因就是忽视这种专业，而使你赢得一个国家的原因，就是因为你精通这门专业。"① 最后，马基雅维里提出一整套君主权术。马基雅维里是第一个使政治学与伦理学分家的思想家，他主张"政治无道德"，认为为达目的可以不择手段，提出了一套君主权术。马基雅维里说："君主必须是一头狐狸以便认识陷阱，同时又必须是一头狮子，以便使豺狼惊骇。"② 他详细讨论了君主处理慷慨与吝啬、残酷与仁慈、守信与失信的技巧，避免蔑视与憎恨、做到受人尊敬、避开献媚者的方法，以及选择大臣、处理与大臣关系的策略，等等。

综观马基雅维里主义与韩非"法术势"思想，从某种程度可以说，马基雅维里主义是"西方式的霸道思想"，韩非的霸道思想是"中国式的马基雅维里主义"。

（四）王霸思想的现实意义

王霸思想形成和发展于封建社会，对中国古代和近代的国家治理产生过重要影响。王霸思想是中华民族传统治理文化的重要组成部分，其中既有时代局限和封建属性的消极因素，也蕴含国家治理的共性知识与合理内核，对在中国特色社会主义制度下推进国家治理体系和治理能力现代化仍有启迪意义。

一是坚持人民为本，实现民富国强。"王道"思想强调"仁政爱民"，提出"民本论"、"爱民论"、"保民论"、"养民论"和"民生论"，说到底就是要以人为本、改善民生。"霸道"思想也重视发展经济，追求"富民强国"。在"时空压缩"结构中实现中华民族的伟大复兴，必须坚持人民为本的价值导向，坚持以人民为中心的发展思路，把增进人民福祉、促进人的全面发展作为经济社会发展的出发点和落脚点。坚持人民为本，必须始终坚守"发展才是硬道理"，以经济发展作为富民强国的根本途径；坚持人民为本，必须推动民生领域建设，不断完善社会

---

① 尼科洛·马基雅维里：《君主论》，潘汉典译，商务印书馆，1985，第69页。
② 尼科洛·马基雅维里：《君主论》，潘汉典译，商务印书馆，1985，第84页。

保障体系、增加社会保障投入、扩大社会保障范围、提高社会保障水平，实现"学有所教、劳有所得、病有所医、老有所养、住有所居、弱有所助"，建设中国特色社会主义福利社会。

二是坚持以德治国，提高善治水平。为政以德是传统王道思想的核心，中国共产党把"以德治国"作为治国的基本方略，提出"以德治国"易，落实"以德治国"难，关键在于"官德"水准。中国语境中"官德"就是干部道德，即国家机关工作人员的职业道德。只有处在不同层次、不同地位的治国理政者既有良好的"公德"也有高尚的"私德"，既有良好的道德修养也有高尚的道德情操，以德治国才有基础，国家善治才有希望。纵观中国历朝历代，老百姓均颂扬"清官"鄙视"贪官"，褒扬"好官"贬抑"坏官"。坚持以德治国，必须强化官德建设力度，切实做到以德治党、以德执政、以德行政的有机结合，不断提高善治水平。

三是推进依法治国，建设法治社会。"以法治国"是传统霸道思想的核心观点，时至今日仍有借鉴意义。我国法治思想历史比较悠久，但法治传统不够深厚。推进传统法制现代化是必然趋势，实现依法治国是我国政治现代化的必由之路。坚持"依法治国"基本方略，全面推进依法治国进程，既要健全法律规范体系的完备性，也要增强法治实施体系的高效性；既要保障法治监督体系的严密性，也要提高法治保障体系的有力性；既要实现科学立法、严格执法，也要实现公正司法、全民守法；既要坚持依法执政和依法行政协同推进，也要坚持法治政府和法治社会一体建设。

四是坚持和平发展，反对霸权主义。传统王道思想主张"以德服人"和"义立而王"，提倡和平、反对战争，孕育了中华民族爱好和平的优良传统。中华民族具有浓厚的"天下意识"和"天下情怀"，追求"世界大同，天下一家"的理想社会。新中国成立以来，我国一直奉行独立自主的和平外交政策，坚持走和平发展道路。在国际交往和国际关系中，中国始终倡导和平共处，践行与人为善和与邻为善，反对霸权主义和强权政治；在国家争端和国际冲突中，中国始终强调政治手段和外交手段的优先性和重要性，反对简单粗暴的战争方式和武力手段。中国提出打造"人类命运共同体"的全球治理新思维，强调坚持和平发展战略、合作共赢原则和正确义利观取向，才是迈向人类命运共同体的"王道"之路。

（毕天云）

五 贤与能：治国人才的选拔标准

贤与能，既是人的素质的内涵概括，又是治国人才的选拔标准。传统社会选拔治国理政的人才时，一直坚持贤与能两个标准。在不同的历史时期，贤与能又有鲜明的时代性。传统社会中，贤与能是古代帝王选拔治国人才的主要标准，其突出标志是忠君爱国和济世之才；新中国成立以来，贤与能集中表现为德才兼备。贤与能既有社会属性也有政治属性，本部分试从治国理政的视角出发，对贤与能进行初步探讨。

（一）贤与能的社会内涵

贤与能是人的素质的体现，素质本来是一个心理学的概念，但又打上了社会学的烙印。《辞海》中"素质"条目的解释是："人的先天的解剖生理特点，主要是感觉器官和神经系统方面的特点。素质只是人的心理发展的生理条件，不能决定人的心理发展的水平。人的心理来源于社会实践，素质也是在社会实践中逐渐发展和成熟起来的。"① 所以，人的素质不仅仅局限于生理方面，一切由于劳动活动而得到改善的人的品格特征，都可称为人的素质。而贤与能属于人的素质，固然不乏人的心理因素，但更不乏人的社会因素，而且社会因素是主要因素。

1. 贤的社会内涵

所谓贤，一般指高尚的品德，品德则是指人的道德和品质。"道表示事物运动变化的规律和规则，人们认识了道，内得于己，外施于人，便称之为德。"② "道德是社会用来调整人们之间以及个人与社会之间关系的行为规范。"③ 比如，"贤才"是指道德品质高尚的人才；"贤弟"

---

① 夏征农、陈至立编《辞海》，上海辞书出版社，1980，第1222页。
② 张乐宁等：《社会学概论》，中央广播电视大学出版社，1986，第334页。
③ 成振珂等：《社会学十二讲》，新世界出版社，2017，第205页。

是指道德品质高尚的兄弟。孔子曰："贤哉！回也。一箪食，一瓢饮，在陋巷，人不堪其忧，回也不改其乐。"① 又说："臧文仲其窃位者与！知柳下惠之贤而不与立也。"② 就是说，臧文仲是一个窃取官位的人，他明知柳下惠是一个品德高尚的人，却不推荐他一起做官。

贤的社会内涵，包括忠、孝、仁、义、礼、智、信七方面的内容。

一是忠。忠原指人在祭祀时要保持肃穆恭敬的态度，后来引申为人要忠于君主及国家等多种含义，即忠君爱国。正如《论语》记载："定公问：'君使臣，臣事君，如之何？'孔子对曰：'君使臣以礼，臣事君以忠'。"③ 鲁定公问："国君役使臣子，臣子服侍国君，各应怎么做？"孔子答道："君主应该按照礼节役使臣子，臣子应该用忠心服侍君主。"忠在现代社会则体现为忠于人民、热爱国家。

二是孝。孝就是孝敬父母、尊老敬贤。孝字上半部是"老"字的一半，下半部是"子"字全形，两代人融为一体，子承父志，并能顺其意就是孝。有人问孔子为什么不参政，孔子回答："《书》云：'孝乎惟孝，友于兄弟。'施于有政，是亦为政。"④《尚书》说：只要孝顺父母，才能爱护兄弟。把孝悌推广到政治上，这也是参与政治。所以，孔子把"善事父母"的人，称为"孝"者。史称"百善孝为先"，孝是维系社会的最小细胞——家庭的基本纽带。

三是仁。仁由"人"和"二"构成，可以理解为由二人所构成的一种亲密关系。颜渊问什么是仁，孔子说："克己复礼为仁，一日克己复礼，天下归仁焉。"⑤ 仁就是爱人。仁的核心就是要以人为本，一切从关怀人、爱护人、发展人的目标出发，使国家民族达到和谐的最佳状态。

四是义。"义"的本义是合乎道德的行为或道理。孟子曰："仁，人心也；义，人路也。舍其路而弗由，放其心而不知求，哀哉！"⑥ 义的含义有两个，第一种是小义，比如为朋友两肋插刀的义气；第二种是大义，

① 杨杰编《四书五经》，吉林出版集团有限责任公司，2011，第38页。
② 杨杰编《四书五经》，吉林出版集团有限责任公司，2011，第73页。
③ 思履主编《四书五经》，江苏美术出版社，2014，第86页。
④ 思履主编《四书五经》，江苏美术出版社，2014，第78页。
⑤ 杨伯峻译注《论语译注》，中华书局，1968，第130页。
⑥ 杨伯峻译注《孟子译注》，中华书局，1984，第267页。

比如义不容辞、大义灭亲、正义凛然。

五是礼。礼的初始意思是举行仪礼、祭神求福，用珍贵的器物祭祀，表示对天的感谢和尊重。礼的核心是尊重。管仲把礼放在国之四维——礼义廉耻的首位："何为四维？一曰礼，二曰义，三曰廉，四曰耻。"① 表明"礼"已经由原来的一种习俗仪式，逐步地转变为一种道德教化和道德理念，升华为治国的四大要素之首。

六是智。智就是明智。孔子在《论语》中说："知之为知之，不知为不知，是知也。"② 这是讲人的知识再丰富，总有不懂的问题，那么就应当有实事求是的态度，只有这样才能学到更多的知识，才是智慧之举。按照孔子的认识论和伦理学，智的内涵涉及知识的性质、来源、内容和效果等方面。

七是信。信即诚信，言而必果。孔子将"信"作为"仁"的重要体现，是贤者必备的品德。孔子说："自古皆有死，民无信不立。"③ 自古以来人都是要死的，一个人不讲信用，就会被社会唾弃。如果没有民众信任，国亦将不国。孔子还把信上升到保卫国家政权的高度，强调治国要达到"三要"，即"足食，足兵，民信之矣"，④ 只要粮食充足、军备充足、老百姓信任，政权就安稳了。

2. 能的社会内涵

所谓能，一般是指人的才能，即一个人已经具备但未表现出来的知识、经验和智力。孟子认为："莫如贵德而尊士。贤者在位，能者在职，国家闲暇。及是时，明其政刑，虽大国必畏之矣。"⑤ 就是说，不如崇尚道德、尊重士人，让贤人在位做官，让能人在职办事。国家太平无事，趁此时修明政教刑法，这样即使大国也必然会怕它。桓宽认为："古之进士也，乡择而里选，论其才能，然后官之。"⑥ 就是说，传统社会中当官的人要从乡里挑选，先考察他们的才能，然后再授予官职。

① 《百子全书》（第二册），岳麓出版社，1993，第1259页。
② 思履主编《四书五经》，江苏美术出版社，2014，第76~77页。
③ 思履主编《四书五经》，江苏美术出版社，2014，第170页。
④ 思履主编《四书五经》，江苏美术出版社，2014，第170页。
⑤ 杨柏峻译注《孟子译注》，中华书局，1984，第75页。
⑥ 《百子全书》（第一册），岳麓书社，1993，第436页。

汉语中的才与能常常连用，唐代刘知几提出著名的"史才三长"论,[①] 史才也可看作一种"史能"。史载："礼部尚书郑惟忠尝问：自古文士多，史才少，何耶？对曰：史有三长：才、学、识。世罕兼之，故史者少。"[②] 现在人们将"史才三长"视为人才能力的主要因素，即作为一个人才必须具备才、学、识。

一是才。才就是才能，这里所指的是狭义的才能，相当于将砖瓦等建筑材料盖成房子的能力。才偏于实务，是解决实际问题的能力。才和学相辅相成，又是才和学二者的结合。

二是学。学就是人们常说的学问，或者知识，相当于盖房子的材料。学问偏于读书的成果、学习积累的知识。盖房子没有砖瓦等建筑材料不行，但有了建材不一定就能盖出房子。

三是识。识就是人的见识，是一种高瞻远瞩、预见事物发展方向的能力。见识是基于才能和学问的分析能力，是对问题的看法和见解。"南辕北辙"讲的就是识的问题——如果看不清方向，即使你的脚力再强、车马再快，也不能顺利到达目的地，相反可能会离目标越来越远。

以上三者中，才是运用知识的能力，是学的主要目的——致用；学是基础，也是提高才和识的有效途径，即所谓"见多识广"；识可以说是才的延伸和拓展，是更高一级的才。有才和学的人可以称为人才，最多可为将才，而只有才、学、识三者兼备的人，才能称为帅才。

（二）贤与能组合体的结构分层

宋代的司马光写过一篇《德才论》,[③] 按照人的德、才组合体的结构，提出一个人才群体的分层模式，将人才划分为不同的层级。由于德与才和贤与能，在内涵上有着高度的重叠和同一，所以德与才的组合，实质上也是贤与能的组合，德与才的组合层级，也是贤与能的组合层级。

1. 德才与贤能的关系

司马光从贤能的构成因素，即德与才的区分入手，认为："夫才与

---

① 耿天勤：《论刘知几"史才三长"论的形成和发展》，《山东师范大学学报》（社会科学版）1999 年第 4 期。
② 《二十五史》（第六册），上海古籍出版社，1986，第 4595 页。
③ 司马光：《资治通鉴》（第一册），岳麓书社，1990，第 4 页。

德异，而世俗莫之能辨，通谓之贤，此其所以失人也。"[1] 德和才虽然不同，世人却没有能力辨认，只是笼统地用贤来概括，这就是失去贤能的原因。那么，什么是德、才呢？司马光认为：德是人们品行修养的道德，"善恶逆顺，德也"，善良、邪恶、忤逆、孝顺，是衡量德的标准；才是人们为人处事的能力，"智愚勇怯，才也"，智慧、愚蠢、勇敢、怯懦，是考评才的标准。由于贤与能和德与才在内涵上重叠，即贤是高尚的品德，能指卓越的才能，所以贤与能并不是一个概念。套用贤与能的语境，善良、邪恶、忤逆、孝顺，既可以作为衡量德的标准，也可以作为考评贤的标准；而智慧、愚蠢、勇敢、怯懦，既可以作为衡量才的标准，也可以作为考评能的标准。因此，德相当于贤，才相当于能，德才相当于贤能。

德和才的关系是什么？就是统帅和工具的关系。司马光说：所谓"才者，德之资也；德者，才之帅也"。[2] 才是德的凭借，德是才的统帅，德规范才的方向，而才为德服务。司马光举例："云梦之竹，天下之劲也，然而不矫揉，不羽括，则不能以入坚。"云梦的竹子是天下最强劲的，但是不修整、不制作，就不能成为坚固的东西。

德才相当于贤能，因此可以用德、才的关系理解贤、能的关系，贤与能也是统帅与工具的关系，即"能者，贤之资也；贤者，能之帅也"，能是贤的凭借，而贤是能的统帅。贤规范能的方向，而能为贤服务。如果一个人的能力是很高的，但是不贤，没有高尚的品德，也不会取得优异的成就。

2. 德才、贤能组合体的结构分层

司马光曾按德、才组合体的不同结构，把人分成四个层级："才德全尽谓之圣人，才德兼亡谓之愚人，德胜才谓之君子，才胜德谓之小人"，[3] 即德、才俱高的是圣人，才、德全无的是愚人，德胜过才的是君子，才胜过德的是小人。这样，在社会人才这个系列中，就出现了圣人、君子、愚人、小人四个层级。圣人如世所罕见的尧、舜、禹、汤；君子是既有高尚的道德又有杰出的才能的贤能族群；愚人即愚夫愚妇、芸芸

---

① 司马光：《资治通鉴》（第一册），岳麓书社，1990，第4页。
② 司马光：《资治通鉴》（第一册），岳麓书社，1990，第4页。
③ 司马光：《资治通鉴》（第一册），岳麓书社，1990，第4页。

众生、凡夫俗子；小人就是只有才能没有品德、寡廉鲜耻的奸徒。

借用德与才的组合结构理解贤与能的组合结构：贤、能兼备的就是圣人，贤、能全无的就是愚人，贤胜过能的就是君子，能胜过贤的就是小人。由于贤与能的不同组合，人也分成了圣人、君子、愚人和小人四个层级。

3. 宁用愚人不用小人的价值取向

司马光提出对待各个层级人才的选任原则："凡取人之术，苟不得圣人君子而与之，与其得小人，不若得愚人。"[①] 这就是说，圣人是百年不遇，所以不能朝朝皆有；君子却世代皆有，可以任用，使之成为强国富民的栋梁。万一圣人、君子都找不到，那就宁可任用愚人，也不能任用小人，因为"愚者虽欲为不善，智不能周，力不能胜"。[②] 愚人即使想要做坏事，但其才能达不到，所以不足以为害；而"小人智足以遂其奸，勇足以决其暴，是虎而翼者也"，[③] 即无德有才的小人，既有一定的胆量，又有一定的才能，就像老虎添了翅膀一样可怕。运用到贤与能的选择上，就是与其任用无贤有能的小人，不如任用贤、能平平的庸人。因为无贤有能的小人，既有一定的胆量，又有一定的能力，同样像老虎添了翅膀一样可怕。

（三）贤与能的中西比较

传统社会中治国人才选拔的标准是贤与能，西方精英理论也强调贤与能，但是中西方语境中的贤与能，既存在相似之处也有明显区别。

1. 西方的贤与能

西方的贤人之"贤"，专指人们的高尚品德。康德认为："只有道德，和能具道德的人格才是有尊严的。劳工方面的技巧和勤勉有买卖的价值；才智、活泼的想象，和风趣有赏玩的价值。"[④] 在康德心中，道德和才能有明显的区别。卡莱尔在《神圣英雄》中说："什么是正确的忠诚？忠诚是整个社会的生命力，是对英雄的崇拜，是恭顺地赞美真正的

---

① 司马光：《资治通鉴》（第一册），岳麓书社，1990，第4页。
② 司马光：《资治通鉴》（第一册），岳麓书社，1990，第4页。
③ 司马光：《资治通鉴》（第一册），岳麓书社，1990，第4页。
④ 莫蒂默·艾德勒：《西方思想宝库》，游恒译，吉林人民出版社，1988，第592页。

为人。社会就是建立在英雄崇拜的基础上的。"① 虽然西方把高尚品德和英雄崇拜连在一起，但也足以说明西方的贤人之贤，是指人们的高尚品德。所以，"在贤人治国思想中的贤人还带有道德典范的功能，贤人本身既是政治家又是一个具有极高道德水平的人，其道德行为被世人所效仿"。② 维尔弗雷多·帕累托亦强调精英的道德，他赞扬工会领袖说："他们身上首先打动你的是某些优秀的品质，他们思路清晰准确、作风务实、知识全面，这些品质帮助他们获得成功。"③

西方的精英之"能"，标榜精英的才能。柏拉图在《理想国》中谈道："一个按照自然建立起来的国家，其所以整个被说成是有智慧的，乃是由于它的人数最少的那个部分和这个部分中的最小一部分，这些领导着和统治着它的人们所具有的知识。并且……唯有这种知识才配称为智慧，而能够具有这种知识的人按照自然规律总是最少数。"④ 这里的知识和智慧无疑都属于才能。罗伯特·米歇尔斯更认为："任何大规模组织都不可避免地带来技能上的分化，这就使人们所称的专家领导成为必要。"⑤ 所以，"贤人治国思想所依据的等级论和社会分工论经过不断演变……统治者所依赖的智慧因素虽然还存在，但已经不占主导地位，统治所需要的专业知识处于决定性地位。这方面被精英主义全面继承"。⑥ 上述引文中所说的智慧、技能和专业知识，无疑是指精英们的才能。

2. 中西方贤与能的比较

首先，中西方贤与能的社会载体相近。中国的贤与能组合起来以后，就不再指人的素质，而成了贤与能的载体。《现代汉语词典》称："贤能"是指"有道德有才能的人"。⑦ 这样贤能就成为稳定的词组，成了贤与能的载体。《荀子·成相》曰："主之孽，谗人达，贤能遁逃国乃

① 莫蒂默·艾德勒：《西方思想宝库》，游恒译，吉林人民出版社，1988，第53页。
② 王淼：《民主政治视野下的精英治理》，中国法制出版社，2014，第119页。
③ 维尔弗雷多·帕累托：《精英的兴衰》，宫维明译，北京出版社，2010，第74~77页。
④ 柏拉图：《理想国》，郭斌和等译，商务印书馆，1986，第147页。
⑤ 罗伯特·米歇尔斯：《寡头统治铁律——现代民主制度中的政党社会学》，任军锋等译，天津人民出版社，2003，第28页。
⑥ 王淼：《民主政治视野下的精英治理》，中国法制出版社，2014，第119页。
⑦ 中国社会科学院语言研究所词典编辑室编《现代汉语词典》，商务印书馆，1979，第1236页。

蹶。"① 就是说，国君作孽，奸臣发达了，贤能者就逃走了，国家就衰败了。所以中国贤与能的载体就是贤能。西方历史上也有过贤与能，但其载体不叫贤能而叫"贤人"。柏拉图在《理想国》中提出："由少数人进行统治的有贤能政体（吉祥的名字）、寡头政体和平民政体或者说是由多数人来统治。"② 他认为："与贵族政治或好人政治相应的人，我们曾经正确地说他们是善者和正义者。"③ 西方贤与能的载体称为"贤人"。在"真理和知识都是美的，但善的理念比这两者更美"。④ 西塞罗也谈道："集勇敢和伟大为一身的人物……这样的人相信，除了道德善和财产之外，没有任何东西值得去赞扬和追求。"⑤

其次，中西方贤与能的发展轨迹不同。中国贤与能的发展轨迹是一条直线，即贤与能自古至今都是被同等重视的。儒家所提倡的"忠孝仁义"，中华民族几千年以来一直恪守不误。但是西方贤与能的发展轨迹是一个 U 形——重道德—去道德—重道德。柏拉图认为，"贤人治国思想中的贤人还带有道德典范的功能，贤人本身既是政治家又是一个具有极高道德水平的人"。⑥ 但是，随着"贤人治国思想所依据的等级论和社会分工论经过不断演变，使得贤人治国思想也发生了变化。统治者所依赖的智慧因素虽然还存在，但已经不占主导地位，统治所需要的专业知识处于决定性地位"。⑦ 所以"新的精英阶层就出现了，职业政治家职业文官、职业经理成为掌握社会决定权和控制权的精英"。⑧ 马基雅维里甚至将道德因素完全从政治家身上剥离，"一位英明的统治者绝不能够，也不应当遵守信义"。⑨ 直到 20 世纪，道德才又被赋予较高的地位："那些沉迷于最先进的社会主义理想的人，他们的心中抱有理想信念"。⑩

---

① 《百子全书》（第一册），岳麓书社，1993，第 217 页。
② 莫蒂默·艾德勒：《西方思想宝库》，游恒译，吉林人民出版社，1988，第 866 页。
③ 柏拉图：《理想国》，郭斌和等译，商务印书馆，1986，第 317 页。
④ 柏拉图：《理想国》，郭斌和等译，商务印书馆，1986，第 271 页。
⑤ 莫蒂默·艾德勒：《西方思想宝库》，游恒译，吉林人民出版社，1988，第 46 页。
⑥ 王淼：《民主政治视野下的精英治理》，中国法制出版社，2014，第 119 页。
⑦ 王淼：《民主政治视野下的精英治理》，中国法制出版社，2014，第 119 页。
⑧ 王淼：《民主政治视野下的精英治理》，中国法制出版社，2014，第 140 页。
⑨ 马基雅维里：《君主论》，潘汉典译，商务印书馆，1985，第 84 页。
⑩ 维尔弗雷多·帕累托：《精英的兴衰》，宫维明译，北京出版社，2010，第 74～77 页。

（四）贤与能思想的现实启迪

1. 德才兼备，贤能并重

德才兼备，贤能并重，是传统社会用人的优良传统。孟子说："尊贤使能，俊杰在位，则天下之士皆悦，而愿立于其朝矣。"[①] 诸葛亮说："亲贤臣，远小人，此先汉所以兴隆也；亲小人，远贤臣，此后汉所以倾颓也。"[②] 司马光指出，"才德全谓之圣人"，"德胜才谓之君子"。这些都体现了中华民族德才兼备、贤能并重的用人思路。由于贤的内涵就是高尚的道德品质，而能的内涵就是卓越的能力才艺，所以德才兼备也就是贤能并重。而现在要做到德才兼备，贤能并重，就要探讨当今贤与能的内涵。在不同历史时期，对人才德才、贤能的具体要求有所不同。比如我们党的干部路线，在革命战争年代，对党忠诚、英勇善战、不怕牺牲的干部就是好干部。改革开放初期，有知识、懂专业、锐意改革的干部就是好干部。现在改革开放进入深入发展时期，我们提出政治上靠得住、工作上有本事、作风上过得硬、人民群众信得过等具体要求，突出了好干部标准的时代特征。在改革开放全面深入发展的新时期，作为政治态度的"德"，最主要的就是坚持党的四项基本原则和执行党的改革开放方针。现在的干部的才，就是工作上有本事、作风上过得硬，不仅在各自的业务领域内，有敢打能胜的金刚钻，而且要发扬钉钉子的精神，一张好的蓝图一干到底。

2. 与时俱进，扬弃创新

中华文明源远流长，孕育了中华民族的宝贵精神品格、培育了中国人民的崇高价值追求，这些精神、品格与价值追求在现代社会依然是推进改革开放和社会主义现代化建设的强大精神力量。比如，对于古代高尚的道德品质，即所谓贤能之士的贤，人们往往有不同看法。特别是忠的内涵，有人认为是传统道德的糟粕。比如，明朝的王守仁曾提出："夫朝廷用人，不贵其有过人之才，而贵其有事君之忠。"[③] 这当然是指对朝廷的愚忠。但是，任何事物都是一分为二的，传统道德既包含一些

① 《四书五经》，线装书局，2010，第 127 页。
② 吴楚材、吴调侯编《古文观止》，中华书局，1980，第 276～277 页。
③ 陈占甲：《政治人才论丛》，天津人文书社，1934，第 101 页。

封建的糟粕，也含有大量进步的因素。忠当然含有忠君思想，但是也有爱国情操。屈原的以身殉国、岳飞的精忠报国，都不能归结为愚忠愚孝，他们至今仍是鼓舞人们爱国家、爱人民的楷模。我们在继承中华美德的时候，要坚持与时俱进、传承创新的精神，坚持扬弃的态度，如此就会使古代的贤与能，在新的时代绽放出新的光彩。

（楚　刃）

六　科举：治国人才的选拔制度

科举制度是指"开科取士"、"分科举人"，是经过分科考试，按照考试的成绩，择优录取人才的制度。从隋唐至清末的1300多年中，虽然也有荐举、察举、保举等方式，但科举制度一直是传统社会中选拔治国人才的主要制度。科举制度既是传统社会的人才选拔制度，也是人才向上流动的社会流动制度，在传统社会治国理政方面具有重要作用。通过科举考试，贤能之士进入统治阶层，成为治国理政的栋梁，这是中国传统社会绵延数千年的重要保障之一。科举制度虽然在清朝光绪年间被废除了，其中的考试形式却得以保留，至今还是选拔人才的重要方式之一。

（一）科举制度的基本内涵

1. 科举制度的起源

苏轼曾经谈到历代选拔人才的制度："三代以上出于学，战国至秦出于客，汉以后出于郡县吏，魏晋以来出于九品中正，隋唐至今出于科举。"[1]

科举制度的确立以否定魏晋九品官人制为前提。《宋书·恩倖序》曾谈道："汉末丧乱，魏武始基，军中仓卒，权立九品，盖以论人才优劣，非为世族高卑。"[2]说明九品中正制的本来意义并非压制人才，但在实行中发生了本质的变化。中正官品评人才有三个项目：一曰家世，指父祖辈的资历、官职、爵位等项，又叫"簿世"或"簿阀"；二曰状，

---

① 孔凡礼校注《苏轼文集》，中华书局，1986，第140页。
② 《二十五史》，上海古籍出版社，1986，第260页。

即行状，指中正官对人才言行表现、道德才干的评语，只有寥寥数语，例如晋代孙楚的状只有八个字："王材英博，亮拔不群"；三曰品，即品级，根据家世和德才所评定的等级，从上上到下下一共九个等级。

九品官人法为中正官营私舞弊提供了条件。史称九品"其始造也，乡邑清议，不拘爵位，褒贬所加，足为劝励，犹有乡论余风"。[①] 开始由乡三老评定士人，评价不看门第，褒贬足以劝勉，还有汉代乡举里选的遗风，但是后来完全由中正官定夺，这就为其营私舞弊提供了条件。时人刘毅批评说："今之中正，不精才实，务依党利；不均称尺，务随爱憎。所欲与者，获虚以成誉；所欲下者，吹毛以求疵。"[②] 当时的中正官不去考察德才，一味依附势族；不守选材标准，凭着爱憎取人；想要选上的，弄虚作假；不想选上的，吹毛求疵。著名诗人左思曰："世胄蹑高位，英俊沉下僚。地势使之然，由来非一朝。"[③] 表达了揭露门阀专权、蔑视士族显贵的心声。

早在南北朝已出现了科举取士的萌芽，隋朝开国之初确立了科举制度。史载隋文帝开皇十八年（公元598年）首创分科取士的科举制度："诏京官五品以上、总管、刺史，以志行修谨、清平干济二科举人。"[④] 隋炀帝大业三年（公元607年）下诏，"文武有职事者，五品以上，宜依令十科举人"，[⑤] 进一步细化了科举的科目。时人薛登评论当时考试内容："古之取士，实异于今……有梁荐士，雅爱属词；陈氏简贤，特珍赋咏……（隋文）帝纳李谔之策，由是下制，禁断浮词。……炀帝嗣兴，又变前法，置进士科。"[⑥] 进士科则成为科举制产生的主要标志。

2. 科举考试的科目

科举考试的科目分常科和制科，常科是录取通用之才，定期举行；制科录取非常之才，不定时实施。常科应考者为国子监和州、县生徒及自学后由州、乡考后举荐的乡贡，考试科目主要有秀才、明经、进士、明法、明字、明算、道举、童子八科，但主要是秀才、明经、明法、进

① 房玄龄：《晋书》，中华书局，1974，第1058页。
② 房玄龄：《晋书》，中华书局，1974，第127页。
③ 林庚、冯沅君主编《中国历代诗歌选》，人民文学出版社，1964，第179页。
④ 《二十五史》，上海古籍出版社，1986，第3256页。
⑤ 《二十五史》，上海古籍出版社，1986，第3259页。
⑥ 《二十五史》，上海古籍出版社，1986，第3854页。

士四科。

一是秀才。"凡秀才，试方略策五道，以文理通粗为上上、上中、上下、中上，凡四等为及第。"① 要试方略策五道，文理通达，成绩上上、上中、上下、中上四等者，算是及第。考试内容主要是治国之方、治军之道的基本知识。

二是明经。"凡明经，先帖文，然后口试，经问大义十条，答时务策三道，亦为四等。"② 所谓"帖"经，就是在考卷上印出某一篇经典文章，并贴去一行或者若干字，要求考生凭记忆把它填补上。所谓经义，就是考某一经典的要义，口问大义十条，要考生对答。

三是明法。考法律中的"律"七条、"令"三条，全通为甲，通八以上为乙，通七以下为不第。主要是考士人对古代和当代国家法律法令的了解和见识程度。

四是进士。主要是考"帖"经、诗赋和时务策。开始只是考"帖"经、时务策，到唐玄宗时又加考诗赋。其中，"帖"经、时务策与明经科相似，主要检查应试者的经典知识和政治态度。诗歌辞赋考试，不仅考核应试者是否具备一定的记忆、理解能力和知识，还考核他们创作歌赋的能力。辞赋考试既不能显示治国理政的能力，更不能考察人们的德行素质，但是考试难度比秀才、明经科都大，成为人们趋之若鹜的入仕之道。故当时进士、明经最受重视，而进士科尤为士子所趋。明经十中取一二，进士百中取一二。进士科得中可得美官显职，故有"跳龙门"之誉，又因其非常难中，故称为"三十老明经，五十少进士"。

3. 科举考试的原则

一是公开原则。隋唐科举制自产生之日起，就确立了由政府出面招生，考生自由报考的原则。唐代的科举考试，报名的时候，士人须先"怀牒自列于州、县"。所谓"牒"就是考生的身份、履历证书，经过有关部门审核后就算报上了名。经过州、县逐级考试，合格后被送到京城长安参加省试。省试之日，考生们自带水、炭、蜡烛、餐具等，按照考官唱名顺序，依次进入考场。省试被录取称为进士"及第"，又被称为

---

① 《二十五史》，上海古籍出版社，1986，第 4254 页。

② 《二十五史》，上海古籍出版社，1986，第 4254 页。

"跳龙门"。接着还有"喜报家书"、"曲江宴游"、"慈恩题名"等一系列喜庆活动。这些都是公开举行，体现了公开的原则。

二是平等原则。科举制最根本的特点是机遇平等，一切读书人都可以参加考试，而不受门第、身份等限制，使得庶族寒门与豪门士族子弟得到同样的机遇。南朝梁武帝早就下诏："其有能通一经……虽复牛监羊肆，寒品后门，并随才试吏，勿有遗隔。"① 即无论牧牛放羊，寒门小户，考试取士时都不能遗漏。到了北宋，"不论年龄大小、家庭贫富、郡望高低，凡稍具文墨者，皆可应举；甚至以前一直被排斥在仕途之外的'工商、杂类'出身的士人，只要有'奇才异行'，亦允许应举"。②

三是竞争原则。科举制度的又一重要特点是严格考试。虽然考试中不免营私舞弊，但总体而言，考试是比较严格的。所谓考试"一切以程文为去留"，"程文"就是考试卷子，考试成绩是录取的唯一凭据。史载科举开考时，"吏一倡名，乃得入列，棘围席，坐庑下……有司以隶人待之"。③ 士人被荆棘围着，坐在房屋下，监考者像对待奴隶一样看着试者。起初考试时间还可延长到通宵，后来只能延长到三支蜡烛烧尽。史载："唐制举人试日，既暮，许烧烛三条。韦用贻试日先毕，作诗云：……白莲千朵照廊明，一片升平雅颂声，才唱第三条烛尽，南宫风月难画成。"④

四是择优原则。唐代科举取士，科目很多。其中进士科不仅要考杂文、策论，还要考诗歌、辞赋，因而考试难度最大，士人们趋之若鹜。明经可以十中取一二，进士只能百中取一二。进士科按甲、乙两等评定成绩。录取及第的基本原则是：从甲（上）等到乙（下）等，按考试成绩择优录取。唐代贞观年间的 23 年中，约录取进士 205 人，状元约 20 人，状元占进士人数的约 10%；而在高宗、武后年间的 55 年中，录取进士就达到 1000 余人，状元约 41 人，状元占进士人数的约 4%。⑤ 所以说进士是考生中的佼佼者，而状元又是进士中的精华。

---

① 《二十五史》，上海古籍出版社，1986，第 2026 页。
② 黄留珠：《中国古代选官制度述略》，陕西人民出版社，1989，第 268 页。
③ 《二十五史》，上海古籍出版社，1986，第 4690 页。
④ 马端临编撰《文献通考》，中华书局，1986，第 273 页。
⑤ 马端临编撰《文献通考》，中华书局，1986，第 276~277 页。

（二）科举制度的沿革

1. 科举制度的改革与辉煌

唐宋以来，科举制度经过两次大规模改革，出现了空前的辉煌时期。

（1）唐代武则天改革

唐代武则天对科举的改革，主要措施有四。

一是发明弥封。为了防止考生与试官舞弊，乃令试日糊其名暗考，以定等第。史称"至武后时……初试选人，皆糊名，令学士考判"。后来武则天又推翻了这项措施，以致"士无贤不肖，多所进奖"。[1] 这种糊名卷又称弥封卷，对考场舞弊有所限制，因而一直流传到现在。

二是设置武举。武则天长安二年（公元702年）初设武举，考试科目有"马射"、"马枪"[2] 等。每年像明经、进士一样，在乡里举行酒宴，再送到兵部录用。

三是发展"南选"。高宗、武后时，"以岭南五管黔中都督府，得即任土人，而官或非其才。乃遣郎官御史，为选补使，谓之'南选'"。[3] 当时因岭南各地考生不便来京，曾派官到当地都督府监选，谓之"南选"。武则天当政后，把"南选"范围扩大到桂、广、泉、建、贺、福、韶等州。

四是扩大选数。比如，唐高宗总章（公元668～670年）以后，每年平均录取进士24人，比高宗初年增加了70%。[4] 武则天当政以后，每年录取的进士人数，较之唐高宗时候更加扩大了。

（2）宋代王安石改革

到了宋代，王安石对科举制度再次进行了改革，主要方法亦有四。

一是糊名法。糊名法即将卷首考生姓名、籍贯等糊住，密封加印，另编字号，不使阅卷者知悉考生姓名。自宋太宗淳化三年（公元992年），因士人钻营请托，"将作监丞莆田陈靖上疏，请糊名考校，以革其弊，上嘉纳之。于是，召两省、三馆文学之士，始令糊名考校，第其优

---

① 《二十五史》，上海古籍出版社，1986，第4256页。
② 《二十五史》，上海古籍出版社，1986，第4257页。
③ 《二十五史》，上海古籍出版社，1986，第4257页。
④ 黄留珠：《中国古代选官制度述略》，陕西人民出版社，1989，第200页。

劣，以分等级"，① 糊名之法逐渐推广于省试、别试等各种考试。后来，糊名法又称弥封法。

二是誊录法。糊名虽然掩饰了考生的姓名，但考生的字迹有时会被熟识的考官认出，于是创立了誊录法。誊录即由别人抄录考卷的办法，以防科场作弊。到明清时这种誊录便演化为"墨卷"（应试人用墨笔写的原卷）、"朱卷"（誊录人用红笔抄的卷子），考官只阅"朱卷"不看"墨卷"。据《宋史·选举志》载："（大中祥符）八年（公元1015年），即置誊录院，令封印官封试卷付之，集书吏录本，监以内侍二人。"为了防止誊写中出现差错，又相应设置校读官负责文字校对。

三是锁宿法。锁宿是指主考官和考场有关人在试期内，一律食宿在贡院，以防人们请托。淳化三年，太宗命苏易简等同知贡举，苏易简等受命以后，径直赴院视事，食宿不出院门，称为锁宿。到了大中祥符四年（公元1011年），发解官也开始锁宿，以后锁宿遂成为一种制度。

四是别头试。别头试也叫别试，别试范围一般以五服内亲为界。如寄居他乡临试难返者，必须在官员的保举下才能参加别头试。但别头试也有照顾官员子弟的性质，《宋史·选举志》曰："士有亲戚仕本州，或为发解官，及侍亲远宦，距本州二千里。"别头试取人名额高于一般考试，因而往往有人冒充官员子弟应试。

王安石还否定了唐以来的以"诗赋取士"，提出"今以少壮时，正当讲求天下正理，乃闭门学作诗赋，及其入官，世事皆所不习，此乃科法败坏人才，致不如古"，② 主张"专取策论而罢诗赋"，"不用贴墨而考大义"，"宜先去声病对偶之文，使学者得以专意经义"，③ 规定应举人不再考试诗赋、贴经、墨义之类，而以《诗》、《书》、《易》、《周礼》、《礼记》为本经，《论语》、《孟子》为兼经。王安石建立经义局，主持"三经"注释，撰注《诗义》、《书义》、《周官新义》，作为考试标准。然而"王安石的经义文体，后来竟演变为八股，贻误苍生达五百年之

①　李焘：《续资治通鉴长编》，中华书局，1979，第734页。
②　马端临编撰《文献通考》，中华书局，1986，第293页。
③　马端临编撰《文献通考》，中华书局，1986，第293页。

久，则更是王安石做梦也不会想到的"。①

唐宋以来，科举取士确实收罗了不少人才。史称："方其取以辞章，类若浮文而少实；及其临事设施，奋其事业，隐然为国名臣者，不可胜数。"② 陈登原等指出，唐代宰相共有 368 人，仅是进士出身的就有 142 人，加上由制举出身的 72 人，③ 共达 214 人，占宰相总数的 58%。而宋朝仅仅仁宗一朝，科举录取的杰出人才就有李迪、王曾、张知白、杜衍、晏殊、范仲淹、韩琦、富弼、文彦博、包拯、欧阳修、张方平、司马光、王安石、曾巩、刘敞、刘攽、刘恕、蔡襄、苏轼、苏辙、苏颂、沈括等。④

2. 科举制的缺陷与嬗变

科举制度早就存在缺陷，宋代的苏颂就说："一曰考试关防太密，二曰士子不事所业，三曰诈冒户贯取应，四曰取人多少不均。"⑤ 到了明清以后，科举制度更加衰落，直到清末出现了嬗变。

一是形式上推行八股文体。史称："其文略仿宋经义，然代古人语气为之，体用排偶，谓之八股，通谓之制义。"⑥ 每篇由破题、承题、起讲、入手、起股、中股、后股、束股八部分组成，是对士人才学的一种限制。李长源认为："中国之士，专尚制艺。上以此求，下以此应。将其一生有用之精神，尽耗于八股五言之内……及夫登第入官，上自国计民生，下至人情风俗，非所素习气，措置无从。"⑦ 清代徐灵胎讥讽八股考试："读书人，最不济。背时文，烂如泥。国家本为求才计，谁知变做了欺人技。"⑧ 民国时期鲁迅先生更是入木三分地揭露说："八股原是蠢笨的产物。一来是考官嫌麻烦——他们的头脑大半是阴沉木做的……因此，一股一股地定出来，算是合于功令的格式，用这格式来'衡文'，

① 黄留珠：《中国古代选官制度述略》，陕西人民出版社，1989，第 280 页。
② 《二十五史》，上海古籍出版社，1986，第 4255 页。
③ 陈登原：《中国教育史》，辽宁教育出版社，1998，第 203 页。
④ 黄留珠：《中国古代选官制度述略》，陕西人民出版社，1989，第 294 页。
⑤ 苏颂：《苏魏公文集》，中华书局，1988，第 213 页。
⑥ 张廷玉：《明史》，上海古籍出版社，1986，第 185 页。
⑦ 陈登原：《国史旧闻》，中华书局，2000，第 615 页。
⑧ 唐婷译注《随园诗话译注》，北京联合出版公司，2015，第 254 页。

一眼就看得出多少轻重。"①

二是内容上代圣人立言。朱元璋规定科举用四书五经命题，根据程朱注疏发挥，以求其"代圣人立言"。乾隆刊行《钦定四书文》集，作为八股文示范读本，到嘉庆时，又出现了《小题正鹄》等八股选本，以四书中的一句话，如"子曰：学而时习之，不亦说乎？"命题。因此，士子不仅死读经书，有的干脆背诵范文。顾炎武曾说："以经义言之，场屋可出之题不过数十，富家巨族，延请名士，馆于家塾，将此数十题，各撰一篇，计篇酬价，令其子弟及僮奴之俊慧者记诵熟习，入场命题，十符八九……昔人所需十年而成者，以一年毕之……卒而问其所未读之经，有茫然不知为何书者。"② 这种机械的背诵，使读书人头脑日趋僵化。

三是在思想上禁锢士人。明清规定各级科举考试，专用四书五经命题，并且只能根据程朱注疏发挥，不许有个人的见解，从而在思想上禁锢了士人。雍正更是露骨地宣称："国初以美官授汉儿，汉儿尚不肯受。今汉儿营求科目，足见人心归附。"③ 人们为了取得一官半职，唯"四子一经之笺，是钻是窥，余则漫不加省，与之交谈，两目瞪然视，舌木强不能对"。所以，明朝将亡之时，"有红纸大书，榜于大明门上者曰，奉送大明江山一座，下书八股朋友同具"。④ 把明代的灭亡归罪于八股取士。

清末戊戌变法时，梁启超在《变法通议》中说："变法之本，在育人才；人才之兴，在开学校；学校之立，在变科举。"⑤ 后光绪上谕："若不随时变通，何以励实学而拔人才。着自下科为始，……向用四书文者，一体改用策论。"⑥ 并规定禁用八股文。这一变法使得京师哗然。后慈禧"与袁世凯、张之洞计议甚久，深知旧日八股之制不除，则一切新政，皆受阻碍。……遂下诏停止科举。"⑦

① 鲁迅：《鲁迅全集》，人民文学出版社，1956，第 83 页。
② 黄汝成集释《日知录》，上海古籍出版社，1985，第 1260 页。
③ 曹光甫点校《赵翼全集》，凤凰出版社，2009，第 35 页。
④ 陈登原：《国史旧闻》，中华书局，2000，第 221 页。
⑤ 邓力群等：《中国近代史参考资料》，新中国书局，1949，第 322 页。
⑥ 陈登原：《国史旧闻》，中华书局，2000，第 616 页。
⑦ 陈登原：《国史旧闻》，中华书局，2000，第 617 页。

（三）科举制度的历史贡献

1. 科举制促进了人才的社会流动

科举制度是传统社会中人才的主要社会流动制度。中国古代也有社会分层，《汉书·食货志》载："士农工商，四民有业；学以居位曰士。"① 其中，士又称士大夫，属于社会上层。《现代汉语词典》认为，士是"古代介于大夫和庶民之间的阶层"。② 农工商则属于社会下层，主要是个体劳动者。"农"包括个体小农、佃农、雇农以至"新甿"（新民）或"宾萌"（客民），"工"是官府手工业者和个体手工业者，"商"则是从事物资流通与商品交换的社会群体。科举取士，使社会下层的农工商群体中的一部分人，通过读书、考试，流动到社会上层的士大夫群体中。

流动的动因主要有两个方面。

第一，统治阶级需要吸收下层的人才。马克思曾指出："一个统治阶级越能把被统治阶级中的最杰出的人物吸收进来，它的统治就越巩固、越险恶。"③ 传统社会中地主阶级是统治阶级，为了完善自己的统治机器，势必要把被统治阶级的杰出人物吸收进来，因此需要吸收农工商这些被统治阶级中的杰出人物。

第二，被统治阶级渴望跻身于上层。英国学者史蒂夫·布鲁斯说："在教育社会学领域，大量研究非常有效地运用自我实现的预言来解释学校如何无意地再造着社会阶层。"④ 马斯洛的需要层次论把人的需要或动机，依次分为生理、安全、归属与爱、尊重和自我实现。而最高层的自我实现需要，就是人希望成为自己所期望的人物，希望完成与自己的能力相称的一切事情。因此，作为社会下层的农工商阶层，在解决了温饱等基本需要后，也有着跻身上层、实现自我的愿望。而科举考试是他们达成自我实现的愿望的有效途径。

从隋唐到清末的1300多年，科举考试、及第、任职的循环往复，使

① 《二十五史》，上海古籍出版社，1986，第476页。
② 中国社会科学院语言研究所词典编辑室编《现代汉语词典》，商务印书馆，1979，第1040页。
③ 马克思：《资本论》，人民出版社，2004，第679页。
④ 史蒂夫·布鲁斯：《社会学的意识》，蒋虹译，译林出版社，2013，第41页。

贤能之士实现了社会流动，这既推动个人自我价值的实现，也为国家治理提供了一大批股肱之才。

2. 科举制度催生了文官制度

科举制度不仅在日本、朝鲜和越南有很大影响，而且奠定了西方文官制度的基础。西方资本主义制度建立以后，人事制度曾经停留在政党分肥制度。19世纪初来华的一位英国译员悔笃士著书立说，要以中国的科举考试制度为范例，主张在英国实行公开竞争考试，以改善英国的行政组织。"英国于公元1855年开始建立的文官考试制度，其曾受中国科举考试制度的影响，尤其显见。"[1] 1855年、1870年，英国内阁颁布了文官制度改革的两个枢密院令，贯彻"公开考试，择优录用"的原则，建立了西方第一个文官制度。

孙中山在《五权宪法》中指出："英国的考试制度最早，美国行考试才不过二三十年，英国的考试制度就是学我们中国的。中国的考试制度是世界最好的制度。"[2] 中国的考试制度好在拥有一套科学的原则，即公开、平等、竞争、择优，而西方资产阶级正是以此创立了文官制度。

第一，文官制度吸取了公开原则。隋唐科举制自产生之日起，就确立了由政府出面招生，考生自由报考的原则。唐代报名的时候，士人须先"怀牒自列于州、县"。所谓"牒"就是考生的身份、履历证书，经过有关部门审核后就算报上了名。考中以后，还要张榜公布，并到所在州县和家中报喜。西方的"各种录用考试，都要公告通知，公开进行。考试公告，必须写明考试的职务、责任、待遇、报考资格、考试科目以及时间地点。考试合格名单，必须张榜公布，并通知本人，以便众所周知，有所监督"。[3]

第二，文官制度吸取了平等原则。科举制最根本的特点是机遇平等，一切读书人都可以参加考试，而不受门第、身份等限制，使得庶族寒门与豪门士族子弟得到同样的机遇。西方"自1789年法国'人权宣言'提出公民享有进入政府部门的平等权的原则以来，各国相继规定对报考

---

① 王昭德：《清代科举制度研究》，香港中文大学出版社，1982，第249页。
② 孙中山：《孙中山选集》，人民出版社，2011，第514页。
③ 曹志主编《资本主义国家公务员制度概要》，北京大学出版社，1985，第27页。

者要'一视同仁'，不因民族、种族、性别、家庭出身、住所远近、政治面貌和倾向、宗教信仰、婚姻状况、生理缺陷等而受到歧视，主要应以'品行'和'考试成绩'作为衡量的标准"。[①]

第三，文官制度吸取了竞争原则。科举考试"一切以程文为去留"，"程文"就是考试卷子，能不能考中就看考试成绩，考试成绩是录取的唯一凭据。西方的文官录用都采取考试方法，而考试都是带有竞争性的。其区分是"除公开竞争考试适用于所有公务员外，还有非公开竞争考试，通常只进行面试，审查一下资历、学历，或考核一下实际操作"，"此外，还可分为普通公开竞争考试和特种公开竞争考试（如外交官考试）"。[②]

第四，文官制度吸取了择优原则。唐代科举取士，进士科按甲、乙两等评定成绩。录取及第的基本原则是：从甲（上）等到乙（下）等，按考试成绩择优录取。西方文官"主要按考试成绩（包括笔试与口试），并参考个人资历、学历、品德进行录用。有的国家（如埃及）规定，公务员按考试成绩择优录用，如考试成绩相同，则录用学历、资历深的，如学历、资历相同，则录用毕业早、年龄大的"。[③] 考试成绩的优劣是公务员录取的首要标准。

科举制度既是传统社会中选拔治国人才的主要制度，也是传统社会中人才垂直流动的社会流动制度。通过科举考试，传统社会中的人才得以进入统治阶层，为治国理政贡献一分力量。科举制度虽然在清光绪年间被废除，但科举制度的考试形式得以保留，至今仍是选拔人才的重要方式之一；科举制度确立的公开原则、平等原则、竞争原则、择优原则至今仍是选拔人才需要恪守的基本原则；科举制度所采取的一些工具性措施，例如弥封卷、锁钥法（考官回避制）、别头试（考生回避制）等亦沿袭至今。当前，我国从人才大国迈向人才强国已进入决胜阶段，深入研究科举制度的利弊并扬弃之，对完善我国的人才发展体制机制、形成人才多元治理主体的责任共同体具有重要意义。

（楚 刃）

---

① 曹志主编《资本主义国家公务员制度概要》，北京大学出版社，1985，第27页。
② 曹志主编《资本主义国家公务员制度概要》，北京大学出版社，1985，第27页。
③ 曹志主编《资本主义国家公务员制度概要》，北京大学出版社，1985，第28页。

七 公与私：国家与个人的边界区隔

公与私既是中国传统社会思想中的一对重要范畴，也是中国传统社会治国理政中的一对重大关系。在中国历史上，"公"、"私"两个范畴有丰富多元的社会含义。传统公私观经历了三个具有代表性的发展阶段：先秦诸子的公私观具有政治哲学意蕴，宋明理学的公私观体现道德哲学色彩，明清时期的公私观反映权利哲学特质。传统公私观的基本特征是：边界划分的相对性、涵盖领域的广泛性、价值取向的尚公性和理念境界的层次性。公私关系的核心是国家与个人的关系，汲取传统公私观中的精华成分，全面处理好复杂多变的公私关系，对推进国家治理的良性运行、实现国家治理体系现代化具有重要的现实意义和深远的历史意义。

（一）"公"与"私"的含义

1. "公"的多元含义

据现存文献记载，中国历史上的"公"字比"私"字出现得早，殷甲骨文中已有"公"字，"私"字则是在周末才出现。[①] 中国古代的许多经典文献中都使用过"公"字，其具体含义和所指非常丰富，归纳起来可分为四类。

（1）亲属称谓意义的公

"公"的最初含义是亲属称谓，主要包括三种含义。一是对"祖先"的称谓。"公"的最早含义是对"祖先"的称谓，商王在祭祀时把"祖先"敬称为"公"，在周代也继续沿用。[②] 二是对"祖父"的称谓。《吕氏春秋·异用》记载："孔子之弟子从远方来者，孔子荷杖而问之曰：'子之公不有恙乎？'搏杖而揖之，问曰：'子之父母不有恙乎？'"[③] 在此孔子所谓"公"，实际上是指"祖父"。三是对"父亲"的称谓。据《战国策·魏策一》记载："张仪欲穷陈轸，令魏王召而相之，来将悟之。将行，其子陈应止其公之行，曰：'……夫魏欲绝楚、齐，必重迎

① 钱广荣：《中国早期的公私观念》，《甘肃社会科学》1996 年第 4 期。
② 白芳：《人际称谓与秦汉社会变迁》，人民出版社，2010，第 47 页。
③ 陆玖译注《吕氏春秋》（上），中华书局，2010，第 304 页。

公。郢中不善公者，欲公之去也，必劝王多公之车。'"① 在该段引文中，陈应称其父陈轸为"公"，"公"之具体含义实为父亲。白芳认为，"公"的内涵由对祖先的称谓延伸到对宗族和家族中身份地位最高的男性成员的称谓，与周代推行宗法分封制的国家体制密切相关。②

（2）政治管理意义的公

政治管理意义上的"公"与治国理政直接相关，主要体现国家治理活动中的公共属性，如公职、公家、公事、公道等。一是官爵称谓。官爵是一种政治身份，"公"作为职官称谓始于西周，"公"相当于中央政府中地位最高一级的职官称谓。据《尚书正义·周官》记载："立太师、太傅、太保。兹惟三公，论道经邦，燮理阴阳。官不必备，惟其人。"③"公"作为爵位称谓始于西周时期，是表示尊贵身份的荣誉称号。④ 据《礼记·王制》记载："王者之制禄爵，公、侯、伯、子、男凡五等。……天子之田方千里，公侯田方百里，伯七十里，子男五十里。"⑤ 郑玄注："禄，所受食；爵，秩次也。"由此可见，"公"是贵族官僚中等级最高的爵级称谓。二是官府或朝廷。官府或朝廷是国家为进行公共管理而设置的政治机构，是一种"公家"机构而非"私家"机构。据《论语》记载，孔子"入公门，鞠躬如也，如不容"。⑥ 这里的"公门"即指朝廷或官府大门。《荀子·强国》篇也有类似的用法："入其国，观其士大夫，处于其门，入于公门，出于公门，归于其家。"⑦ 三是公共事务。"公"专指国家事务、朝廷公务之"公事"，区别于个人或家庭之"私事"。《礼记·曲礼下》曰"公事不私议"，⑧ 即公家之事不可私下商议。《论语·雍也》记载，孔子问执掌武城的子游得到过什么人才？子游回答说："有澹台灭明者，行不由径，非公事，未尝至于偃之室也。"⑨

① 缪文远、缪伟、罗永莲译注《战国策》（下），中华书局，2012，第691页。
② 白芳：《人际称谓与秦汉社会变迁》，人民出版社，2010，第48页。
③ 孔安国传，孔颖达等正义，黄怀信整理《尚书正义》，上海古籍出版社，2007，第703页。
④ 白芳：《人际称谓与秦汉社会变迁》，人民出版社，2010，第48页。
⑤ 王文锦译解《礼记译解》，中华书局，2016，第148页。
⑥ 陈晓芬、徐儒宗译注《论语·大学·中庸》，中华书局，2015，第112页。
⑦ 方勇、李波译注《荀子》，中华书局，2015，第261页。
⑧ 王文锦译解《礼记译解》，中华书局，2016，第38页。
⑨ 杨伯峻译注《论语译注》，中华书局，2009，第58页。

此处之"公事",应指公共事务。四是政治准则。"公"作为政治活动的准则,主要包括"公道"和"公正"之意,即不偏不倚。《论语·尧曰》说:"宽则得众,信则民任焉,敏则有功,公则说。"① 《荀子·强国》曰:"公道通义之可以相兼容者,是胜人之道也。"② 《论语·颜渊》说:"政者,正也。子帅以正,孰敢不正。"③ 五是公共标准。公共标准是社会公认的一般标准,是实现公正治国的"公器"。慎子认为,在治国理政实践中,要确立各种"公器",为规范各种社会行为提供共同标准。《慎子》中说:"蓍龟,所以立公识也;权衡,所以立公正也;书契,所以立公信也;度量,所以立公审也;法制礼籍,所以立公义也。"④

(3)道德伦理意义的公

道德伦理意义的"公"是指"应然"的德行或道德修养,反映"公"应该是什么,应该怎么样。一是公即平。向世陵认为,以"平"释"公"是中国传统公平观的基本价值取向,一则讲"公平正直",如《春秋·元命苞》中的"公者,为言平也,公平正直";另一则讲"平分",如许慎著《说文解字》中的"公,平分也"。⑤ 二是公即善。在"公私义利"之辨的相互"纠缠"中,在对"公私义利"进行道德评价时,形成了"公善私恶"和"义善利恶"的观念。因为"公"和"义"在道德评价中都符合"善","私"和"利"都趋向"恶",由此形成"公义"、"私利"两个合成词,"公义"为善,"私利"为恶。因此,以道德范畴"义"来解释"公",则公为善也。三是公即仁。在宋明理学中,正统理学讨论了"公"与"仁"的关系,以"公"释"仁"。程颐首先看到公与仁之间的相似性,以公说仁。⑥ 程颐在回答"如何是仁?"时说:"只是一个公字。学者问仁,则常教他将公字思量。"⑦ 朱熹则认为"公近仁","公"是达成"仁"的方法:"故为仁者,必先克己,克

---

① 杨伯峻译注《论语译注》,中华书局,2009,第207页。
② 方勇、李波译注《荀子》,中华书局,2015,第254页。
③ 杨伯峻译注《论语译注》,中华书局,2009,第127页。
④ 许富宏撰《慎子集校集注》,中华书局,2013,第18页。
⑤ 向世陵:《从"天下为公"到"民胞物与"——传统公平与博爱观的旨趣和走向》,《中国人民大学学报》2015年第2期。
⑥ 陈乔见:《公私辨:历史衍化与现代诠释》,生活·读书·新知三联书店,2013,第134页。
⑦ 程颢、程颐:《二程集》,中华书局,2004,第284~285页。

己则公，公则仁。"①

（4）经济利益意义的公

经济利益是道德的基础，离开了经济利益的道德只能是"空洞的道德"。经济利益集中体现为经济权利和物质利益，经济利益意义的公私关系即"公利"与"私利"的关系。"公利"体现为国家利益、社会利益、集体利益等公共利益，"私利"体现为家庭利益、个体利益、个人利益等私人利益。钱广荣认为，中国早期公私利益关系的形成起步于商代实行的土地制度"井田制"。在"井田制"制度下，井田属于国家公有，由诸侯驱使奴隶（或农夫）耕作，中间"公田"收获全部归天子，其余八块"私田"的收获归诸侯。② 先秦时期，人们主张公为大、私为小，即"大公小私"，如《诗经·国风·豳风》说："言私其豵，献豜于公。"③ 到了宋明理学，经济利益意义的公私关系被完全"道德化"，"公"转化为自然天理，"私"被视为人之私欲，其基本价值取向是"存天理，灭人欲"，颂扬"天理"和"公利"，贬低甚至否定"私利"和"私欲"。明朝中期以后，随着商品经济的发展和资本主义萌芽的出现，"私利"的必然性与合理性逐步得到承认和肯定，经济利益意义的"公利"与"私利"重新"回归"社会思想家的视域和论域。

2. "私"的多重含义

钱广荣认为，"私"字最早出现于西周末期，其初始字形的意思是胳膊肘朝里弯，指属于个人的粮食。"私"字一开始就具有道德意义，在后来的演变中却时常以非道德意义的概念出现。④ 陈乔见详细考证了早期文献《诗经》、《尚书》、《左传》、《国语》中"私"的各种具体含义。⑤ 归纳起来，"私"字在早期文献中主要有七种含义。

一是指与自己亲近之人，如姊妹之夫、家人、家臣、私家皂隶之属，

---

① 朱熹：《朱子全书》（第22册），上海古籍出版社、安徽教育出版社，2003，第1917页。
② 钱广荣：《中国早期的公私观念》，《甘肃社会科学》1996年第4期。
③ 周振甫译注《诗经译注》，中华书局，2010，第201页。
④ 钱广荣：《中国早期的公私观念》，《甘肃社会科学》1996年第4期。
⑤ 陈乔见：《公私辨：历史衍化与现代诠释》，生活·读书·新知三联书店，2013，第22~33页。

以及同姓、骨肉、宾客之属等，如《诗经·卫风·硕人》中的"谭公维私"。① 二是指个人身份。个人身份相对于公务身份，是指以个人名誉进行社交活动。如《论语·乡党》记载，孔子出使邻国，"私觌，愉愉如也"。② 意思是孔子在以私人身份会见外国君臣时，显得和颜悦色、轻松愉快。三是指私有、私利、私物。既可以是个人之私，如《诗经·国风·葛覃》所言"薄污我私"中的"私"，就是指个人的私服内衣；也可以是群体之私，如《孟子·滕文公上》中的私家之田："方里而井，井九百亩，其中为公田。八家皆私百亩，同养公田，公事毕，然后敢治私事。"③ 四是指擅自、私自、自作主张。这里的"私"，是指没有完全征求或尊重他人的意愿或意见，私自或擅自代人或替人做决定。荀子在阐述大臣侍奉圣明君主的原则时，明确指出下臣不能以私意决策："恭敬而逊，听从而敏，不敢有以私抉择也，不敢有以私取也，以顺上为志，是事主君之义也。"④《战国策·燕策》说："荆轲知太子不忍，乃遂私见樊於期。"⑤ 这里的"私"就是私自、擅自之意。五是指私心、自私、私欲。该意义的"私"具有强烈的道德评价含义。《荀子·解蔽》说："私其所积，唯恐闻其恶也；倚其所私，以观异术，唯恐闻其美也。"⑥ 六是偏私、偏爱、偏心、偏袒。该意义的"私"是指对人对事采取因人而异的特殊主义，没有做到一碗水端平；"无私"则是指一视同仁，不偏倚、不偏护。《礼记·深衣》说："故规矩取其无私，绳取其直，权衡取其平，故先王贵之。"⑦ 七是指私下、私密、隐私。"私"相对于"公开"或"透明"状态，指一种"保密"或"不公开"状态。据《国语·鲁语下》记载，季康子派家臣冉有向孔子咨询田赋问题，孔子不做正式回答，而是"私下"对冉有谈论自己的看法："仲尼不对，私于冉有曰。"⑧

① 周振甫译注《诗经译注》，中华书局，2010，第 76 页。
② 杨伯峻译注《论语译注》，中华书局，2009，第 98 页。
③ 杨伯峻译注《孟子译注》，中华书局，2012，第 126 页。
④ 方勇、李波译注《荀子》，中华书局，2015，第 214 页。
⑤ 缪文远、缪伟、罗永莲译注《战国策》（下），中华书局，2012，第 1012 页。
⑥ 方勇、李波译注《荀子》，中华书局，2015，第 336 页。
⑦ 王文锦译解《礼记译解》，中华书局，2016，第 787 页。
⑧ 陈桐生译注《国语》，中华书局，2013，第 233 页。

（二）传统公私观的历史演变

公私观是人们对公与私及其相互关系的根本看法，是人们在处理公私关系过程中形成的基本观点。在《诗经》中已经出现了公私对举的例子，春秋时代的公私对举明显增多。从先秦到清代，中国传统公私观总体上经历了三个发展阶段，即先秦诸子的公私观、宋明理学的公私观和明清时期的公私观。①

1. 先秦诸子的公私观

对公私观念的系统思考，始于先秦诸子。而先秦诸子的公私之辨，又主要围绕为政主体的政治伦理和政治规范展开，体现出鲜明的政治哲学意蕴。②

（1）儒家的公私观

发端于先秦儒家的公私观，对后世产生了重大而深远的历史影响。孔子贵公，强调为政者要公正无私行政，要公平分配权益，提出了著名的"三无私"思想。《礼记·孔子闲居》说："天无私覆，地无私载，日月无私照。奉斯三者，以劳天下，此之谓三无私。"③ 孔子认为，天地、日月对每一个人都是一样的，没有远近亲疏之别，没有偏心偏爱，所以"无私"。这里的"无私"就是"不偏不倚"，即公正无私。孔子还提出"天下为公"的大同政治理想。《礼记·礼运》载："孔子曰：大道之行也，天下为公，选贤与能，讲信修睦。故人不独亲其亲，不独子其子，使老有所终，壮有所用，幼有所长，矜寡孤独废疾者皆有所养，男有分，女有归。货恶其弃于地也，不必藏于己；力恶其不出于身也，不必为己。是故谋闭而不兴，盗窃乱贼而不作，故外户而不闭。是谓大同。"④ 孔子描绘的大同社会，鲜明地体现出一个"公"字：生产资料公有，举贤任能，人们没有私有观念、没有自私自利之心，人与人之间相亲相爱。⑤ 孟子非

---

① 陈乔见：《公私辨：历史衍化与现代诠释》，生活·读书·新知三联书店，2013，第15~16页。

② 陈乔见：《公私辨：历史衍化与现代诠释》，生活·读书·新知三联书店，2013，第49~50页。

③ 王文锦译解《礼记译解》，中华书局，2016，第148页。

④ 王文锦译解《礼记译解》，中华书局，2016，第258页。

⑤ 杨义芹：《中国传统公私观及其缺陷》，《上海师范大学学报》（哲学社会科学版）2010年第2期。

常重视"义利"问题，其"义利观"影响深远；但孟子很少直接谈论"公私"问题，其公私观主要以间接方式隐含在"仁政"思想中。

荀子的公私观兼具儒家和法家之特质。荀子认为"公生明，偏生暗"，[①]为政者应该明分公私，不朋党比奸，他赞赏公正无私之人为"公士"："不下比以暗上，不上同以疾下，分争于中，不以私害之，若是，则可谓公士矣。"[②]（《荀子·不苟》）荀子强调"隆礼重法"，认为上至天子下至士人，都要依据法度行事，如此才能达至政治的公平公正。《荀子·君道》说："天子三公，诸侯一相，大夫擅官，士保职，莫不法度而公，是所以班治之也。"[③]荀子首次提出具有形而上意义的、超越性的"公道"概念，认为只有坚持公正之道和公理正义，才能防止和避免个人的"偏"、"私"。《荀子·君道》中说："隆礼至法则国有常，尚贤使能则民知方，纂论公察则民不疑，赏克罚偷则民不怠，兼听齐明则天下归之。然后明分职，序事业，材技官能，莫不治理，则公道达而私门塞矣，公义明而私事息矣。"[④]荀子在坚持"法胜私"的基础上，还从伦理角度提出著名的"公义胜私欲"命题，强调为政者应根据社会公义而不是个人好恶行事，君子要以公正的道义战胜个人的私欲。《荀子·修身》中说："君子之能以公义胜私欲也。"[⑤]

（2）墨家的公私观

墨家的公私观念与儒家有许多相通之处，《淮南子·要略》中说："墨子学儒者之业，受孔子之术。"[⑥]在先秦诸子中，墨子最早把"公"与"义"联系在一起，通过义利观来体现其公私观，提出"举公义、辟私怨"思想。《墨子·尚贤上》中说："故官无常贵，而民无终贱，有能则举之，无能则下之，举公义，辟私怨，此若言之谓也。"[⑦]墨子认为，坚持公正公心（"举公义"），就要祛除私怨（"辟私怨"），并且明确提出"尚贤"口号，要求彻底突破以血缘关系为基础的宗法制

① 方勇、李波译注《荀子》，中华书局，2015，第 35 页。
② 方勇、李波译注《荀子》，中华书局，2015，第 34 页。
③ 方勇、李波译注《荀子》，中华书局，2015，第 197 页。
④ 方勇、李波译注《荀子》，中华书局，2015，第 199 页。
⑤ 方勇、李波译注《荀子》，中华书局，2015，第 23 页。
⑥ 陈广忠译注《淮南子》（下），中华书局，2012，第 1267 页。
⑦ 方勇译注《墨子》，中华书局，2015，第 52 页。

度。墨子把崇尚贤能视为治理政务的根本："尚欲祖述尧舜禹汤之道，将不可以不尚贤。夫尚贤者，政之本也。"① 墨子还认为，为政者应该效法"天"的"无私"品性，在治国理政中坚持公正无私的兼爱思想。《墨子·法仪》中说："天之行广而无私，其施厚而不德，其明久而不衰，故圣王法之。"② 墨子还说："文王之兼爱天下之博大也，譬之日月兼照天下之无有私也。"③ 墨子以日月兼照无私论证其兼爱思想，把自然之天的"公正无私"作为人类社会政治制度特别是为政者公正无私的天道观理据。

（3）道家的公私观

老子是先秦诸子中最先把"公"与"道"联系在一起的思想家，提出"天道无私"思想。④《老子·第十六章》中说："知常容，容乃公，公乃全，全乃天，天乃道，道乃久，没身不殆。"⑤ 老子认为，懂得自然法则才能包容，包容才能公正无私，公正无私才能周全，周全才能符合天理，符合天理才能合于道，合于道才能长久存在而终生不会遇到危险。在老子看来，"天"、"道"之"公"显然要优于为政者的公正无私品德。老子对"私"的理解具有"正言若反"的辩证法色彩，老子认为"私"指个人欲望、个人利益和个体生命，"无私"则指无我、无己、无欲。《老子·第七章》中说："天地所以能长且久者，以其不自生也，故能长生。是以圣人后其身而身先，外其身而身存。非以其无私邪？故能成其私。"⑥ 在老子看来，个人只有无私才能保全成就私（个人利益）。《老子·第十九章》中说："见素抱朴，少私寡欲。"⑦ 老子认为，要治理好天下，就要让民心有所归属。为此，要使外表单纯、内心淳朴，少有私心、降低欲望。

庄子则明确以"无私"和"公"来形容"道"的无所不包。《庄子·

---

① 方勇译注《墨子》，中华书局，2015，第54页。
② 方勇译注《墨子》，中华书局，2015，第22页。
③ 方勇译注《墨子》，中华书局，2015，第143页。
④ 陈乔见：《公私辨：历史衍化与现代诠释》，生活·读书·新知三联书店，2013，第59页。
⑤ 汤漳平、王朝华译注《老子》，中华书局，2014，第61页。
⑥ 汤漳平、王朝华译注《老子》，中华书局，2014，第27页。
⑦ 汤漳平、王朝华译注《老子》，中华书局，2014，第73页。

则阳》中说："万物殊理，道无私，故无名。"① 又说："是故天地者，形之大者也；阴阳者，气之大者也；道者为之公。"② 庄子所言的"私"，其意皆为"偏私"之义，"无私"即"无所偏私"。《庄子·大宗师》中说："天无私覆，地无私载，天地岂私贫我哉？"③ 庄子认为，既然"道"与"天地"都是无私的，那么，管理国家的君主君王也应该效法"道"与"天地"的无私。《庄子·应帝王》中说："汝游心于淡，合气于漠，顺物自然而无容私焉，而天下治矣。"④

（4）法家的公私观

法家公私观的基本取向是公私对立，法家代表人物在此基础上提出一系列处理公私关系的重要命题。商鞅首先提出"明分公私"论，认为公私分明是国家存亡的根本。《商君书·修权》中说："公私之分明，则小人不疾贤，而不肖者不妒功。"⑤ 商鞅把法所规定的内容视为"公"，凡法所规定的就是"公道"、"公义"，凡法所禁止的就是"私"。因此，"明分公私"的基本要求就是要"任法去私"："国之所以治者三：一曰法，二曰信，三曰权。法者，君臣之所共操也……故立法明分，不以私害法，则治。"⑥ 又说："是故明王任法去私，而国无隙、蠹矣。"⑦《管子》中明确提出"以法治国"思想，强调为政者要遵循"废私立公"的政治伦理规范，废除自己的偏私，坚持公正无私。《管子·任法》中说："圣君任法而不任智，任数而不任说，任公而不任私，任大道而不任小物，然后身佚而天下治。"⑧《管子》中认为，代表国家的"公法"与各种"私情"之间相互对立，二者不能并存：要么是"公法行而私曲止"（《管子·五辅》），要么是"私情行而公法毁"（《管子·八观》）。如何防止各种"私害"？《管子·正》说："废私立公，能举人乎？临政官民，

---

① 方勇译注《庄子》，中华书局，2015，第449页。
② 方勇译注《庄子》，中华书局，2015，第450页。
③ 方勇译注《庄子》，中华书局，2015，第120页。
④ 方勇译注《庄子》，中华书局，2015，第125页。
⑤ 石磊译注《商君书》，中华书局，2011，第108页。
⑥ 石磊译注《商君书》，中华书局，2011，第105页。
⑦ 石磊译注《商君书》，中华书局，2011，第109页。
⑧ 李山译注《管子》，中华书局，2016，第243页。

能后其身乎？能服信政，此谓正纪。"①

韩非继承和发展了前期法家的公私观，把公私对立进一步强化，提出"私立公灭"和"立法废私"的思想。在先秦诸子中，韩非是第一个明确给"公"、"私"下定义的社会思想家。《韩非子·五蠹》中说："古者仓颉之作书也，自环者谓之私，背私谓之公，公私之相背也。"②韩非认为，公私是截然相反和完全对立的，谋求私利的行为得逞，国家利益就不复存在，即"私行立而公利灭矣"。③在公与私的对立中，韩非倡导公而否定私，主张一切以公利为准。韩非说："为公者必利，不为公者必害。"④如何避免"私立公灭"的局面发生？韩非总结历史经验称："古者世治之民，奉公法，废私术，专意一行，具以待任。"⑤他建议圣明君主要依靠法制祛除"私恩"："明主之道，必明于公私之分，明法制，去私恩。"⑥（《韩非子·饰邪》）进而又提出"立法废私"的实施策略："夫立法令者，以废私也。法令行而私道废矣。私者，所以乱法也。"⑦

2. 宋明理学的公私观

宋明理学家明确提出"公私之辨"，⑧ 公私观是贯穿宋明理学的重要线索之一。⑨ 宋明理学的特点之一是以伦理道德为中心，公私之辨主要围绕道德主体展开，并与理欲之辨、义利之辨、善恶之辨相互交织，具有浓厚的道德哲学意味。

（1）理欲公私观

所谓理欲公私观，就是从理欲角度论公私，或者以理欲解释公私。在宋明理学中，理欲公私之辨的基本观点是"天理之公"与"人欲之

① 转引自陈乔见《公私辨：历史衍化与现代诠释》，生活·读书·新知三联书店，2013，第70页。
② 高华平、王齐洲、张三夕译注《韩非子》，中华书局，2015，第709~710页。
③ 高华平、王齐洲、张三夕译注《韩非子》，中华书局，2015，第707页。
④ 高华平、王齐洲、张三夕译注《韩非子》，中华书局，2015，第475页。
⑤ 高华平、王齐洲、张三夕译注《韩非子》，中华书局，2015，第47页。
⑥ 高华平、王齐洲、张三夕译注《韩非子》，中华书局，2015，第183页。
⑦ 高华平、王齐洲、张三夕译注《韩非子》，中华书局，2015，第652页。
⑧ 陈乔见：《公私辨：历史衍化与现代诠释》，生活·读书·新知三联书店，2013，第95页。
⑨ 郭振香：《宋明儒学公私观之初探》，《江汉论坛》2003年第6期。

私"。北宋周敦颐把孟子的"寡欲"说发展为"无欲"说，他认为："一者无欲也，无欲则静虚动直，静虚则明，明则通；动直则公，公则溥。明通公溥，庶矣乎!"① 在宋明理学中，程朱理学最为强调天理人欲之辨。程颐说："公则一，私则万殊。至当归一，精义无二。人心不同如面，只是私心。"② 又说："公则自同，若有私心便不同，同即是天心。"③ 在天理和人欲（私欲）的关系上，程颐认为天理与人欲（私欲）之间是非此即彼的对立关系，"不是天理，便是私欲。"④

朱熹非常重视公私之辨："其意则有公私之辨，学者又不可以不察也。"⑤ 朱熹首先把理欲之辨等与义利之辨相关联，以天理、人欲范畴去诠释孟子的"义利之辨"，其结论是："仁义根于人心之固有，天理之公也。利心生于物我之相形，人欲之私也。"⑥ 朱熹又把理欲之辨与公私之辨相提并论："而今须要天理人欲、义利公私，分别得明白。"⑦ 又说："凡一事便有两端：是底即天理之公，非底乃人欲之私。"⑧ 朱熹把天理归于"公"，人欲归于"私"，认为天理与人欲、公与私，相互对立、非此即彼、此消彼长。朱熹说："人只有个天理人欲，此胜则彼退，彼胜则此退，无中立不进退之理。"⑨ 他还说："人之一心，天理存，则人欲亡；人欲胜，则天理灭，未有天理人欲夹杂者。"⑩ 朱熹认为，天理、人欲不相容，那就"存天理、灭人欲"，在此公私观就是"存公灭私"。

（2）义利公私观

所谓义利公私观，就是从义利角度论公私，或者以义利解释公私。陈乔见认为，宋明理学家多把义利对立起来，并且把义利之辨等同于公

① 周敦颐：《周敦颐集》，中华书局，1990，第52页。
② 程颢、程颐：《二程集》，中华书局，2004，第144页。
③ 程颢、程颐：《二程集》，中华书局，2004，第145页。
④ 程颢、程颐：《二程集》，中华书局，2004，第144页。
⑤ 朱熹：《四书章句集注》，中华书局，1983，第283页。
⑥ 转引自陈乔见：《公私辨：历史衍化与现代诠释》，生活·读书·新知三联书店，2013，第104页。
⑦ 黎靖德编《朱子语类》，中华书局，1986，第227页。
⑧ 黎靖德编《朱子语类》，中华书局，1986，第227页。
⑨ 黎靖德编《朱子语类》，中华书局，1986，第224页。
⑩ 黎靖德编《朱子语类》，中华书局，1986，第224页。

私之辨。① 程颢对义利之辨非常重视，他说："大凡出义则入利，出利则入义。天下之事，惟义利而已。"② 程颐则把义利与公私相联系，直接把义利之辨视为公私之辨："义与利，只是个公与私也。才出义，便以利言也。只那计较，便是为有利害。若无利害，何用计较？利害者，天下常情也。人皆知趋利避害，圣人则更不论利害，惟看义当为与不当为。"③ 在二程的义利公私之辨中，他们更多地把利理解为个人利益，但不反对合理追求个人利益；程颐虽然把义利之辨视为公私之辨，但他没有把"义"等同于"公利"，也没有把"利"等同于"私利"。④

陆九渊极言义利之辨，认为凡是为学者首先应当辨明义利公私："凡欲为学，当先识义利公私之辨。"⑤ 陆九渊并不满意天人分离的"天理人欲"观，他说："天理人欲之言，亦自不是至论。若天是理，人是欲，则是天人不同矣。此其源盖出于老氏。"⑥ 陆九渊运用"儒释之辨"事例说明，儒释的根本区别在于义利之辨，实质是公私之辨：儒家教人入世经世，承担社会责任，体现了义和公的原则；释家教人出世厌世，追求个人解脱，体现了自私自利的原则。⑦ 陆九渊还运用科举考试事例说明，应当从行为主体的心理动机来理解义利公私："志于义"的目的在于国与民的公共利益和普遍利益，"志于义"就是"志于公"；"志于利"的最终目的在于获取高官厚禄之一己私利，"志于利"就是"志于私"。

程朱理学在义利公私之辨过程中还提出了"有意为公亦是私"的命题。陈乔见认为，在义利公私之辨中，理学家不仅关注天理与人欲的对立，而且关注天理与私意的对立。⑧ 理学家认为，即便是为公，若存有私心或是处于私意，或是有意为之，仍是私。《二程集》说："虽公天下

---

① 陈乔见：《公私辨：历史衍化与现代诠释》，生活·读书·新知三联书店，2013，第 121 页。
② 程颢、程颐：《二程集》，中华书局，2004，第 124 页。
③ 程颢、程颐：《二程集》，中华书局，2004，第 176 页。
④ 陈乔见：《公私辨：历史衍化与现代诠释》，生活·读书·新知三联书店，2013，第 122 ~ 123 页。
⑤ 陆九渊：《陆九渊集》，中华书局，1980，第 470 页。
⑥ 陆九渊：《陆九渊集》，中华书局，1980，第 395 页。
⑦ 陈乔见：《公私辨：历史衍化与现代诠释》，生活·读书·新知三联书店，2013，第 127 页。
⑧ 陈乔见：《公私辨：历史衍化与现代诠释》，生活·读书·新知三联书店，2013，第 127 页。

事，若用私意为之，便是私。"① 又说："人才有意于为公，便是私心。"②
陆九渊说："若有意为之，便是私。"③

（3）善恶公私观

所谓善恶公私观，就是从善恶角度论公私，或者以善恶评价公私。
善恶评价是道德评价的基本方式，在先秦时期的儒家公私观中，已有从
善恶角度评价公私的传统。苑秀丽认为，儒家公私观的第一个特点就是
道义性，儒家的公私具有善与恶、正与不正的普遍性，善行永远受到褒
奖赞扬，恶行永远遭到唾弃。④ 宋明理学继承了先秦儒家的道德评价传
统，从善恶角度对公私进行道德评判："公"是值得人们推崇和追求的
"善"，"私"是应该遭到贬斥抛弃的"恶"。

理学家陆九渊不仅把"公私"与"善恶"相提并论，还把"公私"
与"福祸"相关联。他说："为善为公，心之正也。为恶为私，心之邪
也。为善为公，则有和协辑睦之风，是之谓福。为恶为私，则有乖争陵
犯之风，是谓之祸。"⑤ 在陆九渊看来，既然公是善也是福，私是恶也是
祸，那么崇公抑私也就理所当然了。由于公善私恶，李觏提出"循公灭
私"，认为这是连不懂事理的"竖子"都明白的道理。李觏说："天下至
公也，一身至私也，循公而灭私，是五尺竖子咸知之也。"⑥ 朱熹把公私
与君子小人相提并论："君子公，小人私。"朱熹说："君子之心公而恕，
小人之心私而刻。"⑦ 朱熹认为，君子和小人的人格修养与道德境界不
同，公与私是区分君子和小人的重要标志。朱熹还认为，君子和小人的
所为不同，究其原因则在公私之际，公私仅一字之差，但差之毫厘，失
之千里。

3. 明清时期的公私观

明清时期的公私之辨，主要从个体权利角度出发，⑧ 肯定"私"的

① 程颢、程颐：《二程集》，中华书局，2004，第77页。
② 程颢、程颐：《二程集》，中华书局，2004，第192页。
③ 陆九渊：《陆九渊集》，中华书局，1980，第468页。
④ 苑秀丽：《论儒家公私观的基本特点》，《东方论坛》2016年第2期。
⑤ 转引自苑秀丽《论儒家公私观的基本特点》，《东方论坛》2016年第2期。
⑥ 转引自朱贻庭主编《中国传统伦理思想史》（第四版），华东师范大学出版社，2015，第257页。
⑦ 朱熹：《四书章句集注》，中华书局，1983，第148页。
⑧ 李爱荣：《清代公私观念中的权利意识》，《现代哲学》2012年第2期。

合理性，反思批判先前的公私观念，重构公私关系，具有权利哲学转向的特征。①

（1）为"私"辩护正名

宋明理学的公私观在总体上是贬斥和否定"私"（私利、私欲、私意）的，明代思想家李贽率先为"私"正名和辩护。李贽认为，"私"是"心性"的本质，"私"的存在符合自然法则，每个人对自身利益的追求都具有正当性，"无私"之说只是虚妄之论。② 李贽在《德业儒臣后论》中说："夫私者，人之心也。人必有私，而后其心乃见。若无私，则无心矣。如服田者，私有秋之获而后治田必力；居家者，私积仓之获而后治家必力；为学者，私进取之获而后举业之治也必力。……此自然之理，必至之符，非可以架空而臆说也。然则为无私之说者，皆画饼之谈，观场之见，但令隔壁好听，不管脚跟虚实，无益于事，只乱聪耳，不足采也。"③ 李贽在此段论证中的主张很明确，归结起来就是"人必有私而后其心乃见"，也就是说，"私"的存在具有必然性和自然性，没有私就没有"心性"。"私"作为人心的本质规定得到了正面肯定。

明末清初思想家陈确撰有《私说》，旗帜鲜明地为"私"辩护。陈确说："有私所以为君子。惟君子而后能有私，彼小人者恶能有私乎哉！"④ 陈确提出"有私所以为君子"命题，与宋明理学的公私观念截然相反，与朱熹"君子公，小人私"的思想背道而驰。陈确把"私"分为"君子之私"和"小人之私"，认为"君子之私"是一种从利己到利人的"私"，是合乎道的"私"；"小人之私"是一种虚假性的"私"，是不合乎道的"私"。陈确说："君子之心私而真，小人之心私而假；君子之心私而笃，小人之心私而浮。彼古之所谓仁圣贤人者，皆从自私之一念，而能推而致之以造乎其极者也。而可曰君子必无私乎哉！"⑤

① 陈乔见：《公私辨：历史衍化与现代诠释》，生活·读书·新知三联书店，2013，第141页。
② 王中江：《明清之际"私"的彰显及其社会史关联》，载刘泽华、张荣明等著《公私观念与中国社会》，中国人民大学出版社，2003，第170页。
③ 李贽：《藏书》，中华书局，1959，第544页。
④ 转引自陈乔见《公私辨：历史衍化与现代诠释》，生活·读书·新知三联书店，2013，第145页。
⑤ 转引自刘泽华、张荣明等著《公私观念与中国社会》，中国人民大学出版社，2003，第173页。

（2）公私关系的重构

李贽和陈确虽然为"私"辩护和正名，但他们没有深入思考和回答如何重新处理公私关系。明清之际，清代的一些学者提出了一系列有影响的新思想。

黄宗羲提出"以天下万民之各自私利为天下大公"命题。首先，自私自利是人与生俱来的自然本性。在黄宗羲看来，在国家产生之前的人类"原初状态"（"有生之初"）中，人人自私自利，既不关心"公利"，也不关心"公害"。他说："有生之初，人各自私也，人各自利也，天下有公利而莫或兴之，有公害而莫或除之。"[1] 其次，君主的本原职责在于"兴公利除公害"。既然人之本性为各私其私，那么谁来承担"公利"之责呢？黄宗羲说："有人者出，不以一己之利为利，而使天下受其利；不以一己之害为害，而使天下释其害。"[2] 这个"人者"就是国家的君主，君主的本原职责就是"兴天下之公利，除天下之公害"。黄宗羲认为，"公利"不是指君国的利益，更不是封建帝制下"君主"的个人利益，而是天下万民之利益。最后，以天下万民之各自私利为天下大公。在黄宗羲看来，立君之道的本意在于万民之公利，在帝制之下的君主却"以我之大私为天下之大公"。黄宗羲主张以天下万民之各自私利起见，通过"以天下万民之各自私利为天下大公"重构了公私关系命题。[3]

顾炎武提出"合天下之私以成天下之公"命题。首先，"私"是人不可避免的自然性情。顾炎武说："天下之人各怀其家，各私其子，其常情也。"[4] 又说："自天下为家，各亲其亲，各子其子，而人之有私，固情之所不能免矣，故先王弗为之禁。"[5] 其次，顺应天下之私成就天下之公。黄宗羲认为，人之常情之"私"不能禁止，圣人君主可因势利导，利用人之私情，求得天下大治。顾炎武还设计了实现路径："圣人者因而用之，用天下之私，以成一人之公而天下治。夫使县令得私其百

---

① 沈善洪、吴光主编《黄宗羲全集》（第一册），浙江古籍出版社，2005，第 2 页。
② 沈善洪、吴光主编《黄宗羲全集》（第一册），浙江古籍出版社，2005，第 2 页。
③ 陈乔见：《公私辨：历史衍化与现代诠释》，生活·读书·新知三联书店，2013，第 159 页。
④ 顾炎武：《顾亭林诗文选》，中华书局，1983，第 14 页。
⑤ 顾炎武著，黄汝成集释《日知录集释》，上海古籍出版社，2006，第 148 页。

里之地，则县之人民皆其子姓，县之土地皆其田畴，县之城郭皆其藩垣，县之仓廪皆其困窌。为子姓，则必爱之而勿伤；为田畴，则必治之而勿弃；为藩垣困窌，则必缮之而勿损。自令言之，私也，自天子言之，所求乎治天下者，如是焉止矣。……为其私，所以为天子也。故天下之私，天子之公也。"①

　　龚自珍的公私观的核心是批判"大公无私"论，主张"公私多元论"，实质是肯定"私利"的合理性。首先，提出天地日月有私论。孔子提出的"三无私"（"天无私覆，地无私载，日月无私照"）流传久远，被先秦诸子及后人广为接受。龚自珍则在《论私》中针锋相对地提出"三有私"："天有闰月，以处赢缩之度，气盈朔虚，夏有凉风，冬有燠日，天有私也；地有畸零华离，为附庸闲田，地有私也；日月不照人床闼之内，日月有私也。"② 其次，提出公私关系多元论。龚自珍重新诠释《诗经》中的公私观念，认为《诗经》所载的公私关系存在"先私后公"、"先公后私"、"公私并举"、"公私互举"等多种形态，说明古人在公私关系上并非只提倡大公无私，古人并没有把"大公无私"绝对化和唯一化。龚自珍还把公私之辨上升到人禽之别的高度，他说："今日大公无私，则人耶？则禽耶？"③

（三）传统公私观的基本特征

1. 边界划分的相对性

　　在传统公私关系格局中，公与私的界限具有相对性、可变性甚至模糊性，公与私的划分不是绝对的、静止的和永恒的。划分公与私的领域、层次、角度不同，公与私的相对位置就会发生变化甚至相互转化。一是君主私与国家公的转化性。《诗经·小雅·谷风之什·北山》中说："溥天之下，莫非王土；率土之滨，莫非王臣。"④ 在君主专制体制下，"天下为公"与"君权神授"相结合，君主是国家的代表，君主成为"公"的化身，君主个人之"私"即国家整体之"公"。君主可以利用手中权力，把个人之"私"转变为国家之"公"，并通过一定的制度、法律、

---

① 顾炎武：《顾亭林诗文选》，中华书局，1983，第14~15页。
② 龚自珍：《龚自珍全集》，上海人民出版社，1975，第92页。
③ 龚自珍：《龚自珍全集》，上海人民出版社，1975，第92页。
④ 周振甫译注《诗经译注》，中华书局，2010，第312页。

伦理规范加以保障。① 二是等级结构中的相对性。在古代社会分层结构中，公私关系随着时代变化而变化。例如，在周代实行分封制，存在天子、诸侯、卿大夫、士、兆庶的等级隶属格局，其中的"公"一般指天子、诸侯及其相关之物与事，"私"一般指下级官员和百姓及其相关之物与事。到春秋时期，诸侯与卿大夫在政治舞台上占主导地位，"公"经常特指诸侯国及其利益，"私"则特指卿大夫及其利益。至战国时期，分封制分崩离析，诸侯纷纷由"公"而称"王"，君主集权趋势加强，"公"指君主及其所代表的国家及利益，"私"指君主以下的所有大臣小吏、游学之士、黎民兆庶及其利益。② 三是差序格局中的相对性。公私关系是一种社会关系，公私界限"嵌入"在社会关系格局中。费孝通认为，中国传统社会的社会关系结构属于差序格局，"在差序格局中，社会关系是逐渐从一个一个人推出去的，是私人联系的增加，社会范围是一根根私人联系所构成的网络"。③ "嵌入"差序格局中的公私关系，具有非常鲜明的相对性："在差序格局里，公和私是相对而言的，站在任何一圈里，向内看也可以说是公的。"④ 在差序格局化的社会关系中，人们的行为逻辑遵循一个"事实上的公式"，即"为自己可以牺牲家，为家可以牺牲族……"在以"自己"为中心不断向外推的多圈层格局中，公与私的边界是模糊的，可以为了内圈层的利益而牺牲外圈层的利益，因为内圈层的利益并不是"私"，而是"小团体的公"。⑤

2. 涵盖领域的广泛性

传统公私观念涵盖的社会生活领域比较广泛，不同领域的公私观念具有不同的表现形式，反映出不同的社会特征。陆建猷认为，中国传统公私观念主要体现在四个领域。⑥ 一是家国关系上的公私观念。"国"是中国传统社会的主导性实体，经历了"城市性的规格"、"王侯的封地规

① 朱正平：《从"崇公抑私"到"尚公重私"——儒家公私观的现代转变》，《东方论坛》2012年第3期。

② 郭齐勇、陈乔见：《孔孟儒家的公私观与公共事务伦理》，《中国社会科学》2009年第1期。

③ 费孝通：《乡土中国生育制度》，北京大学出版社，1998，第30页。

④ 费孝通：《乡土中国生育制度》，北京大学出版社，1998，第30页。

⑤ 赵晓峰：《公私观念与熟人社会》，《江海学刊》2014年第4期。

⑥ 陆建猷：《公与私是中国传统社会运行的基本支点》，载刘泽华、张荣明等著《公私观念与中国社会》，中国人民大学出版社，2003，第311～328页。

格"和"中央统一的国家规格"等形态；"家"是中国传统社会的根本
性实体，包括"居所意义的家"、"婚姻血缘关系的家"、"耕作劳民之
家"和"宗法的诸侯大夫之家"等含义。国与家是公与私的附着条件和
载体，诸侯大夫居于国家生活的支配地位，他们的利益偏私就是对国家
权力公共本质的损害，耕作劳民的私利则是家庭意义和性命存活的必备
之需。二是物质利益上的公私观念。中国传统社会重视物质利益的流动
创造，物质利益领域的公私划分始终围绕"正当"与违背正当的价值观
展开。物质利益适宜国与家的本位是公与私的正当体现，符合社会伦理
与国家法制的物质利益是公与私利益关系的本位，社会公义抵制各种侵
害适宜利益的私利行为。三是国家命运上的公私观念。中国传统社会的
中央政府一直重视号召国民维护国家命运，而公私观念对国家命运发挥
着影响社会意识的作用。国家命运的有效维护途径是公权公利不被私利
所倒错，危害国家命运的因素主要来自帝王及其官吏阶层倒错国家公权
性质的贪私或私害。四是价值取向上的公私观念。中国传统社会存在两
条调整利益关系的价值准则，即法制性准则和道义性准则。孟子以
"义"和"道"为后世士人阶层价值观念培养提供了普遍而深远的公义
教益，《尚书》中提出的"以公灭私"为官吏阶层提供了公义价值准则。
民众的价值观念取向体现在奉公守法准则下从事自力性的社会生活。

3. 价值取向的尚公性

在传统公私之辨中，自秦汉至明清，不同时期的思想家们提出过多
种公私关系的组合模式，其中最根本、最重要的价值取向是崇尚公、颂
扬公、张扬公、高扬公、表扬公，排斥私、抑制私、批判私、摈弃私。
"崇公抑私"的"尚公主义"取向主要反映在四种公私观念模式上。一
是以公灭私观。《尚书·周官》提出："以公灭私，民其允怀。"[1] 这是我
国历史上最早提出"以公灭私"的史料，其中蕴含的尚公意识可谓表现
到极致。与此相近的观点很多，如《慎子·威德》中的"凡立公，所以
弃私也"[2]，《管子·任法》中的"任公而不任私"。[3] 贾谊在《新书·阶

---

[1] 王世舜、王翠叶译注《尚书》，中华书局，2012，第471页。
[2] 许富宏撰《慎子集校集注》，中华书局，2013，第18页。
[3] 李山译注《管子》，中华书局，2016，第243页。

级》篇中说："公丑忘私。"① 立公灭私观强调公的绝对性和至上性，认为公私截然对立，不可调和，有公则无私。这种观念对后世产生了巨大影响，并发展成为"至公无私"和"大公无私"。二是公正无私观。公正无私是"以公灭私"在政治运行过程中的体现和要求，是国家治理活动中必须遵循的行为准则。公正无私是治理天下的前提，坚持公正无私才能实现天下太平。《吕氏春秋·贵公》中说："昔先王之治天下也，必先公。公则天下平也。"② 《韩非子·饰邪》中说："私义行则乱，公义行则治，故公私有分。"③ 三是公而忘私观。公而忘私观作为一种处理公私关系的精神境界，承认"私"的客观存在性，但"忘私"并不等于"无私"和"灭私"。贾谊说："故化成俗定，则为人臣者，主耳忘身，国耳忘家，公而忘私。"④ 四是先公后私观。先公后私的观念在《诗经》中已经出现，《诗经·小雅·北山之什》中说："雨我公田，遂及我私。"⑤ 据《三国志·卷四十七·吴书二》载，六年春正月，诏曰："方事之殷，国家多难，凡在官司，宜各尽节，先公后私，而不恭承，甚非谓也。"⑥ 先公后私观在承认"公利"与"私利"并存的前提下，要求个人利益服从国家利益、社会利益和整体利益。总之，"尚公"取向是四种公私观念中的"最大公约数"，也是中华民族在处理公私关系上传承至今的优良传统。

4. 理念境界的层次性

葛荃和张长虹提出，中国传统公私理念可以分为三层境界。⑦ 第一层境界是"以君为本的公私观"。作者认为，"以君为本"的公私观是中国传统社会的文化精英与政治精英站在君主政治立场上所倡导的一种政治道德规范，以维护君主统治集团的根本利益和整体利益为目的，否定的是个别君主的个人之私，维护的是统治集团的全部利益。"以君为本"

---

① 方向东译注《新书》，中华书局，2012，第 74 页。
② 陆玖译注《吕氏春秋》（上），中华书局，2011，第 21 页。
③ 高华平、王七洲、张三夕译注《韩非子》，中华书局，2015，第 184 页。
④ 班固：《汉书》，中华书局，1962，第 2257 页。
⑤ 周振甫译注《诗经译注》，中华书局，2010，第 328 页。
⑥ 陈寿撰、裴松之注《三国志》（下），中华书局，2011，第 951 页。
⑦ 参见葛荃、张长虹《"公私观"三境界析论》，载刘泽华、张荣明等著《公私观念与中国社会》，中国人民大学出版社，2003，第 329～350 页。

的公私观，其实质是以特殊政治利益集团的整体利益作为标定和衡量公与私的唯一尺度，其中没有对社会一般成员利益的肯定，这一境界所倡导的大公即是大私。第二层境界是"以民为本的公私观"。"民为邦本，本固邦宁"的重民思潮是中国传统政治文化的主题之一，基于重民思潮形成的"以民为本"的公私观有多种表达形式，其中最有特色的是"天子为天下"说，具体包含三层规定：一是立君的目的是要让君主来治理天下，二是君主要利民、养民，三是君主要"公天下"、博爱于民。第三层境界是"以人为本的公私观"。作者认为，"以人为本"的公私观是以具有独立人格和尊严的个人为本，其中的"公"指基于个人权利或合法利益而形成的公共理性，"私"指个人权利与人格等个人主体意识。作者认为，由于中国传统社会中的政治权力私有，社会一般成员不具有政治主体地位，因此"以民为本"的第二层境界已是中国传统公私观的制高点，中国传统政治文化达不到"以人为本"公私观的第三层境界。

传统公私观的内容博大精深，为今人全面认识和辩证处理公私关系提供了丰富的思想资源。新中国成立60余年来，我们在处理公私关系上既有经验也有教训。在社会主义市场经济条件下，正确处理公私关系是实现国家治理体系现代化的难题之一。处理国家利益、集体利益和个人利益之间关系的关键在于合理构建利益关系格局，尊重公私利益的客观性，合法划分公私利益的边界，既要坚持公共利益优先，也要兼顾公私利益互举，以实现公私利益共赢。

（毕天云　蔡　静）

八　秩序：国家治理的目标

"秩序"作为社会学的基本范畴，在中国传统治国思想体系中具有极为重要的地位，而构建稳定和谐、运行良好的社会秩序是国家治理的目的。传统社会中，中国历代社会思想家始终怀有浓厚的"秩序"情结，将"秩序"作为国家治理的目标，对理想社会进行规划。探寻中国传统思想中"秩序"的内涵与特质，对推进社会秩序建设、实现国家治理现代化具有重要的现实意义。

（一）中国"秩序"思想的内涵与演变

在《辞海》中，秩序"指人或事物所在的位置，含有整齐守规则之意"。[1] 西晋之前，中国传统典籍中"秩"与"序"是分开使用的，直到西晋文学家陆机（字士衡）在《文赋》中写到"谬玄黄之秩序，古澳认而不鲜"，"秩序"一词才开始被广泛使用。[2] 早在《诗经》、《庄子》、《尚书》等中国传统典籍中就记载了"秩"与"序"，在长期历史变迁过程中，"秩"、"序"以及"秩序"的含义未有明显的变化。总体而言，"秩"更多地表达条理、职位品级、常度等含义，"序"更侧重次第等含义。当然，"秩"中也包含"序"，"序"中同样体现着"秩"，"秩"与"序"单独使用，也都是"秩序"的含义，即一种规范化、结构化的社会状态。

1. 规范的实践过程

人们在社会关系网络中交往、从事活动，需要国家设立一定的规则及机制来调节人的行为。行为准则、规范是秩序的基本内核，秩序就是人们对各种行为规范的实践过程，即行为活动对社会规范的贯彻、实施和维护过程。[3]

（1）有礼节、有顺序的样子

"秩秩"连用，表达有礼节、有顺序之意。《诗经·小雅》云："宾之初筵，左右秩秩。"这里的"秩秩"是肃静之意，宾主都矜庄而有礼貌、有秩序。[4] 方孝孺在《逊志斋集·祭童伯礼》中用"秩然"来形容仪态："孰如吾子，祠庙是虔，岁时烝尝，其仪秩然。"[5] 这里的"秩"也有相同之意。再如《荀子·仲尼》中的"贵贱长少，秩秩焉莫不从桓公而贵敬之，是天下之大节也"，[6] "秩秩焉"表达的是有顺序的样子。不管是尊贵的还是卑贱的，年长的或是年幼的，都井然有序，大家都顺从桓公并尊敬他，这是治理天下的大原则。[7]

---

[1] 辞海编辑委员会编《辞海》，上海辞书出版社，1999，第4969页。
[2] 邢建国、汪青松、吴鹏森：《秩序论》，人民出版社，1993，第2页。
[3] 邢建国、汪青松、吴鹏森：《秩序论》，人民出版社，1993，第5页。
[4] 周振甫译注《诗经译注》，中华书局，2002，第370页。
[5] 方孝孺著，徐光大校点《逊志斋集》，宁波出版社，2000，第667页。
[6] 方勇、李波译注《荀子》，中华书局，2015，第83页。
[7] 方勇、李波译注《荀子》，中华书局，2015，第83页。

（2）条理分明

"秩"在古代典籍中，有"条理分明"之意。《贞观政要》中说："损其有余，益其不足，使无文之礼咸秩，敦睦之情毕举，变薄俗于既往，垂笃义于将来。"大意是，删减多余的、补充不足的，使过去不成文的礼节都条理分明，使亲密和睦的感情都能体现出来，改变过去鄙薄的风俗，给后世留下笃守情义的法则。① 清代的戴震在《原善》中把"条理之秩然有序"称为"礼"。"何谓礼？条理之秩然有序，其著也；何谓义？条理之截然不可乱，其著也。"② 这里的"秩"也表达条理分明、井然有序之意。

（3）次第、排列

"序"侧重于表达次第、顺序的含义。《礼记·经解》中说："乡饮酒之礼，所以明长幼之序也。"这里"序"表示长幼有先后的次序，年龄小的对年龄大的礼让，尊老尊长，有礼有序。③《史记·周本纪》中伯阳甫曰："周将亡矣。夫天地之气，不失其序；若过其序，民乱之也。"意思是天地的阴阳之气，不能错失自己的次序，如果错乱了应有的位置，民众就会大乱。④ 朱熹对《论语·子路》中"事不成，则礼乐不兴；礼乐不兴，则刑罚不中；刑罚不中，则民无所措手足"做注时，也讲到了"序"。朱熹云："事得其序之谓礼，物得其和之谓乐。事不成则无序而不和，故礼乐不兴。礼乐不兴，则施之政事皆失其道，故刑罚不中。"⑤可见，在朱熹看来，"次序"是礼的内在规定，礼与乐代表着"别"与"和"，礼乐兴，社会才能和谐有序，此乃国家的施政之道。

"序"也有动词"根据次第排列"之意，在传统社会生活中，人们依照"礼"的规则将爵位、职事、辈分等进行高低排序，是秩序维系的实践过程。例如《诗经·桑柔》中的"告尔忧恤，诲尔序爵"就告诉人们如何忧恤国家，如何分封爵位。⑥《礼记·中庸》中说："宗庙之礼，

---

① 骈宇骞、骈骅译《贞观政要》，中华书局，2009，第 200～201 页。
② 陆学艺、王处辉主编《中国社会思想史资料选辑》（宋元明清卷），广西人民出版社，2007，第 572 页。
③ 李慧玲、吕友仁注《礼记》，中州古籍出版社，2015，第 197 页。
④ 古敏主编《中国古代经典集粹：史记（上）》，北京燕山出版社，2001，第 28 页。
⑤ 朱熹撰《四书章句集注》，中华书局，2011，第 134 页。
⑥ 周振甫译注《诗经译注》，中华书局，2002，第 461 页。

所以序昭穆也。序爵，所以辨贵贱也。序事，所以辨贤也。"① 意思是宗庙中的祭礼，是用以排列左昭右穆各个辈分的；序列爵位，是用以辨别身份贵贱的；安排祭中各种职事，是用以分别子孙才能的。② 这里的"序"都表达排列、排序的意思。

2. 社会关系的结构状态

当规范、行为准则外化在人们的行为过程之中，最终会形成一种具有结构化的社会关系。秩序表示一种连续的、稳定的、协调的社会关系状态，这样的社会关系状态也是国家治理的根本要求。

（1）职位品级

"秩"有"职位品级"之意。《荀子·强国》中说："君享其成，群臣享其功，士大夫益爵，官人益秩，庶人益禄。"③ 这里的"秩"是官吏的俸禄，引申为官吏的职位或品级之意。《史记·秦本纪》中说：缪公素服郊迎，自谓其罪在己，复三人之官秩如故。④ 这里的"秩"表示职位之意。再如《史记·平准书》中说："乃募民能入奴婢得以终身复，为郎增秩，及入羊为郎，始于此。"⑤ "秩"就是升官、增俸的意思。到了宋代，"秩"的含义未发生较大改变。司马光著的《资治通鉴》中说："宗室非有军功论，不得为属籍。明尊卑爵秩等级，各以差次名田宅、臣妾、衣服。有功者显荣，无功者虽富无所芬华。"此处介绍的是商鞅变法改革的内容，商鞅下令王亲国戚没有获得军功的，不能再享有贵族的地位，并确立由低到高的各级官阶等级，分配给其田地房宅、女仆侍女、衣饰器物，使有功劳的人尊贵荣耀，没有功劳的人即使富有也不光彩。⑥ 可见，"秩"作为级别来讲，含有明显的层级特征。清代顾炎武的《日知录·部刺史》中说："夫秩卑而命之尊，官小而权之重，此小大相制，内外相维之意也。"此处"秩"也表示品级之意。此为顾炎武评价汉武帝时期的刺史制度，品级虽低但受到皇帝任命，官衔虽小但权力巨大，可监察地方的高官，这样就实现了

---

① 王文锦译解《礼记译解》，中华书局，2016，第701页。
② 王文锦译解《礼记译解》，中华书局，2016，第702页。
③ 方勇、李波译注《荀子》，中华书局，2015，第253页。
④ 古敏主编《中国古代经典集粹·史记（上）》，北京燕山出版社，2001，第41页。
⑤ 古敏主编《中国古代经典集粹·史记（上）》，北京燕山出版社，2001，第218页。
⑥ 司马光著，于元撰文《资治通鉴》，吉林文史出版社，2009，第8页。

大小官员相互制约监督。[①] 综上，"秩"作为职位品级之意，体现的是结构化了的层级次序下各得其位、各司其职、井然有序的社会状态。

（2）常度

秩序，常度也。[②] 它是一种恒常、均衡的社会状态。在中国传统思想中，人们在社会生活交往中的"秩序"要符合上天安排的永恒"秩序"。例如《庄子·天道》中说："宗庙尚亲，朝廷尚尊，乡党尚齿，行事尚贤，大道之序也。语道而非其序者，非其道也。"这里，庄子所表达的是："大道所安排的永恒的状态，是宗族之内崇尚亲属，朝廷之内崇尚爵禄的高低，乡党之内崇尚长者，行事时崇尚贤能，要承认天道中的尊卑先后的秩序，这才是真正的天道。"[③]《尚书·皋陶谟》中说："天叙有典，敕我五典五惇哉，天秩有礼，自我五礼有庸哉。"大意是，上天定下了人的伦常次序，告诫人们遵守君臣、父子、夫妇、兄弟、朋友五种伦常关系，使其深厚有序；上天制定了尊卑贵贱的等级之礼，由此才有五礼的贯彻执行。[④] 以上，"天秩"、"大道之序"都包含等级尊卑的永恒状态之意。

张载更是明确提出了"天秩"、"天序"的观念，以此来表达"秩序"是天然形成的具有合理化的永恒状态。张载在《正蒙·动物篇》中说："生有先后，所以为天序；小大高下相并而相形焉，是谓天秩。天之生物也有序，物之既形也有秩，知序然后经正，知秩然后礼行。"[⑤] 自然界中一切的生物在气的聚散中形成了天然的秩序，生物界的天然秩序是社会秩序和社会规范的基础，人们在社会生活中只有知序、知秩，才能经正、礼正。[⑥] 在张载看来，"秩序"的观念是第一位的，秩序使"经"正，使"礼"行，人与人之间的尊卑贵贱是天然形成的秩序，因此，人们应遵守永恒普遍的社会规范。[⑦] 王夫之在《四书训义》中，也表明了"秩序"是一种自然形成的恒常状态之意。"在天有自然之秩序，

① 黄汝成集释《日知录集释（上）》，上海古籍出版社，2006，第528页。
② 辞海编辑委员会编《辞海》，上海辞书出版社，1999，第4969页。
③ 曹础基：《庄子浅注》，中华书局，2007，第154页。
④ 顾迁译注《尚书》，中华书局，2016，第43页。
⑤ 王处辉主编《中国社会思想史》，中国人民大学出版社，2015，第300页。
⑥ 王处辉主编《中国社会思想史》，中国人民大学出版社，2015，第300页。
⑦ 王处辉主编《中国社会思想史》，中国人民大学出版社，2015，第300页。

见端于吾喜怒哀乐之中；在我有不逾之准绳，推广而为化民成俗之则；乃以合天下之善，以昭吾之至善。"①

总之，在我国传统思想中，"秩序"是行为规范、准则的贯彻实施过程，是制度化了的社会结构，是一种连续的、恒常的良性状态。

（二）中国传统"秩序"思想的特质

1. 人伦秩序

在中国传统思想中，"秩序"本质上体现的是一种人伦秩序。作为中国文化中特有的"伦"，它也是"秩序"的内在特质。朱熹云："伦，次序之体。"② 郑玄曰："伦，犹类也。"③ 包咸云："伦，道理也。"④ 可见，"伦"重在强调次序、类别、道理准则。

君臣、父子、夫妇、兄弟、朋友是儒家提出的五种人伦关系，这五种人伦关系体现出君臣、父子、夫妇、长幼、贵贱、亲疏之别⑤的差等次序，而每一个社会角色背后，又都规定了一定的权利、责任、义务等道德准则。"为人君，止于仁；为人臣，止于敬；为人父，止于慈；为人子，止于孝；与国人交，止于信。"⑥ 人们自觉地按照自己所属的角色要求行动，实现人人各安其分、井然有序，由此构成了社会的基本人伦秩序。费孝通也是基于此总结出中国社会"差序格局"的结构特征。伦，就是差序，即人与人交往网络中的纲纪。以"己"为中心，在与他人的社会交往中，依据与自己的亲疏远近关系，明上下、贵贱之别，形成一个差序的社会网络。这也是由己到家、由家到国、由国到天下的达道。⑦由礼、义等道德所调节的人伦关系，构成了中国社会差序的社会结构。等级差别遍及社会角色之中，"君君、臣臣、父父、子子"等人伦关系能够理顺，社会秩序的问题便迎刃而解。

国家治理也是基于人伦关系开展的，正如梁漱溟所言："不同于西

---

① 陆学艺、王处辉主编《中国社会思想史资料选辑》（宋元明清卷），广西人民出版社，2007，第 530 页。
② 朱熹撰《四书章句集注》，中华书局，2005，第 36 页。
③ 李学勤：《礼记正义》，北京大学出版社，1980，第 1081 页。
④ 李学勤：《论语注疏》，北京大学出版社，1980，第 251 页。
⑤ 参见费孝通《乡土中国》，人民出版社，2015，第 30 页。
⑥ 李慧玲、吕友仁译注《礼记》，中州古籍出版社，2015，第 373 页。
⑦ 参见费孝通《乡土中国》，人民出版社，2015，第 31 页。

方社会是个人本位的社会，中国社会是伦理本位的社会。中国依靠人伦来组织社会，融国家于社会人伦之中，纳政治于礼俗教化之中，而以道德统括文化，确为中国的事实。"① 建国之基础、立法之依据，均以礼教伦常；人伦关系、社会秩序，基于伦理之情义：此乃传统"治国"之基础、"秩序"之特质。

2."中和"的平衡

相比西方社会在二元对立的思维方式下形成的团体秩序，中国社会秩序形态更多地表现为一元化的"中和"的平衡。梁漱溟指出："团体与个人，在西洋俨然是两个实体，而家庭几若为虚位。团体与斗争总是相连不离的。而中国人却从家庭关系推广发挥，而以伦理组织社会，消融了个人与团体这两端，形成一种平和的生活状态。"② "中和"的平衡意味着中国社会能够使相互对立冲突的元素、不同的社会行为主体，相互协调，融合在一起，达到一种动态的平衡状态。正所谓"喜怒哀乐之未发，谓之中；发而皆中节，谓之和。中也者，天下之大本也；和也者，天下之达道也。致中和，天地位焉，万物育焉"。③ "中"是适度，无所偏倚之意，"和"是调和，恰如其分之意；社会秩序达到"中和"的状态，一切就会有条不紊，万物便会自然生长发育。④

从西方学者对"秩序"（order）范畴的总结中，也能够看出西方的"秩序"观念更为强调的是通过一定的社会控制手段，实现一种理性化的、可预测的有序状态，而未包含多种因素恰如其分、相互协调来实现一种"中和"的动态平衡之意。英国社会学家科亨这样概括西方的秩序范畴：①社会的可控性，即存在于社会体系中的各种控制因素，包括限制和禁止性因素等；②社会生活的稳定性，如某一社会持续地维持某种状态的过程；③行为的互动性，是指人们的行为具有相互引起、相互补充和配合的特点，因而不是偶然的、无序的；④社会活动中的可预测因素，在无序状态中，人们无法预测社会活动的发展变化，难以进行各种

---

① 梁漱溟：《中国文化要义》，上海人民出版社，2005，第 20 页。
② 梁漱溟：《中国文化要义》，上海人民出版社，2005，第 51、70 页。
③ 李慧玲、吕友仁译注《礼记》，中州古籍出版社，2015，第 246 页。
④ 李慧玲、吕友仁译注《礼记》，中州古籍出版社，2015，第 247 页。

活动。① 由此可见，西方的秩序观念中并未有"中和"之思想，而是建立在二元对立思维方式下，追求一种规则至上的、理性化的、有序的社会状态，一旦秩序被打破，就更多地采取社会控制的方式去干预，排挤其他异质性要素。而中国相比于西方，追求的是一种整体上的和谐状态、一种社会矛盾自我化解的动态平衡，具有内在的超越性。

国家治理基于人伦关系而开展，追求着"中和"的平衡秩序。"伦"体现的是差等、分别，而"中和"体现的是恰当、和谐。正如孔子所言："礼之用，和为贵。先王之道，斯为美；小大由之。"② 君主治理国家的可贵之处就在于做事恰到好处，这也是"礼"的作用所在。在国家治理中，以"中和"的平衡作为秩序追求，依靠"礼义"的制度设计，实现人人讲信修睦、睦邻友好、社会协调有序、国家安定团结，这是传统中国治国之目标。

（三）中国传统思想的"秩序"情结

社会秩序是社会学研究的核心主题，在数千年的传统社会变迁过程中，追求国家安定、人民富足、社会和谐的"秩序"情结始终贯穿于传统思想之中，构成了中国传统思想的社会学特质。③

在中国传统思想中，以"秩序"为追求的治国思想一直贯穿始终，为历朝历代的国家治理提供了理论基础。早在春秋战国时期，诸侯争霸，战事不断，礼崩乐坏，那时的中国，正经历着由奴隶社会向封建社会转型的动荡时期，重建社会秩序的诉求催生出诸子百家的社会秩序观。以孔、孟、荀为代表的儒家思想家，提倡"礼治秩序"，突出了"礼"对国家治理所起到的社会规范、社会调节的功能。礼治秩序，以强制为辅，以道德自律为主，通过"礼"的制度设计、"礼"的教化，将社会伦理道德要求内化为人们自觉的观念，使人们在社会互动交往中遵守"礼"的规范，以此维持社会的秩序。正如荀子曰："人无礼则不生，事无礼则不成，国无礼则不宁。"④ "礼"被视为治国之根本，关乎国家命运。"礼"所具有的制度规定性，保障了"礼"向仪、法、俗的渗透，对人

---

① 邢建国、汪青松、吴鹏森：《秩序论》，人民出版社，1993，第 2 页。

② 杨伯峻译注《论语译注》，中华书局，2006，第 8 页。

③ 参见胡翼鹏《中国社会思想史的社会学品格论略》，《社会科学》2011 年第 2 期。

④ 方勇、李波译注《荀子》，中华书局，2015，第 15 页。

们的行为给予强有力的引导与约束，成为治理国家、塑造社会秩序的利器。

以韩非为代表的法家思想家，主张"法治秩序"。针对社会中出现的礼序逐渐消解、社会动荡混乱的问题，他们主张通过刑法对人们的行为实行强有力的控制，由自律转为他律，重建社会秩序。韩非认为："治民无常，唯治为法。法与时转则治，治于世宜则有功。"① 教育的感化不是治世之道，只有实行法治，才能维护社会秩序。而法治的方法应顺应时代的变化，不可默守成规，不可以"先王之政，治当世之民"，② 要根据社会存在的主要矛盾与现实需求，推行变法改革，进行社会控制，实现法治秩序。

以老、庄为代表的道家思想家，追求"自然秩序"。以"道"为核心的自然秩序，是在个体充分发挥独立性与主观能动性的基础上，以非干预的方式，在互动中形成的社会自发秩序。个体自由是自然秩序实现的前提条件，而自由与秩序之间的连接点就在于个体的自我约束。因此作为统治者，应给予人们自我约束的空间，防止人们欲望的膨胀，顺应国家治理的规律，做到不自见，不自是，不自伐，不自矜，③ 发挥社会自组织的功能，保障社会自发地形成安定有序、均衡和谐的状态。

到了秦汉时期，统一的国家政治体制建成，如何建立与巩固大一统的国家社会秩序成为这一时期的思想核心。秦朝采取"以法治国"之方略，在严刑峻法的强制性社会控制下，形成了一种外在僵化稳定，而内在暗涌着矛盾冲突的社会秩序，进而导致秦王朝的灭亡。汉朝吸取了秦的教训，重新确立了儒家"以礼治国"之地位，特别是董仲舒提出的"罢黜百家，独尊儒术"的主张更是推动了儒家"礼治秩序"思想在治国中的广泛运用。董仲舒把阴阳家的形而上学与儒家的社会哲学结合起来，④ 以"天人感应"、"天人合一"的社会观为指导，⑤ 希冀建立一个

① 张觉译注《韩非子译注》，上海古籍出版社，2007，第748页。
② 张觉译注《韩非子译注》，上海古籍出版社，2007，第688页。
③ 饶尚宽译注《老子》，中华书局，2016，第58页。
④ 陈定闳：《中国社会思想史》，北京大学出版社，1990，第208页。
⑤ 王处辉主编《中国社会思想史》，中国人民大学出版社，2015，第166页。

符合儒家伦理纲常、"家给人足"、"人人修德而美好"的大一统的理想社会秩序。

宋明时期，以理学为指导来重建社会秩序，成为主流思想。以张载、二程、朱熹为代表的理学家，将"理"视为宇宙人间秩序之根本，"礼者，理也"，[①] 强调"理"是普遍永恒的道德原则，"礼"是符合普遍永恒道德原则的社会规范，这一原则须人人遵守不渝。[②]"理"在人性、社会、国家等层面得以贯彻，便可建构一个稳定、和谐的理想秩序之境。

晚清时期，在国家命运危亡之时，康有为、梁启超、严复等提出通过"变法维新"来挽救民族之危亡，使国家走向现代化发展道路。康有为的"大同"社会理想的构想、梁启超的"国民运动"主张，以及严复吸收西方社会学思想倡导的"能群者存，不能群者灭，善群者存，不善群者灭"[③] 的自强救国之路，都力图改变中国落后的局面，构建和平、稳定的社会秩序。

纵观中国历史的治乱兴衰，中国历代思想家始终怀有"秩序"情结，将"秩序"作为国家治理之目标，对理想社会进行规划。与中国传统思想背后的秩序诉求一样，西方社会学家也以建立良性的社会秩序为目的，并创建了西方社会学。孔德的社会静力学与社会动力学就是研究人类社会的基本秩序的。孔德之后，西方社会学家继承了这一研究传统，从不同理论视角出发，运用不同研究方法探寻社会秩序的本质内涵、运作规律与实现方式，社会学研究始终围绕"社会秩序"这一核心主题展开。

在中国传统思想中，社会秩序并非作为直接表述内容，而是借助不同的理论视角，从人性、社会化、社会互动、社会规范、理想社会等方面进行阐释，蕴藏于思想主张之中，其背后包含的是对"秩序"的关怀，体现出传统思想的社会学特质。正如景天魁所说："社会学作为一门学科产生于19世纪的欧洲，19世纪末西方社会学引入中国，但是我们不能把西方社会学的传入与中国社会学的产生简单地画上等号，认为

---

① 程颢、程颐：《二程集》，王孝鱼点校，中华书局，1981，第125页。
② 参见陈定闳《中国社会思想史》，北京大学出版社，1990，第489页。
③ 陈定闳：《中国社会思想史》，北京大学出版社，1990，第654页。

社会学只是西方才有，中国的传统思想中没有社会学。"① 实际上，社会学的特质在中国传统思想中早已存在，中国历史上早已有自己的社会学，只是表现出不同于西方社会学的知识形态。

（四）面向"秩序"的当代国家治理

传统的秩序情结在当今国家治理中依然有着鲜活的生命力。今日的中国，社会快速发展变迁、结构转型、社会矛盾突出，为了实现中华民族伟大复兴的"中国梦"，实现稳定和谐、国强民富的"社会秩序"理想，应该传承传统的秩序情结，使之与新的时代相结合，在当今中国的治理与改革中发挥积极作用。

1. 坚持法治与德治相结合

传统的秩序思想中，儒家的礼治秩序与法家的法治秩序有其内在的紧密联系。礼与法之间并非不可逾越，传统的法治思想中，"八议"、"十恶"、"依服定罪量刑"、"亲亲相隐"、"犯罪存留养亲"等法治原则，都是礼的思想的体现。② "德主刑辅、礼法合一"的治国传统在当今的国家治理中依然延续着。党的十八届四中全会审议通过了《中共中央关于全面推进依法治国若干重大问题的决定》，提出建设社会主义法治国家要坚持"依法治国"与"以德治国"相结合的原则。法律与道德，分别以"他律"与"自律"的方式规范与约束人们的行为，从而起到调节社会秩序的作用。

坚持"依法治国"与"以德治国"相结合的原则，就是要在国家治理中，处理好法治与德治两者的关系。在中国历史上，法治超常或德治超前而影响社会秩序的现象时有发生，例如春秋战国与秦时的"苛政猛于虎"，以及宋明至清时期的儒家伦理道德限制人们的思想与活动，甚至达到"礼教吃人"的程度。③ 因此，在治国的实践中，应平衡法治与德治的关系，使两者有机统一。一方面，"有法可依、有法必依、执法必严、违法必究"，使国家的权力受到法律的"制约"，使人民的行为接受法律的"规训"，以法律的强制力来保障人民的权利与自由。另一方

① 景天魁：《中国社会学源流辨》，《中国社会科学评价》2015 年第 2 期。
② 厉潇然：《礼治秩序与传统法律观念》，《法制与社会》2015 年第 22 期。
③ 孙跃纲：《现代国家治理是法治与德治的有机统一》，《南方论刊》2015 年第 2 期。

面，继承与发扬传统思想中仁爱、孝悌、友善、诚信等道德精神，并结合时代特征，注入"平等"、"公正"等理念，充分发挥家庭、学校以及社会在道德方面的教育与感化的作用，使道德规范内化为人们自觉的行为方式，从而维护社会秩序，防止失序或失范。

2. 积极推进社会自治

传统社会中，儒家的治国思想与长期以来的传统社会形态相适应，因此被统治者所推崇，具有权威性，而道家的治国思想一直处于边缘化地位。但是不可否认，道家的治国思想对当代国家治理具有重要启示意义。老子的"无为而治"思想，实质上是强调在治理国家时，作为统治者，应给予人们自我约束的空间，越是采取宽厚柔性的政策，不以外在强制力干涉人民的生活，越能够实现和谐、平衡、良性的社会秩序。

今天提出的"社会自治"理念与老子治国思想之精髓一脉相承。党的十八届三中全会要求"改进社会治理方式"，"鼓励和支持社会各方面参与，实现政府治理和社会自我调节、居民自治良性互动"。[①] 社会治理既包括以政府为治理主体的社会管理，又包括以广大公民为治理主体的社会自治。俞可平指出："社会自治就是人民群众的自我管理。在目前我国的社会政治生活中，它的主要形式表现为城乡居民自治、社区自治、地方自治、行业自治和社会组织的自治。社会自治对于发展社会主义民主和维护国家的长治久安有着深远的意义。"[②]

在现代化的进程中，政府的社会管理成本逐渐增加，积极推进社会自治不仅可以减轻政府的行政负担，同时可以激发广大公民的社会责任感，鼓励其参政议政，保证公民权利。因此，党和政府应该转变政府职能，坚持以民为本，拓展社会自治的空间，培养公民的法治意识，赋予公民民主权利，使广大公民自觉理性地参与到社会治理中来，以此构建自由、平等、民主的社会秩序。

3. 以"中和"思想建设和谐社会

与建立在二元对立思维方式下的西方秩序观不同，中国的秩序思想

---

① 《中共中央关于全面深化改革若干重大问题的决定》，http://news.xinhuanet.com/politics/2013-11/15/c_118164235.htm，最后访问日期：2017年3月14日。

② 俞可平：《社会自治与社会治理现代化》，《社会政策研究》2016年第1期。

追求的是"中和"的平衡。中国历史上虽然治乱循环，但"治世"的统治者都或多或少地依据"中和"思想进行国家治理，主动抑制贪官污吏、调节贫富差距，努力保持社会的均衡发展，使社会逐步走向稳定。[①]"中和"的思想同样可以指导当今的国家治理。

改革开放以来，中国从计划经济向社会主义市场经济转型，由此带来了政治、经济、社会、文化等各领域的变迁。城乡二元结构对立、贫富差距扩大、社会阶层分化等一系列问题迭出，导致人们出现被剥夺感与对立的情绪。与此同时，空气污染、自然资源遭受掠夺等生态环境问题，不仅严重危害了人们的健康，更是对国家治理能力的拷问。因此，应传承与发扬"中和"的治国思想，调整不合理的经济、社会结构，缩小贫富差距，健全社会福利制度，惩治腐败问题，弘扬正义、友善、宽容、适度等价值理念，集中力量治理生态环境问题，适度开发利用自然资源，节制人们的利欲，化解社会中出现的对立与冲突，解决社会矛盾问题，以此建设人与社会、自然和谐共处的社会秩序。

儒家的"以礼治国"、法家的"以法治国"、道家的"自然之治"等秩序维系方式，可以为今日的治国理政提供历史借鉴。在当今国家治理中，追求"中和"的平衡，以法律为治国依据，弘扬传统道德精神，充分发挥社会自治的作用，赋予人民自由、民主的权利，使人民在社会行动中做到自觉自律，可以实现国家安定团结、社会和谐稳定。传统的"秩序"思想有着现实意义，在实现中国梦的过程中，应重拾并呼唤传统的秩序梦。

（杨嘉莹）

九 位育：国家治理的理想状态

"位育"是中国社会学的重要概念，从个体、社会到国家的位育，是历代思想家的核心关怀。山东曲阜孔庙大成殿里历代皇家赐予的多块

---

① 参见文选德、周建刚《"中""和"思想：特质、传承与当代价值》，《求索》2014 年第 11 期。

匾额中，就有一块上书"中和位育"四个大字。[①] 潘光旦把儒家思想中的"位育"概念接引到中国社会学中，[②] 费孝通则明确指出发掘人和人"中和位育"的经验是社会学学者应尽的责任。[③] 本部分通过对儒家经典文献及社会学前辈的相关文章进行梳理，认为"位育"是国家治理的理想状态，追求这种理想状态是国家治理的归宿。

（一）"位育"的基本内涵

"位育"语出《中庸》："致中和，天地位焉，万物育焉。"朱熹释义为："致，推而极之也。位者，安其所也。育者，遂其生也。"[④] "位育"，即取安所遂生之义，其中"安其所"侧重的是合理而正当的秩序，"遂其生"侧重的是合理而正当的发展，"位育"便是一切生命之目的、万事万物之理想秩序与发展。

从"位"之角度而言，《中庸》主张"中和之位"。所谓"中和之位"，就是合理而正当的秩序。《中庸》中说："仁者人也，亲亲为大；义者宜也，尊贤为大。亲亲之杀，尊贤之等，礼所生也。"[⑤] 讲的就是以礼来裁度社会秩序之安排，为此"君子素其位而行，不愿乎其外"，[⑥] 即每个人都应因其所居之位而行其所当为之事，不怨天，不尤人，各安其位。《中庸》中所言之秩序，多为人伦宗法之秩序，所谓"宗庙之礼，所以序昭穆也。序爵，所以辨贵贱也。序事，所以辨贤也。旅酬下为上，所以逮贱也。燕毛，所以序齿也"。明乎人伦宗法之秩序，乃国家治理之起点，即"治国其如示诸掌乎！"[⑦]

从"育"之角度而言，《中庸》主张"中和之育"。所谓"中和之育"，就是合理而正当的发展。《中庸》中说："万物并育而不相害，道并行而不相悖。"[⑧] 为此，则要"能尽物之性"、"能尽人之性"，方能

① 费孝通：《乡土中国》，上海人民出版社，2013，第 242 页。
② 潘乃谷：《潘光旦释"位育"》，《西北民族研究》2000 年第 1 期。
③ 费孝通：《个人·群体·社会——一生学术历程的自我思考》，《北京大学学报》（哲学社会科学版）1994 年第 1 期。
④ 朱熹撰《四书集注》，岳麓书社，2004，第 21～22 页。
⑤ 朱熹撰《四书集注》，岳麓书社，2004，第 32 页。
⑥ 朱熹撰《四书集注》，岳麓书社，2004，第 28 页。
⑦ 朱熹撰《四书集注》，岳麓书社，2004，第 31 页。
⑧ 朱熹撰《四书集注》，岳麓书社，2004，第 42 页。

"赞天地之化育"，从而"与天地参"。①《中庸》强调："唯天下之至诚，为能经纶天下之大经，立天下之大本，知天地之化育。"② 此乃是尽人之性，也就是处理好自己与自己、自己与他人、自己与万物的关系，以此为起点，才能立足于天地之间，从而构建万物共生并育、美美与共的大同世界。

"位"与"育"是相辅相成的关系，"位"即社会静止的秩序，"育"即社会勤动的发展，万物只有各安其位、各司其职，才能有事物的整体发展。良好的秩序是发展的保障，而发展则是目的，发展是一切有机体和超有机体内在的祈求。"位育"便是要在重视秩序并建构良好秩序的基础上求得发展，《中庸》中的"位育"，就是以建立秩序、谋求发展为终极目标的思想观念，"位育"之道便是要求得"安所遂生"，使身、家、国与天下各层次之间取得协调与进步。

（二）"位育"诠释的演变

《中庸》原是《礼记》中的一篇，朱熹将其与《大学》、《孟子》、《论语》合编为"四书"之后，获得了极高的学术地位。在《四书章句集注》中，朱熹认为，"位育"是"中和"的结果，即"极其中而天地位矣"、"极其和而万物育矣"，而"天地万物本吾一体，吾之心正，则天地之心亦正矣，吾之气顺，则天地之气亦顺矣"。③ 故此，要达至天地万物之位育，就要"格物致知正心诚意"，"体"立才有"用"之效验。

朱熹关于"位育"所持的效验说，目的在于修身立德，天地万物之"位育"便是修身立德所成的效验。王阳明主张"心外无物"，位育乃是中和的效验，由此"且问戒惧慎独何如而深致其功，则位育之效自知矣"，④"圣人到'位天地，育万物'也只从'喜怒哀乐未发之中'上养来"。⑤ 不同之处在于，朱熹认为格物在于认识宇宙万物之规律，王阳明则认为格物就是正事，事正则物格，其关键在于体认自家之良知，致良知就可达致天地万物之位育。在《紫阳书院集序》中，他便明确说道：

---

① 朱熹撰《四书集注》，岳麓书社，2004，第 37 页。
② 朱熹撰《四书集注》，岳麓书社，2004，第 43 页。
③ 朱熹撰《四书章句集注》，中华书局，1983，第 18 页。
④ 葛兆光：《清华汉学研究》（第一辑），清华大学出版社，1994，第 182 页。
⑤ 王阳明：《王阳明全书》，中国文史出版社，2014，第 32 页。

"是故君子之学，惟求得其心，虽至于'位天地，育万物'，未有出于吾心之外也。"①

王夫之在《读四书大全说》中对《中庸》之"位育"概念进行了细致的解读，认为事有功用与效验之区别，而"位育"并非如朱熹所言是对天地万物呈现中和状态的效验表达，而是天地万物达致中和所具有的功用，此种功用乃是一种人本主义的立场。他说："不中不和者，天地未尝不位，万物未尝不育，特非其位焉育焉之能有功尔。"② 由此，并非修身立德便可达致天地万物之"位育"的功用："若其为吾身所有事之天地万物，则其位也，非但修吾德而听其自位，圣人固必有以位之。其位之者，则吾致中之典礼也。非但修吾德而期其自育，圣人固有以育之。其育之者，则吾致和之事业也。"③

戴震对"位育"概念的解释跳出了体用二分的二元论观点，认为"位育"即是"中和"，"中和"即是"位育"，"凡位其所者，中也；凡遂其生者，和也。天地位，天地之中也；万物育，天地之和也"。④ 由此，"位育"概念不单适用于天地万物，从修身立德、日用人伦而至宇宙万物，对"中和位育"的追求，均应贯穿其中。他说："凡位其所者，天定者也，本也；凡遂其生者，人事于是乎尽也，道也……盖天地位，万物育，无适而不可见也。"⑤ 中和之位、中和之育，位育成为天地万物之手段与目的，谋求"中和位育"贯穿于修身立德以至于治国平天下的全过程。

潘光旦把儒家思想中的"位育"二字，用以翻译西方进化主义思潮中的"适应"（adjustment）概念，认为《中庸》中之"位育"，与生物学家研究生态学所得之综合观念吻合无间，并进一步解释说，"社会位育之位即社会静止之秩序、育即社会勤动之进步"，⑥ 从而使"位育"这一概念与孔德的社会学联结起来，兼具有生物学、社会学与儒家思想的综合意义，成为中国社会学中的重要概念。潘光旦之"位育"，贯穿于

① 王阳明：《王阳明全书》，中国文史出版社，2014，第 229 页。
② 王夫之：《读四书大全说》，中华书局，1975，第 87 页。
③ 王夫之：《读四书大全说》，中华书局，1975，第 85 页。
④ 戴震：《戴震全集》（第 1 册），清华大学出版社，1991，第 119 页。
⑤ 戴震：《戴震全集》（第 1 册），清华大学出版社，1991，第 120 页。
⑥ 潘光旦：《儒家的社会思想》，北京大学出版社，2010，第 177 页。

个人、社会、国家以至于天下的各个层次，成为一切生命之理想追求、万事万物之理想秩序。

费孝通进一步发展了"位育"思想，并以"多元一体"、"文化自觉"等概念来构建社会之和谐与民族之独立。他指出，潘光旦根据中庸之道反复阐发的"位育论"，在全球性的大社会中要使人人能安其所、遂其生，就不仅需要共存的秩序，而且需要共荣的秩序。① "多元一体"包含两方面的问题：一是发展的问题，二是和平共处的问题。反映在文化上就是"和而不同"的取向，暗含文化宽容和文化共享的意思。② "文化自觉"的首要条件是增强文化转型的自主能力，并与其他文化相互协调，"各美其美，美人之美，美美与共，天下大同"意味着多元文化之间的共生理念以及达到"天下大同"的途径。③ 费孝通指出，面对经济全球化的世界潮流，实现中华民族的伟大复兴，要把"天人合一"、"中和位育"、"和而不同"等古训带上，如此才能跳得高、跳得远。④

（三）"位育"的社会学含义

"位育"在儒家经典中占据重要位置，它从儒家思想发展成为社会学的重要概念，则离不开潘光旦的创造性解释。早在1926年的两篇有关孔门社会哲学的文章中，通过对社会生物学与儒家社会思想的比较，潘光旦便指出以"位育"翻译英文"适应"（adjustment）比较"吻合无间"，取义为"安所遂生"。⑤ 在潘光旦看来，以"适应"或者"顺应"翻译"adjustment"，乃是人对环境的迁就，这种人与环境之间的协调是消极的。而人与环境之间的关系，还应包括积极的协调，即人转移环境或改变环境，以及半消极、半积极的协调，即人选择环境中不同的部分加以迁就。⑥ 因而，以"位育"翻译"adjustment"，取"安所遂生"之义更能准确表示出人与环境之间的互动关系，这种互动关系蕴含积极的层面，强调了人在环境面前的主动性。

---

① 焦若水：《人文区位与位育中和：中国社区理论的渊源与民族品格》，《学海》2014年第4期。
② 费孝通：《费孝通论文化与文化自觉》，群言出版社，2007，第312~315页。
③ 费孝通：《费孝通论文化与文化自觉》，群言出版社，2007，第190页。
④ 费孝通：《费孝通论文化与文化自觉》，群言出版社，2007，第326页。
⑤ 潘光旦：《儒家的社会思想》，北京大学出版社，2010，第155页。
⑥ 潘乃穆、潘乃和编《潘光旦文集》（第9卷），北京大学出版社，2000，第48页。

　　当然，在潘光旦的论述中，"位育"不可能仅仅只是一个翻译比较"恰当"的词语，总结而言，笔者认为潘光旦所阐释的"位育"，可归纳为关于"秩序与进步"的理论陈述。如在《尚同与尚异》、《位育?》、《忘本的教育》等文章中，潘光旦便认为，"位育"有两方面含义：一方面是"位"，即是对秩序的渴望；另一方面是"育"，即是对进步的追求。[①]　"社会位育之位即社会静止之秩序、育即社会勤动之进步"，[②]"位"的一面是静的，是个体在环境中所处的位置，"育"的一面是动的，是个体实现自身的发展。[③] 经潘光旦的解释，"位育"从儒家思想的"安所遂生"之义发展成为关于"秩序与进步"的理论陈述，这套理论陈述呈现以下几方面的显著特征。

　　第一，"位育"是关于"秩序与进步"的综合陈述。孔德认为，在社会物理学中，秩序和进步的思想绝对不可分割，他将社会学分成社会静力学即对社会秩序的研究，以及社会动力学即对社会进步的研究。社会静力学关注社会秩序的维持，是对社会的结构、成分及其关系的研究；而社会动力学关注社会系统"进化的法则"，是对社会系统随时间推移的变迁模式的研究。[④] 总结潘乃谷的研究可以发现，潘光旦的位育论与孔德的社会学说一样，同样关乎秩序与进步：位育之位，是要关注中国社会的结构及制度层次；位育之育，则包括研究较长历史时段中群体的遗传变迁及较短的历史时段中社会的发展、民族的复兴等议题。[⑤]

　　不过，孔德始终关注社会秩序是如何被建立起来的，其着眼点在社会而非个体，因而其关注的核心是如何实现社会的整合及其有序变迁。他认为社会分化基础上系统各部分之间的相互依赖、协调各部分交换关系的权力的集中和普遍道德在人群中的发展与社会秩序的维持紧密相关，而社会的变迁将遵循"三阶段的法则"，从神学阶段、形而上学阶段向实证阶段发展，并且随着实证阶段的到来，对社会运行机制的理解成为

---

① 潘乃穆、潘乃和编《潘光旦文集》（第 2 卷），北京大学出版社，1994，第 64 页。

② 潘光旦：《儒家的社会思想》，北京大学出版社，2010，第 177 页。

③ 潘乃穆、潘乃和编《潘光旦文集》（第 8 卷），北京大学出版社，2000，第 439 页。

④ 乔纳森·特纳、勒奥纳德·毕服勒、查尔斯·鲍尔斯：《社会学理论的兴起》，侯钧生等译，天津人民大学出版社，2006，第 25 页。

⑤ 潘乃谷：《潘光旦释"位育"》，《西北民族研究》2000 年第 1 期。

可能，便可以依照静力学和动力学法则来控制社会了。① 潘光旦的着眼点却在个体而非社会，社会整合及有序变迁的目的在于促进个体的"安所遂生"，因而潘光旦非常强调个体的"位育"能力，包括积极的创造力（改造环境的能力）和消极的顺应力（顺应环境的能力）。② 因此，潘光旦认为，社会秩序的根据是社会分子间相当的"同"，此处社会分子间的"同"，非常类似于涂尔干的"机械团结"概念，社会分子间因相似而聚合在一起达成社会秩序的维持。但同时潘光旦认为"同"不能过当，否则社会生活将趋于保守而失去活力。社会进步的根据则是社会分子间相当的"异"，这种社会分子间的"异"既是先天遗传的结果，又是后天社会分化的结果，虽然"异"能够促进社会的变迁，但"异"也不能过量，否则社会生活的重心不定，会演化成无政府的混乱状态。③

第二，"位育"强调个体在环境互动中的主动性。分子间相当的"同"是秩序的基础，分子间相当的"异"是进步的基础，分子的"同"与"异"均不能忽视其所在环境的影响。由此，潘光旦提出遗传、环境和文化的三角关系是影响社会分子最重要的环境要素。④ 关于遗传、环境和文化这种三角关系，斯宾塞的社会有机体学说也进行了分析。斯宾塞认为，社会进化是小型的、同质的群体发展到大型的、复杂的社会形式的运动，受到人的本质、社会环境和文化环境的影响，人必须适应环境的变化、遵循社会进步的规律。⑤ 与斯宾塞相同，潘光旦亦认为遗传、环境和文化三个要素共同决定了社会的发展变化，并对这种三角关系的内部机理进行了更细致的分析，他说："人类为求自身的位育，把智能用在环境上，于是才有文化和制度……最初只是环境影响人类或民族，后来民族也就影响环境。起初也只是民族影响制度，后来制度也影响民族。环境和制度之间，也有同样的情形。"⑥

---

① 乔纳森·特纳、勒奥纳德·毕服勒、查尔斯·鲍尔斯：《社会学理论的兴起》，侯钧生等译，天津人民大学出版社，2006，第 25~28 页。
② 潘乃穆、潘乃和编《潘光旦文集》（第 3 卷），北京大学出版社，1995，第 181 页。
③ 潘乃穆、潘乃和编《潘光旦文集》（第 2 卷），北京大学出版社，1994，第 64~65 页。
④ 潘乃穆、潘乃和编《潘光旦文集》（第 3 卷），北京大学出版社，1995，第 35 页。
⑤ 乔纳森·特纳、勒奥纳德·毕服勒、查尔斯·鲍尔斯：《社会学理论的兴起》，侯钧生等译，天津人民大学出版社，2006，第 61~62 页。
⑥ 潘乃穆、潘乃和编《潘光旦文集》（第 10 卷），北京大学出版社，2000，第 47 页。

相比斯宾塞，潘光旦不仅仅强调遗传、环境和文化间的交织影响是如何共同推进社会变迁的，更为重要的是他始终坚持人文主义的原则。潘光旦指出，在这种三角关系的互动中，个体的位育是主导性的，而个体位育的环境实则就是遗传环境、物理环境和文化环境这三个方面。潘光旦说："所位与所由育的背景，当然是环境，环境可以大别为二：一是体内的环境，一是体外的环境。体外的环境，就人而论，又可分为两种：一是横亘空间的物质的环境，二是纵贯时间的文化的环境。"① 那么，个体与环境取得良性互动，就是个体与这两种或三种环境相成而不相害，也就是实现了个体的"安所遂生"，否则就是"位育失当"。② 可见，在潘光旦那里，如何实现个体的位育，使个体与环境取得良性互动是更为重要的课题，这种人文主义的取向始终贯穿在潘光旦"位育"理论的陈述之中。

　　第三，"位育"既是目的，又是方法。在实践层次上，"位育"作为目的贯穿在个体、民族、社会及国家的各个层次之中。从个体、社会到国家，实现位育是潘光旦的核心理论关怀。个体以实现位育为目的，就是求得个体在环境中的"安所遂生"，在这方面潘光旦比较称许通天、地、人三才的个体位育。③ 个体位育的关键则在重修养的教育。社会以实现位育为目的，社会位育就是社会秩序的维持和适当的发展变迁，在这方面潘光旦比较赞扬传统社会的选举制度和家族制度，认为这两种制度在诸多方面仍可供当代社会借鉴。④ 关于民族位育，就是实现中华民族的复兴，潘光旦从社会生物学的角度修正了当时的民族复兴言论，认为人口素质及时空环境的改善是基本的条件，不应该遭到忽视。⑤

　　"位育"作为方法，潘光旦在《派与汇》这篇文章中明确解释道："既求位育和调适，就不能不注意一事一物一人所处的场合情境，不能不讲求部分和全部的关系，于原委之外，更不能不推寻归宿，于事实之外更不能不研求意义价值……唯经中和的过程才能达到位育的归宿……

---

① 潘乃穆、潘乃和编《潘光旦文集》（第 8 卷），北京大学出版社，2000，第 554～557 页。
② 潘乃穆、潘乃和编《潘光旦文集》（第 8 卷），北京大学出版社，2000，第 439 页。
③ 潘光旦：《儒家的社会思想》，北京大学出版社，2010，第 112 页。
④ 潘光旦：《儒家的社会思想》，北京大学出版社，2010，第 140 页。
⑤ 潘乃穆、潘乃和编《潘光旦文集》（第 9 卷），北京大学出版社，2000，第 43～49 页。

约言之，不能不讲求时间空间的全般调适，通体位育。"① "大凡讲调试（位育）就不能不讲关系，每个物体本身内部的关系，物体与物体之间的关系，物体与所处境地的关系。"② 潘光旦认为，"派"是分析，"汇"是综合，而"位育"最有"汇"的意味，因而我们可以说，"位育"的方法便是注重综合的方法。这种方法强调在具体的时空环境中，合理处理局部与整体、事实与价值、结构与功能、静态与动态的关系。

潘光旦对"位育"进行的创造性解释，使儒家思想中的"位育"概念进入社会学的视野中。"位育"是关于"秩序与进步"的理论陈述，关注生命系统的"安所遂生"，强调个体与环境之间的良性互动，以及个体在环境中的创造力和顺应力。在某种程度上，正如李全生和刘建洲所说，潘光旦的位育论，至少超越了动态与静态的对立、个人与社会的对立、社会性与生物性的对立以及传统与西方的对立，③ 是中国社会学本土化的一条值得发掘的路数。④

（四）位育：国家治理的理想状态

潘光旦所阐发的"位育"概念，对国家治理具有积极的借鉴意义。我们可以说，在实践层面上探索国家位育，实际就是要回答如何通过国家治理实现国家秩序，并谋求国家发展的问题；就是要分析国家及其所处的时空环境，并取得国家与其环境调适的平衡。这要求综合地考虑局部与整体、动态与静态、结构与功能等关系。具体而言，至少包括以下几个方面。

第一，国家治理基础是"国家的位置"。国家治理要了解和把握国际国内环境，从而形成良好的国际国内秩序，只有在此基础上，才能求得国家的"安所遂生"。借用潘光旦对当时民族位育的看法，21世纪是一个开放的环境，以中国之民族，入此开放的环境，至少要做三种功夫：一是要竭力接受一部分目前宰制世界的西方文化；二是要有所选择地推敲和接受；三是要把整个民族的生活经验整理出来供世界选取，这便是

---

① 潘乃穆、潘乃和编《潘光旦文集》（第6卷），北京大学出版社，2000，第105、107页。
② 潘乃穆、潘乃和编《潘光旦文集》（第6卷），北京大学出版社，2000，第81页。
③ 李全生：《位育之道超越了什么?》，《读书》1997年第11期。
④ 刘建洲：《"位育论"：一条寂寞的社会学本土化路数》，《人文杂志》2003年第2期。

我们转移世界环境的能力。① 具体而言，潘光旦所说的做足三种功夫，实际上便是"引进来"和"走出去"相结合。如今伴随中国的崛起，应了解和把握当前的国际环境，认清国内环境治理的现实，既要大胆吸收国际先进的生产技术和文化以促进自身发展，又要积极参与全球秩序的重构、主动地适应国际环境，同时要努力改造、优化国际国内环境，从而提升国家的"位育"能力，如此定能实现中华民族伟大复兴的中国梦。

第二，国家治理目标是"国家的发展"。发展是第一要义，坚持发展，离不开经济、政治、文化及生态文明的共同发展，在统筹兼顾的发展中促进国家进步，才能求得国家的"安所遂生"。在潘光旦看来，国家和民族是两个概念，但若论以国家的发展来促进中华民族的伟大复兴，除经济、政治、文化的手段，民族的改良亦是至关重要的。教育能够提升民族的素质，而以生物学的方法来改善民族素质，使民族本身有向上和进步的机能，则是更为根本的手段。② 潘光旦的议论出现在国家救亡图存的关键时期，就目前的时空环境而论，如何实现国家发展，并在中国崛起的新世纪中探讨民族的伟大复兴仍是摆在我们面前的重大课题。当前，在国家治理体系和治理能力不断完善的过程中，习近平总书记所阐发的创新、协调、绿色、开放、共享的发展理念，是新时期中国发展理论的新认识，以此为指导，必能在更高的层次上实现国家的位育。

第三，国家治理的理想状态是"国家位育"。潘光旦在《说"文以载道"》一文中谈道："中为天下之大本，和为天下之达道，而实践中和的结果，便是天地位而万物育，便是一切能安所而遂生。"③ "一切能安所而遂生"便是国家治理的理想所在。沿着潘光旦的这个思想线索，费孝通在《经济全球化和中国"三级两跳"中对文化的思考》中明确把这种理想状态阐发为一个"和"字，他谈到"以和为贵"是中国社会内部结构各种社会关系的基本出发点，"和而不同"则是世界多元文化必经的道路，是人类共同生存的基本条件，国家治理的理想状态便是"美美

---

① 潘乃穆、潘乃和编《潘光旦文集》（第 9 卷），北京大学出版社，2000，第 48 页。
② 潘乃穆、潘乃和编《潘光旦文集》（第 9 卷），北京大学出版社，2000，第 238～241、587～594 页。
③ 潘光旦：《儒家的社会思想》，北京大学出版社，2010，第 234 页。

与共，天下大同"的文化格局。① 国家治理的内部状态体现为社会结构中各种社会关系的动态性均衡，国家治理的外部状态体现为民族国家间多元共生的世界格局的形成，这便是潘光旦所谓"一切能安所而遂生"。

当然，国家位育的实现是一段漫长的旅程，更是摆在研究者面前的一项重大课题，不是一门学科、一种知识或是一种理论就能明确、圆满地回答的。本部分通过梳理儒家文献中的"位育"概念及社会学前辈的相关论述，指出"位育"是中国社会学的重要概念，研究"位育"概念具有重要的理论指导意义。在国家治理方面，位育是关于国家治理的理想状态的理论表述，包含对国家秩序及国家繁荣发展的不懈追求，是对"美美与共、天下大同"局面的殷切展望。

（徐　磊）

---

① 费孝通：《费孝通论文化与文化自觉》，群言出版社，2007，第325页。

| 第六章 |

平天下

本章概要

　　"天下"无论是作为一种政治体系，还是作为一种理想构型，都对中国人及其社会具有某种实践性影响。无论是王天下，还是通天下，都需要实践者有一种审时度势的能力——能够适应变化。中国天下观含有"以不变应万变"、"不变也在变"的辩证意蕴，如此便能"和""合"求存，生活求小康，理想求大同，在多元共存中实现一体。本章主要由天下、势、变、和合、多元一体、大同六个概念构成。

　　天下观是中国历代知识分子怀有的普遍情怀。随着现代进化论的滥觞，传统的天下观必然会经历一个重构的过程。以社会学视角看，天下具有神圣性、认同性、秩序性、自由性和时空性等多重含义。天下国家本质上是一种公天下的结构。天下的结构化包括两个机制："王天下"处理了天下有道与天下无道之间的矛盾；"天下化成"（"通天下"）则是和平的机制。天下具有演化的特征：一为天下的态（势）；二为天下的变（式）。势的概念与实用主义、社会学有一定的共通性，在一定程度上可以认为势是中国人的行动理论。中国古代的社会变迁思想并非简单的"历史循环论"，而是一种生成循环论："化生"为其本质，辩证变迁为其机制，"天人感应"为其内在动力，"变则通"为其外在动力，变迁形式为开放性循环。生成循环论兼具历史循环论和社会进化论的精华，将循环和进化结合起来，同时去除了二者的不足，既不固守"圈性循环"，也不偏执于直线进化。这意味着拒斥动荡和不安，寻求稳定与秩

591

序。故天下之变内蕴天下之和合、天下之小康和大同。"和合"的具体体现就是"多元一体"这一社会整合机制。"大同"与西方"乌托邦"思想的差别在于它的实践性，"大同"蕴含的"天人合一"、和谐共生的理念适应了人类社会发展的需要，是一种应大力倡导的共享价值。

（何　健）

一　天下：中国人的世界概念①

中国人的行为方式常常遵循着从微观到宏观的逻辑，即由个人而家、由家而国、由国而天下的逻辑，然而从社会学的认知来看，则应是一个相反的逻辑，即由天下而国、由国而家、由家而己的逻辑。两个逻辑并行不悖，实践和认知相互交融。这里，我们主要从认知逻辑来检阅"天下"，以展示中国古代思想的现代社会理论意义，②但又稍不同于史家对"天下"的国内关系和国际关系的讲法，③而是在综采各家的基础上，突出强调天下的社会人文意涵。

因此，这里着重探讨三个问题。第一，天下的含义。我们是想弄明白，中国乃至东方为何始终有一种"天下激情"？"天下激情"是否出于一种无限或有限、动或静、常或变的悖谬？第二，天下的"终结"与"新汇"。在进化论滥觞后，天下观似乎因此而终结，新的天下能否有新的天下观？怎样有？第三，天下本身是否可以被当作一种知识系统来建构？从知识社会学看，中国社会正是中国人不断地参与天下知识系统的建构而扩展的。

---

① 本部分内容曾发表于《北京工业大学学报》2017 年第 4 期，收入本书时，内容上略有改动。

② 这里倾向于采取甘怀真先生所倡导的儒学诠释学方法。

③ 参见费正清《中国的世界秩序：一种初步的构想》，载陶文钊编选《费正清集》，天津人民出版社，1992，第 1～26 页；高明士：《律令法与天下法》，上海古籍出版社，2013；甘怀真：《东亚历史上的天下与中国概念》，台湾大学出版中心，2009；杨联陞：《从历史看中国的世界秩序》，载《国史探微》，新星出版社，2005，第 1～13 页；渡边信一郎：《中国古代的王权与天下秩序》，徐冲译，中华书局，2012；王永平：《从"天下"到"世界"：汉唐时期的中国与世界》，中国社会科学出版社，2015。

（一）天下概念的起源与演变：天下为公与天下为家

中国古代国家秩序观并非我们通常认为的是分离性的国家秩序或家族制秩序，也不应当把国家秩序理解为家族秩序的直接延伸或扩大。虽然国家秩序和家族秩序之间的紧密联系是一个确凿的事实，然而它们不是上面所说的任何一种关系，而是相当复杂的关系，这一复杂关系的功能在于古代中国社会需要合理处理公私两个场域。所以古代中国社会秩序要利用和含括家族秩序这一私域，而不是我们想当然的是家族秩序的直接扩展。① 也就是说，虽然从常态上看，"天下为家"是常态，但是"天下为公"也并非毫无实践影响的理想秩序。虽然"天下为公"有很大的理想秩序成分，但是统治者必须在某种程度上超越本家之姓，否则一家占有天下就会受到非难，其治理相应也会有巨大的困难。换言之，中国古代社会秩序的顶层设计并不是从家族自然延伸的"家族国家"，国家系统及其主事也不是我们现在从影视里了解的"父母"与"子孙"。实际上，在大道既隐之后的"天下为家"时代，"皇帝"这一私家之主更主要是以天下为家的"天子"，因此各种"家"（公家、天家、官家、大家、皇家、国家、王家、皇太子家等）的区分在于表明，"君"与"臣"都是从自身"私家"出发为"公家"做事的（见图6-1）。②

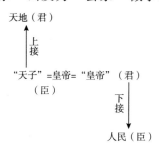

图6-1　基于天下公事观的中国古代治理关系

资料来源：尾形勇：《中国古代的"家"与国家》，张鹤泉译，中华书局，2010，第215页。

在这样的结构下，天下的观念并不完全等同于西方政治学意义上的国家观念，而是基于君臣关系的天下国家观念，不是选举制，而是禅让

① 尾形勇：《中国古代的"家"与国家》，张鹤泉译，中华书局，2010，第179页。
② 尾形勇：《中国古代的"家"与国家》，张鹤泉译，中华书局，2010，第188、196~197、215页。

制或取代制。一言以蔽之，古代中国的国家秩序明显带有人文性。

（二）天下的社会学含义

1. 天下的神圣性（天下即神）

自中国文化创生那一刻起，天下就不断改写、不断扩展。新的天下需要新的天下学说，令人疑惑的是天下为何一直在扩大？中国天下的扩展不是侵略，反倒是在被侵略中不断扩大，在打压中伸缩扩展，以文化涵括野蛮，求人道、神道、物道之平衡。因此，中国天下的扩展是不战而屈人之兵，在不知不觉中扩展影响力，近乎《孙子兵法》所讲："微乎微乎，至于无形。神乎神乎，至于无声。故能为敌之司命。"套用美国社会学家塔尔科特·帕森斯的说法，天下具有最高的信息控制等级。[1]

天下这一范畴，具有涂尔干在《原始分类》、《宗教生活的基本形式》等文献中所探讨的"神圣观念"内涵。它虽然不是西方那种超越性的神，却是上天的命令，人被命令照顾好天下的一切，照顾好了，就叫"敬天保德"。

《诗经·大雅·皇矣》讲："帝谓文王：无然畔援，无然歆羡，诞先登于岸。密人不恭，敢距大邦，侵阮徂共。王赫斯怒，爰整其旅，以按徂旅，以笃于周祜，以对于天下。"[2] 这里的"天下"一词藏之甚深，整部《诗经》仅出现一次。因此，相比《尚书》、《周易》、《论语》、《礼记》、《周礼》、《道德经》、《庄子》等文献而言，《诗经》中的天下更显示了它的原始意义。我们就从这原始意义出发，去追寻它的社会意义。"以笃于周祜，以对于天下"一句是讲"增益周的福，使天下安定"，这是说事是人做的，却是受天之命。

因受天之命，天下之物之事皆有神圣性。孔子讲"民无信不立"，并不只是讲律法与信玺，[3] 也强调对天下的信仰与执，"以天下为己任"、"先天下之忧而忧"、"天下兴亡，匹夫有责"等正是此意。天下不仅仅是一种伦理，[4] 而且是一种信仰。在涂尔干那里，社会即神，那么对于

---

① Talcott Parsons, *Societies: Evolutionary and Comparative Perspectives*, New Jersey: PRENTICE-HALL, INC., 1966, p. 28.

② 王先谦撰《诗三家义集疏》，吴格点校，中华书局，1987，第856页。

③ 高明士：《律令法与天下法》，上海古籍出版社，2013，第266页。

④ 林端：《全球化下的儒家伦理：社会学观点的考察》，《国外社会学》2002年第3期。

中国文化而言，天下即社会，天下即神。因天之名，所以实际的行为选择在本质上叫作"领有天下"。① 一个"领"字表明的不是占领，不是割据，不是霸道，而是"领命"求安平，这成为一种"己任"，成为一种"责任伦理"。

因此，天下因天命而具有某种宗教意义，甘怀真认为："用另一种比喻，天下是一个教会。"② 这种看法不独是甘氏一人。杜维明认为中庸有明显的宗教意蕴。他说："《中庸》中的君子力图体现人的普通存在中所蕴含的终极意义。君子知道，完全实现天人合一理想的可能性是每个人的本性中所固有的。尽管在智力、天赋和能力方面差别很大，但是所有的人都被赋予把自己实现出来的内在力量，从而能够达到与宇宙完全合一的状态。"③ 因此《中庸》开篇就讲"天命之谓性，率性之谓道，修道之谓教"。这样看来，天下之事无不是"神圣的事业"，而不是"罪业"。完成此等"神圣的事业"绝不是弃绝弃智、非此即彼的极端行为，而是求"中和"、求"大道"，天下观也成为一种"信念伦理"。

天下的此番含义里有着明显的委任意思。委任即意味着伦理上的责任，需要证明给大家看，因此，那尘世的权力需要找到自己的普遍合法性，这逼得那所谓至高者仍要躬身去坚持一些普遍性的信仰和法则。

2. 天下的认同性（知天成人）

天下的认同性是指人对自我及其环境的认同，主要表现为"知天成人"的思想。《周易》中的"天行健，君子以自强不息"一语讲的就是君子之修身要循天之理。《中庸》也说："故君子不可以不修身；思修身，不可以不事亲；思事亲，不可以不知人；思知人，不可以不知天。"④ 可见，天与身之间的关系是确实的，故所谓"成其身而天下成，治其身而天下治"。⑤ 这样一来，天下之事自然是要落实在"身"上了，而天下之事中，无外乎自然、国、家和己，所以身涉及君臣、父子、孝悌、朋友等多重关系。

---

① 渡边信一郎：《中国古代的王权与天下秩序》，徐冲译，中华书局，2012，第9~17页。
② 甘怀真：《东亚历史上的天下与中国概念》，台湾大学出版中心，2009，第16页。
③ 杜维明：《〈中庸〉洞见》，段德智译，人民出版社，2008，第2页。
④ 梁涛：《郭店竹简与思孟学派》，中国人民大学出版社，2008，第288页。
⑤ 吕不韦著，陈奇猷校释《吕氏春秋新校释》，上海古籍出版社，2002，第146页。

潘光旦在《童子操刀》一文中提出了社会学再出发的起始是人的命题。这一命题就是"人的科学"的核心。他说："人至今没有适当的与充分的成为科学研究的对象"，"人属于一个三不管的地带。第一，人虽然也是一种生物，并且是一种动物，但生物学与动物学不管，至少是不大管……第二，人类学与社会学，以至于其它各种社会科学都算是以人做对象的科学了；但说来可怜，这对象是有名无实的"。① 其中，体质人类学只是在认识"活人的那一个皮囊"和"挂皮囊的架子"，"所谓文化人类学，名为研究文化的人，实际是研究了人的文化，名为研究产生者，实际是研究了产物"。②"社会学是人伦关系之学"，有点像哲学，哲学求"天人之际"，它求"人伦之际"，因此经常扑空，而扑不着"具体的人"。"经济学应该一面研究物力，一面研究人欲，然而进而研究物力与人欲的内外应合，两相调试"，③ 但是，"似乎始终全神贯注人身以外的物力的生产与支配之上，而于人欲的应如何调遣裁节，完全恝置不问。……总之，各门社会科学犯着一种通病，就是忘本逐末，舍近求远，避实就虚，放弃了核心而专务外围，所以本、近、实、与核心，指的当然是人物之际的人，和人我之际的每一个人的自己而言"。他历数了人体生理学、心理学、医学等所谓与人相关的学科，认为它们基本上是支离破碎的分析，越分析离人越远，结果是"既不认识自己"，也"无从控制与管理自己"，④ 仍陷在"集中"、"清算"等物力型思维上，不复有人。一个有希望的社会是"有了明能自知与强能自胜的个人"的社会。⑤

潘光旦关于当时社会科学局限性的判断是在1946年，我们现在已接近21世纪20年代了，即便如此，潘先生当时的判断仍未过时。潘先生之所以有这番见地，还是源于他所固有的中国文化学养，在很大程度上，他以身作则，用传统文化去化解西方现代性的毒，并同时革新传统文化。联系到这里的讨论，我们会发现，正是中国传统的天下与身的命题造就了潘先生的洞见，他所说的"自知者明，自胜者强"，既是社会科学要

---

① 《潘光旦文集》（卷6），北京大学出版社，2000，第10页。
② 《潘光旦文集》（卷6），北京大学出版社，2000，第10页。
③ 《潘光旦文集》（卷6），北京大学出版社，2000，第11页。
④ 《潘光旦文集》（卷6），北京大学出版社，2000，第12页。
⑤ 《潘光旦文集》（卷6），北京大学出版社，2000，第13页。

面对的问题，也是对天下与身之间关系命题的确认。这里的"自知"与"自强"暗含"己身"的修养命题。而在中国文化里，己身的修养又和"天"有着重要关系。透过前面讲的神圣性，我们此番又认识到天下的第二重性质，即认同性，并且看到了身与天下之间的亲和性，因为身，所以天下的认同包含对家、对群、对国、对己的认同，"安身立命"是基本，其最高境界则是"杀身成仁"、"天下大同"。

3. 天下的秩序性（人文世界与社会秩序的合一）

渡边信一郎的天下论，侧重于从政治王权和政治秩序来探讨天下，此种观点最终成为中国社会从专制奴隶制向专制农奴制演变的结论。此种结论的偏颇有如下几点。①经济史决定论。渡边氏虽于20世纪90年代转向强调中国政治的文化独特性，然而仍带有明显的前期研究痕迹，即过于重视小农经济生产方式的决定性作用。②对封建制的演化重视不够。受前一点的影响，渡边氏对封建制的演化与影响给予的重视不够，而有的学者则从文化和艺术领域看到了封建的更早起源和长远影响。①③在从天下观来理解中国的本意上，是从今考古，而不是从源头上考古明今。何为中国？何为中国理想？渡边氏对前一个问题虽有回答，但是其"中国（九州）＝天下"的主张，仍是狭义的天下，这样一来，不仅把天下实态化，而且极大地忽略了"中国"一词特有的文化意义。若持"天下＝世界"的"广域天下说"，则会看到"中国"所具有的秩序和谐之心的文化意义。④过于重视天下的实态，而忽略了天下的神学意蕴。如果进一步讲，天下可能还具有神学性和宗教性意义，比如《诗经》中《皇矣》篇所表现出来的帝（天）的命令性。

事实上，无论是"中国（九州）＝天下"的命题，还是"天下＝中国（九州）"、"天下＝世界"的命题皆有不当之处，对于天下而言，没有"等号"（＝），而是一个"不等号"（≠），天下其实不等于什么，就是"溥天之下"，天下的实质是人文性。关于这一点，沟口雄三认为："把天与政治联系起来的政治思想，是在中国独自发展起来的一种政治思想，它在日本或欧洲均未曾出现。"②应该说，沟口雄三确实看到了中

① 迈克尔·苏立文：《中国艺术史》，徐坚译，上海人民出版社，2014，第41页。

② 沟口雄三：《中国的思想》（修订版），赵士林译，中国财富出版社，2012，第8页。

国文化的独特性，不过应当注意的是，不应把这种关联限定在政治层面，而应该着重于天下的社会性，正是这种社会性保证了天下的神圣性，政治性是从社会性中生长出来的，否则我们就会遗忘中国思想中的"天下生民观"。

因此，天下的秩序性并不仅是政治一环，如果是那样，我们就会陷入西方思想里社会与权威的二元对立论，相反，中国思想的社会性明显具有调和的特征。① 这里不妨以"天下的社会性"图式来表征天下的位置和性质（见图6-22）。

	自然	社会
天	天理	天下 （公共领域）
人	人欲	人情

图6-2　天下的社会性

资料来源：作者自制。

4. 天下的自由性（天下生民）

沟口雄三认为，不能单维度地认为中国传统思想只讲"仁"、"公"、"大同"、"皇权"、"秩序"等大一统政治哲学，实际上，中国思想里还有"天下生民"的社会思想。这种中国式自由完全不同于欧洲意义上的个人自由，它不是散沙式的消极因素，而是在血缘、地缘、业缘中形成的。②

郝大维和安乐哲在《先贤的民主》中进一步讨论了"中国式个人"。他们认为，西方的个人主义不适用中国的情境，西方的个人主义是对抗

---

① 平冈武夫认为，如果以这种调和性来审视天下与中国的关系含义，就会发现中国首先是一个文化上的概念，是那世界或秩序中最为和谐之点。就像《大学》里所讲："唯仁人放流之，迸诸四夷，不与同中国。此谓唯仁人为能爱人，能恶人。"在这里，中国的内涵是文化性的，因为中国有仁，不仁者为野蛮与恶人。所以《中庸》里的中国是指洋溢、充盈了仁与德的中国，有了仁德，则配天以至于广大无穷。所以，中国精神其实是践行仁德。参见渡边信一郎《中国古代的王权与天下秩序》，中华书局，2012，第12页。

② 沟口雄三不赞同孙中山的看法，认为欧洲存在的东西不能代替中国，欧洲不存在的东西中国存在。参见沟口雄三《中国的思想》（修订版），赵士林译，中国财富出版社，2012，第175~176页。

性的，而中国式个人按和谐来支配生活，所以《论语》讲君子"和而不同"、"周而不比"、"矜而不争"、"群而不党"，强调行事的和谐艺术，拒绝自私。①

那中国式自由是否丢掉了思想自由和理性自主呢？郝大维和安乐哲基本上是持否定态度的。其他学者可能有不同的看法。比如，杜维明提出"创造性转换的自我"。又如，李英灿认为西方社会学以经验性的事实为对象，而儒家社会学的研究对象"既是事物的自在之'理'，也是规范人自身行为的自为之'理'"。② 换言之，中国思想并非不强调思想，而是强调对和谐的思考。所以《中庸》讲："唯天下至诚，为能尽其性；能尽其性，则能尽人之性；能尽人之性，则能尽物之性，能尽物之性，则可以赞天地之化育；可以赞天地之化育，则可以与天地参矣。"③ 此处一个"诚"字引出"尽"、"赞"、"化育"等"百行"，这里面蕴藏"思想"与"实践"并举、"个体"与"共同体"相通之意，实有化解工具理性荼毒的可能、求得幸福生活之功效。

5. 天下的时空性

渡边信一郎据《资治通鉴》（卷二一七"天宝十三"）将天下界定为："天下乃州、郡、县、乡、里、户、个人的具体集合体，以中国＝九州＝禹迹为核心，为天子（皇帝）的实际支配领域，是区别于夷狄未开化社会的文明社会。"④ 这一文明也就是政治社会，此政治社会名为"天下"，由天、天子、生民所组成，故天下是神圣性与社会性的结合，拥有这种结合特征的社会有着相当的公共性。

（三）天下的结构与结构化

1. 天下的体（天下国家）：公天下

潘光旦先生在关于孔门社会哲学的两篇文章（《社会生物学观点下之学庸论孟》、《生物学观点下之孔门社会哲学》）中，虽然未有对"天下"的直接解说，但从其中的家国同理论（见图6-3）可以寻到"天

---

① 郝大维、安乐哲：《先贤的民主》，何刚强译，江苏人民大学出版社，2010，第115～118页。

② 李英灿：《儒家社会学何以可能？》，《孔子研究》2003年第1期。

③ 梁涛：《郭店竹简与思孟学派》，中国人民出版社，2008，第289页。

④ 渡边信一郎：《中国古代的王权与天下秩序》，中华书局，2012，第78页。

下"的踪迹。除此之外，潘先生的《派与汇》、《中国人文思想的骨干》
等文则明显蕴含"天下"的概念。比如在《派与汇》中，潘光旦梳理了
社会思想的流变，认为有古人文思想（比如中国和希腊）、近代社会科
学思想（一曰演化论，二曰实验论和工具论，三曰功能论）、当代人的
科学思想等五个前后相继的思想源流。然而，由于分析的作风盛行日久，
达 300 多年，所以，社会发展的学说只是愈来愈细，颇多凌乱和破碎，
在实践上越陷越深，待两次世界大战涂炭生灵时，西方思想家才开始注
意这一问题。潘光旦认为，社会形势的发展，已越来越要求一种新人文
主义来做指导。所谓新人文主义（见图 6 - 4），是指借古代思想（比如
中和）解读进化论，从而形成有调试（成位育）、以人为指向的演化论。

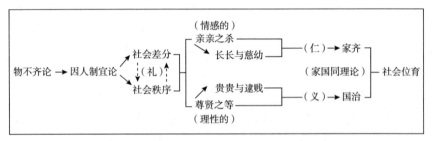

图 6 - 3 中国古代社会的体：家国同理论

资料来源：潘光旦：《生物学观点下之孔门社会哲学》，载《潘光旦文集》（卷 8），北京大
学出版社，2000，第 125 页。

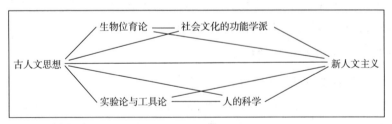

图 6 - 4 社会科学的中国化：新人文主义

资料来源：潘光旦：《派与汇》，载《潘光旦文集》（卷 6），北京大学出版社，2000，第
110 页。

由图 6 - 3 和图 6 - 4 可知，中国的思想可以开出一种普遍价值以适
合全人类。潘光旦先生所说的古人文主义，除了印度、希腊，中国文化
也是其中一种。这里不妨借鉴马一浮先生"道并行不相悖"的观点，汤

一介先生引之，这里照引："道一而已，因有得失，固有同异，同者得之，异者失之。……道外无事，事外无道。"① 所以汤一介认为，马一浮先生关于六艺之学为我国社会科学的源头之论述对今日之中国发展颇有深意。②

能否从天下开出一套普世价值，则要弄清楚天下之体。天下之体在于形成一套公的秩序。《吕氏春秋·贵公》已明示："昔先圣王之治天下也，必先公，公则天下平矣。平得于公。……天下非一人之天下也，天下之天下也。"③ 因此，为确保公，中国古人力图从制度层面去创造一个比较公的社会。高明士先生关于天下秩序的研究虽然是基于外交关系来说，抛开这一立论，从文化立论，则天下秩序是一套内外合一的公天下秩序（见图6-5），而不是公私对立的二分秩序。

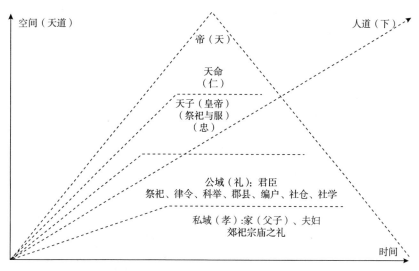

图6-5 公天下之体

资料来源：作者自制。

这里引用尾形勇先生的两段话作为天下之体的构造过程和转换机制。

---

① 汤一介：《〈马一浮全集〉序》，载《马一浮全集》（第一册上），浙江古籍出版社，2013，第6页。

② 汤一介：《〈马一浮全集〉序》，载《马一浮全集》（第一册上），浙江古籍出版社，2013，第9页。

③ 吕不韦著，陈奇猷校释《吕氏春秋新校释》，上海古籍出版社，2002，第45页。

构造过程：以受"家人之礼"这一家族秩序制约的"私"场域的"家的世界"为基础，在其上部矗立着被"君臣之礼"秩序化的"公"场域的"君臣"世界。

转换机制："君"和各个"臣"，都以各自的"家""出身"，而在"公"的场域登场，在"家"以拟制的形式被废弃的场域结合为"君臣关系"。①

2. 天下的常与非常（天下有道与天下无道）：王天下

所谓天下的常，是从积极一面论及天下，而天下的非常则与此相对应，是从消极面讲。虽然《论语·泰伯》中"天下有道则见，无道则隐"一句似乎有消极的意义，然而，如果把此句连着整段理解，特别是留意到第一句"笃信好学，守死善道"，那么就会明白，关键是行"善道"，须慎入、慎居、慎现、慎隐、慎贫贱、慎富贵，非不入、不居、不现、不隐、不贫贱、不富贵。那如何王天下以使天下有道为常？

天下有道或无道是行动的两种效应。引起效应的，在于行动的人，人不同效应也不同。中国思想中的君子与小人正是人的两种类型。在古代，君子为德称，应用最广，即使帝王也不逾越此德，故有所谓"君王"。君王者，受天命，以仁厚德载物，所以，孔子曰："天下有道，则礼乐征伐自天子出；天下无道，则礼乐征伐自诸侯出。自诸侯出，盖十世希不失矣；自大夫出，五世希不失矣；陪臣执国命，三世希不失矣。天下有道，则政不在大夫。天下有道，则庶人不议。"②

孟子承孔子"天下常与非常说"认为："天下有道，小德役大德，小贤役大贤；天下无道，小役大，弱役强。斯二者天也。顺天者存，逆天者亡。"③ 君子有其道，以仁为道，小人亦有其道，以不仁为道，故存者君子，亡者小人。君子因"喻于义"而存，小人因"喻于利"而亡。因此，君子要王天下，须不失民心，一旦上下交相争利，就不得其民，不得其心。所以孟子以为："桀纣之失天下也，失其民也；失其民者，失其心也。得天下有道：得其民，斯得天下矣；得其民有道：得其心，

---

① 尾形勇：《中国古代的"家"与国家》，张鹤泉译，中华书局，2010，第251页。
② 钱穆：《论语新解》，生活·读书·新知三联书店，2005，第429～430页。
③ 焦循撰，沈文倬点校《孟子正义》，中华书局，1987，第495页。

斯得民矣；得其心有道：所欲与之聚之，所恶勿施尔也。"① 后世屡屡有人以舟楫与水来比拟君民之间的关系。福柯曾举船与大海的关系来分析现代社会的治理术，然而，中国古代的君民关系在本质上根本不同于福柯所讲的对立和紧张情形，更多的是缔造"自他一体，善与人同"、相生相养、不相争杀的社会。② 这样的社会有道、有德、有仁，从而能生生不息，故孟子言："天下有道，以道殉身；天下无道，以身殉道。未闻以道殉乎人者也。"③

3. 天下的合（天下化成）：通天下

马一浮先生曾言："人类历史过程皆由野而进于文，由乱而趋于治，其间盛衰兴废、分合存亡之迹，蕃变错综。"④ 中国古代天下思想因此担心混乱而多主秩序，但不能就此妄加认为这是另一种西方的"暴力征服逻辑"和"暴力征服术"。⑤ 中国对社会秩序的看法是"和"与"通"的思想，中国主讲"化成"，而非"征伐"。

荀子有言："圣也者，尽伦者也；王也者，尽制者也；两尽者，足以为天下极矣。"⑥ 这是什么意思呢？中国古人经常讲的"内圣外王"，其实是会通的思想。钱基博先生在《读庄子天下篇疏记》中讲，"说文以明圣之古训通，王之古训往"。⑦《周易·泰卦十一》中讲得也很明白："《象》曰：'泰小往大来吉亨'，则是天地交而万物通也，上下交而其志同也。内阳而外阴，内健而外顺，内君子而外小人：君子道长，小人道消也。"⑧ 另外，庄子讲得也很明白，究其天下大乱，往往在于"贤圣不明，道德不一"，"天下之人各为其所欲焉以自为方"，所以"百家往而不反"，"道术将为天下裂"，"必不合矣"。⑨ 庄子因此提出天下有道的理想状态：

---

① 焦循撰，沈文倬点校《孟子正义》，中华书局，1987，第 503 页。

② 《马一浮全集》（第一册上），浙江古籍出版社，2013，第 3、24 页。

③ 焦循撰，沈文倬点校《孟子正义》，中华书局，1987，第 946 页。

④ 《马一浮全集》（第一册上），浙江古籍出版社，2013，第 18 页

⑤ 柯岚安（William A. Callahan）：《中国视野下的世界秩序：天下、帝国和世界》，载赵汀阳著《天下体系》，中国人民大学出版社，2011，第 129~144 页。

⑥ 王先谦撰，沈啸寰、王星贤点校《荀子集解》，中华书局，2010，第 407 页。

⑦ 钱基博：《读庄子天下篇疏记》，台湾商务印书馆，1967，第 2 页。

⑧ 李道平撰，潘雨廷点校《周易集解纂疏》，中华书局，1994，第 163~165 页。

⑨ 郭庆藩撰，王孝鱼点校《庄子集释》，中华书局，2004，第 1069 页。

不离于宗，谓之天人；不离于精，谓之神人；不离于真，谓之至人。以天为宗，以德为本，以道为门，兆于变化，谓之圣人；以仁为恩，以义为理，以礼为行，以乐为和，薰然慈仁，谓之君子；以法为分，以名为表，以参为验，以稽为决，其数一二三四是也，百官以此相齿；以事为常，以衣食为主，蕃息畜藏，老弱孤寡为意，皆有以养，民之理也。古之人其备乎！配神明，醇天地，育万物，和天下，泽及百姓，明于本数，系于末度，六通四辟，小大精粗，其运无乎不在。其明而在数度者，旧法、世传之史尚多有之；其在于《诗》、《书》、《礼》、《乐》者，邹鲁之士、缙绅先生多能明之。《诗》以道志，《书》以道事，《礼》以道行，《乐》以道和，《易》以道阴阳，《春秋》以道名分。其数散于天下而设于中国者，百家之学时或称而道之。[①]

《周易》中对天下有道则给予一种人文化成的方法。《周易·贲卦二十二》之《彖》曰："文明以止，人文也。观乎于天文，以察时变。观乎人文，以化成天下。"[②] 人文化成具体何为？其一，士为天下化成之质。其二，理通天下之变。其三，正德，归仁，厚生，名分，成序。可见，人文化成的实现也就是天下的通达与和合。

（四）天下观的"新汇"

萧公权先生曾对传统的天下观有过界定。其一，在含义上相当于欧洲中世纪时期的世界帝国观念，一切政治关系都属内政，没有所谓国际政治。其二，有大同主义的倾向，无民族思想。故中国传统天下思想是以人伦道德为治，缺乏近代国家观念，故民族自主的政权难以确立，法治制度难以竖立。[③] 萧先生说这番话的时间是 1940 年。那时，中国正处于嬗变之中，大战未结束，国家前途未定，人民困苦患难，可谓是因应民族国家的贫弱有感而发。转眼之间，近 80 年已过，中国已摆脱贫弱，从独立和富强向复兴迈进。此一过程，中国已看到西方现代性的问题，因此，复兴已不是西化，而是要求有提出和处理中国自己的问题的方式、方法和途径。

在全球化的今天，我们可从中国古代天下思想中习得那些健康的因

---

① 郭庆藩撰，王孝鱼点校《庄子集释》，中华书局，2004，第 1066~1067 页。
② 李道平撰，潘雨廷点校《周易集解纂疏》，中华书局，1994，第 246 页。
③ 萧公权：《中国政治思想史》（上册），商务印书馆，2011，第 19~20 页。

素，排除掉那些不健康的因素，来维系中国机体的良性循环。其一，坚持全球平等观，拒绝中心论，不论是西方中心论还是中国中心论。其二，持一种人类科学的情怀。不只是以人类为中心，也要看到人与自然的关系，人类之间要共生，人与自然也要共生。其三，具有演化论的精神，新的天下需配以新的思想。其四，文化优势和实力优势并重。

1. "整合论"：从乡土性到都市性

传统的天下思想，无论是"封建天下"，还是"专制天下"，其思想的土壤主要植根于小农的生产方式中。按张德胜的讲法，传统中国农业社会是一个低度整合的社会体系。① 虽然中国政治力量是只到县衙就停了的单轨制，但不能因此否认中国社会的整合潜能。例如，天下的体制和事业往往依托人文的力量来辅助现实力量的不足，因此，传统中国并非就是一元性的体制，而是有很多空间、领域。可以说，古代天下思想本身就具有一定的整合性。正如高明士所指出，天下秩序的基础性要素是"政、刑、礼、德"，演化而为"结合、统治、亲疏、德化"四原则，再依《禹贡》、《周礼》所载服制而体系化（见图 6 - 6）。随着乡土社会向都市社会转变，或者说，随着天下的演化，早期的天下思想会吸收新的时代要素，比如吸收都市社会赖以存在的民生、平等、契约等新原则，从而使天下观"日日新"，继而使天下观展现出新的整合功能。

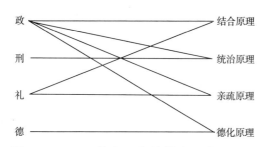

图 6 - 6　天下秩序运作的基本要素与原理

资料来源：高明士：《律令法与天下法》，上海古籍出版社，2013，第 270 页。

2. "去蔽论"：从华夷论到兼容论

严复在翻译斯宾塞的《社会学研究》时，用"蔽"对应英语中的

---

① 张德胜：《儒家伦理与社会秩序》，上海人民出版社，2008，第 164 页。

"偏见"（bias），分译各蔽。考虑严复之用意，实把社会学当作"去蔽"的学问来重构和扩展中国之天下。潘光旦在严复先生的基础上做了更大发挥，他从中国古代思想中汲取"蔽"的源流，将荀子之"蔽"范畴与斯宾塞所论的"偏见"概念做了一番细致对比。[①] 天下间，人是关键所在，一切大道大理都要经过人、通过人，非人则理不能行，人如果犯蔽，则天下弊。所以，《周易·姤卦第六十四》讲："刚遇中正，天下大行也。"人是天地万物之灵长，是万物相遇的桥梁。潘光旦先生因此讲："人生是一个整体，知识、学问、行为，所以辅翼人生与表达人生的，也不得不是一个整体，凡属整的东西，全的东西，我们不能以一偏来概括。"[②]

在新的形势下，天下观新汇工作的其中一项就是"去蔽"，因为去蔽，故能开放远大、除旧迎新，始能兼陈万物，众异不相蔽而不乱其伦。如果我们把斯宾塞《社会学研究》一书的目录与严复译《群学肄言》做一对照（见表6-1），再品味一下汉语中"蔽"的同义词，我们会发现，中国古代的天下观思想本身就有"去蔽"的精神，同时它也需"去蔽"，并且有"去蔽"的可能。

表6-1　斯宾塞《社会学研究》目录汉译对比

书目章节名	今译《社会学研究》	严复译《群学肄言》
1	我们对社会学的需要	砭愚
2	社会科学存在吗？	倡学
3	社会科学的本质	喻术
4	社会科学的困难	知难
5	客观困难	物蔽
6	主观困难——理智	智絯
7	主观困难——情绪	情瞀
8	教育偏见	学诐
9	爱国主义偏见	国拘
10	阶级偏见	流梏

① 潘光旦：《荀子与斯宾塞尔论解蔽（一九四六）》，载《潘光旦文集》（卷6），2000，第50~58页。

② 潘光旦：《荀子与斯宾塞尔论解蔽（一九四六）》，载《潘光旦文集》（卷6），2000，第53页。

书目章节名	今译《社会学研究》	严复译《群学肄言》
11	政治偏见	政惑
12	神学偏见	教辟
13	学科专业	缮性
14	生物学的准备	宪生
15	心理学的准备	述神
16	结论	成章

资料来源：①Herbert Spencer，*The Study of Sociology*，London：King，1873；②斯宾塞：《群学肄言》，严复译，商务印书馆，1981。

这样看来，中国古代天下思想富有一种自我革新力，正如"周虽旧邦，其命维新"所表明。因此，"去蔽"就是维新达成的必要前提了。从社会学的角度看，古代天下观思想的"去蔽"，主要是指避免"中心论"和"自闭"。既不要形成"贵中华、贱夷狄"的我族中心主义，也不要形成"崇洋媚外"的西方中心主义；既不要自绝于国门，也不要轻去其乡。为此一方面要施行"去蔽"的社会化，比如朋而不党、和而不同等；另一方面要施行"去蔽"的制度化，比如民主集中、政治协商、合作共赢、一国两制、求同存异等。

3."相遇论"：从封闭到共生

主张相遇是天下思想新汇的又一方面。中国古代天下体制从先秦历经汉唐，再到明清，着实有许多根本性的变化，如汉胡关系及其政治体制的变化、清以来适应全球民族国家问题的变化。唐朝代北朝，在政治体制上是虽承难继，无法适应大一统局面的法治体系。[1] 王永平强调不搞"华夷观"（亦可称为差序格局）和"西方中心观"，而以一种全球史观的立场来看待中华文明在世界文明史中的地位和作用。[2] 因此，天下观的新汇需要视角的更张，在今人看来，全球性要求开放，在开放竞争中求共生，"人类命运共同体"这一讲法就是对新天下观的注解。

从社会学的角度看，开放的天下、共生的天下乃是基于"相遇"

---

[1] 高明士：《律令法与天下法》，上海古籍出版社，2013，第207页。

[2] 王永平：《从"天下"到"世界"：汉唐时期的中国与世界》，中国社会科学出版社，2015，第318页。

(encounter)、"互动"（interaction）而言。在中国古代的文献里，表述"相遇"思想的汉语概念是《周易·姤卦》之"姤"。姤，相遇也；柔遇刚，好也。相遇为何是好呢？这联系着另一重要概念——"生"。"天地感而万物化生，圣人感人心而天下和平。"① "万物资始，乃统天。"② "日新之谓盛德。生生之谓易。"③ "天地之大德曰生，圣人之大宝曰位。何以守位？曰仁。何以聚人？曰财。理财正辞、禁民为非，曰义。"④ 因此，在全球化的新情境中，由相遇而相生，由相生而共生，我族与他族共同生生不息。干春松在《"天下体系"，全球化时代的"托古改制"》中，王铭铭在《作为世界图式的"天下"》中，乃至赵汀阳在《天下体系》中，都有一个共同的思考：新汇天下不在于以中国取代美国，不在于恢复古老的治理模式，而在于在新的世界形势下倡导一种共生责任。事实上，持这种观点的不乏国外的学者，比如日本学者尾关周二就提倡"人类社会的共生"。⑤

4. "规范论"：从国际法到天下法

高明士认为，从历史发展来看，中国人从天下"观"出发，不断加以落实和创造，在事实上创造出一套以文化优势为主、武力为辅的政治体系。所谓天下法，是指以儒家伦理为基础，依据德主刑辅、失礼入刑的立法原理而建立的制度。⑥ 照此讲法，"礼"显然是天下法的核心，其功能在于"序天下"。从社会学角度看，礼是一种规范，天下法亦是规范，而天下观则是共享的价值，即前述民之生也。这样看来，天下法确实具有"以世界为鹄"的意涵。

然而从根本意义上看，天下法并不同于现代国际法。赵汀阳对此曾加以论证，他认为西方国际政治理论的根源在于现代民族国家理论，国际法体系是不能够解决目前的国际问题的，比如9·11问题、ISIL问题。⑦ 而

---

① 李道平撰，潘雨廷点校《周易集解纂疏》，中华书局，1994，第315页。
② 李道平撰，潘雨廷点校《周易集解纂疏》，中华书局，1994，第35~36页。
③ 李道平撰，潘雨廷点校《周易集解纂疏》，中华书局，1994，第561页
④ 李道平撰，潘雨廷点校《周易集解纂疏》，中华书局，1994，第619~620页。
⑤ 尾关周二：《共生与共同的理念——超越自由主义》，《国外社会学》2002年第1期。
⑥ 高明士：《律令法与天下法》，上海古籍出版社，2013，第254页。
⑦ 参见吉莱斯皮对西方现代性问题之宗教根源的论证。米歇尔·艾伦·吉莱斯皮：《现代性的神学起源》，张卜天译，湖南科学技术出版社，2012。

天下法却是一个如同梁漱溟所说的早熟的世界观,如同康有为所说的那个未有种族问题污染的大同世界。

5. "新人论":从工具人到新士人

天下的新汇需要新的质。这个质的意思就是要造新人。今天的时代是不同于传统天下的新天下,按叶启政先生的说法,现代人有一种新的天命,必须应对工具理性带来的科技与消费生活之冲击。[①] 此种冲击彰显的问题有:科技宰制带来文化与消费的麦当劳化(或可称为例行化),互动模式趋向个体化,例行化与个体化之间的张力之网使现代人日益平庸化,责任伦理和信念伦理越来越消融于消费经济学,人虽已挣脱山洞里的锁链,山洞却塌陷为满是商品的深渊。

因此,现代人所面临的天下境况,不再是传统意义上的平天下,而是应对一种孤独的状态。面对这种状态,现代社会需要健全的人格,而中国古代一些修养思想于此则有相当的效用,比如"修身"、"慎独"之法,"为生民立命"之志,仁德之道,"恭、宽、信、敏、惠"之举止,"温、良、恭、俭、让"之法,等等。此等修养乃是成就君子的必经之途,也是士之阶层确保领导地位的必备气质。论语中讲"君子之于天下也,无适也,无莫也,义之与比"。此等担当非君子莫属。君子克己复礼,为天下归位,故"颜渊问仁。子曰:'克己复礼为仁。一日克己复礼,天下归仁焉。为仁由己,而由人乎哉?'"

有两则故事:

> 问于桀溺,桀溺曰:"子为谁?"曰:"为仲由。"曰:"是鲁孔丘之徒与?"对曰:"然。"曰:"滔滔者天下皆是也,而谁以易之?且而与其从辟人之士也,岂若从辟世之士哉?"耰而不辍。子路行以告。夫子怃然曰:"鸟兽不可与同群,吾非斯人之徒与而谁与?天下有道,丘不与易也。"[②]

> 仪封人请见。曰:"君子之至于斯也,吾未尝不得见也。"从者见之。出曰:"二三子,何患于丧乎?天下之无道也久矣,天将以

---

①　叶启政:《现代人的天命——科技、消费与文化的搓揉摩荡》,台北群学出版有限公司,2005。

②　钱穆:《论语新解》,生活·读书·新知三联书店,2005,第471页。

夫子为木铎。①

此两则故事虽说圣人之志，但也彰显了"士不可以不弘毅，任重而道远。仁以为己任，不亦重乎？死而后已，不亦远乎？"②

6. 新公域论：官私合力创办教育

在中国，政府和社会、精英与农村具有高度的互补性和一致性，而这根本不同于西方世界对城市的偏重，当然，这种一致性在中国步入近代化后被逐渐打破，但历史趋势是国家与社会的进一步紧密结合。王国斌的研究表明，由于农村社会是中国国家秩序的中心，围绕农村社会秩序，中央对地方秩序的垂直结合远胜欧洲国家，官方与精英的努力结合、精英的善行是这个框架中的必要补充，因此形成了中国式的公域，比如社学、义学、社仓、荒政（赈灾），但它们并不是西方市民社会那样的公众领域。③

（五）"天下知识系统"④：一项尚待开启的知识社会学任务

从中国历史的角度看，"天下"一词并不只是一个术语，而是一个知识系统。这个知识系统包括中国古代的王权、中国古代国家制度、中国古代宗教和礼仪、国家与社会的关系、中国古代知识分子的情怀等多个要素和层面。从知识社会学的角度，中国社会正是通过不断地参与这一知识系统而被生产出来，正是这个原因，世界是中国化，而不是西方化。正如郑永年所说，在古代是中学为体，佛学为次；在今天应该是中学为主，西学为次。

1. 竞争天下带来中国社会的制度化与世俗化

按照默顿所说，"扮演不同知识角色的人，对待'新的未曾预料的事实'有各种态度"。⑤ 这就意味着，社会中持有不同态度的人势必会产

---

① 钱穆：《论语新解》，生活·读书·新知三联书店，2005，第80页。
② 钱穆：《论语新解》，生活·读书·新知三联书店，2005，第206页。
③ 王国斌：《转变的中国：历史变迁与欧洲经验的局限》，李伯重、连玲玲译，江苏人民出版社，2015，第110~127页。
④ 这样一种提法是基于以下判断：对于处于全球化和社会转型中的中国知识分子来说，我们需要重新思考中国古代社会中的一些具有普遍性意义的概念，这在某种程度上有助于系统的适应性升级。何健：《帕森斯社会理论的时间维度》，《社会学研究》2015年第2期。
⑤ 默顿：《兹纳涅茨基的〈知识人的社会角色〉》（1941），载兹纳涅茨基著《知识人的社会角色》，郑斌祥译，译林出版社，2002［2000］，第142页。

生竞争，其后果是社会的不断理性化和制度化。就像不同神学派别之间的论争导致西方世界的世俗化，关于天下演化的各种历史论争除了形成一种规范意识以外，① 也势必推动中国社会的制度变迁。

2. 公共批判是天下观念扩展的动力

众多研究天下的学者大多承认一个事实：中国古代知识分子因持有天下这一情怀，成为一个独具特色的官僚阶层，他们既参与现实政治和资源分配，也在一定程度上成为对专制权力予以批判的公共力量。渡边信一郎认为："以委任统治论为媒介，内含了专制权力批判的可能性。"②

3. 天下知识系统与中国社会之间的相互建构

所谓天下知识系统，是指由天下观念、天下格局、天下国家、礼仪礼法、城镇空间、宫阙园林等共同构成的社会系统。如果我们通过"角色–范式"③（社会圈子、自我、地位、功能）来观照这一系统，那么，天下作为一个圈子，可能是指汉语文化圈，也可能是指儒家文化圈，这个圈子通过自身的文化演化来形塑自我，从而确保自己在新世界体系中的地位和功能。中国人与天下知识系统的关系正如兹纳涅茨基在《知识人的社会角色》中所展示的那样：一方面，中国人建构和扩展他们的生活时会依赖于他们对天下知识系统的参与；另一方面，在社会条件变化的时候，中国人参与天下知识系统的方式和程度将会决定新天下的界限与品质。

（何　健）

二　势：循天下之法④

"势"是中国人独特的思想和行为方式，迥然不同于西方的目的论思维。从社会学的角度看，"势"思想表明中国人对社会事理的认知有

---

① 渡边信一郎：《中国古代的王权与天下秩序》，中华书局，2012，第 77~78 页。
② 渡边信一郎：《中国古代的王权与天下秩序》，中华书局，2012，第 79 页。
③ 兹纳涅茨基：《知识人的社会角色》，郑斌祥译，译林出版社，2002［2000］，第 13 页。
④ 本部分曾发表于《江淮论坛》2016 年第 6 期，此处有修改。

着独特的方法和逻辑。

（一）势概念的起源、内涵与演变

从思想史历程来看，"势"的思想导源于先秦时期，此后随时代演进，讨论不断。[①]

在先秦各派中，势的讨论与政治现实联系最为紧密，而法家尤为突出。《管子·法法》讲："凡人君之所以为君者，势也。"[②]《韩非子·功名》也讲："夫有材而无势，虽贤不能制不肖。故立尺材于高山之上，下临千仞之溪，材非长也，位高也。桀为天子，能制天下，非贤也，势重也。尧为匹夫，不能正三家，非不肖也，位卑也。"[③] 可见，势产生于"权位"。权力位置的不同，对人的行为选择有重大影响，故有钓势、蓄势、谋势、借势、乘势、顺势、附势等说。这也意味着势会产生各种利益冲突。儒家因为不分道德与政治，所以不公然讲势。"盖儒家以民为政治之目的，以道为生活之标准。故责礼于君，责忠于臣，责慈于父，责孝于子，君主无绝对之权利，上下负交互之义务。"[④] 儒家虽然不公然讲势，却不断暗地加强势，"尊君"的结果就是专制主义的盛行，天下国家会随时迁就私家。《论语·子路第十三》中的"父为子隐，子为父隐，直在其中矣"，[⑤] 以及《孟子·尽心上》中的"舜视弃天下犹弃敝蹝"[⑥] 等讲法不外是为私家大开了方便之门。法家也讲专制，但在根本性质上不同于儒家，是纯政治性的，置道德（包括私人德性）于政治之外，"排私以利功"。[⑦]

秦皇一统，法家的势学在实践上达到一个高峰，但是薄恩寡义，受制度和物质两方面的限制，最终让渡给汉唐复兴的儒家。汉唐的社会秩序较为稳定，虽然表面儒家争胜，但是实际政治则是儒法兼用。延至两宋这一政治动荡时期，功利思想盛起，势的思想再复崛起。比如叶适认为："故夫势者，天下之至神也。合则治，离则乱；

---

① 杨国荣：《说"势"》，《文史哲》2012 年第 4 期。
② 黎翔凤撰《管子校注》（上），中华书局，2004，第 305 页。
③ 王先慎撰《韩非子集解》，中华书局，1998，第 223 页。
④ 萧公权：《中国政治思想史》（上册），商务印书馆，2011，第 229 页。
⑤ 钱穆：《论语新解》，生活·读书·新知三联书店，2005，第 341 页。
⑥ 焦循撰《孟子正义》（下），中华书局，1987，第 931 页。
⑦ 萧公权：《中国政治思想史》（上册），商务印书馆，2011，第 231 页。

张则盛，弛则衰；续则存，绝则亡。臣尝考之于载籍，自有天地以来，其合离张弛绝续之变凡几见矣，知其势而以一身为之，此治天下之大原也。"① 进入明代，特别是明末清初和晚清，势之观念伴随全球化冲击和国家政治动荡，逐渐走向思想的前台。王夫之指出，"时异而势异，势异而理亦异"，② "势相激而理随以易"。③ 孙中山更是明确言之，"世界潮流，浩浩荡荡，顺之则昌，逆之则亡"，④ "一国之趋势，为万众之心理所造成，若其势已成，则断非一二因利乘便之人之智力所可转移也"。⑤

综合以上看来，势的思想观念是中国传统文化中的根本性思维方法，它关乎民族的生死存亡。理解势的观念显然具有重要性，借助这一方法可以"昌明国粹、融化新知"，真正看清东西方文化的本质。

（二）"势"作为一个中国式实用主义社会学概念

如果说天下是中国社会观的总体结构，那么中庸就是天下达致的理想状态，因此可进一步追问：中和位育状态如何达致呢？显然，这种追问是属于对实质问题的追问，这些实质问题包括天下、国、家、群、孝、仁、气、礼等，不过若要解开这些实质问题，则需要一定方法论的支撑，为此，我们提出"势"这个概念以开拓中国社会学的方法论基础。

势的概念类似于一种暂时的真理论，但它不同于实用主义的真理观，而更接近涂尔干的社会学概念。实用主义是20世纪发源于美国的哲学思想运动，其代表人物有威廉·詹姆士、席勒、查尔斯·皮尔斯、约翰·杜威、米德等，其中詹姆士最为显赫。詹姆士在其《实用主义》（1907）中指出了哲学上的两难问题，即理性主义与实证经验主义之间的差异（见表 6 - 2）。

---

① 叶适：《治势上》，载《叶适集》，中华书局，1983，第 639 页。
② 王夫之：《宋论》，中华书局，1964，第 260 页。
③ 王夫之：《读通鉴论》（卷一），中华书局，2015［2013］，第 1 页。
④ 1916 年 9 月，孙中山到海宁盐官观看钱江大潮，回上海后写下了名言"世界潮流，浩浩荡荡，顺之则昌，逆之则亡"。
⑤ 《建国方略》（1917～1919 年），载《孙中山全集》第 6 卷，中华书局，1985，第 207 页。

表6－2　理性主义与实证经验主义之间的差异

柔性的	刚性的
理性主义的	经验主义的
根据原则而行	根据事实而行
理智主义的	感觉主义的
唯心主义的	唯物主义的
乐观主义的	悲观主义的
有宗教信仰的	无宗教信仰的
意志自由论的	宿命论的
一元论的	多元论的
武断论的	怀疑论的

资料来源：威廉·詹姆士：《实用主义》，陈羽伦、孙瑞禾译，商务印书馆，1997［1979］，第9～10页。

上述差异反映了西方哲学的困境。一方面，理性主义的气质是决定论的，不具真实性，它不能解释具体的世界。詹姆士就此不断引用斯威夫特的作品来说明宗教哲学的空虚，喻其为乐观主义的肤浅。在詹姆士看来，理性主义时代就像斯宾塞在《社会学研究》中所说的法官戴假发的浅薄时代。[1] 另一方面，作为实证经验主义的唯物主义取消了精神秩序和希望，不能真正保障人类理想利益的实现。这两方面使詹姆士走上了一条综合、协调的道路，他说："把物质说成是产生世界的原因，不会使构成世界的各种项目减损一分，把上帝说成是原因，也不会使那些项目增加一分。"他因此提出，实用主义是一种把所有理论变活的方法，在认知上不求起源和原则，而看最后之事物、收获、效果和事实。[2] 对此，我们不难理解涂尔干为什么会批评实用主义是一种强者的理想了。[3]

涂尔干在《实用主义与社会学》中，对比了实用主义与社会学的特点（见表6－3）。实用主义的特点有：真理的暂时性、个人性、单维的

---

[1]　威廉·詹姆士：《实用主义》，陈羽伦、孙瑞禾译，商务印书馆，1997［1979］，第14～20页。

[2]　威廉·詹姆士：《实用主义》，陈羽伦、孙瑞禾译，商务印书馆，1997［1979］，第30～31页。

[3]　威廉·詹姆士：《实用主义》，陈羽伦、孙瑞禾译，商务印书馆，1997［1979］，第111页。

多元性（单维性）、主观性（心理的）、开放性、改善性、连续性；社会学的特点有：多维性（个人性和集体性的统一，即社会性）、客观性、相对的实在性、历史性、关系性。从这种比较中，我们发现了实用主义和社会学的不同点和相同点：其共通点在于，社会学和实用主义都重视行动结果和生活意义；[1] 关键的不同在于社会学比实用主义更为"彻底"，即社会学更为注重事物之间的联系、层次和社会性根源。[2]

表6-3　实用主义与社会学之间的关系

异	实用主义	真理的暂时性、个人性、单维的多元性（单维性）、主观性（心理的）、开放性、改善性、连续性
	社会学	多维性（个人性和集体性的统一，即社会性）、客观性、相对的实在性、历史性、关系性
同		行动结果和生活意义

当安乐哲和郝大维在《先贤的民主》中提出中国思维和美国思想具有某种贯通性时，我们不妨认为这是在讲中国思想里可以寻着类似实用主义的思想。加上涂尔干、米尔斯[3]等对实用主义和社会学之间关系的讨论，我们可进一步判定中国早就有了社会学，而且是中国式的实用主义社会学。

"势"这一概念确证了中国不仅有社会学，而且比西方社会学思想要早得多，且十分不一样。为什么这么说呢？萧公权提示我们，"势"这个概念类似于孟德斯鸠《论法的精神》中的"法"概念，[4] 如果我们又注意到涂尔干曾有过孟德斯鸠是社会学先驱的说法，那么，"势"也许是理解中国社会的重要切入点。有人可能会认为我们有些想当然，不过法国汉学家余莲（François Jullien）有关势的研究则有力支撑了"势是中国原创性思维和行动法则"这一说法。余莲告诉我们，以黑格尔为代表的中国观充满了太多的先入为主色彩，事实上，中国思维不仅具备极

① 涂尔干：《实用主义与社会学》，上海人民出版社，2000，第1页。
② 威廉·詹姆士：《实用主义》，陈羽伦、孙瑞禾译，商务印书馆，1997［1979］，第114页。
③ C. Wright Mills, *Sociology and Pragmatism*, Edited with an Introduction by Irving Louis Horowitz, New York: Oxford University Press, 1969.
④ 萧公权：《中国政治思想史》（下册），商务印书馆，2011，第613页。

高的一致性，而且是超越西方思维固有限制、重塑思维生命力的重要途径。他认为，中国思维的特点是："从现行的进程之内在逻辑的观点出发，从现实本身出发寻找现实的诠释。"① "势"概念大致有三种意涵。其一，以势为焦点的中国人行动概念，根本不同于西方人的行动概念。西方的行动概念是基于"目的－手段"逻辑的单向因果论，以势为代表的中国人行动概念是双向"趋势论"。其二，势的思想是关于现实化的理解操作，因此是过程性的理解。这种思想在西方现代思想中越来越凸显，而中国的过程性思想明显要早得多，且西方主要以结构分析为主。其三，势之根本在于实现理想与操作的结合，在一定程度上与实用主义具有相通性。②

（三）势的含义③：关于过程的现实化理解

在《说文》中，势为"埶"，和"土"相关。《康熙字典》记有两种意思：（1）地势坤；（2）宫刑，男子割势。这两则意思分别从正面和负面表述势的意思，但皆从"土"，一则因地不同，而势不一，另一则根从土生，宫刑者，去根去势不生也。直译过来，势之含义就是

---

① 余莲：《势：中国的效力观》，卓立译，北京大学出版社，2009，引言第7页。

② 近来美国学者郝大维和安乐哲所谓"先贤的民主"似乎就是肯定中国传统文化和美国实用主义传统之间的相通性，他们相信，这种相通性是应对西方现代性危机的重要资源。在中国现代化的过程中，俄、日、美是影响中国最大的三个国家，在这三个国家中，美国离中国最远，但其对中国的影响和作用相比另两个国家而言，似乎要更为重要一些。在美国留学的好多人着实是希望国家繁荣富强的，并采取一种务实的工作方式去推进思想、教育、科技乃至政治等。在哲学社会科学学界，此种影响更是明显，胡适之、冯友兰、潘光旦、吴文藻、瞿同祖、李安宅等无不有一种务实的倾向。

③ 这里不是就中国古典文献分门别类来界定势的含义，而是概括性地介绍势这一术语所具有的过程性、现实性、生存性等含义。但是，也有必要在此说明，在中国儒家经典中，势的分布并不均匀，随时代变迁而愈多，并最终化为不可动摇的思维原则和行为方法。《诗经》、《论语》皆不言势，《周易》仅一处言势，谓之"地势坤"，意味循生生不息之理，《尚书》言势两处，则均为"权力"、"权威"之意，而在《孟子》中五处谈势，虽有前述权势之意，但更多指涉"理势"，《孟子·告子上》称："人性之善也，犹水之就下也。人无有不善，水无有不下。今夫水，搏而跃之，可使过颡；激而行之，可使在山：是岂水之性哉？其势则然也。人之可使为不善，其性亦犹是也。"而在《荀子》中势则明显多于其他诸典数倍，总的来看指涉"势位"之意，多从人欲、民心讲。而在儒家经典之外，讲势的不少，比如在道家经典《庄子》中，表面上是从时势和权势讲，然而在根底里是讲"活"及其"活法"。由此观之，儒道其实都是合一到中国古代社会生民的生活观里，以生生不息为主旨。这种观念又因为社会变迁之故，往往体现在法家、兵家、杂家的思想里。参见焦循撰《孟子正义》（下），中华书局，1987，第736页。

"因势而生"。势从土，土，方位也，方位不同，差异有别也，故"因势而生"亦是"因条件而生"。这就是说，势最简单的含义有两层：一是条件性（"位置"、"情势"、"权力"）；二是生存性（"活力"）。条件是前提，生存是目的。识别正当的条件，制定正当的目的，就成了势思想的两个关键。余莲将之概括为"中国的效力观"，颇为准确，因为正当的条件和目的自然要求综合考虑时间与空间、动与静、正与反等因素，同时，要形成效力，也需要把这些要素加以组合，即余莲所谓"不同场域共有的一致性"（"局势"）。① 然而，这里的目的只有在过程观下才有意义，无论是效力还是局势也只有依凭一种控制性过程思维，才具有现实性，体现的是"自然而然"和"不可抗拒"的结合。简言之，人的主观能动需要参与，但是必须拿捏恰当，过了或少了，秩序都会失当。

势在本质上强调现实处于理想与实践之间，比如势在中国传统政治问题（土地问题）上的表现。中国传统社会问题主要集中于土地问题，其治理的关键在于维系土地与人口、人民与政府、皇权与绅权、中央与地方、集权与分权之间的平衡。② 正如王国斌所言："那些不附著于土地的人也是潜在的危险，不论他们是行商坐贾还是贩夫走卒。对于中国国家而言，主要威胁来自农村而非城市，因此它极力使人民依附于土地，并且控制人民迁徙。中国国家一方面允许，甚至鼓励人民迁往人口稀少的地方，一方面又强迫人民和平地留属原地，因而处于一种两难之境。"③ 中国传统政治和欧洲政治的差别在于："在中国，国家权威的问题与对国家生存的威胁密切相关，实际政治亦与政治理想密不可分。在欧洲，实际政治与政治理想都常被学者们一分为二地加以分析。"④ 孔飞力在《中国现代国家的起源》中同样指出了政治操作意义上的三个平衡问题："政治参与的扩大如何同国家权力及其合法性加强

---

① 余莲：《势：中国的效力观》，卓立译，北京大学出版社，2009，导论第 3 页。
② 此类问题可参阅孔飞力的《中国现代国家的起源》，王国斌的《转变的中国：历史变迁与欧洲经验的局限》，吴晗、费孝通等的《皇权与绅权》，张仲礼的《中国绅士》等。
③ 王国斌：《转变的中国：历史变迁与欧洲经验的局限》，李伯重、连玲玲译，江苏人民出版社，2010，第 101 页。
④ 王国斌：《转变的中国：历史变迁与欧洲经验的局限》，李伯重、连玲玲译，江苏人民出版社，2010，第 103~104 页。

的目标协调起来？政治竞争如何同公共利益的概念协调起来？国家的财政需求如何同地方社会的需要协调起来？"① 这就是说，中国的政治传统讲求政治理想和政治操作的合一，"势"这个概念因此最能体现中国人对事物过程的态度和参与，它强调作势、乘势、顺势。

对比西方的行动概念，可能更有助于澄清势的含义。邓晓芒认为，自康德提出"从知识里面去发现普遍性的知识结构"② 的革命性思路以来，在社会科学的发展过程中，观察的起点需要以理论、概念或图式作为先行的观点已经成为共识，正如帕森斯所指出："事实……是在经验上可以验证的关于现象的陈述"，③ "如果以理论为根据的预期与所发现的事实相吻合，那么在扣除'观察误差'等等之后，理论就得到了'验证'。但验证过程的意义绝非仅限于此。如果预期与所发现的事实不相吻合（这种情况并不鲜见），那么我们可能会发现那些事实与理论上的预期不符，或者可能会发现一些在该理论体系中没有地位的其他事实。不论是哪种结果，都必须对理论体系本身认真地重新加以考虑。于是就有一个交互的过程：先是通过一种以理论体系为根据的预期来指导对于事实的考察，然后这一考察的结果又对该理论产生反作用"。④ 这套认识论讲法有两个特点：一是重因果论；二是理论体系（结构）不断改进。正是这两点成为中西思维差别的根本所在。这两个特点是结合在一起的，为说明因果关系，就得在分析上体系化——体系由简单而繁复。结构并非静止的，从外观上看西方思维似乎主静，其实这只是表面上的错觉，因为体系会不断改进，继而推动体系前进。洛夫乔伊的观念单位可以不断改进，帕森斯的单位行动更是可以不断系统化为社会系统和人类境况。当然，确实存在相对的静止，然而从根本上讲，西方思维是动态化的。反观中国思维却是主静的，它在一开始就力图做好格局，以便操控。法国学者余莲认为，"中国人甚少依据因果论来建构他们的思考"。⑤ 我国学者邓

① 孔飞力：《中国现代国家的起源》，生活·读书·新知三联书店，2013，第2页。
② 邓晓芒：《邓晓芒讲康德》，http://www.douban.com/note/448637998/，2014年11月10日。
③ 帕森斯：《社会行动的结构》，张明德、夏遇南、彭刚译，译林出版社，2003，第46页。
④ 帕森斯：《社会行动的结构》，张明德、夏遇南、彭刚译，译林出版社，2003，第10页。
⑤ 余莲：《势：中国的效力观》，卓立译，北京大学出版社，2009，第192页。

晓芒也提出，西方重的是科学精神，而中国重的是技术。① 这样一来，西方的学问为人留下了充分的余地，人被视为目的，而在中国传统思想中，人更多地被视为工具，只有君子、圣王被视为正当的人。因此西方的行动概念可归结为以下几个特点：其一，重因果逻辑；其二，重体系化发展；其三，重视人的作用；其四，重规范性以求相对的稳定。

势作为中国人的行动概念，② 与西方的行动概念有什么不同呢？第一，势是趋势论，而非因果论；第二，势是一种非目的论；第三，势重利，是一种工具技术论；第四，重结果；第五，重视过程的现实化和自然化。因此，势颇类似于实用主义所注重的柔性与刚性、精致与粗糙、高级与低级、抽象与具体、过去与将来的结合。

（四）势的类型

按照余莲的讲法，势可以分为好几种类型，每种类型都体现为一种布置或操作。

1. 自然势

自然势是指天地之间的关系。中国人常讲的天时、地利、人和是有一定次序的，天时讲时间，地利讲空间，人和讲主体，对于成功而言，三者皆不可缺。天的运行是前提，天运行到一定时候，地利方能显现，人和才有可能。在这个意义上，"地驯服于天"，故所谓"地势坤"。③ 天地之间的关系是势的起始，《老子》中"道生之，德畜之，物形之，势成之"一句的"生之"、"畜之"、"形之"、"成之"皆是指势从天地关系中来。按余莲所说，正是自然之势（即天地人关系）"使最微小的潜在可能性，即使处于刚刚萌芽的阶段，变成具体的现实"。④ 顺自然之

---

① 邓晓芒：《邓晓芒讲康德》，http：//www. douban. com/note/448637998/，2014 年 11 月 10 日。

② 这颇为切合当下流行的历史社会学、实践社会学、过程－事件分析法。实践社会学、过程－事件分析法对当前中国社会学研究有重要影响，不过，其中所含的实践、过程等术语多少还是受了外来词的影响。因此，运用本土的概念来表达当代中国社会学的研究成果，或者说，追踪当代中国社会学的中国源流，就很有必要了。这里所说的必要性不是说实践、过程这些术语不重要，也不是说不可以把这些外来概念引入进来，而是说，当我们引入新的概念和术语时，首先要"温故"，然后才能"知新"，因此，"势"这个术语有起承转合、融化新知之效。

③ 余莲：《势：中国的效力观》，卓立译，北京大学出版社，2009，第 195 页。

④ 余莲：《势：中国的效力观》，卓立译，北京大学出版社，2009，第 195 页。

势，其要求是不要计划，其结果是万物自发合生而演化。莱布尼茨认为中国人有自然神的思想，而余莲进一步认为势胜过人之美德，摒弃了一切超自然因素。

2. 历史势

势这个概念既有法治（制）、权力的含义，又指历史趋势等，可总地归结为历史势。从现代学术建制来看，它可以分别对应政治社会学和历史社会学，然而由于它的总体性特征，用历史势可能更相宜，历史势决定了政治势。比如冯友兰先生认为，社会制度之好坏跟社会的人对制度的愿望有关，满足多者为好制度。从势的角度来看，合乎其时其地的某种势，就是好的社会。[①] 从冯友兰先生的观点看，历史势的内在理路是"人欲—势—社会"的关系。

中国历史有两大特征：一是君主的专权，二是郡县取代封建。那么，维护此二者需要何种历史观作为支撑呢？余莲认为是趋势观。他认为，此趋势观包含两层意思：一是一种历史现况一旦形成，就作为客观性的决定条件影响整体的运作；二是一种历史现况总是推陈出新。[②] 因此中国的历史观并不是封闭的，[③] 反倒具有相当的开放性，一切为生而准备，大乱与大治仅是时代表现，时局与环境决定了成败，一得一失并非根本，最后的得失才是大智大德。

在社会科学方法论史上，客观性始终是一个颇为棘手的问题。这一问题是康德以来的主要问题，功能主义和现象学都试图加以回答。马克斯·韦伯为此提出了理想类型方法；埃米尔·涂尔干则强调社会事实、集体表现等概念；塔尔科特·帕森斯集大成，在康德的指引下，综合了实证主义和观念论两个传统中的意志论，提出了具有进化论色彩的行动理论——从单位行动到一般行动系统，再到人类境况系统。从本质上讲，这些理论都是目的论和因果论的。按余莲所说，这些是西方思想之根底，是由印欧语系组成并由一种对"真理"所怀的特殊期盼所引导，借助理

---

① 余莲：《势：中国的效力观》，卓立译，北京大学出版社，2009，第141页。

② 余莲：《势：中国的效力观》，卓立译，北京大学出版社，2009，第151页。

③ 余莲关于势的看法总体上是讲势的封闭性，但他有时会出现矛盾，也讲势的开放性，并承认势和现代性的亲和性，关于后者，反倒是需要着重发挥。参见余莲《势：中国的效力观》，卓立译，北京大学出版社，2009，第184、194、230、231、151页。

智思辨内在的分割而赋予形式。①

在《君王论》中，马基雅维里谈到过趋势问题，不过，他所指的趋势似乎接近于真理的含义。比如他告诫意大利人，要想解救意大利，就应向欧洲其他国家学习，比如学习法国的议会创新制度——"三级会议"组织。这表明马基雅维里看到了一种政治社会变革趋势，个体化社会正在取代基督教社会。② 马基雅维里所讲的趋势和中国文化中的趋势是不一样的，是一种因果论趋势说，比如他在谈论命运时，非常强调，唯有随时间和事态改变性格，才不会让命运女神溜走，因为盛衰变化的原因在于，天性和习惯随时会让人踌躇不绝、不知所措。③ 这种因果论趋势说虽属于"以过程为取向"（process-oriented）的范畴，④ 但明显是现代行动理论性质的，与中国文化中的趋势论有很大差别，更偏向目的和手段。

中国文化中的趋势论是可能性和现实性、确定性和不确定性、一元和多元、静与动、常与变的高度统一，是客观的主观化、主观的理性化。势的含义是计数、盘算，是组合、布置，是决胜于千里之外，是不战而屈人之兵。胜势者即利势者，他因应情势、谋划局势，把潜在的变为实际的，把不利的转为有利的，是真正的"刨根问底"，是彻底地把握决定性因素的真实性。因此，我们不要被余莲迷惑了，他说："中国人认为所有的现实都是一种势，因此不往那个绝对无穷尽的因果连锁系列去追根究底：中国人对势的必然性很敏感，所以也不会对只是可能达成的目的作任何思辨。他们对宇宙创造说不感兴趣，对目的论的假设也不关心。他们既不想述说人类的起源，也不梦想拥有一个结束。对他们来说，自初始直到永远，只有正在进行的互相作用，并且现实就是那些不停的运作过程。"⑤ 余莲似乎强调中国人没有目的，真是这样吗？其实不然，

① 余莲：《势：中国的效力观》，卓立译，北京大学出版社，2009，导论第 8 页。
② 马基雅维里：《君主论》，潘汉典译，商务印书馆，1997［1985］，第 90 页。
③ 余莲：《势：中国的效力观》，卓立译，北京大学出版社，2009，第 118～119 页。
④ Fumiya Onaka 列举了各种以过程为取向的理论含义，并总结了它们的共通性：是指行动的链条或时间和身体的要素。参见 Fumiya Onaka, "Aspects of Process Theories and Process-Oriented Methodologies in Historical and Comparative Sociology: An Introduction", *Historical Social Research*, 38（2）, 2013, pp. 161-171（144）。
⑤ 余莲：《势：中国的效力观》，卓立译，北京大学出版社，2009，第 232 页。

我们认为，余莲在这里说了两个重要信息：一是说中国人具有对势的极强敏感性；二是说因为这种极强的敏感性，中国人不关心目的论的假设。但不应当理解为中国人就不重视目的和结果，恰恰相反，中国人极端地敏感最后的结果，但在达到这个结果的过程中，不是基于逻辑抽象意义上的"目的－手段"假设，而是基于这种超强的敏感性。因此，毋宁说这种敏感性就是一种手段。所以我们才能理解余莲下面的一段话：

> 现实不是以问题的姿态向我们展现，它一开始就如一个可信的进程。我们不需要像拆解奥秘般地解析现实，而是在它的运行之中看清它。我们也不需要将某一个"意义/方向"投射到现实上，以便满足一个"我/主体"的期待，因为现实的"意义/方向"不要求任何的信仰行为，它完全是由趋势产生的。[1]

因此可以说，中国人具有一种观势的能力。他们知道势一旦有因，终会成其趋势。他们也知道，扭转趋势其实不是真正扭转，只是互相克制、互相制衡的另一因，待此因长成、蔚为壮观之后方能显出新趋势。为此，人们敏感于道德的变革和出轨的迹象，一旦有新道德迹象，他们便会促进新道德的形成，从而推势而行。

3. 政治势：势相激而理随以易

在中国文化里，政治势观念的影响是巨大的，可以按态度分为三派：杀势派、主势派、折中派。杀势派的代表为荀子。荀子有言："君子贫穷而志广，隆仁也；富贵而体恭，杀埶也。"[2] 这是法家早期的代表。主势派的代表有商鞅、韩非子。商鞅常言，"夫治国舍势而任说说，则身修而功寡"，[3] "凡知道者，势数也。故先王不恃其强而恃其势；不恃其信而恃其数"。[4] 他进一步言："故名分未定，尧、舜、禹、汤且皆如鹜焉而逐之；名分已定，贪盗不取。今法令不明，其名不定，天下之人得议之……故夫名分定，势治之道也；名分不定，势乱之道也。故势治者不可乱，势乱者不可治。夫势乱而治之，愈乱；势治而

---

① 余莲：《势：中国的效力观》，卓立译，北京大学出版社，2009，第234页。
② 王先谦撰《荀子集解》，中华书局，1988，第36页。
③ 蒋礼鸿撰《商君书锥指》，中华书局，1986，第46页。
④ 蒋礼鸿撰《商君书锥指》，中华书局，1986，第132页。

治之，则治。故圣王治治不治乱……故明主因治而终治之，故天下大治也。"① 折中派的代表是杂家。比如《吕氏春秋·慎势》既肯定势的重要性，"失之乎数，求之乎信，疑；失之乎势，求之乎国，危"，② 也肯定势之运用要有贤德的协助，"多实尊势，贤士制之，以遇乱世，王犹尚少"。③ 除此两点外，折中派也强调主势派的观点，"治天下及国，在乎定分而已矣"。

政治势如同实用主义所讲的"真理的暂时性"，④ 是指劣势和优势都只具有暂时性，唯有胜势才是决定性的。因此，中国人是从决定性的后果力求把握暂时的真理。这是相对论与绝对论的统一，是一种以结果和事态为准绳的真理观。政治势因此有三层含义：势相激而理随以易，交替，逆转。因此，势治必须注意两点：其一，重客观，少情感，"划道德于政治领域之外"；⑤ 其二，"势治以中才为主"。⑥

但是，讲到政治势时，必须注意把中国古代的政治做简单的"极权政治"类比，余莲就没注意到这一点。⑦ 余莲对势的分析有前后不一致的问题：一方面想表现中国思维的独特性；另一方面又脱不开西方的分析框架。⑧ 余莲所讲的势主要是一种"政治权势"，⑨ 中国的势则是"文化势"。余莲把中国文化中的势做"机械论"的理解，比如以"操纵"的概念来说明势。⑩ 一旦认为势是"政治的"，那么就容易把势归结为一种"效能工具"，继而认为只有法家和兵家（他们被称为现实主义者）重势，而儒家（被称为道德主义者）则认为其"毫无重要性"。⑪ 对我们而言，探讨势，不能仅仅停留在现实主义层面，除了明白中国历史上存

---

① 蒋礼鸿撰《商君书锥指》，中华书局，1986，第 145 ~ 146 页
② 吕不韦著，陈奇猷校释《吕氏春秋新校释》，上海古籍出版社，2002，第 1119 页。
③ 吕不韦著，陈奇猷校释《吕氏春秋新校释》，上海古籍出版社，2002，第 1120 页。
④ 涂尔干：《实用主义与社会学》，上海人民出版社，2000，第 112 页。
⑤ 萧公权：《中国政治思想史（上册）》，商务印书馆，2011，第 229 页。
⑥ 萧公权：《中国政治思想史（上册）》，商务印书馆，2011，第 228 页；王先谦著，钟哲点校《韩非子集释》，中华书局，2013，第 428 页。
⑦ 应当说明的是，余莲还是帮我们厘清了一些根本性的问题：第一，势是"自然而然地"实现天下治理之道；第二，势是秩序的自足性；第三，势是配置、布局的客观性。
⑧ 余莲：《势：中国的效力观》，卓立译，北京大学出版社，2009，第 25 页。
⑨ 余莲：《势：中国的效力观》，卓立译，北京大学出版社，2009，第 37 页。
⑩ 余莲：《势：中国的效力观》，卓立译，北京大学出版社，2009，第 40 页。
⑪ 余莲：《势：中国的效力观》，卓立译，北京大学出版社，2009，第 42 页。

在过现实主义外，我们还应思考，能否在中国的思想史里寻到"道德现实主义"。

冯友兰先生在《新理学》中认为，每一社会有每一社会的理，每一社会的理均是一个应然问题，然而，每一社会要成其社会，则需要保证此社会形成的势。因此，势是冯先生所谓"实际地有"，[1] 是属于实然的问题。在西方，社会思想从应然转向实然，虽然在雅典和罗马思想中存在过，但是整个中世纪，都笼罩在神学之下，只是到了文艺复兴时期，才借着效法古人的精神，通过尼科洛·马基雅维里的帮助，从天上回到地上。相比之下，中国的势所体现出来的实然精神不仅从未断过，且通过对势的辩论，不断促使中国人去寻找自己最合理的秩序和生存方式。

在中国，势的思想主要分布在两类文献中，一类是兵法，另一类为政治，除此之外，也藏于书法、绘画文献之中。兵法和政治皆关乎生死，所以兵书和政论无疑存有所谓真正的"道"。比如《中庸》中"天命谓之性，率性谓之道，修道谓之教"一句的含义可理解为一物含一性，由于道率物性，所以修道便是理智的增益（教）。因此，正确地认识道，成为一切合理行动的根本。故余莲认为，中国文化观念的根本在于遵循大自然的恒常更新，承认自然之"道"的绝对效能。[2]

如何正确地理解自然之"道"，关系到如何理解势。余莲认为，"气理的关系最能说明势的含义"。[3] 这个判断应该说很准确。在沟口雄三看来，理气和天相关，他认为理的概念统摄自然、政治和道德。在沟口雄三那里，没有势的地位。与此相反，余莲认为势才是中国文化的根本。因此，怎么看待势与理的关系，就成了最关键的问题。就此问题而言，历代学者多有不同看法，要么以理为上，要么以势为主，但尤以王夫之的势相激论为最突出。

王夫之认为："两端争胜，而徒为无益之论者，辨封建者是也。郡县之制，垂二千年而弗能改矣，合古今上下皆安之，势之所趋，岂非理而能然哉？"[4] 这里"势之所趋"中势的含义，是指力量、潜能。这种潜

---

① 冯友兰：《新理学》，生活·读书·新知三联书店，2007，第138页。
② 余莲：《势：中国的效力观》，卓立译，北京大学出版社，2009，第212页。
③ 余莲：《势：中国的效力观》，卓立译，北京大学出版社，2009，第206页。
④ 王夫之：《读通鉴论》（卷一），中华书局，2015［2013］，第1页。

能和力量的源泉来自"欲",故所谓"人非不欲自贵,而必有奉以为尊,
人之公也"。[①] 因为人欲的自然力量,必带来社会的变化和秩序化。王夫
之认为,在理论上是"势相激而理随以易",[②] 此易非过分指由个人而变
革,而主要是指历史众人共同推动而演化;在实践(制度)上,郡县代
封建是随时势(见图 6 – 7),故有所谓"选举之不慎而守令残民,世德
之不终而诸侯乱纪,两俱有害,而民于守令之贪残,有所藉于黜陟以苏
其困"。[③]

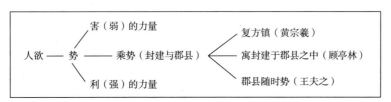

图 6 – 7 势相激而理随以易图示

资料来源:作者自制。

4. 其他势(文化势)

绘画中的布局、书法中的笔势、身体的姿态、功夫中的起势、行动
中的气势、对垒中的局势、社会中的道德变换,这诸多势无不有操作和
布局的意涵。

(五)中国人的行动理论:顺势而为

帕森斯行动理论的思想来源之一是观念论。观念论主张的"理"和
"理由"规定了具体事物的表现,体现了"人为自然立法"的精神。然
而,中国思想却是相反,重视的是实际的趋势,只有实际的趋势才能使
立的法行得通或者行不通,这显现出与观念论哲学不一样的逻辑。余莲
认为,超验的道理建立在单向的关系上(如从绝对理念到生成、从认知
到经验、从天上到人间),趋势观则相反,是以两极为基础而建构的相
互作用体系(比如,天优于地,但没有地,天也无法存在)。对于中国
思想而言,世界不只是依靠人的立法而存在,它也依靠现实状况之作用

---

① 王夫之:《读通鉴论》(卷一),中华书局,2015〔2013〕,第 1 页。

② 王夫之:《读通鉴论》(卷一),中华书局,2015〔2013〕,第 2 页。

③ 王夫之:《读通鉴论》(卷一),中华书局,2015〔2013〕,第 2 页。

而推移演化。①

确实，势就是这样的观念。势像一种不断变化、转换的力，可弱可强，可短可长。犹如植物的自然成长，有旺盛之时，亦有枯槁之期；亦如水流的形成，可细可泛，可激可静，可分可合。因为势表现为事物的每一现况，不容做静态的框定，抽象是无用的，所以须乘势，置身于势，随势而行。正如余莲所说："若不随着世界中那支配发展的客观趋向，而想要在物质的或社会的世界里行动的话，那是荒谬之举，他也将会失败。他若想要干涉现实的流程，而不愿顺着每一个情况所发展的趋势之逻辑，他也将会失败，他的行动也是荒谬之举。"②

那如何顺势呢？如何识别势呢？顺势是否还意味着极端自利、明哲保身、置身事外、逾越规则呢？余莲对势有很多精辟的见解，凡是在对中西思想加以对比时，他就能很好地解释势，然而，他一旦撇开任何一边来讲势时，就会走向一种神秘主义，甚至出现矛盾。比如他说："他绝不自以为能用任何秩序来重建世界，也不以为他能勉强现实的趋势而刻画他个人的计划，他只应和在他里面的实况对他的邀请。他既不是出于个人利益才刻意这么做的，也不是在某个时刻里才那么做的，而是在任何的情况里都持续完全地应和现实的邀请，因此他的反应肯定是正面积极的；于是，他能改变现实的力量就没有阻碍或者限制。他无'为'，他不主动做什么（不出于他自己），他的效力便符合这种不干涉的态度，这是因为他与整体现实的合作之结果，是一种眼不可见的、无穷尽的并且完全自然发生的影响力。"③ 这说明势既给人积极、有目的性的一面，又给人消极、不干涉的一面。

我们在这里更强调顺势的积极性。一是主张"权自然之势"，顺势并非无为。正如《淮南子·修务训》中讲："私志不得入公道，嗜欲不得在正术，循理而举事……事成而身弗伐，功立而名弗有，非谓其感而不应，攻而不动者。"二是主张观事迹、辨事理，从事理以顺势。这其实是主张由事迹辨势，承百代之流，会当今之变。④ 三是主张有所不同

---

① 余莲：《势：中国的效力观》，卓立译，北京大学出版社，2009，第212～231页。
② 余莲：《势：中国的效力观》，卓立译，北京大学出版社，2009，第195～196页。
③ 余莲：《势：中国的效力观》，卓立译，北京大学出版社，2009，第234页。
④ 冯友兰：《新理学》，生活·读书·新知三联书店，2007，第150页。

于冯友兰和余莲两位先生，他们视顺势为顺自然，我们认为是顺自然之理，所以，顺势顺的是必然，而非自然。因此，我们日常所说的顺势而行，并不只是刺激、反应这类行为，而是指有意志的主观行动，并止于礼仪、止于至善，能够在达到至善之前辨别道德标准的变化，能够坦然应对名、分、位的变化。这就能够在事情开始（变化）时把握住情势，虽然在每一个情况里、每一个时刻里，情势都有所不同和变化，但能够依凭那种极强的敏感性把握每一个状况中支配现实的趋势。① 四是主张顺势思维的辩证性，将每一个现实都看作随着对立的两极之互相作用的结果，时势弄人也造人，时机从来都存在于潜移默化中。在静默中，交替与逆转并存。恰如余莲所讲："人若不随着世界中那支配发展的客观趋向，而想要在物质的或社会的世界里行动的话，那是荒谬之举，他也将会失败。他若想要干涉现实的流程，而不愿顺着每一个情况所发展的趋势之逻辑，他也将会失败，他的行动也是荒谬之举。"②

如此，中国人可以变换专制封建（封建制）为专制天下（郡县制），从井田制转向授田制，从文化帝国转向民族国家，从天下观改为万国观，再改回天下观，可以官学并举，废科举而兴学校，可以从计划经济转向市场经济，将国家行政的精英制与职业制相结合，将财政税收的营业税制改为增值税制。

（六）关于势的社会理论体系的简要筹划：格局与位育

研究势的难点在于如何把"势的理"（社会理论）与"势的形"（社会史）结合起来表述。古代中国人最早是从生存环境中体会到势，即"天地"关系。关于天地关系的势理就是中国古代的易学，易学所讲无外乎天地格局深刻影响男女格局、夫妇格局、家庭格局、政治格局和文化格局。格局会分化，会变得多元，势也会随格局变动，并回头参与格局的变化。

从中国社会史的诸多研究成果来看，中国人似乎一直在创造种种格局，在这种种格局的形成中，便蕴含种种的势。从思想源流看，格局的思想比较深厚，比如荀子看到人能群，也看到群须分。"群""分"的观

---

① 余莲：《势：中国的效力观》，卓立译，北京大学出版社，2009，第232页。
② 余莲：《势：中国的效力观》，卓立译，北京大学出版社，2009，第195～196页。

点强调，社会要和谐就要有等差，因此可以认为这是格局思想的来源之一。如果认可荀子思想有道家来源的说法，那么可进一步推论格局思想的起源，因为这个问题不关本文宏旨，暂不究。从实在的观点看；一方面格局是势的表现，比如封建制和郡县制的格局；另一方面，势随格局的变化而迁移，比如最初的地理造就了人文环境，人文环境造就了政治环境，封建制和郡县制的替代与融合不断引发皇权、绅权、礼法、考试、家族、家庭、贵族、士绅等发生变化。一言以蔽之，格局的变化带来"攻守之势"的异动。

从中国历史发展来看，政治格局和文化格局颇为突出，但两者的关系并非平衡。政治上皇权始终具有优先性，不管是封建制还是郡县制，都是如此。文化上有君子和小人的区分，但这种区分其实表里不一，君子文化更多的是一种理想文化，是面向未来的道德，现实中的所有群体，如皇家、贵族、朝廷、士族、地主、农民都面向土地、官职和俸禄等"实际"。因此，政治上的格局是确保皇权的安全，皇权为了自身的安全便会依据人口的变化选择合作的伙伴，斗争导致皇权要么和门阀望族一方，要么依靠寒门士族，要么与地主为伍，这种斗争带来了城市与农村、地方与朝廷之间的博弈。文化格局虽然以儒家学说为官方意识形态，但是文化精神的道德未来性，并不能够完全框定现实的政治格局，因此中国历史并不是停滞的，而是随着领土、人口、土地财产制度和技术不断变化的。所以，正如部分西方汉学家所言，王朝的兴衰并未改变历史发展的长期趋势。①

然而必须指出的是，在这种长期趋势里，中国社会每一次攻守之势的改变都是内因和外因共同作用所致，比如周代拓殖创封建制、秦汉疆域的开拓、魏晋的门阀政治、唐宋的去贵族化、明代的地方共同体化、清代的闭关锁国都是内外力量作用下的某种选择。在传统农业时代，自上而下的治理很容易通过摆平农民来实现秩序的问题，即使某个时期某个王朝过于腐败，它仍能通过选择另一个王朝来应对，因为导致社会变动的那些因素（人口和技术）只是在缓慢地变化。然而，进入近代的中国却遭遇现代技术、现代思想以及人口多方面的冲击，在全球化的环境

---

① 胡志宏：《西方中国古代史研究导论》，大象出版社，2002，第 261 页。

中，变化更为深刻，治理的自上而下体制已是寸步难行。所以，中国历史之势位已有所变化，它面临从天下国家（农业时代）向民族万国（工业化时代）的转换，进而言之，国家体制、治理技术、社会思想都需发生改变，同时它还得小心民族万国时代西方本身不可克服的根本性问题（比如宗教和种族问题）。因此，中国文化中势的思想有着重要价值，它的顺势、逆转、非对抗等实用主义性质其实应合了"中和位育"精神，既注重社会结构的均衡和谐，也面向演化，不断地构造具有新天下气质的格局。

（何　健）

三　变：生生不已之理

中国古代的变迁思想主要是一种生成循环论。生成循环论对社会变迁的基本理解是：在社会变迁的本质上，社会变迁其实就是生命万物的繁衍化生、生生不已；在社会变迁机制上，社会遵循一种辩证变迁机制，即社会变迁是在动与静，或者变与不变的辩证关系中得以实现的；在社会变迁的动力上，社会变迁的内在动力是天人感应，外在动力是变则通的变通关系；在社会变迁方向上，直线进化与圈性循环并行不悖；在社会变迁的形式上，生成循环论，主张一种开放性的循环变迁形式，既重视变迁的线性特征，又不否认变迁的周期性。

（一）古代社会变迁思想的词义学解析

在中国古代思想中，"变"和"易"是最集中表示变迁思想的概念。因此，我们首先要对这两个核心概念有一个基本的认识，然后在此基础上去提炼中国古代社会变迁思想的要旨。

1. "变"的主要含义

（1）变化，改变

这是"变"最主要的含义。《周易·乾》曰："乾道变化。"[①]《周易·系辞上》说："一阖一辟谓之变。"[②]《周礼·夏官·司马》有言：

---

① 吴哲楣主编《十三经》，国际文化出版公司，1993，第1页。

② 吴哲楣主编《十三经》，国际文化出版公司，1993，第54页。

"四时变国火，以救时疾。"① 《礼记·王制》曰："一成而不可变。"②
《吕氏春秋·慎大览·察今》有言："病变而药不变。"③ 许慎在《说文
解字》卷三中讲："变，更也。"④

（2）动

《礼记·檀弓上》讲："夫子之病革矣，不可以变。"⑤ 这里的"变"
是移动的意思。《荀子·议兵》讲："机变不张。"⑥ 这里的"变"是指
机动的意思。

（3）变通

《周易·系辞下》曰："易，穷则变，变则通，通则久。"⑦ 桓宽的
《盐铁论·相刺》中说："善言而不知变，未可谓能说也。"⑧

（4）权变

《史记·韩信卢绾列传》曰："韩信、卢绾非素积德累善之世，徼一
时权变，以诈力成功。"⑨

（5）事变

《汉书·高后纪》曰："待吕氏变而共诛之。"⑩

2. "易"的主要含义

《周易·系辞上》说："生生之谓易。"⑪ "生生"也者，"乃生命繁
衍，孳育不绝之谓也"。⑫ 从这个意义上讲，生命万物的繁衍化育就是
"易"，而生命万物的繁衍化育实际就是生命万物的运动本质。因此，
《周易》中的"易"就是指一种绵延不绝的运动本质。

《易纬·乾凿度》认为"易"有三种含义，即"易"、"变易"和

① 吴哲楣主编《十三经》，国际文化出版公司，1993，第 277 页。
② 吴哲楣主编《十三经》，国际文化出版公司，1993，第 450 页。
③ 张双棣、张万彬、殷国光、陈涛译注《吕氏春秋》，中华书局，2007，第 145 页。
④ 许慎：《说文解字》，九州出版社，2001，第 178 页。
⑤ 吴哲楣主编《十三经》，国际文化出版公司，1993，第 426 页。
⑥ 东方朔导读，王鹏整理《荀子》，上海世纪出版集团，2010，第 175 页。
⑦ 吴哲楣主编《十三经》，国际文化出版公司，1993，第 56 页。
⑧ 管曙光、于桂华主编《诸子集成》（第二册），长春出版社，2008，第 513 页。
⑨ 司马迁：《史记》，中国友谊出版公司，1994，第 467 页。
⑩ 班固：《汉书》，中华书局，1962，第 101 页。
⑪ 吴哲楣主编《十三经》，国际文化出版公司，1993，第 52 页。
⑫ 王充闾：《生生之谓易：〈周易〉的三重奥义》，《光明日报》2015 年 9 月 25 日。

"不易"。这"三易"其实都与运动、变化有关。"易"说的是人与自然变化规律的简明性、质朴性;"变易"概括的是宇宙万物永恒运动的本质;"不易"说的是事物运动的相对静止状态。

上述对"易"含义的理解,主要是基于《周易》中的"易",这也是"易"最主要的含义。总体来说,"易"字在古汉语中含义较多,与变迁有关的主要含义可以归纳为如下三方面。

(1)改变,更改

《周易·乾》曰:"不易乎世。"① 傅佩荣说:"《易经》的'易'字,主要就是指'变化'而言。"②

(2)交替,交换

《列子·汤问》曰:"寒暑易节。"③ 司马迁《史记·廉颇蔺相如列传》有言:"秦王以十五城请易寡人之璧。"④

(3)替代

《周易·系辞下》有言:"上古穴居而野处,后世圣人易之以宫室。"⑤

根据上述对"变"和"易"的词义学解析,可以得到对中国古代社会变迁观的初步印象。

其一,本质性。繁衍化育、生息不已是生命万物的本质特征,也说明运动,或者变化是社会存在的本质性。

其二,辩证性。变与不变,或者动与静是辩证统一的。变既然是生命万物的本质特征,那么不变就是相对的。"不变"乃"易"的基本含义之一,这说明中国古人很早就意识到社会变迁中变与不变的辩证性。

其三,关系性。强调在社会关系中去理解"变",或者说把"变"视为处理社会关系的方式。

其四,变与通。变则通,变是为了通,所以变与通的关系为社会变迁或者社会变革提供了合法性依据,"变则通"的关系也构成一种社会变迁的动力学。

① 吴哲楣主编《十三经》,国际文化出版公司,1993,第2页。
② 傅佩荣:《听傅老师讲〈易经〉》,中华书局,2009,第2页。
③ 管曙光、于桂华主编《诸子集成》(第一册),长春出版社,2008,第265页。
④ 司马迁:《史记》,中国友谊出版公司,1994,第412页。
⑤ 吴哲楣主编《十三经》,国际文化出版公司,1993,第56页。

（二）从循环论到生成论

对于中国古代的社会变迁思想，很多文献以"历史循环论"概括之。如《周易》的"九三，无平不陂，无往不复"，[①]《孟子·公孙丑章句下》的"五百年必有王者兴，其间必有名世者"、[②]《孟子·滕文公章句下》的"天下之生久矣，一治一乱"，[③]《荀子·礼论》的"天地则已易矣，四时则已遍矣，其在宇中者莫不更始矣"、[④]《荀子·王制》的"始则终，终则始"，[⑤]董仲舒的黑、白、赤三统循环说，司马迁《史记》的"盖三王之正若循环，穷则反本"、[⑥]"是以物盛则衰，时极而转，一质一文，终始之变也"，[⑦]王夫之《读通鉴论》的"天下之势，一离一合，一治一乱而已……一合而一离，一治而一乱，于此可以知天道焉，于此可以知人治焉"[⑧]等，都被认为有"历史循环论"之嫌。

中国古代的社会变迁思想诚然有浓厚的循环论色彩，但是前述的社会变迁词义学解析告诉我们，问题并没有那么简单。事实更有可能是：中国古代的社会变迁思想并非"历史循环论"，而主要是一种生成循环论。历史循环论"采取了与那些来自进化论不同的历史进程观点。它代表另一种历史观。它不是主张持续单一的变迁方向，而是看到了循环；不是主张一味创新，而是看到了重复；不是主张潜能会无限展开，而是看到了潜能会周期性耗尽和暂时又回到进程的起点。社会和历史变迁并不是一条直线，而是一个圆圈"。[⑨]历史循环论强调的是变迁中的圈性循环、重复、宿命性、周期性。生成循环论将生成论与循环论有机结合，认为：在社会变迁方向上，既有直线进化，又有圈性循环；在社会变迁性质上，既有重复，又有创新或新质的产生；在社会变迁的动力上，既

---

① 吴哲楣主编《十三经》，国际文化出版公司，1993，第 11 页。
② 朱熹：《四书章句集注》，浙江古籍出版社，2012，第 217 页。
③ 朱熹：《四书章句集注》，浙江古籍出版社，2012，第 236 页。
④ 东方朔导读，王鹏整理《荀子》，上海世纪出版集团，2010，第 235 页。
⑤ 东方朔导读，王鹏整理《荀子》，上海世纪出版集团，2010，第 93 页。
⑥ 司马迁：《史记》，中国友谊出版公司，1994，第 118 页。
⑦ 司马迁：《史记》，中国友谊出版公司，1994，第 164 页。
⑧ 王夫之：《船山全书》（第 10 册），岳麓书社，2011，第 610～611 页。
⑨ 彼得·什托姆普卡：《社会变迁的社会学》，林聚任等译，北京大学出版社，2011，第 134 页。

强调天道的作用，又重视人道的能动性；在社会变迁形式上，既不否认周期性，又不固守绝对的周期性。

马克思认为，"整个所谓世界历史不外是人通过人的劳动而诞生的过程，是自然界对人说来的生成过程"。[①] 彼得·什托姆普卡认为，社会生成是历史变迁的本质。[②] 在生成论看来，社会变迁是一个充满"产生"、"生长"或"转化"的过程，在这个过程中，会有新质或新因素的涌现。在历史循环论看来，社会变迁的结果早已命定或可提前预知，而在生成论中，社会变迁的结果虽不乏规律，但又充满不确定性或不可预见性。生成论强调人在社会变迁中的能动性，认为"生成"是人认知的基本功能，人的这种"生成"能力是人在社会变迁中的能动性的身心基础。[③] 在生成论中，变化指的是生与灭，世界上唯一不变的是变易本身；过程是基本的，实体是暂时的、有条件的。[④] 生成性思维的特征是"重过程而非本质，重关系而非实体，重创造而反预定，重个性、差异而反中心、同一，重非理性而反工具理性，重具体而反抽象主义"。[⑤]

因此，从这种生成论的角度来理解的循环论就跟传统的历史循环论分道扬镳了。这种生成循环论中的循环是生成性的，即演变的、开放的、辩证的、能动的。有学者称："在东方，中国几千年的文化与古代科学，原本就是一种彻底的整体论、生成论研究传统。中国先贤了解存在，不是从静态的既存之物（to be）入手，而是从动态的生成过程着眼。"[⑥]

下面要做的工作，就是证明我们中国古代的主流社会变迁思想就是这样一种生成循环论。

（三）社会变迁的本质：化生之变

"生生之谓易"，生命万物的生息繁衍、化育即是一种运动，运动既

① 《马克思恩格斯全集》第 42 卷，人民出版社，1979，第 131 页。
② 彼得·什托姆普卡：《社会变迁的社会学》，林聚任等译，北京大学出版社，2011，第 205 页。
③ 李祎：《从"预成论"到"生成论"》，《全球教育展望》2006 年第 5 期。
④ 李曙华：《系统科学——从构成论走向生成论》，《系统辩证学学报》2004 年第 2 期。
⑤ 李文阁：《生成性思维：现代哲学的思维方式》，《中国社会科学》2000 年第 6 期。
⑥ 李曙华：《系统科学——从构成论走向生成论》，《系统辩证学学报》2004 年第 2 期。

是生命万物的本质特征，也是世界存在的本质特性。所以，最本质的社会变迁其实就是生命万物的繁衍化生、创生、转化，这种繁育化生无休无止、绵延不绝，是为"生生不已"。因此，中国古人理解的社会变迁本质就是指生命万物生生不已的繁衍、变化。这种论断也为中国古代的社会变迁思想奠定了基调：其一，变化、变迁是绝对的；其二，变化、变迁是生态性的，变化、变迁的动机是创生、繁衍，是天地万物的和合化生。

　　因此，中国古代思想中的"变"首先是一种"化生"之变，即强调生成、过程和创生、创造之变。金吾伦说，中国古代哲学中"生成"是一个非常关键的概念。① 张岱年认为："天道生生——中国古代哲学关于天道有一个基本观念曰'生'。所谓天道即是自然界的演变过程及其规律。所谓'生'指产生、出生，即事物从无到有，忽然出现，亦即创造之意。与生密切相关的观念曰'行'，曰'逝'，曰'变'。'行'即运动，亦即过程。'逝'即离去，过去亦即转化、转移。"② 他讲："《周易大传》高度赞扬了'生'，以为'天地之大德'，更提出了'生生'的范畴，表示生不是一次性的，生而又生，生生不已。这即变易……《周易大传》肯定了变化的实在性与普遍性。这种观点，用现在的名词来说，即是过程观点，认为一切存在都是过程，存在即是生生不已，变化日新的过程。"③

　　这种化生之所以是社会变迁的本质，首先是因为它是天地万物的本性，天地万物天然就具有生成、创生的特性，天地有好生之德。《周易·系辞上》云："生生之谓易，成象之谓乾，效法之谓坤。"④ "生生之谓易"是说世界万物的不断繁衍生息、变迁转化就是"易"，阐明了"易"的本质就是生成、创生、生生不已。《周易·系辞下》讲"天地之大德曰生"，⑤ 是说天地最大的德行就是生成、创生、好生。《周易·咸》曰："天地感而万物化生。"⑥《周易·系辞上》云："夫乾，其静也专，其动

---

① 金吾伦：《知识生成论》，《中国社会科学院研究生院学报》2003 年第 2 期。
② 张岱年：《论中国哲学发展的前景》，《传统文化与现代化》1994 年第 3 期。
③ 张岱年：《论中国哲学发展的前景》，《传统文化与现代化》1994 年第 3 期。
④ 吴哲楣主编《十三经》，国际文化出版公司，1993，第 52 页。
⑤ 吴哲楣主编《十三经》，国际文化出版公司，1993，第 56 页。
⑥ 吴哲楣主编《十三经》，国际文化出版公司，1993，第 26 页。

也直，是以大生焉。夫坤，其静也翕，其动也辟，是以广生焉。"① 这说明乾和坤的本性都是"好生"的，前者"大生"，后者"广生"。乾一般代表天，坤一般代表地，所以这里的乾、坤好生和前述的"天地之大德曰生"是逻辑一致的。孔子在《论语·阳货》中说："天何言哉？四时行焉，百物生焉，天何言哉？"② 这也是在强调天的创生之功，这里的"天"主要以自然规律，即四季运行变化的形式表现出来，四季的运行变化使得万物化生。《荀子·礼论》说："天地合而万物生，阴阳接而变化起。"③ 指天和地相互配合、作用，使万物生成、发育。《老子》第 1 章说："道，可道，非常道；名，可名，非常名。无名，天地之始；有名，万物之母。"④ "道"为天下母，化生万物，又处于永恒的运行变化之中。《庄子·秋水》中说："物之生也，若骤若驰，无动而不变，无时而不移。"⑤

这种化生之变之所以是社会变迁的本质，其次在于这种变化要因循自然、天道之规律，是一种自然化生，是一种生态性的社会变迁思想。儒家的天人合一之说表明了人类行为与自然秩序要交相感应，保持一致。道家更是特别强调一种顺应自然或天道的化生观，即认为自然、万物自有其生成、转化和变迁之"道"，人类不要过于干预自然、万物的化生机理。《老子》第 37 章说："道常无为而无不为。侯王若能守之，万物将自化。"⑥ 这是认为万物能够自己化生变迁，侯王之辈无须乱加干涉，所谓"希言自然"，就是此理。《老子》第 10 章讲："生之，畜之，生而不有，为而不恃，长而不宰。是谓玄德。"⑦ 是说最博大精深的德性就是能够生殖、繁育万物又不据为己有，不妄加主宰。《老子》第 51 章讲："道生之，德畜之，物形之，势成之。是以万物莫不尊道而贵德。道之尊，德之贵，夫莫之命而常自然。"⑧ 告诫我们，"道"、"德"使万物滋

---

① 吴哲楣主编《十三经》，国际文化出版公司，1993，第 52 页。
② 杨伯峻译注《论语译注》，中华书局，2009，第 185 页。
③ 东方朔导读，王鹏整理《荀子》，上海世纪出版集团，2010，第 230 页。
④ 老子：《道德经》，陕西人民出版社，1996，第 1 页。
⑤ 曹础基：《庄子浅注》，中华书局，2007，第 195 页。
⑥ 老子：《道德经》，陕西人民出版社，1996，第 53 页。
⑦ 老子：《道德经》，陕西人民出版社，1996，第 13～14 页。
⑧ 任继愈译著《老子新译》（第 2 版），上海古籍出版社，1985，第 170 页。

生、繁衍，我们不要命令或干涉万物的化生，而应该顺应自然。

万事万物的生成、创生、发育、衍变，自然会导致新的社会因素和社会事物的不断生成，因此，化生之变就内含创造和出新。《周易·系辞上》云："富有之谓大业，日新之谓盛德。"① 《大学》有云："苟日新、日日新、又日新"、"作新民"、"周虽旧邦，其命维新"。②

（四）社会变迁的机制：辩证之变

中国古代变迁思想体现的社会变迁机制主要是一种辩证变迁机制，即社会变迁是在动与静，或者变与不变的辩证关系中得以实现的。

中国古代的辩证之变体现在两个方面：一是二元相反相成之变，二是"变"与"常"或"动"与"静"的辩证关系。从某种意义上说，变与常的关系也是二元相反相成的辩证关系。这种二元相反相成的关系，从哲学上来说，就是矛盾关系。毛泽东在《矛盾论》中说："事物的矛盾法则，即对立统一的法则，是唯物辩证法的最根本的法则。"③ 他引述列宁的话说："发展是对立的统一（统一物分成为两个互相排斥的对立，而两个对立又互相关联着）。"④ 他说，事物发展的根本原因，"在于事物内部的矛盾性。任何事物内部都有这种矛盾性，因此引起了事物的运动和发展"。⑤

中国古代谈变，习惯于从二元相对的角度入手，但和上述的矛盾论稍有不同的是，中国古代思想强调相对的双方的均衡协调，或者转化，而不推崇斗争中的统一。因为这里的二元相对和我们通常所说的西方意义上的二元对立并不完全相同。中国古代变迁思想中的二元既包括对立性的二元，也包括非对立性的二元，前者如"福"与"祸"、"刚"与"柔"、"动"与"静"，后者如"天"与"地"、"男"与"女"。对于前者而言，二元关系倾向于矛盾的转化，即对立双方的相互转化，例如福祸的相互转化；而对于后者而言，二元关系倾向于均衡协调，例如阴阳的均衡协调。从上述矛盾论的观点看，矛盾之变，会引起事物的发展，即会产生新的社会因素或新质。中国古代思想中相对的双方的均衡协调

---

① 吴哲楣主编《十三经》，国际文化出版公司，1993，第52页。
② 朱熹：《四书章句集注》，浙江古籍出版社，2012，第6页。
③ 《毛泽东选集》（第一卷），人民出版社，1991，第299页。
④ 《毛泽东选集》（第一卷），人民出版社，1991，第300页。
⑤ 《毛泽东选集》（第一卷），人民出版社，1991，第301页。

或转化也会产生新的因素或引发新的变化。这么来看，这种具有矛盾论色彩的社会变迁思想，就不太可能是一种简单的历史循环论。

先看第一种情况，即二元相反相成之变。《周易》有这一情况的较为集中的体现。《周易·说卦》说："是以立天之道曰阴曰阳，立地之道曰刚曰柔，立人之道曰仁曰义。兼三才而两之，故《易》六画而成卦。分阴分阳，迭用柔刚，故《易》六位而成章。"① 这里的"刚"与"柔"、"阴"与"阳"的结合，就是变化之机。《周易·系辞上》就讲，"刚柔相推而生变化"。② 《周易》中的乾卦和坤卦，前者代表"阳"、"天"，后者代表"阴"、"地"，前者性"刚"，后者性"柔"，二者构成一对矛盾，且这对矛盾的结合使万物得以化生。《周易·乾》云："大哉乾元，万物资始。"③ 《周易·坤》云："至哉坤元，万物资生。"④ 《周易·序卦》对这种二元相生有了具象的阐述："有天地然后有万物，有万物然后有男女，有男女然后有夫妇，有夫妇然后有父子，有父子然后有君臣，有君臣然后有上下，有上下然后礼义有所措。"⑤ 在《周易》中，这种二元相对式的关系很多。在《周易》看来，这种矛盾的或者相对式的关系，就是自然天道的表现，《周易·系辞上》曰："一阴一阳谓之道，继之者善也，成之者性也。"⑥ 儒家学说中也不乏这样的辩证变化思维。《荀子·天论》有言："百王之无变，足以为道贯。一废一起，应之以贯，理贯。不乱。"⑦

道家的代表人物老子在《老子》第 40 章中，对这种相反相成的变化之道有一个精辟的概括——"反者道之动"，⑧ 即相反相成是事物的发展变化之道。对此，老子还有很多具体的阐述。如《老子》第 2 章中的"有无相生，难易相成，长短相形，高下相倾，音声相和，前后相随"，⑨

① 吴哲楣主编《十三经》，国际文化出版公司，1993，第 59 页。
② 吴哲楣主编《十三经》，国际文化出版公司，1993，第 52 页。
③ 吴哲楣主编《十三经》，国际文化出版公司，1993，第 1 页。
④ 吴哲楣主编《十三经》，国际文化出版公司，1993，第 3 页。
⑤ 吴哲楣主编《十三经》，国际文化出版公司，1993，第 62 页。
⑥ 吴哲楣主编《十三经》，国际文化出版公司，1993，第 52 页。
⑦ 东方朔导读，王鹏整理《荀子》，上海世纪出版集团，2010，第 198 页。
⑧ 老子：《道德经》，陕西人民出版社，1996，第 59 页。
⑨ 老子：《道德经》，陕西人民出版社，1996，第 3 页。

这是对有无、难易、长短、高下、前后等辩证变化关系的阐述。《老子》第22章中的"曲则全，枉则直，洼则盈，敝则新，少则得，多则惑"，①第58章中的"祸兮，福之所倚；福兮，祸之所伏"，② 这些是对矛盾的双方相互转化的论述。《庄子·齐物论》说："其分也，成也；其成也，毁也。"③ 这是对成、毁的辩证关系的论述。

第二种情况，变与常的辩证关系。在动与静，或者变与常的关系上，中国古代思想认为变化是永恒的，但是动与静是辩证的，而且在永恒的变化中也有不变之"道"。《周易·系辞上》云："言天下之至动而不可乱也。"④《周易·系辞下》云："《易》之为书也不可远，为道也屡迁，变动不居，周流六虚，上下无常，刚柔相易，不可为典要，唯变所适。"⑤ 这里的"天下之至动"、"变动不居"、"唯变所适"，都是对事物变化的永恒性的认定。在强调变化的永恒性、不变性的同时，《周易》也指出了动与静的辩证性。《周易·系辞上》的"动静有常，刚柔断矣"，⑥《周易·坤》的"坤至柔而动也刚，至静而德方，后得主而有常，含万物而化光"，⑦ 都说明了动和静的辩证关系，至动而静，静极则动，动静可以相互转化。

儒家对变与常的关系有着丰富的表述。儒家在分析动与静或者变与常的辩证关系时，特别强调这种变迁机制背后的根源，即"道"、"义"。这里的"道"和"义"包括天道与人道，天道主要指自然的变化规律，人道则主要指伦理道德纲常。这样一来，儒家就既强调了辩证变迁机制的自然规律性，又对人伦在社会辩证变迁机制中的作用给予重视。《论语·为政》云："子张问：'十世可知也？'子曰：'殷因于夏礼，所损益，可知也；周因于殷礼，所损益，可知也。其或继周者，虽百世，可知也。'"⑧ 孔子在这里谈到了王朝变革过程中的因革损益问题。王朝变

---

① 老子：《道德经》，陕西人民出版社，1996，第31页。
② 老子：《道德经》，陕西人民出版社，1996，第86页。
③ 曹础基：《庄子浅注》，中华书局，2007，第20页。
④ 吴哲楣主编《十三经》，国际文化出版公司，1993，第53页。
⑤ 吴哲楣主编《十三经》，国际文化出版公司，1993，第58页。
⑥ 吴哲楣主编《十三经》，国际文化出版公司，1993，第51页。
⑦ 吴哲楣主编《十三经》，国际文化出版公司，1993，第4页。
⑧ 杨伯峻译注《论语译注》，中华书局，2009，第21页。

革,有因袭有损益,前者重在不变,后者重在变化,这种变与不变是辩证的。孔子讲的"可知"就是指王朝更替的规律,他认为这个规律就是因袭损益的辩证关系。王朝更替中"不变"背后的原因何在呢?或者说不变的是什么呢?是"道"或者"义"。《孟子·万章章句上》说:"唐、虞禅,夏后、殷、周继,其义一也。"① 就是说,王朝更替中不变的是"义"。《荀子·儒效》云:"百王之道一是矣"、② "与时迁徙,与世偃仰,千举万变,其道一也";③《荀子·解蔽》云:"夫道者,体常而尽变"。④ 荀子认为各个朝代变迁中不变的是"道"。董仲舒在《春秋繁露·楚庄王》中论及新王朝改制时,认为需改变的是"徙居处,更称号,改正朔,易服色",而人伦道德纲常则无须改变,"若夫大纲,人伦、道理、政治、教化、习俗、文义尽如故,亦何改哉?"⑤ 朱熹在《朱子语类》卷二十四中则认为,"三纲五常,终变不得"。这里的人伦道德纲常就是儒家坚持的"道",是和"变"相对的"常"。

(五)社会变迁的动力:天人感应与变则通

世界万事万物变化、变迁的动力是什么?或者说中国古人以什么为基础来思考社会变迁、变化问题?中国古代的社会变迁思想为我们揭示了内外两重社会变迁的动力:内在的社会变迁动力是天人感应;外在的社会变迁动力是变则通的变通关系。

中国古人是以天人感应的方式来把握社会变化和变迁的。当然,天人感应在这里是一个简便的说法。具体而言,中国古人主要是通过"天道",或者天地运行的规律来理解社会变迁的,即通过观天地之道,得社会变化之理。中国古人认为天地的运行和人类的社会活动交相感应,即人类的善行会得到上天的积极回应,而人类的恶行会受到上天的惩罚,是为"天人感应"。天人感应之变既重视天地之"道"统领下的"变",又不忽视"人"在"变"中的能动性。而强调人在变化中的能动性,自然就使这种变化具有能动的色彩,或者说这就不再简单的是一种宿命式

---

① 杨伯峻译注《论语译注》,中华书局,2009,第267页。
② 东方朔导读,王鹏整理《荀子》,上海世纪出版集团,2010,第73页。
③ 东方朔导读,王鹏整理《荀子》,上海世纪出版集团,2010,第76页。
④ 东方朔导读,王鹏整理《荀子》,上海世纪出版集团,2010,第247页。
⑤ 董治安、张忠纲主编《春秋繁露》,山东友谊出版社,2001,第20页。

的圈性循环的变化了。

《周易》强调了人类是如何根据天地自然的运行规律来把握社会变迁之规律的，即以天地自然之道作为社会变迁的动力之源。《周易·系辞上》云："《易》与天地准，故能弥纶天地之道。仰以观于天文，俯以察于地理，是故知幽明之故；原始反终，故知死生之说；精气为物，游魂为变，是故知鬼神之情状。与天地相似，故不违；知周乎万物，而道济天下，故不过；旁行而不流，乐天知命，故不忧；安土敦乎仁，故能爱。范围天地之化而不过，曲成万物而不遗，通乎昼夜之道而知，故神无方而《易》无体。"① 这段话是说，《周易》就是根据天地之道而来的，是通过观察天文地理的运行变化而获得启示以演《周易》。《周易·系辞上》另有："圣人有以见天下之赜，而拟诸其形容，象其物宜，是故谓之象。圣人有以见天下之动，而观其会通，以行其典礼，系辞焉以断其吉凶，是故谓之爻，言天下之至赜而不可恶也。"② 这段话是说中国古人是根据天地的运行之道来思考万事万物的变化、变迁的。

在理解社会变迁的动力问题上，道家和儒家稍有不同，儒家强调天地之道对社会变迁的影响和启示，而道家则强调先于天地的形而上的"道"才是社会变迁之源。《老子》第 25 章说："有物混成，先天地生。寂兮寥兮，独立而不改，周行而不殆。可以为天下母。吾不知其名，字之曰道，强为之名曰大。"③ 但实际上，我们仍然可以把道家的这种"道"理解为天地之道，即把这种"道"视为对天地运行规律的抽象。

儒家从天人感应的角度理解天地之道与人类行为的关系，一方面有将自然与人类社会的关系神秘化的倾向，但是另一方面这一做法也使君王勤政爱民、民众积极向善的行为有了动力基础，人与自然的关系也被拉近了。孟子引《尚书·泰誓》说："天视自我民视，天听自我民听。"④ 天意和民意相通，这是对天人感应思想的一个民本化的解释。这也使君王不能无视民意，胡作非为，因为无视民意就是无视天意，会受到上天的惩罚。君王的积极作为对社会的发展进步自然是有利的。同时，在这

① 吴哲楣主编《十三经》，国际文化出版公司，1993，第 52 页。
② 吴哲楣主编《十三经》，国际文化出版公司，1993，第 53 页。
③ 老子：《道德经》，陕西人民出版社，1996，第 35 页。
④ 朱熹：《四书章句集注》，浙江古籍出版社，2012，第 266 页。

种天人感应之变中，普通民众的分量，或者说能动性也得到了体现，民众可以通过自己的声音或力量去影响社会变迁。因此，这种天人感应之变并非宿命论的，而恰恰是一种能够体现民众能动性之变。

中国古人在从天人感应的角度理解社会变迁时，有一个明显的倾向，就是将自然界的一些循环变迁现象引入人类社会，或者说将人类社会的变迁类比于自然界的循环现象。例如《周易·系辞上》云："是故法象莫大乎天地；变通莫大乎四时。"① 就是说，时间的规律或"道"大不过天地，时间的变化、变迁之理大不过一年四季周而复始的变化。《周易·系辞下》的"日往则月来，月往则日来，日月相推而明生焉。寒往则暑来，暑往则寒来，寒暑相推而岁成焉"，② 也是讲的自然界的循环变化。中国古人长于从自然界的这种循环变化来类比社会的变迁，将自然界的循环变化之理运用到人伦社会现象中，如《周易·序卦》有"物不可以终壮"、"物不可以终难"、"损而不已必益"、"困乎上者必反下"的论述，③ 如四季的循环，如董仲舒的三统循环说，如五行相生相克说和五德始终说。这种建立在自然运行机制上的循环论也在一定程度上反映了自然和社会的运行规律。

如果说天人感应是中国古代社会变迁思想的内在动力，那么变通关系则是中国古代社会变迁思想的外在动力。"穷则变，变则通，通则久。"社会要可持续地存在、发展，即要"通"和"久"，就得"变"。为了通和久而变，通和久就成了社会变迁的外在动力。因此，变与通的关系为社会变迁提供了合法性依据，"变则通"的关系也构成一种社会变迁的动力学。

（六）社会变迁的形式：开放性循环

在社会变迁的基本形式上，中国古代社会变迁思想展示的是一种开放性的循环变迁形式。

尽管中国古人惯于从自然界的循环变化来关照社会的发展变化，但是上文所讲的循环论并非一种简单的圈性循环论。中国古人的循环论是

---

① 吴哲楣主编《十三经》，国际文化出版公司，1993，第55页。
② 吴哲楣主编《十三经》，国际文化出版公司，1993，第57页。
③ 吴哲楣主编《十三经》，国际文化出版公司，1993，第62页。

圈性循环和线性变迁并存的循环论；中国古人在强调循环变化时，也重视线性观和过程论；中国古人在强调循环复归时，也重视新变，即厚古薄今和厚今薄古并存。

1. 线性变迁观

简单的圈性循环之变化都是封闭的，或者说在一个限定的狭小范围内变化，而《周易·系辞下》的"穷则变，变则通，通则久"思想似乎突破了这种封闭性：只要是遇到困境，就应该寻求改变。这种变迁思想也全然没有宿命论的味道，而是强调主动求变求新的价值。《周易·系辞上》有"变而通之以尽利"①之说，强调变通能够尽利，或者说变通是为了尽利。这种思想也没有为"变通"设置某些形而上的、宿命式的，或者神秘性的限定条件，只要是能够让民众得益，就应该"变而通之"。孔子说："逝者如斯夫，不舍昼夜。"② 逝者如流水，一去不复返，这是典型的线性变化观。老子说："道生一，一生二，二生三，三生万物。"③ 这也是一种开放性的，或者线性的变化观，没有圈性循环的意味。法家的线性变迁思想最为典型，强调社会的发展进化及其规律性。《管子·正世》云："故古之所谓明君者，非一君也。其设赏有薄有厚，其立禁有轻有重，迹行不必同，非故相反也，皆随时而变，因俗而动。"④《商君书·开塞》中的"上世亲亲而爱私，中世上贤而说仁，下世贵贵而尊官"，⑤ 蕴含鲜明的历史进化思想。《韩非子·五蠹》中有"故事因于世，而备适于事"，⑥ "世异而事异"，"事异而备变"。⑦ 韩非子又在其《韩非子·五蠹》中将人类的历史划分为上古、中古和近古三个时期，强调了历史的进步性。

2. 过程论

《周易·乾》中从"潜龙勿用"到"亢龙有悔"就是一个由虚至盈，再到"盈不可久"的完整的循环变化过程。《周易·序卦》从事物发生

---

① 吴哲楣主编《十三经》，国际文化出版公司，1993，第55页。

② 朱熹：《四书章句集注》，浙江古籍出版社，2012，第91页。

③ 老子：《道德经》，陕西人民出版社，1996，第62页。

④ 管曙光、于桂华主编《诸子集成》（第二册），长春出版社，2008，第533页。

⑤ 石磊译注《商君书》，中华书局，2009，第78页。

⑥ 高华平、王齐洲、张三夕译注《韩非子》，中华书局，2015，第700页。

⑦ 高华平、王齐洲、张三夕译注《韩非子》，中华书局，2015，第702页。

发展的内在逻辑过程的角度对六十四卦的先后顺序进行了明确的阐述。《荀子·劝学》讲："积土成山，风雨兴焉；积水成渊，蛟龙生焉；积善成德，而神明自得，圣心备焉。"① 阐述的是由量变到质变的过程。荀子在《荀子·儒效》中还把"学"分为闻、见、知、行四个阶段，这四个阶段构成一个不断深化的过程，他说："故闻之而不见，虽博必谬；见之而不知，虽识必妄；知之而不行，虽敦必困。"②

3. 厚今顺变思想

中国古代思想中有厚古薄今的成分，如儒家和墨家都有"法先王"的思想，儒家有后世不如夏、商、周三代的思想。但是，正如有些学者所言，儒家并不是简单地希望回到古代，而是以"法先王"为口号去追求自己心目中的理想社会。实际上，孔子就有明确的厚今思想，他在《论语·子罕》中说："后生可畏，焉知来者之不如今也？"③ 孟子在《孟子·滕文公章句上》中说："吾闻用夏变夷者，未闻变于夷者也。"④ 荀子提出"法后王"，认为今胜于昔。法家的厚今思想最为突出，强调与时更化，强烈反对厚古薄今。管子在《管子·正世》中说："圣人者，明于治乱之道，习于人事之终始者也。其治人民也，期于利民而止。故其位齐也，不慕古，不留今，与时变，与俗化。"⑤ 商鞅在他的《商君书·开塞》篇言："圣人不法古，不修今。法古则后于时，修今则塞于势。"⑥ 韩非子在《韩非子·五蠹》中说："今有构木钻燧于夏后氏之世者，必为鲧、禹笑矣；有决渎于殷、周之世者，必为汤、武笑矣。然则今有美尧、舜、汤、武、禹之道于当今之世者，必为新圣笑矣。是以圣人不期修古，不法常可，论世之事，因为之备。"⑦

（七）生成循环论的社会学价值

在中国古代思想，尤其是儒家和道家思想中，确有很多循环论的成分，尽管如此，中国古代的社会变迁思想也并不是简单的历史循环

---

① 东方朔导读，王鹏整理《荀子》，上海世纪出版集团，2010，第 3 页。
② 东方朔导读，王鹏整理《荀子》，上海世纪出版集团，2010，第 79 页。
③ 杨伯峻译注《论语译注》，中华书局，2009，第 93 页。
④ 朱熹：《四书章句集注》，浙江古籍出版社，2012，第 226 页。
⑤ 管曙光、于桂华主编《诸子集成》（第二册），长春出版社，2008，第 533 页。
⑥ 石磊译注《商君书》，中华书局，2009，第 81 页。
⑦ 高华平、王齐洲、张三夕译注《韩非子》，中华书局，2015，第 698 页。

论，而更倾向于生成循环论。由上面的论述，我们可以总结出两个方面的理由。一是中国古代社会变迁思想本身的特质。这种变迁思想呈现化生之变、能动之变、辩证之变，表现为内含过程论与直线变迁论。这些特质与生成论特质具有契合性。二是各家思想内部及各家思想之间的张力。各家内部，例如，儒家和道家思想中有较多循环论的论述，但是这两家思想中也有很多化生之变、能动之变、辩证之变、过程论、直线变迁的思想。各家之间，儒家和道家的循环论思想成分较重，而法家和墨家的过程论、直线变迁论思想色彩较浓。这种各家思想内部和各家思想之间的张力正好构成了中国古代生成循环论的内在动力基础。

作为一种社会变迁思想，中国古代的生成循环论既不同于西方古代的历史循环论，也不同于西方近代的社会进化论。中国古代的生成循环论比西方古代的历史循环论和近代的社会进化论都要复杂得多，也开放得多。这也是生成循环论的社会学价值之所在。

西方的历史循环论强调简单重复的圈性循环。亚里士多德说："已经存在的都将存在；已经做了的还将去做：阳光底下无新事。"[1] 历史学家修昔底德认为一切事件都是人性的反映，人性是不变的，所以历史事件也不断重复发生。这一历史循环论在古罗马时期得到进一步发展。[2]因此，西方古典时期的社会变迁思想主要是以历史循环论为基调的。这种循环论的循环是圈性的，且是一种封闭的、重复的圈性循环。在这种循环中看不到新质、看不到变化、看不到意外，社会发展的进程好像是被预先锁定的。和这种机械的循环论不同，中国古代的生成循环论则是在一个强调变化、运动的大前提下去看待循环。生成循环论一方面承认自然运行与社会发展的循环性与周期性，如晨昏交替、四季变换，以及经济社会发展的周期性，这些特点已经被现代学术研究所认可，如康德拉季耶夫的经济周期理论和沃勒斯坦的世界体系周期理论。另一方面，生成循环论又不把这些循环封闭起来，在认同自然运行的周期性时，不

---

[1] 转引自彼得·什托姆普卡《社会变迁的社会学》，林聚任等译，北京大学出版社，2011，第136页。
[2] 王勤榕：《西方史学中的历史循环论与历史进步观》，《北京师范学院学报》（社会科学版）1991年第6期。

忘强调变化、"日新"的绝对性；在分析社会发展的周期性和循环性时，又不忘人的能动性对社会历史的创造作用和推动作用。因此，这种生成循环论是开放的、充满变数的、具有包容性的循环论。

进入近代，西方的历史循环论逐渐被打破，取而代之占主流地位的，是以达尔文的生物进化论为基础的社会进化论。社会进化论强调直线的、单维的、不可逆的社会发展变迁，这是一种典型的功利主义的社会变迁观。很显然，西方的社会变迁思想从历史循环论这一极端走向了社会进化论这一极端。这种社会进化论因其否认社会发展变迁过程中的倒退、曲折和周期性节律，因而对经济社会发展具有很强的道德绑架意味。因为在这种变迁理论下，倒退、曲折和周期性节律不被容忍，甚至会被打上落后、愚昧、传统等标签，或者说会被视为社会病态。而事实上，真正病态的恰恰是社会进化论本身。与之不同，中国古代的生成循环论则为循环、周期性、曲折，甚至倒退留下了应有的空间，更符合社会发展变迁的实际样态。

从上面的分析可以看出，生成循环论比西方的历史循环论和社会进化论都更具有包容性和弹性。这既是中国古代社会变迁思想的优点，也是它的不足。优点就在于其兼容并包，不走极端。不足就在于其理论的多维性容易被不当利用：在一个社会清明、积极进步的时代，其理论成分中的进化、革新、能动等因素往往会被特别强调和利用；而在一个社会衰颓、不思进取的时代，其理论成分中的循环、周期性和倒退因素就常常被过分渲染。换言之，革新派和保守派都能从这种生成循环论中找到自己想要的理论因子，并各用其利，据为武器。

但无论如何，相比于西方历史循环论和社会进化论，中国古代的生成循环论恰恰表明了社会变迁本身的复杂性、多维性、开放性和曲折性。中国古代的生成循环论兼具历史循环论和社会进化论的精华，将循环和进化结合起来，又去除了二者的不足之处，既不固守圈性循环，也不偏执于直线进化。因此，在构建我们当前的社会发展变迁理论时，这种生成循环论的理论资源不应该被忽视。

（邓万春）

四 和合：社会协调之道

"和合"是不同事物或同一事物的不同部分之间相互影响以及相互作用下形成的一种社会均衡状态，是中西方社会学所描绘的较为理想的社会秩序。"和合"的提出具有悠久的历史文化底蕴，早在2000多年前孔子就提出："君子和而不同，小人同而不和。"史伯指出："夫和实生物，同则不继。"对"和"思想进行了深刻的阐释。"合"则多见于春秋战国时期的史书，如《史记·魏公子列传》说道："合纵缔交，相与为一"，点出"结合与融合"之意。"和合"二字连用并举最早见于《国语·郑语》："商契能和合五教，以保于百姓者也。"① 《管子》则写道："畜之以道，则民和；养之以德，则民合。和合故能习。"② 极言"和合"乃中国社会建设所追求的协调之道。可见，"和合"思想在传统社会备受推崇，不仅是古代贤者推崇的社会建设目标，而且对当今中国的社会建设仍然具有深远的指导意义与时代价值。

（一）"和合"的起源及演进

"和合"一词最早见于春秋时期，而"和"与"合"二字的历史则更为久远，分别出现在金文和甲骨文中。③ "和"的本字写作"龢"，从字形结构来看分为"龠"与"禾"两部分，而"龠"是指古代一种用竹子制作的吹奏乐器，因此，本义为和声。《说文》中写道："和，相应也。"在音乐领域，带头领唱者称为唱，从者则为和，从者所唱之音与唱者大致相同，但在细微部分会出现些许的变化，不过皆为回应唱者之曲，两音相合以达到琴瑟和谐的目的。因此，"和"原意是指音乐上不同声部之间、不同节奏之间相互补充、相互作用而达到的和谐、优美状态。此外，"八年之中，九合诸侯，如乐之和，无所不谐"④、"施之金石，则音

---

① 上海师范大学古籍整理组校点《国语》，上海古籍出版社，1978，第515页。
② 滕新才、荣挺进译注《管子白话今译》，中国书店出版社，1994，第79页。
③ 王育平、吴志杰：《中国传统"和合"文化探源》，《南京理工大学学报》（社会科学版）2009年第1期。
④ 沈玉成：《左传译文·襄公十一年》，中华书局，1981，第281页。

韵和谐"① 以及 "八音克谐，无相夺伦，神人以和"② 都是指音乐方面的和谐情境。

从读音的角度来看，"和" 与 "禾" 音同义通。因此，《说文解字》中从 "禾" 引发出 "和" 的概念，"禾，嘉谷也，至二月始生，八月而熟，得时之中，故谓之禾，此其义也"。③ 在农耕时代，人们普遍认为禾是天地万物和谐的产物，是自然界风雨调和的象征，因此，将长在一年这一时间段正当中的嘉谷称为禾，又通和，表示正中、协调的意思。由此，"和" 又可做 "中" 解。这里则进一步引申出 "和" 与 "中" 的关系。《中庸》写道："喜怒哀乐之未发，谓之中，发而皆中节，谓之和。"④ 由此，从文字角度来看，"和" 意在将事物的不同部分、不同情境进行整合，以达到一种刚刚好、恰如其分、不偏不倚的中和状态。"凡和，春多酸，夏多苦，秋多辛，冬多咸，调以滑甘"⑤ 便是指各种口味上的相互协调，以求达到整体效果上的和谐圆融状态。

"合"，根据《说文解字》来看，"亼（jí）口为合"。从字面意思来看，"合" 有合纵的意思，即为几个弱小的国家联合起来攻打强大的国家，以防止强国的兼并政策，其代表人物是战国时期的纵横家苏秦。据《史记·苏秦列传》和《战国纵横家书》的记载，苏秦曾跟随鬼谷子学习纵横策略，后游说列国纵横联合，最终六国在赵国的洹水 "歃血为盟"，誓师共同对抗秦国。《史记·魏公子列传》说道："合纵缔交，相与为一。" 此处的 "合" 即为合纵之意。由 "合纵" 引出 "合" 的另一层含义——会聚、聚合，如《周礼·秋官·司仪》中的 "将合诸侯"、《资治通鉴》中的 "合江夏战士"、《五人墓碑记》中的 "卒与尸合" 等都是此意。"合" 的再一个含义是 "适合"，如《庄子·养生主》中的 "合于桑林之舞"、《资治通鉴》中的 "甚合孤心" 等皆为此意。作为形容词的 "合" 可以释为 "和谐融洽"，如《诗经·小雅·常棣》中的 "妻子好合，如鼓瑟琴"、"不谋而合" 等。因此，从 "合" 的字面意思

① 房玄龄等：《晋书·挚虞传》，中华书局，2008，第504页。
② 王夫之撰，王孝鱼点校《尚书引义·尧典》，中华书局，1962，第5页。
③ 段玉裁：《说文解字注》，上海古籍出版社，1979，第320页。
④ 王文锦译注《大学中庸译注》，中华书局，2008，第14页。
⑤ 陈浩注：《礼记·内则》，上海古籍出版社，1987，第157页。

出发引申出其内在含义即为天人合一、家国天下、求同存异等，可以从人与自然、人与社会、人与人之间的关系角度做出诠释。

"和合"二字并列使用较早出现在《国语·郑语》中："商契能和合五教，以保于百姓者也。"和合即为融合、整合的意思。而后管子利用互文的形式将和与合二字相连，指出："畜之以道，养之以德。畜之以道，则民和；养之以德，则民合。和合故能习，习故能偕，偕习以悉，莫之能伤也。"① 此处两字意思相同，皆为团结、和睦之意。之后，也曾出现过"合和"的用法，如《吕氏春秋·有始》中曰："天地有始。天微以成，地塞以形。天地合和，生之大经也。"② 意在以融合作为手段，追求和谐的状态。这与《淮南子·本经训》中"天地之合和，阴阳之陶化万物，皆乘人气者也"具有殊途同归的效果。③

"和合"二字并用一开始便以"五教"作为范畴，而所谓"五教"是指"父义、母慈、兄友、弟恭、子孝"等道德体系，因此，和合以社会人际关系为指引，是促进社会交往、维护社会秩序的重要思想。此后，"和合"经历代思想家的注解，不断丰富、发展和完善，进而成为中华民族特有的思想体系。

首先，在内容上，"和"与"同"的单一性不同，其倡导兼容并包，是一种多样性的统一。"和同之辨"为历代思想家所称道，为我们进一步理解"和"的深刻内涵奠定了基础。西周末年思想家史伯指出："夫和实生物，同则不继。以他平他谓之和，故能丰长而物归之。"④ 在此将"和"与"同"的关系上升至哲学层面，"和"是一种具有包容性和生长性的社会思想，它不排斥事物的多样性，鼓励兼容并包，是建立在多样性基础上的统一。而后，《晏婴论和与同》进一步指出："和如羹焉，水、火、醯、醢、盐、梅，以烹鱼肉，燀执以薪，宰夫和之，齐之以味；济其不及，以泄其过。君子食之，以平其心。君臣亦然。"⑤ "羹"是集水、火、原料、调味料等各种物质于一体而造就的，将"和"与"羹"

---

① 上海师范大学古籍整理组校点《国语》，上海古籍出版社，1978，第515页。
② 谷声应译注《吕氏春秋白话今译》，中国书店，1992，第160页。
③ 赵宗乙：《淮南子译注》，黑龙江人民出版社，2003，第365页。
④ 上海师范大学古籍整理组校点《国语》，上海古籍出版社，1978，第515页。
⑤ 沈玉成：《左传译文》，中华书局，1981，第471页。

类比，表明"和"本身并不是简单的、单一的物质，它内在包含各种各样的成分，是万物协调的产物。

其次，在对象上，"和合"囊括身与心、人与人、国家与国家、人与自然之间的和谐关系。佛教提出只有内心的平静安宁才能确保身体和外在的平和清净。因此，提出了所谓"六和敬"思想——"身和同住、口和无诤、意和同悦、戒和同修、见和同解以及利和同均"，① 并在身心关系上追求"身心合一"，即身体与心灵的契合。在人与人之间的关系上，孔子有言："君子和而不同，小人同而不和。"② 在此，孔子以和与同来划分君子与小人，可见其倡导"和而不同"，推崇"贵和"的价值取向，将和作为调节人与人之间关系的最高准则。"天时不如地利，地利不如人和"便是儒家贵和思想的最好诠释。在国家与国家的关系上，力求达到"克明俊德，以亲九族，九族既睦，平章百姓，百姓昭明，协和万邦，黎民于变时雍"③ 的状态，构建出国与国之间和谐相处的蓝图。而后道家则从"道法自然"出发，将"和"的对象扩展到天人关系上，将追求"天人合一"、"天人一体"作为"和"的最高境界，表现为人类尊重和敬畏自然规律、人与自然和谐相处的宇宙秩序观。"中也者天下之大本也，和也者天下之达道也。致中和，天地位焉，万物育焉"④ 就是这种世界观的完美展现。

再次，在程度上，"和合"以中为衡量标准，追求刚刚好、恰如其分的状态。《中庸》有言："喜怒哀乐之未发，谓之中，发而皆中节，谓之和。"品德高尚的人，喜怒哀乐没有表现出来的时候，叫作"中"；表现出来以后符合节度，叫作"和"。"中"是万事万物的本来特性，"和"是万事万物应遵循的原则。极言事物只有在程度、位置和时间等方面都恰当时，才能达到一种不偏不倚、恰如其分的"中和"状态。子思进一步发挥孔子的思想，以"中为天下之大本"、和为"天下之达道"，把中和提升至世界观的高度，变为自然界和人类社会普遍适用的根本法则。

① 邵汉明、漆思：《"和而不同"儒道释和谐思想分疏及其当代启示》，《天津师范大学学报》（社会科学版）2007 年第 5 期。
② 孔丘著，张燕婴译《论语·子路》，中华书局，2006，第 199 页。
③ 王夫之撰，王孝鱼点校《尚书引义·尧典》，中华书局，1962，第 5 页。
④ 王文锦译注《大学中庸译注》，中华书局，2008，第 14～15 页。

因为"中者，天地之所终始也，而和者，天地之所生成也。夫德莫大于和，而道莫正于中。中者，天地之美达理也，圣人之所保守也"。① 在这里，"'中'是不失其应有的度而恰到好处"② 的理想状态，是天地间最本质性的、最高的以及最终的理想状态。

最后，在实现方式上，"和合"以礼为工具和实现手段。既然"和"是一种多样性的统一与平衡状态，那么这种多样性该如何组织和架构以发挥其效用呢？有子曰："礼之用，和为贵。先王之道，斯为美。小大由之，有所不行。知和而和，不以礼节之，亦不可行也。"③ 言简意赅地道出了"和"与"礼"之间的关系：礼是践行和的基础，和是实现礼的目标。有子在此试图用道德和礼制来规范人们的行为，调和各种社会关系，以达到和谐的目的。人类社会区别于动物界的标志之一就是人类之间拥有礼仪、制度和规范，并以此约束个人的社会行为。克己复礼，就能达到和谐相处的目的，真正实现"宽而有制，从容以和"④ 的理想社会交往模式。

因此，"和合"作为一种促进社会交往、维护社会秩序的重要思想，是建立在多样性基础上的统一与平衡状态，囊括身与心、人与人、国家与国家以及人与自然之间和谐相处的一切关系，以"礼"为实现形式，追求恰如其分、不偏不倚的"中和"状态。

（二）"和合"的中西之较

其实，"和合"思想不仅存在于中国，西方"和"思想同样具有悠久的历史和丰富的内涵。古希腊哲学家毕达哥拉斯最早将"和谐"作为哲学的根本范畴，提出了"天体和谐与天体音乐说"。他通过对天体之间的轨道、大小以及距离等方面的计算，将宇宙星空的纷繁复杂但有序的状态与交响乐进行类比，认为天体之间的平衡是一种和谐的状态，而"美德就是和谐"，⑤ 并将和谐作为宇宙万物的最高境界。

---

① 董仲舒：《春秋繁露·循天之道》，中华书局，1975，第 565 页。
② 李存山：《中国文化的"忠恕之道"与"和而不同"》，《道德与文明》2016 年第 3 期。
③ 孔丘著，张燕婴译《论语·学而》，中华书局，2006，第 8 页。
④ 王夫之撰，王孝鱼点校《尚书引义·君陈》，中华书局，1962，第 143 页。
⑤ 北大哲学系外国哲学教研室编译《古希腊罗马哲学》，生活·读书·新知三联书店，1982，第 36 页。

随后赫拉克利特提出了"对立和谐观"。他发现自然也追求对立的东西，并且从对立的东西产生和谐，而不是从相同的东西产生和谐："互相排斥的东西结合在一起，不同的音调造成最美的和谐；一切都是斗争所产生的。"① 在他看来，和谐不是各种事物的简单重复，而是一种冲突着的、对立双方相互作用下产生的均衡状态。

苏格拉底、柏拉图、亚里士多德等更是把"和谐"理论引入社会和政治领域。柏拉图从人的至善境界是"理智"、"情感"与"意志"的协调统一出发，指出至善的社会是和谐有序的社会，意在实现统治者与被统治者各司其职、各尽其责的境界。亚里士多德则认为"美德是一种中庸之道，既是中间的，又是最好的"，② 将中庸致和作为人类行为的最高准则。而后，在资本主义社会早期，空想社会主义代表人物圣西门、傅立叶面对当时社会的种种弊端，设计出"和谐制度"、"新和谐公社"等作为他们的理想制度，将"和"的思想进一步拓展至政治及社会领域。可见，"和"思想不仅具有鲜明的普适价值和时代意义，而且不受地域限制，是中西方文化中共同存在的重要部分。

由此看来，东西方"和"思想作为维护社会秩序、促进社会建设的内在机理，在很大程度上存在相通之处。

一是中西方"和合"思想皆从自然和谐观引发，奠定了社会建设的基本前提。无论是古代中国从音乐或稻禾处生发"和"的内涵，还是西方从天体宇宙观开始扩展"和"的外延，中西方"和"思想都从纷繁复杂但有序运行的自然界得到启示，并进而拓展范围，延伸至政治乃至社会领域。自然和谐是理想社会建设的一个重要组成部分，是构建和谐社会的基本前提和外在条件。

二是两者都承认"和合"是多样性的统一，是积蓄社会发展的力量源泉。它内在包含多种多样的物质，允许不同的事物共同存在，"和"是矛盾的统一体，经由矛盾双方相互影响、相互作用，推动事物向前发展，并最终实现物质由量变向质变的转化，促进新事物的生成。这就预

---

① 北大哲学系外国哲学教研室编译《古希腊罗马哲学》，生活·读书·新知三联书店，1982，第 19 页。

② 北大哲学系外国哲学教研室编译《古希腊罗马哲学》，生活·读书·新知三联书店，1982，第 328 页。

示在社会建设的过程中应当允许和鼓励多样性发展，以此积蓄社会发展的动力。

三是中西方"和合"思想都追求适度的、不偏不倚的状态，以构筑稳定的社会分层结构。"过"与"不及"是"和"的对立面，容易造成事物的不稳定，进而导致功能受损。而"和"所倡导的适度是最稳定、最牢固的状态，因此，西方倡导建立"橄榄形"的社会阶层结构，增加中产阶层所占的比例，因为这一群体是一个国家中最为稳定的层级结构。

东西方"和合"思想基于各自的文化背景也存在差异。一方面，两者强调的侧重点不同，中国古代"和"思想的提出与发展更多地在于倡导人伦与社会的和谐，强调人类社会的均衡、圆融状态，意在从社会建设的角度切入；而西方的"和"则更多地从天体物理学等自然领域着眼，进行简单的客观现象分析与阐释。另一方面，在实现"和"的手段上，中国倡导从"礼仪"、"无为"等道德性、制度性手段着眼，践行一种偏柔性的实践方式；而西方则提倡从矛盾处激发和谐的因子，以冲突对立等较为激烈的形式实现"和"的要义。①

（三）"和合"的社会建构

长期以来，学术界对"和合"的研究多从哲学或文化领域着眼，着重探讨了"和合"思想所蕴含的丰富的"和合文化"内涵以及矛盾的辩证法等，而从社会学角度进行的研究较少。"和合"思想不仅是儒家思想的核心、中国传统文化的重要组成部分，而且是社会发展变化的不竭动力，提供了维持社会道德伦理的思想依据和行为方式的基本准则，建构起有机结合的社会系统和稳定的社会分层结构，在社会建设的过程中发挥着指引性和方向性的作用，提供了中国社会建设的内在机理，是促进社会交往、维护社会秩序的重要力量。

1. "和合"勾勒了"和而不同"的社会

"和合"本身就是一个充满矛盾与差异的动态过程。按照唯物辩证法的观点，矛盾是事物发展的动力，矛盾双方相互作用、相互转化，进而推动了事物的运动、变化和发展。因此，矛盾是事物变化发展的动力和源泉。相应地，社会的运动、变化和发展也离不开社会中各个系统的

---

① 王彩云：《中西古代和谐观辨析》，《济南大学学报》（社会科学版）2003 年第 6 期。

作用，它以系统的多样性为前提，促进矛盾双方相互作用，并实现对立转化，进而产生新的事物，推动社会变迁。而这就与"和合"的内涵不谋而合。

第一，"和合"是多样性基础上的统一，提供了社会发展的动力前提。"和同之辨"最早源于春秋时期的史伯，他指出："夫和实生物，同则不继。以他平他谓之和，故能丰长而物归之。若以同裨同，尽乃弃矣。"在此，"和"代表了事物的多样性统一，是不同事物相互组合、相互补充、相互作用后达到的均衡状态；而"同"则否定了事物的差异性，只是相同事物的简单叠加，缺乏变化和发展，由此造成事物难以为继，最终走向灭亡的结局。由此可见，社会的矛盾、差异或冲突是普遍存在的，如果社会只是千篇一律地重复，就会失去发展的生机与动力，而正是差异性与多样性奠定了社会发展的前提和可能性。

第二，"和合"促进矛盾双方的对立转化，建立社会发展的最新平衡结构。老子曰："万物负阴而抱阳，冲气以为和。"[①]《淮南子》则写道："天地之气莫大于和，阴阳相接乃能成和。"[②]可见，"和"当中包含阴与阳两种相互对立、相互矛盾的成分，而"冲气"、"相接"则意在对矛盾的双方进行调和，促使矛盾双方相互协调、相互转化，最终实现平衡，推动事物发展和变化。张载也指出："有象斯有对，对必反其为，有反斯有仇，仇必和而解。"[③]其中"对"是指矛盾的对立面，而"仇"则是对立面之间的斗争，对立面同时存在，彼此互为条件、互相作用，最终达到"有无相生，难易相成，长短相形，高下相倾，音声相和，前后相随"的理想状态，推动事物变化运动，并促进社会发展。

由此，从春秋战国时代开始，我们的祖先就意在从理念层次上思考世界及人类为何得以存在以及如何发展的问题。他们企图用阴阳太极解读如何建立"协和万邦"。夏朝著《连山》、殷朝著《归藏》、周公著《周易》，历代先贤一直致力于解读对立又统一的矛盾世界及人类如何因"和"而存在、因"和"而发展，用阴阳五行间相克、相济、相生开展了多层次、多侧面、多维度的解读，用刚柔互存、互用、互济提供了多

---

① 李耳：《道德经》，北京燕山出版社，1995，第104页。
② 赵宗乙译注《淮南子译注》，黑龙江人民出版社，2003，第672页。
③ 王夫之：《张子正蒙注》，中华书局，1975，第25页。

种多样的应对方法。

第三，"和合"促进新事物的生成，推动社会发展的质性变化。东汉王充提出："天地合气，万物自生。一天一地，并生万物，万物之生，俱得一气。"这是古代朴素唯物主义的观点，天地合是万物产生的基本前提，阴阳合是事物生存并发展的条件，时空合则是事物得以维持的依托。"夫和实生物，同则不继"则揭示了"和"不仅是一种多样性基础上的统一平衡状态，而且是具有开放性和包容性的概念。如《穀梁传》认为："独阴不生，独阳不生，独天不生，三合然后生。"① 矛盾双方在一定社会条件下，相互作用、相互转化，促进事物由量变到质变，并最终达到"致中和，天地位焉，万物育焉"的状态。这就回应了晏婴提出的"君所谓可，而有否焉，臣献其否，以成其可；君所谓否，而有可焉，臣献其可，以去其否"② 中"相济相成"的观点。由此看来，和谐是天地万物存在的基础，也是新事物生发的前提。

2. "和合"塑造了"以和为贵"的社会交往原则

一方面，"和合"倡导建立礼制的人际交往规范。人与人之间的关系是各种社会关系的基础和前提。《论语·学而》载："有子曰：'礼之用，和为贵。'"将礼作为调节人与人之间关系的准则，以达到"和"的目的，这就要求人与人在社会交往的过程中，在共同遵守"礼"的前提下，约束自己，修养德行，与自己周围的人互相合作，和睦相处，以此达到协调和谐。在古代，行为的适度是通过礼来实现的。《礼记》曰："夫礼者，所以定亲疏、决嫌疑、别同异、明是非也。"③ 荀子也指出："制礼义以分之，使有贫富贵贱之等。"④ 礼的作用就在于划分出贫富贵贱之等，为人们确定社会交往过程中的行动准则，因为"道德仁义，非礼不成；教训正俗，非礼不备；分争辨讼，非礼不决；君臣、上下、父子、兄弟，非礼不定；宦学事师，非礼不亲；班朝治军，莅官行法，非礼威严不行；祷祠祭祀、供给鬼神，非礼不诚不庄"，⑤ 从而建立起和谐的社会秩

---

① 承载撰《春秋穀梁传译注》，上海古籍出版社，2004，第150页。
② 沈玉成译《左传译文·昭公二十年》，中华书局，1981，第471页。
③ 陈浩注《礼记·曲礼上》，上海古籍出版社，1987，第1页。
④ 荀况：《荀子·王制》，中华书局，1979，第117页。
⑤ 贾谊撰《新书校注·礼》，中华书局，2000，第214页。

序。如若不然，完全按照个人的脾气秉性进行交往活动，则会造成"知和而和之，不以礼节之，亦不可行也"[①] 的局面。一切社会交往的和谐都应当由礼来制约、规定，用礼来规制，如此才会形成知和而和的调和局面，建立起协调有序的社会生活。

这就要求，首先，在家庭关系中，对父母长辈孝顺恭敬、对兄弟姊妹友爱和善。其次，在师生关系方面，学习是一个人终生的事业，个人必须时刻保持谦卑学习、"敏而好学，不耻下问"的态度，并对师长做到恭敬。最后，在君民关系上，"君仁莫不仁"，统治者应当首先做出表率，"上孝于亲，下慈于民"，以礼制为基本工具，用仁德的力量感召老百姓诚心向往和追求此道，这样才能实现"民之归仁也，犹水之就下、兽之走圹也"的境界，并最终实现"政通人和"的理想统治状态。

另一方面，"和合"提倡和平共处的国家交往原则。《尚书》中描绘过理想的国家关系图景："百姓昭明，协和万邦。"历代统治者也将此作为处理国家间关系的理想状态。中国自古以来就是一个讲求和平的国家，《尚书·大禹谟》载，舜帝时，有苗不服，舜使禹征之，"三旬，苗民逆命。益赞于禹曰：'惟德动天，无远弗届……至诚感神，矧兹有苗？'禹拜昌言曰'俞'。班师振旅。帝乃诞敷文德，舞干羽于两阶。七旬，有苗格"。[②] 这充分体现了以德服人的国际政策。但自古以来，国家与国家之间由于国土、资源等利益争端，总是免不了存在各种纷争，"和"思想则倡导在国家对外交往的过程中做到包容、求同存异，以达到和谐相处、世界和谐的目的。"和"以一种开放性的姿态承认各国差异性的客观存在，允许不同的声音，以尊重国家主权和领土完整为前提，寻求国家交往中的利益共同点，建立共识，并以此为着力点构建国家间合作发展的平台，奠定国家与国家、民族与民族间和平共处的基础，实现"和则一，一则多力，多力则强，强则胜物"[③] 的双赢甚至多赢的局面。

3. "和合"构建了"天人合一"的社会有机系统

老子有言："人法地，地法天，天法道，道法自然。"他将自然摆到万物之源的高度，认为万物的生长和发展有赖于自然界的孕育。因此，

---

① 孔丘著，张燕婴译《论语·学而》，中华书局，2006，第8页。
② 王夫之撰，王孝鱼点校《尚书引义·大禹谟》，中华书局，1962，第22页。
③ 荀况：《荀子·王制》，中华书局，1979，第128页。

要想实现社会系统的有机发展，必须处理好人类社会与自然界之间的关系。为此，朱熹也指出："天即人，人即天。人之始生，得于天也；既生此人，则天又在人矣。"在他看来，人类社会与自然界之间存在密不可分的联系，人的产生有赖于天，而天的道理和规律的彰显有赖于人来完成，人与天是相辅相成、不可分割的一个系统。这种"天人合一"的系统论得到了董仲舒的认可，他指出，"天"是一个包括天地阴阳木火土金水及人十"端"即十个部分的系统。① "天"之所以能"覆育万物，既化而生之，有养而成之，事功无已，终而复始"，② 就是各要素"相与一力而并功"的结果，即天人合一、和谐共济的结果。在这个系统中，人与天（自然界）、人道与天道以"和"思想为指导，相互依存、相互作用，从而形成一个"天人合一"的有机社会系统。

一方面，"和合"要求人类社会的发展应当遵循自然规律，依天道而行，合乎礼法、顺应自然，以此实现天人和谐。在社会发展的过程中，应当遵循"与天地合其德，与日月合其明，与四时合其序，与鬼神合其吉凶，先天而天弗违，后天而奉天时"，③ 尊重自然规律，并顺应自然规律，以此实现庄子所说的"天人和乐"的境界。

天以其自身的规律自主运行，形成"列星随旋，日月递炤，四时代御，阴阳大化，风雨博施"④ 的自然景象，滋养生成了万物。自然界提供的馈赠是丰富的，人们在利用自然资源的过程中应当遵循"节用而爱人"的观点，践行"子钓而不纲，戈不射宿"、⑤ "草木荣华滋硕之时，则斧斤不入山林，不夭其生，不绝其长也"⑥ 的原则，保证物产资源的可持续发展，以实现自然界万物的有序更替与生长。人们只有尊重自然、顺应自然规律，才能最终实现"天地与我并生，而万物与我为一"、"万物并育而不相害，道并行而不相悖"的境界。人与自然的关系处于平衡的状态，天地万物合为一个有机整体，互相依存、互相支撑，处于和谐的关系中，然后方可各得其所、生生不息。这是中国人最崇尚的和谐

---

① 董仲舒：《春秋繁露·天地阴阳》，中华书局，2012，第597页。
② 董仲舒：《春秋繁露·王道通》，中华书局，2012，第402页。
③ 朱熹：《易经问卜今译》，天津社会科学出版社，1993，第96页。
④ 荀况：《荀子·天论》，中华书局，1979，第270页。
⑤ 孔丘著，张燕婴译《论语·述而》，中华书局，2006，第97页。
⑥ 荀况：《荀子·王制》，中华书局，1979，第128页。

境界。

另一方面，"和合"提倡敬畏自然规律。人类对自然界的敬畏之情早已有之，周朝周公旦便提出了"敬天保民"的思想，认为只有遵从天命、顺应天道、爱护子民的统治者才能实现国家的长治久安。孔子则将"畏天命"作为君子三畏之首，体现了其对天道的无上崇敬之意，因为人类只有实现对自然的敬畏之意、遵从自然规律，才能够远离祸害，即"修道而不贰，则天不能祸"。[1] 否则就将招致自然界的报复和惩罚，因为"顺其类者谓之福，逆其类者谓之祸"。[2]

4. "和合"倡导建立"执两用中"的社会分层结构

事物均有其两面性，老子管它叫"阴"和"阳"，亚里士多德则将其称为"过度"与"不足"，它们显示了事物的两种极端状态，其中蕴含大量不稳定、不确定的因素。两极对立矛盾彰显，容易导致变化的发生。因此，《论语》有载："子贡问：'师与商也孰贤？'子曰：'师也过，商也不及。'曰：'然则师愈与？'子曰：'过犹不及。'"[3] 在孔子看来，事情做过了头，或是走向极端都是不合适的。而"和"则强调在事物度的把握上遵循中正、恰如其分的状态，追求一种均衡，于永远的变化中得到相对的稳定性，倡导建立起一种相对公正的、合理的和开放的结构，而这正是理想型社会分层结构的要义。

按照人们的收入水平可以将社会上各阶层划分为富裕阶层、中等收入阶层与贫民阶层，其中富裕阶层与贫民阶层分别对应亚里士多德所述的"过度"与"不足"。假若在社会分层结构当中，贫民阶层或富裕阶层占据绝大多数，形成了所谓"金字塔形"或"倒金字塔形"的社会分层结构，表示社会财富的分配结构存在严重的偏差，大多数民众未能分享经济发展所带来的成果。贫富差距过大容易导致社会仇富心理的产生，造成社会关系紧张、社会不稳定因素凸显。

而"和合"思想则倡导扩大中等收入阶层的份额，使其在数量上占据绝大多数。一方面，中间收入阶层的壮大可以缓和贫富差距所带来的社会矛盾，营造一个相对公正合理的社会环境，使广大人民群众共享经

---

① 荀况：《荀子·天论》，中华书局，1979，第 280 页。
② 荀况：《荀子·天论》，中华书局，1979，第 271 页。
③ 杨伯峻译注《论语译注·先进》，中华书局，1980，第 114 页。

济发展的成果；另一方面它所昭示的层级的开放性，使底层人民看到这个社会允许个人通过努力实现向上一级阶层的流动，可增强民众对政府统治的合法性与合理性认同。这就要求政府在执政过程中，加强对产业结构设置、收入分配、社会保障与社会福利、教育等方面的指导，壮大中等收入阶层，促进阶层间合理流动，从而最终建立起一个以中间阶层为主的"橄榄形"的社会分层结构。

（四）"和合"的时代价值

"和合"思想在中国具有悠久的历史传统，在社会发展的动力机制建构、社会交往原则、社会系统构建以及社会分层结构设置等方面具有积极的启示意义，是中华民族优秀文化的重要组成部分。进入 21 世纪以来，国际与国内环境都发生了深刻的变化，但社会和谐与世界和谐的目标是人类社会永恒的主题，为此，我们应当在继承和发扬中国传统"和合"思想的精髓基础上，深入挖掘新形势下"和"的时代价值，促进和谐社会与和谐世界的构建。

1. "和合"是社会主义核心价值观的应有之意

和谐作为社会主义核心价值观的内容之一，是国家层面的价值目标，反映了新世纪、新时代对"和合"思想的肯定。其实，早在 2000 多年前的《礼记》中便描绘过以"和合"为核心的理想社会蓝图："大道之行也，天下为公，选贤与能，讲信修睦。故人不独亲其亲，不独子其子，使老有所终，壮有所用，幼有所长，矜、寡、孤、独、废疾者皆有所养，男有分，女有归。货恶其弃于地也，不必藏于己。力恶其不出于身也，不必为己。是故谋闭而不兴，盗窃乱贼而不作，故外户而不闭，是谓大同。"① 这就要求在社会建设的过程中，必须秉持"和合"的内涵要义，上至君王治国平天下，下到黎民百姓修身齐家，大至自然社会，小到邻里人际，均以追求和谐为价值导向，在全社会范围营造"和睦"、"友善"的社会氛围，倡导互帮互助、礼让共处，建立健全更加完善的社会保障制度，着力改善民生状况。

2. "和合"是实现生态文明建设的精神指引

多样性是宇宙的基本特征，地球上的所有生灵都以生物的多样性为

---

① 俞仁良译《礼记通译·礼运》，上海辞书出版社，2010，第 170 页。

其生存繁衍的条件，因为只有坚持物种的多样性才能实现"丰长而物归之"的目的。人与自然间的"相生相和"是中国传统文化一直倡导的基本相处原则。在阴阳之道中，世界是一个阴阳中和的统一体——"太极"，万物皆由阴阳和合而生，构成一个整体的动态的和谐结构，即"太和"。这一系统的基本功能便是"和"。儒家视宇宙为一中和大系统，而人亦在其中，人和天地自然是一种相生相谐的关系。自然孕育万物，而人居于其中，是自然界的一员，所以同样要遵循自然规律才能"与天地参"。然而，在经济建设发展的过程中，地方囿于政绩竞争等原因，在单纯追求经济增长的过程中，采取粗放型的经济增长方式，过度开采或使用自然资源，忽视自然资源的生长开采规律，造成大量不可再生资源的过度使用甚至枯竭，带来了严重的生态环境危机。近年来，北方地区雾霾现象频仍，不仅对国人的身心健康造成了很大的影响，而且在很大程度上影响了人们的经济生产。为此，我们应当坚持"天人合一"的生态文明建设和谐论，认清人与自然乃是一个统一的整体，遵循自然规律，调整能源结构、开发清洁能源，实现人与自然和谐相处。

3. "和合"是对当前文明冲突的一种回应

"和合"是多样性与矛盾性的统一体，反映到文化领域则表现为一种文明的冲突。费孝通认为，文化转型是当前人类的共同问题，因为现代工业文明已经走上自身毁灭的绝路上，我们要有准备地迎接全球化后文化接触引起的大波动，即世界性文化大论争。[①]

特别是伴随着经济全球化的进程，世界文明的全球化也进一步推进，东西方文化交流更加频繁，现代文化对传统文化的冲击越发剧烈。对文化间应如何共容共存，费孝通先生的"多元一体"思想为我们提供了一个很好的思路。他认为多元一体是中国式文化的表现，包含各美其美和美人之美，只有这样才能做到民族间和国家间"和而不同"的和平共处，以及共存共荣的结合。[②] 究其本质用一"和"字足以概括。这就要求我们在面对世界文化多元化发展的过程中，以一种开放、包容的态度允许多样化的存在，相信"存在即合理"的普适性价值意义，大力推动

---

① 费孝通：《关于"文化自觉"的一些自白》，《学术研究》2003 年第 7 期。
② 费孝通：《关于"文化自觉"的一些自白》，《学术研究》2003 年第 7 期。

不同文明间的交流与碰撞；与此同时，应当根据各国的国情，采用"取其精华，去其糟粕"的原则，在继承与发扬本国优秀传统文化的过程中，批判性地学习与吸收异国文明，实现从"和生"、"和处"到"和立"、"和达"，最后至"和爱"的境界转换。①

4. "和合"是处理国家间关系的核心理念

中国历来是追求统一和爱好和平的国家，历代先哲均提倡和平文化。儒家于2000多年前就提出了讲信修睦、亲邻柔远的外交原则，主张各民族与国家应奉行"讲信修睦"的原则，亲和友善、和平共处，以期达到《尚书·尧典》所说的"协和万邦"的境界。在实现途径上，提倡用和平的而不是暴力的方式，来解决民族间和国家间的矛盾与争端。《荀子·天论》中的"列星随旋，日月递炤，四时代御，阴阳大化，风雨博施，万物各得其和以生"、《尚书·尧典》中的"百姓昭明，协和万邦"、《周官》中的"庶政惟和，万国咸宁"均传达着"中和位育"的美好愿望。这与周恩来总理在1955年万隆会议上提出的"求同存异"的外交方针，以及费老"各美其美，美人之美，美美与共，天下大同"的社会理想是统一的。可见，无论是古代的"协和万邦"，还是当今的"求同存异"，都表现出中国人对和平的追求是自古及今、一以贯之的。

求同存异的目的是使不同的力量相互联合，达到某种和谐共处的局面。这一原则的提出，已经在诸多方面发挥重要的作用，成为国家政治生活中的重要原则。在当代国际关系上，人们普遍按照求同存异的原则建立国际经济与政治的新秩序，做到不分国家大小、民族强弱，一律平等对待，承认各国各民族独立生存和选择生活方式的自由，尊重各国的主权和领土完整，抛弃霸权主义、强权政治，建立起根据各民族国家不同的历史文化特点、允许各民族国家之间保留自己的不同意见和不同民族特色的新型国际政治秩序。亲邻柔远，天下一家，永保太平，是儒家自古以来就孜孜以求的愿望。

（张爱敏　田美园　张欢欢）

---

① 张立文：《和合学》，中国人民大学出版社，2006，第3~4页。

五 多元一体：民族融合机制

　　1988 年，费孝通在泰纳讲演会上首次提出多元一体理论。事实上，多元一体的渊源已久，它是传统社会中的民族融合机制，包括政治统一、社会治理、文化融合、民族和谐、全球治理五个方面。换言之，中华民族的政治统一、社会治理、文化发展、民族关系乃至当今全球化时代的全球治理，都是多元不断统一为一体又保持自身特点的整合过程。我们应该继续秉持多元一体思想，维护政治统一、推动社会整合、促进文化融合、保持民族和谐、推进全球治理，使多元一体思想继续彰显时代光芒。

（一）多元一体的溯源

1. 多元一体的词义溯源

　　"'元'者，气之始也。"① "始"意味着开端，也意味着可以被称为"元"的主体必然拥有长久的历史底蕴，其自身也是一个完整的体系。"'多元'者是指生命的、心灵的、宇宙万有的、无限的、相变的、分形化异的'多元'性"，② "从超越的层面讲，这个'多元'又可以统一、合一、融一、化一，以至于达到形而上的根源性本源归一的绝对本体那里"。③ 多元暗含归于一体、统于一体的趋向。"'体'，总十二属也，'今以人体及十六部'，首之属有三，曰顶，曰面，曰颐；身之属三，曰肩，曰脊，曰臀；手之属三，曰厷，曰臂，曰手；足之属三，曰股，曰胫，曰足。"④ 体是由十二属结合在一起而形成的统一体。《管子》中说"一体之治"，⑤ 是指像人的身体一样协调的机制。可见，一体内含多元的协调，不协调，便不能构成一体。放到更大的认识视域上看：元是构成体的属，多元中的元各安其所、协作统一，为一体服务；一体由多元构成，一体离不开多元；多元中的元各有所长，寓于一体而活，元一旦

① 许慎撰，段玉裁注《说文解字注》，浙江古籍出版社，1988，第 1 页。
② 梁枢：《"一体多元"论》，《长安大学学报》（社会科学版）2012 年第 4 期。
③ 梁枢：《"一体多元"论》，《长安大学学报》（社会科学版）2012 年第 4 期。
④ 许慎撰，段玉裁注《说文解字注》，浙江古籍出版社，1988，第 166 页。
⑤ 耿振东译注《管子译注》，上海三联书店，2014，第 88 页。

脱离体将会变成无水之鱼；一体的完整性有赖于多元的协调。

2. 多元一体思想的沿革

自先秦以降，经秦汉、隋唐至宋元明清时期，多元一体思想具体地体现在传统社会中的政治统一、社会治理、文化融合、民族和谐、全球治理等思想中。春秋时期，社会动荡，孔子为了恢复西周的理想状态，倡导周之礼乐文化。孔子的礼乐思想以礼治和正名为基点，实行礼治，以实现社会秩序的稳定，注重正名，以明确社会角色和义务，通过礼治和正名达到社会秩序井然的理想状态。同时，孔子是一个多元主义者，他说，"辟如四时之错行，如日月之代明，万物并育而不相害，道并行而不相悖"，① 指出宇宙和大自然运行的规律实则包含多元和合之道。换言之，孔子并非绝对主义者，他的多元主义倾向开启了多元一体思想的先河。荀子的多元一体体现在"和"上，他指出，"和则一，一则多力"，② 认为和睦方能团结一致，团结一致方能增强力量。这实则已经隐含多元协调的意蕴，与孔子"万物并育而不相害，道并行而不相悖"③ 有异曲同工之妙。管子认为，政令统一是天下至顺的必要条件。同时，管子还注重社会事务的整合，他说，"衡石一称，斗斛一量，丈尺一绰制，戈兵一度，书同名、车同轨，此至正也"，④ 认为实现度量衡、车轨的统一是国家实现大一统、社会不至于纷乱的保证。孔子、荀子及管子的思想构成了多元一体的思想源泉。

秦汉时期，大一统思想成为主要意识形态。大一统思想中也包含文化融合等内容，这是上承自先秦时期的多元主义思想的具体体现。以董仲舒的大一统思想为例，具体包含三个方面："一是反对诸侯分裂割据；二是加强中央集权，两屈两伸就是一例；三是要将全国思想统一于孔子儒学。这三个方面也就是领土完整，统一政治，统一思想。"⑤ 董仲舒的大一统思想已经涵括政治统一和文化融合两个方面，明确提出了统一思想的主张，为大一统思想转向内涵更加丰富的多元一体思想奠定了基础。

---

① 朱熹撰《四书章句集注》，中华书局，2011，第38页。
② 王威威译注《荀子译注》，上海三联书店，2014，第79页。
③ 朱熹撰《四书章句集注》，中华书局，2011，第38页。
④ 黎翔凤撰《管子校注》，中华书局，2004，第559页。
⑤ 周桂钿：《董仲舒研究》，人民出版社，2012，第115页。

隋唐时期是我国民族关系空前繁荣的历史阶段，经过前期两晋十六国南北朝漫长的民族融合过程，统治者皆秉持鲜明的民族和谐主张。唐高祖李渊说"胡越一家，自古未有"，[①] 是当时社会中胡汉民族在文化和心理层次相互融汇的真实写照。唐太宗李世民说，"自古皆贵中华，贱夷狄，朕独爱之如一"，[②] 指出应该对汉族与少数民族一视同仁，不能存有"贵中华"和"贱夷狄"的偏见。这是鲜明的民族和谐思想的体现。

北宋后期，政府积贫积弱，土地兼并严重，游民日多，造成社会秩序动荡不安，程颐、程颢有针对性地提出了社会治理方案。程颐、程颢的社会治理方案着重强调社会治理的依托力量，指出社会治理是一个系统的工程，需要法度、人才、宗族组织等多种因素的协调配合。首先，程颐、程颢认为，"凡为政，须立善法"，[③] 指出确立合适的法度是社会治理的前提条件。其次，程颐、程颢说，"善言治天下者，不患法度之不立，而患人才之不成"，[④] 指出人才是进行社会治理的重要因素，有人才，方能推动社会治理的有效进行。最后，程颐、程颢认为，进行社会治理需要依靠宗族的力量，需要在宗族内部立宗子法，"管摄天下人心，收宗族，厚风俗，使人不忘本，须是明谱系世家，立宗子法"，[⑤] 以宗子法作为移风易俗、凝聚宗族之本。在此，程颐、程颢已经认识到社会治理不是一元治理，而是需要宗族等民间力量的多元治理，可谓开现代多元社会治理思想的先河。

耶律楚材是元朝初年的政治家和思想家，他以佛学为本，形成儒、佛、道三学合一的文化融合思想。耶律楚材说，"三圣人教皆有益于世"，[⑥] 指出在终极诉求上，儒、佛、道三学都旨在提倡对人世、对百姓有益的思想行为及道德规范，可以并行不悖。换言之，佛学和道学养心养性，儒学经世致用，完全可以"以佛治心，以儒治国"，[⑦] 只要是有利

① 刘昫等撰《旧唐书》，中华书局，1975，第18页。
② 司马光编著，胡三省音注《资治通鉴》，上海古籍出版社，1987，第1322页。
③ 朱熹编《河南程氏遗书》，台湾商务印书馆，1978，第198页。
④ 朱熹编《河南程氏遗书》，台湾商务印书馆，1978，第75页。
⑤ 转引自庞绍堂、季芳桐《中国社会思想史》，华中科技大学出版社，2011，第284页。
⑥ 转引自庞绍堂、季芳桐《中国社会思想史》，华中科技大学出版社，2011，第324页。
⑦ 庞绍堂、季芳桐：《中国社会思想史》，华中科技大学出版社，2011，第325页。

于百姓生活和社会发展的思想，不论是出自儒学、佛学还是道学，皆可以加以提倡和利用。

到了清朝，康有为认为人类社会的种种苦难在于存在九界。"一览生哀，总诸苦之根源，皆因九界而已。"[①] 何为九界？分别是国界、级界、种界、形界、家界、业界、乱界、类界、苦界。基于九界论，康有为冲破民族国家的界限，大胆提出建立全球公政府的设想。此可视为今日全球治理思想的源头。

康有为主张："去国界，合大地。"[②] 他认为唯有消灭国家，才能彻底根除强国凌弱小国、大国吞并小国的弱肉强食现象，才能实现全人类的平等和发展，提出设立三级政府，实行民主管理。康有为的全球治理方案实行三级管理体制：全球设立公政府；全球划分为一百度，每度设立度政府；度政府下分设若干地方自治局。三级政府均由民主选举产生，实行民主管理。其中，全球公政府的首脑是总统，由上下议员选举产生，任期一年，不得连任。[③] 康有为的全球治理设想和方案具有鲜明的空想性，是一种不能付诸实践的乌托邦思想，但其关于全球治理的设想可谓前无古人，亦为当今时代的全球治理提供借鉴。

综上，多元一体的明确提出虽然始于费孝通先生对中华民族整体结构的分析，但此思想在中国历史上早有渊源。同时，多元一体不仅限于对中华民族整体格局的理解，多元并非仅指各少数民族，一体也并不仅是中华民族的指代。在传统社会的社会治理思想、民族和谐思想、全球治理思想中都可找到多元一体的痕迹，这是多元一体思想在传统社会中的体现和沿革。

（二）多元一体的内涵

中国地大物博、人口众多，在广袤的中华大地上形成了以区域为界限的不同群体，每一个小群体都有一个核心存在，从而形成了不尽相同的诸多集合体，这就是"多元"。多元并非单指群体或集合体，中国的

---

① 康有为：《大同书》，转引自陆学艺、王处辉主编《中国社会思想史资料选辑·晚清卷》，广西人民出版社，2007，第165页。

② 康有为：《大同书》，转引自陆学艺、王处辉主编《中国社会思想史资料选辑·晚清卷》，广西人民出版社，2007，第165页。

③ 参见王处辉主编《中国社会思想史》，中国人民大学出版社，2015，第451页。

政治、社会、文化、民族都是多元的，并且一直朝着一体发展，且在对外关系上，中国政府一直秉承和谐外交的理念。换言之，多元一体的内涵包括政治统一、社会治理、文化融合、民族和谐、全球治理五个方面。

1. 政治统一

中国的政治版图历经分分合合，总体趋势是朝向统一发展，虽然名称和地理范围一直在改变，但是毫无疑问，生活在中华大地上的人民一直都是一个不可分割的整体。有夏以来至中华人民共和国成立，中国政治统一的演变过程如下：约公元前 2070 年，夏朝建立；后汤灭夏建商；公元前 1029 年，周文王建立西周；公元前 770 年，周平王迁都洛阳，进入春秋战国时期；公元前 221 年，秦统一六国；历经两汉，至东汉末年，军阀割据，进入三国时期；西晋之后，有东晋十六国和南北朝的分裂；689 年，隋统一全国；唐末藩镇割据，进入五代十国；960 年，赵匡胤建立北宋；1127 年，北宋灭亡，南宋和金对峙；1279 年，元灭南宋，统一全国；后明统一，清统一，民国统一，中华人民共和国统一。

中国历史上的朝代更迭是政治不断统一的过程。中国历史上存在过的多国并存的历史阶段，诸如魏晋南北朝时期，唐宋之交的五代十国时期，两宋与辽、金、西夏并存时期，是中国政权多元的时代。上述政权多元的时代恰是我国民族融合、文化交流的黄金时代，为中国的政治在其后阶段迈向一体奠定了基础。经由多元政权不断向一体转变的过程，中国实现了最终的政治统一，终成为屹立于世界民族之林的东方强国。

2. 社会治理

传统社会中的社会治理思想和方案大都针对当时的社会问题而发，具有鲜明的问题取向。[①]

韩愈关注的重点是当时社会中佛教盛行的问题。首先，韩愈指出佛教盛行造成诸多危害。第一，佛教徒不事生产，"不耕而食，不织而衣"，[②] 享有免除徭役赋税的特权，如此一来，消费阶层增加，国家正常税收减少，造成社会贫困。第二，佛教对社会风俗产生不良影响，寺庙

---

① 本部分选取韩愈的社会治理思想和顾炎武的社会治理思想进行论证的原因在于：两人的社会治理思想均体现了多元一体的思想。

② 刘昫等撰《旧唐书》，中华书局，1975，第 3580 页。

建筑奢华，礼佛行为铺张，大肆浪费社会财富。第三，佛教严重冲击和破坏了以儒家思想为核心的传统文化，打破了传统社会固有的社会伦常、社会组织乃至社会秩序。其次，韩愈主张对佛教采取压制性的措施，提出"人其人，火其书，庐其居"①的极端主张。韩愈竭力维护传统儒家文化的道统地位，提出的压制佛教的社会治理方案与多元思想有相悖之处，但其一体倾向明显，意在通过确立儒家道德规范的权威地位来实现社会整合。

顾炎武主要关注明朝末年的生员问题。生员问题有三大表现。其一，生员干扰地方行政。"今天下出入公门以扰官府之政者，生员也；倚势以武断于乡里者，生员也；与胥史为缘，甚有身自为胥史者，生员也。"②生员与胥史勾结，仗势称霸乡里，干扰官府行政，已成为地方之公害。其二，生员加重百姓负担。"一切考试科举之费犹皆派取之民，故病民之尤者，生员也。"③生员免除的杂役都摊派到百姓身上，加重了百姓负担。其三，生员往往结成关系网，干政害民。"书牍交于道路，请托遍于官曹。"④生员往往结党营私，滥用私权，危害民生社稷。鉴于生员对社会造成的极大危害，顾炎武提出了废除生员制度的社会治理方案。

社会治理是一项非常复杂的工程，涉及政府与民间两大系统，涉及不同利益主体的利益关系，涉及方方面面的社会问题，这便是社会治理的多元性；然而社会治理的目的只有一个，就是追求社会秩序的稳定、谋求社会的和谐发展，这便是社会治理的一体性。换言之，由于社会问题的复杂性、多元性，社会治理思想和方案也呈现多元性，但即便是不同的社会治理思想和方案，其区别仅在于具体内容的不同，其落脚点和归宿具有一体性，都以追求社会秩序的稳定为最终目标。

① 韩愈：《韩昌黎集·原道》，转引自陆学艺、王处辉主编《中国社会思想史资料选辑·秦汉魏晋南北朝隋唐卷》，广西人民出版社，2007，第334页。
② 顾炎武：《顾亭林诗文集·生员论中》，转引自陆学艺、王处辉主编《中国社会思想史资料选辑·宋元明清卷》，广西人民出版社，2007，第488页。
③ 顾炎武：《顾亭林诗文集·生员论中》，转引自庞绍堂、季芳桐《中国社会思想史》，华中科技大学出版社，2011，第397页。
④ 顾炎武：《顾亭林诗文集·生员论中》，转引自庞绍堂、季芳桐《中国社会思想史》，华中科技大学出版社，2011，第398页。

3. 文化融合

"多元文化的提出是相对于传统的单一（单元）文化概念而言的。以往的文化发展定势是在一定的区域、地域、社会、群体和阶层中存在的某一种单一文化。而多元文化则是指在一个区域、地域、社会、群体和阶层等特定的系统中，同时存在的、相互联系且各自具有独立文化特征的几种文化。因而，它不同于以往的文化存在方式，在空间上具有多样性，在时间上具有共时性。"[1] 中华文化是体，各个民族、各个地区的文化则是元，元是体的组成部分，但体并不是元的机械拼合，多元文化走向一体的过程是多元文化不断融合为一体的过程，故而最终形成的中华文化具有内在一致性。

同时，中华文化具有包容性，中华文化的包容性取向亦直接影响了中华文化"多元一体"特色的形成。多样性是促成包容性的前提，没有多样性，则包容性无从谈起；包容性又是反促多样性的必要因素，没有包容性，多样性亦不可存。中国历史上虽然出现过焚书坑儒、三武灭佛、儒释道冲突等文化冲突现象，也存在民族文化之间的摩擦，但总的趋势是和谐兼容、互相借鉴、互补发展。北宋时期的程朱理学兼采儒、释、道三家进而形成一家之言，便是中国文化融合发展的明证。

概言之，多元一体在文化传承与发展上的具体体现就是文化融合。我国是多民族国家，每个民族都拥有灿烂的民族文化，"一刀切"的文化发展模式会掩盖中华文化精彩纷呈的光芒，必须坚持多元一体的文化发展模式。

4. 民族和谐

费孝通指出："中华民族这个多元一体格局的形成还有它的特色：在相当早的时期距今三千年前，在黄河中游出现了一个若干民族集团汇集和逐步融合的核心，被称为华夏，它像滚雪球一般地越滚越大，把周围的异族吸收进了这个核心。它在拥有黄河和长江中下游的东亚平原之后，被其他民族称为汉族。汉族继续不断吸收其他民族的成份日益壮大，而且渗入其他民族的聚居区，构成起着凝聚和联系作用的网络，奠定了以这疆域内部多民族联合成的不可分割的统一体的基础，形成为一个自

---

① 牟岱：《多元一体文化概论》，《中国社会科学院研究生院学报》2000 年第 3 期。

在的民族实体，经过民族自觉而称为中华民族。"① 在费孝通看来，中华民族的形成正是多民族实现统一最终达到民族和谐的过程。

正如杨圣敏所指出的："中国人在民族关系上的传统观念是：不强求一致，主张多元一体。在此原则下，主张合，不主张分，主张天下一家。"② 换言之，民族和谐强调各民族对中华民族的认同感和归属感，强调各民族对国家的认同感和归属感，唯有秉持多元一体，既尊重作为元的各个民族，又追求作为体的中华民族的和谐团结，才能最终达成民族和谐。从这个意义上说，民族和谐是"多元一体"在民族关系层面的题中之义。

5. 全球治理

中国传统文化将天下大同视为崇高理想，天下大同的理想在全球化条件下的新发展就是全球治理。当前，"人类已经进入全球化时代，全球化需要全球治理"。③ 中国植根于对人类共同命运的关注，主张构建和谐世界，反对单边主义和霸权主义，致力于确立正常的国际经济政治秩序。概言之，中国秉持的"和平、公平、有效和民主的多边主义"④ 正是"多元一体"思想在全球治理问题中的具体体现。在此多边主义的主张中，作为元的主权国家和国际组织是全球治理的主体，作为体的正常的国际经济秩序是各元所共同持有的共识，是全球治理的落脚点，通过各元的不断合作，才能维持正常的国际经济秩序。

（三）多元一体的时代意义

在传统社会发展和变迁的历程中，中国的政治、文化、社会、民族都呈现多元一体的走向。多元一体作为一种有着浓郁历史感的思想，在当今中国仍然具有重要的时代意义。

首先，多元一体强调国家统一的重要性。作为政治实体的中华人民共和国是不可分割、不容分裂的统一国家，政治统一是多元一体的立足点，是多元一体之不可动摇的体，唯有保证政治统一，才能实现整体性基础上各元的协调发展。

---

① 费孝通：《中华民族的多元一体格局》，《北京大学学报》（哲学社会科学版）1989 年第 4 期。
② 杨圣敏：《多元一体：中国民族关系的历史传统》，《光明日报》2017 年 2 月 26 日。
③ 俞可平：《论国家治理现代化》，社会科学文献出版社，2015，第 135 页。
④ 庞中英：《全球治理的中国主张》，《国际先驱导报》2005 年 12 月 29 日，第 1 版。

其次，多元一体彰显社会治理主体的多元性。一元治理体制的特征是所有权力都集中在一个权力机构，此唯一的治理主体管理着全部政治事务、行政事务、社会事务和经济事务，其弊端是"导致政治上的专权和管理上的低效，扼杀人们的创造性和自主性"。[①] 改革开放前，一元治理体制在中国的体现是党政不分。"邓小平曾经把党政分开视为整个政治体制改革的突破口"，[②] 如今，中国已形成以党组织为主导的多元治理结构。多元一体正是可以指导社会治理的思想框架。在多元一体思想的指导下，以各级党组织和政府为最重要的社会治理主体，以各类企事业单位和民间组织为辅助的社会治理主体，这是构建和谐社会、实现中国梦的必经之途。

再次，多元一体是实现民族和谐的有效保证。民族和谐的内涵是：尊重各民族的多元差异，并将我国的各个民族统一到中华民族这一大家庭中。从民族和谐的角度而言，多元是指各民族都有区别于其他民族的历史和文化；一体是指各民族的发展休戚与共、相辅相成，与中华民族整体有不可分割的内在联系。中华民族是 56 个民族结合组成的相互依存的、统一的整体，对中华民族的认同感是 56 个民族共休戚、共存亡、共荣辱、共命运的感情和道义。与对本民族的认同感相比，对中华民族的认同感属于高层次的认同，这种高层次的认同是既一体又多元的复合体，既包含各民族对本民族的认同，又包括各民族对中华民族的认同。坚持多元一体，民族和谐必能长久。

最后，多元一体是达成全球治理的实现途径。传统中国"东渐于海，西被于流沙，朔南暨声教，讫于四海"，[③] 得益于相对封闭的地理环境，四海之内，中华儿女密切交往。此地理环境是中华民族从多元走向一体的"自然框架"。进入全球化时代，多元一体作为一个极具中国特色的社会学概念，其内涵和意义不仅指涉民族和谐，而且系统地包括政治统一、社会治理、文化融合、民族和谐、全球治理等方面。多元一体实际上昭示着一个和谐发展的过程，一体是前提和归宿，多元是基础和因素，二者辩证统一，既不可消灭多元，也不可分裂一体。面对全球化

① 俞可平：《论国家治理现代化》，社会科学文献出版社，2015，第 80 页。
② 俞可平：《论国家治理现代化》，社会科学文献出版社，2015，第 81 页。
③ 王世舜译注《尚书译注》，中华书局，1979，第 116 页。

潮流，中华民族如何应对是一个路漫漫其修远的问题。清楚地了解和认识多元一体的溯源、沿革、内涵，方能使多元一体在全球化时代背景下散发新的光芒，方能在多元一体思想的指引下维护国家统一、促进文化融合、实现民族和谐、推动社会进步、达成全球治理。

（耿亚平　徐珺玉）

六　大同：天下为公的社会理想

自有人类社会以来，便有了对理想社会的向往，在中国有对"大同"的憧憬，在西方则有对"乌托邦"的畅想。但中西思想有别，相比"乌托邦"思想的空想革命性和对立性而言，"大同"思想的作用在于以其共享的人文价值理念涵化融合现实的社会世界，既重小康，也重大同。

（一）由"小康"而"大同"：含义与区别

"大同"一词最早见于《尚书·洪范》。箕子向周武王解答"稽疑"时说："汝则有大疑，谋及乃心，谋及卿士，谋及庶人，谋及卜筮。汝则从，龟从，筮从，卿士从，庶民从，是之谓大同。"[①]"大同"指赞同、赞成之意。《庄子·在宥》篇说"大同而无己"，这里的"大同"指同一、同化，具体指齐同万物，人与天地齐同。《吕氏春秋·有始览》也说："天地万物，一人之身也，是谓大同。"[②]此"大同"与上述庄子的"大同"同意。

"大同"指一种社会理想则出现在《礼记·礼运》里。孔子参加鲁国的蜡祭，祭礼结束后，出来在宗庙门外的楼台上游览，不觉感慨长叹。孔子大概是在感叹鲁国的现状。言偃在他身边问老师为何叹息。孔子回答：

> 大道之行也，与三代之英，丘未之逮也，而有志焉。大道之行也，天下为公。选贤与能，讲信修睦，故人不独亲其亲，不独子其

---

① 慕平译注《尚书》，中华书局，2009，第136~137页。
② 关贤柱、廖进碧、钟雪丽译注《吕氏春秋》，贵州人民出版社，2002，第137页。

子，使老有所终，壮有所用，幼有所长，鳏寡孤独废疾者，皆有所
养。男有分，女有归。货，恶其弃于地也，不必藏于己；力，恶其
不出于身也，不必为己。是故，谋闭而不兴，盗窃乱贼而不作。故
外户而不闭。是谓大同。①

与"大同"相对的"小康"一词最早出现于我国第一部诗歌总集
《诗经》中，《诗经·大雅·民劳》中有"民亦劳止，汔可小康"的诗
句，"汔可小康"与其后的"汔可小休"、"汔可小息"、"汔可小安"等
诗句，表达了人们对周厉王暴政的不满与反抗，以及对自由、安逸生活
的向往。劳逸结合，日出而作，日落而息，日子安定，差不多就是小
康了。

《礼记·礼运》中紧随"大同"之后，孔子对"小康"社会也进行
了描述：

> 今大道既隐，天下为家，各亲其亲，各子其子，货力为己。大
> 人世及以为礼，城郭沟池以为固，礼义以为纪；以正君臣，以笃父
> 子，以睦兄弟，以和夫妇，以设制度，以立田里，以贤勇知，以功
> 为己。故谋用是作，而兵由此起。禹汤文武成王周公，由此其选也。
> 以著其义，以考其信，著有过，刑仁讲让，示民有常。如有不由此
> 者，在执者去，众以为殃。是谓小康。②

在孔子的观念世界里，"大同"与"小康"是两种不同的社会形态，
"大同"是最高级的理想社会，是可望而不可及的社会，而"小康"则
是"大道既隐"后的退而求其次的社会，是现实世界中可以实现的社
会。清末康有为《礼运注》认为："孔子生据乱世，而志则常在太平世，
必进化至大同，乃孚素志；至不得已，亦为小康。"③ 就是说，孔子生据
乱世，而向往大同太平之世；只是由于一时不可企及，才不得已而拨乱
反正，企至小康升平之世。

在《礼记·礼运》的语境里，"大同"与"小康"两种社会制度，

---

① 杨天宇撰《礼记译注》（上），上海古籍出版社，2004，第265页。
② 杨天宇撰《礼记译注》（上），上海古籍出版社，2004，第266页。
③ 《康有为全集》（第五集），姜义华、张荣华编校，中国人民大学出版社，2007，第554页。

有很大不同。

首先，社会制度上"天下为公"与"天下为家"的不同。"公"是公认的天地之至德，来源于人们对"天"的敬仰，"天"没有私心，对万物平等相待。《吕氏春秋·孟春纪》说："天无私覆也，地无私载也，日月无私烛也，四时无私行也，行其德而万物得遂长焉。"①《春秋繁露·王道通三》也说："天覆育万物，既化而生之，有养而成之，事功无已，终而复始，凡举归之以奉人。"认为天地化育生成了万物，但天地并不以此自居，不占为己有，完全做到了大公无私。"天下为公"体现在社会制度上是权力公有和财产公有。权利公有来源于上古三代的禅让制，儒家尤其是孔孟对这种部落联盟领袖之间的"禅让"制度很是推崇。《论语·尧曰》中形象地记载了尧舜禹相继禅让的场面："尧曰：'咨！尔舜！天之历数在尔躬，允执其中。四海困穷，天禄永终。'舜亦以命禹。"

"大同"是以"天下"为人民公有，"人不独亲其亲，不独子其子，使老有所终，壮有所用，幼有所长，矜寡孤独废疾者，皆有所养"；而"小康"则是"各亲其亲"，"各子其子"，君王视"天下"为己家，人民也知道亲爱自己的家庭。"大同"社会，人们"力恶其不出于身也，不必为己"，每个人积极地参加生产劳动，且劳动主要是着眼于社会的需要；"小康"之世是"货力为己"，劳动是以自己为中心，已经有了私有观念。在财货占有上，"大同"是"货恶其弃于地也，不必藏于己"，反对铺张浪费，劳动创造出的是社会财富，个人不能独占；"小康"则不仅是"货力为己"，而且将"货为己"制度化，提倡"以功为己"，论功行赏。

其次，人才选拔上"选贤与能"与"以贤勇知，以功为己"的不同。如何选择以及依何种标准选择统治者，是任何一种社会都无法回避的问题。孔颖达《礼记正义》曰："选贤与能者，向明不私传天位，此明不世诸侯也，国不传世，唯选贤与能也，黜四凶、举十六相之类是也。"② 孙希旦《礼记集解》曰："选贤与能，诸侯国不传世，惟贤能者

① 张双棣、张万彬、殷国光、陈涛译注《吕氏春秋》，中华书局，2007，第9页。
② 郑玄注，孔颖达疏《礼记正义》，北京大学出版社，1999，第656页。

则选而用之也。"① "大同"社会中，管理社会的是贤能者，"贤能"者是由众人选拔出的，选拔的标准是"贤"与"能"，人们对"贤能"者有评判、否决和再选举的权力；"小康"也讲求"贤勇知"，并具体化为"禹、汤、文、武、成王、周公"六君子以及与他们相似的君王来对国家进行管理，而这些君王不是民选的，而是"谨礼"所致，这种"谨礼"的核心是世袭制，人民无权参与统治者的选拔。

最后，社会关系上"讲信修睦"与"礼义以为纪"的不同。关于"讲信修睦"，《礼记正义》说："讲信修睦者，讲，谈说也；信，不欺也；修，习；睦，亲也。此淳无欺，谈说辄有信也。"② 《礼记集解》沿袭《礼记正义》的说法："讲信者，谈说忠信之行。修睦者，修习亲睦之事。"③ 在社会关系上，"大同"是"讲信修睦"，人与人之间是一种民主平等、和睦相处的关系，"男有分，女有归"，即男女各有自己的义务和本分，男女之间是独立、平等关系；"小康"则是"大人世及以为礼，城郭沟池以为固，礼义以为纪"，开始有了明确等级尊卑的封建礼制，国家建立起来了，礼义法纪成了国家的根本，以礼制来，即以"正君臣"、"笃父子"、"睦昆弟"、"和夫妇"、"设制度"、"立田里"、"贤勇知"来维系社会运行。即使是统治者，也要遵循礼制，否则就会"在势者去，众以为殃"。

《礼记·礼运》借孔子之口描绘出两种不同的社会形态，孔子心目中的理想社会是"天下为公"的"大同"社会，即上古三代的黄金时代，他认为后来的历史都不如上古三代好，"小康"是迫于实际的选择。《礼记·礼运》是先秦时代对理想社会最为系统的论述，对后世影响深远。无论是"大同"还是"小康"，作为一种社会制度，都是一个综合体系，不只局限于单一领域，而是包含经济、政治、道德文化等多方面内容的社会有机整体，其内涵是异常丰富的。

（二）"大同"社会理想的历史演进

由于没有文字记录，对上古三代社会的考察只能靠古代传说、考古

① 孙希旦:《礼记集解》（中），中华书局，1989，第582页。
② 郑玄注，孔颖达疏《礼记正义》，北京大学出版社，1999，第658页。
③ 孙希旦:《礼记集解》（中），中华书局，1989，第583页。

和晚期的人类学调查，以重构当时的社会。《鹖冠子·备知》中说："（上古三代）山无径迹，泽无桥梁，不相往来，舟车不通……有知者不以相欺役也，有力者不以相臣主也。"①《淮南子·齐俗》中说："民童蒙不知东西，貌不羡乎情而言不溢乎行，其衣致暖而无文，其兵戈铢而无刃，其歌乐而无转，其哭哀而无声。凿井而饮，耕田而食，无所施其美，亦不求得。"② 那时的社会是一个混沌而淳朴的世界。《尚书·尧典》在称赞尧的功绩时说："克明俊德，以亲九族。九族既睦，平章百姓。百姓昭明，协和万邦，黎民于变时雍。"③ 勾画了上古三代的情形。

孔子所向往的理想社会，除见于《礼记·礼运》篇外，在他与学生的对话中也有所反映，《论语·公冶长》篇记载了孔子对"老者安之，朋友信之，少者怀之"④ 理想社会的向往，《论语·先进》篇记载了孔子对学生点的"莫春者，春服既成。冠者五六人，童子六七人，浴乎沂，风乎舞雩，咏而归"⑤ 生活状态的赞同。为达到自己的理想社会，孔子提出了"仁"。"仁者，人也。"仁是人之为人的本质规定，它的内涵包括爱人、忠恕、克己复礼、为仁由己等几个方面，落实到现实生活中，就是要求一切符合"礼"的规范，做到"非礼勿视，非礼勿听，非礼勿言，非礼勿动"。孔子提出了"为政以德"、"为国以礼"的治国思想。子曰："为政以德，譬如北辰，居其所而众星拱之"；"道之以政，齐之以刑，民免而无耻；道之以德，齐之以礼，有耻且格。"（《论语·为政》）孔子要求君主明人伦，尊德义，举贤才。"政者，正也。"在经济上，孔子主张"均无贫"："丘也闻有国有家者，不患寡而患不均，不患贫而患不安。盖均无贫，和无寡，安无倾。"（《论语·季氏》）在财产分配上，孔子既坚持"各得其分"的等级差距，又强调财产的相对均衡，反对贵族对百姓的严酷剥削。

孟子根据"性善"论提出了"性王道、施仁政"的学说。孟子认为，人天生具有"四端"，"恻隐之心，仁之端也，羞恶之心，义之端

---

① 黄怀信撰《鹖冠子会校集注》，中华书局，2004，第303页。
② 张双棣撰《淮南子校释》，北京大学出版社，1997，第1109页。
③ 慕平译注《尚书》，中华书局，2009，第2页。
④ 张燕婴译注《论语》，中华书局，2006，第66页。
⑤ 张燕婴译注《论语》，中华书局，2006，第166页。

也，辞让之心，礼之端也，是非之心，智之端也"，① "仁义礼智，非由外烁我也，我固有之也"，并通过"故凡同类者，举相似也"的逻辑推出"人皆有不忍之心，先王有不忍之心，斯有不忍之政矣。以不忍人之心，行不忍人之政，治天下可运之掌上"。② 孟子在经济上强调"制民之产"、"正经界"、"制井田"、农户"九一而赋"。孟子认为，有恒产者有恒心，只有给百姓一定的物质生活条件，才能使天下太平。他主张给每个农户"五亩之宅"和"百亩之田"，并要求统治者尊重农业生产规律，保证民众过上温饱的生活，"仰足以事父母，俯足以畜妻子，乐岁终生饱，凶年免于死亡"。③ 孟子在君臣关系上强调互敬，在君民关系上强调"民为贵、君为轻"。孟子继承孔子以来"士"对君子人格的追求，强调君臣之间相对平等的关系："君之视臣如手足，则臣视君如腹心；君之视臣如犬马，则臣视君如国人；君之视臣如土芥，则臣视君如寇仇。"④ 同时，孟子有见于安抚百姓对维护国家统治的重要作用，提出了"民为贵，社稷次之，君为轻。是故得乎丘民而为天子"。⑤ 孟子强调以"亲亲"为基础伦理规范，以"五伦"为原则，在人伦的自洽中实现社会的有序，以"父子有亲，君臣有义，夫妇有别，长幼有序，朋友有信"为原则处理好人伦关系中最基本的"五伦"，做到"老吾老，以及人之老，幼吾幼，以及人之幼"，实现"死徙无出乡，乡田同井，出入相友，守望相助，疾病相扶持，则百姓亲睦"的社会。

老子基于"清静无为"思想提出了"小国寡民"的社会理想："小国寡民，使有什伯之器而不用，使民重死而不远徙。虽有舟舆，无所乘之，虽有甲兵，无所陈之。使民复结绳而用之。甘其食，美其服，安其居，乐其俗。邻国相望，鸡犬之声相闻，民至老死不相往来。"⑥ 这一思想反映了他对现实世界的不满。老子认为，自己所生活的年代之所以战乱频仍、民不聊生，全都是人道违反"天道"的结果。"道"是天地万物的起源，是世界的统一原理，是宇宙发展的法则，是人类行为的准则。

① 万丽华、蓝旭译注《孟子》，中华书局，2006，第 69 页。
② 万丽华、蓝旭译注《孟子》，中华书局，2006，第 69 页。
③ 万丽华、蓝旭译注《孟子》，中华书局，2006，第 15～16 页。
④ 万丽华、蓝旭译注《孟子》，中华书局，2006，第 171 页。
⑤ 万丽华、蓝旭译注《孟子》，中华书局，2006，第 324 页。
⑥ 饶尚宽译注《老子》，中华书局，2006，第 190 页。

"道"是老子哲学的中心观念，它的特性是不争、不盈、虚静、无亲、无为。

墨子提出了"爱无差等"的"非战"、"兼爱"社会图景。子墨子言："视人之国，若视其国。视人之家，若视其家。视人之身，若视其身。是故诸侯相爱，则不野战。家主相爱，则不相篡。人与人相爱，则不相贼。君臣相爱，则惠忠。父子相爱，则慈孝。兄弟相爱，则和调。天下之人皆相爱，强不执弱，众不劫寡，富不侮贫，贵不傲贱，诈不欺愚。凡天下祸篡怨恨，可使毋起者，以相爱生也。"① 墨子认为"交相恶"是天下祸乱的根源，要想走向"治世"，就必须实行"兼爱"。墨子要求天下人"爱人若爱其身"，"为彼，犹为己也"，以至于"视人之国若视其国，视人之家若视其家"，以此达到"凡天下祸篡怨恨可使毋起者，以相爱生也"的美好世界。在墨子的理想社会里，社会成员虽然分工不同，但是每个人都依靠自己的劳动取得财富，主张实行社会互助，以此调和多劳多得者和"矜寡孤独"等"无力劳动者"的贫富差距。

先秦之后历经王朝更替，"合久必分，分久必合"，历史似乎陷入一种"超稳定结构"，"大同"思想也几度起落，直到明清之际才再度兴盛起来。

汉代董仲舒以《春秋公羊传》为基础对《春秋》进行阐释，形成了"春秋公羊学"。他在《举贤良对策》中提出了"天人感应"学说，成为其思想的核心。该学说以"天"为本体，以"天人同构"、"物类相感"、融合阴阳五行为特征，是董仲舒对"春秋公羊学"的"微言大义"进行创造性解读的产物。东汉何休在《春秋公羊解诂》中总结并丰富了公羊学的理论，阐发了公羊家的"张三世"说与"通三统"说，系统地提出了"衰乱—升平—太平"的社会进化发展模式及其实现的步骤和方法，在公羊学发展史上具有里程碑的意义。宋代的张载则从古老的井田制和人伦关系入手，构建自己的理想社会。张载认为："治天下不由井地，终无由得平，周道止是均平。"在他看来，人们所称颂的"周道"的实质，就在"均平"，而"均平"的根本，就在"均地"。

明清之际，何心隐、李贽、黄宗羲、龚自珍等早期启蒙思想家，对

---

① 李小龙译注《墨子》，中华书局，2007，第64～65页。

其所处社会有着深刻的批判意识，开始自觉地寻找构建新社会的可能。黄宗羲在明末清初独树一帜，他强烈批判君主专制，阐发民本思想，甚至有学者认为他的社会启蒙思想"堪称中国近代思想的起点和划分中国古代政治思想史新旧两个阶段的界标"。[①] 他提出"公天下"的政治理想，颠覆性地提出"天下为主，君为客"的主客关系，主张限制君主的权力，强调了学校的重要地位和作用，提出"必使治天下之具皆出于学校"、"公其非是于学校"的政治主张。在法治上，他反对"一家之法"，提出了"有治法而后有治人"的观念；在经济上，提出了"工商皆本"、"废金银"、"通钱钞"、"均田"、"齐税"等主张。他的《明夷待访录》对上古三代之后，尤其是明代的政治文化和政治制度进行了深刻反思，对儒家政治理想重新阐释，提出了新的制度构想。其中《原君》一篇对君主专制的批判一针见血，认为其远远背离了上古三代"天下为公"的社会理想。[②]

（三）近现代的大同思想

1. 康有为的"大同"思想

康有为生活于清季民初的"过渡时代"，彼时清朝政府摇摇欲坠，变法维新、救亡图存成为他的政治主张。为了推行变法，他对东汉何休以来的"公羊三世"说进行创造性改造，从全新角度诠释"三世说"，提出"衰乱—升平—太平"的概念，分别对应"所传闻世"、"所闻世"、"所见世"三个不同历史发展阶段，揭示人类社会不断向前发展、"愈改而愈进也"的普遍规律。康有为认为"公羊学"的"张三世"理论是和《礼记·礼运》"大同"、"小康"学说结合在一起的："三世为孔子非常

---

① 邓乐群：《黄宗羲社会启蒙思想概论》，《南华大学学报》（社会科学版）2001 年第 3 期。
② 黄宗羲在《原君》一文中说道："后之为人君者不然，以为天下利害之权皆出于我，我以天下之利尽归于己，以天下之害尽归于人，亦无不可。使天下之人不敢自私，不敢自利，以我之大私为天下之大公。始而惭焉，久而安焉，视天下为莫大之产业，传之子孙，受享无穷，汉高帝所谓'某业所就，孰与仲多'者，其逐利之情不觉溢之于辞矣。此无他，古者以天下为主，君为客，凡君之所毕世而经营者，为天下也。今也以君为主，天下为客，凡天下之无地而得安宁者，为君也。是以其未得之也，屠毒天下之肝脑，离散天下之子女，以博我一人之产业，曾不惨然，曰'我固为子孙创业也'。其既得之也，敲剥天下之骨髓，离散天下之子女，以奉我一人之淫乐，视为当然，曰'此我产业之花息也'。然则为天下之大害者，君而已矣。向使无君，人各得自私也，人各得自利也。呜呼，岂设君之道固如是乎！"参见黄宗羲《明夷待访录》，段志强译注，中华书局，2011，第 8 页。

大义，托之《春秋》以明之。所传闻世为据乱，所闻世托升平，所见世托太平。乱世者，文教未明也；升平者，渐有文教，小康也；太平者，大同之世，远近大小如一，文教全备也。"①康有为把"通三统"、"张三世"理论与"大同"、"小康"学说有机地糅合了起来，构筑起一个富有全新含义的"三世"系统，希望通过随时因革、不断改制的途径，由据乱而升平、太平，由小康而至大同，挽救危机深重的清王朝，使中国顺利走上现代化的道路。

"大同"思想是康有为思想中富有想象力的部分，集中体现在他的《大同书》里，是康有为于 1901～1902 年避居印度大吉岭时完成。②梁启超说："先生演《礼运》大同之义，始终其条理，折衷群圣，立为教说，以拯浊世。二十年前，略授口说于门弟子，辛丑、壬寅间（1901～1902）避地印度，乃著为成书。启超屡乞付印，先生以今方为国竞之世，未许也。"③《大同书》的思想内容分为十部，几乎囊括世界上所有的制度和价值。甲部"入世界观众苦"，总结了人类一切苦难的根源，"皆因九界"，而救苦之道，则在"破除九界"。从乙部到癸部，康氏论述了要破除的九界：乙部（去国界合大地）提出"去国界而世界合之一体"；丙部（去级界平民族）提出消除阶级差别；丁部（去种界同人类）主张去除种族差别；戊部（去形界保独立）描写了男女不平等对妇女的迫害，提出消灭性别差异，提倡男女平等；己部（去家界为天民）提出破除传统家庭屏障；庚部（去产界公生业）讲述了社会生产和财富问题；辛部（去乱界治太平）设想了大同世界中的政治架构，以及公政府如何运作；壬部（去类界爱众生）主张爱世间万物，反对杀生；癸部（去苦界至极乐）描述了在大同世界中人类各种生活上的享乐，构想大同世界建立在高度的物质科学文明之上。

康有为的"大同"思想集我国历史上"大同"之大成，又吸收西学理想社会的高妙设想，提出了构想未来世界的途径，俨然开辟了中国思想史的新境界，达到了历代"大同"思想的最高境界。梁启超的《清代

---

① 《康有为全集》（第二集），姜义华、张荣华编校，中国人民大学出版社，2007，第 324 页。

② 汤志均：《论〈大同书〉的成书年代》、《〈大同书〉手稿及其成书年代》，载汤志均著《康有为与戊戌变法》，中华书局，1984，第 108～133 页。

③ 梁启超：《南海先生诗集》（手写），广智书局，1911，第 1 页。

学术概论》认为康有为的大同思想是："其理想与今世所谓世界主义、社会主义者多合符契，而陈义之高且过之。"① 萧公权将康氏的学说与西方的"乌托邦"并列："康氏的'大同'乃是一'有效的乌托邦'，而不是脱离社会发展与近代中国路向的白日梦。他的一生之中目击中国思想与制度的根基受到一再的抨击，深知剧烈转变之需要以及可行性。他对中国传统知识以及对西方的认识，使他能看到中国的问题以及如何改变。在戊戌变法期中，他仅企图作小规模的重建工作，只是他起码的想法。在《大同书》中，他则定下极大的改革计划，其影响深远，非同时代的任何人可相比拟。他的乌托邦构想极具想象力与挑战性，他足列世界上伟大乌托邦思想家之林。有人可以指出若干不当之处，如有关家庭与财产部分，但无人可以忽视他整个社会思想的历史意义。"② 学者马洪林认为："它（康氏的大同思想）不仅是中国近代社会也是全世界人民灾难深重的曲折反映，而且在一定程度上代表了千百年来中国人民和全世界人民向往美好生活的愿望，可以说康氏大同思想是中国传统文化和世界进步文化追求理想社会的映像。"③

2. 孙中山的"大同"思想

关于构建何种社会，孙中山提出了"民族主义、民权主义和民生主义"的"三民主义"，"民族主义"和"民权主义"是具体实践的革命内容，而"民生主义"则是他心中理想的社会蓝图，也是"三民主义"的核心内容。他说："我们要解决中国的社会问题，和外国是有相同的目标。这个目标，就是要全国人民都可以安乐，都不会受财产分配不均的痛苦。要不受这种痛苦的意思，就是要共产。所以我们不能说共产主义与民生主义不同，我们三民主义的意思就是民有、民治、民享。这个民有、民治、民享的意思，就是国家是人民所共有，政治是人民所共管，利益是人民所共享。照这样的说法，人民对于国家不只是共产，一切事权都是要共的。这才是真正的民生主义，就是孔子所希望的大同世界。"④ 孙中山多次讲，"民生主义即为社会主义，又叫共产主义，就是

① 梁启超：《梁启超全集》，北京出版社，1999，第3099页。
② 萧公权：《康有为思想研究》，汪荣祖译，新星出版社，2005，第326页。
③ 马洪林：《康有为评传》，南京大学出版社，1998，第325页。
④ 孙中山：《孙中山全集》（第9卷），中华书局，1986，第394页。

大同主义"，可见他直接将大同主义等同于社会主义或共产主义。

孙氏民生主义的主要内容是解决土地和资本问题。首先是平均地权。这是孙中山为防止贫富分化的措施。具体做法是："核定天下地价"、"照价纳税"、"土地涨价归公"，后来又增加了"耕者有其田"的内容。1924年，孙中山非常明确地提出了"耕者有其田"的革命口号，并且表示要学习苏联的方式实行"耕者有其田"。他在《对农民运动讲习所学生训词》中说："现在俄国改良农业政治之后，便是推翻普通大地主，把全国范围内的田土，都分到普通农民手中，使耕者有其田；我们现在革命，要仿效俄国这种公平办法，也要耕者有其田，才算是彻底的革命……"

其次是节制资本。这是既要发展实业，又要使私人资本不能操纵国计民生，也就是防止产生垄断资本主义经济。孙中山指出："凡本国人及外国人之企业，或有独占的性质，或规模过大为私人之力所不能办者，如银行、铁道、航路之属，由国家经营管理之，使私有资本制度不能操纵国民之生计，此则节制资本之要旨也。"[1] 其实质是用国家资本主义代替私人垄断资本主义。另外，孙中山为实现其国强民富的理想社会，还编制了规模宏大的《实业计划》，要求大力发展交通事业，修筑港口、水利设施，发展工业、农业，造林、移民，实行对外开放政策，等等。孙中山的民生主义思想，目的是改善人民的物质生活，解决人民的吃饭穿衣和其他生活需要问题，防止出现贫富的严重对立，这表现了他的先进性和民主精神。

孙中山的大同思想继承了历史上"大同"思想的内涵，构建了完整的政治、经济、思想文化体系，尤其是"民生主义"注重发展经济，改善人民物质生活，并提出了详细的实施措施，对大同思想是一大促进。孙氏的大同思想也受到康有为思想的影响，但他的大同思想较之康氏的更有批判意义，对资本主义的批判，不仅比康有为多，而且触及资本主义资本的垄断性与民主的虚伪性，他设想的社会也较康氏的更具实践意义。

3. 毛泽东的"大同"思想

毛泽东早年深受大同思想的影响，他向往的就是以社会"平等"为

---

① 孙中山：《孙中山全集》第9卷，中华书局，1986，第120页。

核心的"大同"之境。1917 年，在写给好友黎锦熙的信中，他表达了对
"大同圣域"的理解和向往："彼时天下皆为圣贤，而无凡愚，可尽毁一
切世法，呼太和之气而吸清海之波。孔子知此义，故立太平世为鹄，而
不废据乱、升平二世。大同者，吾人之鹄也。"① 由于受新文化运动的影
响，青年毛泽东对"大同"社会的理解已超越了他原先崇拜的康有为和
孙中山。他说："人现处于不大同时代，而想望大同"，"吾知一入大同之
境，亦必生出许多竞争抵抗之波澜来，而不能安处于不同之境矣。是故
老庄绝圣弃智，老死不相往来之社会，徒为理想之社会而已。陶渊明桃
花源之境遇，徒为理想之境遇而已"。"吾尝梦想人智平等，人类皆为圣
人，则一切法治均可弃去，今亦知其决无此境矣。"② 1918 年 6 月，毛泽
东与蔡和森、张昆弟等寄居岳麓书院，并拟在那里建立一个人人工读、
人人平等和睦、个个自由、共同劳动、一起生活的"新村"。他的"新
村"实验很快化为泡影，但儒家大同社会的思想对他影响至深。

　　毛泽东在 1949 年 6 月的《论人民民主专政》一文中多次论述了他所
向往的"大同"社会。他说："对于工人阶级、劳动人民和共产党，则
不是什么被推翻的问题，而是努力工作，创设条件，使阶级、国家权力
和政党很自然地归于消灭，使人类进到大同境域。"③ "康有为写了《大
同书》，他没有也不可能找到一条到达大同的路"，资产阶级共和国的方
案在中国已经破产，"唯一的路是经过工人阶级领导的人民共和国"，
"经过人民共和国到达社会主义和共产主义，到达阶级的消灭和世界的
大同"。④ 当然，这里毛泽东所讲的大同已不是传统意义上的大同，而是
将中国古代的大同思想与社会主义、共产主义思想进行了有机结合和中
国式的理解和发展，是对中国古代大同思想的继承和超越。1958 年，毛
泽东在关于人民公社化运动的一次讲话中提到康有为的《大同书》，他
说在那时没有实现的条件，现在马克思主义者抓住了阶级斗争，已经消
灭阶级或正在消灭阶级的过程中，把空想社会主义者不能实现的空想实
现了。毛泽东发动的人民公社化运动和他随后乃至晚年发动的一系列社

①　毛泽东：《毛泽东早期文稿》，湖南出版社，1990，第 89 页。
②　毛泽东：《毛泽东早期文稿》，湖南出版社，1990，第 184～187 页。
③　毛泽东：《毛泽东选集》第 4 卷，人民出版社，1991，第 1468 页。
④　毛泽东：《毛泽东选集》第 4 卷，人民出版社，1991，第 1471 页。

会运动，都与其思想深处的大同思想有着不可分割的联系。他关于人民公社社会模式的设计，与他早年基于儒家大同思想设计的社会模式有异曲同工之妙，但又不是古代大同社会模式的简单重现，他对中国社会模式的设计和实践，可以说是对中国传统文化中儒家大同思想的批判、继承和超越。毛泽东的"大同"思想无论在革命时期还是在建设时期，对打碎一个旧世界、建设一个新世界都起到了重要作用，可以说是毛泽东思想的重要来源之一。

（四）中国"大同"思想与西方"乌托邦"思想的比较

"大同"与"理想国"堪称东西方关于理想社会构想的双璧，指引着人类社会的努力方向。他们都是对现实中不可能最终实现的、终极性的社会理想状态的一种总体性构想或设计，代表了理想者对现实社会的不满与对未来社会的期待。"大同"与"理想国"有许多类似的地方。二者都设想了一个远高于现实而又完美理想的社会，从而对人类社会的未来走向有一种强烈的价值导向，这样的社会物质富足、精神充裕，人人各安其分，社会和谐有序。"大同"思想包括系统的政治、经济、人伦乃至社会保障的内容，"天下为公"、"讲信修睦"、"人不独亲其亲，不独子其子"等观念早已渗入国人的骨子里。"理想国"则设想了一个由哲学王统治的理想城邦国家，哲学王兼具智慧、正义与善的美德，社会分为三个阶层，受过严格哲学教育具备智慧的人是统治阶层，身体健壮、勇猛尚武的是保卫国家的武士阶层，其他的是作为生产者的平民阶层。

但中国的"大同"与西方的"乌托邦"的区别也是毋庸讳言的。有学者形象地说，"大同"侧重对上古三代社会的美化，描绘的是一幅远古的道德风俗画卷，注重意象的铺陈和情绪的渲染，而缺少概念的明晰性、理论的完整性和逻辑的一致性。① 从特定的角度来看，乌托邦是西方传统文化才有的一种社会意识形态或文化观念，乌托邦主要强调现存社会和未来理想社会之间的巨大张力。英国学者克利杉·库玛即认为乌托邦是西方近代的产物："乌托邦并没有普遍性。它只出现在有古典和

---

① 张海燕：《柏拉图〈理想国〉与〈礼记·礼运〉的乌托邦思想比较研究》，《河北学刊》1994年第5期。

基督教传统的社会里，换言之，只出现在西方。其他社会在不同程度上有乐园观念，有公平正义之黄金时代的原始神话，有乐土式的幻想，甚至有救世主的信念；但它们没有乌托邦。"① 他认为中国大同思想中即使有"乌托邦因素"，也仅仅是一种怀旧的、向后看的、原始的乐园观念，这类乌托邦因素与西方乌托邦宗教与神话的前历史可能存在某种类似的东西，但从来没有像西方那样发展出真正意义上的"乌托邦"。"大同"富有直觉主义的意味，排斥理性主义；"乌托邦"充满理性主义的光芒，是理性与道德的融合。

　　"大同"与"乌托邦"的区别是深刻而又多方面的，归根结底可以从中西文化的不同上找到原因。在晚近的起源于西方的现代性因素流入中国之前，中国的"大同"思想是中国传统文化支配作用下的产物，是独立地、自在自为地发展着的。中国传统文化的基本特征是什么？可能见仁见智，但"天人合一"的观念能获得多数认同。学者蒋庆认为："以天人合一的天人之学便是统一的文化理论，贯通一体的学术特征。以天人合一的天人之学便是统一的人生观、社会观、宇宙观，以统一的人生观、社会观、宇宙观看待便是大同观。天人合一即大同，从大处讲是人与宇宙的统一、人与社会的统一；从小处讲是人与人、民族与民族、国家与国家的统一乃至和同。虽然中国古代哲学家中也有主张'天人相分'、'天人交相胜'的，但他们的主张仅是为了明于天人之际而言，并不把天与人看成敌对的关系。"②

　　"天人合一"着眼于"天"与"人"的关系，其内涵丰富。它首先是一种世界观，即从整体上把握事物的本质。"天"与"人"是一个对立统一的整体，是不能截然分开的。这里的"合一"不是简单的机械的一致，而是体现差异性的辩证的统一，是"和而不同"与"理一分殊"的统一。人与自然是浑然天成的，并无主客体的区别，这是中国传统文化的一元论认识基础。③ 西方文化观念则习惯于从二元对立的认识论看待世界，这种二元对立是以主体、客体相分离为前提的，二者之间常常处于支配与被支配的主从关系。二元认识论善于解剖事物的部分，进行

① 转引自张隆溪《乌托邦：观念与实践》，《读书》1998年第12期。
② 蒋庆：《大同文化：中国先进传统文化研究与探讨》，中国三峡出版社，2002，第21页。
③ 苏国勋：《韦伯关于中国文化论述的再思考》，《社会学研究》2011年第4期。

精确分析，孕育了理性精神，体现在"乌托邦"的设想上，是对未来社会的精细设计的理性精神，而不是中国"大同"思想的整体上的浪漫主义。

天下为公的"大同"社会思想蕴含丰富的人文价值意蕴，可以被视为培育、丰富和提升人性、人格和人道精神的思想基础，也可以成为会通现代西方文化和文明，实现止戈休战、铸剑为犁，构建人类命运共同体的思想基础。[①] 在面对当今世界范围内层出不穷的全球性问题时，中国传统"大同"思想更能彰显其价值意义。西方社会自工业革命以来，社会生产力获得了极大的解放，创造的物质财富超越人类历史上的任何时期，与此同时，深刻的社会矛盾也以前所未有的速度被生产出来。西方的价值观念与意识形态在面临这些问题时，往往疲态尽显，甚至一筹莫展。伴随着物质上的优越性，西方滋生了文化上的傲慢，"我族中心主义"即是这种观念的反映。文化上的"我族中心主义"带来的必然是"文明冲突论"，由国内至全球，矛盾日益集聚，世界越来越不安宁，这对物质日益发达的现今人类不能不说是一种讽刺。

"大同"思想富有以"天下为公"、"讲信修睦"、"和而不同"为代表的价值意蕴，无疑契合了时代发展的需要，在处理人际关系乃至国家关系时完全可以成为指导原则，其价值追求不仅在道德层面，而且在现实层面，与"文明冲突"、"没有永远的朋友只有永远的利益"之类的论说相比，不知要高出几何。"大同"思想呼应了人类社会不同文明共同发展的需要，其蕴含的价值应当得到大力弘扬，也将为全世界越来越多的人所认可。

（夏世哲）

---

① 张曙光：《"天下为公"：在理想与现实之间》，《北京师范大学学报》（社会科学版）2016年第 2 期。

参考文献

《百子全书》，岳麓书社，1993。

《二十五史》，上海古籍出版社，1986。

《四书五经》，线装书局，2010。

W. 古德：《家庭》，魏章玲译，社会科学文献出版社，1986。

艾历克斯·英格尔斯：《国民性·心理：社会的视角》，王今一译，社会科学文献出版社，2012。

安德烈·比尔基埃等：《家庭史》，生活·读书·新知三联书店，1998。

安乐哲、郝大维：《切中伦常：〈中庸〉的新诠与新译》，彭国翔译，中国社会科学出版社，2011。

安乐哲：《古典中国哲学中身体的意义》，《世界哲学》2006年第5期。

安小兰译注《荀子》，中华书局，2007。

白芳：《人际称谓与秦汉社会变迁》，人民出版社，2010。

白寿彝主编《中国通史》，上海人民出版社，1996。

柏拉图：《柏拉图全集》（第1卷），王晓朝译，人民出版社，2002。

柏拉图：《理想国》，郭斌和等译，商务印书馆，1986。

班固等：《白虎通》，中华书局，1985。

班固撰《汉书》，李士彪、张文峰译注，山东画报出版社，2012。

班固撰，颜师古注《汉书》，中华书局，1962。

保罗·蒂里希：《政治期望》，唐钧尧译，四川人民出版社，1989。

北大哲学系外国哲学教研室编译《古希腊罗马哲学》，生活·读书·新知三联书店，1982。

北京大学《荀子》注释组注《荀子新注》，中华书局，1979。

彼得·什托姆普卡：《社会变迁的社会学》，林聚任等译，北京大学出版社，2011。

毕天云、刘梦阳：《中国传统宗族福利体系初探》，《山东社会科学》2014年第4期。

边燕杰、张磊：《论关系文化与关系社会资本》，《人文杂志》2013年第1期。

边燕杰：《关系社会学及其学科地位》，《西安交通大学学报》（社会科学版）2010年第5期。

曹础基：《庄子浅注》（第3版），中华书局，2007。

曹德本主编《中国政治思想史》，高等教育出版社，2004。

曹凤祥：《论明代族田》，《社会科学战线》1997年第2期。

曹光甫点校《赵翼全集》，凤凰出版社，2009。

曹漪那：《大一统与多元一体——中国文化的密码》，《中外文化与文论》2015年第28期。

曹志主编《资本主义国家公务员制度概要》，北京大学出版社，1985。

岑仲勉：《租庸调与均田有无关系》，《历史研究》1955年第5期。

查国昌：《西周"孝"义试探》，《中国史研究》1993年第2期。

查中林：《说"义"》，《四川师范学院学报》（哲学社会科学版）2000年第1期。

常建华：《二十世纪的中国宗族研究》，《历史研究》1999年第5期。

常建华：《中华文化通志·宗族志》，上海人民出版社，1998。

陈阿江：《次生焦虑》，中国社会科学出版社，2010。

陈宝良：《中国的社与会》（增订本），中国人民大学出版社，2011。

陈兵：《佛教苦乐观》，《法音》2007年第2期。

陈登原：《国史旧闻》，中华书局，2000。

陈登原：《中国教育史》，辽宁教育出版社，1998。

陈定闳：《中国社会思想史》，北京大学出版社，1990。

陈鼓应：《老子译注及评价》，中华书局，1984。

陈鼓应注译《庄子今注今译》，商务印书馆，2007。

陈鼓应注译《庄子今注今译》（下册），中华书局，2015。

陈顾远：《我国家族制度之史的观察》（上），《法学丛刊》1956年第3期。

陈光连：《荀子"分"义研究》，东南大学出版社，2013。

陈广忠译注《淮南子》，中华书局，2012。

陈国勇编《新书》，广州出版社，2003。

陈浩注《礼记·礼运》，上海古籍出版社，1987。

陈澔：《礼记集说》，中国书店，1994。

陈节译注《诗经》，花城出版社，2001。

陈开先：《"王霸并道"思想及其管理智慧》，《华南农业大学学报》（社会科学版）2005 年第 3 期。

陈来：《仁学本体论》，生活·读书·新知三联书店，2014。

陈来：《中华文明的核心价值：国学流变与传统价值观》，生活·读书·新知三联书店，2015。

陈立、吴则虞点校《白虎通疏证》，中华书局，1994。

陈梦家：《殷墟卜辞综述》，中华书局，1988。

陈蒲青注译《四书》，花城出版社，1998。

陈乔见：《公私辨：历史衍化与现代诠释》，生活·读书·新知三联书店，2013。

陈瑞：《明清时期徽州宗族的内部救济》，《中国农史》2007 年第 1 期。

陈弱水：《公共意识与中国文化》，新星出版社，2006。

陈寿撰，裴松之注《三国志》，中华书局，2011。

陈戍国点校《四书五经·中庸》，岳麓书社，1991。

陈桐生译注《国语》，中华书局，2013。

陈晓芬、徐儒宗译注《论语》，中华书局，2015。

陈鳣撰集《孝经郑注》，中华书局，1985。

陈占甲：《政治人才论丛》，天津人文书社，1934。

陈治国：《论西方哲学中身体意识的觉醒及其推进》，《复旦学报》（社会科学版）2007 年第 2 期。

陈竹：《从租庸调制到两税法》，《经营管理者》2010 年第 15 期。

成振珂等：《社会学十二讲》，新世界出版社，2017。

程颢、程颐：《二程集》（全四册），王孝鱼点校，中华书局，1981。

程颢、程颐：《二程语录集》，山东画报出版社，2004。

程颢：《二程集·外书》（卷 7），中华书局，1981。

程燕青译注《颜氏家训·朱子家训》，山西古籍出版社，2004。

辞海编辑委员会编《辞海》，上海辞书出版社，1999。

崔高维校点《礼记》，辽宁教育出版社，1997。

崔应令：《中国近代"社会"观念的生成》，《社会》2015年第2期。

崔钟雷主编《老子　庄子》，哈尔滨出版社，2011。

戴维·波普诺：《社会学》，辽宁人民出版社，1987。

戴震：《戴震全集》（第1册），清华大学出版社，1991。

邓乐群：《黄宗羲社会启蒙思想概论》，《南华大学学报》（社会科学版）
　　2001年第3期。

邓力群等：《中国近代史参考资料》，新中国书局，1949。

邓晓芒：《论"自我"的自欺本质》，《世界哲学》2009年第4期。

邓晓芒：《什么是自由?》，《哲学研究》2012年第7期。

丁伟志：《"中体西用"论在洋务运动时期的形成与发展》，《中国社会科
　　学》1994年第1期。

东方朔：《合理性之寻求：荀子思想研究论集》，台湾大学出版中心，2011。

东方朔导读，王鹏整理《荀子》，上海世纪出版集团，2010。

董仲舒著，叶平注译《春秋繁露》，中州古籍出版社，2010。

董仲舒：《春秋繁露》，中华书局，2012。

董仲舒：《董子文集》，中华书局，1985。

杜勒强：《中庸——左右着中国社会运转的无形之手》，《求实》2005年
　　第S2期。

杜维明：《〈中庸〉洞见》，段德智译，人民出版社，2008。

杜正胜：《传统家族试论》，载黄宽重、刘增贵编《家族与社会》，中国
　　大百科全书出版社，2005。

渡边信一郎：《中国古代的王权与天下秩序》，徐冲译，中华书局，2012

段玉裁：《说文解字注》，上海古籍出版社，1981。

段玉裁：《说文解字注》，中华书局，2013。

樊树志：《摊丁入地的由来与发展》，《复旦学报》（社会科学版）1984
　　年第4期。

范春梅：《清初"摊丁入亩"政策对环境的影响》，《中国环境管理干部
　　学院学报》1999年第3期。

范文澜：《中国通史》（第一卷），人民出版社，1994。

范晔、司马彪：《后汉书》，岳麓书社，1996。

方授楚：《墨学源流》，商务印书馆，2015。

方向东译注《新书》，中华书局，2012。

方孝孺：《逊志斋集》（第2版），徐光大校点，宁波出版社，2000。

方勇、李波译注《荀子》，中华书局，2015。

方勇译注《孟子》，中华书局，2015。

方勇译注《墨子》，中华书局，2015。

方勇译注《庄子》，中华书局，2010。

房玄龄等：《晋书》，中华书局，2008。

费尔南·布罗代尔：《15至18世纪的物质文明、经济和资本主义》第一卷《日常生活的结构：可能和不可能》，顾良施、康强译，生活·读书·新知三联书店，1992。

费孝通、吴晗等：《皇权与绅权》，生活·读书·新知三联书店，2013。

费孝通：《费孝通论文化与文化自觉》，群言出版社，2007。

费孝通：《费孝通全集》（第六卷），内蒙古人民出版社，2010。

费孝通：《个人·群体·社会——一生学术历程的自我思考》，《北京大学学报》（哲学社会科学版）1994年第1期。

费孝通：《关于"文化自觉"的一些自白》，《学术研究》2003年第7期。

费孝通：《孔林片思》，《读书》1992年第9期。

费孝通：《试谈扩展社会学的传统界限》，《北京大学学报》（哲学社会科学版）2003年第3期。

费孝通：《文化论中人与自然关系的再认识》，《群言》2002年第9期。

费孝通：《乡土中国　生育制度》，北京大学出版社，1998。

费孝通：《乡土中国》，人民出版社，2015。

费孝通：《乡土中国》，上海人民出版社，2013。

费孝通：《乡土中国》，生活·读书·新知三联书店，1985。

费孝通：《中华民族的多元一体格局》，《北京大学学报》（哲学社会科学版）1989年第4期。

费正清：《中国的世界秩序：一种初步的构想》，载陶文钊编选《费正清集》，天津人民出版社，1992。

冯达文：《早期中国哲学略论》，广东人民出版社，1997。

冯尔康：《中国社会史概论》，高等教育出版社，2004。

冯尔康等：《中国宗族社会》，浙江人民出版社，1994。

冯契：《中国古代哲学的逻辑发展》，东方出版中心，2009。

冯友兰：《冯友兰选集》（上、下），北京大学出版社，2000。

冯友兰：《关于论孔子关于"仁"的思想的一些补充论证》，《学术月刊》
　　1963年第8期。

冯友兰：《新理学》，生活·读书·新知三联书店，2007。

冯友兰：《中国哲学史新编》，人民出版社，1982。

付春杨：《明代一条鞭法之兴衰——立足于法律实效的分析》，《社会科
　　学家》2007年第3期。

傅佩荣：《听傅老师讲〈易经〉》，中华书局，2009。

富兰克林·H. 金：《四千年农夫：中国朝鲜和日本的永续农业》，程存
　　旺、石嫣译，东方出版社，2011。

甘怀真：《东亚历史上的天下与中国概念》，台湾大学出版中心，2009。

干咏昕：《中国民间互助养老的福利传统回溯及其现代意义》，《今日中
　　国论坛》2013年第7期。

高冠民等编《国土学概论》，中国环境科学出版社，1992。

高和荣、张爱敏：《中国传统民间互助养老形式及其时代价值——基于
　　闽南地区的调查》，《山东社会科学》2014年第4期。

高亨：《商君书注译》，清华大学出版社，2011。

高华平、王齐洲、张三夕译注《韩非子》，中华书局，2010。

高敏：《关于曹魏屯田制的几个问题》，《史学月刊》1981年第1期。

高敏：《关于西晋占田、课田制的几个问题》，《历史研究》1983年第3期。

高明士：《律令法与天下法》，上海古籍出版社，2013。

高树藩编纂《正中形音义综合大字典》，正中书局，1995。

高旭繁：《通往华人幸福之路：性格特质与文化价值的双重作用》，《本
　　土心理学研究》2013年第39期。

高诱注《战国策》，商务印书馆，1958。

葛兆光：《清华汉学研究》（第一辑），清华大学出版社，1994。

葛兆光：《中国思想史》（第一、二卷），复旦大学出版社，2013。

耿天勤:《论刘知几"史才三长"论的形成和发展》,《山东师大学报》(社会科学版) 1999 年第 4 期。

耿振东译注《管子译注》,上海三联书店,2014。

龚长宇:《义利问题 20 年》,《道德与文明》2003 年第 3 期。

龚自珍:《龚自珍全集》,上海人民出版社,1975。

沟口雄三:《日本人视野中的中国学》,李苏平等译,中国人民大学出版社,1996。

沟口雄三:《中国人的公与私·公私》,郑静译,孙歌校,生活·读书·新知三联书店,2011。

沟口雄三:《中国的思想》(修订版),赵士林译,中国财富出版社,2012。

古敏主编《史记(上)》,北京燕山出版社,2001。

古薇:《王夫之对中国古代史学的突破和发展》,《江汉论坛》1991 年第 1 期。

顾迁译注《尚书》,中华书局,2016。

顾炎武:《顾亭林诗文选》,中华书局,1983。

顾炎武:《日知录》,甘肃人民出版社,1997。

顾炎武著,黄汝成集释《日知录集释》,上海古籍出版社,2006。

关贤柱、廖进碧、钟雪丽译注《吕氏春秋》,贵州人民出版社,2002。

管曙光、于桂华主编《诸子集成》,长春出版社,2008。

郭丹、程小青、李彬源译注《左传》,中华书局,2012。

郭沫若:《十书批判》,《郭沫若全集》(历史编 2),人民出版社,1982。

郭齐勇、陈乔见:《孔孟儒家的公私观与公共事务伦理》,《中国社会科学》2009 年第 1 期。

郭庆藩撰,王孝鱼点校《庄子集释》,中华书局,2004。

郭于华:《农村现代化过程中的传统亲缘关系》,《社会学研究》1994 年第 6 期。

郭振香:《宋明儒学公私观之初探》,《江汉论坛》2003 年第 6 期。

韩非子:《韩非子》,江苏人民出版社,1982。

韩进军:《董仲舒新"王道"考释》,《衡水学院学报》2012 年第 5 期。

韩敬注《法言注》,中华书局,1992。

韩明谟:《中庸新识——对中庸与社会协调的新理解》,《天津社会科学》

1990 年第 6 期。

郝大维、安乐哲：《先贤的民主》，何刚强译，江苏人民出版社，2010。

何顺祥：《中庸之道是反对社会革命的思想武器》，《四川师范大学学报》
（社会科学版）1974 年第 1 期。

何轩、李新春：《中庸理性影响下的家族企业股权配置：中国本土化的
实证研究》，《管理工程学报》2014 年第 1 期。

何晏集解，皇侃义疏《论语集解义疏》，中华书局，1985。

河上公、王弼注，刘思禾校点《老子》，上海古籍出版社，2013。

贺麟：《哲学与哲学史论文集》，商务印书馆，1990。

贺少华：《传统生态思想的现代价值》，《前沿》2010 年第 10 期。

侯外庐：《中国思想通史》，人民出版社，1957。

胡孚琛：《道学通论》，社会科学文献出版社，2009。

胡恒：《"皇权不下县"的由来及其反思》，《中华读书报》2015 年 11 月 4
日，第 5 版。

胡火金：《天地人整体思维与传统农业》，《自然辩证法通讯》1999 年第
4 期。

胡火金：《中国传统农业生态思想与农业持续发展》，《中国农史》2002
年第 4 期。

胡寄窗：《有关井田制的若干问题的探讨》，《学术研究》1981 年第 4 期。

胡平生、陈美兰译注《礼记·孝经》，中华书局，2007。

胡适：《胡适学术文集·中国哲学史》，中华书局，1991。

胡适：《新思潮的意义》，载《胡适文集》，天津人民出版社，1991。

胡适：《中国哲学史大纲》，东方出版社，1996。

胡文波校点《国语·鲁语》，上海古籍出版社，2015。

胡翼鹏：《中国社会思想史的社会学品格论略》，《社会科学》2011 年第
2 期。

胡志宏：《西方中国古代史研究导论》，大象出版社，2002。

胡珠生编《宋恕集》，中华书局，1993。

黄光国：《"道"与"君子"：儒家的自我修养论》，《华中师范大学学报》
（人文社会科学版）2014 年第 3 期。

黄海涛：《论王阳明"致良知"学说中的道德构建》，《孔学研究》2002

年年刊。

黄怀信撰《鹖冠子会校集注》，中华书局，2004。

黄开国：《董仲舒的人性论是性朴论吗？》，《哲学研究》2014 年第 5 期。

黄克武：《近代中国的思潮与人物》，九州出版社，2013。

黄克武：《一个被放弃的选择：梁启超调适思想之研究》，新星出版社，2006。

黄留珠：《中国古代选官制度述略》，陕西人民出版社，1989。

黄前程：《汉魏之际的霸道思想论析》，《长沙理工大学学报》（社会科学版）2012 年第 3 期。

黄绍筠：《中国第一部经济史——汉书食货志》，中国经济出版社，1991。

黄涛、何炼成：《井田制研究——对先秦土地制度变迁的经济学解释》，《河南师范大学学报》（哲学社会科学版）2006 年第 5 期。

黄伟合：《儒、法、墨三家义利观的比较研究》，《江淮论坛》1987 年第 6 期。

黄宗羲：《明夷待访录译注》，李伟译注，岳麓书社，2008。

吉莱斯皮、米歇尔·艾伦：《现代性的神学起源》，张卜天译，湖南科学技术出版社，2012。

吉联抗译注《乐记》，音乐出版社，1958。

冀昀主编《尚书》，线装书局，2007。

姜国柱：《李觏评传》，南京大学出版社，1996。

蒋冀骋点校《左传》，岳麓书社，2006。

蒋礼鸿撰《商君书锥指》，中华书局，1986。

蒋南华等译注《荀子全译》，贵州人民出版社，1995。

蒋庆：《大同文化：中国传统文化研究与探讨》，中国三峡出版社，2002。

蒋庆：《政治儒学——当代儒学的转向、特质与发展》，生活·读书·新知三联书店，2003。

焦国成、赵艳霞：《"孝"的历史命运及其原始意蕴》，《齐鲁学刊》2012 年第 1 期。

焦若水：《人文区位与位育中和：中国社区理论的渊源与民族品格》，《学海》2014 年第 4 期。

焦循撰，沈文倬点校《孟子正义》，中华书局，1987。

金春峰：《周官之成书及其反映的文化与时代新考》，东大图书股份有限公司，1993。

金观涛、刘青峰：《观念史研究》（第1版），法律出版社，2009。

金观涛、刘青峰：《兴盛与危机：论中国社会超稳定结构》（增订本），香港中文大学出版社，2012。

金良年译注《论语译注》，上海古籍出版社，2004。

金良年译注《孟子译注》，上海古籍出版社，2004。

金耀基：《中国民本思想史》，法律出版社，2008。

景海峰：《儒家伦理的形而上基础探讨》，载贾磊磊、杨朝明主编《第四届世界儒学大会学术论文集》，文化艺术出版社，2012。

景海峰：《五伦观念的再认识》，《哲学研究》2008年第5期。

景怀斌：《儒家的人格结构及心理学扩展》，《现代哲学》2007年第5期。

景天魁：《中国社会学不可回避的根本问题——从"社会学的春天"谈起》，《学术界》2014年第9期。

景天魁：《中国社会学源流辨》，《中国社会科学评价》2015年第2期。

景天魁主编《中国社会发展观》，云南人民出版社，1997。

康乐：《导言》，载马克斯·韦伯：《韦伯作品集Ⅴ：中国的宗教　宗教与世界》，广西师范大学出版社，2004。

康武刚：《宋代的宗族组织与基层社会秩序》，《学术界》2015年第4期。

康有为：《春秋董氏学》，中华书局，1990。

康有为：《康有为全集》（第二集），姜义华、张荣华编校，中国人民大学出版社，2007。

康有为：《康有为全集》，上海古籍书店，1990。

康有为：《论语注》（第13卷），中华书局，1984。

克里斯·希林：《身体与社会理论》，李康译，北京大学出版社，2010。

孔安国传，孔颖达正义，黄怀信整理《尚书正义》，上海古籍出版社，2007。

孔凡礼校注《苏轼文集》，中华书局，1986。

孔飞力：《中国现代国家的起源》，生活·读书·新知三联书店，2013。

匡亚明：《孔子评传》，南京大学出版社，1990。

老子：《道德经》，陕西人民出版社，1996。

694

黎靖德编，王星贤点校《朱子语类》，中华书局，1986。

黎靖德编《朱子语类》，岳麓书社，1997。

黎祥凤撰《管子校注》，中华书局，2004。

李爱荣：《清代公私观念中的权利意识》，《现代哲学》2012 年第 2 期。

李安宅：《〈仪礼〉与〈礼记〉之社会学的研究》，上海世纪出版集团，2005。

李存山：《气论与仁学》，中州古籍出版社，2009。

李存山：《中国气论探源与发微》，中国社会科学出版社，1990。

李存山：《中国文化的"忠恕之道"与"和而不同"》，《道德与文明》2016 年第 3 期。

李道平撰，潘雨廷点校《周易集解纂疏》，中华书局，1994。

李鼎祚：《周易集解》，中央编译出版社，2011。

李耳：《道德经》，北京燕山出版社，1995。

李锋：《天理与道义的彰显——朱熹王道思想的政治哲学解析》，《贵州师范大学学报》（社会科学版）2008 年第 4 期。

李觏：《李觏集》，中华书局，1981。

李觏：《李觏集·潜书》（卷二十），中华书局，1981。

李光地：《中庸余论》，海峡出版发行集团，2013。

李翰文主编《名家集评全注全译史记》，新世界出版社，2013。

李慧玲、吕友仁译注《礼记》，中州古籍出版社，2010。

李零：《郭店楚简校读记》，北京大学出版社，2002。

李猛：《自然社会》，商务印书馆，2015。

李梦生：《左传译注》，上海世纪出版股份有限公司、上海古籍出版社，2004。

李民、王健撰《尚书译注》，上海古籍出版社，2012。

李培林、李强、马戎主编《社会学与中国社会》，社会科学文献出版社，2008。

李培林：《中国早期现代化：社会学思想与方法的导入》，载李培林等《20世纪的中国：学术与社会·社会学卷》，山东人民出版社，2001。

李全生：《位育之道超越了什么?》，《读书》1997 年第 11 期。

李三谋：《清代"摊丁入亩"制度》，《古今农业》2001 年第 3 期。

李山译注《管子》，中华书局，2016。

李世愉、孟彦弘撰《中国古代官制概论》，中国社会科学出版社，2009。

李曙华：《系统科学——从构成论走向生成论》，《系统辩证学学报》2004 年第 2 期。

李索：《左传正宗》，华夏出版社，2011。

李焘：《续资治通鉴长编》，中华书局，1979。

李文阁：《生成性思维：现代哲学的思维方式》，《中国社会科学》2000年第 6 期。

李先勇、王蓉贵校《范仲淹全集》，四川大学出版社，2007。

李小龙译注《墨子》，中华书局，2007。

李学勤主编《论语注疏》，北京大学出版社，1980。

李学勤主编《十三经注疏》（1～11），北京大学出版社，1999。

李学勤主编，王宇信、王震中等著《中国古代文明与国家形成研究》，中国社会科学出版社，2007。

李英灿：《儒家社会学何以可能？》，《孔子研究》2003 年第 1 期。

李永刚：《唐两税法刍议》，《中央民族大学学报》（哲学社会科学版）2009 年第 5 期。

李颙：《李二曲先生全集》（二），华文书局股份有限公司，1970。

李云光：《论孝道的源起、发展及其历史作用》，《书目季刊》1994 年第4 期。

李贽：《藏书》，中华书局，1959。

李宗侗注译《春秋左传今注今译》（下册），台湾商务印书馆，1971。

厉潇然：《礼治秩序与传统法律观念》。

梁奇译注《墨子译注》，上海三联书店，2014。

梁启超：《变法通议》，华夏出版社，2002。

梁启超：《南海先生诗集》（手写），广智书局，1911。

梁启超：《说群序》，载《饮冰室合集》，中华书局，1989。

梁启超：《先秦政治思想史》，天津古籍出版社，2003。

梁启超：《饮冰室合集·专集》（第 5 册），中华书局，1989。

梁启超著，林志钧编《饮冰室合集》，中华书局，2015。

梁启超著，张品兴主编《梁启超全集》，北京出版社，1999。

梁枢：《"一体多元"论》，《长安大学学报》（社会科学版）2012 年第 4

期。

梁漱溟：《乡村建设理论》，上海世纪出版集团，2006。

梁漱溟：《中国文化要义》，上海人民出版社，2005。

梁漱溟：《中国文化要义》，学林出版社，1987。

梁涛：《郭店竹简与思孟学派》，中国人民大学出版社，2008。

梁颖：《家字之谜及其相关问题》，《广西师范大学学报》1996 年第 4 期。

廖名春、邹新明校点《荀子》，辽宁教育出版社，1997。

林端：《全球化下的儒家伦理：社会学观点的考察》，《国外社会学》2002 年第 3 期。

林庚、冯沅君主编《中国历代诗歌选》，人民文学出版社，1964。

林久贵评析《大学　中庸》，崇文书局，2004。

林兴龙：《汉代宗族救济问题的考察与现实思考》，《厦门理工学院学报》2010 年第 3 期。

凌鹏：《井田制研究与近代中国——20 世纪前半期的井田制研究及其意义》，《社会学研究》2016 年第 4 期。

凌廷堪：《礼经释例》，中华书局，1985。

刘复生：《理想与现实之间——宋人的井田梦以及均田、限田和正经界》，《四川大学学报》（哲学社会科学版）2006 年第 6 期。

刘玑：《正蒙会稿》，中华书局，1985。

刘建洲：《"位育论"：一条寂寞的社会学本土化路数》，《人文杂志》2003 年第 2 期。

刘克甫：《西周金文"家"字辨义》，《考古》1992 年第 9 期。

刘昫等撰《旧唐书》，中华书局，1975。

刘文典：《淮南鸿烈集解》，中华书局，1989。

刘昫等撰《旧唐书》，中华书局，1975。

刘雪河：《"义"之起源易礼新探》，《四川师范学院学报》（哲学社会科学版）2003 年第 4 期。

刘玉娥：《西周井田制与农业发展》，《农业考古》2013 年第 6 期。

刘泽华、张荣明等：《公私观念与中国社会》，中国人民大学出版社，2003。

刘泽华：《中国政治思想史集》，人民出版社，2008。

刘钊：《郭店楚简校释》，福建人民出版社，2005。

刘正山：《大国地权：中国五千年土地制度变革史》，华中科技大学出版社，2014。

柳诒徵：《中国文化史》（上册），中华书局，2015。

楼宇烈整理《康南海自编年谱》，中华书局，1992。

卢梭：《论人类不平等的起源和基础》，李常山译，商务印书馆，1962。

鲁迅：《鲁迅全集》，人民文学出版社，1956。

陆九渊：《陆九渊集》，中华书局，1980。

陆玖译注《吕氏春秋》，中华书局，2015。

陆学艺、王处辉主编《中国社会思想史资料选辑》，广西人民出版社，2007。

陆学艺等：《社会结构的变迁》，中国社会科学出版社，1997。

陆学艺主编《社会学》，知识出版社，1996。

罗伯特·米歇尔斯：《寡头统治铁律——现代民主制度中的政党社会学》，任军锋等译，天津人民出版社，2003。

罗伯特·帕特南：《独自打保龄：美国社区的衰落与复兴》，刘波等译，北京大学出版社，2011。

罗国杰：《"孝"与中国传统文化和传统道德》，《道德与文明》2003 年第 3 期。

罗志田：《权势转移：近代中国的思想与社会》（修订版），北京师范大学出版社，2014。

吕不韦：《吕氏春秋》，中州古籍出版社，2010。

吕不韦：《吕氏春秋新校释》，陈奇猷校释，上海古籍出版社，2002。

吕坤：《吕坤全集》，中华书局，2008。

吕明涛、谷学彝编注《宋词三百首》，中华书局，2009。

吕明灼：《义利之辨：一个纵贯古今的永恒主题》，《齐鲁学刊》2000 年第 6 期。

吕友仁、李正辉注译《周礼》，中州古籍出版社，2010。

吕壮译注《战国策译注》，上海三联书店，2014。

马驰盈：《史记今注》（第五册），台湾商务印书馆股份有限公司，1979。

马端临：《文献通考》，中华书局，1986。

马洪林：《康有为评传》，南京大学出版社，1998。

马克思、恩格斯：《马克思恩格斯全集》（第三卷），中共中央马克思、恩格斯、列宁、斯大林著作编译局译，人民出版社，1960。

马克思：《马克思恩格斯全集》（第 2 卷），人民出版社，2012。

马克思：《摩尔根〈古代社会〉一书摘要》，人民出版社，1965。

马克思：《资本论》，人民出版社，2004。

马贤磊、仇童伟、石晓平：《社会资本理论视角下井田制演变及其启示》，《南京农业大学学报》（社会科学版）2015 年第 2 期。

马一浮：《马一浮全集》（第一册上），浙江古籍出版社，2013。

毛泽东：《毛泽东书信选集》，人民出版社，1983。

毛泽东：《毛泽东选集》（第一卷），人民出版社，1991。

毛泽东：《毛泽东选集》（第四卷），人民出版社，1991。

毛泽东：《毛泽东早期文稿》，湖南出版社，1990。

孟旦：《早期中国"人"的观念》，丁栋、张兴东译，北京大学出版社，2009。

孟德斯鸠：《论法的精神》，商务印书馆，1978。

孟蕾乐：《论早期儒家王霸之辨——在价值理性与工具理性之间》，《三峡大学学报》（人文社会科学版）2012 年第 5 期。

孟庆鹏：《博爱行仁——孙中山的博爱观》，《团结》1994 年第 3 期。

孟庆祥译注《战国策译注》，黑龙江人民出版社，1986。

孟元老：《秋社》，《东京梦华录》（卷八），上海古典文学出版社，1956。

孟元老等：《武林旧事》（卷三）《社会》，载《东京梦华录》，上海古典文学出版社，1956。

苗力田主编《亚里士多德全集》（第九卷），中国人民大学出版社，1994。

苗润田：《中西义利思想的比较研究》，《孔子研究》1990 年第 1 期。

缪文远、缪伟、罗永莲译注《战国策》，中华书局，2012。

莫蒂默·艾德勒：《西方思想宝库》，游恒译，吉林人民出版社，1988。

牟岱：《多元一体文化概论》，《中国社会科学院研究生院学报》2000 年第 3 期。

牟钟鉴：《儒家人性论的综合考察与新人性论构想》，《齐鲁学刊》1994 年第 6 期。

慕平译注《尚书》，中华书局，2009。

尼科洛·马基雅维利：《君主论》，潘汉典译，商务印书馆，1985。

帕森斯：《社会行动的结构》，张明德、夏遇南、彭刚译，译林出版社，2003。

潘光旦：《潘光旦文集》（卷6），北京大学出版社，2000。

潘光旦：《儒家的社会思想》，北京大学出版社，2010。

潘光旦：《优生原理》，北京大学出版社，2010。

潘乃谷：《潘光旦释"位育"》，《西北民族研究》2000年第1期。

潘乃穆、潘乃和编《潘光旦文集》，北京大学出版社，1994。

潘屹：《中国传统农村福利探寻》，《东岳论丛》2014年第9期。

庞朴：《中庸与三分》，《文史哲》2000年第4期。

庞绍堂、季芳桐：《中国社会思想史》，华中科技大学出版社，2011。

庞中英：《全球治理的中国主张》，《国际先驱导报》2005年12月29日。

彭林：《周礼主体思想与成书年代研究》，中国社会科学出版社，1991。

骈宇骞、骈骅译《贞观政要》，中华书局，2009。

朴元熇、权仁溶校注《明史·食货志》，天津古籍出版社，2014。

齐思和：《战国制度考》，《燕京学报》1938年第24期。

钱广荣：《中国早期的公私观念》，《甘肃社会科学》1996年第4期。

钱杭、谢维扬：《宗族问题：当代中国农村研究的一个视角》，《社会科学》1990年第5期。

钱杭：《论汉人宗族的内源性根据》，《史林》1995年第3期。

钱会辅：《义田记》，载吴楚才、吴兆基编《古文观止》，长城出版社，1999。

钱穆：《国史大纲》，商务印书馆，1996。

钱穆：《论语新解》，生活·读书·新知三联书店，2002。

钱穆：《中国政治思想史》，商务印书馆，1997。

钱实甫：《北洋政府时期政治制度》，中华书局，1984。

钱熙祚：《诸子集成》，中华书局，1954。

钱逊：《孔子仁礼关系新释》，《孔子研究》1990年第4期。

钱逊译《孟子》，中华书局，2010。

乔纳森·特纳、勒奥纳德·毕服勒、查尔斯·鲍尔斯：《社会学理论的兴起》，侯钧生等译，天津人民大学出版社，2006。

乔治·赫伯特·米德：《心灵、自我与社会》，霍桂桓译，华夏出版社，

1999。

秦延红：《论马基雅维利国家政体学说的人性论基础》，《当代法学》2002 年第 2 期。

渠敬东：《中国传统社会的双轨治理体系——封建与郡县之辨》，《社会》2016 年第 2 期。

饶尚宽译注《老子》，中华书局，2006。

任剑涛：《轨制的形成：孔子的经典解释进路》，《文史哲》2012 年第 5 期。

阮元校刻《十三经注疏》，中华书局，1980。

萨孟武：《中国社会政治史》，台湾三民书局，1995。

上海师范大学古籍整理组校点《国语》，上海古籍出版社，1978。

邵汉明、漆思：《"和而不同"儒道释和谐思想分疏及其当代启示》，《天津师范大学学报》（社会科学版）2007 年第 5 期。

邵雍著，黄畿注、卫绍生校理《皇极经世书》，中州古籍出版社，1993。

邵雍著，陈明点校《康节说易全书·伊川击壤集》，学林出版社，2003。

马克思·舍勒：《知识社会学问题》，艾彦译，华夏出版社，2000。

沈荣森：《先秦儒家忠君思想浅探——兼论"三纲"之源》，《孔子研究》1990 年第 1 期。

沈善洪、吴光主编《黄宗羲全集》，浙江古籍出版社，2005。

沈毅：《"差序格局"的不同阐释与再定位——"义""利"混合之"人情"实践》，《开放时代》2007 年第 4 期。

沈玉成：《左传译文》，中华书局，1981。

沈约：《二十四史全译·宋书》，汉语大词典出版社，2004。

沈长云、张渭莲：《中国古代国家起源与形成研究》，人民出版社，2009。

沈长云：《士人与战国格局》，安徽人民出版社，2013。

石磊译注《商君书》，中华书局，2009。

时显群：《法家"依法治国"思想研究》，人民出版社，2010。

史蒂夫·布鲁斯：《社会学的意识》，蒋虹译，译林出版社，2013。

史华兹：《寻求富强：严复与西方》，江苏人民出版社，1996。

司马光：《司马氏书仪》，中华书局，1985。

司马光：《资治通鉴》（第一册），岳麓书社，1990。

司马光编著，胡三省音注《资治通鉴》，上海古籍出版社，1987。

司马光著，于元撰文《资治通鉴》，吉林文史出版社，2009。

司马迁：《史记》（简体字本），中华书局，1999。

司马迁：《史记》，线装书局，2006。

司马迁：《史记》，中国友谊出版公司，1994。

思履主编《四书五经》，江苏美术出版社，2014。

斯宾塞：《群学肄言》，严复译，商务印书馆，1981。

宋国恺：《中国变革：社会学在近代中国兴起的视角》，中国社会科学出版社，2011。

宋洪兵：《古代中国"王霸并用"观念及其近代形态》，《求是学刊》2011年第2期。

宋金兰：《"孝"的文化内涵及其嬗变——"孝"字的文化阐释》，《青海社会科学》1994年第3期

苏国勋：《韦伯关于中国文化论述的再思考》，《社会学研究》2011年第4期。

苏立文、迈克尔：《中国艺术史》，徐坚译，上海人民出版社，2014。

苏颂：《苏魏公文集》，中华书局，1988。

苏舆撰，钟哲点校《春秋繁露义证》，中华书局，1992。

孙本文：《社会学原理》，商务印书馆，1935。

孙立平：《"关系"、社会关系与社会结构》，《社会学研究》1996年第5期。

孙立群：《中国古代的士人生活》，商务印书馆，2015。

孙隆基：《中国文化的深层结构》，广西师范大学出版社，2004。

徐干撰，孙启治解诂《中论解诂》，中华书局，2014。

孙尚扬、郭兰芳：《国故新知论——学衡派文化论著辑要》，中国广播电视出版社，1995。

孙希旦：《礼记集解》，中华书局，1989。

孙诒让著，孙启治点校《墨子间诂》，中华书局，2001。

孙诒让：《诸子集成》（四），中华书局，2006。

孙跃纲：《现代国家治理是法治与德治的有机统一》，《南方论刊》2015年第2期。

孙中山：《建国方略》，华夏出版社，2002。

孙中山：《孙中山全集》，中华书局，1986。

孙中山：《孙中山选集》，人民出版社，1981。

谭峭：《化书》，中华书局，1996。

谭嗣同：《仁学》，高等教育出版社，2010。

谭嗣同：《仁学》，华夏出版社，2002。

谭嗣同：《谭嗣同全集》，生活·读书·新知三联书店，1954。

谭嗣同著，加润国选注《仁学—谭嗣同集》，辽宁人民出版社，1991。

汤一介、汪德迈：《天》，北京大学出版社，2011。

汤漳平、王朝华译注《老子》，中华书局，2014。

汤志均：《康有为与戊戌变法》，中华书局，1984。

唐敬杲译注《管子》，商务印书馆，1936。

唐婷译注《随园诗话译注》，北京联合出版公司，2015。

唐文明：《本真性与原始儒家"为己之学"》，《哲学研究》2002 年第 5 期。

唐甄著，吴泽民注解《潜书》，中华书局，1955。

陶新宏、解光宇：《论朱升"王霸并举"的治国之道》，《海南大学学报》（人文社会科学版）2012 年第 1 期。

陶毅、明欣：《中国婚姻家庭制度史》，东方出版社，1994。

仝晰纲等：《中华伦理范畴——义》，中国社会科学出版社，2006。

涂尔干：《实用主义与社会学》，上海人民出版社，2000。

万淮北：《中国古代土地制度演变浅析》，《辽宁教育行政学院学报》2010 年第 1 期。

万丽华、蓝旭译注《孟子》，中华书局，2006。

万明：《白银货币化视角下的明代赋役改革（下）》，《学术月刊》2007 年第 6 期。

万明：《传统国家近代转型的开端：张居正改革新论》，《文史哲》2015 年第 1 期。

汪德迈：《重新研究和翻译"五经"的意义》，《周易研究》2009 年第 5 期。

汪晖：《现代中国思想的兴起》，生活·读书·新知三联书店，2004。

汪济民等译注《国语译注》，百花洲文艺出版社，1992。

王安石：《王文公文集》，上海人民出版社，1974。

王弼注，楼宇烈校释《老子道德经注校释》，中华书局，2008。

王弼著，楼宇烈校释《王弼集校释》，中华书局，1980。

王彩云：《中西古代和谐观辨析》，《济南大学学报》（社会科学版）2003
　　年第6期。

王充：《论衡》，上海人民出版社，1974。

王充著，陈蒲清点校《论衡》，岳麓书社，1991。

王处辉主编《中国社会思想史》，中国人民大学出版社，2015。

王夫之：《船山全书》（第八册），岳麓书社，1990。

王夫之：《读四书大全说》，中华书局，1975。

王夫之：《读通鉴论》（卷一），中华书局，2015〔2013〕。

王夫之：《尚书引义》，中华书局，1962。

王夫之：《宋论》，中华书局，1964。

王夫之：《张子正蒙注》，中华书局，1975。

王国斌：《转变的中国：历史变迁与欧洲经验的局限》，李伯重、连玲玲
　　译，江苏人民出版社，2010。

王国维：《殷周制度论》，《观堂集林（附别集）（全四册）》，中华书
　　局，1959。

王国维：《殷周制度论》，《观堂集林》，河北教育出版社，2001。

王鸿生：《中国传统政治的王道和霸道》，《武汉大学学报》（哲学社会科
　　学版）2009年第1期。

王沪宁：《当代中国村落家族文化》，上海人民出版社，1991。

王俊秀：《社会心态理论：一种宏观社会心理学范式》，社会科学文献出
　　版社，2014。

王利华主编《中国农业通史》，中国农业出版社，2009。

王淼：《民主政治视野下的精英治理》，中国法制出版社，2014。

王铭、张艳萍：《浅谈荀子与霍布斯的国家起源学说》，《西部论坛》
　　2001年第2期。

王世舜、王翠叶译注《尚书》，中华书局，2012。

王世舜译注《尚书译注》，四川人民出版社，1982。

王世舜译注《尚书译注》，中华书局，1979。

王栻主编《严复集》（第 1 册），中华书局，1986。

王守仁：《王阳明全集》，上海古籍出版社，1992。

王朔柏、陈意新：《从血缘群到公民化：共和国时代安徽农村宗族变迁研究》，《中国社会科学》2004 年第 1 期。

王思斌主编《社会学教程》，北京大学出版社，2010。

王威威译注《荀子译注》，上海三联书店，2014。

王文诰辑注《苏轼诗集》，中华书局，1982。

王文锦译解《礼记译解》，中华书局，2016。

王文锦译注《大学中庸译注》，中华书局，2008，2013。

王先谦：《群论》，《葵园四种》（《虚受堂文集》），岳麓书社，1986。

王先谦著，沈啸寰、王星贤点校《荀子集解（全二册）》，中华书局，1988。

王先谦撰，吴格点校《诗三家义集疏》，中华书局，1987。

王先慎撰，钟哲点校《韩非子集解》，中华书局，1998。

王献唐：《山东古国考》，青岛出版社，2007。

王心竹：《以尊王贱霸倡王道理想——孟子王霸论探析》，《河北学刊》2012 年第 1 期。

王秀梅译注《诗经》，中华书局，2006。

王阳明：《传习录》，中国画报出版社，2012。

王阳明：《王阳明全集》，上海古籍出版社，1992。

王阳明：《王阳明全书》，中国文史出版社，2014。

王永平：《从"天下"到"世界"：汉唐时期的中国与世界》，中国社会科学出版社，2015。

王勇：《王霸之辨与中国传统文化软实力思想》，《云南社会科学》2012 年第 1 期。

王玉波：《中国家庭的起源与演变》，河北科学技术出版社，1992。

王育平、吴志杰：《中国传统"和合"文化探源》，《南京理工大学学报》（社会科学版）2009 年第 1 期。

王昭德：《清代科举制度研究》，香港中文大学出版社，1982。

王中江：《进化主义在中国的兴起：一个新的全能式世界观》（增补版），

中国人民大学出版社，2010。

威廉·詹姆士：《实用主义》，陈羽伦、孙瑞禾译，商务印书馆，1997〔1979〕。

韦政通：《中国思想史》（上册），水牛出版社，1986。

韦政通：《中国孝道思想的演变及其问题》，《现代学苑》（台湾）1969年第6卷第5期。

韦政通：《中国哲学辞典》，吉林出版集团有限责任公司，2009。

维尔弗雷多·帕累托：《精英的兴衰》，宫维明译，北京出版社，2010。

尾关周二：《共生与共同的理念——超越自由主义》，《国外社会学》2002年第1期。

尾形勇：《中国古代的"家"与国家》，张鹤泉译，中华书局，2010。

卫惠林：《社会学》，正中书局，1980。

魏文华编著《董仲舒传》，新华出版社，2003。

魏向阳：《宾客不为宾——论汉魏晋南北朝宾客的身份和地位》，《学术月刊》1990年第3期。

魏英敏：《"孝"与家庭文明》，《北京大学学报》（哲学社会科学版）1993年第1期。

魏源：《魏源集》，中华书局，1976。

文选德、周建刚：《"中""和"思想：特质、传承与当代价值》，《求索》2014年第11期。

倭仁：《倭文端公遗书·日记》（卷四），清光绪元年（1875）刊本。

吴楚材、吴调侯：《古文观止》，中华书局，1980。

吴兢：《贞观政要》，上海古籍出版社，1978。

吴礼明：《从郭店儒简看封建伦常学说的逻辑发展》，《华北水利水电学院学报》（社会科学版）2006年第4期。

吴哲楣主编《十三经》，国际文化出版公司，1993。

吴志成：《西方治理理论述评》，《教学与研究》2004年第6期。

武乾：《论北洋政府的文官制度》，《法商研究》1999年第2期。

武树臣：《中国法律思想史》，法律出版社，2004。

武新立：《中国的家谱及其学术价值》，《历史研究》1988年第6期。

夏湘远：《论"孝"的政治伦理意蕴》，《湖南师范大学社会科学学报》

2006 年第 7 期。

夏征农、陈至立编《辞海》（缩印本），上海辞书出版社，2009。

夏征农、陈至立编《辞海》，上海辞书出版社，1980。

向世陵：《从"天下为公"到"民胞物与"——传统公平与博爱观的旨趣和走向》，《中国人民大学学报》2015 年第 2 期。

肖立军：《明代财政制度中的起运与存留》，《南开学报》（哲学社会科学版）1997 年第 2 期。

肖群忠：《论中国传统人性论思想的特点与影响》，《齐鲁学刊》2007 年第 3 期。

肖群忠：《孝与友爱：中西亲子关系之差异》，《道德与文明》2001 年第 1 期。

肖群忠：《孝与中国文化》，人民出版社，2001。

萧公权：《康有为思想研究》，汪荣祖译，新星出版社，2005。

萧公权：《中国政治思想史》，商务印书馆，2011。

谢南山：《论魏晋南北朝时期民间社会救济》，《江西广播电视大学学报》2009 年第 2 期。

谢遐龄主编《中国社会思想史》，高等教育出版社，2013。

邢建国、汪青松、吴鹏森：《秩序论》，人民出版社，1993。

徐翠兰、木公译注《韩非子》，山西古籍出版社，2003。

徐复观：《中国人性论史：先秦篇》，上海三联书店，2001。

徐复观：《中国思想史论集》，上海书店出版社，2004。

徐复观：《中国学术精神》，华东师范大学出版社，2004。

徐公喜、万红：《宋明理学"三纲五常"向"四德五伦"结构性转变》，《上饶师范学院学报》2012 年第 5 期。

徐珂编撰《清稗类钞》，中华书局，2003。

徐扬杰：《明清以来的封建家族制度述论》，《中国社会科学》1980 年第 4 期。

徐扬杰：《中国家族制度史》，武汉大学出版社，2012。

徐元诰著，王树民、沈长云点校《国语集解》，中华书局，2002。

徐正英、常佩雨译注《周礼》，中华书局，2014。

徐志锐：《周易大传新注》，齐鲁书社，1986。

许富宏撰《慎子集校集注》，中华书局，2013。

许华安：《试析清代江西宗族的结构与功能特点》，《中国社会经济史研究》1993 年第 1 期。

许结：《家国同构：中国古代家族·宗法制（三）》，《古典文学知识》2001 年第 5 期。

许烺光：《文化人类学新论》，南天书局，1990。

许慎：《说文解字》，九州出版社，2001。

许慎：《说文解字》，岳麓书社，1997。

许慎：《说文解字》，中华书局，1963。

许慎著，臧克和、王平校订《说文解字新订》，中华书局，2002。

许慎撰，段玉裁注《说文解字注》，浙江古籍出版社，1988。

宣晓伟：《"关系本位"和"差序格局"：传统中国的社会结构和治理模式》，新华网，2015 年 12 月 1 日。

薛恨生编《陆宣公奏义续本》，新文化书社，1935。

薛理禹：《清代屯丁研究：以江南各卫所及归并州县屯丁为例》，《史林》2012 年第 2 期。

薛政超：《再论唐代均田制下的土地买卖》，《云南社会科学》2016 年第 1 期。

荀况著，张觉校注《荀子校注》，岳麓书社，2006。

亚当·斯密：《道德情操论》，商务印书馆，2002。

闫步克：《春秋战国时"信"观念的演变及其社会原因》，《历史研究》1981 年第 6 期。

严昌校点《韩愈集》，岳麓书社，2000。

燕国材：《"心理"正名》，《心理科学》1998 年第 2 期。

燕国材主编《中国古代心理学思想史》，远流出版事业股份有限公司，1999。

燕良轼：《中国古代心理学思想概论》，湖南师范大学出版社，1999。

杨伯峻、杨逢彬译注《论语》，岳麓书社，2000。

杨伯峻编著《春秋左传注（修订本）》，中华书局，1990。

杨伯峻等译《白话四书五经》（下册），岳麓书社，1994。

杨伯峻译注《论语译注》，中华书局，2015。

杨伯峻译注《孟子译注》，中华书局，2015。

杨国荣：《善的历程——儒家价值体系研究》，上海人民出版社，2006。

杨国荣：《说"势"》，《文史哲》2012年第4期。

杨吉安：《宗族制度与国家控制——以20世纪三四十年代江西万载县为个案的考察》，《民国研究》2014年秋季号。

杨杰编《四书五经》，吉林出版集团有限责任公司，2011。

杨开道：《中国乡约制度》，商务印书馆，2015。

杨宽：《古史新探》，中华书局，1965。

杨堃：《民族学概论》，中国社会科学出版社，1984。

杨联陞：《从历史看中国的世界秩序》，载《国史探微》，新星出版社，2005。

杨萍编著《尚书》，吉林人民出版社，1996。

杨善华、谢立中主编《西方社会学理论》，北京大学出版社，2005。

杨善华：《近期中国农村家族研究的若干理论问题》，《中国社会科学》2000年第5期。

杨圣敏：《多元一体：中国民族关系的历史传统》，《光明日报》2017年2月26日，第7版。

杨天宇撰《仪礼译注》，上海古籍出版社，2004。

杨向奎：《礼的起源》，《孔子研究》1986年第1期。

杨宜音：《"自己人"：信任建构过程的个案研究》，《社会学研究》1999年第2期。

杨义芹：《中国传统公私观及其缺陷》，《上海师范大学学报》（哲学社会科学版）2010年第2期。

杨志刚：《唐律疏议对孝经的承嬗离合》，《东北师范大学学报》（哲学社会科学版）2012年第6期。

杨中芳：《传统文化与社会科学结合之实例：中庸的社会心理学研究》，《中国人民大学学报》2009第3期。

杨中芳：《中庸实践思维体系探研的初步进展》，《本土心理学研究》2010年第34期。

叶启政：《现代人的天命——科技、消费与当代文化的搓揉摩荡》，群学出版有限公司，2005。

叶适：《叶适集》，中华书局，1983。

于海：《西方社会思想史》，复旦大学出版社，1993。

于振波：《张家山汉简中的名田制及其在汉代的实施情况》，《中国史研究》2004 年第 1 期。

余莲：《势：中国的效力观》，卓立译，北京大学出版社，2009。

余英时：《士与中国文化》，上海人民出版社，2003。

余英时：《余英时文集》（第二卷）《中国思想传统及其现代变迁》，广西师范大学出版社，2004。

俞可平：《论国家治理现代化》，社会科学文献出版社，2015。

俞可平：《全球治理引论》，《马克思主义与现实》2002 年第 1 期。

俞可平：《社会自治与社会治理现代化》，《社会政策研究》2016 年第 1 期。

俞可平：《治理和善治引论》，《马克思主义与现实》1999 年第 5 期。

俞仁良译《礼记》，上海辞书出版社，2010。

俞吾金：《人在天中，天由人成——对"天人关系"含义及其流变的新反思》，《学术月刊》2009 年第 1 期。

袁梅：《诗经译注》，齐鲁书社，1985。

袁梅：《诗经译注》，青岛出版社，1999。

袁孝政注《刘子》，中华书局，1985。

苑秀丽：《论儒家公私观的基本特点》，《东方论坛》2016 年第 2 期。

臧高峰：《先秦时期农地产权演进的制度经济学分析——基于人口压力的视角》，《西部商学评论》2010 年第 1 期。

曾唯一、沈庆生：《一条鞭法的历史意义和作用》，《四川师范大学学报》（社会科学版）1984 年第 1 期。

曾振宇：《董仲舒人性论再认识》，《史学月刊》2002 年第 3 期。

曾振宇、傅永聚注《春秋繁露新注》，商务印书馆，2010。

曾振宇：《"仁者安仁"：儒家仁学源起与道德形上学建构——儒家仁学从孔子到董仲舒的哲学演进》，《中国文化研究》2014 年第 1 期。

曾振宇注说《春秋繁露》，河南大学出版社，2009。

翟学伟：《伦：中国人之思想与社会的共同基础》，《社会》2016 年第 5 期。

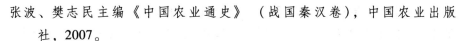

张波、樊志民主编《中国农业通史》（战国秦汉卷），中国农业出版社，2007。

张焯：《北朝的给干与食干制补议——兼论隋唐输庸代役制的起源》，《天津师范大学学报》（社会科学版）1988年第2期。

张大可编著《史记全本新注》，三秦出版社，1992。

张岱年：《"天人合一"思想的剖析》，载张岱年等《中国观念史》，中州古籍出版社，2006。

张岱年：《漫谈和合》，《社会科学研究》1995年第5期。

张岱年：《新时代的义利理欲问题》，《北京大学学报》（哲学社会科学版）1994年第6期。

张岱年：《中国哲学大纲》，中国社会科学出版社，1994。

张岱年主编《中国哲学大辞典》，上海辞书出版社，2014。

张德胜、金耀基、陈海文、陈健民、杨中芳、赵志裕、伊沙白：《论中庸理性：工具理性、价值理性和沟通理性之外》，《社会学研究》2001年第2期。

张德胜：《儒家伦理与社会秩序》，上海人民出版社，2008。

张东荪：《理性与良知——张东荪文选》，上海远东出版社，1995。

张国钧：《义利活动·义利关系·义利论》，《江海学刊》1994年版第2期。

张海燕：《柏拉图〈理想国〉与〈礼记·礼运〉的乌托邦思想比较研究》，《河北学刊》1994年第5期。

张灏：《梁启超与中国思想的过渡（1890~1907）》，崔志海、葛夫平译，江苏人民出版社，1995。

张吉良：《〈周易〉通读》，齐鲁书社，1993。

张践：《儒家孝道观的形成与演变》，《中国哲学史》2000年第3期。

张觉校注《荀子校注》，岳麓书社，2006。

张觉译注《韩非子译注》，上海古籍出版社，2007。

张金光：《战国秦时期"邑"的社会政治经济实体性——官社国野体制新说》，《史学月刊》2010年第11期。

张金龙：《北魏均田制研究史》，《文史哲》2015年第5期。

张乐宁等：《社会学概论》，中央广播电视大学出版社，1986。

张立文：《和合学》，中国人民大学出版社，2006。

张涅：《王阳明"诚"的思想与生活儒学》，《中共宁波市委党校学报》2011年第5期。

张汝伦：《义利之辨的若干问题》，《复旦学报》（社会科学版）2010年第3期。

张世英：《中国古代的"天人合一"思想》，《求是》2007年第7期。

张曙光：《"天下为公"：在理想与现实之间》，《北京师范大学学报》（社会科学版）2016年第2期。

张双棣、张万彬等译注《吕氏春秋译注》，吉林文史出版社，1987。

张双棣等译注《吕氏春秋》，北京大学出版社，2000。

张双棣撰《淮南子校释》，北京大学出版社，1997。

张松辉、张景译注《韩非子译注》，上海三联书店，2014。

张廷玉：《明史》，上海古籍出版社，1986。

张文彦：《论先秦儒家与道家的自然观及历史观》，《史学理论研究》2003年第3期。

张学锋：《论曹魏租调制中的田租问题》，《中国经济史研究》1999年第4期。

张学锋：《唐代水旱赈恤、蠲免的实效与实质》，《中国农史》1993年第1期。

张燕婴译《论语》，中华书局，2006。

张揖：《广雅》（卷三），中华书局，1985。

张永祥译注《国语译注》，上海三联书店，2014。

张载：《张横渠集》（1～2册），中华书局，1985。

张载：《张载集》，中华书局，1978。

张中秋、阮晏子：《井田制的衰亡——新制度经济学派视角下的春秋战国土地产权制度变迁》，《法商研究》2003年第5期。

章开沅：《王道与霸道——试论孙中山的大同理想》，《浙江社会科学》2000年第3期。

章诗同注《荀子简注》，上海人民出版社，1974。

章太炎：《检语》，上海人民出版社，1986。

赵峰：《儒者经世致用的两难选择——朱陈义利王霸之辩解读》，《中国学术》2003 年第 2 期。

赵金科、林美卿：《王道与霸道——中西文化的历史分野与现实考量》，中央编译出版社，2012。

赵生群：《春秋左传新注》，陕西人民出版社，2008。

赵世超：《周代国野制度研究》，陕西人民出版社，1991。

赵守正撰《管子注译》，广西人民出版社，1982。

赵渭荣：《转型期的中国政治社会化研究》，复旦大学出版社，2001。

赵晓峰：《公私观念与熟人社会》，《江海学刊》2014 年第 4 期。

赵轶峰主编《当代中国的"人－自然"观》，东北师范大学出版社，2015。

赵幼文：《曹魏屯田制述论》，《历史研究》1958 年第 4 期

赵宗乙，《淮南子译注》，黑龙江人民出版社，2003。

甄尽忠：《试论先秦时期的宗族和宗族社会救助》，《青海民族研究》2006 年第 3 期。

郑杭生、龚长宇：《义利互动模式与社会良性运行——对义利关系的一种理论和实证的社会学分析》，《学术界》2001 年第 4 期。

郑杭生、冯仕政：《中国社会转型加速期的义利问题：一种社会学的研究范式》，《东南学术》2000 年第 2 期。

郑慧生：《释家》，《河南大学学报》1985 年第 4 期。

郑玄注，孔颖达疏《礼记正义》，北京大学出版社，1999。

郑玄注《礼记》，北京图书馆出版社，2006。

郑振满：《明清福建家族组织与社会变迁》，中国人民大学出版社，2009。

郑振满：《中国家族史研究：历史学与人类学的不同视野》，《厦门大学学报》（哲学社会科学版）1991 年第 4 期。

中岛乐章：《明代乡村纠纷与秩序——以徽州文书为中心》，郭万平、高飞译，江苏人民出版社，2012。

中国孔子基金会学术委员会选编《近四十年来孔子研究论文选编》，齐鲁书社，1987。

中国社会科学院语言研究所词典编辑室编《现代汉语词典》，商务印书馆，1979。

周敦颐：《周敦颐集》，中华书局，1990。

周飞舟：《差序格局和伦理本位：从丧服制度看中国社会结构的基本原

则》，《社会》2015 年第 1 期。

周谷城：《中国通史》（上册），上海人民出版社，1986。

周桂钿：《董仲舒研究》，人民出版社，2012。

周桂钿：《中国古人论天》，中央编译出版社，2008。

周桂钿译注《春秋繁露》，中华书局，2011。

周洪：《井田制之我见》，《农业考古》1989 年第 1 期。

周振甫选注《谭嗣同文集》，中华书局，1989。

周振甫译注《诗经译注》，中华书局，2015。

朱年志：《对清代"摊丁入地"改革的再认识》，《理论界》2009 年第
    1 期。

朱绍侯：《两汉屯田制研究》，《史学学刊》2012 年第 10 期。

朱通华：《试论王道、霸道与正道》，《南京师大学报》（社会科学版）
    1994 年第 1 期。

朱熹、吕祖谦：《近思录》，上海古籍出版社，1994。

朱熹：《晦庵先生朱文公文集》，上海古籍出版社、安徽教育出版社，2010。

朱熹：《孟子集注》，齐鲁书社，1992。

朱熹：《四书章句集注》，浙江古籍出版社，2012。

朱熹：《四书章句集注》，中华书局，1983。

朱熹：《朱子全书》，上海古籍出版社、安徽教育出版社，2003。

朱熹：《朱子语类》，中华书局，1994。

朱熹编《河南程氏遗书》，台湾商务印书馆，1978。

朱熹撰《四书集注》，岳麓书社，2004。

朱贻庭主编《中国传统伦理思想史》，华东师范大学出版社，2015。

朱越利校点《墨子》，辽宁教育出版社，1997。

朱正平：《从"崇公抑私"到"尚公重私"——儒家公私观的现代转变》，
    《东方论坛》2012 年第 3 期。

邹昌林：《中国礼文化》，社会科学文献出版社，2000。

邹小站：《西学东渐：迎拒与选择》，四川人民出版社，2008。

左丘明著，王珑燕译注《左传译注》，上海三联书店，2015。

左丘明撰，蒋冀骋标点《左传》，岳麓书社，1988。

左丘明撰《国语》，上海古籍出版社，2015。

左玉河：《贺麟对"五伦"观念的新阐释与儒家思想的新开展》，载郑大华、邹小站主编《中国近代史上的激进与保守》，社会科学文献出版社，2011。

左云鹏：《祠堂族权族长的形成及其作用试说》，《历史研究》1964 年第 5～6 期。

Bian Yanjie, "Guanxi", in Jens Beckert & Milan Zafirovski（Eds.）, *International Encyclopedia of Economic Sociology*, London: Routledge, 2006.

Bian Yanjie, "Guanxi Capital and Social Eating: Theoretical Models and Empirical Analyses", *in Social Capital: Theory and Research*, New York: Aldine de Gruyter, 2001.

C. Wright Mills, *Sociology and Pragmatism*, Edited with an introduction by Irving Louis Horowitz, New York: Oxford University Press, 1969.

E. H. Erikeson, *Identity: Youth and Crisis.* New York: Norton, 1968.

Fumiya Onaka, "Aspects of Process Theories and Process – Oriented Methodologies in Historical and Comparative Sociology: An Introduction," *Historical Social Research*, 38（2）, 2013.

Herbert Spencer, *The Study of Sociology*, London: King, 1873.

Hwang Kwangkuo, "Face and Favor: The Chinese Power Game," *American Journal of Sociology*, 1987（92）.

Jacobs J. Bruce, "APreliminary Model of Particularistic Ties in Chinese Political Alliances: Kan Ch' ing and Kuan Hsi in a Rural Taiwanese Township," *China Quarterly*, 1979（78）.

King Ambrose Y. C. The Individual and Group in Confucianism: A Relational Perspective, Individualism and Holism: Studies in Confucian and Taoist Values, The University of Michigan, 1985.

King, Ambrose Y. C. Kuan – hsi and Network Building: A Sociological Interpretation, *The Living Tree: The Changing Meaning of Being Chinese* Today, Stanford, Calif: Stanford University Press, 1994.

Putnan, Robert, *Bowling Alone: The Collapse and Revisal of American Community*, New York: Torchstone, 2000.

Talcott Parsons, *Societies: Evolutionary and Comparative Perspectives*, New

Jersey: PRENTICE – HALL, INC. , 1966.

Thomas Gold, Doug Guthrie, and David Wangk. *Social Connections in China*: *Institutions*, *Culture*, *and the Changing Nature of Guanxi.* New York: Cambridge University Press, 2002.

Thomas Hobbes, *Leviathan*, Oxford University Press, Edited with an Introduction and Notes by J. C. A. Gaskin, 1996.

Yan Yunxiang, *The Flow of Gifts Reciprocity and Social Networks in a Chinese Village*, Stanford: Stanford University Press, 1996.

Yang Meihui. *Gifts*, *Favors*, *and Banquets*: *The Art of Social Relationships in China.* Ithaca, NY: Cornell University Press, 1994.

索 引

W

Y

后 记

近三年来，本书作者们聚焦到中国社会学起源和绵延这个艰难的主题上，群策群力，集体攻关，精细分工，精诚合作，如期实现了我心头的一个夙愿。在即将付梓之际，我首先对作者们表示衷心感谢！但由于我组织协调不力，加之作者众多，很多地方在认识上未及认真磨合，在文字上未及仔细推敲，估计本书在细节上的粗陋乃至错误实难避免。诚望大家批评指正！

对于本书，我们重视的是宏观主旨，而非微观细节，尽管细节也应该得到重视。之所以督促尽快成书，是考虑到本书宏观主旨的重要性。本书的宏观主旨是论证中国社会学自有悠久的历史基础，荀子开创的群学就是中国社会学的历史开端。其后的 2000 多年，群学以其合群、能群、善群、乐群的特质，上达中国社会基本制度设计，下潜日常社会生活，深入民间社会，规范社会行为，对中国社会的发展和绵延起到了重要作用，因而成为中华文明、中国学术的瑰丽珍宝。

虽然本书的主要观点在我心中酝酿有年，如果从最初在中国社会学会中国社会思想史专业委员会上的发言算起，萦绕与踟蹰也许将近 20 年了，但思来想去，未敢造次。直到须发已白，更绌于功力之缺陷，限于精力之不足，并未成文。幸得合作者们志同道合、鼎力支持，本书的写作才得以启动。在本书写作之前，本应以从容的心态，做较长时间的前期准备，但限于条件，我也未能与其他作者做充分的交流和讨论。这种题材的专著，如要做得精细，再多花几年时间都不为多。本书写作组自从我 2014 年致信主要成员，提出写作构想，就算是正式成立了。在写作之初，我就对合作者们说，我已经 70 多岁了，时不我待！

只能是抛砖引玉了，先把问题提出来、把观点亮出来，精雕细刻的工作只能由年轻人继续去做了。至于赞成与反对、确证与否证等，只能任人评说了。

本书写作提纲经作者们反复讨论，前后召开了六次讨论会；课题组还多次举办讲座，先后邀请担任中华孔子学会副会长的中国社会科学院儒学研究专家李存山研究员、担任首任中国道学研究会会长的中国社会科学院胡孚琛研究员、中国社会科学院世界宗教研究所道教研究专家王卡研究员（他是我的研究生同学中年龄最小的一位，不幸于 2017 年 7 月 16 日因心脏病去世，令人痛惜）、北京大学中国社会史研究专家赵世瑜教授、中国社会科学院历史学部主任刘庆柱学部委员以及中国社会科学院社会人类学家罗红光研究员等做主讲嘉宾，并与课题组成员进行深入讨论和交流；邀请曾担任山西省社会科学院政治法律研究所所长的中国政治学史专家楚刃研究员、中国社会科学院李存山研究员参与写作和讨论。完成初稿后，课题组三次召开统稿会，在课题组成员深入讨论的基础上，许多作者几易其稿。然后，第二章由毕天云、高和荣、宋国恺统稿，第三章由邓万春统稿，第四章由高和荣统稿，第五章由毕天云统稿，第六章由高和荣、何健统稿。诚邀中华孔子学会副会长、国际儒学联合会学术研究委员会主任、中国社会科学院哲学研究所李存山研究员、山西省社会科学院楚刃研究员参加定稿会，定稿会前后，他们二位审阅了大部分书稿，并提出宝贵意见。最后，由我修改定稿。在本书写作和统稿过程中，高和荣、毕天云、邓万春协助我做了许多工作。高和荣、宋国恺分别在厦门和北京承办过几次讨论会和统稿会，中国社会科学院社会学研究所办公室和科研处协助我举办了多次讲座和会议。在此，特对李存山、楚刃两位研究员，各位统稿人、执笔者和参与者表示衷心感谢！但本书在观点上可能的错误、在细节上难免的缺憾，理应由我负责。

本书在考察概念的起源和演变、讨论其社会学含义和功能、比较其与西方社会学相应概念的异同时，借鉴了国内外大量文献，受到了包括史学界、社会学界以及相关学科许多学者的颇多启发，在此一并致谢！在写作和统稿过程中，虽然强调并重视引文加注和开列参考文献，但疏漏和差错恐难避免，亦请大家多加指教和包涵。

本书作者执笔情况如下（按文序排列）：

景天魁：前言，第一章，后记

宋国恺：第二章第一节第一、二小节，第三章第六节

夏世哲：第二章第一节第三小节，第六章第六节

苑仲达：第二章第二节（与徐磊合写），第四章第五节（与高和荣、赵春雷合写）

徐磊：第二章第二节（与苑仲达合写），第四章第六节，第五章第九节

高和荣：第二章第三节（与张爱敏、陈为雷合写），第四章第四节（与范玉显合写），第四章第五节（与赵春雷、苑仲达合写），第四章第七节

陈为雷：第二章第三节（与高和荣、张爱敏合写），第三章第三节，第四章第一节

张爱敏：第二章第三节（与高和荣、陈为雷合写），第六章第四节（与田美园、张欢欢合写）

何健：第二章第四节，第六章第一、二节

邓万春：第三章第一、二节，第六章第三节

李存山：第三章第四节

王俊秀：第三章第五节

邹珺：第三章第七节

顾金土：第三章第八节（与韩立国合写），第五章第二节（与朱杰、陈嘉晟合写）

韩立国：第三章第八节（与顾金土合写）

杨建海：第四章第二、三节

徐珺玉：第五章第一、三节，第六章第五节（与耿亚平合写）

朱杰：第五章第二节（与顾金土、陈嘉晟合写）

陈嘉晟：第五章第二节（与顾金土、朱杰合写）

毕天云：第五章第四节，第五章第七节（与蔡静合写）

楚刃：第五章第五、六节

杨嘉莹：第五章第八节，参考文献和索引汇总整理，部分文稿脚注规范处理

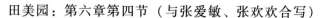

田美园：第六章第四节（与张爱敏、张欢欢合写）

张欢欢：第六章第四节（与田美园、张爱敏合写）

耿亚平：第六章第五节（与徐珺玉合写）

　　本书的出版，得到社会科学文献出版社谢寿光社长、童根兴副总编辑、佟英磊责任编辑的大力支持，谨表示衷心感谢！

景天魁

2017 年 8 月 26 日

图书在版编目（CIP）数据

中国社会学：起源与绵延：全2册／景天魁等著
. --北京：社会科学文献出版社，2017.10（2024.1 重印）
（中国社会科学院文库. 法学社会学研究系列）
ISBN 978 - 7 - 5201 - 1147 - 8

Ⅰ.①中… Ⅱ.①景… Ⅲ.①社会学 - 研究 - 中国
Ⅳ.①C91

中国版本图书馆 CIP 数据核字（2017）第 175651 号

中国社会科学院文库·法学社会学研究系列
中国社会学：起源与绵延（上、下册）

著　　者／景天魁 等

出 版 人／冀祥德
项目统筹／佟英磊
责任编辑／佟英磊
责任印制／王京美

出　　版／社会科学文献出版社·群学出版分社（010）59367002
　　　　　地址：北京市北三环中路甲29号院华龙大厦　邮编：100029
　　　　　网址：www. ssap. com. cn
发　　行／社会科学文献出版社（010）59367028
印　　装／唐山玺诚印务有限公司

规　　格／开 本：787mm×1092mm　1/16
　　　　　印 张：47.5 字 数：747 千字
版　　次／2017 年 10 月第 1 版　2024 年 1 月第 4 次印刷
书　　号／ISBN 978 - 7 - 5201 - 1147 - 8
定　　价／198.00 元（上、下册）

读者服务电话：4008918866